Bern
B.A. Universidad
M.A. University o.
Ph. D. Universidad Autónoma de Madrid

HAMEL'S BILINGUAL DICTIONARY OF MEXICAN SPANISH

DICCIONARIO BILINGÜE DE MEXICANISMOS

BILINGUAL BOOK PRESS

THIRD EDITION - 2002

BILINGUAL DICTIONARY OF MEXICAN SPANISH
Series director: Bernard H. Hamel
Cover Design: Eberardo Oscar Fernández

Copyright © 1996
Third edition revised and enlarged, 2002

No part of this book may be reproduced in any form, by photostat, microfilm,
xeroxgraphy, or any other means, or incorporated
into any information retrieval system, electronic or mechanical,
without the written consent of the copyright owner.

Reservados todos los derechos. Ni la totalidad, ni parte de este libro, puede
reproducirse o transmitirse por ningún procedimiento electrónico
o mecánico, incluyendo fotocopias, grabación magnética o
cualquier almacenamiento de información y sistema de recuperación,
sin permiso escrito de los editores de esta obra.

Published in the United States of America
by Bilingual Book Press, 121 S. Canon Drive, Suite 101
Beverly Hills, CA 90212

ISBN 1-886835-05-5

A Leonor, mi esposa, a quien tuve medio abandonada todo este tiempo rodeado de mis mexicanismos, y cuya paciencia y aliento hicieron posible esta obra

Table of Contents

ABREVIATIONS 6

INTRODUCTION 7

DICTIONARY (A-Z) 9

BASIC BIBLIOGRAPHY 399

Abreviaciones y signos

📖	Literary quotes	Citas literarias
📄	Notes	Observaciones, notas
~	Examples	Ejemplos
•	Expressions. sayings, phrases	Expresiones, dichos, frases
Acad.	Spanish Royal Academy Dictionary	DRAE
adj.	Adjective	Adjectivo
adv.	Adverb	Adverbio
angl.	Anglicized word	Anglicismo
autom.	Automotive	Automóviles
biol.	Biology	Biología
bot.	Botany	Botánica
chem.	Chemistry	Química
cine	Cinema	Cinema
comm, com.	Commerce	Comercio
const.	Construction	Construcción
cost.	Sewing	Costura
culin.	Culinary	Culinario, cocina
dep.	Sport	Deportes
econ.	Economics	Economía
excl.	Exclamation	Exclamación
f.	Feminine	Femenino
ferro.	Railways	Ferrocarriles
fin.	Finance	Finanza
hum.	Humorous	Humorístico
interj.	Interjection	Interjección
jur.	Law, legal	Derecho, jurídico
m.	Masculine	Masculino
med.	Medicine	Medicina
mus.	Music	Música
naut.	Nautical	Náutica
min.	Mining	Minería
n.	Noun	Nombre, sustantivo
prep.	Preposition	Preposición
quim.	Chemistry	Química
rail.	Railways	Ferrocarriles
rel.	Religion	Religión
sew.	Sewing	Costura
v.	Verb	Verbo
zool.	Zoology	Zoología

INTRODUCTION

Due to the widely prevailing misconception that 'Mexican' Spanish is a totally different language than 'Castilian' Spanish, that is, the Spanish spoken in Spain, we feel the need to clarify the use of this term in the title of the present work.

It must be kept in mind that the Spanish language has a fairly uniform grammatical structure that does not differ significantly from country to country. So that when speak of 'Mexican' Spanish we do not refer to the grammatical aspect of the language, but rather to the particular use of certain words and expressions common to Mexico. This is what is meant in Spanish by 'mexicanismos'. Therefore our *Bilingual Dictionary of Mexican Spanish* should be interpreted in that context.

Another reason for not considering the Spanish of Mexico a different language is the fact that 'mexicanismos' are most commonly used in a colloquial context. At times, you may read several works by Mexican authors without realizing that the author is from Mexico, such as is the case with Octavio Paz, Alfonso Reyes and many others. Carlos Fuentes who uses such an abundance of *mexicanismos* in his novels, does so mainly to reflect the social status of his characters and are used mostly in dialogues. But the use of them in his essays is very limited.

The Spanish of Mexico, therefore, not only is not a different language, but it should not be considered a dialect. A newspaper in Mexico City will be read as effortlessly as one from Spain. One will occasionally observed, no doubt, some words or expressions that without impeding comprehension, give it added color and life, and impart a regional flavor to the text.

Nor does the language spoken by Mexican people born or having lived in this country for a number of years, and whose language if often punctuated with numerous anglized words ('anglicismos') be considered Mexican Spanish, since this is not only common to Mexicans living in this country, but people of all nationalities: German, French, Italian, Argentinian, etc. The use of the terms: 'carpeta' (alfombra) for 'carpet', 'renta' (alquiler) for 'rent', 'taxes' (impuestos) for 'taxes' is common to all Hispanics regardless of their county of origin.

Bernard H. Hamel
LosAngeles,California, 1996

A. •A lo que. En el momento en que. *When.* ~A LO que me vio, echó a correr. *When he saw me he started to run.*

ABAJEÑO. *adj.* Que proviene de las costas o tierras bajas. *Pertaining or coming from the coastline or lowland.* || **2.** *n.m.* Persona que proviene de las tierras o costas bajas. *Lowlander, coastal dweller.*

ABAJO. *adv.* ABAJO de. Debajo de. *Underneath.* 📖 La nevera está ABAJO del bar. *The refrigerator is underneath the bar.* (C. Fuentes. Cit. Brian Steel). || **2.** ABAJO de. Menos de. *Less, under.* Gana ABAJO de mil pesos. *He earns less than a thousand pesos.*

ABALANZADERO. *n.m.* Lugar del cauce de un río propicio para **abalanzar** el ganado. *Ford, cattle crossing.*

ABALANZAR. (Tabasco). *v.* Echar ganado al agua para cruzar un río, vadear. *To ford cattle.*

ABALSERAR. *v.* (Tabasco). Amontonar. *To pile up.*

ABALUMAR (variante de **abalumbar**).

ABALUMBAR. *v.* Amontonar cosas desordenadamente. *To pile, stack untidily.*

ABANAR. *v.* (Tabasco). Golpearse con la cola las bestias su propio cuerpo, para ahuyentar insectos que los hostigan. *To shake off flies, insects, etc. with one's tale.*

ABANDERADO. *n.m.* Juez de línea, linier. *Linesman, assistant referee.* || **2.** Guardagujas. *Switchman.*

ABANDONO. *n.m.* Sencillez, dejadez espontánea o afectada en gestos o acciones, en particular en la ejecución artística. *Abandon, ease.*

ABANICARSE. *v.* (Tabasco). Marchitarse (plantas). *To wither.*

ABANICO. *n.m.* •ABANICO eléctrico. *Electric fan.* || **2.** Asunto del cual es fácil desprenderse. *Agreement easy to wiggle out of.*

ABARCAR. *v.* Comprar una mercancía en gran cantidad para especular con ella en forma abusiva, acaparar. *To monopolize, corner the market.*

ABARROTADO. *adj.* Lleno, repleto. *Full.* 📖 Las lanchas ABARROTADAS de boinas y pañuelos [...]. *The motorboats full of berets and scarves.* (Cit. Santamaría).

ABARROTADOR. *n.m.* El que abarrota en el sentido de acaparar. *Person who monopolizes in the food business.*

ABARROTAR. *v.* Acaparar, monopolizar, **abarcar** (principalmente hablando de comestibles). *To monopolize, corner the market (foodstuff, groceries, etc.).*

ABARROTARSE. *v.* Estar lleno a reventar. *To be stuffed or bursting with, to be crammed full of.*

ABARROTES. *n.m.* Artículos comestibles. *Groceries.* || **2.** Tienda de **abarrotes**. *Grocery store.*

ABARROTERÍA. *n.f.* Tienda de **abarrotes**. *General store, grocery store.*

ABARROTERO. *n.m.* Comerciante de comestibles. *Grocer, owner of a general store.* || **2.** Epíteto despectivo para designar al comerciante de origen español que se dedica al comercio. *Name sometimes given* *scornfully to the immigrant from Spain who owns a grocery store.* 📖 Como traía la boinita que usan los ABARROTEROS, pues le vio cara de español. *Since he was wearing that little beret worn by those who own a grocery store, he assumed that he was a Spaniard.* (E. Poniatowska. Hasta no verte Jesús mío).

ABARUSTADO. *Adj.* Alborotado, excitado, sobresaltado. *Nervous, excited, startled.*

ABASTECEDOR. *n.m.* El que abastece de carne de reses a la población. *Wholesale butcher, meat supplier.*

ABASTERO. *n.m.* Persona que abastece a una población de los artículos más necesario para el consumo, principalmente de las carnes, y tiene a veces carácter despectivo. *Wholesale butcher, meat supplier.*

ABASTO. *n.m.* •No darse ABASTO. No dar abasto. *Not being able to cope with.* La granja no se da ABASTO para surtir los pedido de huevos. *The farm can't cope with all the demands for eggs.*

ABATANARSE. v. (Acad.) Desgastarse, apelmazarse un tejido por el uso o el lavado. *To become worn or matted due to wear or constant washing (fabric).*

ABAYUNCAR. *v.* Abatir, dominar, y también amarrar, sujetar (ganado). *To throw, ground.* ‖ **2. -se.** Adquirir modales y usos rústicos. *To become countrified.* ‖ **3.** •ABAYUNCAR a alguien. *To put someone on the spot.*

ABEJÓN. *n.m.* Escarabajo y otros insectos zumbadores. *Buzzing insect.*

ABEJUCARSE. *v.* Enredarse como el bejuco cualquier planta. *To become reedy (a climbing vine), twist, climb.*

ABIERTA. *n.m.* (Acad.). Abertura, acción de abrir. *Opening.*

ABIERTO. *adj.* (NE). Tratándose de reses, que tiene facturada la cadera. *Said of cattle with broken hips.*

ABIGEATO. *n.m.* Robo de ganado. *Cattle rustling.*

ABIGEO. *n.m.* El que roba ganado. *Cattle rustler.*

ABLANDADOR. *n.m.* •ABLANDADOR de carnes. Ablandador (para la carne). *Meat tenderizer.*

ABOCAR. *v.* Mejorar el sabor del pulque, agregándole otros ingredientes. *To improve the flavor of pulque by adding other ingredients.* ‖ **2. -se.** Dedicarse a solucionar algún problema. *To direct one's effort towards finding a solution to a problem.*

ABODOCARSE. *v.* Salirle a uno bodoques, chichones, abultamientos numerosos. *To come out in boils.*

ABOFADO. *adj.* Hinchado, inflado. *Swollen.*

ABOFAMIENTO. *n.m.* Acción y efecto de **abofarse.** *Swelling.*

ABOFARSE. *v.* Hincharse, inflarse. *To swell.* ‖ **2.** Darse un atracón. *To stuff oneself.*

ABOGADO. *n.m.* •ABOGADO penalista. *Criminal lawyer.* ‖ **2.** •Abogado auxiliar. *Junior lawyer.*

ABOLILLAR. *v.* Agringarse, comportarse como un **gringo.** *To become like a gringo.*

ABOLLADO. *adj.* •Estar ABOLLADO. Estar deprimido. *To be depressed, down.*

ABOLLAR. *v.* Mellar, embotar el filo de arma cortante. *To blunt.* ‖ **2.** Deprimir, abatir. *To grind down, oppress.*

ABOMBADO. *adj.* Entontecido, atolondrado, aturdido, abrumado. *Faint, light in the head, dizzy, confused.* ‖ **2.** Borracho. *Tight.* ~Estar ABOMBADO. *Estar borracho. To be stoned, bombed, plastered.*

ABOMBARSE. *v.* Pudrirse (comida). *To start to rot, go bad (food).* ‖ **2.** Ponerse fofa la fruta pasada de madurez. *To become overripe.* ‖ **3.** Atolondrarse. *To bewilder, confuse.*

ABONADO. *n.m.* En una pensión, inquilino

con comida. *Boarder, lodger.*

ABONERO. *n.m.* (Acad.) Comerciante callejero y ambulante que vende por abonos. *Street merchant or vendor who sells on installments, door-to door salesman.* 📖 Sale mejor la ropa que traen los ABONEROS, Güero, y más barata. Así, a plazos no se siente tanto. *You get better clothes from the street merchants, Güero, and cheaper. That way, by installments, you don't feel it as much.* (E. Poniatowska. Cit. Brian Steel).

ABONO. *n.m.* Recibo. *Receipt.* || **2.** Cuota, plazo. *Installment.* 📖 Compran lujosos carros (coches) que pagan en ABONOS [...]. *They buy luxury cars which they pay in installments.* (Cit. Brian Steel).

ABORDAR. *v.* Subirse a un autobús. *To board, get on.* ~Rogamos al ABORDAR el autobús llevar la cantidad exacta de su pasaje, ya que el sistema no permite entregar cambio. *Please carry exact change upon boarding the bus, since regulations do no allow giving change.* || **2.** Llegar al puerto. *To dock.* || **3.** •Pase de ABORDAR. Tarjeta de embarque. *Boarding pass.*

ABORREGADO. *adj.* Que tiene apariencia de borrego. *Having a sheep-like look.*

ABORRICARSE. *v.* Volverse tonto, embrutecerse. *To become dull, slow, stupid.*

ABOTONAR. *v.* Tapar las acequias para desviar o regular el flujo de la corriente. *To block, obstruct irrigation channels in order to regulate its flow and course.*

ABOYAR. *v.* Boyar o flotar. *To float, buoy up.*

ABRA. *n.f.* Lugar despejado en un bosque; camino abierto a través de la maleza. *Clearing (in a wood), path (through the underbrush).*

ABRACAR. *v.* Abarcar. *To encompass.* || **2.** Abrazar. *To embrace.*

ABRAZADA. *n.f.* Abrazamiento. *Hugging, embracing.*

ABRIGADERO. *n.m.* Sitio o paraje donde acude la gente de mal vivir para ocultarse. *Den of thieves.*

ABRIGADOR. *n.m.* (Acad.) Encubridor de un delito o falta. *Harborer (of a criminal); accessory (after the fact).* 📖 No quiero que digan mis compañeros que soy EMBRIGADOR de mancutenos (ladronzuelos). *I don't want my companions to think that I'm a harborer of petty thieves.* (Cit. Santamaría). || **2.** *adj.* [Prenda de vestir]. Que por ser gruesa o suave preserva del frío. *Protective, warm (clothing).* ~Ponte algo más ABRIGADOR, hace frío. *Put something warmer on, it's cold.*

ABRIGAR. *v.* (Veracruz). Peinar (soldados, policía). *To comb.* La policía ABRIGÓ toda la zona en busca del asesino. *The police combed the entire area in search of the murderer.*

ABRIR. *v.* •ABRIR cancha. Abrir paso. *To make way.* || **2.** •¡ÁBRANLA! Despejen, quítense. *Get out of the way, clear out.* ¡ÁBRANLA que lleva bala! *Get out of the way, he has a gun!* || **3.** •ABRIR boca. Abrir el apetito. *To give an appetite.* ~Esta caminata me ha ABIERTO boca. *This walk has given me an appetite.* || **4.** -se. Amedrentarse, desistir de una empresa o de un proyecto por falta de valor, echar marcha atrás. *To backtrack, back-pedal, back out, get cold feet.* || **5.** Separarse de una sociedad o de un grupo. *To withdraw from an organization or a group.* || **6.** Mostrarse generoso, dadivoso. *To show one's generousness.* || **7.** Desviarse (caballo, coche, persona). *To change directions.* || **8.** (Tabasco). Vencer la timidez, el encogimiento y tomar una resolución para actuar firmemente. *To conquer one's shyness by taking a firm stand or act resolutely.* || **9.** •ABRIRSE a. Empezar a hacer algo con ímpetu o con brío. *To begin to do something.* ~ABRIÓ a correr. *He started to run.*

ABROCHAR. *v.* Asir o agarrar para poner preso o castigar a uno. *To catch, apprehend, grab hold of.* || **2.** Atar. *To tie up.* || **3.** Hacer el amor. *To sleep with.* || **4.** -se. Vencer. *To thrash, beat (game, competition).* ~Nos ABROCHARON en el examen. *They beat us in the exam.*

ABROJOS. *n.m.* Matorral. *Thorn bushes.*

ABSOLUTO. •En lo ABSOLUTO. En absoluto. *Not at all, by no means, not on your life (coll.).*

ABUELA. *n.f.* •No tener ABUELA, tener poca ABUELA. No tener escrúpulos, vergüenza. *To have no scruples.* || **2.** •De poca ABUELA. Ser muy bueno, bonito o grande. *To be incredible.* ~Construyeron un teatro de poca ABUELA. *They built this fantastic theatre.* || **3.** ¡ABUELITA! Claro, por supuesto. *Of course, you bet.* —¿Vas a ir al cine? —¡ABUELITA! — *Are you going to go to the movies. —You bet I am.*

ABULÓN. *n.m.* Caracol marino de concha grande proveniente de California. *Abalone.*

ABULTADO. *n.m.* Bulto. *Bundle.*

ABULTADORA. *n.f.* (Chihuahua). Enaguas blancas. *White petticoats or underskirts.*

ABUNDAR. *v.* Dar buen fruto una planta. *To produce abundantly.* ~Mientras que ABUNDE, ahí sigue el arbolito. *As long as it keeps producing, that little tree stay where it is.*

ABURRADO. *adj.* (Acad.) Dícese de la yegua destinada a la cría de mulas. *Destined for mule-breeding (mare).*

ABURRICIÓN. *n.f.* Aburrimiento. *Boredom.*

ABURRIR. *v.* Fastidiar, molestar en extremo. *To exasperate.*

ABUSADO. *exclam.* ¡Cuidado!, ¡ojo! *Look out!, careful!* ABUSADO. No te vaya a casar con ella. No hay dote. *Be careful. Don't marry her. She has no dowry.* (Carlos Fuentes. La frontera de cristal). ~¡ABUSADO con los alacranes! *Watch out for the scorpions!* || **2.** *adj.* Vigilante, atento, cauteloso. *Watchful, wary.* || **3.** (Acad.) Alerta, atento, listo. *Sharp, on the ball, astute, shrewd.* ...muy ABUSADO, dejé que los abogados y los contadores firmaran todo por mí. *I very wisely let the lawyers and accountants do all the signing for me* (C. Fuentes. Agua quemada).

ABUSIONERO. *adj.* Que abusa, abusón. *Who takes advantage of other people.* Lo acusó de ABUSIONERO y de brujo y de engañabobos. *He accused him of taking advantage of people and being a witch and a swindler.* (J. Rulfo. El llano en llamas).

ACÁ. *adj.* Moderno, juvenil, que presume de estar a la moda. *Fashionable, modern.* Me compré unos zapatos muy ACÁ. *I bought some very fashionable shoes.*

ACABADERO. *n.m.* •El ACABADERO. El acabóse, el colmo. *The limit, the last straw.* Para ella, ése fue el ACABADERO. *As far as she was concerned this was the last straw.* (E. Poniatowka. Hasta no verte Jesús mío). || **2.** Trabajo cargante o pena que consume la paciencia y la vida. *Strain, pressure, mental burden.* La preocupación por un hijo es un ACABADERO para la madre. *A mother's concern for her son is a great strain.* (E. Poniatowka. Hasta no verte Jesús mío).

ACABADO. *adj.* Rendido. *Exhausted.* || **2.** •Está muy ACABADO. Se le ve muy envejecido. *He looks very old.*

ACABAR. *v.* Quedar destrozado. ~Se ACABÓ en este trabajo. *That job finished him off.* || **2.** Morir. *To die.* Don Julián ACABÓ anoche como a la una. *Julián died yesterday night at about one o'clock.* || **3.** Hablar mal de una persona. *To speak ill of someone.* ~Hacían tortillas mientras ACABABAN a Conchita por sus amoríos. *While they were making tortilla they were gossiping about Conchita regarding her love affairs.* || **4.** Envejecer, agotarse. *To age or decline in health.* || **5.** Rendir de fatiga a una persona (a fuerza de besos, ruegos, etc.). *To exhaust, tire out.* ~Me ACABÓ con ruegos. *She tired me out with her constant pleading.* ~La mamá se ACABA al niño a besos. *The mother is smothering her baby with kisses.* || **6.** •Para ACABARLA de amolar (fregar). Para colmo, para rematar. *To make it matters worse.* ~Se nos descompuso el camión. Y para ACABARLA de amolar, no teníamos agua. *Our truck broke down, and to make matters worse, we ran out of water.*

ACACHIHUITE. *n.m.* Paja. *Straw.* ‖ **2.** Cesto de paja o caña. *Straw basket.*

ACAHUAL. *n.m.* Girasol silvestre. *Wild sunflower.* ‖ **2.** Yerbas altas, silvestres con que suelen cubrirse los barbechos, maleza. *Tall grass (used for covering fallow fields).* ‖ **3.** (Tabasco). Bosque. *Wood.*

ACAL. *n.m.* Nombre mexicano de la canoa que se dio también en México a los barcos españoles. *Canoe, boat.*

ACALORIZARSE. *v.* Acalorarse (persona). *To get worked up, hot under the collar.* ‖ **2.** Acalorarse (conversación, disputa). *To heat up.* ‖ **3.** Fatigarse. *To get tired out, to get exhausted.*

ACALOTE. *n.m.* (Acad.) Aguas de ríos o lagunas que se limpian de su vegetación para dar paso a las embarcaciones remeras. *Part of a river which is cleared of floating weeds in order to permit the passage of canoes, channel.*

ACAMELLONAR. *v.* Formar camellones (tierras cultivadas en las isletas de las lagunas del valle de México). *To make ridge with plough or spade.*

ACAMPAR. *v.* Empezar a verdear el trigo. *To turn green (wheat).*

ACANTIFLADO. *adj.* Acad. Que habla a la manera peculiar del actor mexicano Cantinflas. *Having mannerisms similar to those of the Mexican actor Cantinflas.*

ACAPACLE. *n.m.* Especie de caña medicinal. *Cane believed to have medicinal qualities.*

ACAPARADOR. *adj.* Que acapara. *Given to hoarding.*

ACAPETATE. *n.m.* Petate de caña suave cortada en rajas, o de hojas de caña tejidas, o de palmas o juncos. *Straw mat.*

ACAPILLAR. *v.* Atrapar, prender, echar mano. *To grab, take hold of.*

ACARIÑAR. *v.* Acariciar. *To caress, fondle.*

ACARREADA. *n.m.* Acarreo. *Carrying, lugging.*

ACARREADO. *n.m.* Campesino al que lleva por autobús el gobierno para que vote. *Peasant bussed in by the government in order to vote.*

ACARREADOR. *n.m.* Persona encargado por el gobierno de llevar a los campesinos para que voten. *Person in charge of bussing peasants so they can vote or attend political gatherings.* 📖 [...] le llevábamos al general Ascencio tres veces más público del que habían podido conseguir sus ACARREADORES. *We managed to bring general Ascencio three times more people than he was able to buss in with his own people.* (A. Mastretta. Arráncame la vida).

ACARREAR. *v.* Movilizar. *To mobilize.* ‖ **2.** Llevar personas a un acto público o político, sin que ellas hayan tenido deseo o interés por asistir, a cambio de una recompensa pequeña. *To haul people to a public or political event in exchange for a small reward.* 📖 Como cerdos los habían ACARREADO de sus pueblos y ranchos en carros de ganado [...]. *they had been hauled from their villages and farms on cattle trucks like hogs.* (M. Azuela. Nueva burguesía). ‖ **3.** Chismear. *To gossip.*

ACARRETO. *n.m.* Acarreo, traslación, transporte. *Transport, haulage, cartage, carriage.*

ACARTONADO. *adj.* Delgado (persona). *Thin.*

ACASILLAR. *v.* Proporcionar a un peón vivienda permanente a cambio de sus servicios en toda hora. *To furnish living quarters to a farmhand in exchange for his services around the clock.*

ACATAR. *v.* Molestar. *Annoy.* ‖ **2.** Echar en cuenta, echar de ver. *To realize.* ‖ **3.** Advertir, notar. *To notice, pay attention.*

ACATARRADO. *adj.* •Tener (traer) a alguien ACATARRADO. *To be driving someone crazy.*

ACATARRAR. *v.* importunar, hostigar. *To pester, bother, annoy.* ~Me tiene ACATARRADO con sus continuos pedidos. *I'm fed up with his constant demands.* ‖ **2.** -se. Resfriarse. *To catch a cold.*

ACCIDENTARSE. *v.* Chocar un auto. *To crash (car).* ‖ **2.** Estrellarse un avión. *To crash (airplane).*

ACCIDENTE. *n.m.* •ACCIDENTE de la cara. Rasgo (cara). *Feature (face).*

ACCIÓN. *n.f.* (Tabasco). Parte proporcional que corresponde a cada comunero. *Parcel of land assigned to a joint-owner of a commune.*

ACEBOLLARSE. *v.* Marchitarse (plantas). *To wither.*

ACECHAR. *v.* (Yucatán). Visitar, pasar a saludar a alguien. *To pay a visit to.*

ACECHÓN. *n.m.* Visita breve, saludo. *Short visit, greeting.* ‖ **2.** •Dar un ACECHÓN. Hacer una visita breve, dar un saludo familiar. *To pay a short visit.*

ACECHONCITO (variante de **acechón**).

ACECIDO. *n.m.* Jadeo. *Panting.*

ACELERADA. *n.f.* Acelerón. *Acceleration, burst of speed.* ~No me gusta que maneje porque da unas ACELERADAS terribles. *I don't like him to drive because he likes to speed.* ‖ **2.** Acto de excitarse. *Excitement.* ~Cuando se enteró de que había ganado el premio se dio una ACELERADA tremenda. *When he learned that he had won the prize he became very excited.*

ACELERARSE. *v.* Excitarse. *To become excited.* ~Nomás oye hablar de motocicletas y se ACELERA. *Every time he hears someone mention a motorcycle he becomes excited.* ‖ **2.** Fumar mariguana. *To smoke marihuana.*

ACEPILLAR. *v.* Adular. *To flatter.*

ACEQUIA. *n.f.* Albañal, alcantarilla. *Sewer.*

ACERO. *n.m.* Sartén. *Frying pan.*

ACEROTE. *n.m.* Holgazán que anda de acera en acera. *Loafer, idler.*

ACHAGUALARSE. *v.* (Tabasco) Formarse charcos. *To become waterlogged or flooded.*

ACHAHUISTLARSE. *v.* Plagarse de pulgones las plantas. *To contract a disease (plant).* ‖ **2.** Entristecerse, sufrir alguna contrariedad. *To be distressed, low in spirit.*

ACHAJUANADO. *adj.* (Tabasco). Dícese del zapato viejo y torcido por el uso. *Worn out (shoe).*

ACHAJUANARSE. *v.* (Acad.) Sofocarse las bestias por trabajar mucho cuando hace demasiado calor o están muy gordas. *To get winded or tired (said of animals).*

ACHAMPAR. *v.* Acampar. *To camp.*

ACHATAR. *v.* Declinar. *To grow weak.*

ACHATARSE. *v.* Avergonzarse.*To be overcome with shame, feel embarrassed.* ‖ **2.** •Quedarse ACHATADO. *To be ashamed, feel embarrassed.*

ACHECHADO. *adj.* (Tabasco). Mimado con exceso. *Pampered, spoiled.*

ACHECHAR. *v.* (Tabasco). Mimar con exceso. *To pamper.* ‖ **2.** (Yucatán). Visitar, pasar a saludar a alguien. *To pay someone a visit.*

ACHICALADO. *adj.* Lleno o cubierto de miel. *Sugared, honeyed.*

ACHICALAR. *v.* Cubrir o llenar de miel. *To cover, fill or soak in honey.*

ACHICHARRARSE (variante de *achicharronarse*).

ACHICHARRONADO. *adj.* Arrugado, reseco. *Shriveled up, wrinkled up.*

ACHICHARRONARSE. *v.* Encogerse, arrugarse, por exceso de resequedad o calor. *To shrivel, wrinkle up.*

ACHICHIGUADO. *adj.* (Tabasco). Mimado. *Spoiled.*

ACHICHIGUAR. *v.* Mimar. *To spoil.* ‖ **2.** Servir de niñera a un niño. *To act as a nursemaid to.* ‖ **3.** Dar sombra a ciertas plantas como protección contra el sol. *To shade certain plants against the sun.*

ACHICHINAR. *v.* Chamuscar. *To scorch, singe.*

ACHICHINCLE (Variante de **achichinque**).

ACHICHINQUE. (Acad.) Operario que en las minas traslada a las piletas el agua que sale de los veneros subterráneos. *Scooper, bailer (riding mine of water).* ‖ **2.** (Acad.) El que de ordinario acompaña a un superior y sigue sus órdenes ciegamente. *Campfollower, lackey.*

ACHICHINTLE (variante de **achichinque**).

ACHICHINTLI (variante de **achichinque**).

ACHICHUNCLE (variante de **achichinque**).

ACHICOPALADO. *adj.* Abatido, desanimado, entristecido. *Depressed, gloomy.*

ACHICOPALAMIENTO. *n.m.* Abatimiento, decaímiento. *Depression, despondency.*

ACHICOPALAR. *v.* Cohibir. *To intimidate.* ‖ **2.** -se. Amedentrarse, achicarse. Ándele, no se me ACHICOPALE. *Come on, don't be intimidated.* ~Ándele niño, no se me ACHICOPALE, salude a sus primas. *Go on, say hello to your cousins, don't be scared o shy.* (C. Fuentes. La región más transparente). ‖ **3.** Abatirse, desanimarse, entristecerse con exceso. Se aplica también a los animales, y aun a las plantas. *To get depressed, gloomy.*

ACHIGUADERO. *n.m.* Aguazal. *Poodle.* ‖ **2.** Pantano. *Swamp.*

ACHIGUADO. *adj.* Mimado. *Spoiled.*

ACHIGUAR. *v.* (Tabasco). Rociar con agua el maíz al paso que lo muelen para que no se reseque. *To spray corn with water as it is being ground to keep it moist.*

ACHINADO. *adj.* Que se parece a los chinos. *Oriental looking.*

ACHINARSE. *v.* Erizarse la piel por efecto del miedo u otras emociones. *To get goosepimples, to become scared.* 📖 Y sintió una vez más que su carne se ACHINABA. *And once more she felt scared to death.* (M. Azuela. Los de abajo).

ACHINCHINCLE. *n.m.* El que de continuo acompaña a otro en calidad de incondicional y servidor oficioso, o que le adula y obedece en forma baja. *Faithful servant, campfollower, flatterer.* 📖 Porque lo conocí de soldado raso, [...] y no de fanfarrón con todo su Estado Mayor, dando órdenes de secretito a todos sus ACHICHINCLES. *Because I knew him as a plain soldier and not as braggart with a General Staff giving orders in a hushed voice to all his flunkies.* (E. Poniatowka. Hasta no verte Jesús mío). ‖ **2.** Subalterno. *Minion.*

ACHINQUECHARSE. *v.* (Sonora). Agacharse. *To bend down.*

ACHIOTAL. *n.m.* Campo de **achiotes**. *Plantation of achiote trees.*

ACHIOTE. *n.m.* Bija (del fruto cocido se hace una bebida medicinal y refrescante, y de las semillas se obtiene una pasta roja que sirve para teñir. Se usa actualmente en México para dar color a los guisados como sustituto del azafrán). *Annetto tree.*

ACHIPOLARSE. *v.* Entristecerse. *To grow sad, get gloomy.*

ACHIQUILLADO. *adj.* Dícese de la persona mayor que se comporta como un niño, aniñado. *Childish.*

ACHIQUITAR. *v.* (Acad.) Achicar, empequeñecer. *To lessen, reduce, dismish, make smaller.*

ACHOCADO. *adj.* (Tabasco). Que tira a indio. *Indian-like.* (Véase **aindiado**)

ACHOCARSE. *v.* (Tabasco). Adquirir hábitos y costumbres del indio. *To acquire the characteristics of an Indian.*

ACHOLENCADO. *adj.* Enclenque. *Sickly, feeble.*

ACHOLOLE. *n.m.* Sobrantes del riego que escurren por el extremo de los surcos. *Excess irrigation waters which run off the fields.*

ACHOLOLEAR. *v.* Escurrir agua los surcos. *To drain off excess irrigation waters.*

ACHOLORERA. *n.f.* Azarbe, zanja

pequeña que recoge los **achololes**. *Ditch for draining excess irrigation waters.*

ACHUCHARRAR. *v.* (Acad.) Arrugar, encoger, amilanar. *To be intimidated, become cowed.* 📖 No te ACHUCHARRES, enderézate, levanta la cabeza. *Don't be intimidated, straighten up, lift up your head.* (Cit. Santamaría). ‖ **2.** -se. Quemarse (carne). *To burn or get burned.* ‖ **3.** Marchitarse (planta). *To wither (in the sun).*

ACHUMADO. *adj.* Ebrio, borracho. *Drunk.*

ACHUMARSE. *v.* Embriagarse. *To get drunk.*

ACIGUATADO. *adj.* Papanatas, bobo. *Silly, stupid.* ‖ **2.** Dícese de las personas enfermizas y desnutridas. *Sickly, undernourished.*

ACIGUATARSE. *v.* Atontarse, entontecer. *To grow stupid.* ‖ **2.** Enloquecer. *To go crazy, loose one's head.* ‖ **3.** Volverse anémico y descolorido. *To grow pale and anemic.*

ACITRÓN. *n.m.* (Acad.) Tallo de biznaga descotezado y confitado *Candied citron.*

ACITRONAR. *v.* Freir o dorar hasta que se dore. *To fried until golden brown or crisp.* 📖 La cebolla se pone a freír en un poco de aceite. Cuando está ACITRONADA se le agregan la carne molida, el comino y un poco de azúcar. *Fry the onion in a little oil. When crisp (golden brown) add the ground meat, the cumin and a little sugar.* (L. Esquivel. Como agua para chocolate. Cit. Hispan.).

ACLARAR. *v.* Entresacar plantas en un sembrado para que las restantes crezcan mejor. *To thin out plants in a field.* ‖ **2.** •ACLARÁSELE a uno. Acabársele el dinero a uno. *To run out of money.*

ACLARECER. *v.* Aclarar. *To clarify.*

ACLAYOS. *n.m.* Ojos (entre gente del hampa). *Eyes (among people of the underworld).*

ACOCHAMBRAR. *v.* Ensuciar un cosa. *To make filthy.*

ACOCHONARSE. *v.* Apelmazarse. *To cake, solidify, get lumpy.*

ACOCIL. *n.m.* (Acad.) Especie de camarón de agua dulce. *Freshwater shrimp.* ‖ **2.** •Estar como un ACOCIL. *To turn red like a beet.*

ACOCOTE. *n.m.* (Acad.) Calabaza que perforado en los extremos se usa para extraer por succión el aguamiel del tallo del maguey. *Long calabash perforated at both ends to extract the sweet juice of the maguey plant by suction.*

ACOJINAR. *v.* Revestir los muebles con un acolchado para hacerlos más cómodos. *To cover (chair, sofa, etc.) with a padding to make it more confortable.*

ACOLCHONAR. *v.* Rellenar algo de lana, cerda, algodón para formar como un colchón pequeño. *To pad, stuff, quilt.*

ACOLITAR. *v.* Desempeñar funciones de acólito. *To serve as an altar-boy.*

ACOMEDIDO. *adj.* Servicial. *Obliging, helpful, accomodating.*

ACOMEDIRSE. *v.* Ofrecerse, disponerse para algo. *To offer to help, volunteer.* 📖 Yo era cuidador de coches [...]; pero como yo les caía bien a las gentes, me ACOMODÍA a limpiarles sus autos [...]. *I used to look after cars, and since people liked me, I would offer to wash their cars.* (Augustín Yánez. Ojerosa y pintada). 📖 –... Lo mató un caballo –se ACOMIDIÓ (acomedió) a decir uno. *–It was a horse that killed him –someone ventured to say.* (J. Rulfo. Pedro Páramo).

ACOMETIMIENTO. *n.m.* JUR •ACOMETIMIENTO y agresion. *Assault and battery.*

ACOMODADO. *adj.* Que tiene palanca. *To have contacts, connections.* ~Está ACOMODADO con el gobernador. *He has connections in the governor's office.* ‖ **2.** Colocado en un trabajo. ~Es un ACOMODADO. *He got his job by pulling strings.* ~El departamento está lleno de ACOMODADOS. *The department is full of people who got their jobs through having connections or by pulling strings or by having friends in high places.*

ACOMODAR. *v.* Conseguir empleo a un amigo, por parentesco, amistad o relaciones. *To fix a friend up with a job (by improper means).* ~ACOMODO a su primo en la oficina. *He got his cousin a job in the office, he fixed his cousin up with a job.* || **2. -se.** Colocarse en un trabajo. *To set oneself up through connections.*

ACOMODO. *n.m.* Empleo que se consigue por razones que excluyen la preparación o competencia. *Convenient job or position obtained through personal influence rather than merit.* || **2.** Soborno. *Bride, enticement.* || **3.** Previo acuerdo entre dos equipos para determinar el resultado de una contienda. *In sport, the fixing of a fight or an agreement between competing teams to determine the outcome of a game.* || **4.** Empleo temporal. *Seasonal job.*

ACOMPAÑAR. *v.* •Acompañar a la FLACA. *To kick the bucket.*

ACOMPAÑO. *n.m.* Reunión, conjunto de personas reunidas o congregadas en un lugar. *Meeting, group, crowd.*

ACOMPLETADORES. *n.m.* Frijoles. *Beans.*

ACOMPLETAR. *v.* Terminar. *To finish, complete.* 📖 El dueño nomás esperó que ACOMPLETARA la quincena y me corrió. *The owner waited till the fifteen days were over and then fired me.* (E. Poniatowska. Hasta no vertes Jesús mío).

ACONCHADO. *n.m.* Individuo que vive en casa ajena y aun come allí de balde. *Sponger, scrounger.*

ACONCHAMIENTO. *n.m.* Condición del individuo que vive en casa de otro y a expensas de éste. *Sponging, scrounging.*

ACONCHAR. *v.* Reprender. *To tell off.* || **2. -se.** Establecerse en casa ajena para vivir y comer de balde. *To sponge, scrounge.*

ACONEJADO. *adj.* Parecido al conejo, por la semejanza de las orejas. *Having ears similar to a rabbit.*

ACORDADA. *n.f.* (Acad.) Cuerpo policial establecido en Méjico en el siglo XVIII para aprehender y juzgar a los salteadores. *Fraternity established in Mexico in 1710 to combat higwaymen.*

ACORDAR. *v.* Conceder, otorgar. *To grant.* ~Al inválido le ACORDARON una pensión. *The invalid was granted a pension.* || **2.** Darse cuenta de algo. *To realize.* Estaba viendo la mercancía y, ya cuando acordé me habían robado la bolsa. *Here I was looking at the merchandise, and before I realized it (knew it). they had stolen my purse.* 📖 Cuando menos ACORDAMOS aquí estaban ya, mero enfrente de nosotros, todos desguarnecidos. *When we least expected it they were already here, right in front of us, completely unarmed.* (J. Rulfo. El llano en llamas).

ACORDEÓN. *n.f.* (Acad.) Especie de chuleta, papelito con apuntes para uso, no autorizado, de los estudiantes en exámenes escritos. *Small piece of concealed paper with prepared notes used to cheat on exams; crib.*

ACORDONADO. *adj.* (Acad.) Enjuto, delgado, cenceño (caballo). *Lean, thin, but strong (horse).*

ACOSIJAR. *v.* (Acad.). Agobiar, atosigar. *To overwhelm, to opress, gadger, pester.*

ACOSTADA (variante de **acostón**). || **2.** Parto. *Labor.*

ACOSTARSE. *v.* Parir, dar a la luz. *To give birth.*

ACOSTÓN. *n.m.* Hecho de acostarse con alguien. *Act of sleeping with someone.* 📖 Y si me exigen un ACOSTÓN para ascender, mejor me cambio de fábrica. *And if I need to sleep with someone in order to get a promotion, I'll go to another factory.* (C. Fuentes. La frontera de cristal).

ACOTAMIENTO. *n.m.* Arcén. *Hard shoulder used on either side of a road for emergency use.*

ACTA. *n.f.* •ACTA matrimonial, o de matrimonio. Partida de matrimonio. *Marriage certificate.* || **2.** •ACTA de nacimiento. Partida de nacimiento. *Birth certificate.* 📖 Aunque todos me reconocieran por la cara que yo era de la familia Palancares no había ningún ACTA DE NACIMIENTO ni nada. *Although they all could tell by my face that I was a member of the Palancares family, there was no birth certificate nor anything like it.* (E. Poniatowska. Hasta no verte Jesús mío). 📖 -¿Qué busca? -inquirió el hombre [...]. -Las ACTAS de matrimonio o bautizo o defunción de mis abuelos. *-What are you looking for? asked the man. -The wedding, birth or death certicate of my grandparents.* (Silva Molina. El amor que me juraste).

ACTIVARSE. *v.* Tomar medidas enérgicas. *To take active steps.*

ACUACHAR. *v.* Encubrir. *To harbor.*

ACUACHE. *n.m.* Compañero, amigo, compinche, camarada. *Pal, buddy, chum, friend, accomplice.* Una madrugada acabaron con sus acuaches, cuando pa (para) nada les servían ya. *One morning they got rid of their accomplices, when they no longer were of any use to him.* (M. Azuela. La mala yerba).

ACUACHI (variante de **acuache**).

ACUATE. *n.m.* Culebra de agua con cabeza negra y amarilla. *Water snake with black and yellow head.*

ACUELLAR. *v.* Acogotar. *To choke.*

ACUILMARSE. *v.* Entristecerse, amustiarse. *To grieve.* || **2.** Acobardarse, achicarse. *To loose heart or courage.*

ACULADERO. *n.m.* Fondo de cueva, sin salida, al cual se acogen algunos animales cuando se sienten atacados. *Cave, lair, animal's hideaway.*

ACURRADO. *adj.* Majo, curro, guapo. *Handsome.*

ACURRARSE. *v.* Imitar al **curro**. *To imitate Andalusian speech and manner.*

ACURRUCAR. *v.* Mecer. *To rock.* Le besó en la frente y [...] lo ACURRUCÓ como cuando era niño. *He kissed him on the forehead and rocked him just like when he was a child.* (C. Fuentes. La frontera de cristal. Cit. Hispan.).

ACUXILAR (pron. *acuchilar*). *v.* Azuzar los perros. *To set the dogs on someone.*

ACUXILEAR (variante de **acuxilar**).

ADAMADO. *adj.* Que tiene modales finos, como de una dama. *Lady-like.*

ADENTRO. *adj.* Dentro. *Inside.* 📖 Estas puertas no se abren desde ADENTRO. *These doors don't open from the inside.* (C. Fuentes. Cit. Brian Steel). || **2.** ¡Adentro! Expresión con la que se manifiesta sorpresa e incredulidad. *How about that!* ~Lo derrotó en tres minutos. ¡Adentro! *He beat him in thres minutes. What do you think of that!*

ADEUDO. *n.m.* Deuda. *Debt.*

ADEVERAS. *adv.* De veras. *Really, truly.* 📖 Nosotros le recogíamos la canasta (de comida) porque creíamos que era niño de a DEVERAS [...]. *We would accept the basket because we all believed that he was really a child.* (E. Poniatowska. Hasta no verte Jesús mío).

ADICCIÓN. *n.f.* Dependencia. *Adiction.*

ADIÓS. *interj.* ¡Dios mío! *Good God!*

ADIOSITO. •¡Adiosito! Hasta luego. *Good bye.*

ADMINISTRACIÓN. *n.f.* Extremaunción. *Extreme unction, last sacrament.* || **2.** Gerencia. *Administration, management.* 📖 "Si sigo escuchando esa maldita balada", me dije, "voy a quejarme a la ADMINISTRACIÓN". *If they keep on playing that damned song, I'm going to complain to the management.* (Silva Molina. El amor que me juraste).

ADMINISTRAR. *v.* Recibir la extremaunción. *To receive the extreme unction or last sacrament.*

ADOBE. *n.m.* •Descansar haciendo ADOBES. (Acad.) Dícese del que emplea en trabajar el tiempo destinado al descanso. *To moonlight, to do work on the side.*

ADOBERA. *n.f.* (Acad.) Queso en forma de adobe. *Brick-shaped cheese.* || **2.** (Acad.)

Molde para hacer quesos de forma de adobe. *Brick-shaped cheese mold.*

ADOBO. *n.m.* Salsa de chile rojo. *Red chile sauce.*

ADONDE. *adv.* Donde. *Where.* 📖 Posteriormente en el Deportivo Chapultepec ADONDE ella empezó a trabajar, se formó el equipo de natación. *Later at the Chapultepec sport club where she first worked, the swimming team was formed.* (Cit. Brian Steel). ‖ **2.** Dado que, supuesto que. *Since.*

ADOPTADO. *n.m.* Niño adoptivo. *Adopted child.*

ADORNARSE. *v.* Lucirse, presumir. *To show off, presume.* ~Conmigo no te ADORNES, que yo te conozco. *Don't try to impress me, I know you.*

ADOSAR. *v.* Adjuntar, acompañar (documentos). *To enclose, attach.*

ADUANAL. *adj.* (Acad.) Aduanero. *Custom (before an adj.).*

ADULADA. *n.f.* Adulación. *Flattery.*

ADUNDARSE. v. (Sureste). Atontarse, atolondrarse. *To be stunned or dazed.*

ADVENEDIZO. *n.m.* Novicio, principalmente en un arte, oficio o facultad. *Novice, beginner.*

AFÁN. *n.m.* Robo. *Theft.* ‖ **2.** Ratero. *Small-time thief.*

AFANADOR. *n.m.* (Acad.). Persona que en los establecimientos públicos se emplea en las faenas de limpieza. *Cleaner, janitor.* 📖 Me metí primero de AFANADORA [...]. *I first started as a house cleaner.* (E. Poniatowska. Hasta no verte Jesús mío). 📖 [...] y ahora se ocupaban en arrebetarse los cigarros de mariguana que Rosario, la afanadora, les hacía llegar. *And now they spent their time fighting for the marihuana cigarrettes which Rosario, the cleaning lady, brought them.* (V. Leñero. Los albañiles). ‖ **2.** Ladrón, en especial él que roba carteras. *Purse snatcher.*

AFANADURÍA. *n.f.* Sala de primera cura en cárceles, hospitales y comisarías. *Casualty ward.*

AFANAR. *v.* Robar, hurtar. *To steal, rob.*

AFECTADO. *adj.* •Estar AFECTADO del pecho. Padecer de tisis. *To be consumptive.*

AFIGURAR. *v.* Imaginar. *Imagine.* 📖 [...] oíamos el rodar de la grava y a mí se me AFIGURABA que la montaña se venía abajo. *We could hear the gravel tumbling down and I had the sensation that the entire mountain was falling down upon us.* (E. Poniatowska. Hasta no verte Jesús mío). ‖ **2.** •¿AFIGÚRESE lo que me dijo? *Guess what he told me?*

AFILADOR. *n.m.* (Acad.) Piedra para afilar. *Whetstone, hone.* ‖ **2.** Correa en que alfila el barbero la navaja de afeitar. *Leather strap used by barbers to sharpen their straight razors.*

AFILARSE. *v.* Adelgazar. *To become thinner.* ~Se le ha AFILADO la cara. *His face has become thinner.* ‖ **2.** Prepararse. *To become ready.*

AFIRMAR. *v.* Asestar (golpe, etc.), pegar. *To give, deal a blow.*

AFLIGENTE. *adj.* Angustioso, doloroso, penoso. *Distressing, upsetting.*

AFLIGIR. *v.* Apalear, golpear. *To beat, trash.* ‖ **2.** Hacer fuego, disparar. *To open fire.*

AFLOJAR. *v.* Entregar, soltar el dinero. *To let go of money, spend easily.* ‖ **2.** Ceder a alguien. *To give in, submit.* ~Hice la lucha pero esta chica no AFLOJA. *I did my best, but that girl doesn't give in.* ‖ **3.** Soltar, dejar. *To let go.* –¡AFLÓJAME! *Let me go!* ‖ **4.** •AFLOJAR un golpe. Asestar un golpe, pegar. *To hit.* ‖ **5.** •AFLOJÁRSELE el estómago (la panza) a uno. Tener diarrea. *To get diarrhea.*

AFLÚS. (Tabasco). *adj.* Sin dinero, pelado. *Penniless, broke.*

AFORTINAR. *v.* Fortificar. *To fortify.* 📖 [...] de buenas a primeras se echaban sobre el suelo, AFORTINADOS detrás de sus caballos [...]. *Suddenly they would throw themselves to the ground and fortified themselves behind their horses.* (J. Rulfo. El llano en llamas).

AFRONTILAR. *v.* (Acad.). Atar una res vacuna por los cuernos al poste o bramadero, para domarla o matarla. *To tie cattle by the horns to a post (in order to subdue or slaughter the animal).* ‖ **2.** Acosar, acorralar, asediar. *To hound, harass.*

AFTOSA. *n.f.* Enfermedad del ganado que se manifiesta por ulceraciones en la boca. *Foot-and-mouth disease.*

AFUERA. *adv.* Fuera. *Outside.* ¿Y cómo vas a cuidar la educación de tus hijos, si tú estás en la oficina y el muchachito está aquí AFUERA. *How are you going to take care of your children, if you're in the office and the little boy is outside playing cards or smoking marihuana.* (Cit. Brian Steel).

AFUERITA. *adv.* Fuera. *Outside.* 📖 La que estaba allí, AFUERITA de la cárcel, esperando quién sabe desde cuándo a que me soltaran. *The one that was out there, outside of jail, waiting God knows how long for them to set me free.* (J. Rulfo. El llano en llamas). 📖 Y si tú la quieres ver, allí está AFUERITA. *And if you want to see her, she's outside.* (J. Rulfo. Pedro Páramo).

AFUSILAR. *v.* Fusilar. *To shoot, execute by firing squad.* 📖 [...] acabarán por saber quien soy y les dará por AFUSILARME también. *They'll end up finding out who I am and they'll end up shooting me as well.* (J. Rulfo. Cit. Brian Steel).

AGACHADO. *n.m.* Que baja fácilmente la cabeza ante el jefe. 📖 Unos cuantos chingones esclavizan a una bola de AGACHADOS. *It just take a a few bastards to enslave a whole bunch of bootlickers.* (C. Fuentes. La frontera de cristal. Cit Hispan.). 📖 No, era AGACHADO, sumiso, esclavo. *No he was submissive, obsequious, servile.* (Carlos Fuentes. La frontera de cristal).

AGACHAR. *v.* •AGACHAR algo. Callar maliciosamente. *To keep quiet about something (out of spite).* ‖ **2. -se.** Rebajarse. *To eat humble pie.* ‖ **3.** Ceder, someterse. *To give in.* 📖 Si ven que me AGACHO es que tengo miedo. Mátenme sin una pausa. *If you see that I give in it's because I'm afraid. Kill me on the spot.* (E. Poniatowska. Luz y luna). ‖ **4.** •AGACHARSE con algo. (Acad.) Apropiarse de alguna cosa indebidamente. *To make off with something, pocket something.* ‖ **5.** •AGACHAR la cabecita. Morir. *To kick the bucket.*

AGACHÓN. *n.m.* Consentidor, aguantón. *Weak-willed, submissive.* ‖ **2.** Gallina (en el momento de apostar en el juego). *Chicken, timid gambler.*

AGALAMBADO. *adj.* Tonto, simple, bobo. *Dummy.*

AGALLUDO. *adj.* Corajudo. *Gutsy.*

AGANDALLARSE. *v.* Engullir. *Wolf down, gobble up (food).* ‖ **2.** Hurtar. *To walk (make) off with (an object belonging to someone else).* ~Le presté una silla y se la AGANDALLÓ. *I let him have a chair and he walked off with it.* ‖ **3.** Portarse mal. *To behave badly.*

AGARITARSE. *v.* Dícese de los animales cuando se muestran asustados. *To be frighten (animal).*

AGARRADA. *n.f.* Riña. *Argument, dispute, quarrel.* ‖ **2.** Pelea. *Scrap, brawl, fight.*

AGARRADERA. *n.f.* Agarradero, mango, asa. *Handle.* ‖ **2.** •Tener buenas AGARRADERAS. Contar con buenas influencias o con personajes pudientes que le ayuden. *To have connections.* 📖 Tu dices que nada se puede hacer en México sin tener buenas AGARRADERAS, sobre todo en el gobierno. No es suficiente, sino pegarse duro al trabajo; demostrar capacidad. *You say that in Mexico you can't get anywhere without having connections. That's true, but it's not enough, you must also work very hard and show that you're capable.* (Agustín Yánez. Ojerosa y pintada). 📖 [...] en México nadie progresa, aun con dinero, si no tienes buenas AGARRADERAS. *In Mexico no one gets ahead without connections, even if he has money.* (M. Azuela. Nueva burguesía).

AGARRAR. *v.* Captar. *To understand.* ‖ **2. -se.** Reñir, pelearse. ~AGARRARSE a golpes (trompadas). *To get into a fistfight.* || **3.** Tomar un rumbo, encaminarse hacia cierto lugar. ~AGARRÓ para abajo. *He went down the road.* 📖 [...] cargo su tambache y AGARRÓ para la calle. *He loaded his things tied up in a bundle and headed for the street.* (E. Poniatowska. Hasta no verte Jesús mío). || **4.** (Tabasco). •Agarrar y (+ verbo). Usado como muletilla en la conversación. *So.* 📖 AGARRABA y hacía todas las compras porque su marido [...] no servía para nada. *So she would to all the shopping because her husband was completly useless.* (E. Poniatowka. Hasta no verte Jesús mío). 📖 [...] AGARRÉ y me salí. *So I left.* (E. Poniatowka. Hasta no verte Jesús mío).

AGARRE. *n.m.* Agarrada. *Run-in, confrontation, clash.* 📖 Otro AGARRE como éste y nos acaban. *Another run-in like this one and we've had it.* (J. Rulfo. El llano en llamas). 📖 Aquél fue el último AGARRE que tuvimos con las fuerzas de Petronilo Flores. *That was the last run-in we had with Petronilo Flores' forces.* (J. Rulfo. El llano en llamas).

AGARRÓN. *n.m.* Tirón, sacudida fuerte. *Pull, tug.* || **2.** Discusión, pelea. *Fight, row, discussion.* ~Se dieron un AGARRÓN. *They had a fight.*

AGARROSO. *adj.* Áspero, no suave al tacto. *Tart, sharp to the touch.*

AGENCIA. *n.f.* •AGENCIA de mudanza. *Movers, moving company.*

AGENCIERO. *n.m.* (Acad.) Agente de mudanza. *Trucker, mover.*

AGIOTISTA. *n.m.* (Acad.) Usurero. *Usurer.*

AGONIZOS. *n.m.* Molestias, angustias, contratiempos. *Worries, troubles.*

AGORRIONARSE. *v.* Amedrentarse. *To become frightened.*

AGORZOMADO. *adj.* Triste, decaído. *Depressed, dejected.*

AGORZOMAR. *v.* Acosar, hostigar, molestar. *To annoy, pester.* || **2. Agorzomarse.** Desanimarse. *Become disheartened, discouraged.* 📖 No te AGORZOMES... Vamos a buscar trabajo de cartoneras. *Don't loose heart. We'll look for a job in a carton factory.* (E. Poniatowka. Hasta no verte Jesús mío).

AGOSTAR. *v.* Pastar el ganado, en las épocas de sequía, en prados reservados. *To graze on rough ground.*

AGRIPARSE. *v.* Acatarrarse. *To catch the flu.* ~Está AGRIPADO en cama. *He's in bed with the flu.*

AGRURA. *n.f.* Acidez de estómago. *Heartburn.*

AGUA. *n.f.* •AGUA gruesa. Agua salina. *Salt water.* || **2.** •¿Qué me da para mis AGUAS? (pidiendo una propina). *How about a little something for me? (requesting a tip).* 📖 [...] me juraron por su madre que no iban a abrir el pico [...] con la sola condición de que les pasara para sus AGUAS. *They swore on their mother's grave that they wouldn't say anything, as long as I gave them a little something to help them out.* (V. Leñero. Los albañiles). || **3.** •Seguir las AGUAS a uno. Imitar, guardarse de contradecir una persona por conveniencia o prudencia. *To keep on someone's good side.* || **4.** ¡Aguas! (Acad.). ¡Cuidado! (para advertir de un peligro). *Watch out!, be careful!* || **4.** •Estar como AGUA para chocolate. Estar enojado. *To be furious.* 📖 Tita literalmente estaba como AGUA para chocholate. Se sentía de lo más irritable. *Tita was literally out of herself. She felt utterly irritable.* || **5.** •Echar AGUAS. Vigilar. *To keep an eye out, be on the lookout.* || **6.** •Tomar una agüita. Tomar un trago. *To have a drink.* || **7.** •Darle a alguien su AGÜITA. Matar. *To kill.*

AGUACATAL. *n.m.* Plantío de **aguacates**. *Avocado pear orchard or plantation.*

AGUACATE. *n.m.* Fruto de corteza verde, de pulpa mantecosa y de una sola semilla de gran tamaño. *Avocado pear.* || **2.** Árbol del aguacate. *Avocado pear tree.*

AGUACATERO. *n.m.* Nombre que también se da al árbol del aguacate. *Avocado pear tree.*

AGUACATILLO. *n.m.* Nombre de varias plantas parecidas al aguacate en las hojas o en el fruto. *Name given to various plants similar to the fruit or leaves of the avocado pear.*

AGUACHINARSE. *v.* Sufrir o perderse los sembrados por exceso de lluvias. *To become waterlogged, flooded.* || **2.** Estancarse las aguas en los campos. *To become stagnant (water in fields).*

AGUACOLA. *n.f.* Preparado de cola desleída en agua que usan los carpinteros. *Fish glue.*

AGUADO. *adj.*(Acad.) Débil, desfallecido, flojo. *Weak, simpering.* 📖 [...] entre que uno se come un pan de los que llevan en la bolsa y entre que se le empieza a sobar los chichis, facilito se van poniendo AGUADAS, AGUADAS. *Ater eating one of the rolls they carry in their bag and fondling their breasts they gradually begin to let their defense down.* (V. Leñero. Los albañiles). || **2.** Perezoso. *Idle, lazy.* || **3.** (Acad.) Dícese de la persona sosa, sin viveza ni gracia. *Dull, boring (person).* || **4.** Aburrido, de poco interés. *Dull, boring, lifeless.* ~La fiesta fue AGUADA. *The party was very dull.* || **5.** Apodo que dan los mexicanos a sus compatriotas de la ciudad de México. *Nickname given to the inhabitants of Mexico City.* || **6.** Insípido. *Tasteless.* || **7.** Fofo, flojo, blando. *Soft, flabby.*

AGUADOR. *n.m.* Vigía, guardia. *Lookout.*

AGUAFRESQUERA. *n.f.* Vendedora de refrescos. *Woman who sells refreshments or soft-drinks.*

AGUAITE. *n.m.* Espera. *Wait.*

AGUAJE. *n.m.* Abrevadero. *Drinking-trough, water place, water hole.* 📖 En el AGUAJE estaba otro de los nuestros con las costilla de fuera como si lo hubieran MACHETEADO. *In the water hole there was another one of our men with his ribs hanging out as though killed by a machete.* (J. Rulfo. El llano en llamas).

AGUAMALA. *n.f.* Aguamar, malagua. *Jellyfish.*

AGUAMIEL. *n.m.* (Acad.). Jugo del maguey que, fermentado, produce el pulque. *Maguey juice (from which pulque is made).*

AGUANOSO. *adj.* Se dice de la persona sosa y sin gracia. *Dull, insipid (person).*

AGUANTAR. *v.* •AGUANTAR un piano. Estar muy bien, valer mucho la pena o tener mucha resistencia, paciencia, etc. *To be patient, have patience.* 📖 El compadre de Patotas no es de los que AGUANTAN UN PIANO, todo lo contrario, ya está suave de tanto herirle la dignidad [...]. *Patotas' friend is not the type that's going to take a lot of abuse from anyone, he's quite fed up of being insulted in such a way.* (V. Leñero. Los albañiles). || **2.** AGUANTAR mecha (vara). Variante de **aguantar un piano.**

AGUANTÓN. *adj.* Que tiene mucho aguante, paciente, tolerante. *Long-suffering, extremely patient.*

AGUARAPADO. *adj.* [Líquido]. Que por su sabor dulce y agrio, se parece al guarapo. *Said of a beverage resembling sugar cane juice.*

AGUARAPARSE. *v.* Embriagarse con **Guarapo.** *To get drunk with* **guarapo.**

AGUATARSE. *v.* Cubrirse de espinas. *To be covered with prickles or thorns.* ~Se AGUATÓ las manos. *He got his hands covered with prickles.*

AGUATE. *n.m.* Espina que cubre los cactos y otras plantas y frutos. *Prickle, thorn which covers cactus, certain plants and trees.*

AGUATOSO. *adj.* Dícese de las plantas y frutos que tienen muchas espinas o **aguates**. *Prickly.*

AGÜERADO. *adj.* Que tira a güero, rubio. *Fair, blond, light-skinned.* 📖 Revieron la fisionomía de los dos hombres de la víspera. Uno, Pancracio, AGÜERADO, pecoso... *They recalled the face of the two men of the night before. One, Pancracio, fair-skinned, freckled* ... (M. Azuela, Los de abajo). || **2.** (Tabasco).

Mimado con exceso. *Spoiled.*

AGÜERAMIENTO. *n.m.* (Tabasco). Hecho de mimar. *Pampering.*

AGÜERAR. *v.* (Tabasco). Mimar, consentir. *To pamper, spoil.*

AGÜERO. *n.m.* Adivino. *Fortune-teller.* ‖ 2. (Tabasco). Mimo. *Pampering.*

ÁGUILA. *n.m.* Persona muy lista. *Clever person.* ~Marta es muy ÁGUILA para las matemáticas. *Martha is very good at mathematics.* 📖 Al fin un cuate me habló de ésta [chamba] y hasta me llevó con los patrones, que son unos gachupines REÁGUILA [...]. *Finally a good friend of mine told me about this job, and even took me to see the owners, a couple of very sharp Spaniards.* (Augustín Yánez. Ojerosa y pintada). 📖 No hay mala suerte. Todo es cuestión de ponerse uno ÁGUILA. *There's no such thing as bad luck. It's all a matter of being shrewd.* (Agustín Yánez. Ojerosa y pintada). ‖ 2. (Acad.). Moneda mexicana de oro equivalente a 20 pesos fuertes. *Mexican 20 dollar gold piece.* ‖ 3. •¿ÁGUILA o sol? ¿Cara o cruz? *Head or tail?* 📖 Porque el general [...] abogaba con todo el calor de su alma por reducir a un simple ÁGUILA o sol la votación para presidente. *Because the general didn't think anything of deciding the vote for president by a simple toss of a coin.* (M. L. Guzmán. El águila y la serpiente. Cit. Hispan.). ‖ 4. •Ponerse ÁGUILA. Ponerse listo o prevenido, actuar con habilidad o ventaja. Tere se puso ÁGUILA con la venta de camisas y ganó buen dinero. *Teresa became very proficient at selling shirts and made quite a bit of money at it.* ‖ 5. •¡ÁGUILA! ¡Ojo! *Watch out!* ¡ÁGUILA con el camión! *Watch out for the truck!* ‖ 6. •ÁGUILA voladora. Motorcycle cop.

AGUILITA. Condecoración militar. *Medal, decoration.* 📖 Mi general Natera le va a dar su AGUILITA [...]. *General Natera is going to give you your medal.* (M. Azuela. Los de abajo. Cit. Hispan.). ‖ 2. Policía o guarda. *Police or guard.* ‖ 3. •De AGUILITA. Al vuelo. *On the fly.* ~Bajarse de AGUILITA del autobus. *To jump off the bus.*

AGÜITADO. *adj.* Triste, de ánimo decaído. *Depressed, gloomy, downhearted.* 📖 De las calles de la ciudad, a los arroyos, prefiero los arroyos. Por AGÜITADOS que estén, arrastran agua y no polvo. *Between the city streets and the sewers, I prefer the sewers. No matter how depressing they may be, they carry water and not dust.* (F. Del Paso. José Trigo. Cit. Hispan.).

AGÜITARSE. *v.* Entristecerse, abatirse, decaer el ánimo. *To have the blues, feel discouraged.*

AGUJA. *n.f.* Guardagujas. *Switchman.*

AGUJETA. *n.f.* Listo. •Ponte bien AGUJETA. *Look sharp.* ‖ 2. Cordón (zapatos). *Shoelaces.* 📖 Amo mis viejos zapatos. Son duros pero son cómodos. Se amarran con AGUJETAS altas. Son como botines. *I like my old shoes. They're hard but comfortable. They use long shoelaces. They're like boots.* (Carlos Fuentes. La frontera de crystal).

AGUJETERO. *n.m.* Alfiletero. *Pincushion.*

AHÍ. *adv.* •AHÍ se lo haiga. Allá usted. *That's up to you, that's your business.* 📖 Ahora que se quiere quedarse aquí, AHÍ se lo haiga; aunque no estaría de más que le echara una ojeada al pueblo. *Now if you want to stay, that's your business; although it wouldn't be a bad idea if you took a look at the town.* (J. Rulfo. Pedro Páramo. Cit. Hispan.). ‖ 2. •AHÍ será otro día. Otra vez será. 📖 Los hombres no han venido al mercado [...]. AHÍ será otro día. *The men haven't come to the market. Oh, well, next time.* (J. Rulfo. Pedro Páramo. Cit. Hispan.). ‖ 3. •De AHÍ en (fuera). Aparte de esto. *Besides.* Este fue el único gesto salvaje que Treviño tuvo en la vida. De AHÍ en fuera era la persona más fina y elegante hasta matar. *This was the only rude thing Treviño ever did. Aside from that, he was the most refined and elegant person you can imagine.* (L. Esquivel. Agua para chocolate. Cit. Hispan.). ‖ 4. •De AHÍ en más. Aparte de eso. *Besides.* 📖 Sé que hubo alguna balacera anoche [...], pero DE AHÍ en más no sé nada. *I know that there was a shooting last night, but beyond that I know nothing.* (J. Rulfo. Pedro Páramo).

AHIJADERO. *n.m.* Operación en que una oveja o una vaca acepta como suyo un animalito ajeno que ha quedado huérfano. *The adopting or mothering of a young orphaned animal.*

AHIJAR. *v.* Hacer que una oveja o una vaca acepte como suyo un animalito ajeno que ha quedado huérfano. *To adopt, mother (animal).*

AHILAR. *v.* (Tabasco). Partir hacia determinado rumbo. *To set out.*

AHOGADO. *adj.* Borracho. *Blind drunk.* ‖ 2. Guiso. *Stew.*

AHOGADOR. *n.m.* Regulador del aire (autom.). *Choke (car).*

AHOGAR. *v.* Guisar. *To stew.*

AHORA. *adv.* Ahora bien. *However.*

AHORCAR. *v.* •AHORCAR a alguno. Aprovechar de la necesidad de uno para cobrar un interés excesivo. *To milk someone, to squeeze someone dry.*

AHORITA. *adj.* (Acad.) Variante de **ahorita**. 📖 Está bien, está bien, AHORITA lo arreglo... no es para que te enojes. *All right, all right, I'll fix it right now... it's nothing to get mad about.* (E. Poniatowska. Hasta no verte Jesús mío).

AHORITICA (variante de **ahorita**).

AHORITITA. *adv.* (Acad.) Ahora mismo, muy recientemente. *Right now, this very moment.*

AHUATADO. *adj.* Lacerado. *Lacerated.* 📖 [...] aliviándonos el cansancio y las enfermedades del alma y de nuestro cuerpo AHUATADO [...]. *Relieving the weariness and ills of our souls and lacerated bodies [...].* (J. Rulfo. El llano en llamas).

AHUATE. *n.m.* (Acad.) Espina muy pequeña y delgada que, a modo de vello, tienen algunas plantas, como la caña de azúcar y el maíz. *Small prickly hairs (of sugar cane, corn), needle.*

AHUCHAR. *v.* Azuzar. *To egg on, urge, excite.*

AHUEVAR. *v.* Poner huevos. *To lay eggs.*

AHUIZOTE. *n.m.* (Acad.) Persona que molesta y fatiga continuamente. *Nuisance, pest, pain in the neck.* ‖ 2. (Acad.) Agüero, brujería. *Evil spell, curse.* ‖ 3. Hombre cruel y temible. *Cruel, dangerous person.* ‖ 4. Azote. *Scourge.* Era el AHUIZOTE de los dirigentes sindicales deshonestos. *He was the scourge of crooked union bosses.*

AHULADO. *n.m.* (Acad.) Tela o prenda impermeabilizada con hule o goma elástica. *Oilskin, oilcloth.*

AHUMADO. *adj.* Ebrio, borracho. *Drunk.*

AHUYENTARSE. *v.* Retirarse o dejar de concurrir una persona o animal a un sitio que antes frecuentaba. *To stop frequenting a place.*

AINDIADO. *adj.* Que tira a indio. *Indian-like.*

AINDIARSE. *v.* Acquirir los hábitos y costumbres del indio. *To acquires the characteristics of an Indian.*

AJIACO. *n.m.* (Acad.) Guisado de caldo y carne, patadas picadas, cebolla y ají picante. *Stew made of vegetables, meat and chile.*

AJIGOLEAR. (Queretaro y Zacatecas). *v.* Urgir, instar para que se haga pronto una cosa *To urge, hurry.*

AJIGOLONES. *n.m.* Aprietos, apuros. *Troubles, difficulties.* 📖 No sabemos ni a qué horas se murió. De la asoleada, de los AJIGOLONES [...]. *We don't even know the time of his death, if he died from the sunstroke or from his troubles...* (E. Poniatowska. Hasta no verte Jesús mío).

AJILAR. *v.* Encaminarse, dirigirse hacia alguna parte. *To set out for a place.* ‖ 2. ¡Ajile! ¡Vamos! *Let's go!*

AJILIMOJILI. *n.m.* Enredo, intríngulis. *Mess, involvement, intrigue.*

AJIMBALADO. *adj.* (Tabasco). Tonto, atarantado. *Rash, irreflexive, dopey.* 📖 Epiteto regional tabasqueño muy significativo, porque alude a la *jimba*, especie de trompo que al bailar zumba y se mueve como si tambaleara o estuviera mareado (Santamaría. Dicc. de Mexicanismos).

AJOLOTE. *n.m.* Anfibio cuya carne es comestible y semejante a la de la anguila. *Edible lake salamander.* || **2.** (Acad.) Renacuajo. *Tadpole.* 📖 [...] pero lo que pasaba es que se había tragado un buen puño de AJOLOTES. *What happened is that he had swallowed a good number of tadpoles.* (J. Rulfo. El llano en llamas). || **3.** Persona gorda, rechoncha y prieta. *Short, fat and dark-skinned person.*

AJOTADO. *adj.* Afeminado. *Effeminate.*

AJUARADO. *adj.* Vestido. *Dressed.* 📖 Parecían ir de paso AJUARADOS para otros apuros y no para éste de ahora. *They seemed to be passing by and dressed for occasions other than this one.* (J. Rulfo. El llano en llamas). 📖[...] se sentó muy sonriente y amable entre la veintena de mujeres ricas, perfumadas, AJUAREADAS del otro lado de la frontera [...]. *He sat down and smiled pleasantly at the twenty of so rich and well perfumed women that surrounded him; all dressed with clothes bought from the other side of the border.* (Carlos Fuentes. La frontera de cristal).

AJUAREAR. *v.* Arreglar. *To arrange.* Luego se las AJUAREABA para que yo pudiera chupar de aquella leche dulce y caliente [...]. *Than she arranged it so that I could drink this sweet and warm milk.* (J. Rulfo. El llano en llamas).

AJUCHAR. *v.* Variante de **ahuchar.** Azuzar, incitar, estimular. *To urge on, egg on, incite.*

AJUMADO. *adj.* Borracho. *Drunk.*

AJUMARSE. *v.* Emborracharse. *To get drunk.*

AJUSTAR. *v.* (Acad.) Cumplir, completar. *To turn (age).* ~Hoy AJUSTA quince años. *He just turned fifteen today.* 📖 AJUSTO hoy tres días sin probar bocado. *Today it's been three days since I've had a bite to eat.* (M. Azuela. Esa sangre). 📖 Días buenos, días malos, se AJUSTARON cinco años. *Between good and bad days, five years went by.* (J. Rulfo. El llano en llamas). || **2.** Llegar a fin de mes. *Make ends meet.* 📖 –No sean malas, fórmense para que le den el rancho porque nosotras tenemos nuestros niños y no AJUSTAMOS. *Don't be mean, get together so that they give him the house because we have our children to take care of and we can't make ends meet.* (E. Poniatowska. Hasta no verte Jesús mío). || **3.** Completar una cantidad de dinero para comprar o pagar alguna cosa. *To be short of (money).* ~No AJUSTO para el gasto de esta semana. *I don't have enough money for this week's expenses.* || **4.** Asestar (golpes, palos). *v. To give.* ~Le AJUSTÓ un golpe en la cabeza. *He hit him on the head.* ~Le AJUSTARON varias puñeladas. *He was stabbed several times.* || **5.** Bastar, ser suficiente. *To be enough, suffice.* 📖 [...] le contaron que le daba a la tía Rogacina veinte pesos semanarios, pero que ella le exigía cada vez más. –Mira Perico, no AJUSTO. *They told her that she was giving her aunt Rogaciana twenty pesos a week, but that she was asking for more and more.* –*Look, Perico, it's not enough.* (E. Poniatowska. Hasta no verte Jesús mío). 📖 Que no me AJUSTA ninguna comida para llenar mis tripas aunque ande a cada rato pellizcando aquí y allá cosas de comer. *I never seem to have enough to eat although I keep nibbling at things here and there.* (J. Rulfo. El llano en llamas). 📖 [...] ya ni la lucha le hacemos para rezar No AJUSTARÍAN nuestras oraciones para todos. *We don't even try to pray anymore. Our prayers wouldn't cover everyone.* (J. Rulfo. Pedro Páramo).

AJUSTE. *n.m.* Reparación general (Aut.). *Overhaul (car).*

ALABADO. *n.m.* (Acad.) Canto devoto que en algunas haciendas de Méjico acostumbraban entonar los trabajadores al comenzar y terminar la tarea diaria. *Song of watchmen* *and field workers at dawn.* 📖 Del cuartucho se escapaba el cálido olor de la muchedumbre aglomerada que rezaba rosarios y más rosarios, sin descansar más instantes que los gastados en entonar un canto horriblemente lúgubre, el ALABADO, que de rigor debe cantarse a fin de ahuyentar a los demonios. *From the small dingy room came the warm smell of the crowd reciting rosaries after rosaries and only resting the short moments spent in singing the* alabado, *which according to traditions is sung to frighten away evil spirits.* (M. Azuela. Mala yerba. Cit. Santamaría).

ALABAR. *v.* (Acad.) Cantar el **alabado**. *To sing the* **alabado**.

ALACATE. *n.m.* **Acocote**, calabaza. *Gourd, pumpkin.*

ALACENA. *n.f.* Rastro, mercado. *Flea market.* 📖 Llamábanse así a los puestos de los mercados donde se vendían artículos varios, de uso común, cigarros, papel, dulces, mercería, libros usados, etc. Fueron típicos principalmente en "El Volador" famoso mercado de la capital, donde está la Suprema Corte de Justicia desde 1930, y donde se hallaba todo lo que se perdía en la ciudad (Santamaría. Dicc. de mexicanismos).

ALACRÁN. *n.m.* Máquina de escribir. *Typewriter.* ‖ **2.** Escorpión. *Scorpion.* 📖 Y mi madrina dice que si en mi cuarto hay chinches y cucarachas y ALACRANES es porque me voy a ir a arder en el infierno si sigo con mis mañas de pegarle al suelo con mi cabeza. *And my protectress says that if there are bedbugs and cockroaches and scorpions in my room it's because I am going to burn in hell if I don't get over that peculiar habit of mine of banging my head against the floor.* (J. Rulfo. El llano en llamas).

ALADINADO. *adj.* Designa a los indios que han aceptado rasgos de la cultura occidental. *Refers to Indians who have adopted Spanish ways.*

ALAGARTARSE. *v.* (Acad.) Apartar la bestia los cuatro remos, de suerte que disminuya de altura y facilite al jinete montarla. *To stand with legs splayed (horse).*

ALAMADERO. *n.m.* Guardián de una alameda. *Keeper of a poplar grove or public walk.*

ALAMBRE. *n.m.* Brocheta. *Brochette, skewer.*

ALAMBRISTA. *n.m.* Inmigrante que entra ilegalmente en los Estados Unidos. *Illegal Mexican alien in the United States.*

ALARDEO. *n.m.* Alarde. *Bragging, boasting.*

ALBACORA. *n.f.* Pez del mar Caribe parecido al bonito. *Albacore, bonita, tuna.*

ALBARAZADO. *adj.* (Acad.). Decíase del descendiente de china y jenízaro, o de chino y jenízara. *Half-breed.*

ALBARDA. *n.f.* (Acad.) Especie de silla de montar de cuero crudo o curtido. *Peasant's rawhide saddle.*

ALBARDEAR. *v.* Ensillar un potro o un caballo redomón, sin montarlo, para que se acostumbre a los aparejos. *To saddle a wild horse (in the process of breaking it), without mounting it.* ‖ **2.** Molestar, fastidiar. *To annoy, bother.*

ALBARDÓN. *n.m.* Silla de montar inglesa, llana y sin borrenes. *Type of saddle.*

ALBAZO. *n.m.* Acción guerrera que se ejecuta al amanecer. *Dawn raid, action fought at dawn.* ‖ **2.** Ataque por sorpresa (generalmente al alba). *Surprise attack (at dawn).* 📖 El pueblo distaba una o dos leguas, y había que dar un ALBAZO a los federales. *The town was one or two leagues away, and a surprise attack had to be made on the government's troops.* (M. Azuela. Los de abajo). ‖ **3.** Robo por la mañana. *Early morning theft.*

ALBERCA. *n.f.* (Acad.) Piscina. *Swimming pool.* 📖 Desde que entraron en la Universidad, de la Garza fue el mejor amigo de Federico. De la Garza lo ayudó a escapar de las novatadas. Gracias a De la Garca no lo tuzaron (tusaron), ni lo echaron a la ALBERCA.

Since they started college, de la Garza became Federico's best friend. De la Garza helped him escape hazing. Thanks to De la Garza no one shaved his head nor threw him into the swimming pool. (V. Leñero. Los albañiles). || **2.** •ALBERCA techada. Piscina bajo techo. *Indoor swimming pool.* || **3.** •ALBERCA inflable. Piscina inflable. *Paddling pool, inflatable pool.*

ALBERCOQUE. *n.m.* (Acad.) Albaricoque. *Apricot.*

ALBERICOQUE (Variante de **albercoque**).

ALBINO. *adj.* (Acad.). Decíase del descendiente de morisco y europea o de europeo y morisca. *Offspring of a quadroon and a Caucasian.*

ALBORADA. *n.f.* Procesión nocturna popular en la que se lleva en andas una imagen religiosa. *Night procession (religious).*

ALBOROTARSE. Animarse, entusiasmarse. *To get exited or enthusiastic about something.*

ALBOROTO. *n.m.* (Acad.) Alborozo, alegría, entusiasmo. *Joy, jubilation.*

ALBRICIAS. *n.m.* (Acad.) Agujeros que los fundidores dejan en la parte superior del molde para que salga el aire al tiempo de entrar el metal. *Vents in casting molds.*

ALBUR. *n.m.* (Acad.) Juego de palabras de doble sentido. *Pun, play on words.*

ALBUREADOR (variante de *alburero*).

ALBUREAR. *v.* (Acad.) Decir albures. *To pun, play with words.*

ALBURERO. *n.m.* (Acad.) El que juega a los **albures**. *Person fond of making puns.* || **2.** *adj.* (Acad.) Dícese de la persona que gusta de emplear albures o juegos de palabras. *Found of making puns.*

ALCANCÍA. Hucha. *Piggy bank.* 📖 Mi pueblo levantado sobre la llanura. Lleno de árboles y de hojas, como una ALCANCÍA donde hemos guardado nuestros recuerdos. *My small town on top of the prairie. Full of trees and leaves, like a treasure chest were memories are kept.* (J. Rulfo. Pedro Páramo).

ALCANTARILLA. *n.f.* Fuente pública. *Public fountain.* || **2.** Dispositivo de mampostería para recibir y repartir las aguas potables. *Cubical water tank.*

ALCANZAR. *v.* •No ALCANZÁRSELE a uno. No ocurrírsele a uno. *Not to occur to someone.* 📖 En su aturdimiento no se le ALCANZÓ siquiera invocar a San Caralampio, ni hacer el signo de la cruz. *In his bewilderment it didn't even occur to him to invoke San Caralampio, nor make the sign of the cross.* (R. Castellanos. Balún-Canán. Cit. Hispan.). || **2.** •ALCANZAR a. Acabar de. 📖 Pero no habíamos ALCANZADO a llegar cuando encontramos a los primeros de a caballo que venían al trote. *Just as we were arriving we saw the first ones on horseback trotting up.* (J. Rulfo. El llano en llamas). || **3.** Procurar. *To manage.* 📖 ¿Cómo iba a ALCANZAR el tren a jalar tanto animalero de cristianos como animalero de caballada? *How was the train going to manage to haul such a herd of christians as if it were a herd of horses.* (E. Poniatowska. Hasta no verte Jesús mío).

ALCATRAZ. *n.m.* Cucurucho de papel, particularmente el que se vende para vender golosinas, semillas, etc. *Cone.*

ALCOBA. *n.f.* Coche-cama. *Sleeping compartment.*

ALDABA. *n.f.* Aldabilla. *Small latch, catch.* || **2.** Pasador de la puerta. *Latch, bolt, crossbar.*

ALEBRESTADO. *adj.* Malhumorado. *Bad-tempered, cross, touchy, irascible.* || **2.** Medio ebrio. *Intoxicated.*

ALEBRESTARSE. *v.* Alarmarse, alborotarse. *To get distressed, become agitated.* || **2.** Achisparse, ponerse medio borracho (Tabasco). *To get intoxicated.* || **3.** Entusiasmarse. *To get excited, become enthusiastic.* 📖 [...] a Perico se le iban los ojos: "Corazón, ¿quieres un coca? Hijito, qué guapo te estás poniendo." Y Tránsito ALEBRESTÓ al muchacho. *As you can imagine, Perico couldn't get his eyes off her: "Honey, do you want a coke? How attractive you look my boy. And Tránsito got the boy all excited.* (E. Poniatowska. Hasta no verte Jesús mío).

ALEGACIÓN. *n.f.* Altercado, disputa, discusión. *Argument.* ‖ **2.** Alegato (jur.). *Plea (law).*

ALEGADOR. *adj./n.m.* Discutidor. *Argumentative, quarrelsome.* 📖 La debes haber conocido, pues era REALEGADORA y cada rato andaba en pleito con las marchantas en la plaza del mercado. *You must have known her, since she was so quarrelsome and would always quarrel with the women who were peddling their wares in the market place.* (Juan Rulfo. El llano en llamas).

ALEGAR. *v.* Discutir. *To argue.* 📖 Pero como me vio muy rabiosa, la dueña no quiso seguir ALEGANDO y se encerró en su cocina. *But since she saw how furious I was, the owner decided not to go on arguing and shut herself up in his kitchen.* (E. Poniatowska. Hasta no verte Jesús mío).

ALEGATA (variante de **alegación**).

ALEGATO. *n.m.* Recapitulación. *Argument, summation (in law).*

ALEGRÓN, NA. *adj.* Enamoradizo, aficionado a galanteos. *Flirtatious.* ‖ **2.** *n.m.* Persona que está medio alegre por efecto del alcohol. *Tipsy.* ‖ **3.** Galanteador (hombre), coqueta (mujer). *Flirt.* ‖ **4.** Ramera, prostituta. *Prostitute.*

ALELUYA. *n.m&f.* Protestante. *Person who professes the protestant religion.*

ALENTADO. *adj.* Restablecido o repuesto de un padecimiento. *Improved, better.*

ALENTARSE. *v.* Mejorar, recuperarse de una enfermedad. *To get well.*

ALETEAR. *v.* Rondar. 📖 Cuando te ALETIÉ (aletee) la vejez, aprenderás a vivir, sabrás que los hijos se te van, que no te agradecen nada. *When you get old, you'll learn what living is all about, you'll learn that your children soon or later leave you and never appreciate anything you ever did for them.* J. Rulfo. El llano en llamas. Cit. Hispan.).

ALFANDOQUE. *n.m.* Dulce seco de harina, azúcar, etc., alfajor. *Kind of sweet pastry.*

ALFERECÍA. *n.f.* Fatiga, cansancio; cualquier enfermedad indefinida. *Exhaustion, illness.*

ALFILER. *n.m.* (Acad.) Arma blanca. *Any sharp instrument used as a weapon.* ‖ **2.** •ALFILER de seguridad. Imperdible. *Safety pin.*

ALFOMBRILLA. *n.f.* Viruela. *Smallpox.*

ALGODÓN. *n.m.* Algo. *Some.* ~¿Tienes ALGODÓN de dinero que me des? *Do you have any money you can give me?*

ALHAJA. *adj.* (Acad.) Bonito, agradable. *Nice, beautiful.*

ALHATITO. *adj.* (Acad.) Bonito, agradable. *Nice, beautiful.*

ALHÓNDIGAJE. *n.m.* (Acad.) Derecho que se paga para guardar las cosas en un almacén o depósito. *Warehouse, storage fees.*

ALHONDIGUERO. *n.m.* Guardián de alhóndiga. *Keeper of a public granary or wheat exchange.*

ALIANZA. *n.f.* Anillo de bodas. *Wedding ring.*

ALICUSADO. *adj.* (Sinaloa). Bien puesto, peripuesto. *Dressed up, well-dressed.*

ALILAYA. *n.m&f.* Persona enredadora, vivaracha y astuta. *Clever, cunning person.* ‖ **2.** Artimaña. *Ruse, trick.* Mira la mosquita muerta, tiene más ALILAYAS que un licenciado. *Look at that innocent-looking creature, she's got more tricks in her bag than a lawyer.* (M. Azuela. La mala yerba).

ALIMENTO. *n.m.* Comida. *Meal.* ‖ **2.** •ALIMENTO chatarra. Comida de poco valor nutritivo. *Junk food.*

ALIMONADO. *adj.* (Tabasco). Que tiene forma de limón, o de aspecto semejante al del limón. *Lemon-shaped, lemon-like.* ‖ **2.** De color de limón. *Lemon-colored.*

ALIPÚS. *n.m.* Trago, bebida. *Booze, drink.*

ALISTAR. *v.* Preparar. *To prepare, make ready.* ~Ya ALISTARON la tierra para la siembra. *The land is now ready for sowing.* ~ALISTAR la comida. Preparar la comida. *To prepare a meal.* ‖ **2. -se.** Prepararse. *To get ready.*

ALIVIANADO. *adj.* Generoso. *Generous.*

ALIVIANAR. *v.* Aliviar, aligerar. *To make lighter, aliviate.* ‖ **2. -se.** Descansar, esparcirse. *To relax, to let one's hair down.* ‖ **3.** •ALIVIANAR con. Ayudar. *To help out with.* ALIVIÁNAME con mil pesos. *How about helping me out with a thousand pesos.*

ALIVIANE. *n.m.* Apoyo, ayuda. *Help, support.* ~Sin el ALIVIANE que me dieron los amigos, no hubiera terminado. *Without the support of all my friends, I couldn't have finished this project.* ‖ **2.** Alivio. *Relief.*

ALIVIARSE. *v.* Parir. *To give birth.* ¿Cuándo te ALIVIASTE? *When was the happy event?*

ALLICITO. *adv.* Allí. *Here.*

ALMA. *n.f.* •Partirse el ALMA para. Afanarse en. *To go to great lengths in.*

ALMACIGARSE. *v.* (Tabasco). Apiñarse, apeñuscarse. *To crowd together.*

ALMAIZAL. *n.m.* (Acad.) Humeral usado por el sacerdote al trasladar o exponer la custodia o copón eucarísticos. *Humural veil.*

ALMEJA. *n.f.* •Ponerse ALMEJA. Ponerse listo. *Be on the lookout, watch out.* ~Ponte ALMEJA con tu bolsa, no te la vayan a robar. *Watch your purse, they'll steal it if you're not careful.*

ALMENDRILLO. *n.m.* Nombre común a distintos árboles similares al almendro. *Almond tree.*

ALMIDÓN. *n.m.* Engrudo, pasta de la fécula hecha con agua caliente, para pegar. *Paste.*

ALMOHADILLA. *n.f.* Agarraderas para tener la plancha caliente. *Base, cushion.*

ALMORZADA. *n.f.* (Acad.) Almuerzo copioso y agradable. *Generous dinner.*

ALMUERCERÍA. *n.f.* (Acad.) Puesto o tienda del **almuercero**. *Food, snack stall.*

ALMUERCERO. *n.f.* (Acad.) Persona que vende comidas en los mercados o las calles. *Food stall keeper.*

ALOJADO. *n.m.* (Acad.). Huésped en casa ajena. *Guest, lodger.*

ALOJO. *n.m.* Alojamiento. *Accommodations.*

ALTERO. *n.m.* Pila, montón de cosas de mucha altura *Heap, pile.* ~Un ALTERO de ladrillos. *A pile of bricks.* 📖 Dijo que la noche que lo mataron era ya un ALTERO grande de noches las que había andado Pedro Zamora detrás de ella. *She said that the night they killed him, Pedro Zamora had been following her for many nights.* (J. Rulfo. El llano en llamas. Cit. Hispan.).

ALTINAL. *n.m.* Pilar o columna de un edificio. *Pillar, column.*

ALTISONANTE. *adj.* Grosero, obsceno (language). *Rude, obscene.*

ALTO. *n.m.* Parada. *Stop.* ‖ **2.** (Acad.). Montón, gran cantidad de cosas. *Heap, pile.* ‖ **3.** •SEÑAL de ALTO. *Stop sign.* ‖ **4.** •La ALTA. La alta sociedad. *High society.* ~Unos jóvenes de la ALTA. *Young high class people.* ‖ **5.** •Poner el ALTO a algo. *To put an end to something.*

ALUCINANTE. *n.m.* Alucinógeno. *Hallucinogenic drug.*

ALUEGO. *adv.* Luego. *Then.* 📖 Y en un principio me volví güevero y ALUEGO gallinero y después merqué puercos [...]. *At first I sold eggs and then chickens and then hogs.* (Juan Rulfo. El llano en llamas).

ALUJADO. *adj.* Brillante, lustroso. *Bright, shinning.*

ALUJAR. *v.* Abrillantar, pulir, lustrar. *To polish, shine.*

ALUMBRAR. *v.* Examinar un huevo al

trasluz. *To examine an egg against the light.* || **2.** Emborracharse un poco, ponerse alegre. *To get tipsy.*

ALUNARSE. (Tabasco). *v.* Manirse la carne, y en especial el pescado. *To spoil (meat and especially fish).*

ALUZAR. *v.* (Acad.) Alumbrar, llenar de luz y claridad. *To light up, illuminate.* 📖 Había mecheros de petróleo ALUZANDO la noche. *There were gas burners lighting up the night sky.* (Juan Rulfo. Pedro Paramo).

ALZA. *n.f.* Buen concepto que se adquiere o se disfruta. *To have a good name or reputation.* || **2.** •Estar en ALZA. Disfrutar de buen concepto. *To enjoy a good reputation.*

ALZADO. *n.m.* (Acad.) Robo, hurto. *Theft, robbery, burglary.* || **2.** *adj.* Soberbio, engreído, altivo. *Proud, haughty, insolent, conceited, arrogant.* 📖 [...] es muy distinto un desprecio común y corriente de un ingeniero ALZADO que nació apapachado y con lana [...]. *the usual contempt of a haughty professional born rich and spoiled is much different.* (V. Leñero. Los albañiles). 📖 Están muy ALZADAS. Pero la verdad es que están ricas; el dinero se les ve, se les siente, se les huele. *They're very arrogant. But the truth is that they're rich: you can see, feel, smell the money.* (M. Azuela. Nueva burguesía). || **3.** Arisco, bravío (animal). *Savage, vicious.* || **4.** Rebelde. *Rebel, in revolt.*

ALZAR. *v.* Poner en orden, guardar. *To pick up, tidy up (toys), to straigthen up, clean up (house), clear away (dishes).* ~ALZA tus juguetes, hijo mío, antes de que te duermas. *Pick up your toys, son, before you go to sleep.* 📖 Luego contaba las tortillas, venía y me dejaba tres y a las demás las ALZABA. *Then she would count the tortillas, give me three, and the rest she would put away.* (E. Poniatowska. Hasta no verte Jesús mío).|| **2.** Envanecerse, engreírse. *To puff up with pride.* || **3.** Volverse altivo. *To become arrogant.* ~Se ALZÓ por la fama. *Fame went to his head.* || **4.** (Tabasco). Hurtar, robar. *To run off with something, steal something.* || **5.** Ahorrar, ganar. *To save, make (money).* ~Tiene sus centavitos ALZADOS. *She has her little fortune stashed away.* ~Alzó unos pesos en esta **chamba**. *That small job netted him a few dollars.* || **6.** Fugarse o hacerse montaraces los animales domésticos. *To go back to the wild.* || **7.** -se. •ALZARSE de hombros. *To shrug one's shoulders.*

AMACHARSE. *v.* (Acad.) Resistirse, obstinarse, negarse a hacer algo. *To dig one's heels in, refuse to budge.*

AMACHIMBRARSE. *v.* Amancebarse. *To live together.*

AMACHINARSE. *v.* (Acad.). Amancebarse. *To set up house together, cohabit.*

AMACHORRARSE. *v.* (Acad.) Hacerse machorra una hembra o una planta. *To turn steril.*

AMACIZAR. *v.* Afianzar. *To strengthen, secure.* || **2.** Arreciar, fortalecer, intensificar la acción. *To intensify, step up (attack, etc.).* || **3.** Agarrar. *To catch.* Lo AMACIZÓ la policía. *The police caught him.* || **4.** Robar. *To steal.*

AMADRINAR. *v.* (Acad.). Acostumbrar al ganado caballar a que vaya en tropilla detrás de la yegua madrina. *To train horses to follow a leader.*

AMAFIARSE. *v.* Conspirar. *To conspire, to be in cahoots.*

AMAGAR. *v.* Amenazar. *To threaten.* ~Lo AMAGARON con pistolas. *They threatened him with guns.*

AMALAYAR. *v.*(Acad.) Desear ardientemente una cosa. *To covet, long for.* || **2.** (Acad.) Proferir la interjección ¡**Amalaya**! *To exclaim amalaya!.* || **3.** •¡AMALAYA! ¡Ojalá¡ *God grant!, I wish.*

AMANAL. *n.m.* (Acad.) Alberca, estanque. *Reservoir, pool, pond.* || **2.** Manantial. *Spring (of water).*

AMANECER. *v.* •¿Cómo AMANECIÓ? *Did you sleep well?* || **2.** (Acad.) Pasar la noche en vela. *To stay up all night.* ~AMANECIÓ bailando. Estuvo bailando toda la noche. *He danced all night.*

AMANERADO. *adj.* Excesivamente cortés. *Overly polite.*

AMANEZCA. *n.f.* (Acad.) Alba, amanecer. *Dawn.* || **2.** Desayuno. *Breakfast.*

AMANEZQUERA. *n.f.* Madrugada. *Early morning, daybreak.* || **2.** Desayuno. *Breakfast.*

AMANSADOR. *n.m.* Domador. *Horse breaker or trainer.* 📖 El sujeto de que te estoy hablando trabajaba como AMANSADOR en la Media Luna. *That person I'm talking about worked as a horse trainer at the Half Moon ranch.* (Juan Rulfo. Pedro Páramo).

AMANSE. *n.m.* [De caballos]. *Breaking-in.* [De fieras]. *Taming.*

AMAÑARSE. *v.* Acostumbrarse. *To get used to.* 📖 Pero me daba miedo casarme con un hombre tan alto, tan formal y que ya se había AMAÑADO a vivir solo. *But I was aprehensive about marrying such a tall and serious man acustomed to living alone.* (R. Castellanos. Balún-Canán. Cit. Hispan.).

AMARCHANTARSE. *v.* Convertirse en un cliente asiduo. *To become a regular customer, habitué.* || **2.** Entrar en un trato de confianza, amistoso o amoroso, con otra persona. *To befriend.*

AMARILLO. *n.m.* Policía o soldado (sin duda porque solían estar cubiertos de polvo). 📖 En frente hay una casa que regentea la viuda de Mangaña [...] que mataron los AMARILLOS. *In front there's a store runned by Mangaña's widow, whose husband was killed by soldiers.* (P.I. Taibo II. La sombra de la sombra. Cit. Hispan.).

AMARILLOSO. *adj.* Que tira a amarillo. *Yellowish.*

AMARILLUSCO (variante de **amarilloso**).

AMARRA. *n.f.* Rienda, atadura. *Rein, lead, rope.*

AMARRADO. *adj.* Mezquino, miserable. *Mean, stingy.*

AMARRAR. *v.* (Acad.) Vendar o ceñir. *To bandage, cover.* ~Se AMARRÓ la cabeza con un pañuelo. *He covered his head with a scarf.* ~Le AMARRAMOS los ojos y le dimos un palo para romper la piñata. *We blindfolded him and gave him a stick so he could try to break the piñata open.* || **2.** Anudar (corbata, etc.). *To tie.* ~Todavía no se sabe AMARRAR la corbata. *He doesn't know how to make his tie yet.* || **3.** -se. (Acad.) Embriagarse. *To get drunk.* || **4.** (Acad.) Casarse, contraer matrimonio. *To get married, to get hooked (coll.).* || **5.** Atar. *To tie.* ~Todavía no ha aprendido a AMARRARSE los zapatos. *He hasn't yet learned how to tie his shoes.* || **6.** •Amarrarse las TRIPAS. Aguantar el hambre. *To endure hunger.* 📖 Para el abono mensual del coche, tanto; para reponerlo nuevo dentro de ocho meses, tanto; lo que me sobre, Conchita, para AMARRARNOS la tripa. *For the monthly car payment, so much; to get a new one within eight months, so much; whatever is left, Conchita, to keep the wolf from the door.* (M. Azuela. La luciérnaga). || **7.** AMARRARSE los pantalones (calzones). Mantenerse firme. *To stick to one's guns.* || **8.** •AMARRARSE el cinturón. Restringir los gastos. *To cut down on expenses, be frugal.*

AMARRADERA. *n.f.* Cuerda. *Rope, line, tether.*

AMARRETE (variante de **amarrado**).

AMASIA. *n.f.* Concubina. *Common-law wife, mistress.*

AMASIATO. *n.m.* (Acad.) Concubinato. *Common-law marriage.*

AMASIO. *n.m.* Amante. *Lover.* || **2.** [Mujer]. *Mistress.*

AMATE. *n.m.* Higuera. *Mexican fig-tree.*

AMBIENTADO. *adj.* Climatizado. *Air-conditioned.*

AMBULANTE. *n.m.* Conductor de ambulancia. *Ambulance driver.*

AMELCOCHADO. *adj.* De consistencia de melcocha. *With the consistency of molasses candy or taffy.*

AMELCOCHAR. *v.* (Acad.) Dar a un dulce

el punto espeso de la melchocha. *To make into taffy or molasses candy.* ‖ **2.** [Azúcar]. *To harden, set.* ‖ **3. -se.** (Acad.) Reblandecerse. *To become soft.* ‖ **3.** (Acad.) (fig.) Acaramelarse, derretirse amorosamente, mostrarse uno extraordinariamente meloso o dulzón. *To fall in love, to become sentimental.*

AMERITADO. *adj.* Merecedor. *Worthy, deserving.*

AMERITAR. *v.* Merecer. *To deserve, merit.* 📖 Las explicaciones no AMERITAN réplica. *That explanation does not even deserve an answer.* (M. Azuela. La luciérnaga). 📖 Son cifras astronómicas que AMERITAN una investigación. *This is an astronomical number which deserves an investigation.* (V. Leñero. Los albañiles).

AMESQUITE. *n.m.* Variedad de **amate**. *Variety of fig-tree.*

AMIGO. *n.m.* (Acad.) Escuela de niñas. *School for girls.* ‖ **2.** (Santamaría) Escuela para niños). *School for children.* 📖 La *amiga* en Oxaca, como en la capital de la república, llegó a ser sinónimo de escuela de niños. Originariamente, la palabra nació del hecho, frecuente en las familias, de mandar a ciertos niños a que aprendieran las primeras letras, no en la escuela municipal, sino en casa de una señora *amiga* encargada de enseñarlos y cuidarlos a horas fijas. Esta es una costumbre antiquísima que no ha desaparecido (Cit. Santamaría).

AMIGUERO. *adj.* (Acad.) Dícese de la persona que entabla amistades fácilmente. *Friendly.* 📖 Es que yo tengo otro carácter y ella es más alegre, más AMIGUERA [...]. *I have a different temperament and she's more cheerful, more friendly.* (E. Poniatowska. Hasta no verte Jesús mío).

AMISTAR. *v.* Contraer amistad. *To befriend.*

AMITADO. *adj.* (Guerrero). Afeminado. *Effeminate.*

AMITAMIENTO. *n.m.* (Guerrero). El acto de volverse afeminado. *The act of become effeminate.*

AMITARSE. *v.* (Guerrero). Afeminarse. *To become effeminate.*

AMOLADA Fastidio. *Annoyance* 📖 [...] ni le encajó un cuchillo en la barriga como se lo merecía el infeliz, porque qué ganaba con esto –me decía el Chapo–, el gusto de un ratito y luego la AMOLADA de ir a dar al bote. *Nor did he stick a knife in his belly as that scoundrel deserved, since there was nothing to gain by it –Chapo would tell me–, the satisfaction of a moment and then the aggravation of landing into the brig.* (V. Leñero. Los albañiles). ‖ **2.** (variante de **amoladera**).

AMOLADERA. *n.f.* Fastidio, disgusto. *Annoyance.*

AMOLADO. *adj.* Fastidioso, *Irritating, annoying.* ‖ **2.** Que sufre un contratiempo, una desgracia, etc. *Miserable.* 📖 Cada día que pasa estamos más AMOLADOS. *We are increasingly in a worse situation.* (E. Poniatowska. Luz y luna). ‖ **3.** Agraviado, ofendido. *Offended.* ‖ **4.** Enfermo. *Sick.* ‖ **5.** *n.m&f.* Persona que importuna y molesta demasiado. *Pain in the neck.*

AMOLAR. *v.* Molestar, fastidiar. *To Irritate, annoy.* 📖 A mi me han pasado a AMOLAR (...) para fregarnos si levantamos cabeza. *They succeeded in doing me in and managed to put us down every time we dare to try to get back on our feet.* (E. Valadés. La muerte tiene permiso). ‖ **2.** •No la AMUELES. ¡No me digas! *You don't say!, no kidding!, you must be kidding!* 📖 –Quiubo, Tibu (Tiburcio), ¿qué te pasa? Son sus cuates. Sus manitos. Los de la paloma. –Pos me pegaron. –No la AMUELES, ¿pos quí'ciste (qué hiciste)? *What's up Tibu, what's the matter? These are his friends, his buddies, the 'gang'. –Well, they gave me a thrashing. –You're kidding! What did you do?* (E. Valadés. La muerte tiene permiso).

AMOLE. *n.m.* (Acad.) Nombre con que se designan en México varias plantas de distintas familias, cuyos bulbos y rizomas se usan como jabón. *Soap plant (used in Mexico as soap).* ⌨ Miramos las ramas bajas de los AMOLES que nos daban tantita sombra. *We saw the low leaves of soap trees which gave us a little shade.* (J. Rulfo. El llano en llamas).

AMONEDADO. *adj.* Rico. *Rich.*

AMONTANADERO. *n.m.* Amontonamiento. *Hordes, crowd.* ⌨ Nunca había sentido que fuera más lenta y violenta la vida como caminar entre un amontonadero de gente. *I never thought life could be so sluggish and violent as walking through a crowd of people.* (J. Rulfo. El llano en llamas). ‖ **2.** Montón, amontonamiento. *Stack, pile.* ‖ **3.** Acumulación. *Acumulation.* ⌨ Me hermana y yo volvimos a ir por la tarde a mirar aquel AMONTONADERO de agua que cada vez se hace más espesa y oscura [...]. *My sister and I returned in the evening to see the same accumulation of dark and murky waters.* (J. Rulfo. El llano en llamas).

AMONTONARSE. *v.* Juntarse varios para acometer a uno. *To gang up (on someone).*

AMOSCADO. *adj.* Avergonzado, sonrojado, inhibido. *Embarrassed, inhibited.* ⌨ Fue la sonrisa de Luis Cervantes tan despectiva, que Solís, AMOSCADO, se sentó tranquilamente en una peña. *Luis Cervantes smile was so contemptuous, that Solis, embarassed, sat quietly on a rock.* (M. Azuela. Los de Abajo).

AMOSCARSE. *v.* Aturdirse. *To get confused.* ‖ **2.** Avergonzarse. *To get embarrassed.*

AMPLIFICACIÓN. *n.f.* FOTOG Ampliación, reproducción de tamaño mayor de una fotografía. *Enlargement.* ⌨ Pidió una docena (de fotografías) tamaño postal y una AMPLIFIACIÓN en colores. *He requested a dozen of them in postcard size and one enlargement in color.* (M. Azuela. Nueva burguesía).

AMPOLLETA. *n.f.* Botella pequeña de cerveza. *Small beer bottle.*

AMUINAR. *v.* Molestar, incomodar, enojar. *To annoy, irritate, anger.*

AMUJERADO. *adj.* (Tabasco). Afeminado. *Effeminate.*

AMULARSE. *v.* Volverse testarudo (ponerse mulo). *To get stubborn, dig one's heels in.* ‖ **2.** Quedar inservible una cosa (comercio). *To become useless (merchandise).*

AMULITADO. *adj.* (Tabasco). Triste, decaído, amilanado. *Runned down, depressed, in low spirits, despondent.*

AMULITAMIENTO. *n.m.* Hecho de amulitarse. *Dejection, gloom, despondency.*

AMULITARSE. *v.* Entristecerse, deprimirse. *To become dejected, depressed, despondent.*

ANAGUADO. adj. (Tabasco). Efeminado. *Effeminate.*

ANAGUARSE. *v.* Afeminarse. *To become effeminate.*

ANCA. *n.f.* (Acad.) •Dar ANCAS vueltas. Conceder una ventaja en cualquier juego. *To give an handicap.*

ANCHETA. *n.f.* Ganga, buen negocio. *Bargain.* ‖ **2.** Oportunidad. *Chance to make good money.* ‖ **3.** Cosa de poco importancia. *Trinket, knicknack.* ⌨ [...] donde venían los varilleros a vender ANCHETAS y cosas de comer. *Where the peddlers would come to sell knicknacks and things to eat.* (E. Poniatowska. Hasta no verte Jesús mío). ‖ **4.** •¡Buena ANCHETA!. *Some deal this turned out to be!*

ANCHETERO. *n.m.* (Tabasco). Buhonero. *Peddler.*

ANCHOA. *n.f.* Rulito. *Curler, roller.*

ANCÓN. *n.m.* (Acad.) Rincón (de paredes). *Corner.*

ANDADA. *n.f.* Paseo algo largo. *Walk, stroll.*

ANDADERA. *n.f.* (Con Ruedas). *Baby walker.* ‖ **2.** •**Andaderas.** *Baby harness, reins.*

ANDADORA. *n.f.* Prostituta. *Prostitute.*

ANDALÓN. *adj.* Dícese del caballo

andador. *Well-paced, long-striding (horse).* ‖ **2.** Andador. *Wandering, roving.*

ANDANADA. *n.f.* Serie. *Series.* ~Una ANDANADA de injurias. *A long string of insults.*

ANDANTE. *n.m.* Caballo. *Horse.* 📖 Me montó en las ancas de su ANDANTE. *He lifted me on the back of his horse.* (R. Pozas. Juan Pérez Jolote).

ANDAR. *v.* •¡ANDELE pues!. Expresión con que se aprueba o incita a hacer algo. *Come on, let's go!* 📖 ÁNDALE, muchacho, entra a calmar a tu tía. *Come on, child, go in and calm your aunt down.* (E. Valadés. La muerte tiene permiso). ‖ **2.** Muy bien, como no. *Fine, very well. Exactly, that's it.* ~Mañana le llamo. -Ándele pues. *I'll call you tomorrow. -Fine, very well.* ‖ **3.** •ANDARLE a alguien. Urgirle a alguien. *To be pressing, urgent.* 📖 [...] haciendo señas de regresar a México. Ya les ANDABA. *And expressing their desire to go back to Mexico. It was urgent.* (C. Fuentes. La frontera de cristal. Cit. Hispan.).

ANDARIEGO. *adj.* Haragán, vagabundo. *Lazy, indolent, listless.*

ANDULLO. *n.m.* Pasta de tabaco para mascar. *Plug or chewing tobacco.*

ANFITRIÓN. *n.m.* Presentador (en un espectáculo). *Host (in a show).*

ANFORA. *n.f.* Urna donde se depositan los votos en las elecciones. *Ballot box.* ‖ **2.** Botella pequeña. *Flask.*

ANGARILLA. *n.f.* Carretilla. *Wheelbarrow.*

ANGAS. *n.f.* •Por ANGAS o por mangas. De un modo o de otro, de todos modos, en todo caso. *By hook or by crook.* ~Por ANGAS o mangas, el caso es que nunca estás trabajando. *The fact is that, for one reason or another, you're never working.*

ANGELITO. *n.m.* •¡ANGELITO! Hacerse el tonto o el desentendido. *To play the innocent, to pretend innocently not to know anything about a matter.*

ANGINAS. *n.f.* Amígdala. *Tonsils.* ‖ **2.** Inflamación. *Sore throat.*

ANGUSTIADO. *adj.* Corto, estrecho. *Short, narrow.*

ANIEGUE. *n.m.* Inundación. *Flood.*

ANIMAL. *n.m.* (Acad.) Bicho, sabandija. *Bug, Insect.*

ANIMALERO. *n.m.* (Acad.) Conjunto de animales. *Herd of animals.* 📖 ¿Como iba a alcanzar (lograr) el tren a jalar tanto ANIMALERO de cristianos como ANIMALERO de caballada? *How was the train going to manage to haul such a herd of christians as it were a herd of horses.* (E. Poniatowka. Hasta no verte Jesús mío).

ANIVERSARIO. *n.m.* Cumpleaños. *Birthday.*

ANJÁ *interj.* Señal de asentimiento, descubrimiento o reprobación. *Well!, hmm!, so!*

ANOCHECIDA. •De anochecida. Al amanecer. *At daybreak.* 📖 Yo no le veía más que en la tarde o de ANOCHECIDA. *I would only see him in the evening or at daybreak.* (E. Poniatowka. Hasta no verte Jesús mío).

ANQUEAR. *v.* Mecer las ancas lateralmente las cabalgaduras en la marcha. *To amble (horse).*

ANQUERA. *n.f.* Especie de caparazón de suela que cubre el anca del caballo, guardamonte. *Leather cover for a horse's rump.*

ANQUIDERRIBADO. *adj.* Dícese del caballo de ancas oblicuas o muy caídas. *Low-rumped (horse).*

ANSINA. *adv.* Así. *So, this way.*

ANTE. *n.m.* Tapir. *Tapir.* ‖ **2.** (Acad.) Postre que se hace en Méjico, de bizcocho mezclado con dulce de huevo, coco, almendra, etc. *Macaroon.*

ANTECOMEDOR. *n.m.* Cuarto de desayuno. *Breakfast room.*

ANTELAR. *v.* Obrar con anticipación. *To anticipate, act ahead of time.*

ANTELLEVAR. *v.* (Acad.) Llevar por delante, atropellar, en especial con coche. *To run down, knock down a pedestrian.*

ANTELLEVÓN. *n.m.* Acción y efecto de **antellevar**. *Act of running down, knocking down a pedestrian.* || **2.** Accidente de automóvil. *Car accident.*

ANTES. *adv.* •ANTES no te apuñalaron. Tiene suerte que no te apuñalaron. *You're lucky they did not stab you.*

ANTESALAZO. *n.m.* Larga espera de una personal en la antesala. *Long wait.*

ANTIPERSPIRANTE. *n.m.* Desodorante. *Antiperspirant.*

ANTIQUISTA. *n.m.* Persona aficionada a las antigüedades. *Antiquarian.*

ANTOJITOS. *n.m.* (Acad.) Aperitivo, tapa. *Snacks, nibbles, tidbits, hors d'oeuvres; traditional Mexican snack foods.*

ANTOJOS (variante de **antojitos**). 📖 Y ahí están también la rueda de la fortuna y los puestos de ANTOJOS [...]. *There they also have the wheel of fortune and the snack stalls.* (V. Leñero. Los albañiles).

ANTUVIADO. *adj.* Precoz. *Precocious, early.*

ANUNCIADOR. *n.m.* Locutor (radio). *Announcer (radio).*

AÑO. *n.m.* •AÑO con AÑO. Año tras año. *Year after year.* || **2.** •Del AÑO del caldo. El año de Maricastaña. *A very long time ago.*

AÑOÑAR. *v.* (Tabasco). Mimar. *To spoil, pamper.*

APA *interj.* ¡Dios mío! ¡No me digas! *Good God!, goodness me!*

APACHE. *n.m.* Capote rústico de palma. *Raincoat.*

APACHURRADO. *adj.* Triste, desanimado. *Downhearted.* 📖 Me daba una muina verde cuando te encontraba todo APACHURRADO, sentándote en las vigas. *It greatly annoyed me to see you sit glumly out there on the beams.* (V. Leñero. Los albañiles). || **2.** Achaparrado. *Squat (person).*

APACHURRAR. *v.* Aplastar. *To crush, squash.* || **2.** Aniquilar, aplastar a un enemigo. *To defeat, crush an enemy.* || **3.** Achaparrar. *To get stocky.*

APAGADOR. *n.m.* (Acad.) Interruptor de la corriente eléctrica. *Switch.*

APAGÓN. *n.m.* Cigarro o carbón que se apaga con frecuencia. *Cigar or coal that dies out often.* || **2.** Caballo que parte veloz, pero que afloja a poco en la carrera. *Fast-starting horse that slows down gradually.*

APAGOZO. *adj.* Apagadizo. *Slow to burn, difficult to ignite.*

APALCUACHAR. *v.* Aplastar. *To crush.* 📖 Por eso me mandó que me sentara aquí, [...] y me pusiera con una tabla en la mano para que cuanta rana saliera a pegar de brincos afuera, la APALCUACHARA a tablazos... *That's the reason she made me sit here with a board in my hand so that everytime a frog would jump out I would crush it by hitting him repeatedly with the board.* (J. Rulfo. El llano en llamas).

APALÉ *interj.* Exclamación de sorpresa. *Good God!, goodness me!* || **2.** Exclamación que se usa para prevenir o detener una persona. *Look out!, watch it!*

APALEADA. *n.f.* Apaleo. *Beating, thrashing.*

APANCLE (variante de **apantle**).

APANDO. *n.m.* Punishment cell.

APANTALLADO. *adj.* Bobo, mentecato. *Stupid, foolish.* || **2.** Maravillado. *Impressed, overwhelmed.* 📖 A mí me tenías APANTALLADO. Y es que deveras, Munguía, ninguno de nosotros tiene la mitad de los sesos que tú. *You impressed me tremendously. And the truth is that no one has half the brains that you do.* (V. Leñero. Los albañiles). || **3.** Achatado, aplastado. *Crushed, overwhelmed.*

APANTALLAR. *v.* Asombrar, deslumbrar. *To impress, overwhelm.* 📖 Está bien que entres a bancos y oficinas públicas con tu celular en el oído, o que hables con él en un restorán y APANTALLES a medio mundo, ¿pero para qué engañar a tus novias? *It's one thing to go to banks and public offices with your cellular phone stuck to your ear, or use it in a restaurant, but why do you need to impress your girlfriends.* (C. Fuentes. La frontera de cristal. Cit. Hispan.). || **2.** Maravillar. *To fill with wonder.* || **3.** Achatar, aplastar. *To crush, overwhelm.*

APANTLE. *n.m.* Cualquier caño de descubierto que sirve para conducir el agua. *Irrigation ditch.*

APAÑAR. *v.* Disculpar, perdonar. *To forgive, excuse, let off.* || **2.** (Tabasco). Hurtar, robar. *To steal, rob.* || **3.** APAÑARSE con algo. Apropiarse de, quedarse con. *To manage to get one's hands on something.* || **4.** Detener. *To catch, arrest.* Los APAÑARON. *They got nicked.*

APAPACHADO. *adj.* Mimado, consentido. *Pampered, spoiled.*

APAPACHADOR. *adj.* Reconfortante. *Conforting.* 📖 [...] ah el desayuno burguesito bien APAPACHADORCITO con su huevo tibio y su pan dorado [...]. *Oh, that pleasant little bourgeois breakfast with it boiled egg and golden bread.* (E. Poniatowska. Cit. Brian Steel).

APAPACHAR. *v.* (Acad.) Acariciar, hacer **apapachos.** *To cuddle, stroke, caress.* 📖 Mi marido no era hombre que le estuviera APAPACHANDO a una. *My husband was not the kind of man to show much affection.* (E. Poniatowska. Luz y luna). 📖 Se portó muy bien con su marido: le llevó unas enchiladas, sus cigarros, quien sabe cuántas cosas, y lo estuvo APAPACHANDO. *She treated her husband very well: she took him enchiladas, cigarettes and who know how many other things, and really pampered him.* (V. Leñero. Los albañiles). || **2.** Consentir. *To spoil.*

APAPACHO. *n.m.* (Acad.) Caricia, en especial la que se hace con las manos. *Hugs, cuddles.* 📖 Cuando era chiquilla, me consentía mucho pero no era cariñoso. Nosotros no supimos de cariños, de APAPACHOS, de cosas así no. *When I was a young girl he would spoil me quite a bit, but he was not affectionate. We never knew what hugging and cuddling was.* (E. Poniatowska. Hasta no verte Jesús mío). || **2.** Caricias. *Caresses.* 📖 Si lo que desea son APAPACHOS y chiqueos femeninos, no tiene usted idea de la cantidad de damas de todas las edades dispuestas a hacerle compañía a un solterón. *If you're looking for a woman's pampering and caresses, you can't imagine the number of ladies of all ages ready to keep company to a bachelor.* (Cit. Brian Steel). || **3.** Alabanzas. *Praise.* || **4.** Abrazo. *Embrace.*

APARADOR. *n.m.* Escaparate. *Shop, display window.*

APARADORISTA. *n.m.* Persona que arregla los escaparates de las casas de comercio. *Window dresser.*

APARATO. *n.m.* (Acad.) Quinqué. *Oil or kerosene lamp.*

APAREARSE. Acercarse, juntarse, toparse (en el camino). *To get near, to get together, to run into somebody.*

APARECER. *v.* Producir, hacer aparecer. *Produce, make appear.*

APAREJO. *n.m.* Silla de montar. *Saddle.* 📖 Lo apretó bien al APAREJO para que no se fuese a caer por el camino. *He tied him firmly to the saddle so that he would not fall on the way.* (J. Rulfo. El llano en llamas).

APARRAGARSE. *v.* Encogerse. *To shrink, grow small.* || **2.** Dejar de crecer. *To remain stunted, stay small.*

APARTADERO. *n.m.* Lugar donde se separa el ganado para clasificarlo. *Place where cattle is sorted out.*

APARTADO. *n.m.* (Acad.) Edificio donde se apartan metales. *Smelting house.* || **2.** (Tabasco). Raya del pelo. *Parting (of hair).*

APARTAR. *v.* Separar el ganado para clasificarlo. *To separate, sort out (cattle).* || **2.** (Acad.) Extraer el oro contenido en las barras de plata. *To extract gold from silver ingots.*

APARTE. *n.m.* (Acad.) Separación que se hace en un rodeo, de cierto número de cabezas de ganado. *Separation, sorting out (cattle).*

APASOTE. (Acad.) Variante de **epazote**.

APASTE. *n.m.* (Acad.) Lebrillo hondo de barro. *Earthenware tub with handles.* 📖 Marcela vio nacer el año nuevo en un APASTE de agua [...]. *Marcela greeted the new year in an earthenware tub of water.* (M. Azuela. La mala yerba).

APASTILLADO. *adj.* De color blanco con un tinte rosado, blanco rosado. *Pinkish white.*

APASTLE. (Acad.) Variante de **apaste**.

APEAR. *v.* Bajar (alguna cosa). *To get down.* 📖 Pancracio, APÉATE dos botellas de cerveza, uno para mí y otra para el curro. *Pancracio, get down a couple of beers, one for me and one for this gentleman.* || **2.** Hospedarse, alojarse. *To stay.* ~Siempre se APEA en el mismo hotel. *He always stays at the same hotel.*

APEDREAR. *v.* Apestar. *To stink, to reek.*

APELATIVO. *n.m.* Apellido. *Family name.*

APENADO. *adj.* Avergonzado. *Ashamed, embarrassed.* 📖 [...] APENADA porque está en bata, despeinada y quizá desnuda debajo de la bata. *Somewhat embarrassed because she's wearing a bathrobe, her hair is in a mess and mayby she isn't wearing anything under her bathrobe.* (G. Sainz. Cit. B. Steel). 📖 Verdaderamente, se quedaba uno muy APENADO porque sus rotundas afirmaciones quedan siempre desmentidas por los acontecimientos. *In truth, you can't help feeling embarrassed since events can prove your most categorical assertions wrong.* (M. Azuela. Nueva burguesía).

APENARSE. *v.* Sentir pena, preocupación por una cosa. *To worry about something, be preoccupied.* ~No se APENE, no tiene importancia. *Don't worry, it doesn't matter.* || **2.** Sentirse avergonzado. *To feel ashamed, embarrassed.* ~No parecía estar APENADA en lo mas mínimo. *She seemed not the least abashed.* ~Me dijo lo APENADO que estaba. *He told me how ashamed he was.* || **3.** Encogerse, recatarse, sentir timidez en el trato social. *To feel shy or embarrassed in company.*

APENAS. *adv.* Hasta. *Until.* ~APENAS el lunes la podré ir a ver. *I won't be able to see her until Monday.*

APENDEJADO. *adj.* Acobardado. *Intimidated.*

APENDEJAMIENTO. *n.m.* Acobardamiento. *Intimidation.*

APENDEJARSE. *v.* Acobardarse. *To loose one's nerve.*

APENITAS. *adv.* Apenas. *Barely, hardly, scarcely.* 📖 [...] empezó a oírse, primero APENITAS, después más clara, la música de una flauta. *He began to hear, very solftly at first, then more clearly, the sound of a flute.* (J. Rulfo. El llano en llamas).

APENSIONADO. *adj.* Triste. *Depressed, sad, grieved.*

APENSIONARSE. *v.* (Acad.) Entristecerse, apesadumbrarse. *To become sad, get depressed.*

APEÑUSCADO. *adj.* Apretado, oprimido. *Cramped.* 📖 Se veía ya casi claramente a la gente APEÑUSCADA en el techo de los carros. *You could almost see the people piled up on the roofs of the freight wagons.* (J. Rulfo. El llano en llamas).

APEÑUSCARSE. *v.* Apiñarse. *To crowd together.* 📖 Sacaron sus cuchillos y se le APEÑUSCARON y lo aporrearon [...]. *They took out their knives, crowded around him and beat him.* (J. Rulfo. El llano en llamas).

APERGOLLAR. *v.* Sujetar, dominar, reducir a la impotencia. *To subdue, conquer.* 📖 Pensaba [...] en que la vida me tenía APERGOLLADA, bien APERGOLLADA, y me devanaba los sesos sin dar en el clavo. *I would reflect on the hardships of life, and rack my brain without finding a solution.* (E. Poniatowska. Hasta no verte Jesús mío).

APERO. *n.m.* Conjunto de animales de

labranza. *Plowing team, drought animals.*

APERREADO. *adj.* Miserable, lleno de aflicciones y padecimientos. ~Vida APERREADA. *Doglike.* ~Qué vida más APERREADA! *It's a dog's life.*

APERSOGAR. *v.* Atar un animal para que paste o que no huya. *To tether, tie.*

APESTADO. *adj.* •Estar APESTADO. Tener mala suerte. *To be unlucky.*

APESTARSE. *v.* Malograrse (proyecto). *To fall through.*

APIARIO. *n.m.* Colmenar. *Apiary.*

APILONAR. *v.* Apilar. *To heap up, pile up.*

APIÑONADO. *adj.* (Acad.) De color de piñón. Suele decirse de las personas de tez morena. *Dark-skinned person.* Y Adelina, como era hija de otro señor, salió APIÑONADA. *And Adelina, since she was the daughter of somebody else, was born with dark skin.* (E. Poniatowska. Hasta no verte Jesús mío).

APLANACALLES. *n.m.* Vago, holgazán que recorre las calles sin objeto, para pasar el rato. *Idler, loafer.*

APLANADOR (variante de **aplanacalles**).

APLANAR. *v.* •APLANAR (las) calles. *To hang about in the street, to loaf.*

APLASTARSE. *v.* Arrellanarse. *To sprawl.* || **2.** Sentarse. *To sit down.* ~Aplástate en la silla. *Sit down on that chair.*

APOCHINARSE. *v.* (Tabasco). Deshilacharse una tela; gastarse por el uso el borde de las mangas del vestido. *To become frayed (sleeves).*

APOLISMADO. *adj.* Abatido, triste, decaído. *Gloomy, depressed.* || **2.** Enclenque, enfermizo. *Sickly, weak.*

APOLISMAR. *v.* Magullar, estropear. *To ruin, destroy, spoil.*

APORREADO. *n.m.* (Acad.) Guisado de carne o bacalao aderezado con especias. *Highly seasoned stew of beef or cod.*

APRECIO. *n.m.* •No hacer aprecio. No hacer caso. *Not to pay attention, notice.* Y yo se lo iba a decir, pero él no me hizo APRECIO. *And I was going to tell him, but he did not pay me the least attention.* (E. Valadés. La muerte tiene permiso).

APRETADERA. *n.f.* Muchedumbre, gentío. *Crowd.*

APRETADO. *adj.* Presumido. *Conceited.* [...] era muy APRETADO; odiaba a todos los albañiles [...]. *He was very conceited and hated all the construction workers.* (V. Leñero. Los albañiles). || **2.** Pudibundo. *Prudish.* [...] bien APRETADO que es, debió seguir mejor para cura y dejarse de cuentos. *Prudish as he is, he should have been a priest and let it go at that.* (V. Leñero. Los albañiles). Como aquella que se me andaba haciendo la muy APRETADA, Carolina. Ni me quería sonreír la canija. *Like that girl, Carolina, who was playing hard to get. That brat wouldn't even smile at me.* (R. Bernal. El complot mongol. Cit. Hispan.). || **2.** Lleno. *Full.* Encontraron un auto APRETADO de trasnochadores que los saludaron con leperadas (insultos). *They came across a car full of late goers who greeted them with a salvo of insults.* (M. Azuela. Nueva burguesía).

APRETAR. *v.* •El frío APRIETA. *It's getting cold.* || **2. -se.** Hacerse del rogar. *To play hard to get.* ~No se APRIETE muchacha, vamos a bailar. *Don't play hard to get, honey, let's dance.*

APRONTAR. *v.* Preparar. *To get ready.* He APRONTADO las mulas y están listas. ¿Te vas conmigo? *I got the mules ready. Are you going with me?* (J. Rulfo. Pedro Páramo). || **2. -se.** Preparar algo con anticipación al momento en que sea necesario. *To prepare in advance, to be ready for.*

APRUDENCIARSE. *v.* Actuar con prudencia. *To control oneself, be careful.*

APRUDENTAR (variante de **aprudenciarse**).

APRUEBO. *n.m.* Provecho. *Benefit.*

APUNTADOR. *n.m.* Marcador, goleador. *Scorer.*

APUNTARSE. *v.* (Acad.) Hablando del trigo y otros cereales, nacerse, entallecerse. *To sprout.*

APUÑALEAR. *v.* Apuñalar. *To stab, to knife.*

APURACIÓN. Preocupación. *Worry.* 📖 La APURACIÓN que tienen en mi casa es lo que puede suceder el día de mañana, ahora que mi hermana Tacha se quedó con nada. *What we're worried about at home is what could happen to Tacha now that she's left with nothing.* (J. Rulfo. El llano en llamas). 📖 [...] que mi mamá no te oiga porque se muere de APURACIÓN. *Don't let mother hear you because she's going to worry herself to death.* (M. Azuela. Nueva burguesía). || **2.** Prisa. *Haste, hurry, rush.* 📖 Creí que el primero iba a despertar a los demás [...], por eso me di prisa. "Disculpe la APURACIÓN" les dijo. *I thought the first one would wake all the others, that's why I was in such a hurry. "Please excuse the rush", he told them.* (J. Rulfo. El llano en llamas).

APURADO. *adj.* Apresurado. *Hurried, rushed.* || **2.** •Estar APURADO. Tener prisa. *To be in a hurry.*

APURAR. *v.* Apresurar. *To hurry, rush.* ~No me APURES. *Don't rush me.* || **2.** -se. Apresurarse. *To hurry up, get a move on.*

APURO. *n.m.* Prisa. *Haste, hurry, rush.* || **2.** •Tener APURO. Tener prisa. *To be in a hurry.*

APURÓN. *n.m.* (Acad.) Gran apresuramiento. *Great haste, great hurry.*

AQUERENCIADO. *adj.* (Acad.) Enamorado. *In love, loving.*

AQUERENCIARSE. *v.* Enamorarse. *To fall in love.* || **2.** Encariñarse. *To become attached to someone.* 📖 Yo no soy querendona, no me gusta la gente. Nunca me AQUERENCIÉ con nadie. *I'm not an affectionate person, I don't like people. I have never been attached to anyone.* (E. Poniatowska. Hasta no verte Jesús mío).

ÁRABE. *n.m.* Vendedor callejero. *Hawker, street vendor.*

ARANDELA. *n.f.* (Tabasco). Volante, adorno circular del vestido de mujer. *Frill, flounce.*

ARAÑA. *n.f.* Mujer pública, ramera. *Prostitute.* || **2.** Vehículo ligero de dos ruedas. *Light two-wheeled carriage.* || **3.** •Estar de la araña. Estar aficionado a una cosa. *To be fond of something.* 📖 Tú ya estás de la ARAÑA y no te retirarás de los palenques. *You have become too fond of cockfighting to leave it now.* (J. Rulfo. El gallo de oro. Cit. Hispan.).

ARAÑADA. *n.f.* Arañazo. *Scratch.*

ARCABUCEAR. *v.* (Tabasco). Matar. *To kill.*

ARCHIVAR. *v.* (Acad.) Encarcelar. *To jail.*

ARCHIVERO. *n.m.* (Acad.) Archivador, mueble. *File cabinet.*

ARCHIVO. *n.m.* (Acad.) Cárcel. *Jail.*

ARCIÓN. *n.m.* (Acad.) Arzón delantero de la silla de montar. *Saddlebow.*

ARDEDOR. *adj.* (Acad.) Que arde con facilidad: tabaco ARDEDOR. *Quick-lightning, easy to light.*

ARDER. *v.* Escocerle algo a uno. *To smart, sting.* || **2.** FIG Herir, mortificar. *To mortify, wound, sting.*

ARDIDO. *adj.* (Acad.). Irritado, enojado, ofendido. *Cross, angry.*

ARDILLA. *n.f.* •Ponerse ARDILLA. Ponerse listo. *To be careful, to be on the lookout, to watch out.* ~Ponte ARDILLA, no te vayan a pescar. *Be careful they don't catch you.*

ARDOR. *n.m.* Escozor. *Smart (burning).*

ARENGUISTA. *n.m.* Persona dada a pronunciar arengas, arengador. *Person inclined to harangue, give speeches.*

AREQUIPA. *n.f.* Arroz con leche. *Type of rice pudding.*

ARETE. *n.m.* Pendiente, zarcillo. *Earring.*

ARGOLLA. *n.f.* Anillo, sortija. *Ring.* || **2.** •ARGOLLA de novios. Anillo de compromiso. *Engagement ring.* || **3.** •ARGOLLA de boda, de matrimonio. Alianza, anillo de boda.

ARGOLLAR

Wedding ring. || **4.** Suerte. *Luck.* || **5.** •Tener ARGOLLA. Tener suerte. *To be lucky.*

ARGOLLAR. *v.* Poner argolla a la res para sujetarla. *To ring.* || **2.** (Tabasco). Tener obligado a alguien como consecuencia de un beneficio que se le ha hecho *To have a hold over someone due to a service rendered.* || **3.** Sujetar algo con una argolla. *To hold something with a collar or ring.*

ARGÜENDE. *n.m.* Lío, enredo. *Mess, confusion, mix-up, embroilment, trouble, problem.* 📖 Todavía recuerdo que en tiempos del General para hacer lana (dinero) había que meterse en cada ARGÜENDE. *I recall that in the General's time making money was a real hassle.* (C. Fuentes. La región más transparente). || **2.** Discusión, disputa. *Argument, dispute.* 📖 Bueno, con el ARGÜENDE afuera la cosa aquí dentro pareció calmarse. *Well, with that row outside, things inside seem to quiet down.* (J. Rulfo. El llano en llamas). || **3.** Habladuría. *Gossip.* || **4.** Fiesta. *Party.*

ARGÜENDEAR. *v.* Meter en líos, enredar. *To cause a mess, a mix-up, etc.*

ARIDARSE. *v.* Aridecerse. *To dry up, become arid, parched or barren.*

ARISCAR. *v.* Poner arisco a un animal. *To cause an animal to be unfriendly.* || **2.** Poner recelosa a una persona. *To make a person suspicious.*

ARISCO. *adj.* •Estar ARISCO (una persona). Estar enojado. *To be upset, angry.*

ARMA. *n.m.* •Ser de ARMAS tomar. *To be bold, determined.*

ARMADO. *adj.* Terco, testarudo. *Stubborn.* || **2.** Que tiene dinero, contrario de **arrancado.** *Well-off.* || **3.** *n.m.* Armadillo. *Armadillo.* || **4.** Estar preparado. *To be prepared.* ~Ya con el permiso, estoy ARMADO para trabajar bien. *With this permit, I'm now ready to work well.*

ARMARSE. v. (Acad.) Plantarse un animal. *To balk, stop, halt, be unwilling to go on.* || **2.** Negarse decididamente a hacer algo, obstinarse, plantarse. *To become obstinate, to refuse point-blank, balk.* || **3.** (Acad.) Hacerse de dinero o bienes inesperada o impensadamente. *To strike it rich, make a killing.* || **4.** Proporcionar dinero a un jugador para que pueda seguir jugando. *To provide with money so that one can go on gambling.* **5.** •ARMARSE con alguna cosa. Retener una cosa injustamente, negándose a devolverla. *To keep something which belongs to someone else.*

ARMAZÓN. *n.m.* Estantes, anaqueles. *Shelves, shelving.*

ARPERO. *n.m.* Ladrón. *Thief, burglar.*

ARPILLADOR. *n.m.* (Acad.) El que tiene por oficio arpillar. *Packer, wrapper, person who covers (bales, etc.) with burlap.*

ARPILLADURA. *n.f.* (Acad.) Acción y efecto de arpillar. *Covering with burlap o sackcloth.*

ARPILLAR. *v.* (Acad.) Cubrir fardos y cajones con **arpillera.** *To cover with burlap or sackcloth.*

ARQUEAR. *v.* Practicar registro y reconocimiento de documentos, o valores. *To conduct an audit, an appraisal of assets.*

ARRACADA. Argolla. *Ring.* 📖 [...] no faltó quien le pusiera un collar y unas ARRACADAS. *Someone gave her a necklace and a few rings.* (E. Poniatowska. Hasta no verte Jesús mío). 📖 Usaba pulseras de colores en los brazos y unas ARRACADAS de oro que se columpiaban de su oídos [..]. *She used colored bracelets in both arms and gold rings hanging from her ears.* (A. Mastretta. Arráncame la vida).

ARRAIGAR. *v.* Notificar a una persona que no debe salir de la población so cierta pena. *To issue a restriction order.*

ARRAIGO. *n.m.* Notificación judicial que no se salga de la población so cierta pena. *Restriction order.*

ARRALAR. *v.* Disminuir el número de árboles que ensombrecen los cafetales. *To thin out (trees).*

ARRANCADA. *n.f.* Partida o salida impetuosa. *Sudden dash, escape attempt.*

ARRANCADERO (automático). *n.m.* Cajones de salida. *Starting gate.*

ARRANCADO. *adj.* •Estar ARRANCADO. No tener dinero, estar pobre. *To be broke.*

ARRANCADOR. *n.m.* Arranque. *Starter.*

ARRANCAR. *v.* Salir de prisa, retirarse apresuradamente. *To split (coll.).* ‖ **2.** •ARRANCÁRSELE a uno. (Acad.) Acabársele el dinero. *To run out of money.* ‖ **3.** (Acad.) Morir. *To kick the bucket, die.* ‖ **4.** Hacer partir a escape (caballo). *To start up a horse at full-speed.*

ARRANCHARSE. *v.* (Acad.) Acomodarse a vivir en algún sitio o a alojarse en forma provisional. *To settle in, make oneself comfortable.*

ARRANCÓN. *n.m.* Arrancada, partida violenta. *Sudden start, sudden increase in speed, sudden charge or attack.* ‖ **2.** Carrera de arrancones. *Drag race.*

ARRANQUE. *n.m.* •No servir ni para el ARRANQUE. No ser suficiente. *Not to be sufficient.* ~A Carlos diez tacos no le sirven ni para el ARRANQUE. *10 tacos is not nearly enough for Carlos.* ~Con un kilo ni tenemos para el ARRANQUE. *One kilo won't get us very far.* ‖ **2.** No valer nada. *To be worth nothing.* ~Este cacharro no sirve ni para el ARRANQUE. *That jalopy is ready for the junkyard.*

ARRANQUERA. *n.f.* Falta de dinero, pobreza. *Lack of money, poverty.*

ARRANQUITIS. Variante de **arranquera** (en estilo jocoso).

ARRASTRADO. *adj.* (Tabasco). Infeliz, miserable, despreciable. *Down-and-out, miserable, wretched.*

ARRASTRE. *n.m.* Influencia política o social. *Influence.* ‖ **2.** •Tener mucho ARRASTRE. *To have friends in high places.* ‖ **3.** •Estar para el ARRASTRE. Quedar agotado, viejo, inútil. *To be useless, old, washed-up.* ~Tu coche ya está para el ARRASTRE. *Your car is ready for the junkyard.* ‖ **4.** (Acad.) Molino donde se pulverizan los minerales de plata que se benefician por amalgación. *Silver mill.*

ARREADA. *n.f.* (Acad.) Robo de ganado. *Rustling, cattle-thieving, round up.*

ARREADO. *adj.* Cachazudo, pesado para andar. *Slow, lazy, sluggish (person).*

ARREAR. *v.* Hacer que una persona haga algo o cumpla con su tarea. *To keep an eye on, watch over.* 📖 Podían decir que Isidro no daba el ancho como peón porque a un buen peón no se le tiene que andar ARREANDO. *They could say that Isidro did not cut it as a laborer because you don't have to keep an eye all the time on a good worker.* ‖ **2.** Robar. *To steal.* ‖ **3.** (Acad.) Llevar violenta y furtivamente ganado ajeno. *To steal, rustle cattle.*

ARREBATAR. *v.* Apresurar excesivamente el cocimiento de algún alimento. *To overcook, ruin (food).* ~Bájale el fuego al arroz, que lo vas a ARREBATAR. *Lower the fire, otherwise you're going to ruin the rice.* ‖ **2.** •Como no ARREBATEN. Frase con la que se da a entender que se tenga paciencia, pues todo se irá haciendo con orden y a su propio tiempo. *In time.* 📖 —Pero eso no le hace, pa (para) todo hay tiempo como no ARREBATEN —respondió Pancracio, preparando su fusil. *—But that doesn't really matter, it's just a matter of time —answered Pancracio, getting his gun ready.* (M. Azuela. Los de abajo. Cit. Hispan.).

ARREBIATADO, DA. *adj.* Se dice de la persona que acompaña siempre a otra. *Person who is in constant company of another.*

ARREBIATAR. *v.* Atar el ronzal de una bestia a la cola de otra. *To tie two animals by the tale.* ‖ **2.** Adherirse automáticamente o sin reflexión a la opinión de otro. *To follow the crowd, agree automatically with everything, to be a yes man, to submit slavishly, to bow down to.* ‖ **3.** (variante de **arrabiatar**).

ARRECHARSE. *v.* Enfurecerse, encolerizarse. *To get angry.* ‖ **2.** Ponerse cachonda una muchacha. *To get sexually aroused.* ‖ **3.** (Acad.) Sobrar animación y brío. *To be brimming with excitement.*

ARRECHERA. *n.f.* Lascivia, concupiscencia. *Randiness, lust.* ‖ **2.** (Acad.) Antojo caprichoso, alboroto por hacer u obtener algo (Tabasco). *Whim, fancy.*

ARRECHO. *adj.* (Tabasco). Lascivo, concupiscente, cachondo, rijoso (se dice en especial de la mujer). *Randy, lecherous, sexy.* ‖ **2.** Animoso, esforzado, vigoroso. *Vigorous, energetic.* ‖ **3.** Furioso. *Angry, furious.*

ARREDO. *interj.* •¡ARREDO vaya! (Acad.) ¡Largo de aquí! *Get lost!*

ARREGIONADO. *adj.* Endiablado, atrabiliario, de mal genio. *Ill-tempered.* ‖ **2.** Impulsivo. *Impulsive, rash.* ‖ **3.** Retraído, enfurruñado. *Shy, reserved, retiring.*

ARREGLAR. *v.* Pagar, satisfacer una deuda. *To settle a debt.* ‖ **2.** Castigar, corregir. *To punish, correct.*

ARREJOLARSE. *v.* Arrimarse. *Move close to.* 📖 Yo me escondí hasta hacerme perdedizo ARREJOLÁNDOME contra la pared, y de seguro no me vio. *I moved up against the wall until I was out of sight, and I'm sure he didn't see me.* (J. Rulfo. El llano en llamas).

ARREJUNTAR. *v.* Juntar (dinero, etc). *To save.* 📖 –¿Y cuando volverás? –Pronto, padre. Nomás ARREJUNTO dinero y me regreso. *–And when are you coming back? –Soon, father. As soon as I can save some money.* (J. Rulfo. El llano en llamas). ‖ **2.** -se. Juntarse, amancebarse. *To set up house together, cohabit.* 📖 [...] ni ganas le iban a dar a la pobre ARREJUNTARSE con un viejo todo viejo y jodido. *I can't imagine that poor lady living with that old, sickly man.* (V. Leñero. Los albañiles. ‖ **3.** Andar (con una persona). *To hang around.* 📖 Pues no se te me ARREJUNTES [...]. Haz cuenta que yo no estoy aquí. *Just don't hang around me. Just assume that I don't exist.* (E. Poniatowska. Hasta no verte Jesús mío).

ARRENDAR. *v.* Irse, dirigirse, aunque sea andando, encaminarse (hacia cierto lugar). *To head for, set out for.* 📖 Todos están ARREDANDO para la sierra de Comanja a juntarse con los *cristeros* [...]. *They're all heading for the Comanja mountains to meet up with the* cristeros *[...].* (J. Rulfo. El llano en llamas. Cit. Hispan.). ‖ **2.** Volver, regresar (aunque sea andando). *To return, go back.* 📖 [...] y luego ARRENDÓ arriba por el rumbo de donde había venido. *And then he returned up the same road he had taken when he came.* (J. Rulfo. El llano en llamas. Cit. Hispan.). ‖ **3.** No querer o no poder. *Not want or be able to.* 📖 La Pintada ya me hartó [...] y ese querubincito del cielo no ARRIENDA siquiera a mirarme [...]. *I'm sick of that Pintada girl and that little angel in heaven doesn't even want to look at me anymore.* (M. Azuela. Los de abajo. Cit. Hispan.). ‖ **4.** Contratar. *To hire.* 📖 Faltaban algunos: once o doce [...] los que habían ARRENDADO con ellos. *There were a few (men) missing: some eleven or twelve and along with them, the ones they had hired.* (J. Rulfo. El llano en llamas). ‖ **5.** Volver, regresar; hacer que vuelva una personal. *To send for, summon.* ~No está María, pero en seguida la voy a ARRENDAR. *Mary is not here at the moment, but I'll send for her right away.*

ARRENQUÍN. *n.m.* (Tabasco). (Acad.) Persona que no se separa de otra para ayudarla y acompañarla. *Person in constant company of another, follower.*

ARREOS. *n.m.* Aperos. *Gear, tackle.*

ARREQUINTAR. *v.* (Acad.) Apretar fuertemente con cuerda o vendaje. *To tighten with a cord or bandage, to tie or bind tightly.*

ARRIA. *n.f.* Recua de animales de carga que marcha en fila atado uno a otro. *Mule train.*

ARRIAR. *v.* Trasladar ganado. *To move cattle.*

ARRIATE. *n.m.* Banda angosta de tierra a lo largo de las bardas de un jardín o de algún camino en las que se plantas flores y arbustos. *Bed (for plants), border.* ‖ **2.**

Camino. *Path.*

ARRIBA. adv. (Acad.) •ARRIBA de. Encima de. *On, on top of.*

ARRIBEÑO. *adj.* Proveniente de las zonas altas. *Highlander, inlander.* 📖 Párenlos. Son ARRIBEÑOS y han de traer algunas novedades -dijo Demetrio. *Stop them, they're from the highlands and they must be bringing news.* (M. Azulela. Los de abajo).

ARRIERA. *n.f.* Hormiga grande y rojiza que vive en galerías subterráneas, muy dañinas para árboles y sembrados. *Large red ant very destructive to crops.*

ARRIESGUE. *n.m.* Animo, valor. *Courage.* 📖 Hasta me echaste en cara mi falta de ARRIESGUE. *You even accused me of lacking courage.* (J. Rulfo. Pedro Páramo. Cit. Hispan.). 📖 ¿De qué te sirve tu ARRIESGUE, al fin de cuentas? Te comieron el mandado, como a tantos otros. *And what did you get for your efforts, after all. They took everything you had, like they did to many others.* (Agustín Yánez. Ojerosa y pintada).

ARRIMADO. *n.m.* (Tabasco). Amancebado. *Concubine.* ~Viven ARRIMADOS. *They live together.* ‖ **2.** Persona que se instala en casa ajena a costa del dueño. *Uninvited or unwelcome guest in someone's house.* 📖 Yo decía "vivo con ellos", pero me tenían de ARRIMADA. Y eso de que durmiera así debajo de un techo, no. Dormía fuera [...]. *I would say "I live with them", but actually I was an unwelcome guest at their house. And as far as living under a real roof, never. I slept outside.* (E. Poniatowska. Hasta no verte Jesús mío). ‖ **3.** Gorrón. *Scounger, freeloader, sponger.* ‖ **4.** •El ARRIMADO y el muerto a los tres días apestan. Se cansa pronto del que vive en la casa de uno. *(Liter.: An unwelcome guest, is like a dead person; after three days it begins to smell bad).* 📖 Me dormía en el suelo [...], al fin yo estaba de ARRIMADA y tenía que acostarme en el zaguán con el perro. Dicen que el muerto y el ARRIMADO a las veinticuatro horas apestan. *I would sleep on the floor, after all I was an unwelcome guess at the house and I had to sleep with the dog on the patio. As they say: An unwelcome guest is like a dead person. After a couple of days it begins to smell.* (E. Poniatowska. Hasta no verte Jesús mío).

ARRIMAR. *v.* Azotar a una niño (en sentido familiar y jocoso). *To thrash.* ‖ **2.** Vivir en casa ajena con el fin de vivir de balde. *To be an uninvited or unwelcome guest at someone's house.* 📖 Vivíamos en Colima ARRIMADOS a la tía Gertrudis que nos echaba en cara nuestra carga. *We were living with aunt Gertrudis who would keep reminding us that we were a burden.* (J. Rulfo. El llano en llamas). 📖 Como no podía pagar casa, en la noche me fui a ARRIMAR con mi comadre Victoria, que ya tenía un estanquillo. *Since I couldn't pay the rent, that night I went to live at my friend's house, who had a cigarette and candy stand.* (E. Poniatowska. Hasta no verte Jesús mío). ‖ **3.** Consumir en exceso. *To drink too much.* Le ARRIMÓ durísimo a la bebida. *He got loaded.* ‖ **4. -se.** Amancebarse. *Set up house together.* 📖 Ganaba bien, nomás se enfermó y se fue a arrimar con la señora Lola. *He made good money, but one day he got sick and went to live with Mrs. Lola.* (E. Poniatowska. Hasta no verte Jesús mío).

ARRIMO. *n.m.* Pared, cerca o valla que divide dos casas. *Partition.*

ARRISCADO. *adj.* (Acad.) Remangado, respingado, vuelto hacia arriba. *Turned up, folded up.*

ARRISCAR. *v.* Levantar, arremangar, refiriéndose a cosas vueltas hacia arriba (arriscar el ala del sombrero). *To turn, fold up.* ‖ **2.** Encresparse, enfurecerse. *To stiffen.* ‖ **3.** Fruncir la nariz en gesto de desagrado. *To wrinkle one's nose.* ‖ **4.** Llegar, alcanzar. *To amount to.* ~No ARRISCA a cien pesos. *It doesn't reach a hundred pesos.* ‖ **5.** Encogerse, fruncir(se); retorcerse (bigote). *To shrink, to get twisted up.* 📖 Era raro que no viéramos colgados de los pies a alguno de los nuestros en cualquier palo de algún camino. Allí duraban hasta que se hacían viejos y se ARRISCABAN como pellejos sin curtir. *It was not unfrequent to see one of our men hanging by the feet from some post in the road. They stood there until they become old and shriveled up like untanned hides.* (J. Rulfo. El llano en llamas. (Cit. Hispan.).

ARROLLAR. *v.* Mecer (a un niño). *To rock (a child).*

ARROYO. *n.m.* Carril de menos tránsito. *Slow lane (aut.).* || **2.** •Dejar en el ARROYO. Dejar en el desemparo. *To leave penniless.*

ARRUGARSE. *v.* Acobardarse, aturdirse. *To crouch with fear, be afraid, get scared.*

ARRUINADO. *adj.* (Acad.) Enclenque, enfermizo. *Sickly, stunted.*

ARTESÓN. *n.m.* Bóveda. *Volt.* || **2.** Arcos. *Arches.* || **3.** Terraza. *Flat roof, terrace.*

ASALTACUNAS. *n.m.* Corruptor de menores. *Cradle robber.*

ASALTAR. *v.* Improvisar una fiesta, un baile en casa de unos amigos, sin conocimientos de éstos. *To organize a surprise party at some friend's house.*

ASALTO. *n.m.* Baile o diversión que organizan varios amigos en una casa particular sin avisar previamente al dueño. *Surprise party.* || **2.** Visita inesperada. *Unexpected visit.*

ASAPÁN. *n.m.* Nombre popular de la ardilla voladora. *Flying squirrel.*

ASCO. *n.m.* •Poner a uno de ASCO. Injuriar. *To insult, abuse someone.*

ASEGÚN. Según. *According to.* 📖 *Y el pobre cochero [...] me dejaba en la puerta de la cantina.* ASEGÚN *yo, había llegado a donde tenía que llegar. The poor coachman would leave me at the door of the bar. As far as I was concerned this is the place where I had to end up.* (E. Poniatowska. Hasta no verte Jesús mío).

ASEMEJAR. *v.* Ser parecido. *To be similar to, ressemble.*

ASENTADOR. *n.m.* (Acad.) Tamborilete para igualar los tipos. *Planer (printing).*

ASENTAR. *v.* Afirmar. *To affirm, state.*

ASERRUCHAR. *v.* (Acad.) Cortar o dividir con serrucho la madera u otra cosa. *To saw, cut with a handsaw.*

ASÍ. *adj.* •Así nomás. Así, así. *So, so, all right, I guess.* •ASI y asado. Así y asá. *Like this and like that.* 📖 *Le parecía oír a los arrieros que decían:* –Lo vimos allá arriba. Es ASÍ Y ASADO, y trae muchas armas. *He seemed he could hear the herdmen say:* – *We saw him up there. He's like this and like that, and he's carrying a lot of weapons.* (J. Rulfo. El llano en llamas).

ASIENTO. *n.m.* Territorio o población de las minas. *Mining town.*

ASILENCIAR. v. Quedarse callado, guardar silencio. *To keep silent, stop talking.* 📖 ¿Por cuáles víctimas pidió él que no ASILENCIÁRAMOS? *For what victims did he ask that we observe silence?* (J. Rulfo. El llano en llamas).

ASIMILADO. *n.m.* Persona que ejerce su profesión dentro del ámbito del ejército. *Professional person attached to the army.*

ASISTENCIA. *n.f.* (Acad.) Pieza destinada para recibir visitas de confianza, y que comúnmente se encuentra en el piso alto de las casas, cerca de la entrada. *Guest room, sitting room, parlor.* || **2.** Fonda de poca categoría, y también de huéspedes. *Cheap boardinghouse.*

ASISTENTE, -TA. *n.m&f.* Sirviente, criado o criada en una asistencia. *Boardinghouse keeper.*

ASOLEADA. *n.f.* Insolación. *Sunstroke.*

ASOLEADO. *adj.* Bronceado, tostado, quemado. *Sunburned, suntanned.*

ASOLEARSE. *v.* Insolarse. *To get sunstroke.* || **2.** Trabajar duro. *To work, to slave.*

ASOLEO. *n.m.* Insolación. *Sunstroke.*

ASPAMENTERO. *n.m.* Aspaventero. Demostración excesiva de admiración o sentimiento. *Exaggerated show of emotion.*

ASTABANDERA. *n.f.* Mástil, asta de (la) bandera. *Flagpole.*

ASTIBLANCO. *adj.* [Ganado bovino]. Que tiene la mayor parte del asta blanca. *Said of animals whose horns are mostly white.*

ASTILLERO. *n.m.* (Acad.) Lugar del monte donde se corta la leña. *Wood chopping site, lumbering site.*

ASUSTÓN. Asustadizo. *Easily frightened.* 📖 Y contaba que al niño se le había ocurrido dar un berrido como de tecolote cuando el caballo en que venían era muy ASUSTÓN. *And she was telling us how it had occurred to the boy to howl like an owl when the horse on which they were riding frightened easily.* (J. Rulfo. El llano en llamas).

ATACARSE. *v.* Atiborrarse, atracarse. *To stuff oneself.*

ATACHABLE. *adj.* Compatible (ordenador). *Compatible (computer).*

ATACHAR. *v.* Enchufar. *To plug in.*

ATADERO. *n.m.* Ataderas o ligas para sujetar las medias. *Garter.* || **2.** •Eso no tiene ATADERO. *You can't make head or tail of it.*

ATAJADOR. *n.m.* Arriero. *Drover, cattle driver.* || **2.** Recogepelotas, recogebolas. *Ball boy.*

ATAJAR. *v.* Recoger las pelotas (en tenis). *To pick up the balls.* || **2.** Impedir que huya una persona o animal, saliéndoles al encuentro o por el frente. *To stop someone from fleeing.* 📖 ¿Dice usted que mató a todita la familia de los Urquidi? De haberlo sabido los ATAJO a puros leñazos. *You say that he killed the entire Urquidi family? If I had known I would have stopped them even if I had the beat them senseless.* (J. Rulfo. El llano en llamas. Cit. Hispan.).

ATANASIA. *n.f.* Planta indígena usada en la medicina popular como tónico. *Costmary plant widely used as a tonic (bot.).*

ATARANTADO. *adj.* Aturdido, desvanecido. *Faint, giddy, dizzy.* 📖 ATARANTADA por el baile, embriagada por tantos recuerdos, doña Manuela perdió el paso y cayó. *Giddy, dizzy from dancing, intoxicated with so many memories, doña Manuela stumbled and fell.* (C. Fuentes. Agua quemada). || **2.** Atropellado, irreflexivo. *Rash, irreflexive.* 📖 No acabo de saber por qué se le ocurría a la *Serpentina* pasar el río este. La *Serpentina* nunca fue tan ATARANTADA. *I just can't understand what made* Serpentina *cross that river.* Serpentina *was never that rash.* (J. Rulfo. El llano en llamas). 📖 La gente vino aquí, medio ATARANTADA, sin saber por qué. *People came here without thinking, without really knowing why.* (C. Fuentes. Agua quemada). || **3.** Borracho. *Drunk, plastered (coll.).*

ATARANTAR. *v.* Aturdir. *To stun, daze.* ~Con tantas preguntas me ATARANTARON. *They made my head spin with all their questions.* ~El golpe lo ATARANTÓ. *The blow left him dazed.* || **2.** -se. Aturdirse, confundirse. *To get flustered.* || **3.** Atropellarse, precipitarse. *To hurry, dash, rush.* || **4.** Emborracharse. *To get drunk.* || **5.** Darse un atracón. *To stuff oneself.*

ATARJEA. *n.f.* (Acad.) Canalito de mampostería, a nivel del suelo o sobre arcos, que sirve para conducir agua. *Pipe, piping, drainpipe, conduit.*

ATARRAGARSE. *v.* (Acad.) Atracar, altiborrar de comida. *To stuff oneself.*

ATARUGARSE. *v.* Aturdirse, confundirse. *To get flustered.* 📖 Pues no te me ATARUGUES; abre los ojos. El mundo es así como te lo cuento [...]. *Don't be disconcerted; open your eyes. Life is just like I'm telling you.* (V. Leñero. Los albañiles).

ATASCAMIENTO. *n.m.* Incomodidad intestinal del ganado. *Intestinal discomfort in cattle.*

ATASCARSE. *v.* Pararse. *To stall (motor).* || **2.** Enfermar por osbtrucción del tubo digestivo. *To have an internal blockage.*

ATE. *n.m.* (Acad.) Pasta dulce o carne hecha de frutas como membrillo, durazno, guayaba, etc. *Jelly.*

ATECOMATE. *n.m.* Vaso para beber agua. *Drinking cup, tumbler.*

ATECORRALAR. *v.* Cercar con **tecorral**, o sea albarrada de piedra seca. *To fence or wall in with an unmortared wall.*

ATEJONARSE. *v.* Agazaparse. *To crouch, stoop.* 📖 Al principio de la relación, la Codorniz y Anastasio Montañés, ATEJONADOS al pie de la camilla, levantaban la cabeza (...). *At first, the Codorniz woman and Anastasio Montañés, crouched against the bed, would lift their head.* (M. Azuela. Los de abajo). || **2.** Meterse en cualquier lugar encogiendo el cuerpo, para no ser visto. *To curl up into a ball (so as not to be seen), to hide.* || **3.** Volverse astuto y lleno de mañas como el tejón. *To become sharp, cunning.*

ATENDEDOR. *n.m.* Persona que atiende a lo que va leyendo el corrector. *Proofreader's assistant, copyholder, reading boy.*

ATENDER. *v.* •ATENDER el teléfono. Contestar al teléfono. *To answer the telephone.* || **2.** Leer para sí el original de un manuscrito con el fin de ver si está conforme con la prueba que va leyendo en voz alta el corrector. *To serve as a proofreader's assistant.*

ATENDIDO. *adj.* Atento, servicial. *Considerate, helpful.*

ATENIDO. *adj.* Se dice del que descarga sus obligaciones en otra persona. *Habitually dependent on another.*

ATEPERATARSE. *v.* Atolondrarse, obrar sin tino. *To get confused, get bewildered, loose one's head.*

ATEPOCATE. *n.m.* (Acad.) Renacuajo, cría de la rana. *Tadpole.*

ATIERRE. *n.m.* Acción de cubrir o tapar con tierra. *Filling up, covering with earth.*

ATINGENCIA. *n.f.* Tino, acierto. *Judgement, prudence.*

ATINGIDO. *adj.* Taimado. *Sly, cunning.* || **2.** Acertado, atinado. *Fitting, right, sensible, wise.*

ATIPUJARSE. *v.* Comer con exceso. *To gorge or stuff oneself.*

ATIRANTAR. *v.* Estirar a un persona en el suelo, sujetándole los pies y las manos, para azotarla. *To spreadeagle, spread out on the ground.* || **2.** -se. Estirar la pata (fam.). *To kick the bucket (fam.).*

ATIZAR. *v.* Fumar marihuana. *To smoke dope or pot (coll.).* || **2.** Drogarse. *To get stoned.*

ATOCLE. *n.m.* Terreno mixto de arena y tierra vegetal, muy fértil. *Sandy soil rich in humus.*

ATOL (variante de **atole**).

ATOLE. *n.m.* (Acad.) Bebida espesa de consumo popular que se hace con harina de maíz disuelta en agua o leche. *Drink prepared with cornmeal gruel.* || **2.** •Dar ATOLE con el dedo. (Acad.) Engañar, embaucar a uno. *To pull the wool over someone's eyes, to deceive, trick, string along.* 📖 [...] pagué licenciados para reclamar al gobierno. Licenciados y gobierno me dieron ATOLE con el dedo hasta que me dejaron sin camisa. *I hired lawyers to appeal to the government. But both lawyers and government tricked us and left us penniless.* (M. Azuela. Ésa sangre). 📄 "Frase tomada de la costumbre que tienen las nodrizas de mojar un dedo en el ATOLE y ponerle en la boca del niño para entretenerle y acallarle mientras que llega la hora de darle el pecho". (F. J. Santamaría. Diccionario de mejicanismos). || **3.** •Tener sangre de ATOLE, tener ATOLE en las venas. *Said of a person not easily perturbed, unfeeling.* 📖 La mujeres de Tehuantepec tienen su carácter, no son como las de Defe, que tienen ATOLE en las venas. *The women of Tehuatepec are spirited, not like those of Mexico City, who have no feelings.* (E. Poniatowska. Hasta no verte Jesús mío).

ATOLERÍA. *n.f.* Lugar donde se hace o vende **atole**. *Stall where atole is made or sold.*

ATOLERO. *n.m.* Persona que hace o vende atole. *Maker or vendor of atole.*

ATOMÍA. *n.f.* Mala acción, salvajada. *Evil deed, savage act.*

ATÓMICO. *n.m.* Lapicera de bolilla, bolígrafo. *Ball-point pen.*

ATOPILE. *n.m.* (Acad.) El que en las haciendas de caña tiene por oficio hacer diariamente la distribución general de las aguas para los riegos. *Foreman in charge of irrigation waters.*

ATORAR. *v.* Detener, impedir que una cosa pase adelante. *To block, impede.* || **2.** Sujetar. *To jam (door), secure, hold in place (wire).* 📖 Y cierra la puerta. ATÓRALE al alambre. *And close the door. Tie it to the wire.* (V. Leñero. Los albañiles. || **3.** Entusiasmarse. *To get enthusiastic.* 📖 No tengo ya nada que me ATORE. Ni gallo, ni dinero. *I've lost all my enthusiasm for both cockfighting and money.* (J. Rulfo. El gallo de oro. Cit. Hispan.). || **4. -se.** Atascarse. *To get stuck.* 📖 Estás loco, contesté, forcejando con la bota que se me ATORABA siempre. *You're crazy, I answered, struggling with one of my boots which always seems to get stuck.* (A. Mastretta. Arráncame la vida). 📖 Pero Emmita a cada instante se ATORABA con sus altos tacones en los rieles [...]. *But Emmita's high heels would get stuck in the the rails.* (M. Azuela. Nueva burguesía). || **5.** •ATÓRALE. Inténtalo. *Go on, go for it.* || **6.** •NO ATORAR. No estar de acuerdo con algo. ~Yo a eso no le ATORO. *I don't go in for that sort of thing*

ATORNILLADOR. *n.m.* Destornillador. *Screwdriver.*

ATORNILLAR. *v.* Molestar, fastidiar. *To pester, harass.* || **2.** Vencer. *To beat.* ~Me lo voy a ATORNILLAR en el primer round. *I'll knock him out in the first round.*

ATORÓN. *n.m.* Atasco. *Traffic jam.* 📖 [...] por un nuevo ATORÓN en el tránsito de la calzada, la camioneta se detuvo. *Because of a new traffic jam on the road, the station wagon had to stop.* (V. Leñero. Los albañiles).

ATORZONAR. *v.* **-se.** Comer excesivamente. *To stuff, gorge oneself.* || **2.** Enfermar el ganado de meteorisimo (exceso de gas en el tubo digestivo). *To suffer from meteorism (cattle).* || **3.** Enfermarse. *To become ill.* 📖 Un día que me quede ATORZONADA, mi puerta estará atrancada... *The day that I become ill, I'll block the door.* (E. Poniatowska. Luz y luna).

ATOTONILCO. *n.m.* Aguas termales. *Hot spring.*

ATRABANCADO. *adj.* Atronado, irreflexivo, atolontrado. *Reckless, thoughtless, clumsy, impacient, impetuous.* 📖 Domínguez, espontáneo y ATRABANCADO siempre, consintió sin más ni más en lo que Brecedo nos pedía. *Domínguez, spontaneous and impatient as always, agreed to Brecedo's request.* (M.L. Guzmán. El águila y la serpiente. Cit. Hispan.). 📖 Si este caso hubiera caído en manos de un médico joven, un doctor soflamero y ATRABANCADO, no titubearía en darle un nombre [a este caso]. *If this case had fallen into the hands of a young doctor, a melodramatic and impetuous doctor, I wouldn't hesitate in giving it a name.* (R. Castellanos. Balún Canán).

ATRABANCARSE. *v.* Actuar precipitada y atolondradamente. *To act in a reckless and thoughtless way.*

ATRACADA. *n.f.* (Acad.) Atracón. *Blowout, big feed.*

ATRACARSE. *v.* Reñir, pelearse dos personas. *To brawl, fight.*

ATRACAZÓN (variante de **atraco**).

ATRACO. *n.m.* Hartazgo. *Fill, bellyful, surfeit.*

ATRACÓN. *n.m.* Pelea. *Fight, brawl.*

ATRANCADO. *adj.* Se dice de la persona que obra impulsiva e irreflexivamente. *Reckless, rash.*

ATRANCARSE. *v.* Obstinarse en la propia opinión, negándose a escuchar razones. *To be stubborn, dig one's heels in.*

ATRÁS. *adv.* •Estar hasta ATRÁS. Estar borracho. *To be as high as a kite.*

ATRASADO. *adj.* Sufrir un daño o un inconveniente. *To be in a bad way.*

ATRAVESADA. *n.f.* Acción de atravesar. *Crossing, passage.*

ATRINCAR. *v.* (Acad.) Trincar, sujetar, asegurar con cuerdas y lazos. *To tie, fast, bind.* || **2.** Obstinarse. *To be stubborn.*

ATRINCHILAR. *v.* Acorralar, arrinconar a uno. *To corner someone.* 📖 Me ATRINCHILÉ a su cuerpo; pero el jolglorio del día lo había dejado rendido. *I curled up next to his body but the partying of the night before had left him exhausted.* (J. Rulfo. El llano en llamas).

ATROJARSE. *v.* (Acad.) No encontrar alguien salida en un empeño o dificultad, aturdirse. *To be stumped or beaten (unable to solve a problem).* || **2.** Calmarse un caballo. *To calm down (horse).*

ATUJAR. *v.* Azuzar (perros). *To set on.*

AUDÍFONO. *n.m.* Tubo auricular del teléfono. *Earpiece, receiver.*

AUDITOR. *n.m.* Revisor (ferroc.). *Ticket inspector (train).* 📖 La quietud con que el AUDITOR y el conductor revisaban guía y boletos, todo le causaba una extraña impresión. *The calm way in which the ticket inspector and the fare collector would check the tickets made a strange impression on her.* (M. Azuela. Nueva burguesía).

AUMENTO. *n.m.* Posdata. *Postcript.*

AUTOCINEMA. *n.m.* Autocine. *Drive-in.*

AUTOPISTA. *f.* •Autopista de cuota. Autopista de peaje. *Toll road.*

AUTOR. *n.m.* •AUTOR intelectual. *The brains or mastermind behind a crime.* 📖 Con ese nombre designaba siempre al general Victoriano Huerta, AUTOR intelectual del asesinato del presidente Madero. *He would alway refer to Victoriano Huerta as the man who masterminded the murder of President Madero.* (M. Azuela. Nueva burguesía).

AVANCE. *n.m.* Saqueo, robo (sobre todo en guerra). *Looting, sacking.* 📖 Después los soldados se desperdigaron, como siempre, en busca de AVANCES, so pretexto de recoger armas y caballos. *Afterward the soldiers began scattering about, in search of the usual loot, under the pretext of gathering their arms and horses.* (M. Azuela. Los de abajo. Cit. Hispan.). || **2.** Proposiciones o galanteos para entablar una relación amorosa. *Advances.* || **3.** -se. Tráiler (cine). *Trailer.*

AVANZADA. *adj.* •De AVANZADA. Robado. *Stolen.* ~Una bolsa de AVANZADA. *A stolen purse.*

AVANZARSE. *v.* •AVANZARSE algo. Apropiar lo ajeno, robar (sobre todo en guerra). *To appropriate, steal, sack, loot (especially in war).* 📖 ¡Tan buenos zapatos que iba yo a AVANZAR! *Such good shoes, how do you expect me not to steal them!* (M. Azuela. Los de abajo. Cit. Hispan.).

AVENTADO. *adj.* Audaz, atrevido. *Bold, daring.*

AVENTAR. *v.* Arrojar algo lejos de sí. *To throw, hurl.* 📖 Te AVIENTAN a la calle como perros a vender periódicos o a levantar carteras, o de bolero. *They throw you out on the street like a dog so that the only thing you can do is sell newspapers, steal purses or become a shoeshine boy.* (C. Fuentes. La región más transparente). 📖 Entonce agarré los papeles (...), los rompí y se los AVENTÉ en la cara. *So I grabbed the papers, tore them to pieces and threw them in his face.* (E. Poniatowska. Luz y luna). 📖 Ya en el consultorio, AVENTÉ el saco al sillón [...]. *Once in the doctor's office, I threw my coat on the chair.* || **2.** Empujar. *To push, shove.* ~No AVIENTES a tu hermano. *Stop pushing your brother around.* || **3.** Arrear el ganado. *To drive, herd (cattle).* 📖 Hay que aventar el ganado más allá [...]. *You have to drive the cattle further down.* (J. Rulfo. Pedro Páramo. Cit. Hispan.).|| **4.** -se. Lograr. *To achieve, produce.* ~Se AVENTARON un partidazo. *The played a great game.* 📖 Yo podía AVENTARME por mi cuenta [...], pero no me gusta jugar chueco. *I could have gotten along on my own, but I like to play it straight.* (V. Leñero. Los albañiles). || **5.** Arrojarse, tirase. *To throw oneself.* ~Se AVENTÓ al agua desde el trampolín. *He dived into the water from the diving board.* ~Se AVENTÓ por la ventana. *He leaped (hurled himself) out of the window.* 📖 [...] me AVENTÉ dentro del pozo y con mi vestido le tapé la cabeza a mi mamá [...]. *I threw myself into the well and covered my mother's head with my dress.* (E. Poniatowska. Hasta no verte Jesús mío). || **6.** Llevarse, robar. *To steal, take.* 📖 [...] se las AVENTARON las tierras por lo que quiso darles. *And they took away their land for whatever he choose to give them.* (J.J. Arreola. La feria. Cit. Hispan.). || **7.** Pasar (tiempo). *To spend.* ~Se AVENTÓ diez años en la selva. *He spent 10 years in the jungle.* || **8.** Beber o comer alguna cosa. *To drink or eat something.* ~AVENTARSE una cerveza. *To have a beer.* || **9.** Tener gas en el estómago. *To suffer from flatulence.* || **10.** •AVENTARSE a. Atreverse o decidirse a hacer alguna coasa. *To dare to, to decide to.* ~No se AVENTÓ a decírselo. *He didn't have the heart to tell her.* || **11.** •AVENTAR un trancazo. *To hit, punch.* 📖 No dejes que se ría. AVIÉNTALE un trancazo. *Don't let him take you for a fool. Knock his block off.* (V. Leñero. Los albañiles). || **12.** •AVENTAR (un tiro, balazo). *To shoot at somebody.* 📖 –Usted fue –le grité AVENTÁNDOLE un balazo a los pies. *–You're the one –I shouted, and at the same time shooting at his feet.* (E. Poniatowska. Hasta no verte Jesús mío).

AVENTÓN. *n.m.*(Acad.) Acción de llevar un conductor a un pasajero gratuitamente. *Free ride, lift.* 📖 Claro, que hay (tiene) sus ventajas (ser un taxista); que te levantas viejas, o les das un AVENTÓN. *Of course, it has its advantages (being a cab driver): you pick up girls, or you give them a ride.* (C. Fuentes. La región más transparente). || **2.** •Dar un AVENTÓN. *To give someone a ride.* || **3.** •Pedir (pescar) un AVENTÓN. *To hitch a ride.* || **4.** •De AVENTÓN. *Hitchhiking.* ~Iban a Acapulco de AVENTÓN. *They were hitchhiking*

to Acapulco. || **5.** (Acad.) Empujón. *Push, shove.*

AVENTURERO. *n.m.* (Acad.) Mozos que los tratantes en bestias alquilaban para que los ayudara a conducirlas, y una vez vendidas, los despedían. *Casually hired drover.* || **2.** (Acad.) Decíase del trigo que se siembra de secano. *Grown out of season (corn, rice, etc.).*

AVERÍA. *n.f.* Desgracia. *Misfortune.* || **2.** Travesura. *Mischief, prank, trick.* 📖 –¡Allí viene el loco. Allí viene el loco! Y le hacíamos AVERÍAS, pobre. *He comes the crazy guy. Here comes the crazy guy! And we would play tricks on him, poor guy.* (E. Poniatowska. Hasta no verte Jesús mío). 📖 Me trepaba a las ramas a hacer AVERÍAS [...]. *I would climb up the trees to make mischief.* (E. Poniatowka. Hasta no verte Jesús mío).

AVERIADA. *adj.* Se dice de la mujer que ha perdido la virginidad. *Refers to a woman who has lost her virginity.*

AVERIARSE. *v.* Perder la virginidad una mujer. *To loose a woman her virginity.*

AVERIGUACIÓN. *n.f.* Porfía, discusión, altercado. *Quarrel, argument.*

AVERIGUADO. *adj.* Entremetido. *Meddling.*

AVERIGUAR. *v.* Andar en rencillas o disputa. *To argue, quarrel.* || **2.** •AVERIGUÁRSELAS. Arreglárselas. *To manage.* ~Me las AVERIGUARÉ para conseguir el dinero. *I'll get the money somehow.* || **3.** •AVERIGUÁRSELAS con alguien. Entenderse con alguien. *To deal with someone.*~No te preocupes que yo me las AVERIGUO con él. No te preocupes que yo me entiendo con él. *Don't worry I'll settle it with him.*

AVERIGUATA. *n.f.* Pelea, discusión. *Argument, fight.*

AVERIGÜETAS. *n.m.* Fisgón, curioso, entrometido. *Snooper, busybody.*

AVIADOR. *n.m.* Empleado que sin realizar ningún trabajo, figura en la nómina. *Phantom employee.* 📖 [...] simplemente con quitar de las nóminas a las cantidades increíbles de AVIADORES que hay en toda la Unam [...]. *Just by removing from the payroll that incredible number of phanthom employees...* (Proceso. Cit. B. Steel).

AVIAR. *v.* Prestar (dinero o efectos). *To lend (equipment or money).*

AVÍO. *n.m.* Préstamo (dinero o efectos). *Loan (equipment or money).*

AVIÓN. *n.f.* •Jugar al AVIÓN. Jugar al tejo. *To play hopscotch.*

AVIONAZO. *n.m.* Accidente de avión. *Plane crash.* 📖 [...] el líder del Sindicato [...] que pereciera en el AVIONAZO en febrero de ese mismo año [...]. *The president of the Worker's Union who died in a plane crash en February of that year...* (Proceso. Cit. B. Steel).

AVIONETA. *n.f.* Rayuela. *Hopscotch.*

AVISPADO. *adj.* Nervioso. *Jumpy, nervous.*

AVISPARSE. *v.* Espantarse, alarmarse. *To become alarmed.*

AVORAZADO. *adj.* Codicioso, que lo quiere todo para sí. *Greedy, grasping.*

AYATE. *m.* (Acad.) Tela rala de maguey, de palma, henequén o algodón. *Cloth made from the fiber of the maguey.*

AYOCOTE. *n.m.* (Acad.) Especie de frijol más grueso que el común. *Large kidney bean.*

AYOTE. *n.m.* Calabaza grande del país. *Large pumpkin.* || **2.** Hecho de malograrse una fiesta. *Flop.* ~La fiesta fue un AYOTE. *The party was a disaster.*

AZAFATE. *n.m.* Bandeja. *Tray.*

AZAFRANADO. *adj.* Se dice de quien tiene el pelo de color bermejo. *Red-haired.*

AZARARSE. v. Ruborizarse, azorarse. *To blush.*

AZAREARSE. v. (Acad.). Turbarse, avergonzarse. *To get flustered, rattled, embarrassed or confused.*

AZOLVAR. *v.* Obstruir (un conducto). *To clog up (a pipe).* 📖 [...] y de continuar esta tendencia en Chiapas [...] pronto se AZOLVARÁN las grandes presas de esa entidad. *An if this goes on much longer very soon all the damns in that region will be blocked* (Excélsior. Cit. B. Steel).

AZOLVE. *n.m.* (Acad.) Lodo y basura que obstruye un conducto de agua. *Sediment, deposit.*

AZORADO. *adj.* Asombrado. *Amazed, astonished.*

AZORO. *n.m.* Azoramiento. *Confusion, bewilderment.*

AZORRILLARSE. *v.* Esconderse, agazaparse. *To hide away, keep out of sight.* || **2.** Ponerse a gatas. *To go on all four.* 📖 No más les pegaba un grito los [...] cargadores y (ellas) se AZORRILLABAN. *At the least shout of the loaders, they would go on all four.* (E. Poniatowska. Hasta no verte Jesús mío).

AZOTADOR. *n.m.* Oruga. *Caterpillar.*

AZOTAR. *v.* Dar un portazo. *To slam (door).* ~Por favor no AZOTAR la puerta. *Please do not slam the door.* 📖 [...] le avientan el equipaje, le azotan la puerta [...]. *They throw your baggage around, they slammed the door in your face* (Cit. B. Steel). || **2. -se.** Vagabundear, trashumar. *To wander aimlessly, to tramp.* || **3.** Presumir, darse aires. *To put on airs, be presumptious.* || **4.** Soltar. *To let go.* ~AZÓTATE con la lana. *Let loose with the dough.* || **5.** Invitar o obsequiar alguna cosa. *To pay or invite.* ~Se AZOTÓ con toda la bebida de la fiesta. *He took care of all the drinks for the party.* || **6.** Darse una exagerada importancia. *To presume.* ~Se anda AZOTANDO que es noble. *He's boasting that he belongs to the royalty.* || **7.** Morir. *To die.* ~El padre Daniel AZOTÓ de viejo. *Father Daniel died of old age.* || **8.** •AZOTAR la res. Caerse alguien pesadamente y con el peso de todo el cuerpo. *To fall heavily.*

AZUCARARSE. *v.* Cristalizarse el almíbar de las conservas. *To crystallize (syrup in canned fruits).*

AZUCARERA. *n.f.* Azucarero. *Sugar bowl.*

AZUCARERÍA. *n.f.* Lugar donde se vende azúcar. *Sugar shop.*

AZUL. *n.m.* Policía. *Police officer.* Sígale y llamo a un AZUL. *Keep it up and I'll call a policeman.* (C. Fuentes. La región más transparente). 📖 Encajas este desarmador en la puerta, limpias el mango y esperas la llegada de los AZULES. *Stick this screwdriver in the door, clean the handle and then wait for the police to arrive.* (J. García Ordoño. Tres crímenes y algo más). 📖 Nada menos que tres mil "AZULES" [...] serán incorporados [...] al servicio de la ciudadanía. *Over three thousand police will be added to protect our citizens.* (Heraldo de México. Cit. B. Steel).

AZULEJO. *adj.* Azulino, azulado. *Of a bluish color.* ‖ **2.** *n.m.* Especie de avecilla de plumaje gris azulado. *Bluebird.* ‖ **3.** Especie de sardina. *Sardine-like fish.*

AZULOSO. *adj.* Azulino. *Bluish.*

B

BABA. *n.f.* Pulque. *Fermented drink made from maguey sap.* || **3.** •BABA de perico. Cosa que no tiene ninguna importancia o valor. *Trifle.* ~Para mí veinte mil pesos son un montón, pero para tí son una BABA de perico. *To me twenty thousand pesos is a lot, but for you it's a drop in the bucket.*

BABASFRÍAS. *n.m.* Papanatas, tonto. *Fool.*

BABEADA. n.f. Acción de babear, babeo. *Drooling.*

BABEARSE. *v.* Mirar embelesado. *To drool over.* Todos BABEABAN por ella. *They all drooled over her.* || **2.** -se. •BABEARSE por algo, alguien. Desear una cosa ardientemente. *To yearn for something, drool at the thought of something.*

BABOSADA. *n.f.* Simpleza, bobería, disparate. *Silliness, foolishness, stupidity, nonsense, drivel.* ~Los lectores desean una información seria, en vez de tantas BABOSADAS. *The readers want serious news, not all that drivel.* 📖 Se quedaban platicando un rato al terminar de almorzar. Hasta se reían juntos por alguna BABOSADA. *After lunch they stayed and talked for a while. They even would laugh at some foolish comments they had exchanged.* (V. Leñero. Los albañiles). 📖 Si así le enseña (a uno) ahora la Secretaría de Educación, pues es la escuela de la BABOSADA. *If that's the way the Department of Education teaches now, it's really become the school of nonsense.* (E. Poniatowska. Hasta no verte Jesús mío). 📖 Se me ocurrieron puras BABOSADAS, puros disparates [...]. *The only things I could think of were absurdities, stupid things.* (E. Poniatowska. Hasta no verte Jesús mío). || **2.** •Decir BABOSADAS. *Decir tonterías. To talk nonsense, rubbish.* 📖 Ayer dije una BOLA de BABOSADAS sin pies ni cabeza, ¿Verdad? *Yesterday I made a bunch of stupid comments, right?* (V. Leñero. Los albañiles).

BABOSEADO. *adj.* Manoseado (tema, etc.). *Overworked, repeated (topic, etc).* ~Materia BABOSEADA. *Topic which much has been written about.* ~Negocio BABOSEADO. *Much talked about business which has never got off the ground.*

BABOSEAR. *v.* Tratar muchas personas un asunto en forma superficial o desacertada, manosear. *To mishandle.* || **2.** Tratar a una persona sin seriedad ni miramiento, tratar de bobo. *To take or treat like a fool.* 📖 ¿Por qué te dejas BABOSEAR por un mendigo como ése? *Why are you letting yourself be treated in such a way by a beggar like this?* (M. Azuela. El camarada Pantoja). || **3.** Callejear, holgazanear. *To wander aimlessly.* || **4.** Tratar un asunto con poca profundidad. *To treat superficially.* ~Muchos han BABOSEADO este problema. *Many have taken a superficial look at this problem.* || **5.** Distraerse. *To daydream.* ~Por andar BABOSEANDO, por poco me atropellan. *I was daydreaming and I almost got run over.* || **6.** Holgazanear. *To idle, loaf.*

BABOSEO. *n.m.* Distracción. *Daydreaming.*

BABOSO. *n.m.* Tonto, bobo. *Fool, stupid person.* 📖 ¿Con qué clase de BABOSO cree que está hablando? *What kind of a fool do you think you are talking to?* (C. Fuentes. La región más transparente). || **2.** *adj.* Tonto, bobo. *Foolish, stupid, silly, dumb.* ~A mí ningún escuincle BABOSO me va a dar órdenes. *I'm not going to let any dumb kid order me around.*

BABUCHA. *n.f.* Zapato de pala alta cerrada con un cordón. *High-heeled boot.*

BACAL. (Tabasco). *n.m.* Mazorca de maíz. *Corncob.* || 2. •Estar (estar hecho) un BACAL. Ser o estar muy flaco. *To be very skinny.*

BACALAO. *n.m.* •Cortar el BACALAO. Tener facultades para disponer la orientación de una empresa o negocio. *To be the boss, have the final say, run the show.* 📖 Almazán es él que mañana tiene que partir el bacalao, idiota... *Beginning tomorrow Almazán is the one who going to run the show, you idiot.* (M. Azuela. Nueva burguesía).

BACHICHA. *n.f.* (Acad.) Residuos, sobras de una cosa, especialmente de comida. *Leftovers.* || 2. (Acad.) Resto o sobra de los cigarrilos que dejan los fumadores, colilla. *Cigarette end, cigar stub.* || 3. Pequeños ahorros que no se tocan. *Nest-egg, secret hoard.* 4. 📖 "En el estado de Sonora (...) las amas de casa ahorrativas y previsoras separan del presupuesto diario las cantidades permitidas por las circunstancias, las *bachichas* del gasto, acumulando un fondo secreto para sus gastos imprevistos del mañana". (J. Mejía Prieto). || 5. •Ser una BACHICHA. Ser una cosa despreciable. *To be a contemptible thing to do.* || 6. **-s.** Restos, sobras que dejan los bebedores en los vasos, residuos. *Dregs (of drinks).* ~Me bebí hasta las BACHICHAS. *I drank to the dregs.*

BADULACADA. *n.f.* Hecho o dicho propio del badulaque.

BAGACERA. *n.f.* Lugar destinado a los bagazos de deshecho en los ingenios de azúcar. *Drying shed for bagasse in sugar cane mill.*

BAGAJE. *n.m.* Equipaje. *Baggage, luggage.*

BAGAZO. *n.m.* Cáscara de la caña de azucar. *Husks of sugar cane.* || 2. •Ser una persona un BAGAZO. Ser una persona de poca importancia; persona abyecta o muy despreciable. *To be despicable, contemptible; to be worthless, paltry.* || 3. •Al BAGAZO, poco caso. Con que se desdeña a una persona, no dándole importancia a sus dichos o hechos. *Don't mind him, he's a nobody.*

BAGRE. *adj.* Que carece de cabello, lampiño. *A hairless man.* || 2. *n.m.* Sujeto estúpido, antipático, tonto. *Foolish, stupid.* 📖 Deja tus discos rayados ya para otros PAGRES... *Leave those broken records for somebody else.* || 3. Pez sin escamas con aletas de radios blandos y flexibles, de carne amarillenta y con pocas espinas; bagre. *Catfish.*

BAGUETA. *n.m.* Palillo de tambor. *Drumstick.*

BAILADA. *n.f.* Acción de bailar. *Dance, dancing.* 📖 Y por eso empezó a gustarme más la BAILADA que la limpiada. *And that's why I began to prefer dancing to cleaning houses.* (E. Poniatowska. Hasta no verte Jesús mío).

BAILADITA. *n.f.* Baile corto o breve. *Dance of brief duration.*

BAILAR. *v.* Vencer, ganar. *Trash, beat at something.* Se los BAILARON en tres sets. *They were trashed in three sets.* || 2. •BAILAR a uno. Estafar. *To do someone in.* ~Le BAILARON la herencia. *They cheated her out of her inheritance.* || 3. Robar, hurtar. *To swipe, steal.* ~Me BAILARON la cartera. *They stole my wallet.* || 4. Engañar, embaucar a alguien. *To trick, fool, deceive someone.* Se lo BAILARON con un billete falso. *They slipped him a counterfeit bill.* || 5. Poner a un persona en ridículo, demostrando públicamente que uno es más capaz en algo que él. *To make someone look stupid (bad).* ~El Guadalajara se BAILÓ al América. *Guadajara really made America look bad.* || 6. •Estar (andar, quedar) BAILANDO (una cosa). *To be, remain unaccounted for.* ~Mientras tanto la firma del contrato queda BAILANDO. *Meanwhile the contract is still up in the air.* || 7•BAILARLE a uno el agua. Coquetear la mujer al hombre.

BAILARIN   **54**

To flirt, "go after" a man. || **8. -Bailarse.** DEP Ganar. (*To beat, thrash (sport.).*

BAILARIN. *n.m.* •BAILARÍN de tap. Bailarín de claqué. *Tap dancer.*

BAILE. *n.m.* •BAILE de medio pelo. Baile al que concurre gente socialmente insignificante. *Village dance.* || **2.** •Llevar a alguien al baile. Engañar, aprovecharse de alguien. *To take for a ride, to take advantage of.* || **3.** •BAILE de fantasía. *Masked ball, masquerade, costume ball.* || **4.** •Dar a alguien un BAILE. Demostrar que uno conoce o maneja algo mejor de lo que el otro se precia. ~Hugo Sánchez les dio un BAILE a los argentinos. *Hugo Sánches really showed the Argentinian off.* || **5.** (Tabasco y Veracruz) •BAILE de música. Donde hay orquesta completa que ejecuta contradanzas y valses. || **6.** (Tabasco y Veracruz) •BAILE de son. Baile compesino en que sólo se bailan zapateados en sus diversas especies.

BAJA. *n.f.* Bajada. *Descent.*

BAJAGUA (Variante de bajera).

BAJANTE. *n.f.* Marea baja. *Low tide.*

BAJAR. *v.* •BAJAR los humos a alguien. Quitarle lo pedante, presumido, vanidoso o soberbio. *To get someone down off his high horse.* || **2.** •BAJARLE algo a alguien. Robar. *To steal.* Le bajaron el coche en el estacionamiento. *They stole his car from the parking lot.*

BAJAREQUE. (Guerrero). *n.m.* Choza miserable. *Hut, shanty.*

BAJEAR. *v.* Tocar el bajo. *To play the bass.*

BAJERA. *n.f.* (Acad.) Cada una de las hojas inferiores de la planta del tabaco, que son de inferior calidad. *Lower leaves of the tobacco plant which are of inferior quality; cheap tobacco.*

BAJERO. *n.m.* Cigarro preparado con las hojas que crecen tocando el suelo. *Cigar made of the lower leaves of the tobacco plant (usually of inferior quality).*

BAJIAL. *n.m.* Serie o conjunto de bajos o de porciones de terreno inundables o anegadizos. *Lowlands, flats, floodplain.*

BAJÍO. *n.m..* Terreno plano y amplio de la labor, llamándose así a los terrenos llanos de sembradía en lo alto de las mesetas. *Flat arable land on a high plateau, shoal, sand bank.* || **2.** Terreno bajo. *Lowland.* || **3.** El BAJÍO. Vasta llanura de la altiplanicie que se extiende principalmente en el terreno del Estado de Guanajuato. *The fertile plateau of northern Mexico.*

BAJO. *adv.* •Por lo BAJO. Por lo menos, cuanto menos. *At least.* Esta alhaja valdrá por lo BAJO cien pesos. *This piece of jewelry must cost at least one hundred pesos.* (Cit. Santamaría).

BAJÓN. *n.m.* •Dar un BAJÓN a uno. Poner a una persona en su lugar. *To cut somebody down to size.*

BAJONAZO. *n.m.* Disminución rápida y grande de precios en mercancías, o de valores comerciales o de bolsa; bajón. *Sharp drop in prices of merchandise or stock market shares.*

BAJOS. *n.m.* Piso bajo de una casa de más de uno. *First floor, ground floor.*

BAJURA (Variante de **bajera**).

BALA. *n.f.* •Ni a BALA. *By no means, not on any account, not on your life.* ~Ni A BALA van a conseguir que cambie de idea. *There's no way you're going to make him change his mind.* || **2.** •Echar BALAS. Disparar. *To fire shots.* b) Estar furioso. *To be furious.* ~No le toques ese asunto, que se pone que echa BALAS. *Don't touch on that subject or he'll fly off the handle.* || **3.** •Ser como una BALA. Tener habilidad en una cosa. *To be very proficient at something.* Es como una BALA para la computadora. *She's a computer whiz.* || **4.** •Ser una BALA perdida (o rasa). Ser inútil, inservible, haragán. *To be a good-for-nothing.* || **5.** •Llevar BALA. Tener prisa. *To be in a hurry.*

BALACEADA. *n.f.* Acción de balacear. *Shooting.*

BALACEAR. *v.* Balear, tirotear. *To shoot, shoot at.* 📖 Pensé: El es muy valiente, que saque también su pistola y nos BALACEAMOS aquí [...]. *I thought: If he's so brave, let him take out his gun and we'll shoot it out right here and now* (H. Poniatowska. Hasta no verte Jesús mío). 📖 [...] se le había gangrenado una pierna por el balazo que le dieron [...]cuando nos BALACEARON [...]. *His leg in which he had been shot during a shootout became gangrenous.* (J. Rulfo. El llano en llamas).

BALACEO (Variante de **balacera**)

BALACERA. *n.f.* (Acad.). Tiroteo. *Shooting, exchange of shots.* 📖 Ibamos regustosos, chifle y chifle del gusto de que ya íbamos al otro lado cuando merito en medio del agua se soltó la BALACERA. *Here we were on our way wistling happily at the thought of crossing to the other side when midway across the river the shooting began* J. Rulfo. El llano en llamas). 📖 Entonces vénganse para que no les toque a ustedes la BALACERA. *Then you'd better come with us so the you don't get into the line of fire.* (E. Poniatowka. Hasta no verte Jesús mío). 📖 Ese día empezó la BALACERA a las dos de la mañana y siguió todo el día hasta las cinco de la tarde. *That day the shooting began at two in the morning and went on until five in the afternoon.* (E. Poniatowska. Hasta no verte Jesús mío).

BALADA. *n.f.* Balido. *Bleat.*

BALANCEADA. *n.f.* Balanceo. *Rocking (of ship), swinging (of hammock), swaying (of trees).*

BALANCEOSO. *adj.* Que se balancea fácilmente, con exceso, en particular referido a las embarcaciones. *Easily swayed.*

BALANZA. *n.f.* Balancín del volatinero. *Balancing pole (used by acrobats or tightrope walkers).*

BALANZÓN. *n.m.* (Acad.) Cogedor de la balanza con el que se recogen los granos que se van a pesar. *Grain-sorting sieve.* ‖ **2.** Platillo de la balanza usada para pesar verduras y frutas; Cucharón de la balanza en que se pone lo que se ha de pesar. *Pan, tray (of scales) used to weight fruits and vegetables.*

BALASTE. *n.m.* Balasto. FERR. *Ballast.*

BALASTRO (Variante de **Balaste**).

BALATA. *n.f.* Guarnición o forro del freno. *Brake lining.*

BALAZO. *n.m.* Tiro. *Shot.* 📖 Al principio, al oír los BALAZOS me ponía a gritar [...]. *At first, whenever I heard the shots I would begin to scream.* (E. Poniatowska. Hasta no verte Jesús mío). ‖ **2.** Frase corta, llamativa y escrita con letra grande, que introduce una noticia en un periódico o un texto publicitario; titulares. *Headlines, headline news.* ~El BALAZO del periódico decía hoy: "Murió Franco". *The headlines read: Franco Dies.* ‖ **3.** •Ser un BALAZO para algo. Tener habilidad para una cosa. *To be very proficient at something.* El primo Raúl es un BALAZO para los negocios. *My cousin Raúl is a very good businessman.*

BALBO. *adj.* Tartamudo. *Stuttering, stammering.*

BALCARRIAS. *n.f.* (Variante de **balcarrotas**).

BALCARROTAS. *n.f.* (Acad.) Mechones de pelo que los indios de Méjico dejaban colgar a ambos lados de la cara, llevando rapado el resto de la cabeza. *Locks of hair falling over the sides of the face (used by Mexican indians).* ~Tenían presos a los indios, los azotaban, y por castigo los trasquilaban, eso es, les mandaban quitar las BALCARROTAS. *They held the indian prisioners, wipped them, and as punishment crop their hair, that is, they would get rid of their balcarrotas".* (Cit. Santamaría).

BALCÓN. *n.m.* •Salir o sacar al BALCÓN. Poner(se) en evidencia. *To give oneself away. To show oneself up.*

BALCONAZO. *n.m.* (Tabasco). Conversación de enamorados en el balcón. *Conversation between lovers on a balcony.*

BALCONEAR. v. Conversar una pareja de enamorados en el balcón. *To flirt from the balcony.*

BALCONEARSE. v. Ponerse en evidencia. *To make a fool of oneself.*

BALDADA. *n.f.* Acción de baldar(se). *The act of crippling, maiming.*

BALDADO. *adj.* Tullido. *Maimed, crippled.* ⌨ Los federales le quebraron las manos cuando lo agarraron de leva [...]. Luego le preguntaban los muchachos que por qué peleaba así de BALDADO [...]. *When they recruited him the federal soldiers broke his hands. Afterward, his companions would ask him why, being crippled, he chose to keep fighting.* (E. Poniatowska. Hasta no verte Jesús mío). [...] un viejo ex militar villista con una pierna BALDADA. *A former soldier in Villa's army with a crippled leg.* (M. Azuela. Nueva burquesía). ‖ **2.** *n.m.* Lisiado, tullido. *Cripple.* ⌨ [...] que dio lugar a un gran escándalo, descubriendo los malos instintos del viejo BALDADO. *Giving way to a tremendous scandal and exposing the shady side of the old cripple.* (M. Azuela. Nueva burguesía).

BALDEADA. *n.f.* Baldeo. *Washing down.*

BALDEADOR. *n.m.* Persona diestra en baldear. *Person skillful in washing down floors.*

BALDÍO. *n.m.* Solar. *Piece of land, vacant lot.* ⌨ Les dijo a las policías que en esos BALDÍOS hicieran sus casas. *He told the policemen that they could build their house on that land.* (E. Poniatowska. Hasta no verte Jesús mío). ‖ **2.** Trabajo gratuito impuesto por un hacendado a sus peones. *Free labor which a landowner extract from his workers.* ⌨ Exigen el salario mínimo, se niegan a dar el BALDÍO como era costumbre, abandonan la finca sin pedir permiso. (Cit. Diccionario de Hispanismos).

BALDOSADO. *n.m.* Embaldosado. *Tiled floor.*

BALEADO. *n.m.* Persona herida o muerta por bala. *Shootout victim, person who has been shot.* ~Hay varios BALEADOS. *Several people have been shot (have received gunshot wounds).* ~Los médicos atendían a los BALEADOS. *Doctors were treating people with gunshot (bullet) wounds.* ⌨ En la hacienda [...] no había dos personas juntas que no trataran [...] del BALEADO y su inocencia. *At the ranch, there were no two people talking together who did not talk of the person who had been shot and about his innocence.* (Cit. Santamaría).

BALEAR. v. (Acad.). Tirotear, disparar balas sobre alguien o algo. *To exchange shots.* ‖ **2.** Herir o matar a tiros. *To shoot, shoot down; fire upon, shoot at, shoot to death.* ~Murió BALEADO. *He was shot dead.* ~Las personas BALEADAS fueron llevadas al hospital. *Those who had been shot were taken to the hospital.*

BALEO. *n.m.* (Acad.). Acción y efecto de balear, disparar balas; tiroteo. *Shooting, shooting spree, shootout.* ‖ **2.** Abanico. *Fan.*

BALERO. *n.m.* (Acad.) Boliche, juego de niño. *Cup-and-ball (children's game).* ⌨ Todos lo juegos tienen su temporada: cuando se había de jugar a la canicas, cuando al BALERO. (Cit. Santamaría). ‖ **2.** Cojinete. *Ball-bearing.* ‖ **3.** •BALERO de agujas. *Needle bearing.* ‖ **4.** •BALERO de rodillos. *Roller bearing.*

BALÍN. *n.m.* Cojinete. *Ball-bearing.* ‖ **2.** *adj.* Que no tiene valor o es falso. ⌨ Sólo eran periodistas BALINES con la única consigna de alborotar. *They were just a bunch of so-called reporters interested only in causing an uproar.* (Cit. Diccionario del español usual).

BALOTAJE. *n.m.* Votación. *Voting, balloting.* ‖ **2.** Recuento de votos en una elección. *Counting of votes in an election.*

BALOTAR. v. Votar. *To vote.*

BALSA (Variante de **balsón**). ‖ **2.** En Veracruz, el palo del jonote, con que se hacen balsas. *Balsa wood.*

BALSÓN. *n.m.* Zona pantanosa con maleza.

Swamp, marshland.
BALUMBA. *n.m.* Alboroto. *Noise, uproar.*
BALUMOSO. (Tabasco). *adj.* De mucho bulto. *Bulky, cumbersome.*
BAMBA. *n.f.* Baile típico de Veracruz. *Mexican regional dance of Veracruz.* || **2.** Acierto casual o fortuito. *Fluke, lucky shot or throw.*
BAMBALETE (variante de **bimbalete**).
BAMBOLLA. *n.f.* Presunción, fanfarronería. *Show, ostentation.*
BANAS. *n.f.* Amonestaciones matrimoniales. *Banns (of marriage).* || **2.** •PAGAR banas. *To pay for the canceling of banns.*
BANCA. *n.f.* (Acad.). Banco, asiento. *Bench, seat.* ▭ El anciano sentado en la BANCA, envuelto en grueso abrigo. *The old man sitting on the bench, wrapped in a thick overcoat.* (E. Valadés. La muerte tiene permiso). ▭ Siempre estaba en la plaza de armas, sentado en la BANCA con la carabina entres las piernas [...]. *He was always in the parade ground, seated on a bench with his rifle between his legs.* (J. Rulfo. El llano en llamas). ▭ Sentadas en una BANCA de hierro, Amalia y yo vemos venir a la señorita Silvina. *Seated on an iron bench, Amalia and I see Miss Silvina coming.* (R. Castellanos. Balún Canán).
BANCAZO. *n.m.* Atraco de un banco. *Bank robbery.*
BANCO. *n.m.* Taburete sin respaldo. *Stool.*
BANDA. *n.f.* (Acad.) Correa del ventilador del coche. *Fan belt.* || **2.** Faja o ceñidor, generalmente de algodón o de seda, tejidos en varios colores vivos, usado por los hombres de la clase popular a modo de cinturón (Santamaría). *Sash used as a belt.* || **3.** Cinta o pañuelo para el pelo. *Hair band.* Llevaba una BANDA negra en el pelo. *She was wearing a black hair band.* || **4.** •BANDA transportadora. Correa transportadora. *Conveyor belt.* || **5.** •BANDA de transmisión. Correa de transmisión. *Belt drive.* || **6** •Transmisión por BANDA. *Transmisión por*

correa. Belt drive. || **7.** •Banda del ventilador. *Fan belt.*
BANDADA. *n.f.* Enjambre, aglomeración, multitud. *Swarm, hordes.* || **2.** Banda, cuadrilla. *Gang.*
BANDAZO. *n.m.* AER Bache. *Air pocket.* || **2.** •Dar el BANDAZO. Cambiarse de bando. *To change sides.*
BANDEARSE. *v.* Moverse de una a otra banda una embarcación. *To move from one side to another (boat).* || **2.** Vacilar uno en su opinión. *To vacillate.* || **3.** Balancearse. *To move from one side to the other.*
BANDEJA. *n.f.* Fuente para servir fuera de la mesa bebidas, bocadillos, etc.; platón. *Serving dish, platter.*
BANDEJÓN. *n.m.* •BANDEJÓN central. Mediana. *Median strip.*
BANDERAZO. *n.m.* (Acad.) Bajada de bandera. *Lowering of the flag.*
BANDERILLA. *n.f.* Estafa. *Swindle.* || **2.** Sablazo, préstamo. *Sponging.* || **3.** Pan dulce. *Thin flakery pastry.* || **4.** •Pegar, poner, prender una BANDERILLA. Dar un sablazo. *To touch someone for a loan.*
BANDERILLAZO. *n.m.* Sablazo. *Touch, hit (for a loan).*
BANDERO. *n.m.* Músico. *Musician.* ▭ Los BANDEROS viejos decían que aquel toque, que duraba más de diez minutos, en otros tiempos duraba cerca de media hora. *The older musicians would say that that musical piece, which lasted ten minutes, once used to last half an hour* (Cit. Santamaría).
BANDIDAJE. *n.m.* Vicio o mala vida del bandido. *Banditry.* || **2.** Reunión o conjunto de bandidos. *Reunion or group of bandits*
BANDOLERÍA. *n.f.* Acción propia de bandoleros. *Banditry.*
BANDOLONISTA. *n.m.* Que toca el bandolón. *One who plays the 'bandolón'.*
BANQUETA. *n.f.* (Acad.) Acera de calle. *Sidewalk.* ▭ Y, arrastrando ruidosamente las espuelas por las BANQUETAS, se encaminaron

hacia un caserón pretensioso. *And noisily dragging their spurs on the sidewalk, they set out for a large imposing house.* (M. Azuela. Los de Abajo). 📖 Algunos jóvenes estacionaban sus autos o bebían sentados en las BANQUETAS. *The young crowd was parking their cars or sitting down on the sidewalk drinking.* (Silvia Molina. El amor que me juraste). ‖ **2.** •Charrito, soldado, etc., de BANQUETA. El que presume de un oficio sin conocerlo y sin haberlo practicado. 📖 Advenizos de BANQUETA causan alta con barras de latón en el sombrero, antes de saber siquiera como se coje un fusil *(Cit. Diccionario del Español de México).*

BANQUETEADA. *n.f.* Banquete. *Banquet.*

BANQUETEADERA. *n.f.* Peyorativo de banquete o del banqueteo frecuente.

BANQUETEO. *n.f.* El acto de estar frecuentemente en banquetes.

BANQUILLO. *n.m.* Cadalso. *Scaffold, gallows.*

BANYO. *n.m.* Banjo. *Banjo.*

BAÑADA. *n.f.* Baño, chapuzón. *Bath, swim, dip.* 📖 Es muy sabroso el golpe del agua del mar. Pero no así como ahora dicen que se bañan, así no. A mí no me conviden a esas BAÑADAS. *It very pleasant to feel the waves of the sea upon your body. But not the way that, according to what they say, they go for a swim today. I don't go for that kind of swimming.* (E. Poniatowska. Hasta no verte Jesús mío). ‖ **2.** Felpa. *Scolding.*

BAÑADERA. *n.f.* (Acad.). Bañera. *Bathtub.*

BAÑAR. *v.* Superar al contrario en juegos y deportes, principalmente cuando la superioridad es manifiesta. (Sports, games). *To trounce, crush.* ‖ **2.** •¡Vete a BAÑAR! ¡Vete al diablo! *Get lost!*

BAÑO. *n.m.* •BAÑO de asiento. Procedimiento curativa hidroterápico que consiste en sumergir las asentaderas en agua tibia o caliente. 📖 Ya lo ve, en su casa tomando BAÑOS de asiento para echar afuera los malos humores ... *Here he is, at home, taking rear end baths in order to cleanse his body.* (M. Azuela. La malhora).

BAQUETA. *n.f.* Palillo de tambor. *Drumstick.*

BAQUETEAR. *v.* Azotar. *To wip.*

BAQUETÓN. *n.m.* Persona tarda, pesada. Es un BAQUETÓN sin remedio. *He couldn't care less.* ‖ **2.** Que carece de vergüenza y dignidad. *Despicable, shameless.* 📖 "El término deriva del castigo infamante de la *baqueta*, infligido antiguamente en el ejército. En él se desnudaba de la cintura arriba al transgresor y se le obligaba a correr en medio de una valla de soldados, los cuales iban golpeando al reo en la espalda, valiéndose de *baquetas*, varillas de hierro con las que le producían daño considerable. Se suponía que quien sufría este castigo era un sujeto despreciable que había perdido todo vestigio de vergüenza." (J. Mejía Prieto).

BAQUIAR. *v.* Enseñar, entrenar. *To teach, train.*

BARAJA. *n.f.* Naipes. *Playing cards.*

BARAJAR. *v.* Impedir, estorbar. *To hinder, delay, impede.* ‖ **2.** Explicar. *To explain.* ~BARAJÁMELA despacio (o más despacio). *Please break this down for me (explain this to me).* 📖 –¿Sabe por qué le estamos preguntando? Porque usted le da una parecido a una familia de aquí. –A ver, BARÁJEMELA más despacio. –*The reason we're asking you this question is because you look like someone in a family that lives here. – Excuse me, could you say that again?* (E. Poniastowska. Hasta no verte Jesús mío).

BARAJUSTARSE. *v.* (Veracruz). Escabullirse, escaparse. *To escape.*

BARANDILLA. (Tabasco). *n.f.* Puente rústico, compuesta de un solo tablón, que se usa para cruzar corrientes angostas. *Makeshift bridge made of a single plank used for crossing narrow streams.*

BARATA. *n.f.* (Acad.) Venta a bajo precio. *Sale, bargain sale.* 📖 Mercados mágicamente nutridos y bellos, altoparlantes ofreciendo baratas [...]. *Beautiful, well stocked markets, loudspeakers announcing sales...* (Carlos Fuentes. La frontera de cristal). || **2.** Baratillo, o tienda de mercancías a bajo precio. *Cut-price store.* || **3.** Sección de gangas. *Bargain counter.*

BARATEAR. *v.* Vender de **barata**. *To engage in a bargain sale.*

BARATERO. *adj.* Que vende barato. *Who sells cheap (shopkeeper).* || **2.** (variante de baratillero). 📖 [...] comprando sus joyas de a cinco y de a diez centavos en los puestecillos de los BARATEROS. *Buying their jewels at five and ten cents at the bargain stalls.* (M. Azuela. Nueva burguesía).

BARATILLERO. *n.m.* Buhonero; que vende chucherías o baratijas. *Hawker, peddler.*

BARATILLO. *n.m.* **Barata**. *Bargain Sale.* || **2.** Mercado de las pulgas, rastro. *Flea market.*

BARATÓN. *n.m.* Argumento de poco valor y de lugar común. *Weak, feeble argument, trite commentary.*

BARBA. *n.f.* Barbilla. *Chin.* || **2.** •Hacerle la BARBA a alguien. Dar coba, chuparle las medias a uno. *To soft-soap someone, to lick someone's boots, to butter up.*

BARBACOA. *n.f.* (Acad.) Conjunto de palos de madera verde puesto en un hoyo en la tierra, a manera de parrilla, para asar carne. *Frame for roasting meat.* || **2.** Carne asada en un hoyo que se abre en la tierra y se calienta como un horno. *Meat roasted in an oven dug in the earth.* 📖 A la hora de la BARBACOA yo ya traía mis buenas cervezas, y en plena comedera me pidieron que me echara una canción. *At barbecue time I already had quite a few beers and just as I was eating, they asked me to sing a song or two.* (V. Leñero. Los albañiles).

BARBAJÁN. *n.m.* Persona rústica y tosca en lenguaje y modales. *Lout, oaf.* || **2.** (Acad.) Tosco, rústico, basto. *Uncouth, ill-mannered.*

BARBATÁN (Variante de **barbaján**).

BARBEAR. *v.* (Acad.) Hacer la barba, adular, obsequiar interesadamente. *To flatter.* || **2.** Mimar. *To pamper, spoil.* || **3.** Derribar (res). *To throw, fell (cattle).*

BARBERÍA. *n.f.* Zalamería. *Flattering, fawning.*

BARBERO. *n.m.* (Acad.) Adulador. *Flatterer, apple polisher.* || **2.** Halagador, cariñoso (niño). *Affectionate, cuddly (child).*

BARBETEAR. *v.* Tomar una res por los cuernos y derribarla, haciendo fuerza hacia un lado. *To throw, fell (by twisting the head of), throw to the ground (steer).*

BARBIQUEJO. *n.m.* Cuerda con la que se sujeta la boca del caballo para guiarlo. *Chin strap, halter.*

BARCINA. *n.f.* Red de mallas grandes. *Esparto net sack.* || **2.** Carga o haz grande de paja. ~Una BARCINA de paja. *A truss of straw.*

BARCO. *n.m.* (Acad.) Profesor poco exigente con él que es fácil aprobar. *Soft touch (teacher).* || **2.** *adj.* •Ser alguien BARCO. Ser bonachón y poco exigente. *To be a soft touch.* ~Es una profesora muy BARCA. *That teacher is a real soft touch.*

BARDA. *n.f.* Seto de espinos. *Hawthorn fence.* || **2.** Pared (cemento), cercado (madera). *Cement wall, wooden fence.* 📖 Nos sentamos en la BARDA de cantera a ver los borregos de espuma ondeando en el río raso [...]. *We sat on the stone wall watching the white cloud-like ripples of the waves upon the even surface of the river.* (M. Azuela. El desquite).

BARDEAR. *v.* Cercar. *To fence in.* Porque mi padre lo mandó BARDEAR de puro ladrillo para que la gente no se robara los elotes. *Because my father had a brick fence built around it so that people would not steal his corncobs* (Cit. Diccionario de hispanismos).

BARIBAL. *n.m.* Oso negro indígena. *Black bear.*

BARILLERO. *n.m.* Buhonero, vendedor

ambulante. *Hawker, street vendor.* 📖 A la ciudad llega Rivas, BARILLERO. Montado en una bicicleta un templete atestado de telas, vestidos, cinturones... *Rivas, the street vendor, comes to the city, riding a bicycle and carrying a whole array of fabrics, dresses, belts...* (Cit. Diccionario usual del Español en México).

BARO. *n.m.* Peso (moneda). *Peso (coin).*

BARQUILLO. *n.m.* Cucurucho. *Ice-cream cone.*

BARQUINAZO. *n.m.* Golpe del cuerpo cuando cae. *The thud of a falling body.*

BARRA. *n.f.* Barra de abogados. *The legal profession, the Bar.* || **2.** (Tabasco). Desembocadura de un río. *River mouth, estuary.* || **3.** Bar. *Bar.* 📖 El cantinero, tras la BARRA, limpiando las copas de cristal. *The bartender, behind the bar, washing the glasses.* (E. Valadés. La muerte tiene permiso).

BARRACA. *n.f.* Barriadas. *Shanty-town.* || **2.** Edificio grande, especie de corralón techado en parte, que sirve de almacén. *Large storage shed.*

BARRANCA. *n.f.* Barranco. *Ravine, gully.* 📖 Nos hemos puesto en fila para bajar la BARRANCA y él va mero adelante. *We all lined up in order to go down the ravine and he's at the very front.* (Juan Rulfo. El llano en llamas). El coche salió de la carretera y fue a dar hasta el fondo de la BARRANCA. *The car veered off the road and landed at the bottom of the ravine* (Cit. Diccionario del español usual en México). || **2.** •Sacar el buey de la BARRANCA. Sacar a flote. *To rescue, salvage.* ~Estás a punto de quebrar tu empresa. A ver ahora como sacas el buey de la BARRANCA. *Your company is about to go bankrupt. Let's see how you can save it.*

BARRENILLO. *n.m.* Preocupación constante. *Worry.* || **2.** Tema, manía, obstinación. *Mania, pet idea.*

BARRENO (Variante de **barrenillo**). || **2.** •Llevarle el BARRENO a uno. (Acad.) Acomodarse a su gusto y humor, aparentando aceptar sus opiniones y seguir su dictamen. *To humor someone, to go along with someone.*

BARRER. *v.* Examinar detenidamente a una persona. *To look at someone up and down.* || **2. -se.** Hacerse a un lado una caballería por haberse espantado. *To shy, start.* || **3.** Arrastrarse, humillarse para conseguir algo. *To grovel.* || **4.** Patinar (vehículo), deslizarse (fútbol). *To skid (car), slide (soccer).* || **5.** Estropear (tornillo). *To strip the thread of a screw.*

BARRETA. *n.f.* Especie de piqueta que usan los albañiles. *Bricklayer's hammer.* || **2.** Piqueta. *Pick, pickaxe.*

BARRETEAR. *v.* Trabajar con **barreta**. *To use a bricklayer's hammer.*

BARRIAL. *n.m.* (Acad.) Tierra gredosa o arcillosa; pantano, barrizal. *Heavy clay land.*

BARRIGA. *n.f.* •Tener BARRIGA de músico. Ser capaz alguien de comer cualquier cosa y al cualquier hora sin enfermarse. *Said of someone who can eat anything at anytime without getting sick.*

BARRIGON. *n.m.* •Al que nace BARRIGÓN ni que lo fajen. Genio y figura hasta la sepultura. *The leopard cannot change its spots.*

BARRIL. *n.m.* Barrilete o cometa de forma hexagonal. *Hexagonal kite.*

BARRILAJE. *n.m.* (Acad.) Conjunto de barriles. *Stock of barrels.*

BARRILETE. *n.m.* (Acad.) Ayudante de un profesional, aprendiz, sobre todo de los abogados. *Junior barrister, assistant lawyer.*

BARRIO. *n.m.* •Mandar al otro BARRIO. Matar. *To kill.* 📖 ¿Qué es peor? ¿Morirte en la cama? ¿O que un cristiano venga y te mande al otro BARRIO? *What's worse? To die in bed? Or that one day this guy comes around and bumps you off?* (C. Fuentes. La región más transparente).

BARRISTA. *n.m.* Acróbata que en los circos trabaja en la barra. *Gymnast who performs* on the horizontal bar.

BARRO. *n.m.* Acné. *Acne.*

BARROCO. *n.m.* Galpón donde se alojan los peones. *Farm workers' living quarters.*

BARROSO. *adj.* Lodoso. *Muddy.*

BARRUNTO. *n.m.* Viento recio del norte que presagia la lluvia. *North winds which bring rain.*

BARTOLA. *n.f.* •Echarse a la BARTOLA. Holgazanear. *To idle, loaf.*

BARTOLINA. *n.f.* (Acad.) Calabozo estrecho, oscuro e incómodo. *Jail.* 📖 [...] estoy dispuesta a regresar ahorita mismo al calabozo y ser juzgada por mi delito. Ya qué me importa la BARTOLINA. *I'm ready to go back to jail right now and be tried for my offense. Going to jail doesn't bother me.* (T. Mojarro. Bramadero).

BARTOLO. *adj.* Rústico, de ingenio rudo. *Dense, stupid.*

BASCA. *n.f.* Vomito. *Vomiting.* || 2. Persona ruin. *Mean person.*

BASCOSO. *adj.* Desaseado, sucio. *Untidy, slovenly, dirty.* || 2. Nauseabundo, que produce náuseas. *Queasy, nauseated, feeling sick.*

BASILISCO. *n.m.* Reptil de un color verde muy hermoso y del tamaño de una iguana pequeña. *Iguana.*

BASKETBALL. *n.m.* Baloncesto. *Basketball.*

BASQUETBOL. *n.m.* (Acad.) Baloncesto. *Basquetball.*

BASTARDEO. *n.m.* Acción de bastardear. *Degeneración, decline, deterioration.*

BASTERO. *n.m.* Carterista. *Pickpocket.*

BASTIDOR. *n.m.* Colchón de tela metálica. *Interior spring mattress.*

BASTO. *n.m.* (Acad.). Almohadilla inferior de la silla de montar. *Soft leather pad (used under the saddle).*

BASURAL. *n.m.* (Acad.). Basurero, sitio donde se echa la basura. *Dump, garbage (rubbish) dump.*

BASURERO. *n.m.* Cubo de la basura. *Trash can.* 📖 Bajo un sol rubio que hace diamantes, rubíes y esmeraldas de los vidrios de un BASURERO [...]. *Below a golden sun which turns pieces of glass in a garbage dump into diamonds, rubies and emeralds.* (M. Azuela. La malhora). 📖 Nuestra vivienda estaba como basurero, yo tenía que llevar a otra parte mi ropa a que me la lavaran y plancharan. *Our house was no more than a trash can, and I had to have my clothes washed and pressed somewhere else.* (M. Azuela. Nueva burguesía).

BATACLÁN. *n.m.* Revista de striptease (striptis). *Burlesque show.*

BATACLANA. *n.f.* Desnudista, striptisera. *Stripper, strip tease dancer (artist).*

BATALLA. *n.f.* •Dar BATALLA. *To give trouble.* Estos niños me dan BATALLA todo el día. *These kids don't let up for one minute.*

BATALLERO. *n.m.* Persona inquieta, entrometida y excesivamente viva. *Hustler, meddler, busybody.*

BATEA. *n.f.* Vasija, por lo común de madera de cedro, destinada principalmente al lavado de ropa. *Shallow pan used for washing clothes; washtub.* || 2. •Salir con su BATEA de babas. Salir con una necedad. *To do something foolish.*

BATERÍA. *n.f.* •Dar BATERÍA. Dar guerra, causar molestias. *To raise a rumpus.* ~Los niños dan BATERÍA a las madres. *Children give parents headaches.* b) Defenderse bien, con tesón. *To put up a good fight.*

BATIBOLEO. *n.m.* Bulla, batahola. *Noise, confusión.*

BATIDOR. *n.m.* Vaso de madera con pico y asas en que se hace el chocolate; chocolatera. *Wooden bowl, mixing bowl, chocolate pot.*

BATIR. *v.* Ensuciar, manchar. *To get dirty.* Llegó BATIDO de lodo. *He was covered with mud when he arrived.* || 2. Aclarar la ropa después de enjabonada. *To rinse clothes that have been washed with soap.* || 3. -se.

Resultar demasiado cocido el arroz. *To become overcooked (rice).* ~Obviamente el arroz se le BATIÓ, la carne se le saló y el postre se le quemó. *It seems that the rice got overcooked, the meat got spoiled and the dessert got burned* (Cit. Diccionario de Hispanismos).

BATO. *n.m.* Figura de pastor que interviene en los nacimientos y pastorelas. *Shepherd in Nativity scenes.* || **2.** Muchacho joven. *Young boy.* ~Y ahí estaba parado un BATO de como veinte años. *And standing there was a young boy about twenty years old* (Cit. Diccionario del español usual en México). Como iba a darle más de una una noche a la semana a Marina, la recién llegada, la mas simple, la más humilde? él, un hombre tan solicitado, el BATO más chingón. *Why should that young Don Juan spend more than a day a week with Marina; after all, she was the latest woman in his life and the humblest and simplest of them all.* (Carlos Fuentes. La frontera de cristal).

BATUQUEAR. *v.* Agitar (líquido). *To shake.*

BAULERÍA. *n.f.* Fábrica de baúles. *Trunk factory.*

BAUSA. *n.f.* Holgazanería. *Laziness, idleness.*

BAUSANO. *adj.* Holgazán, vago, ocioso. *Idler, lazy person.*

BAUTIZAR. *v.* Servir de pila, servir de padrino. *To act as godfather.* ~Quien más lo aborrecía era su padre, por más cierto mi compadre; porque yo le BAUTICÉ al muchacho (Cit. Dicc. de Hispanismos). || **2.** Adulterar un líquido o una bebida con agua o otro líquido. *To water down, dilute.*

BAYONETEAR. *v.* Herir con bayoneta; matar a bayonetazos. *To bayonet.*

BAZAR. *n.m.* Tienda en que se compran y venden objetos de todas clases, casi siempre usados. *Secondhand shop.*

BALANDRERO. *n.m.* Pescador que navega o pesca en un balandero (barco pequeño, con un solo palo, vela cangreja y varios foques).

BEBEDERA. *n.f.* Borrachera. *Drinking bout, drunken spree.* Ya estaba hasta la coronilla del changarro aquél y de tanta BEBEDERA. *I was fed up with that joint and of so much drinking.* (E. Poniatowka. Hasta no verte Jesús mío).

BEBEDERO. *n.m.* (Acad.) Fuente para beber agua potable en parques, colegios, etc. *Drinking fountain.*

BEBENDURRÍA. *n.f.* Embriaguez. *Drunkenness.* || **2.** Juerga. *Drinking spree.*

BEBERUECA. *n.f.* Embriaguez. *Drunkenness.*

BEBESTIBLE. *adj.* Potable. *Drinkable.*

BEBEZÓN. *n.f.* Borrachera. *Drinking bout.*

BEISBALERO. *n.m.* Jugador de pelota. *Baseball player.*

BEISBOL. *n.m.* Béisbol. *Baseball.*

BEISBOLISTA (variante de **beisbolero**).

BEJUCO. *n.m.* Planta trepadora, liana. *Liana.* Es ése (mueble) que se teje con BEJUCO y se va atorando en muchas clavijas, como las de la guitarra que se atornilla para irla templando. Así se va templando el BEJUCO, estirándolo primero derecho y luego atravesado en el bastidor. (E. Poniatowska. Hasta no verte Jesús mío).

BEJUQUEADA. *n.f.* Azotaina dada con bejuco. *Beating, thrashing.*

BEJUQUEAR. *v.* (Acad.) Varear, apalear. *To trash, whip with a reed.* || **2.** Tejer el bejuco. *To weave with **bejuco** (liana).*

BEJUQUERA. *n.f.* Lugar donde crecen amontonados algunos bejucos. *Place overgrown with reeds.*

BEJUQUILLO. *n.m.* Nombre de varias plantas de apariencia de **bejuco** (especie de liana trepadora). *Variety of liana.*

BELDUQUE. *n.m.* Cierto cuchillo grande y puntiagudo. *Large pointed knife.*

BELENES. *n.m.* •Meterse en BELENES. Meterse en camisa de once varas. *To get into trouble, difficulties.*

BELIZ. *n.m.* Maleta de mano. *Valise, small suitcase.*

BELLACO. *adj.* Dícese de la cabalgadura muy difícil de gobernar. *Vicious, hard to control.*

BEMBO. *adj.* Bobo, de corto entendimiento. *Stupid, foolish.* || **2.** *n.m.* Simplón, bobalicón, papanatas. *Dolt, simpleton.* || **3.** Persona de labios gruesos. *Thick-lipped person.* || **4.** Labio grueso y por extensión, hocio, trompa. *Thick lips, thick mouth.*

BEMBÓN. *adj.* (Acad.). Bezudo. *Thick-lipped.*

BEMBUDO (Variante de **bembón**).

BENDICIÓN. *n.f.* •Echarle la BENDICIÓN a una cosa. Dar una cosa por perdida, perder la esperanza de encontrarla. *To give something up for lost.*

BENEFICIAR. *v.* Matar ganado para la venta pública de carnes. *To slaughter and sell (cattle, etc.).*

BENEFICIENCIA. *n.f.* Asistencia social. *Welfare.*

BENEFICIO. *n.m.* Matanza. *The slaughtering of and selling (of cattle, etc.).*

BENEMÉRITO. *adj.* •El Benemérito. Benito Juárez.

BERBECÍ. *n.m.* Persona enojadiza. *Quick-tempered person.*

BERBÉN. *n.m.* (Acad.) Loanda, escorbuto. *Scurvy.*

BERENGO. *adj.* Bobo, sencillo, cándido. *Foolish, simple, stupid.*

BERMEJO. *adj.* Se refiere al ganado de color pajizo. *Light brown (cow).*

BERMUDA. *n.f.* Gramínea común en prados y sábanas. *Meadow grass.*

BERRINCHE. *n.m.* Rabieta. *Tantrum.*

BERRINCHUDO. *adj.* Se dice de la persona o del animal en celo. *In heat (animal), sexually aroused (person).* || **2.** Enojadizo. *Temperamental.* ~Se le tiene que quitar lo BERRINCHUDO. *He has to learn to control his temper.*

BESANA. *n.f.* (Acad.) Superficie de terreno que se señala para arar. *Land to be ploughed.*

BESOTEAR. *v.* Besuquear. *To cover with kisses.*

BESTIA. *n.f.* Dícese de la caballería, bestia caballar o mular; caballo de silla, mula de carga, etc. *Horse, mule.* 📖 Mañana, en amaneciendo, te irás conmigo, Chona. Ya tengo aparejadas las BESTIAS. *Tomorrow at dawn you're coming with me. All the horses are already saddled.* (J. Rulfo. El llano en llamas). 📖 Así que su paso fue en silencio, aunque venían montados en BESTIAS. *So their passing was silent although they came mounted on horses.* (J. Rulfo. El llano en llamas).

BETABEL. *n.f.* Remolacha. *Sugar-beet.*

BETÚN. *n.m.* CUL Glaseado, baño. *Icing, topping.* ~Para el cumpleaños de mi hijo, voy a preparar un pastel cubierto con BETÚN de chocolate. *For my son's birthday, I'm going to make a cake with chocolate topping.*

BETUNERO. *n.m.* (Tabasco). Limpiabotas. *Shoeshine boy.*

BIBIJAGUA. *n.f.* Persona industriosa y diligente. *Busybee (person).*

BICHA. *n.f.* Estatuilla de mujer sosteniendo un candelabro (común en las iglesias). *Small statue of a woman holding a chandelier (commonly found in churches).*

BICHE. *adj.* Fofo. *Soft, flabby.* || **2.** (Oaxaca). Rubio. *Blond, fair-complexioned.* || **3.** (Baja California). Pelado (cosas y personas). *Lacking natural attributes, such as hair on a person, bark of a tree, etc.* || **4.** Bobo, tonto. *Empty-headed.* || **5.** Vacío. *Empty.*

BICHERÍO. *n.m.* Conjunto o multitud de bichos. *A swarm of insects, bugs.*

BICHI. *adj.* (Zapoteca). Desnudo. *Naked.* 📖 "Es término que precede de la antigua lengua cahita, en la que tiene la connotación de seco y desnudo. Los indios yakis lo empleaban como propio desde tiempos remotos." (J. Mejía Prieto).

BICHICORI. *adj.* Se dice del individuo enjuto, de escasas carnes. *Skinny.* 📖 "Al igual que el término *bichi*, es palabra cahita, en la que a la fruta seca se le llama precisamente *bichicori*." (J. Mejía Prieto).

BICHO. *n.m.* Gato (fam.). *Cat.* || **2.** Dícese de cualquier animal extraño, raro o curioso. *Odd-looking creature.*

BICHOCO. *adj.* Desdentado. *Toothless.*

BICIMOTO. *n.m.* Ciclomotor. *Moped.*

BIDET. *n.m.* Bidé, bañera. *Oval toilet fixture used for personal hygiene, bidet.*

BIEN. *adv.* •BIEN A BIEN. Muy bien. *Very well.* 📖 Ahora que sabía BIEN a BIEN que lo iban a matar, le habían entrado unas ganas tan grandes de vivir como sólo las pueden sentir un recién resucitado. *Now that he knew for certain that they were going to kill him, he suddenly felt the intense desire to live that only a person just returned from the dead can experience.* (J. Rulfo. El llano en llamas).

BIGOTE. *n.m.* Croqueta. *Croquette.* || **2.** •No tener malos BIGOTES. Ser hermosa (mujer). *To be a good-looking woman.* || **3** •Hombre de BIGOTES. Hombre recto, honrado. *Upright, righteous man.* || **4.** •De BIGOTE al ojo. Arrogante, ostentoso. *Arrogant, ostentatious.*

BIGOTÓN. *adj.* Bigotudo. *Having a big mustache.*

BILÉ (variante de **bilet**).

BILET. *n.m.* Lápiz de labios. *Lipstick.*

BILIMBIQUE. *n.m.* Nombres con que fueron designados despectivamente las distintas clases de billetes emitidos en la revolución de 1913. *Paper money issued during the Mexican revolution of 1913.* 📖 [...] y pagó con BILIMBIQUES de Carranza, con la moneda creada por ellos, con la moneda que ellos hicieron circular a balazos, con la que ha arruinado a México. *And he paid with Caranzas's "bilimbiques", the money they themselves created and which they circulated at the point of a gun and which ruined Mexico.* (M. Azuela. La luciérnaga). | **2.** Billete sin valor. *Worthless money.* 📖 Métase el dinero donde le quepa, al fin que son puros BILIMBIQUES. *You can put the money you know where, since those bills are worthless.* (E. Poniatowska. Hasta no verte Jesús mío). || **3.** *adj.* Que no vale nada. *Worthless.* 📖 Esto le ardió porque a Espinosa y Córdoba le decían el general BILIMBIQUE. *That angered him because they would call him the worthless general.* (E. Poniatowska. Hasta no verte Jesús mío).

BILIS. *n.f.* •Hacer BILIS. Enojarse, disgustarse. *To get mad, to get upset.* ~Hizo tal BILIS que ... *He took it so badly that ...*

BILLARDA. *n.f.* Artefacto para cazar lagartos. *Lizard trap.*

BILLETERA. *n.f.* Billetero, cartera. *Wallet.*

BILLETERO. *n.m.* (Acad.) Persona que se dedica a vender billetes de lotería. *Lottery ticket vendor.* || **2.** Quedar para BILLETERO. Salir malparado. *To be left in a sorry state.* ~Después de la pelea quedó como para BILLETERO. *He was in a sorry state after the fight.* Lo atropelló un autobús y lo dejó para BILLETERO. *He was hit by a bus and ended up in a terrible mess.*

BILMA. *n.f.* Emplasto que se emplea para confortar. *Medicated bandage.*

BILMAR. *v.* Poner un emplasto. *To apply a medicated bandage.*

BIMBA. *n.f.* Borrachera. *Drunkenness.* || **2.** Juerga. *Drinking spree.*

BIMBALETE. *n.m.* Columpio. *Swing.* || **2.** (Acad.) Palo redondo, largo y rollizo, que se empleaba para sostener tejados y para otros varios usos. *Round beam or timber.* || **3.** Aparato rústico para sacar agua de un pozo. *Well sweep, a primitive type pump for extracting water from shallow wells.* 📖 A orillas de un arroyuelo, Pifanio estaba tirando rudamente de la soga de un BIMBALETE. *By the side of a stream, Pifanio was pulling hard on the rope of a well sweep.* (M. Azuela. Los de Abajo).

BINGAROTE. *n.m.* (Acad.) Aguardiente destilado del **binguí** que se hace en México. *A strong liquor made from the maguey plant, such as pulque; agave liquor.* 📖 Empezó a cambiar pedazos de su tierras por botellas de BINGARROTE. Después los compraba hasta por barrica. *He started to exchange parts of his land for bottles of 'bingarrote'. After a while he was buying them by the barrel.* (J. Rulfo. El llano en llamas).

BINGUÍ. *n.m.* (Acad.) Bebida que en Méjico extraen del tronco del maguey, asado y fermentado en una vasija que haya tenido pulque. *Drink extracted from the maguey plant.*

BIP. *n.m.* Busca. *Beeper.*

BIRLOCHA. *n.f.* Cacharro. *Jalopy.*

BIRRIA. *n.f.* Bebida insípida. *Tasteless drink.* ‖ 2. Guiso que se hace a base de carne de borrego y chivo, con un caldo de chile y jitomate. *Goat meat in chile sauce.* ‖ 3. Cosa de poco valor, insignificante. *Ridiculous thing, rubbish, nonsense.*

BIRRIONDEZ. *n.f. Stupidity, nonsense.* 📖 [...] Porque a la Obra la han tomado a negocio, se dedican a la BIRRIONDEZ, engañan a los fieles y son capaces de cabronada y media. *The Foundation has turned into a business, they spend their time in stupidities, they mislead their parishioners and they're capable of the worst deeds.* (E. Poniatowska. Hasta no verte Jesús mío).

BIRRIONDO. *adj.* Enamoradizo, mujeriego. *Flirt, women chaser.* 📖 Juan Lei se llamaba el chinito BIRRIONDO. Nunca se me olvidará cómo le salía tanta mirada de esos ojos chicos. *The name of that flirteous little chinese fellow was Juan Lei. I've often wondered how such narrow eyes could have such a wide vision.* (E. Poniatowska. Hasta no verte Jesús mío). 📖 Como era muy volado las viejas BIRRIONDAS lo enredaban pronto. *Since he fell in love so easily all the girls with hot pants would quickly win him over.* (E. Poniatowska. Hasta no verte Jesús mío).

BISBIRINDO. *adj.* Vivaracho, de carácter alegre y regocijado. *Vivacious, cheerful.*

BISQUET. *n.m.* Bizcocho, galleta. *Biscuit.*

BISTÉ. *n.m.* Bistec, filete. *Steak.* 📖 Iba yo progresando, una vez hasta llevé BISTESES así de grandes, porque con un diez le daban a uno cinco BISTESOTES. *I was progressing, once I even took steaks this big, because for 10 cents you could get 5 huge ones.* (E. Poniatowska. Hasta no verte Jesús mío).

BISTEQUE (Variante de **bisté**).

BISTONGO. *adj.* Mimado, consentido. *Spoiled, indulged.*

BITOQUE. *n.m.* (Acad.) Grifo, llave de cañería. *Tap, faucet, spigot.* ‖ 2. (Acad.) Cánula de la jeringa. *Injection tube of a syringe.*

BIZBIRINDO. *adj.* Vivaracho, alegre (niño). *Lively, gay.* ‖ 2. Chispeante, brillante (ojos). *Sparkling, bright.*

BIZCOCHERÍA. *n.f.* Tienda donde se venden bizcochos, chocolates, etc. *Pastry shop, confectioner's shop, confectioner's.*

BIZCOCHO. *n.m.* Galleta. *Biscuit.* ‖ 2. Palito, colín, grisín. *Bread stick.* ‖ 3. *adj.* Cobarde, apocado. *Fainthearted, timid.*

BIZCORNEADO. *adj.* Bizco. *Crossed-eyed, squinting.*

BIZCORNETO (variante de **biszcorneado**).

BLANQUEADA. *n.f.* Blanqueo, especialmente en las paredes, con cal y yeso. *Whitewash.* ‖ 2. Partido en que el equipo perdedor no marca puntos. *Blank, shutout.*

BLANQUEADO (variante de **blanqueada**).

BLANQUEADOR. *n.m.* Lejía. *Bleach.*

BLANQUILLO. *n.m.* Huevo. *Egg.* 📖 ¡Mujeres..., algo de cenar! BLANQUILLOS, leche, frijoles, lo que tengan, que venimos muertos de hambre. *Ladies..., let's have something to eat...! Eggs, milk, beans, whatever you have, we're starved* (M. Azuela. Los de Abajo).

BLOF. ANGL. *n.m.* Engaño, fanfarronada. *Bluff.* || **2.** •Ser puro BLOF. *To be all talk.*

BLOFEADOR. ANGL *adj.* Que **blofea**. *Person who bluffs.*

BLOFEAR ANGL *v.* Hacer un bluf. *To bluff.*

BLOFERO. ANGL *adj.* Amigo de blofear. *Boasting, bragging.*

BLOFISTA. ANGL *n.m.* Que **blofea**. *Boaster, braggart; bluffer.*

BLONDO. *adj.* Rizado, crespo (pelo). *Curly (hair).*

BOBO. *n.m.* (Pez). *Type of Central American fresh water fish.*

BOBÓN. *adj.* Aumentativo de bobo; sin gracia. *Very stupid, foolish or silly.*

BOCA. *n.f.* •Abrir tanta BOCA. Quedarse pasmado. *To stand amazed.* || **2.** •Hacerse uno de la BOCA chiquita. Aparentar que uno no desea algo. *To pretend not to want something.* ~Tómese este trago. No se haga de la BOCA chiquita. *Have a drink. Don't be shy.* || **3.** •Saber la BOCA a medalla. Haber estado mucho tiempo sin hablar. *To not have had a chance to speak for a long time.*

BOCABAJEAR. *v.* Humillar, poner en ridículo. *To humiliate, ridicule.* || **2.** Derrotar, vencer. *To defeat, beat.*

BOCADILLO. *n.m.* Plato de dulce. Suele añadírselo coco, papa, etc. *Coconut or potato dessert.*

BOCAFLOJA. *adj.* Boquiflojo, hablador. *Chatterbox.*

BOCAMANGA. *n.f.* La abertura de la manga o capote por donde se saca la cabeza. *Hole for the head (in a cape).*

BOCARADA. *n.f.* Bocanada. *Mouthful, swallow.*

BOCATERÍA. *n.f.* Fanfarronada. *Boasting, bragging.*

BOCATERO. *n.m.&f.* Fanfarrón, hablador. *Loudmouth, braggart.*

BOCHAR. *v.* Rechazar, desairar. *To rebuff, reject, turn down.* || **2.** Suspender, reprobar en los exámenes. *To fail an exam.* || **3.** Insultar. *To insult.*

BOCHE. *n.m.* •Dar BOCHE. Desairar, rechazar. *To slight, snub, rebuff.* || **2.** •Darse (llevarse) un BOCHE. Tener un encuentro desagradable. *To have a bad experience.*

BOCHINCHE. *n.m.* Baile, fiesta casera. *Wild party.* || **2.** Pulpería o taberna de aspecto pobre. *Seedy bar, dive.*

BOCHINCHERO. *adj.* Alborotador, alterador del orden. *Rowdy, brawling.* || **2.** *n.m.* Pendenciero, alborotador. *Troublemaker, brawler.*

BOCINA. *n.f.* Trompetilla para los sordos. *Ear-trumpet.* || **2.** (Acad.) En los aparatos telefónicos, parte a la que se aplica la boca al hablar, para recoger la voz. *Mouthpiece.* || **3.** Tapacubos. *Hubcap.* || **4.** Altoparlante. *Loudspeaker.*

BOCÓN. *adj.* Indiscreto, hablador. *Indiscrete, big-mouthed (coll.).* || **2.** Soplón. *Squealing.* ~Un tipo SOPLÓN. *A squealer.* || **3.** Mentiroso. *Lying.* ~No sea BOCÓN. *Don't lie.* || **4.** *n.m.* Hablador. *Big mouth, blabbermouth.* || **5.** Delatador, chivato. *Squealer.* || **6.** Mentiroso. *Liar.*

BODEGA. *n.f.* (Acad.) Almacén, depósito. *Store, warehouse.* 📖 El velador asiente con la cabeza y camina hasta el fondo de la BODEGA. *The guard nods his head and walks to the end of the warehouse.* (V. Leñero. Los alabañiles). || **2.** Tienda de comestibles. *Grocery store.*

BODEGAJE. *n.m.* Derecho que se paga por conservar en bodega las mercaderías. *Storage fees.*

BODOQUE. *n.m.* Chichón, bollo, y en general hinchazón de forma redonda en cualquier parte del cuerpo. *Lump, swelling.* || **2.** (Acad.) Bodrío, cosa mal hecha. *Sloppy job, mess.* || **3.** Bulto duro que se forma en una cosa blanda. *Lump, ball.* ~Esta cama está llena de BODOQUES. *This bed is full of lumps.* || **4.** (Acad.) Ser querido, sobre todo referido a niños pequeños. *Kid.*

BODORRIO. *n.m.* Fiesta ruidosa y desordenada. *Rowdy party.*

BOFETAZO. *n.m.* Bofetada. *Punch in the face, hard slap.*

BOFO. *adj.* Flojo, blando (músculos). *Flabby.*

BOGA. *n.m.* Remero. *Person who rows a boat.*

BOILER ANGL Calentador de agua. *Water-heater.*

BOIQUIRA. *n.f.* Culebra de cascabel. *Rattlesnake.*

BOJE. Simple, bobo. *Silly, stupid.*

BOJEDAD. *n.f.* Simpleza, bobería, necedad. *Simpleness, foolishness.*

BOLA. *n.f.* (Acad.) Reunión bulliciosa de gente en desorden. *Row, hubbub.* ‖ **2.** Diversión bulliciosa. *Noisy party.* **3.** (Acad.) Riña, tumulto, revolución. *Turmoil, uproar, quarrel, brawl.* 📖 Mire mi general; si, como parece, esta BOLA va a seguir, si la Revolución no se acaba, nosotros tenemos ya lo suficiente para irnos a brillarla. *I'll tell you, general, if this turmoil continues, as I think it will, we already have enough to go and have a good time.* (M. Azuela. Los de abajo). ‖ **4.** Lustre o betún. *Shoe polish.* ‖ **5.** Una gran cantidad o número de algo. *A large amount, a great number of something.* 📖 Y dijo una BOLA de cosas que ni yo se las entendí. *And he said a slew of things that even I didn't understand.* (J. Rulfo. El llano en llamas). 📖 Ayer dije una BOLA de babosadas sin pies ni cabeza, ¿Verdad? *Yesterday I said a bunch of nonsense, right?* (V. Leñero. Los albañiles). 📖 Munguía, ninguno de nosotros tenemos la mitad de seso que tú; somos una BOLA de pendejos. *Munguía, no one among us has half the brain you have; we're just a bunch of morons.* (V. Leñero. Los albañiles). ‖ **6.** Revolución (mexicana). *The Mexican Revolution.* 📖 Crié a las niñas de Luisa pero en varios tiempos, así salteado, porque no dejaba de irme a la BOLA cada vez que me avisaban. *I raised Luisa's children but at different times, by fits and starts, because I never failed to join the Revolution whenever they called me.* (E. Poniatowska. Hasta no verte Jesús mío). 📖 Hubo más: en los años de la BOLA y el mismo día que Pancho Villa entró en la capital [...]. *And what's more: during the years of the Revolution and the same day that Pacho Villa entered the capital ...* (V. Leñero. Los albañiles). ‖ **7.** •Hacerse BOLAS. (Acad.) Desorientarse, enredarse, hacerse un lío. *To get tied up in knots.* 📖 Era como si [...] la lengua se nos hubiera hecho BOLA [...] y nos costara trabajo soltarla para que dijera algo. *It was as though our tongues had gotten tied up in knots so that it was difficult getting it loose enough to say something.* (J. Rulfo. El llano en llamas). 📖 Esa es antes de Julio y de Julio sigue agosto. Ya me hice BOLAS. No sé ya ni los días en que vivo. *That one is before (was born before) Julio and after Julio comes August. I'm all mixed up. I don't know what day it is anymore.* (E. Poniatowska. Hasta no verte Jesús mío). ‖ **8.** •En BOLA. En montón, conjunta y desordenadamente. *To do something collectively in a disorderly fashion (crowd).* ‖ **9.** •No dar pie con BOLA. No atinar a hacer algo, atolondrarse. *To be tied up in knots.* ‖ **10.** •Darle a la BOLA. Atinar, acertar. *To be right, to hit the nail on the head.* ‖ **11.** •Hallarse la BOLA de oro. Lograr una buena fortuna. *To make or get into a fortune.* ‖ **12.** •Dar BOLA. Embetunar el calzado para limpiarlo y darle lustre. *To cover with shoe polish, to polish, shine.* ‖ **13.** •Echarse la BOLITA. Pasar la pelota (responsabilidad). *To pass the buck.* ‖ **14.** •Más calvo que una BOLA de boliche. *Bald as coot.* ‖ **15.** •Armarse la BOLA. Cuando marcaron el penalty se armó la BOLA. *When they scored the goal, all hell broke loose.* 📖 Me fui y cuaquier día me vuelvo a ir donde armé la BOLA. *I was there once and will go back whenever there's trouble brewing.* (E. Poniatowska. Hasta no verte Jesús mío). ‖ **16.** •Hacer BOLA. Reunirse en grupo, para hacerlo más numeroso y obtener alguna cosa. ‖ **17.** •BOLA de golf. Pelota de golf. *Golf ball.*

BOLADA. *n.f.* Trampa, engaño, jugarreta, mala pasada. *Hoax, dirty trick.* || **2.** Chiste, ocurrencia. *Joke, witty comment.* || **3.** Mentira. *Lie.*

BOLADO. *n.m.* Asunto, negocio. *Business deal.* || **2.** Aventura amorosa. *Love affair, flirtation.*

BOLAZO. *n.m.* •Al (de) BOLAZO. Al azar. *At random, any old way.*

BOLEADA. *n.f.* Acción y efecto de embetunar y dar brillo al calzado. *Shoeshine.*

BOLEADO (variante de **boleada**).

BOLEADOR. *n.m.* Limpiabotas. *Shoeshine boy.*

BOLEAR. *v.* (Acad.) Embetunar, darle lustre al calzado. *To shine, polish (shoes).* 📖 Sonreía para defenderse de la mirada fija de Federico: los zapatos recien BOLEADOS, el pantalón de casimir, la hebilla dorada del cinturón con las iniciales S G [...]. *He was smiling trying to avoid Federico's glance: his freshly shined shoes, his cashmere trousers, the golden buckle of his belt with the initials S G.* (V. Leñero. Los albañiles).

BOLERAS. *n.f.* Antiguo baile mexicano. *Old Mexican dance.*

BOLERÍA. *n.f.* Puesto o establecimiento donde se da brillo al calzado. *Shoeshine shop.*

BOLERO. *n.m.* (Acad.) Limpiabotas. *Person who shines, polishes shoes, shoeshine boy.* 📖 Te avientan a la calle como perro a vender periódicos, levantar carteras, o de BOLERO. *They throw you out on the street like a dog so that the only thing you can do is sell newspapers, steal purses or become a shoeshine boy.* (C. Fuentes. La región más transparente). 📖 El BOLERO lustrando el zapato del otro hombre (...) con afán momentáneo de sacarle espejante brillo a la piel negra. *The shoeshine boy shinning the other man's shoes in an attempt to leave the dark leather skin shinny.* 📖 [...] mirando con indolencia al BOLERO que le estaba dando grasa [...]. *looking lazily at the shoeshine boy who was shinning his shoes.* (M. Azuela. Esa sangre). 📖 El nombre se conserva a pesar del tiempo transcurrido desde que en México se dejó de usar el betún de bola para lustrar el calzado (M.A. Morínigo. Diccionario del español de América). || **2.** Sombrero de copa alta. *Top hat.*

BOLETA. *n.f.* Cédula electoral. *Ballot, voting paper.* || **2.** •BOLETA de calificaciones. Boletín de calificaciones. *Report card.*

BOLETAJE. *n.m.* Conjunto de boletos o boletas. *Tickets.*

BOLETERÍA. *n.f.* (Acad.). Taquilla, casillero o despacho de billetes. *Ticket agency.*

BOLETERO. *n.m.* (Acad.). Persona que vende billetes. *Ticket clerk.*

BOLETO. *n.m.* Billete. *Ticket.* || **2.** •BOLETO redondo. Boleto de ida y vuelta. *Round trip ticket.* || **3.** •De BOLETO. En seguida. *At once.* ~Vete de BOLETO por la leche. *Dash out and get some milk.* || **4.** •Agarrar o sacar BOLETO. Meterse en líos. *To get into trouble.* ~Sabrá Dios en qué BOLETOS está metido. *Heaven knows what he got himself mixed up in.* || **5.** •No es BOLETO nuestro. *It's not our concern.* || **6.** •Eso es otro BOLETO. *That's another matter.*

BOLILÁPIZ. *n.m.* Bolígrafo. *Ball-point pen*

BOLILLO. *n.m.* Panecillo. *Bread roll.* 📖 Me compraba cinco de BOLILLOS y me daba uno por la mañana con una taza de té negro y luego otro en la noche también con té. *She would buy me 5 cents worth of bread rolls and would give me one in the morning with a cup of black tea and then another in the evening also with tea.* (E. Poniatowska. Hasta no verte Jesús mío). || **2.** Norteamericano, gringo o persona que por su aspecto físico, rubio y grande, parece natural de los Estados Unidos. ~Usted no parece chicana, parece BOLILLA. *You don't look Mexican-American, you look more like a 'gringa'.* || **3.** Palillo (tambor). *Drumstick.*

BOLISTA. *n.m.* El que acostumbra estar metido en líos. *Troublemaker.*

BOLITA. *n.f.* Canica. *Marble.* || **2.** •BOLITAS de humo. Anillos de humo. *Smoke-rings.*

BOLO. *n.m.* (Acad.) Participación de un bautizo y regalo de monedas que tira el padrino a los chiquillos asistentes al bautizo. *Christening present (from godparents).* || **2.** El peso fuerte. *One-peso coin.* 📖 Mucho ojo, Pablito, que esos 600 BOLOS los tengo yo que ver. *Careful, Pablito, I need to see those 600 pesos first.* (Cit. Diccionario de Hispanoamericanismos). || **3.** *adj.* Borracho. *Drunk.* 📖 Algunos iban BOLOS, otros querían huirse. *Some were drunk, others were attempting to flee.* (R. Pozas. Jual Pérez Jolote).

BOLÓN. *n.m.* Multitud desordenadamente reunida. *Disorderly crowd; mob, rabble.*

BOLSA. *n.f.* (Acad.) Bolsillo de las prendas de vestir. *Pocket.* || **2.** Bolso. *Handbag, purse.* 📖 Rifaba cuanta porquería y media traía en la BOLSA: canicas ágatas, trompos y zumbadores y hasta mayate verdes, de esos a que se les amarran un hilo en una pata para que no vuelen muy lejos. *He would raffle all that useless stuff he carried in his pocket: marbles, spinning tops and even green beetles, those which you tie a string to one of their legs so that they won't fly too far.* (Juan Rulfo. El llano en llamas). || **3.** •Volver a uno BOLSA. *To swindle.* || **4.** •Tiene el nombramiento en la BOLSA. Tiene el nombramiento asegurado. *He has the appointment locked up.*

BOLSEAR. *v.* (Acad.) Quitar a alguno furtivamente lo que tenga de valor. *To pick someone's pocket.* ~A Fulano lo BOLSEARON ayer en la Catedral. *They picked Tom's pockets yesterday in the Catedral.* || **2.** Estafar. *To swindle.* || **3.** Poner algo en bolsas. *To bag.* || **4.** Registrar. *To search someone's pockets.*

BOLSERO. *n.m.* Carterista. *Pickpocket.*

BOLSISTA. *n.m.* Ladrón de bolsillo, carterista. *Pickpocket.*

BOLSO. *n.m.* Cartera. *Handbag.*

BOLSÓN. *n.m.* Laguna. *Lagoon.* || **2.** (De tierra). *Hollow.* || **3.** *adj.* Inservible, inútil. *Good for nothing.* 📖 [...] porque lo BOLSÓN lo traía en la sangre y era incapaz de coger un camión para ir a visitar a sus parientes [...]. *Because he was a born good-for-nothing and could not even pick up a bus to visit his relatives.* (V. Leñero. Los albañiles). || **4.** Perezoso. *Lazy.* ~Es bien BOLSÓN. *He's a real slacker.*

BOLUDO. *adj.* Que tiene la forma de una bola. *Round-shaped.* 📖 El cascarón (de los huevos)[...] es un un cuero redondo, BOLUDO [...]. *The shell is leathery and round-shaped like a ball.* (E. Poniatowska. Hasta no verte Jesús mío). 📖 Eran piedras del río, BOLUDAS, y las podía aventar lejos. *The stones which were from the river, were round and smooth, and it was easy to throw them at a distance.* (J. Rulfo. El llano en llamas). || **2.** Gordo. *Fat.* || **3.** Desigual, con desniveles. *Bumpy.* || **4.** Marinero raso. *Sailor.*

BOMBA. *n.f.* Sombrero de ala alta, chistera. *Top hat.* || **2.** Copla que, particularmente en Yucatán, se recita interrumpiendo la música al grito de ¡Bomba! Frecuentemente es improvisada y tiene tono pícaro o amoroso. *Popular verse recited to music.* || **3.** Borrachera. *Drunkenness.* || **4.** Cometa redondo. *Round kite.* || **5.** Comentario satírico. *Satirical remark.*

BOMBACHA (variante de **bombacho**).

BOMBACHO. *n.m.* Pantalón muy ancho, ceñido en el tobillo que usan los campesinos. *Baggy trousers.* || **2.** *adj.* (Tabasco). Dícese de la vestidura holgada especialmente de los pantalones anchos. *Baggy, loose-fitting.*

BOMBAZO. *n.m.* Explosión. *Bomb explosion.* || **2.** Atentado (terrorista). *Bombing by terrorists.*

BOMBERO. *n.m.* El que recita **bombas** en las fiestas populares. *Person who recite 'bombas'.*

BOMBILLA. *n.f.* Cucharón. *Ladle.* || **2.** Tubo de cristal de la lámpara antigua de petróleo.

BOMBILLO. *n.m.* (Acad.). Bombilla eléctrica. *Lightbulb.*

BOMBÍN. *n.m.* Sombrero de copa dura y combada (también llamado hongo). *Bowler's hat.* 📖 Don Crispín el notario (con) su capa franciscana y su BOMBÍN de hace diez años. *Don Crispin the notary with his franciscan cape and his bowler's hat of ten years ago.* (M. Azuela. El desquite).

BOMBO. *adj.* En estado de descomposición (fruta, carne o pescado). *Bad, off (food).* || **2.** *n.m.* Excesiva ostentación. *Ostentation, show.* || **3.** Tibio (líquido). *Lukewarm.* || **4.** •Poner a uno BOMBO. Insultar o golpear a una persona. *To hurl insults at someone.*

BOMBÓN. *n.m.* Malvavisco. *Marshmallow.*

BONANZA. *n.f.* Veta rica y extensa de mineral. *Rich pocket or vein of ore.* || **2.** Producción minera que deja buena ganancia. *Financially successful mining operation.*

BONCHE. (del inglés *bunch*; racimo, manojo). Ramo (de flores). *Bunch, bouquet.* || **2.** Montón, cantidad considerable. *Pile, large quantity.* 📖 "Pochismo que ha invadido las poblaciones de la frontera norte de México y que es empleado incluso por algunos compatriotas del interior. Se aplica a un montón o número considerable de cosas." (J. Mejía Prieto).

BONETE. *interj.* •¡BONETE! ¡De ningún modo!, ¡cualquier día! *Not on your life!, no way!*

BONETERÍA. *n.f.* Mercería, camisería, o tienda donde se vende ropa interior. *Draper's shop, clothing store, haberdashery.*

BONGO. *n.m.* Barco pequeño y chato. *Small boat.*

BONITO. *adv.* Bien. *Well.* 📖 Mi marido sabía leer muy BONITO, explicaba todo muy bien. *My husband could read very well and explained everything admirably.* (E. Poniatowska. Hasta no verte Jesús mío).

BONITURA. *n.f.* Lindura, lindeza, hermosura. *Beauty, attractiveness, prettiness, loveliness.*

BOQUETERAR. *v.* Desvalijar. *To burglarize.*

BOQUIFLOJO. *adj.* Hablador. *Talkative, loquacious.*

BOQUINETE. *adj.* De labio leporino. *Harelipped.* || **2.** *n.m.* Persona de labio leporino. *Harelipped person.*

BORCELANA. *n.f.* Bacinilla. *Chamber pot.* || **2.** Plato dulcero y taza de losa. *Cup and saucer.*

BORCHINCHE (Variante de **bochinche**). 📖 Alborotado para los BORCHINCHES que es uno, ésa es la verdad. *The way that one get exited over wild parties, that's a fact.* (V. Leñero. Los albañiles).

BORDANTE (del inglés *Boarder*). *n.m.* Persona que vive en casa de huéspedes (en poblaciones cercanas a la frontera norteamericana). *Lodger.*

BORDEAR (del inglés *Board*). *v.* Vivir en casa de huéspedes (en poblaciones cercanas a la frontera norteamericana). *To be a guest at a boardinghouse.* || **2.** Hacer bordos, o poner bordos a un terreno. *To border, line.* || **3.** Abordar un tema To *broach a subject.*

BORDEJEAR. *v.* Bordear. *To skirt, go around.*

BORDÍN. ANGL. *n.m.* Casa de huéspedes, pensión. *Boardinghouse.*

BORDINGUERO. (del inglés *Boarding*). *n.m.* Dueño o encargado de una casa de huéspedes (en poblaciones cercanas a la frontera norteamericana). *Boarding house keeper.*

BORDO. *n.m.* (Acad.) Reparo, por lo común de céspedes y estacas, que forman los labradores en los campos, con objeto de represar las aguas, ya para formar aguajes, ya para enlamar las tierras. *Roughly-built dam.*

BORDONEAR. *v.* Puntear la guitarra; rasguear. *To strum.*

BORDONEO. *n.m.* Rasgueo, rasgueado. *Strumming.*

BORGOÑÓN. *adj.* Retorcido hablando del bigote. ~Es el capitancito rubio de bigote

BORGOÑÓN. *It's that conceited captain with a twisted moustache* (Cit. Diccionario de hispanismos).

BORLEARSE. *v.* Doctorarse, tomar la borla de doctor. *To become a doctor, take a higher degree.*

BORLO. *n.m.* Fiesta. *Party.*

BORLOTE. *n.m.* Tumulto, escándalo. *Row, din, uproar.* ~Armaron un BORLETE espantoso. *They kicked up a real row (ruckus).* 📖 Ora me acuerdo que sí fue el veintiuno de septiembre el BORLOTE porque mi mujer tuvo es día a nuestro hijo Merencio [...].*Now I recall that the commotion did take place on the twenty first of September because it was the same day that my wife gave birth to our son Merencio.* (J. Rulfo. El llano en llamas).

BORNEAR. *v.* Imprimir efecto rotativo a una bola al arrojarla. *To spin, turn (ball).* || **2.** Cambiar de lado. *To change sides.* 📖 El sol no había salido todo el día, pero la luz se había BORNEADO, volteando la sombras [...]. *The sun had not come out all day, but the light had turned sides, turning the shadows around.* (J. Rulfo. El llano en llamas).

BORONA. *n.f.* Miga, migaja. *Breadcrumb.*

BORRA. *n.f.* Desperdicios de lana o algodón que a veces se usan para hacer colchones. *Cotton waste.* 📖 Son colchones [...] de BORRA apelmazada, no de resorte. *They're not spring mattresses but rather made of compressed cotton waste.* (E. Poniatowska. Hasta no verte Jesús mío).

BORRACHERÍA. *n.f.* Bar. *Bar, tavern.*

BORRACHÍN. *n.m.* Borracho (por costumbre). *Drunkard.*

BORRACHO. *adj.* Dícese de la fruta demasiado madura; de la fruta pasada. *Rotten, overripe.*

BORRADOR. *n.m.* Goma de borrar. *Eraser.*

BORRARSE. *v.* •Yo me BORRO. *Count me out.*

BORRASCA. *n.f.* (Acad.) Falta de mineral útil en una mina. *Lack of ore in mining lode.*

BORREGO. *n.m.* Falsa noticia. *Hoax, false news.* ~Lanzaron el BORREGO de que ... *Somebody started the rumor that ...* || **2.** (Acad.) Chaqueta con forro de lana de borrego. *Jacket with lamb wool lining.* || **3.** Nube pequeña, redondeada y blanca. *Small round white cloud.* 📖 Nos sentamos en la barda de cantera a ver los BORREGOS de espuma ondeando en el río raso [...]. *We sat on the stone wall watching the white clouds of foam undulating on the even surface of the river.* (M. Azuela. El desquite). || **4.** Oveja. *Sheep.*

BORRUQUIENTO. *adj.* Bullicioso, animado, alegre, ruidoso. *Noisy, boisterous, gay.*

BORUCA. *n.f.* Escándalo, desorden, ruido. *Uproar, tumult, noise, din.* 📖 La BORUCA que venía de allá abajo se salía a cada rato de la barranca y nos sacudía el cuerpo para que no nos durmiéramos. *The din which arose from down below made our bodies quiver making it impossible to sleep.* (J. Rulfo. El llano en llamas).

BORUQUEAR. *v.* Revolver, desordenar. *To mix up, mess up.* || **2.** Armar escándalo o desorden. *To stir up trouble.* || **3.** Confundir, desorientar. *To confuse, disorient.*

BOS. ANGL *n.m.* Autobús. *Bus.*

BOSCOSO. *adj.* Poblado de bosque o selva. *Wooded.*

BOSGO. *n.m.* Glotón. *Glutton.*

BOSOROLA. *n.f.* Poso, sedimento de líquido o bebida. Borra. *Sediment, dregs.*

BOTA. *adj.* Borracho. *Drunk.* || **2.** Torpe, chambón. *Awkward, clumsy.*

BOTADERO. *n.m.* Lugar por donde se vadea un río. *Ford.* || **2.** Basurero. *Rubbish (garbage) dump.*

BOTADO. *adj.* En estado de extrema embriaguez. *Dead drunk.* 📖 [...] le dije a mi papá que la había corrido porque estaba siempre allí botada de borracha. *I told my father that I had chased her away because she was always lying on the ground, stretched out drunk.* || **2.** Muy barato. *Dirt* *cheap.* || **3.** *n.m.* Niño expósito. *Foundling.*

BOTADOR. *adj.* (Acad.) Derrochador, manirroto. *Wasteful, extravagant, prodigal.*

BOTADURA. *n.f.* Despilfarro. *Waste of money.*

BOTANA. *n.f.* (Acad.) Aperitivo, piscolabis. *Hors d'oeuvres, canape, appetizer, snack.* De BOTANA te sirven caracoles. *They give you snails as appetizers (with your drink).* 📖 – Con permiso, –dijo Juan metiendo el brazo entre dos parroquianos para tomar una BOTANA de una platón de porcelana colmado de rajas de queso y cebollitas en vinagre. *Excuse me, said Julián, squeezing himself between two customers to take an appetizer from a porcelain platter full of cheese slices and pickled onions.* (M. Azuela. Ésa sangre). 📖 "El modismo, usualísimo en México, alude figurativamente a los parches o remiendos que se le ponen al estómago para que soporte las picaduras o arremetidas del vino." (J. Mejía Prieto). || **2.** Bota del espolón de los gallos de riña. *Leather sheath on cock's spurs.* || **3.** Botón de suela que se pega al taco de billar. *Leather tip on the end of a billiard cue.* || **4.** •Agarrar a alguien de BOTANA. Burlarse. *To make fun of someone.*

BOTANEAR. *v.* Comer tapas. *To have a snack, to have appetizers.* ~No comimos, sólo BOTANEAMOS. *We didn't have a meal, we just had a few appetizers with our drinks.*

BOTAR. *v.* Arrojar, tirar. *To throw, hurl.* || **2.** Despilfarrar, derrochar. *To squander.* ~Estaba acostumbrado a BOTAR el dinero en ropa. *He was used to squandering his money on clothes.* 📖 Le hicimos ver que le estaba BOTANDO el dinero. Servidumbre de sobra, muebles importados, trajes de Francia [...]. *We made him realize that she was squandering his money away. Too many servants, imported furniture, French suits.* (M. Azuela. La luciérnaga). || **3.** Despedir de un trabajo, dejar cesante. *To dismiss, fire.* ~Lo BOTARON del trabajo. *He was sacked.* 📖 Quería el canijo curita BOTAR al viejo y lo consiguió después de moler y moler al ingeniero con la taralata de que el viejo no era de fiar. *The stubborn would-be priest wanted to have the old man fired and he succeeded by keeping on pestering the engineer and harping on the fact that the old man could not be trusted.* (V. Leñero. Los albañiles). || **4.** Rebotar. *To bounce.* ~La pelota ya no BOTA bien. *The ball has no bounce left.* || **5.** •Estar BOTADO. Estar tirado. *To be lying, stretched out (on the ground, on the bed).* 📖 En la noche le dije a mi papá que la había corrido porque siempre estaba allí BOTADA de borracha. *I told my father at night-time that I had to chase her away because she was alway lying on the ground, stretched out drunk.* (E. Poniatowska. Hasta no verte Jesús mío).

BOTARATE. *n.m.* (Acad.). Persona derrrochadora, manirrota. *Squanderer.*

BOTE. *n.m.* (Acad.) Prisión, cárcel. *Jail, clink* (coll.). 📖 Se lo decía por su bien. Lo iban a agarrarle con la lana y lo iban a meter derechito al BOTE. *I told him for his own good. They were going to catch with the money and putting straight in jail.* (V. Leñero. Los albañiles). || **2.** •BOTE de basura. Cubo, balde. *Trash can.*

BOTELLERO. *n.m.* Persona que vende bebidas. *Sellers of refreshments.* || **2.** Frasquera; aparador con divisiones o casilleros para poner botellas. *Wine-rack.*

BOTELLÓN. *n.m.* (Acad.) Damajuana. *Demijohn.* || **2.** Botella grande (especialmente la de poner agua en la mesa). *Big bottle.*

BOTIJA. *n.f.* Tesoro, especialmente enterrado. *Buried treasure.* || **2.** Vientre, barriga. *Belly.* || **3.** •Ser alguien una BOTIJA. Estar muy gordo. *To be fat.* || **4.** •Poner a uno como BOTIJA verde. Colmar de improperios. *To call somebody everything under the sun.*

BOTIJÓN. *adj.* Rechoncho, barrigudo. *Potbellied.* 📖 Estaba abotagada por la bebida, BOTIJONA, BOTIJONA. *She was puffed from drinking, shubby and squat.* (E. Poniatowska. Hast no verte Jesús mío). 📖 "El término (...) indica que la persona así designada semeja una botija, vasija de barro redonda y de cuello corto y angosto." (J. Mejía Prieto).

BOTIJUELA. *n.f.* Botija. *Earthenware jug.* || **2.** Tesoro enterrado. *Hidden treasure.*

BOTILLERO. *n.m.* Zapatero, que hace y vende zapatos. *Shoemaker, cobbler.*

BOTÍN. *n.m.* Zapato. *Shoe.*

BOX. *n.m.* (Acad.) Boxeo. *Boxing.* 📖 ¡A bailar toda la tarde!, luego al BOX [...]. *Go dancing all evening!, then to a boxing match.* (V. Leñero. Los albañiles). 📖 Le reprochas su afición por el fútbol, el BOX, la lucha libre; pero a ti te gustaba la esgrima, y el jiuijitsu te parecía elegante. *You criticize his interest in football, boxing and wrestling; but in your time you used to like fencing, and you thought that jiu-jitsu was an elegant sport.* (Agustín Yánez. Ojerosa y pintada).

BOXEADOR. *n.m.* Manopla. *Brass knuckles.*

BOZAL. *n.m.* (Acad.). Bozo, ramal o cordel que, anudado al cuello de la caballería, forma un cabezón. *Halter, headstall.*

BOZALILLO (variante de **bozal**).

BRACERO. *n.m.* (Acad.) Trabajador que imigra temporalmente a otro país. *Seasonal farm worker.* 📖 Bueno, pues entonces me voy a los Estados Unidos de BRACERO porque con su enfermedad quedamos muy endrogados. *Well, then I'm going to the United States as a farm worker because after his illness we got deep into debts.* (E. Poniatowska. Hasta no verte Jesús mío).

BRAGADO. *adj.* Valiente, arriesgado, resuelto. *Energetic and firm.* (C. Fuentes. La región más transparente). 📖 Gabino Barrera murió como mueren los hombres que son BRAGADOS. *Gabino Barrera died like all brave men do.* (V. Leñero. Los albañiles). 📖 Para hacer negocios, había que estar metido hasta el cogote en la circunstancia política y ser muy BRAGADOS. *In order to thrive in business one had to be in politics up to your neck and be very aggressive.*

BRAGUERO. *n.m.* (Acad.) Cuerda que rodea el cuerpo del toro para sostén del que lo monta. *Bull's girthrope used in bareback riding.*

BRAMADERO. *n.m.* (Acad.). Poste al cual en América amarran los animales para herrarlos, domesticarlos o matarlos. *Tethering or hitching post.* ~Junto al rancho están el horno, el corral, el BRAMADERO para atar las reses que hay que carnear. *Next to the ranch is the oven, the farmyard and the hitching post were cattle is to be slaughtered* (Cit. Santamaría).

BRAMURA. *n.f.* Bravata, muestra de gran enojo. *Fierce threats, bravado, display of intense anger.*

BRAQUETAZO. *n.m.* •Dar un BAQUETAZO. Dícese del hombre pobre que se casa una mujer rica. *To marry a rich woman.*

BRAQUETERO. *n.m.* Dícese del hombre que se casa con mujer rica por interés. *Who makes a wealthy marriage.*

BRASERO. *n.m.* (Acad.). Hogar de la cocina. *Hearth, fireplace.* || **2.** Hornillo. *Small stove.* 📖 (...) mientras tomaba otra tortilla del brasero. ... *While taking another tortilla from the small stove.* (C. Fuentes. La región más transparente). 📖 La vieja encendía un BRASERO de hojalata para calentar el café y la leche. *The old woman was lighting a small tinplate stove in order to heat the coffee and the milk.* (M. Azuela. Nueva burguesía).

BRASIER. *n.m.* Sostén. *Bra.*

BRASIERE (variante de **brasier**).

BRAVA. *n.f.* Disputa. *Row, fight.* || **2.** •A la BRAVA. Por la fuerza. *By force.*

BRAVO. *adj.* Dícese del chile que pica fuerte. *Hot, strong (chile).*

BRAZADA. *n.f.* •BRAZADA de piedra. (Acad.) Medida que servía de unidad en la compraventa de mampuestos. *Cubic measure.*

BRECHA. *n.f.* Camino estrecho y sin asfaltar. *Dirt road.*

BREQUE ANGL. *n.m.* Freno de un vehículo. *Brake.*

BREQUERO. *n.m.* Guardafrenos. *Brakeman.*

BRETE. *n.m.* Empleo. *Job.*

BREVA. *n.f.* (Acad.) Tabaco en rama, elaborado a propósito para mascar. *Chewing tobacco.*

BRIAGA. *n.f.* Borrachera. *Drunkenness.* 📖 Cayeron y se perdieron de BRIAGAS. *They fell down from drunkenness and disappeared from view.* 📖 (E. Poniatowska. Hasta no verte Jesús mío).

BRIAGO. *adj.* (Acad.) Borracho, ebrio. *Drunk, plastered.*

BRILLAR. •Brillarla. Pasarla bien. *To have a good time, to live it up.* 📖 Mire mi general; si, como parece, esta bola va a seguir, si la Revolución no se acaba, nosotros tenemos ya lo suficiente para irnos a BRILLARLA una temporada fuera del pais. *I'll tell you, general, if this turmoil continues, as I think it will, we already have enough to go and have a good time for a while out of the country.* (M. Azuela. Los de abajo).

BRILLOSO. *adj.* Brillante. *Brillant, bright, shining.*

BRIN. *n.m.* Tela gruesa de lino: úsase comunmente para forros, y para pintar sobre sobre él cuadros al óleo. *Canvas used for linings and for oil painting.*

BRINCAR. *v.* Saltar. *To leap, jump.* ~El perro le BRINCÓ al cuello. *El perro le saltó al cuello. The dog leaped at his throat.* ‖ 2. •BRINCAR al burro. Saltar al potro, jugar a la pídola. *To play leapfrog.* ‖ 3. •BRINCAR el charco. Cruzar el Río Grande, emigrar a los Estados Unidos. *To cross the Rio Grande, to emigrate to the United States.* ‖ 4. •BRINCAR la cuerda. Saltar a la cuerda. *To jump rope.*

BRINCO. *n.m.* Salto. *Leap, jump.* ~Se levantó de la cama de un BRINCO. *He leaped out of bed.* ‖ 2. •De un BRINCO. En un credo, inmediatamente. *On the spot, right away.* ‖ 3. •¿Para qué tantos BRINCOS estando el suelo parejo? ¿Para qué hacer tantas bravatas innecesariamente?. *What's all the fuss about?* 📖 ¿Pa qué son tantos BRINCOS? ¿Lo tronamos ya, Demetrio? *What's all the fuss about? Let's shoot him.* (M. Azuela. Los de abajo). ‖ 4. •Pegar (dar) el BRINCO. Tomar una resolución trascendental, pasar el Rubicón. *To cross the Rubicon.* ‖ 5. •BRINCO de cojito. Salto a la pata coja. *Hop.* ‖ 6. •Ponerse al BRINCO. Rebelarse. *To rebel, resist, take control.* 📖 Para que no se rieran de mí yo me las puse al BRINCO en seguida. *So that they wouldn't make fun of me I asserted myself right away.* (E. Poniatowska. Hasta no verte Jesús mío). 📖 ¿Tampoco se le puso al BRINCO a Jacinto? *And you didn't do anything about Jacinto either?* (V. Leñero. Los albañiles).

BROCHE. *n.m.* Pasador. *Barrette.*

BRONCEADOR. *n.m.* Crema bronceadora. *Sunscreen, suntan lotion.*

BRONCO. *n.m.* (Acad.) Caballo sin domar. *Untamed horse.* ‖ 2. Peleador. *Given to fighting.* 📖 Por allí, decían los conocedores, señalando aquellas resquebrajaduras blanquecinas, bajan lo indios BRONCOS. *From over there, those who were knowledgeable would say, pointing to the cracks in the whitish rocks, the fighting Indians come riding down.* (M. L. Guzmán. El águila y la serpiente. Cit. Diccionario de hispanismos).

BROTARSE. *v.* Salirle un sarpullido a uno. *To break in a rash.*

BRUJA. *n.f.* Mujer. *Woman.* ‖ 2. •Estar BRUJA. (Acad.) Estar pobre, sin dinero. *To be flat broke.*

BRUJEAR. *v.* Ir de juerga. *To go on a spree.*

BRUJEZ. *n.f.* Falta de dinero. *Lack of money.* ~Nos debían tres meses de sueldo y andábamos en la BRUJEZ. *They owed three months salary and we were broke.*

BRUJO. *n.m.* Médico. *Doctor.* ‖ 2. •Estar alguien BRUJA. (Acad.) Estar pobre, sin dinero. *To be broke.*

BRUTO. •A lo BRUTO. *Roughly, crudely.*

BUCA. *n.f.* Nina. *Girl.*

BUCHACA. *n.f.* Bolsa. *Bag.* || **2.** (Acad.) Bolsa de la tronera de la mesa de billar. *Billiard-table pocket.*

BUCHE. *n.m.* Bocio. *Goiter, thyroid.* || **2.** Paperas. *Mumps.* || **3.** Papada. *Double chin.* || **4.** Boca. *Mouth.* ~Cierre el BUCHE. *Shut you mouth.* || **5.** Bocio. *Goiter.* || **6.** •Tener BUCHE de pajarito. *To eat like a bird.*

BUENO. *adv.* •¿BUENO? (contestando al teléfono). ¿Hola?, ¿diga? *Hello? (answering the telephone).* || **2.** •Estar BUENO. Tener un físico atractivo. *To be attractive.* 📖 Estás muy buena, chata [...]. *You're a peach, sweetheart.* (C. Fuentes. La región más transparente). || **3.** •Está BUENO. Muy bien. *Very well.* 📖 Don Roque, vengo a invitarlo a comer guajolote, el domingo en mi casa. - Está BUENO. *-Don Roque, I would like to invite you to my home on Sunday for a turkey dinner. -Very well.* (M. Azuela. Nueva burguesía).

BUENOTE, TA. *adj.* Sexually attractive person. *Persona sexualmente atractiva.*

BUEY. *n.m.* Cornudo, marido ultrajado. *Cuckold.* || **2.** Idiota, imbécil. *Stupid, idiot.* 📖 Tú siempre con el ojo pelón pensando para tus adentros: aquí me está queriendo hacer maje, aquí no; o aquí me ves cara de BUEY y crees que yo ..., ¡pues niguas! *Alway keep your eyes open thinking to yourself: now, you're trying to fool me, well, you won't succeed; or are you taking me for an idiot; well, you're wrong.* (V. Leñero. Los albañiles). || **3.** *adj.* Denso, tonto. *Dumb.* 📖 Sin esos robos en pequeña escala: la cartera de un BUEY, la fruta de una sirviente zonza [...]. *Without these small scale thievings: the wallet of some unsuspecting passerby, a fruit here and there from a wary servant.* (V. Leñero. Los albañiles). 📖 Se dejo llevar por el sentimiento. Ni modo. Solo a los muy BUEYES les pasa. *He got carried away by his feelings. What can you do? This happens only the very dumb people.* (V. Leñero. Los albañiles). || **4.** •Sacar el BUEY de la barranca. Ejecutar una cosa muy difícil, tener éxito. *To bring something off, to be successful.* || **5.** •Hacerse BUEY. Holgazanear. T*o goof off.*

BUEYADA. *n.f.* Manada de bueyes. *Drove of oxen.*

BUEYERO. *n.m.* Boyero. *Ox driver.*

BUFA. *n.f.* Borrachera. *Drunkenness.* || **2.** *adj.* Borracho. *Tight, drunk.*

BUFAR. *v.* Apestar. *To reek, stink.* || **2.** Emborracharse. *To get drunk.*

BUFARSE. *v.* Abolsarse una pared por haberse separado de ella el revocado en algunas partes. *To bulge, swell (wall), blister (surface).*

BUFEO. *n.m.* Atún. *Tuna.* || **2.** Delfín. *Dolphin.*

BÚFER. *n.m.* Memoria intermediara. *Buffer.*

BUFET. *n.m.* Bufé. *Buffet, a self-service informal meal.*

BUJA. *n.f.* Buje. *Axle box, bushing.*

BUL. *n.m.* Bebida refrescante que se prepara mezclando cerveza, azucar y limón. *A refreshing drink made with beer, sugar and lemon.*

BULBO. *n.m.* Foco o lámpara eléctrica (radio). *Valve, lamp (radio).*

BULE. *n.m.* (Acad.) Vasija hecha de la calabaza, ya seca. *Gourd.* || **2.** Jarro para cargar agua. *Water pitcher.* 📖 "En los tiempos prehispánicos se construían plataformas de cañas amarradas entre sí y con *bules* como flotadores, las cuales servían para trasladar pasajeros y mercancías de una orilla a otra de los lagos o lagunas." (J. Mejía Prieto). || **3.** Prostíbulo. *Brothel.*

BULLA. *n.f.* Alboroto, pelea. *Fight, argument.* || **2.** •Meter BULLA. Meter ruido; armar **boruca**. *To create a racket.*

BULLARANGA. *n.f.* Bullanga. *Noise, racket, uproar, row.* || **2.** Disturbio. *Riot.*

BULLIR. *v.* Embromar, dar cantaleta. *To pester, annoy.*

BULTO. *n.m.* Carpacio, vade. *Satchel, school bag, briefcase.* || **2.** •De BULTO. Claro, manifiesto, evidente. *Obvious, striking,* **b)**

De sobra. *Superfluous.* ‖ **3.** •Escurrir (huir) el BULTO. *To avoid work.* 📖 *[...] ya teníamos algún tiempo sin pelear, sólo de andar huyendo el* BULTO. *We had not been fighting for a while, just trying to avoid work.* (J. Rulfo. El llano en llamas). ‖ **4.** •Hablar (contar) algo de BULTO. Acompañar el relato de alguna cosa con gestos y ademanes que lo ilustran. *To speak with one's hands.*

BUÑUELERO. *n.m.* Buñolero. *Doughnut maker.*

BURLISTA (variante de **burlisto**).

BURLISTO. *adj.* Burlón. *Mocking, sardonic.*

BURÓ. *n.m.* (Acad.) Mesa de noche. *Bedside table.* 📖 *Después estiró la mano [...] tratando de alcanzar su reloj que estaba en el* BURÓ *de mi lado. Afterwards he stretched his arm in order to reach his watch which was on the bedside table on my side.* (A. Mastretta. Arráncame la vida).

BURÓCRATA. *n.m.* Funcionario. *Civil servant, official.*

BUROCRÁTICO. *adj.* Relativo al gobierno. *Government, state.* ~*Un empleo* BUROCRÁTICO. *A government or civil job.*

BURRAJO. *adj.* Grosero, estúpido, imbécil. *Vulgar, rude.*

BURRERO. *n.m.* (Acad.) Dueño o arriero de burros. *Mule or donkey driver.* 📖 *Ándales, con que eres la novia del* BURRERO... *Pues te lo voy a traer. Well, so you're the mule driver's girlfriend... I'll go and get him.* (E. Poniatowska. Hasta no verte Jesús mío).

BURRIÓN. *n.m.* Gorrión. *Humming bird.*

BURRITO. *n.m.* Rosetas de maíz. *Popcorn.* ‖ **2.** (Acad.) Flequillo. *Bangs, short hair worn across the forehead.* ‖ **3. Burro** o caballete para guardar la silla de montar.

BURRO. *n.m.* (Acad.) Escalera de tijera. *Stepladder.* 📖 ‖ **2.** Cerquillo de cabello en el frente. *Bangs, short hair worn across the forehead.* ‖ **3.** •BURRO de agua. Ola fuerte de agua. *Big wave.* ‖ **4.** Juego de muchachos en que uno se agacha y los demás saltan sobre él. *Leapfrog.* ‖ **5.** Tabla de planchar. *Ironing board.* ‖ **6.** Caballerete. *Trestle.* 📖 *[...] el maestro yesero, subido en el* BURRO *de madera, deslizaba la llana en el techo [...]. The master plasterer, mounted on the wooden trestle would slide his trowel along the ceiling.* (V. Leñero. Los albañiles). ‖ **7.** Mazorca de maíz. *Corncob.* ‖ **8.** •Entre menos BURROS, más olotes. Señala la conveniencia de que concurran pocos para obtener mayores provechos. *If few people participate our share will be greater.* 📖 *No quieren tener trato contigo. -Mejor. Entre menos* BURROS, *más olotes. They don't want to have anything to do with you. -Good. Then we get to keep everything for ourselves.* (Juan Rulfo. El llano en llamas). 📖 *—¿No vienes con nosotros, Jesusa? —Si, ahorita los alcanzo. —Yo también voy —decía una mesera Rosita muy modosita. —¡No, tu no! —¡Ay¡ ¿por qué? —Entre menos* BURROS, *mas elotes. —Are you coming with us, Jesusa? —Yes, I'll be right with you. —I'm going too —said a bad-mannered waitress called Rosita. —No, not you! —Why not? —The least people we are, the more there will be for us.* (E. Poniatowska. Hasta no verte Jesús mío). ‖ **9.** •Más vale BURRITOS en el cielo que sabios en el infierno. Es preferible el ignorante por su buen corazón que el culto mal intencionado. *Better be ignorant and happy than wise and sorry.* 📖 *¡Qué aprender ni qué aprender! ¡Más vale* BURRITOS *en el cielo que sabios en el infierno! What's the use of learning! Better to be ignorant and happy than wise and sorry.* (M. Azuela. La luciérnaga).

BURUJÓN. *n.m.* Bulto mal hecho, deforme. *Large lump or mass of irregular size.*

BURUQUIENTO. *adj.* (Acad.) Bullicioso, alegre, ruidoso. *Noisy, happy, rowdy.*

BUSCABULLA. *n.m.* Pendenciero, entrometido. *Brawler, troublemaker.*

BUSCAMOSCAS. *n.m.* Buscapleitos. *Troublemaker.*

BUSCANIGUAS. *n.m.* Buscapies. *Squib, cracker (fireworks).*

BUSCAPLEITOS. *n.m.* Alborotador, Pendenciero, entrometido. *Troublemaker.*

BUSCAR. *v.* Provocar (riña). *To provoke.* ‖ **2.** (Yucatán). Hallar, encontrar. *To find.*

BUSCAS. *n.f.* Provecho adicional, por lo general ilícito, que se saca de algún empleo o cargo. *Perks, profits on the side, moonlighting.* 📖 No te fijes en el sueldo. De veinticinco a treinta pesos diarios de puras BUSCAS. *Forget about the salary. You'll make twenty five to thirty pesos on the side.* (M. Azuela. La luciérnaga). 📖 Saca sus cuarenta y cinco pesos semanales, aparte de BUSCAS. *He makes forty five pesos a month, not counting what he makes on the side.* (M. Azuela. Nueva burguesía).

BUSCAVIDAS. *n.m&f.* Chismoso, *Gossip, tatletale.*

BUSCÓN. *adj.* Diligente, agencioso. *Active, diligente.* ‖ **2.** Provocativo, pendenciero. *Quarrelsome.* 📖 Era BUSCONA y cotorrera. *She was quarrelsome and a chatterbox.* (E. Poniatowska. Hasta no verte Jesús mío).

BUTAQUE. *n.m.* Asiento pequeño, de cuero, de respaldo echado hacia atrás. *Small armchair.* 📖 Está en el corredor, remendando la ropa, sentada en un BUTAQUE de venado. *She's in the hall, mending the clothes, sitting in a deer leather armchair.* (R. Castellanos. Balún Canán).

BUZO. *adj.* Astuto. *Smart, clever.* ~Es bien BUZO. *He's really on the ball.* ~Ponte BUZO. *Keep on your toes.* ‖ **2.** *Interj.* ¡Cuidado!, ¡ojo! *Look out!, watch out!*

BUZONERO. *n.m.* Empleado de correos que recoge las cartas de los buzones. *Postal employee who collects mail from letterboxes.*

CABALLADA. *n.f.* Animalada, borricada. *Stupidity, foolishness.*

CABALLAZO. *n.m.* (Acad.) Encontrón o golpe que da un jinete a otro o a alguno de a pie, echándole encima el caballo. *Jolt or trampling with a horse.* ‖ **2.** Caballo muy grande. Big horse. *Large horse.* ‖ **3.** Encontronazo contra una persona. *Bump; collision of one person against another.*

CABALLERA. *n.f.* Tupe. *Toupee.*

CABALLERANGO. *n.m.* (Acad.) Mozo de espuela. *Stable man, head groom, horse trainer.*

CABALLERÍA. *n.f.* Medida agraria de muy diferente valor según los países. *Land measurement of varying sizes (most commonly 33 acres).*

CABALLETE. *n.m.* (Acad.) Masa de roca esteril. *Mass of barren rock.*

CABALLITO. *n.m.* Paño que se pone debajo del pañal a los niños pequeños. *Nappy liner.* ‖ **2.** Compresa. *Sanitary napkin, Kotex.* ‖ **3.** Libélula. *Dragonfly.* ‖ **4. Caballitos.** Tío vivo, calesita. *Merry-go-round.*

CABALLO. *n.m.* Potro (en gimnasia). *Horse.* ‖ **2.** Toallita usada por las mujeres en los días de menstruación; compresa, toalla higiénica. *Kotex.* ‖ **3.** •Pararle el CABALLO a uno. Contenerlo, moderarlo (en el resto de Latinoamérica: "Pararle el carro a uno"). *To slow someone down, restrain.* ‖ **4.** •CABALLO de aguililla. Caballo muy veloz en el paso. *Very fast horse.* ‖ **5.** •Ir en CABALLOS de hacienda. Tener buenos protectores o valedores. ‖ **6.** •Rayar el CABALLO. Se dice del jinete cuando para bruscamente el caballo que esta galopeando; parar el caballo en firme.

CABALLÓN, NA. *n.m&f.* Grande o muy alto (persona). *Large or tall person.*

CABALONGA. *n.f.* Haba de San Ignacio. *St. Ignatius bean.*

CABAÑA (dep.). *n.f.* Gol. *Goal.*

CABAÑUELAS. *n.m.* (Acad.) Lluvias de invierno. *Winter rains.* ‖ **2.** Tradicional manera de pronosticar cómo será el año de acuerdo a los doce primeros días del año. *First twelve days of the year (used to predict the weather).*

CABE. *n.m.* Conyuntura, oportunidad. *Opportunity.*

CABECEADA. *n.f.* Cabezada. *Nod.* ~Iba durmiendo dando CABECEADAS. *He was nodding as he slept.*

CABECEAR. *v.* Unir las hojas del tabaco, atándolas por la base. *To tie together (tobacco leaves).*

CABECERA. *n.f.* Centro (de la ciudad). *Downtown area.*

CABERO. *adj.* Último, en lugar postrero. *Last.*

CABESTRO. *n.m.* Cuerda. *Rope, cord.*

CABEZA. *n.f.* (Acad.) Cabecera de un río. *Source, headwaters.* ‖ **2.** (Acad.) Corona del reloj. *Winder, crown (of a watch).* ‖ **3.** •Echar a uno de CABEZA. Implicar, comprometer a uno. (Acad.) Denunciar o descubrir a alguien en un asunto reservado. *To inform or blow the wistle on someone.*

CABEZADA. *n.f.* (Acad.). Cabecera de un

río. *Source, headwaters.*

CABEZADURA. *n.f.* Testarudo. *Stubborn.*

CABEZAL. Travesaño. *Crossbeam.* ‖ **2.** Cabecera (de una cama). *Headboard.* ‖ **3.** Listón. *Plank, board.*

CABILDANTE. *n.m.* Regidor o conseja. *Town councilman.*

CABINA. *n.f.* Cedro. *Spanish cedar.*

CABLE. *n.m.* •Cuatrapeársele los CABLES a alguien. Cruzársele los cables a uno. *To get mixed up.*

CABRON. *n.m.* Persona vil, despicable, infame; canalla. *Swine, bastard.* ‖ **2.** Que es amigo querido. *Good friend.* ~Que gusto encontrarte, CABRÓN, hacía mucho que no te veía. *What a pleasure meeting you, my good friend, I have seen you for a long time.* ‖ **3.** Que provoca admiración por ser hábil para hacer algo. *Skillful, good at, to excel in.* ~Este maestro es un CABRÓN para las matemáticas. *This teacher is an ace at maths, this teacher really know his maths.* ‖ **4.** Persona. *Guy, fellow.* ¿A dónde irá este CABRÓN? *I wonder where this guy is going?* ‖ **5.** *adj.* Que es violento, intenso, malo, intenso. ¡Qué enfermedad tan cabrona! *What a bitch of an illness!* ‖ **6.** Diablo. *Devil.* ‖ **7.** •A lo CABRÓN. Por la fuerza, con violencia. *By force, violently.* ~Entraron en el cine a lo CABRÓN. *They forced themselves into the cinema.* ‖ **8.** •¿Para qué CABRONES...? *Why the hell...?* 📖 ¿Para qué CABRONES te trajiste esta mujer si así la tratas? *Why the hell did bring bring this woman here if this is the way you treat her.* (E. Poniatowska. Hast no verte Jesús mío).

CABRONAZO. *n.m.* Golpe. *Blow.* ~Sin decir agua va empezaron los cabronazos. *Without the least warning they started to throw punches.* ‖ **2.** Tiro, balazo. *Shot.*

CÁBULA. *n.f.* Ardid o maña para conseguir algo. *Trick, ruse, stratagem.* ‖ **2.** Sin vergüenza, pillo. *Crook.*

CABULEAR. *v.* Engañar. *To con (coll.).* ~Creo que a ti te CABULEARON. *I think they took you for a ride.*

CABULERO. *n.m.* Persona que usa cábulas. *Trickster, schemer.* ‖ **2.** *adj.* Que usa de **cábulas**. *Tricky, cunning, scheming.*

CABÚS. *n.m.* Furgón de cola. *Caboose.* 📖 [...] que lo llevó al CABÚS de un tren de carga que en esos instantes se marchaba. *Who took him to the caboose of a freight train which was leaving at that moment.* (M. Azuela. Nueva burguesía).

CABUYA. *n.f.* Cuerda. *Cord, string.*

CACA. *n.f.* Suerte. *Luck.* ¡Qué CACA! ¡Qué suerte! *What luck!*

CACAHUAL. *n.m.* (Acad.) Terreno plantado de cacaos. *Cacao plantation.*

CACAHUATE. *n.f.* (Acad.) Cacahuete (en el resto de Latinoamérica, *maní*). *Peanut.* 📖 Hay niñas gordas que se sientan en el último banco para comer sus CACAHUATES. *There are fat girls who sit on the last bench to eat their peanuts.* (R. Castellanos. Balún Canán). ‖ **2.** Píldora; píldora de barbitúrico. *Pill; barbiturate pill.* ‖ **3.** •No importarle a alguien un CACAHUATE. *Not to care, not to give a hoot (coll.).* ‖ **4.** •Mantequilla de CACAHUATE. *Peanut butter.*

CACAHUATERO. *n.m.* Persona que vende **cacahuates**. *Peanut vendor.*

CACALINA. *adj.* Cobarde, gallina. *Coward.*

CACALO. *n.m.* Despropósito, disparate. *Nonsense.*

CACALOTE. *n.f.* Cuervo. *Crow, raven.* ‖ **2.** (Acad.) Rosetas de maíz. *Popcorn.* ‖ **3.** Disparate. *Stupid thing, nonsense.*

CACALTÚN. *n.m.* (Yucatán). Albahaca. *Basil.*

CACAO. *n.m.* •No valer un CACAO. Ser una cosa de poco valor, insignificante. *To be worthless, insignificant.* ‖ **2.** •Pedir CACAO. (Acad.) Pedir misericordia. *To beg for mercy.*

CACARAÑA. *n.f.* Hoyo o señal del rostro ocasionado por la viruela. *Pockmark.* ‖ **2.** Por extensión se aplica a los hoyos pequeños y

CACARAÑADO

numerosos que hay en cualquier objeto. *Pockmark.*

CACARAÑADO. *adj.* Señalado de **cacarañas.** *Pitted, pockmarked.*

CACARAÑAR. *v.* (Acad.) Pellizcar una cosa blanda dejándola llena de hoyos semejantes a las **cacarañas.** *To pit, make pockmarks.* || **2.** Arañar, pellizcar. *To scratch, pinch.*

CACARAQUEAR. *v.* Cacarear. *To crow, cackle.*

CACARAQUEO. *n.m.* Cacareo. *Crowing, cackling.*

CACAREAR. *v.* Huir de una pelea. *To run away from a fight, to avoid an argument.* || **2.** Chismear. *To gossip.*

CACARIZA. *n.f.* Copa para pulque. *Pulque glass.*

CACARIZO. *adj.* (Acad.) Cacarañado, lleno de **cacarañas.** *Pitted, pockmarked.*

CÁCARO. *n.m.* Persona encargada de proyectar las películas en el cine; proyeccionista. *Projectionist.*

CACASTE (Variante de **Cacastle**).

CACASTEAR. *v.* Cargar el **cacastle.** *To carry a cacastle.*

CACASTLE. *n.m.* (Acad.) Esqueleto de los vertebrados, en especial del hombre. *Skeleton.* || **2.** (Acad.) Especie de canasta para transportar frutos, hortalizas, etc. *Large wicker basket for carrying fruits and vegetables.* || **3.** (Tabasco). Armazón colocado sobre el fogón para ahumar frutas, carnes, etc. || **4.** (Acad.) Armazón de madera, de una u otra forma, para llevar algo a cuestas. *Pack frame, wooden frame fitted on the shoulders and back to aid in carrying loads.*

CACASTLERO. *n.m.* Que emplea **cacastle.** *Bearer, porter (who uses a cacastle).*

CACAXTLE (variante de **Cacastle**).

CACAXTLERO (variante de **cacastlero**).

CACAYACA. *n.f.* Insulto. *Insult.* || **2.** •Echar CACAYACAS a alguien. *To hurl insults at someone.* || **3.** Baladronada, fanfaronada. *Boasting, bragging, showing-off.*

CACHA. *n.f.* Cabo o mango de cuchillo. *Handle (of a knife).* || **2.** •Estar a medias CACHAS. Estar medio borracho. *To be tipsy.*

CACHADA. *n.f.* (Acad.). Cornada de un animal. *Goring.*

CACHAGUA. *n.f.* Alcantarilla, albañal. *Sewer.*

CACHAR (del ingles to *catch*). *v.* Obtener, conseguir. *To to get, obtain.* || **2.** Sorprender a alguien. *To catch someone.*

CACHAZO. *n.m.* Cornada. *Goring.* || **2.** Golpe dado con la **cacha** de una pistola. *Blow with the butt of gun.* 📖 [...] con la cabeza abierta de un cachazo y manchado de sangre por doquier, todo el mundo comprendió la gravedad de la situación. *With a gash on his head from a blow with the butt of a gun and blood stains all over his body, everyone realized the seriousness of the situation.* (Cit. Dicc. de Hispan.).

CACHAZUDO. *n.m.* Gusano. *Tobacco worm.*

CACHEAR. *v.* Acornear, dar cornadas. *To gore (bullfighting).*

CACHETADA. *n.f.* Bofetada. *Hard slap on the face.* ~Me cayó como una CACHETADA. *It was like a slap in the face.*

CACHETAZO (variante de **cachetada**).

CACHETE. *n.m.* Mejilla. *Cheek.*

CACHETEADO. *adj.* Gastado, deslucido. *Worn, drab, dull.*

CACHETEAR. *v.* (Acad.). Golpear a uno en la cara con la mano abierfta. *To slap.*

CACHETEO. *n.m.* Acción de **cachetear.** *Slapping.*

CACHETÓN. *adj.* (Acad.) Cachetudo, carrilludo. *Chubby-cheeked.* || **2.** Descarado, sinvergüenza. *Brazen, shameless.* || **3.** Gordo. *Fat.*

CACHIMBA. *n.f.* Colilla. *Cigarette butt.*

CACHIRILA. *n.f.* (Morelos). Ramera. *Prostitute.*

CACHIRUL. *n.m.* Trampa. *Cheating.* ‖ 2. •Hacer CACHIRUL. *To cheat.* ~Dicen que en la rifa se sacó el premio porque hizo CACHIRUL. *They say that he won the prize in the raffle by cheating.*

CACHIRULERO. *n.m.* Mal sastre. *Bad tailor.*

CACHIRULO. *n.m.* (Acad.) Forro de paño que se pone al pantalón por la parte inferior de los muslos y el asiento, y que se usa especialmente para montar. *Chamois reinforcement on riding breeches or pants.* ‖ 2. Variante de **cachirul**. ‖ 3. Parche, remiendo. *Patch.* ‖ 4. Medio hermano. *Half-brother.*

CACHITO. *n.m.* Vigésima parte de un billete de lotería. *One twentieth of a lottery ticket.*

CACHO. *n.m.* Cuerno en general. *Horn of an animal.* ‖ 2. Parte de un billete de lotería. *Part of a lottery ticket.* 📖 Algunos billetes quedaron en el pantalón, juntos con seis CACHITOS de lotería. *Some bills were still in his pocket along with six lottery tickets.* (Cit. Dicc. de Hispan.).

CACHÓN. *n.m.* Animal de cuernos grandes. *Animal with big horns.*

CACHONDEAR. *v.* Manosear a una mujer. *To fondle a woman.* ‖ 2. Excitar sexualmente. *To arouse, excite (sexually).* Intenté CACHONDEARLA pero todo fue en vano. *I tried to arouse her, but to no avail.*

CACHONDO. *adj.* Que es sensual y goza del placer erótico. *Erotic, voluptuous.* ~Le gusta los bailes CACHONDOS. *He likes voluptious dances.*

CACHORA. *n.f.* (Noreste). Iguana. *Iguana.*

CACHOREAR. *v.* Zafarse, esquivar con rapidez un encuentro o choque. *To dodge.* 📖 "Alude este verbo a la agilidad de la *cachora*, lagartija de color pardo parecida a la iguana y común en el noroeste de México." (J. Mejía Prieto).

CACHORÓN. *n.m.* (Noreste). Mono, traje de faena de uan sola pieza. *Overalls.*

CACHORRO. *n.m.* Perro. *Dog.*

CACHUCHA. *n.f.* Gorra. *Cap, baseball cap.* 📖 [Esperan] a su novios que usan CACHUCHAS y se paran a chiflar en las esquinas. *They wait for their boyfriends who wear caps and spend their time wistling on the corner streets.* (R. Castellanos. Balún Canán). ‖ 2. Copa que se toma compuesta de varios vinos y licores. *Type of punch.* ‖ 3. Abastecimiento de drogas. *Drug supply.* ‖ 4. La policia (peyorativo). *The police (derogatory).*

CACHUCO. *n.m.* Moneda falso o de baja ley. *Counterfeit or worthless currency.*

CACHUDO. *adj.* (Acad.) Dícese del animal que tiene los cuernos grandes. *Horned, with horns (animal).* ‖ 2. (Acad.) Dícese de la persona de gesto adusto o mala cara. *Long-faced, miserable.*

CACHURECO. *adj.* Torcido, deformado. *Deformed, crooked.*

CACIMBA. *n.f.* Casucha. *Hovel, slum.* ‖ 2. Pozo situado en el patio de la casa. *Well normally located in the patio of a house.* ‖ 3. (Tabasco). Troje rústico para guardar cereales. *Granary, barn in which corn and grains are stored.*

CACLE. *n.m.* (Acad.) Sandalia de cuero. *Coarse leather sandal.* 📖 "Especie de sandalias prehistóricas cuyo uso subsiste en el país. Se les da también el nombre de *huaraches*. Consisten en dos suelas, por lo común de cuero, que se sujetan al pie por medio de correas. " (J. Mejía Prieto). ‖ 2. (Acad.) Familiarmente, todo tipo de calzado. *Shoe.*

CACO. *n.m.* Ladrón o ratero. *Thief.*

CACOMIXTLE. *n.m.* Ladrón. *Thief.*

CADA. *adj.* •CADA que. Cada vez que. *Everytime.* 📖 [...] y CADA que respiraba suspiraba, y cada que pensaba, pensaba en ti Suzana. *And I would sight with every breath I took, and all my thoughts were thoughts of you Susana.* (J. Rulfo. Pedro Páramo). 📖

CADA que sonaba el teléfono de mi oficina, me sobresaltaba sin poder evitarlo. *And everytime the phone rang, I would be startled without being able to help it.* (Silva Molina. El amor que me juraste). ‖ **2.** •CADA y cuando. De vez en cuando. *From time to time, once in a while.* 📖 Uno los ve allá cada y cuando (los zopilotes), muy arriba, volando a la carrera. *You can see them, high up there, racing by.*

CADELILLA. *n.f.* Luciernaga. *Firefly, glowworm.*

CADENA. *n.f.* •CADENA de ensamblaje. Cadena de montaje. *Assembly line.*

CAEDIZO. *n.m.* Colgadizo, saliente. *Lean-to, overhang.*

CAER. *v.* Llegar intempestiva o inesperadamente. *To drop in.* ‖ **2.** •Caer PARADO. Quedar siempre bien en política a pesar de los cambios. *In politics, to come off well, regardless of the circumstances or changes.* ‖ **3.** •CAERSE con algo. Contribuir. *To contribute, chip in.* ‖ **4.** •CAERSE del mecate. Quedar en evidencia, descubrirle a uno la trampa. *To give oneself away.* ‖ **5.** •CAER de la pedrada (en pantorga). Caer muy mal. ~El café le CAE mal. *Coffee doesn't agree with him.* ‖ **6.** •CAERSE cadáver. Pagar, soltar la plata, aflojar el dinero. *To cough up.* ‖ **7.** •CAER el veinte. Entender una broma o chiste; entender el significado de algo que no se ha expresado abiertamente. *To understand a joke; to understand the hidden meaning of something.*

CAFÉ. *n.m.* Disgusto, mal rato. *Annoyance, bad time, displeasure.* ‖ **2.** (Acad.) Marrón. *Brown.* 📖 Lo miraba para aprenderlo de memoria: la cejas pobladas, los ojos CAFÉS, la nariz recta, los labios gruesos. *She stared at him in order to fixed him in her memory: bushy eyebrows, brown eyes, straight nose, thick lips.* (Silva Molina. El amor que me juraste). 📖 [...] zapatos color CAFÉ claro muy relumbrosos [...]. *Brightly shinning light brown shoes.* (M. Azuela. Nueva burguesía).

CAFETEAR. *v.* Tomar café con frecuencia. *To drink coffee often.* ‖ **2.** Velar (a una persona). *To stand vigil over.*

CAFETICULTURA. *n.f.* La industria del cafe. *Coffee industry.*

CAFIASPIRINA. *n.f.* Aspirina. *Aspirina.* 📖 A tu regreso cómprame unas *cafiaspirinas*. En la maceta del pasillo encontrarás dinero. *When you return buy me some aspirins. You'll find money inside the flowerpot in the hallway.* (J. Rulfo. Pedro Páramo).

CAGADERA. *n.f.* Cagalera. *Diarrhea.*

CAGADO. *adj.* Gracioso. *Funny.*

CAGÓN. *adj.* Afortunado. *Lucky.* ‖ **2.** *n.m.* Afortunado. *Lucky devil.*

CAGUAMA. *n.m.* Botella de cerveza de aproxidamadamente un litro. *Bottle of beer equivalent to a liter.* ~Compramos una bolsa de cacahuetes y dos CAGUAMOS frías. *We bought a bag o peanuts and two cold beers.* ‖ **2.** Tortuga antillana. *Large antillean turtle.*

CAGUILLAS. *adj.* Tacaño, avaro, miserable. *Miserly.*

CAÍDO. *n.m.* Soborno. *Bribe.*

CAIFÁN. *n.m.* Alcahuete, chulo, procurador de mujeres. *Pimp.*

CAIMÁN. *n.m.* Llave para atornillar tubos gruesos. *Chain wrench.* ‖ **2.** Persona astuta y disimulada, ventajista en los negocios, ambiciosa y voraz. *Fox, cunning person, schemer.*

CAIREL. *n.m.* (Acad.) Rizo de cabello en forma de espiral, tirabuzón. *Long curl, hanging curl.*

CAJA. *n.f.* (Oaxaca). •CAJA de polvo. Polvera. *Powder compact.*

CAJEAR. *v.* Perder, especialmente en el juego, todo el dinero que se tenía y aún deberle al banquero. *To loose all of one's money, particularly in gambling, and still owe additional money.* ‖ **2.** Contraer deudas sin tener con que pagar. *To get into debts without being able to reimburse someone.*

CAJETA. *n.f.* (Acad.). Dulce de leche de cabra, sumament espeso. *Toffee pudding made with caramelized milk; caramel topping, filling.* 📖 Es cierto, Querétaro por sus camotes es tan famoso como Celaya por sus CAJETAS. *That's true, Querétaro is as famous for its sweet potatoes as Celaya is for its cajeta (caramel topping).* (M. Azuela. Nueva burguesía). || **2.** *adj.* Cobarde. *Coward.* || **3.** Afeminado. *Effeminate.* || **4.** Dulce que contiene cajeta. *Candy with caramel filling.* || **5.** Caja con tapa para postres of jaleas. *Sweet or biscuit box.* || **6.** •De CAJETA. Excelente, de primera calidad. *First class, excellent.*

CAJETE. *n.m.* (Acad.) Cazuela honda y gruesa sin vidriar. *Earthenware pot or bowl.* || **2.** Cobarde. *Coward.* || **3.** (Acad.) Hueco o hoyo en la tierra que se utiliza para plantar. *Hole, hollow in the ground for planting.*

CAJETERO. *n.m.* Vendedor o fabricante de cajetas. *Cajeta vendor.* || **2.** Vendedor o fabricantes de cajetes. *Cajete vendor.*

CAJÓN. *n.m.* Lugar para estacionar. *Parking space.* || **2.** Tienda o puesto de comestible. *Grocery store.* || **3.** •CAJÓN de ropa. Tienda donde se vende ropa. *Dry-goods and clothing store.* || **4.** •Ser algo de CAJÓN. Ser obligado, suceder necesariamente. *To be obligatory.* ~Es de CAJÓN que te den tu indemnización. *They definitely have to give you your compensation.*

CAJONEAR. *v.* Ir de tiendas. *To go shopping.*

CAJONERÍA. *n.f.* Fábrica de cajas. *Box factory.*

CAJONERO. *n.m.* Dueño, y a veces dependiente, de cajón de ropa. *Shopkeeper, storekeeper.*

CAJUELA. *n.f.* (Acad.) Maletero del automóvil. *Trunk (car).* ~Guarda esas cajas en la CAJUELA. *Put those boxes in the trunk (of the car).* || **2.** Baúl grande. *Large trunk.*

CAJUELITA. *n.f.* Guantera. *Glove compartment.*

CALABACEAR. *v.* Dejar el novio a la novia por otro, o viceversa; dar calabazas. *To give the brush off.*

CALABACERO. *n.m.* (Acad.) Jícaro. *Squash, pumpkin.*

CALABACÍN. *n.m.* Calabacita. *Zucchini.*

CALABAZA. *n.f.* Persona tonta. *Stupid person.* || **2.** Filtro de aire de un motor. *Air filter (of an engine).*

CALACA. *n.f.* La muerte (hum.). *Death.* || **2.** Esqueleto. *Skelton.*

CALADOR. *n.m.* (Acad.) Barrena acanalada para sacar muestras de los granos sin abrir los bultos que las contiene. *Sampler for extracting samples from bales.*

CALAMBUCO. *adj.* Simple, bonachón, medio tonto. *Simple, good-natured, naive.*

CALANDRÍA. n.f. FOLK Carruaje tirado por caballos, en el que se realizan recorridos urbanos por lugares turísticos. *Horse-drawn carriage used for touring the city.* 📖 Y como en vez de auto lo primero que pasó fue una CALANDRÍA, desbordante de alegría, la tomó. *And since the first thing that passed by was a horse-drawn carriage instead of car, brimming with joy, she took it.* (M. Azuela. Nueva burguesía).

CALANGO. *n.m.* Persona ambiciosa. *Ambitious person.*

CALAR. *v.* (Acad.) Sacar con el **calador** una muestra en un fardo. *To sample, take a sample of, with a calador.* || **2.** Probar el buen funcionamiento de algo (calar una pistola, calar el motor). *To test.* || **3.** Preparar (una arma) para usar en un momento dado. *To fix.* ~Calar una bayoneta. *To fix a bayonette.* || **4.** (Norte). Doler. *To hurt.* ~Le caló hasta el alma lo que le dije. *What I said hurt him deeply.* || **5.** Lastimar. *To hurt.* ~No podía caminar porque le CALABAN los zapatos. *He couldn't walk any longer because his shoes were killing him.* || **6.** Probar. *To try out.* ~Todavía no lo contrato, lo estoy CALANDO. *I'm not hiring him yet, I'm just trying him out.*

CALAVERA. *n.f.* Foco de luz trasera del automóvil. *Rear light, tail light (car).* ‖ **2.** (Dulce). *Sugar skull.* ‖ **3.** Cráneo. *Skull.*

CALCE. *n.m.* (Acad.) Pie de un documento. *Foot, lower margin (of a document).* 📖 Luis Cervantes tuvo que obedecer; escribio unos renglones, y Demitrio, al CALCE, puso un garabato. *Luis Cervantes had to obey; he wrote a couple of lines, and Demitrio scribbled his signature at the bottom of the paper.* (M. Azuela. Los de abajo). **2.** •Firmar al CALCE. *To sign at the foot or bottom of the page.*

CALCULADOR. *adj.* Interesado, egoista. *Selfish, mercenary.*

CÁLCULO. *n.m.* •Ahí al cálculo. Aproximadamente, al ojo de buen cubero. *Approximately, more or less, around.* 📖 Pos por ahí al CÁLCULO diría que unos veinte mil pesos no estarían mal para el comienzo. *I would say that more or less twenty thousand pesos would be a good start.* (Cit. Dicc. de Hispan.).

CALDEAR. *v.* Excitarse, agitarse, enardecerse. *To get excited, worried, upset.* ‖ **2.** Emborracharse (también se dice "caldearla"). *To get "lit up", get drunk.* ‖ **3.** (Guerrero). Enamorar. *To fall in love.*

CALDILLO. *n.m.* (Acad.) Picadillo de carne con caldo, sazonado con orégano y otras especias. *Minced meat in a light gravy or broth.*

CALDO. *n.f.* •CALDO de oso. Pulque. *Pulque.*

CALDO. *n.m.* (Acad.) Jugo o guarapo de la caña de azúcar. *Sugar cane juice.* ‖ **2.** Aliño. *Salad dressing.*

CALE. *n.m.* •Darle el CALE (echarle un calis) a alguien. Calarle las intenciones. *To see through someone.* 📖 [...] con lo poco que lo trató le dio el CALE y vio que [...] era un sujeto que nada más buscaba sacar ventaja en su propio provecho. *Although he knew him just a short while he sized him up right away and realized that he was the type of person whose only interest was to take advantage of the situation.* (Cit. Dicc. de Hispan.).

CALENTADA (variante de **calentadita**).

CALENTADERA. *n.f.* Caldera. *Kettle.* ‖ **2.** Calentamiento. *Heating.*

CALENTADITA. *n.f.* •Darle a uno una CALENTADITA. Darle a uno una paliza. *To rough somebody up.*

CALENTAR. *v.* Molestar, enfadar. *To annoy, anger.* ‖ **2. -se.** Enfadarse, enojarse. *To get annoyed, get angry.* ~Eso sí que me CALIENTA. *That really gets me mad (bugs me).* ‖ **3.** Excitarse sexualmente. *To get sexually excited.*

CALENTÓN. *n.m.* Calentador de agua. *Water heater.*

CALESITAS. *n.f.* Tíovivo. *Merry-o-round, carousel.*

CALICHE. *n.m.* Argot. *Slang.*

CALIENTE. *adj.* Enfadado. *Mad, annoyed.* ‖ **2.** •En CALIENTE (y de repente). A toca teja. *Cash on the nail.*

CALILLA. *n.f.* Persona molesta y pesada. *Bore, nuisance.* ‖ **2. -s.** Molestias. *Nuisance, inconvenience.* 📖 Me hacen cargar el niño, lavar los pañales, fregar los trastes y aguantar cuantas CALILLAS quieren. *They have me take care of the baby, wash diapers, wash dishes and endure all the impositions they care to unload upon me.* (Lizardi. El Periquillo Sarniento. Citado por Santamaría). ‖ **3.** Burla, broma sin gracia. *Boring joke.* ‖ **4.** Engaño. *Hoax.* ‖ **5.** Último pedazo de jabón. *Last piece of soap.*

CALILLAR. *v.* Molestar. *To bother.*

CALLE. *n.f.* •CALLE de un sólo sentido. Calle de sentido único. *One-way street.* ‖ **2.** (Acad.) Tramo, en una vía urbana, comprendido entre dos esquinas. *The part of a street within a block.* ‖ **3.** •CALLE cerrada. Calle sin salida. *Dead-end street.*

CALMIL. *n.m.* (Acad.) Tierra sembrada junto a la casa del labrador. *Vegetable patch,* *cultivated piece of land adjacent to a farmer's house.*

CALMO. *adj.* Sereno, tranquilo, sosegado. *Calm, tranquil (river, sea); serene, calm (person).*

CALÓ. *n.m.* Argot, jerga. *Slang.* || **2.** Moneda de cinco centavos. *Five-cent coin, nickel.*

CALPAMULO. *adj.* (Acad.) Decíase del mestizo de albarazado y negra o de negro y albarazada. *Of mixed Indian, black and Chinese ancestry.*

CALPISCLE (variante de **calpixque**).

CALPIXQUE. *n.m.* (Acad.) Capataz encargado por los encomenderos del gobierno de los indios de su repartimiento y del cobro de los tributos, en la época colonial. *Oficial in charge of collecting taxes from the Indians.*

CALZADA. *n.f.* Vía pública ancha, avenida generalmente bordada de árboles. *Avenue, boulevard.* ▭ -¿No te tengo dicho que no les dejes jugar fuera? -Y dónde van a retozar si son muchachos? El parque peor, tan lejos y sin quien los cuide, teniendo que atravesar la CALZADA con tanto tráfico. *-Didn't I tell you not to let them play outside. -And where are they supposed to play, they're kids? The park is worse, it's far away and there is no one to watch over them, and they need to cross the avenue with all that traffic.* (Agustín Yánez. Ojerosa y pintada). ▭ Dirigir fotografías y correspondencia a la CALZADA Nonoalco... *Send pictures and correspondence to Nonoalco Avenue.* (M. Azuela. Nueva burguesía). || **2.** Carretera. *Highway, important route.*

CALZAR. Firmar. *To sign.*

CALZÓN. *n.m.* (Acad.) Enfermedad de la caña de azucar. *Sugar cane blight.* || **2. Calzones.** Calzoncillos. *Boxer shorts.* •Tener muchos CALZONES. Ser valiente. *To be bold, energetic.* || **3.** •Amarrarse (o apretarse) los CALZONES. Preceder con decisión. *To act resolutely.* **4.** •A CALZONES quitados. Sin embajes, sin rodeos. *Openly, frankly.* ~Hablar a CALZONES quitados. *To speak one's mind.*

CALZONCILLO. *n.m.* •CALZONCILLO de baño. Traje de baño. *Bathing suit.*

CALZONERAS. *n.f.* (Acad.) Pantalón abotonado de arriba abajo por ambos costados. *Side-buttoning horse-riding trousers.*

CALZONETA. *n.f.* Calzoncillos cortos de hombre, propios para bañarse. *Swimming trunks.*

CALZONUDO. *adj.* Enérgico, valiente, intrépido. *Energetic, bold, brave.* || **2.** (Acad.) Nombre con que las mujeres designan al varón. *Name given to a male.* || **3.** *Native Indian.*

CAMAGUA. *n.f.* (Acad.) Dícese del maíz que empieza a madurar o del que se seca sin haber madurado. *Unripened corn.* || **2.** Medida de cerveza equivalente a un litro. *Measure of beer equivalent to a liter.* || **3.** Tortuga. *Turtle.* || **4.** *adj.* (Maíz). *Ripening.* || **5.** Tortuga. *Turtle.*

CAMALOTAL. *n.m. Water hyacinth Bed.*

CAMALOTE. n.m. (Acad.) Nombre de ciertas plantas acuáticas que crecen en las orillas de los ríos, lagunas, etc, y tiene hojas y flores flotantes. *Water hyacinth; floating island of water hyacinths.*

CAMANDULEAR. *v.* Proceder con subterfugios e hipocresía, ser farsante, charlatán. *To be a humbug.*

CAMANDULERO. *n.m&f.* Persona hipócrita. *Hypocrite.*

CÁMARA. *n.f.* •CÁMARA de refrigeración. camára frigorífica. *Cold-storage chamber.*

CAMARISTA. *n.m.* Camarero. *Waiter.*

CAMARÓN. *n.m.* Gamba (España). *Shrimp.* || **2.** •CAMARÓN que duerme, se lo lleva la corriente. Se aplica al indolente, el perezoso que fracasa por falta de actividad, de digilencia y de empeño. *If you don't keep on your toes, you will be left behind.*

CAMARONEAR. *v.* (Acad.) Pescar camarones. *To go shrimp fishing.*

CAMARONERO. *adj.* Relacionado con el camarón. *That has to do with shrimps.* 📖 Los barcos CAMARONEROS habían salido y sólo una cuantas barcas y lanchas seguían allí. *The shrimp boats had left and just a few fishing boats and motor boats remained.* (Silvia Molina. El amor que me juraste).

CAMAROTERO. *n.m.* Mozo de servicio de los camarotes de los barcos. *Steward, stateroom attendant.*

CAMBIADO. *n.m.* Hombre o mujer homosexual. *Gay man or woman.*

CAMBIADOR. *n.m.* (Acad.) Guardagujas. *Switchman.*

CAMBIAVÍA. *n.m.* (Acad.) Guardagujas. *Switchman.*

CAMBIAZO. *n.m.* (Norte). •Dar el CAMBIAZO. Declarar públicamente una franca inclinación homosexual. *To come out of the closet.*

CAMBUJO. *n.m.* Persona de color moreno muy subido y facciones aindiadas. *Dark, swarthy (person).* ‖ **2.** Animal de color negro. *Black (animal).* ‖ **3.** (Acad.) Dícese del ave que tiene negras las plumas y la carne. *Having black feathers and dark flesh (fowl).* ‖ **4.** (Acad.) Decíase del descendiente de zambaigo y china o de chino y zambaiga. *Person of mestizo and Black, or Chinese descent.*

CAMBULLÓN. *n.m.* Trueque de cosas de poco valor, cambalache. *Barter, trading in things of little value, swap, exchange.* ‖ **2.** Trampa, enredo. *Ruse, trap.*

CAMBUR. *n.m.* Plátano. *Banana.*

CAMELAR. *v.* (Acad.) Ver, mirar, acechar. *Pursue, hound, spy on.* 📖 [...] me previnieron que algunos chóferes, cuando CAMELAN que, como yo, es la primera vez que llego a México, se sueltan haciendo rodeos para cobrar más. *They warned me that some taxi drivers, when they see that you're a newcomer to Mexico, like me, they start driving around and around in order to charge more.* (Agustín Yáñez. Ojerosa y pintada).

CAMELILLAR (variante de **camelar**).

CAMELLAR. *v.* Trabajar duro, bregar. *To toil, slave away.* 📖 Por lo general soy tranquilo, trabajo como burro, me gusta CAMELLAR [...] horas y horas, infatigable. *Generally speaking, I'm a quiet man, I work like a horse, and don't mind to put my shoulder to the wheel hours on end, tirelessly.* (Cit. Dicc. de Hispan.). ‖ **2.** (Tabasco). Hacer camellones. *To make ridges between furrows.*

CAMELLO. *n.m.* Empleo, trabajo. *Job, employment.* ‖ **2.** •Estar CAMELLO. Estar jorobado. *To be hunchbacked.*

CAMELLÓN. *n.m.* Bordo entre surco y surco en la tierra arada. *Ridge between furrows.* ‖ **2.** Isla (en la ruta). *Traffic island.* ‖ **3.** Tierras cultivadas en las isletas de las lagunas del valle de México. ‖ **4.** Camino, paseo o acera central de una calle ancha, generalmente sembrada de pasto, árboles y flores. *Median, median strip.* 📖 [Evocaba] a mi madre llevándome de la mano por la Avenida Mazatlán a juntar los dátiles que caían de las palmeras del CAMELON [...]. *I would recall my mother taking me by the hand to Avenida Mazatlan to pick dates which had fallen from the palm trees on the median strip.* (Silvia Molina. El amor que me juraste).

CAMERINO. *n.m.* Camarín. *Sleeping compartment, roomette.*

CAMILUCHO. *n.m.* Indio labrador que trabaja a jornal. *Indian day laborer.*

CAMINADA. *n.f.* Caminata. *Walk.*

CAMINADORA. *n.f.* Rueda de andar. *Treadmill.*

CAMINAR. *v.* Marchar, progresar. *To progress.* ~El asunto va CAMINANDO. *The matter is progressing.* ‖ **2.** Funcionar (reloj, motor, etc.). *To work.*

CAMINO. *n.m.* Carretera. *Road, main road.*

CAMIÓN. *n.m.* Autobús. *Bus.* 📖 Los vi desde el CAMIÓN; me bajé en la segunda parada, pero no los encontré. *I saw them from the bus; I got off at the second stop, but I couldn't find them.* (V. Leñero. Los albañiles). 📖 –Es chofer. –¿Qué clase de chofer? CAMIONES... CAMIONES de pasajeros. –¿De qué líneas? –*He's a driver.* –*What kind of driver?* –*He drives a bus.* –*On what line?* (V. Leñero. Los albañiles).

CAMIONADA. *n.f.* Lo que cabe en un camión; carga que de un solo viaje lleva un camión. *Truck load.*

CAMIONERO. *n.m.* Conductor de autobús. *Bus driver.*

CAMIONETA. *n.f.* Coche familiar. *Station wagon.*

CAMISOLA. *n.f.* Camisa deportiva. *Sport shirt.*

CAMISÓN. *n.m.* Camisa holgada con mangas que usan las mujeres para dormir. *Nightgown.*

CAMITA. *n.f.* Cuna. *Crib.*

CAMOTAL. *n.m.* Terreno plantado de camotes. *Sweet-potato field.*

CAMOTAZO. *n.m.* Puñetazo. *Punch.*

CAMOTE. *n.m.* Batata. *Sweet potato.* 📖 Es cierto, Querétaro por sus CAMOTES es tan famoso como Celaya por sus cajetas. *That's true, Querétaro is as famous for its sweet potatoes as Celaya is for its cajeta (caramel topping).* (M. Azuela. Nueva burguesía). || **2.** Bulbo. *Tuber, bulb.* || **3.** (Acad.) Bribón, desvergonzado. *Scoundrel, rogue.* || **4.** Lío. *Mess, fix.* || **5.** (Acad.) Persona tonta, boba. *Fool.* || **6.** Enamoramiento. *Love, crush.* || **7.** •Tener uno un CAMOTE. Estar enamorado. *To have a crush on, to be in love with.* || **8.** •Hacerse CAMOTE. Hacerse un lío. *To get into a mess.* **b)** Confundirse, no poder entender o explicar algo. *To get confused, muddled.* || **9.** •Poner a uno como CAMOTE. Darle una paliza a alguien. *To beat, thrash.* || **10.** Regañar. *To scold.* ~El maestro lo puso como CAMOTE. *The teacher gave him a good scolding.* || **11.** •Ser un CAMOTE. Ser un pesado. *To be a pain in the neck.* **b)** Ser algo muy complicado. *To be complex.* ~Resolver el problema del transporte es un CAMOTE. *Finding a solution to efficient public transportation is a complex problem.* ||**12.** •Tragar CAMOTE. Callarse, aguantarse. *To bite one's tongue.* 📖 Y ni modo que yo me quedara tragando CAMOTE. *And there was no way I was going to bite my tongue.* (E. Poniatowska. Hasta no verte Jesús mío). **b)** Estar distraído. *To have one's head in the clouds,* **c)** Expresarse con difficultad. *To be unable to express oneself clearly.*

CAMOTEAR. *v.* (Acad.) Andar vagando sin acertar con lo que se busca. *To wander or roam aimlessly about, to loiter.* || **2.** Sembrar de camotes un terreno. *To plant sweet potatoes.*

CAMOTERO. *n.m.* (Acad.) Se dice de la persona que vende **camotes**. *One who sells or is fond of camotes (sweet potato).*

CAMOTILLO. *n.m.* (Acad.) Madera de color violado veteada de negro. *Violet-colored wood streaked with black.*

CAMOTIZA. *n.f.* •Ponerle o darle a uno una CAMOTIZA. *To give someone a good telling-off.*

CAMPANA. *n.f.* Floripondio. *Large white flower.* || **2.** •Por CAMPANA de vacante. Cada muerte de obispo. *Once in a blue moon.*

CAMPANAZO. *n.m.* Campanada. *Stroke, chime.*

CAMPANILLA. *n.f.* Timbre eléctrico. *Doorbell.* 📖 García se detuvo y apretó la CAMPANILLA. *Garcia stopped and rang the bell.* (Cit. Dicc. de Hispan.).

CAMPATEDIJE. *n.m.* Susodicho, Fulano. *So-and-so (said in lieu of a person's name).*

CAMPEAR. *v.* Recorrer el campo revisando el ganado. *To watch over cattle in fields.*

CAMPECHANA. *n.f.* (Acad.) Bebida compuesta de diferentes licores mezclados. *Mixed alcoholic drink, cocktail.* || **2.** (Acad.) Se aplica también a otras mezclas, sobre todo

CAMPECHANERÍA

en comidas. ~CAMPECHANA de marisco. Cóctel de mariscos. *Seafood cocktail.* || 3. (Acad.) Bizcocho hojaldrado. *Flaky pastry.* 📖 Hubo un largo silencio durante el cual se oyó a Chofi morder una CAMPECHANA recién dorada. *There's was a long silence during which you could hear Chofi bite into a golden fresh "campechana".* (A. Mastretta. Arráncame la vida).

CAMPECHANERÍA. *n.f.* Calidad de campechano, franqueza, sencillez, buen humor, disposición para cualquier broma o divertimiento. *Good humor, heartiness, geniality.*

CÁMPER. *n.m.* Autocaravana. *Camper, camper van.*

CAMPERO. *n.m.* (Acad.) Dícese de cierto andar del caballo de trote muy suave. *Gentle trotting of a horse.*

CAMPESTRE. *n.m.* (Acad.) Baile antiguo de Méjico. *Old Mexican dance.*

CAMPIRANO. *n.m.* Campesino. *Peasant.* || 2. Persona entendedor de las faenas del campo. *Skilled farmer.* || 3. (Acad.) Persona diestra en el manejo del caballo. *Horsebreaker, broncobuster.* || 4. Patán, rústico. *Rustic, country bumpkin.* || 5. *adj.* (Acad.) Entendido en las faenas del campo. *Skilled in farming.* || 6. (Acad.) Diestro en el manejo del caballo. *Expert on horses.*

CAMPISTA. *n.m.* Arrendedor o partícipe en minas. *Mine leaseholder.*

CAMPITO. *n.m.* (Norte). •Hacer un CAMPITO. Hacer lugar. *To make room.* Háganme un CAMPITO en la banca (el banco). *Make room for me on the bench.*

CAMPO. *n.m.* Lugar, sitio, espacio. *Space, room.* ~No hay CAMPO. *There's no room.*

CAMPOSANTERO. *n.m.* Cuidador (en un cementerio). *Caretaker (in a cementary).*

CANA. *n.f.* Carcel. *Jail, jug (sl.).*

CANACANEAR. *v.* Tartamudear, hablar con dificultad. *To stutter, to have speech problems.*

CANACUATE. *n.m.* (Acad.) Cierta serpiente acuática de gran tamaño. *Boa constrictor.*

CANAR. *n.m.* Falsa noticias. *False rumor.*

CANARIO. *adj.* Amarillo. *Yellow.* 📖 Cómo me gusta, con su sueterzote de CANARIO. *I really like him with his beautiful yellow sweater.* (C. Fuentes. La región más transparente).

CANASTA. *n.f.* Cesta, canasto. *Basket.* || 2. Sombrero de paja. *Straw hat.* || 3. •Levantar, alzar la CANASTA a alguien. Dejar de seguir pagando para el mantenimiento de una persona. *To cut off (allowance, contribution, payment).*

CANASTILLA. *n.f.* •CANASTILLA de basura. Cesto de los papeles, papelera. *Wastepaper basket.*

CANCANEAR. *v.* Tartamudear. *To stammer.* || 2. Expresarse con dificultad. *To express oneself with difficulty.* || 3. Leer sin dar sentido a lo que se lee. *To read haltingly, falter in reading.*

CANCANEO. *n.m.* (Acad.) Tartamudeo, tartajeo. *Stuttering, stammering.*

CANCEL. *n.m.* Biombo, mampara. *Folding screen.* || 2. Tabique muy delgado entre piezas contiguas. *Partition, thin wall.*

CANCHERETE. *adj.* Chueco, torcido. *Crooked.*

CANCIÓN. *n.f.* •Eso es otra CANCIÓN. *Eso es otro cantar. That's another story.*

CANCIONERO. *n.m.* Cantante. *Songster, songstress.*

CANCO. *n.m.* Pelea (a puñetazos). *Fistfight.* || 2. Golpe en el trompo de un adversario. *Hit on an opponent spinning top.*

CANDANGA. *n.m.* El diablo. *The devil.*

CANDIL. *n.m.* (Acad.) Araña, especie de candelabro colgado y sin pie. *Chandelier.* || 2. Vago, holgazán que recorre las calles sin objeto, para pasar el rato. *Idler, loafer.*

CANDILEAR. *v.* (Norte). Salir de cacería.

To go hunting. || **2.** Perseguir. *To pursue, chase.*

CANDINGA. *n.m.* (Acad.) Mandinga, diablo. *The devil.*

CANECA. *n.f.* Botella de losa vidriada, larga y cilíndrica, en que se envasa cerveza o ginebra. *Glazed earthenware bottle for use with beer or gin.*

CANELA. *n.f.* •Pasársele las CANELAS a uno. Beber demasiado. *To get drunk.*

CANGILÓN. *n.m.* (Norte). Carámbano (de hielo). *Icicle.*

CANGREJAL. *n.m.* Terreno o orillas donde abundan los cangrejos. *Ground or seashore where crabs are abundant.*

CANGRO. *n.m.* (Acad.) Cáncer. *Cancer.*

CANICA. *n.f.* •Botárséle a uno la CANICA. Enloquecer, perder noción de la realidad. *To go out of one's mind, to go crazy, to go nuts (coll.).* ~Se le botó la CANICA y salió desnudo a la calle. *He went crazy and came out on the street stark naked.* || **2.** •Llevarse a alguien la CANICA. Morirse. *To die, kick the bucket (coll.).* ~Estuvo enfermo y se lo llevó la CANICA. *He fell ill and kicked the bucket.* || **3.** Del año de la CANICA. Del tiempo de Mariacastana. *A million years ago.*

CANIJO. *adj.* Mentecato, bobo. *Silly, stupid.* 📖 Tenia pensado [...] salirme de la puerta [...] y dejar plantadas a aquella sarta de viejas CANIJAS. *My thought was to head for the door and leave that bunch of stupid old women in the lurch.* (J. Rulfo. El llano en llamas). || **2.** Terco. *Stubborn, pig-headed.* 📖 Por eso Pedro se puso CANIJO y dijo que no me volvía a dejar. *Consequently Pedro turned stubborn and said that he would no longer leave me.* (E. Poniatowka. Hasta no verte Jesús mío). || **3.** Intenso. *Incredible.* El hambre era CANIJA. *I was incredibly hungry.* || **4.** Difícil, complicado. *Tough, hard.* ~Un examen muy CANIJO. *A very tough exam.* ~Va a estar CANIJA la cosa. *It's going to be very difficult.* 📖 [...] Era imposible separar el recuerdo y el carino, era CANIJA la cosa. *It wasn't easy to separate memories from affection.* (Carlos Fuentes. La frontera de cristal). || **5.** Malo, desalmado. *Heartless, callous.*

CANILLA. *adj.* Astuto. *Sly.* || **2.** Pierna. *Leg.* || **3.** •A CANILLA. A viva fuerza. *By hook or by crook.* || **4.** (Acad.) Fuerza física. *physical strength.* ~Tener CANILLAS. Tener gran fuerza física. *To have great physical strength.* || **5.** Muñeca. *Wrist.*

CANILLÓN (variante de **canilludo**).

CANILLUDO. *adj.* (Acad.). Zanquilargo, personas de canillas o piernas largas. *Long-legged.*

CANJILÓN (variante de **canillón**).

CANOA. *n.f.* (Acad.). Canal de madera u otra materia para conducir el agua. *Water conduit or duct.* || **2.** (Acad.). Especie de artesa o cajón de forma oblonga que sirve para dar comer a los animales; comedero. *Feeding trough.*

CANOERO. *n.m.* (Acad.) Que trajina con una canoa o es dueño de ella. *Person who uses or owns a canoe.*

CANQUIZA. *n.f.* Paliza, golpiza. *Beating, thrashing.*

CANSADO. •A las CANSADAS. Después de mucho tiempo. *After a long time.*

CANSADOR. *adj.* Que causa molestia o aburrimiento. *Wearisome, tiring, exhausting.*

CANSERA. *n.f.* (Acad.) Tiempo perdido o gastado inútilmente. *Wasted time and effort.*

CANSÓN. *n.m.* Persona que cansa o aburre. *Tiring of boring person.*

CANTALETA. *n.f.* Estribillo, cantinela. *Harping on, nagging.*

CANTALETEAR. *v.* Repetir una cosa hasta el fastidio. *To harp on, repeat the same thing continually.*

CANTAMISA. *n.f.* (Acad.). Acto de cantar su primera misa un sacerdote. *Occasion on which priest celebrates his first mass.*

CANTAMISANO. *n.m.* Sacerdote que canta su primera misa (se dice también

MISACANTANO). *Priest who celebrates mass for the first time.*

CANTAR. *v.* •No CANTAR alguien mal las rancheras. Ser alguien muy capaz de hacer alguna cosa. *To be very good at, to excel in.*

CANTARO. *n.m.* Bajón. *Bassoon.*

CANTEAR. *v.* Inclinar, ladear. *To tilt.*

CANTERA. *n.f.* Cantería, porción de piedra labrada y obra hecha con esta piedra. *Stone block.*

CÁNTERO. *n.m.* Cuadro de tierra sembrada de caña dulce. *Plot of sugar cane.* || **2.** Obrador, sitio destinado para trabajar. *Workshop.*

CANTIFLADA. *n.f.* (Acad.) Dicho o acción propios de quien habla o actúa como Cantinflas. *Act of babbling, talking gibberish.*

CANTIFLEO (variante de **cantiflada**).

CANTIFLESCO. *adj.* (Acad.) Que habla a la manera peculiar del actor mejicano Cantinflas. *Having mannerisms similar to those of the Mexican actor Cantinflas.*

CANTIL. *n.m.* (Acad.). Borde de un despeñadero. *Brink of a precipice.*

CANTIL. *n.m.* Borde de un despeñadero. *Edge of a cliff.*

CANTIMPLORA. *n.f.* Vasija de metal en que llevan el agua los soldados. *Canteen.*

CANTINA. *n.f.* Alforjas para llevar comestibles, adecuadas a las sillas de montar. *Saddlebags.* || **2.** (Acad.) Taberna, bar. *Tavern, bar.* 📖 Marcelo, vamos a la CANTINA de enfrente. Un ponchecito para el frío. *Marcelo, let's go to the bar across the street. A little punch against the cold will do us good.* (M. Azuela. La malahora). 📖 [...] una pobre mujer que estaba trabajando de mesera en una CANTINA. *An unfortunate girl which was working as a waitress in a bar.* (E. Poniatowska. Hasta no verte Jesús mío). || **3.** (Acad.) Mueble para guardar las bebidas, copas, etc. *Bar (in a home).*

CANTINERO. *n.m.* (Acad.) En los bares, tabernas y cantinas, el encargado de preparar y servir las bebidas. *Bartender.* 📖 El CANTINERO, tras la barra, limpiando las copas de cristal. *The bartender, behind the bar, washing the glasses.* (E. Valadés. La muerte tiene permiso).

CANTINFLADA. *n.f.* (Acad.) Dicho o acción propios de quien habla o actúa como Cantinflas. *Saying or action characteristic of Cantiflas.*

CANTINFLAS. *n.m.* (Acad.) Persona que habla o actúa como Cantinflas. *Person that speaks or behave like Cantinflas.*

CANTINFLEAR. *v.* (Acad.) Hablar de forma disparatada e incongruente y sin decir nada. *To babble, talk gibberish.*

CANTINFLISMO. Parloteo, palabrería. *Bable, empty chatter.*

CANTÓN. *n.m.* (Acad.) Tela de algodón que imita al casimir y tiene los mismos usos. *Cotton cloth.* || **2.** Vecindad, barrio. *Neighborhood.* 📖 Te salen al paso perros que conocen el CANTÓN mejor que tú. *You stumble on some dogs that know the neighborhood better than you do.* (C. Fuentes. La región más transparente). || **3.** Casa, hogar. *Place, home.* 📖 -Algo espantosa ha sucedido. -A quién, dónde? -A la Dinorah. Vamos que vuela de regreso al CANTÓN. *-Something dreadful has happened. -To whom? -To Dionora. -Let's go, she's flying back home.* (Carlos Fuentes. La frontera de cristal).

CANUTERO. *n.m.* Mango de la pluma de escribir. *Barrel of a pen, penhandle.*

CANUTO. *n.m.* (Acad.) Sorbete de leche, huevo y azúcar, cuajado en moldes que tienen la forma de canuto. *Tube-shaped sorbet.* || **2.** (De bolígrafo). *Barrel (of a pen).*

CAÑABRAVA. *n.f.* Especie de junco. *Type of reed (used in the construction of houses).*

CÁÑAMO. *n.m.* Hilo cualquiera hecho de fibra. *Hemp, hempfiber.*

CAÑAS. *n.f.* Pesos. *Bucks, bread, dough.* ~Son muchas CAÑAS. *That a lot of bucks, bread.*

CAÑAS. *n.f.* Piernas. *Legs.*

CAÑAZO. *n.m.* Aguardiente. *Rum.*

CAÑERO. *n.m.* (Acad.) Lugar en que se deposita la caña en los ingenios. *Sugar cane storehouse.* || **2.** Cultivador o sembrador de caña de azúcar. *Sugar cane planter or dealer.* || **3.** *adj.* Lo que sirve para ciertos trabajos concerniente a la caña: machete CAÑERO, carro CAÑERO, etc. *Pertaining to sugar cane.*

CAÑÓN. *n.m.* Barril agosto y estrecho que sirve para transportar pulque. *Small narrow barrel used to transport pulque.* || **2.** Borracho. *Drunkard.* || **3.** Camino por barrancos y acantilados en las montañas. *Mountain path.*

CAÑONAZO. *n.m.* 📖 Dádiva, soborno. *Present, bribe.* Por lo demás, el CAÑONAZO de medio millón de pesos no le dejó oir apenas la amenaza. (M. Azuela. La luciérnaga).

CAÑONEAR. *v.* Encañonar. *To point a gun at someone.*

CAÑONERA. *n.m.* Pistolera. *Holster for a pistol.*

CAPA. *n.f.* Hoja de tabaco que por su mayor tamaño y limpieza se utiliza para la envoltura del cigarro puro. *Outer leaf of a cigar.* || **2.** •CAPA de agua. Impermeable. *Raincoat.*

CAPAR. *v.* Cortar, podar las plantas de tabaco, para que produzcan la segunda cosecha de hojas. *To prune, cut back (tobacco plants).*

CAPAZ. *adv.* •Es CAPAZ que. Tal vez, es posible que. *It may be that, possibly, maybe.*

CAPEAR. *v.* Esquivar, hacerse a un lado. *To dodge (a blow), sidestep.*

CAPELO. *n.m.* Campana de cristal que sirve para cubrir comestibles en cafés y restaurantes. *Bell glass, glass cover.* || **2.** Capirote de doctor. *Academic cap, doctor's gown.*

CAPIROTADA. *n.f.* Dulce hecho con pedazos de pan, piloncillo, canela, clavo y queso. *Sweet dish made with fried bread,* nuts and raisins. || **2.** Platillo hecho de carne y arroz, y aderezado con trozos de pan y queso. *Dish consisting of meat, corn, cheese and spices.* || **3.** (Acad.) Entre el vulgo, la fosa común del cementerio. *Common grave, pauper's grave.* 📖 "Sarcásticamente, se le dice así a la fosa común, en la que los cadáveres de la gente muy pobre o desconocida se entierran revueltos, como los componentes de la capirotada." (J. Mejía Prieto). || **4.** (Chihuaha). Confusión o relajo que se produce en algún lugar. *Bedlam, madhouse, pandemonium.* Esta escuela es una CAPIROTADA. *This school is pandemonium.*

CAPITAL. *n.f.* •La CAPITAL. La ciudad de México. *Mexico City.* 📖 [...] con doscientos pesos en la cartera y la decisión inquebrantable de radicarme en la CAPITAL [...]. *With a couple of thousand pesos y my pocket and the firm intention of settling in Mexico City.* (M. Azuela. La luciérnaga). Es extraño que viniendo usted de la CAPITAL, ignore ... *It's somewhat strange that coming from Mexico City, you would not know...* (M. Azuela. El desquite).

CAPITALINO. *adj.* Perteneciente o relativo a la capital. *Relative to a capital.* Las casas capitalinas. *The houses of the capital.* || **2.** Que es habitante o natural de la ciudad de México. *Native or inhabitant of Mexico City.* 📖 O qué se creían las CAPITALINAS que nomás por ser del norte eran de a tiro nacas. *Or did those girls from Mexico City believe that people from the North were absolutely common people.* (Carlos Fuentes. La frontera de cristal). || **3.** Perteneciente o relativo a la ciudad de México. *Relative to Mexico City.* ~Periódicos capitalinos. *Newspapers from Mexico City.*

CAPITÁN (de meseros). *n.m.* (Acad.) Jefe de camareros. *Captain.* 📖 ¿La misma mesa, mi general? –preguntó el CAPITÁN de meseros. *The same table as usual? –asked the captain.* (A. Mastretta. Arráncame la vida). 📖 El CAPITÁN llamó a un mesero para que tomara la orden, y se retiró. *The captain at the* *restaurant signaled a waiter to take the order and left.* (Silva Molina. El amor que me juraste). ‖ **2.** 📖 Llegue (a donde estaba Eduardo) siguiendo al CAPITÁN de meseros que me conducía. *I reached the table, following the captain who was leading me.* (Silvia Molina. El amor que me juraste).

CAPIXQUE. *n.m.* Capataz en un establecimiento ganadero. *Foreman (ranch).*

CAPÓN. *n.m.* Persona estéril. *Steril person.*

CAPORAL. *n.m.* Mayoral. *Charge hand.*

CAPORALEAR. *v.* (Noreste). Dirigir, supervisar. *To supervise.*

CAPOTE. *n.m.* Capó. *Hood.* ‖ **2.** •Darse CAPOTE. Renunciar a su empleo, darse por vencido. *To give up one's job, to acknowledge defeat, give up.* ‖ **3.** •De CAPOTE. (Acad.) Ocultamente, a escondidas. *In an underhanded manner.* ‖ **4.** •Dar CAPOTE. (Acad.) Engañar, burlar. *Deceive, trick.*

CAPOTEAR. *v.* (Tabasco). Sortear una situación difícil, salir de ella como mejor pueda. *To get out of a jam.* ‖ **2.** Esquivar (golpe). *To dodge, sidestep.*

CAPOTERA. *n.f.* Percha para la ropa. *Clothes hanger or clothes rack.*

CAPRICHUDO. *adj.* Caprichoso. *Capricious.*

CAPULÍ. *n.m.* Nombre de varios árboles de fruto parecido a la cereza. *Cape gooseberry.*

CAPULÍN (variante de **capulí**)

CAPULINA. *n.f.* (Acad.) Araña negra muy venenosa. *Poisonous black spider.* ‖ **2.** Cierta blusa que se lleva en algunas partes de Oaxaca. *Type of blouse used in certain regions of Oaxaca.* ‖ **3.** •Levar una vida CAPULINA, pasársela CAPULINA. Llevar una vida muy cómoda, descansada y sin preocupaciones. *To be on easy street, to have it made (coll.).* ‖ **4.** (Acad.) Ramera. *Prostitute.*

CAPULTAMAL. *n.m.* (Acad.) Tamal o torta de **capulí**. *Tamale made with capulí cherries.*

CAQUINO. *n.m.* (Acad.) Risa muy ruidosa, carcajada. *Loud laugh.*

CARACAS. *n.m.* (Acad.) Chocolate. *Chocolate.*

CARACHO. *interj.* ¡Caramba! *Good heavens!*

CARACOL. *n.m.* (Acad.) Especie de camisón ancho y corto que usaban las mujeres para dormir. *Nightgown.* ‖ **2.** (Acad.) Blusa de lienzo bordada que usaban las señoras. *Embroidered blouse.* ‖ **3.** Bucle o rizo en el pelo. *Curl.*

CARÁCTER. *n.m.* Personaje. *Character.*

CARADA. *n.m.* (Tabasco). Vistazo, visita corta, saludo. •Dar una CARADITA. *To say hello, to say hi to.* ~Mañana después de misa pasaré a darle una CARADITA a Rosaura. *Tomorrow after mass I'll drop by and say hello to Rosaura.* (Cit. Santamaría).

CARAJADA. *n.f.* Diablura, maldad, picardía. *Mischief.*

CARAJAL. *n.m.* •Un CARAJAL de. Un montón de. *Heaps, loads of.*

CARAJEAR. *v.* Insultar mediante palabras soeces u obscenas. *To curse.*

CARAJO. *n.m.* •¿Cómo CARAJOS? ¿Cómo diablos? *How the hell?* 📖 -Contigo no se puede hablar. Tomas las cosas muy en serio. -¿Y cómo CARAJOS quieres que las tome? -*No one can talk to you. You take things too seriously. -An how the hell you want me to take them?* (Cit. Dicc. Hispan.).

CARAMBA. *n.f.* Cancion tradicional del pais. *Old traditional song.*

CARAMBAZO. *n.m.* Golpe. *Blow.* ~A todos los tengo bajo puros CARAMBAZOS. (Cit. Santamaría).

CARAMBOLA. *n.f.* Choque múltiple. *Multiple car crash, pileup.* ‖ **2.** Interj. ¡Caramba! *Good heavens!* ‖ **3.** •Hacer CARAMBOLA. Chocar en cadena. *To pile up (in a crash).*

CARANCHO. *n.m.* Muchacho travieso. *Mischievous child.*

CARÁTULA. *n.f.* (Acad.) Esfera del reloj.

Face, dial (of a clock). ‖ **2.** Página de portada o título de los libros. *Title page.*

CARAVANA. *n.f.* (Acad.) Reverencia, inclinación del cuerpo, en señal de respeto o cortesía. *Bow.* 📖 Cuando estuvo arriba volteó y nos hizo una CARAVANA. *When he reached the stage he turned around and bowed to us ceremoniously.* (A. Mastretta. Arráncame la vida). ‖ **2.** Cortesía o reverencia afectada. *False courtesy, politeness.* 📖 Pobres, pero sin CARAVANAS, sin hipocresías. *Poor, yes, but without hipocrisy, without fuss.* (M. Azuela. La luciérnaga). ‖ **3.** •Bailar, correr o hacer uno la CARAVANA. Adular o hacer cortesías exageradas. *To overdo the courtesies.* 📖 Es preciso agasajarlos, atenderlos, correrles CARAVANAS. *You need to treat them, look after them, compliment them.* (R. Castellanos. Balún Canán). ‖ **4.** •Hacer UNA CARAVANA. *To bow.* ‖ **5.** •Hacer CARAVANAS con sombrero ajeno. Hacer regalos o cortesía con el dinero de otro. *To be generous at somebody else's expenses.* 📖 ¿Generoso? ¿Con mi dinero? No tiene sino lo que yo le voy a heredar. Que no haga CARAVANAS con sombrero ajeno. *Generous? With my money? The only thing he has is was I'm going to leave him. He shouldn't be so generous with someone else's money.* (Carlos Fuentes. La frontera de cristal).

CARAVANERO. *adj.* Lisonjero. *Inclined to flattering people.*

CARBONEAR. *v.* Engañar al que se da de advertido y astuto. *To deceive someone who considers himself an expert.*

CARBONERO. *n.m.* Persona que engaña a aquel que se considera astuto. *Person who deceive someone who consider himself an expert.* ‖ **2.** •Tiznar el CARBONERO. Engañar al que se da de advertido y astuto. *To deceive someone who considers himself an expert.*

CARCACHA. *n.f.* Vehículo destartalado, principalmente un automóvil. *Old crock, jalopy.* 📖 Todos prefieren el coche, aunque sea una CARCACHA. *Everyone prefers to have a car, although it be a broken down one.* (E. Poniatowska. Luz y luna). 📖-Lo que quiero es que nos respetemos mutuamente, que sepamos guardar las apariencias. -¡Las apariencias: llegando a la ópera en una CARCACHA de ruletro! ¡Con ese traje! *The only thing that I'm asking is that we respect each other, that we keep up appearances. -Keep up appearances; going to the opera in a broken down taxi! With that dress!* (Agustín Yáñez. Ojerosa y pintada).

CARCACHONA (variante de **carcacha**). Usted ya sabe que esta CARCACHONA se trepa hasta en los árboles. *For your information let me tell you that this jalopy can climb up trees.* (V. Leñero. Los albañiles).

CARCAJ. *n.m.* Funda de cuero en que se lleva el rifle. *Rifle case.*

CARCAMÁN. *n.m.* Suerte en el juego de dados. *Good luck at dice.* ‖ **2.** Decrépito. *Decrepit.*

CÁRCEL. *Jail.*

CARCELEADA. *n.f.* Prisión de corta duración. *Short time in jail.*

CARCELEAR. v. Encarcelar, generalmente por poco tiempo. *To jail.*

CARDILLO. *n.m.* (Acad.) Escardillo, viso o reflejo del sol producido por un espejo. *Gleam, glint, flashing reflection of the sun's ray (e.g. by a mirror).*

CARDÓN. *n.m.* Cactácea gigante empleada para construir chozas y como combustible. *Type of agave cactus.*

CAREAR. v. Enfrentarse dos gallos de riña. *To confront, size up (cockfighting).*

CAREO. *n.m.* Acción de enfrentarse dos gallos de riña. *Confrontation, sizing up (cockfighting).*

CARGADA. *n.f.* Apoyo. *Unconditional support for a political candidate.* ‖ **2.** •Ir a la CARGADA. Apostar a la carta más favorecida (naipes). *To go with the odds (cards).* **b)** Adherir por cálculo al partido que tiene el triunfo asegurado. *To jump on the political bandwagon.*

CARGADO. *adj.* Aprovechador. *Opportunist, scrounger, free loaders.* Es muy CARGADO con sus amigos, por eso ya nadie lo aguanta. *~He takes advantage of his friends, that's why no one likes him.*

CARGADOR. Mozo de cordel. *Porter.* 📖 CARGADOR, CARGADOR, toma este medio hidalgo y recoge mis petacas del hotel Plaza. *Porter, porter, take these five pesos and pick up my luggage from the Plaza hotel.* (M. Azuela. El desquite).

CARGAR. *v.* Llevar uno consigo habitualmente una cosa: cargar pistola, cargar anteojos, etc. *To carry, use, wear; to pack a gun, carry a knife, wear glasses, etc.* 📖 (...) porque si dijeran que había sido con un cuchillo estarían zafados, porque yo no CARGO cuchillo desde que era muchacho. *Because if they had claimed it had been with a knife, they would have been crazy, since I haven't carried a knife since I was a boy.* (Juan Rulfo. Pedro Páramo). ‖ **2.** Matar. *To kill.* ‖ **3.** CARGARSE uno la pelona, la huesuda, etc. Morirse. *To kick the bucket (coll.).*

CARIBE. *n.m.* Persona cruel e inhumana. *Savage, cruel and inhuman person.*

CARICATO. *n.m.* Caricatura. *Caricature.*

CARICATURA. *n.f.* Cortometraje de dibujos animados. *Cartoon.*

CARIDAD. *n.f.* (Acad.) Comida de los presos. *Prison food.*

CARIÑO. *n.m.* (Oaxaca). Regalo. *Gift, present.*

CARITA. *n.f.* Cute (said of a man). ~To primo se cree muy CARITA. *Your cousin thinks he's gorgeous.* ‖ **2.** •Dar o hacer CARITA. Demostrar la mujer, principalmente con la mirada, agrado por quien la galantea. *To return a smile, flirt back.*

CARLANGA. *n.f.* (Acad.) Pingajo, harapo, guiñapo. *Tatter, rag.*

CARNAL. *n.m.* Compañero, compinche. *Buddy.* ‖ **2.** Hermano. *Brother.* ‖ **3.** Pariente. *Relative.* ~Juana es CARNAL mía. *Juana is a relative of mine.*

CARNAVAL. *n.m.* Tiovivo, caballitos. *Merry-go-round.*

CARNAZA. *n.m.* Carne. *Meat.* ‖ **2.** •Echar a uno de CARNAZA. *To put the blame on, make a scapegoat of someone.*

CARNE. *n.f.* •CARNE de res. Carne de vaca. *Beef.*

CARNEAR. *v.* (Acad.) Herir o matar con arma blanca. *To kill or wound with a knife.* ‖ **2.** (Acad.) Engañar a alguien. *To trick, deceive someone.* ‖ **3.** (Noreste). Embromar. *To kid, to joke.*

CARNERAJE. *n.m.* (Acad.) Carnerada. *Slaughtering.*

CARNITAS. *n.f.* Carnes adobadas y fritas que suelen venderse envueltas en tortillas. *Barbecued pork, cut in pieces and generally served in a tortilla.*

CAROLENO. *n.m.* Jerga del pueblo bajo que consiste en cambiar unas por otras las letras de las palabras; *malopa* por *paloma*, etc. *Backslang.*

CARÓN. *adj.* Carilleno, carigordo. *Broadfaced.* ~Es muy CARONA. *She has a very big face.* ‖ **2.** Descarado, desvergonzado. *Brazen, shameless.*

CAROZO. *n.m.* Corazón o hueso del durazno y otras frutas. *Stone, core of a fruit.*

CARPA. *n.f.* Tienda o toldo de circo donde se representan espectáculos populares. *Circus, carnival.*

CARPANTA. *n.f.* (Acad.) Pandilla o trulla de gente alegre o maleante. *Gang.*

CARPERO. *n.m.* Artista que realiza números o actuaciones en pequeños circos o teatros populares llamados **carpas**. *Actor who performs in carnivals and popular theatres called* **carpas**.

CARRADA. *n.f.* Medida que equivale para comprar y vender cal equivalente a doce cargas de diez arrobas. *Cartload, carload.*

CARRAMPLÓN. *n.m.* (Acad.) Fusil. *Rifle.*

CARRANCEAR. *v.* Robar, hacer pillaje. *To*

steal, plunder, loot.

CARRANCISTA. *n.m.* Ladrón, ratero. *Thief.*

CARRASCALOSO. *adj.* Gruñón, malhumorado, rezongón. *Grumpy, grouchy.* 📖 "Proviene de la voz *carrascal*, sitio abrupto y pedregoso. Es vocablo de gran poder expresivo, puesto que designa al individuo de genio ríspido como si estuviera lleno de guijarros." (J. Mejía Prieto). || **2.** Quisquilloso, sumamente susceptible. *Particular, fussy.*

CARREREAR. *v.* Instar a alguien que haga las cosas de prisa, a la carrera. *To hurry along, speed up, to hustle.*

CARRETA. *n.f.* Carete (de hilo). *Spool.* || **2.** •Atorársele a uno la CARRETA. Dificultarse a uno algo. *To find it a problem, be difficult to someone.* || **3.** •Dar CARRETA. (Noreste). Seguir a alguien en lo que dice, para después burlarse de él. *To go along with someone.*

CARRETADA. *n.f.* (Acad.) Medida equivalente a unos 1.300 kilos que se usaba en Méjico para vender y comprar cal. *Weight measure used to sell lime.*

CARRETAZO. *n.m.* Accidente de auto. *Car crash.*

CARRETE. *n.m.* Sombrero de paja. *Straw hat.* || **2.** •Sombrero de CARRETE. *Straw hat.*

CARRETERA. *n.f.* •CARRETERA (ronda) periférico. Carretera de circunvalación. *Beltway.* || **2.** •CARRETERA de cuota. *Toll road.*

CARRETÓN. *n.m.* Carro grande y tosco. *Large cart.*

CARRIL. *n.m.* Pista de carreras de caballos. *Race course.*

CARRILLA. *n.f.* (Noreste). Broma o burla por medio de palabras. *Mocking.*

CARRILLERA. *n.f.* Cierta canana. *Type of cartridge belt.*

CARRIOLA. Cochecito. *Baby buggy, baby cariage.*

CARRITO. *n.m.* •CARRITO chocón. Carro de choque, carro loco. *Bumper car.*

CARRIZO. *n.m.* •Carrizos. Piernas delgadas. *Thin or spindly legs.* || **2.** Caña de pescar. *Fishing rod.*

CARRO. *n.m.* Automóvil, coche. *Car.* 📖 [...] y un domingo, justo a la salida de la iglesia, me atropelló un CARRO y fue a dar a la Cruz. *And on a Sunday, as I was coming out of the church, I was run over by a car and ended up at the Hospital of the Cross.* (V. Leñero. Los albañiles). || **2.** •CARRO dormitorio. Coche cama. *Sleeping-car.* || **3.** Vagón. *Coach, carriage.* 📖 [...] donde había cinco vías con capacidad para ciento sesenta CARROS. *Where there were five lanes with space for a hundred and sixty passenger cars.* (Cit. Dicc. Hispan.). || **4.** •CARRO alegórico. Carroza. *Float.* || **5.** •CARRO bomba. Coche bomba. *Car bomb.* || **6.** •CARRO comedor. Coche comedor. *Dining car.* || **7.** •CARRO de bomberos. Coche de bomberos. *Fire engine, fire truck.* || **8.** •CARRO sport. Coche deportivo. *Sport car.* || **9.** •CARRO tanque. Vagón cisterna. *Tank car, tanker.* || **10.** •CARRO chocón. Carro loco. *Bumper car.*

CARROZA. *n.f.* Vehículo especial en que se transporta a los difuntos al cementerio; carro fúnebre. *Hearse.*

CARRUSEL. *n.m.* Tíovivo, caballitos. *Merry-go-round.*

CARTAPACIO. *n.m.* Carpeta. *Folder.*

CARTERA. *n.f.* Billetero. *Wallet.* 📖 Con la mano apretada sobre la CARTERA, Gabriel se abrió paso hasta la puerta del camión. *With his hands firmly on his wallet, Gabriel made his way to the door of the bus.* (C. Fuentes. La región más transparente). || **2.** Se guardó cuidadosamente el recorte en una vieja y sudosa CARTERA y tomó por las calles de Tacuba. *He carefully put the check in an old sweaty wallet and headed for Tacuba.* (M. Azuela. Nueva burguesía).

CARTILLA. *n.f.* Tarjeta de identificación. *Identity card.*

CARTÓN. *n.m.* Caricatura. *Cartoon.*

CASA. *n.f.* •Su CASA de Ud. A mi casa (que Ud. puede considerar suya). *At my home (where you are most welcome).* || **2.** •En la CASA de la Guayaba. Donde el diablo dejó su poncho. *Miles away.* || **3.** •CASA de asistencia. (Acad.) Pensión. *Boardinghouse.* 📖 [...] se dirigieron a una CASA de asistencia en la calle de Carrera. *They headed for a boardinghouse on Carrera Street.* (Agustín Yánez. Ojerosa y pintada). || **4.** •CASA de vecindad. Casa de vecinos. *Tenement house.* 📖 [...] y dentro de mi pobreza yo le daba todo, hasta un departamentito cómodo y no un cuarto de vecindad, como ella estaba acostumbrada [...]. *And as poor as I was I was giving her everything I had, even a small but comfortable apartment, not the cheap tenement room she was used to.* (Agustín Yánez. Ojerosa y pintada). || **5.** •CASA colorada. Prostíbulo. *Brothel.* || **6.** •CASA grande. *Hacienda owner's house.* || **7.** •Hacer CASITAS. Rodear a una persona otras, para protegerlo del viento, de la vista, etc. ~Hazme CASITAS, voy a hacer pipi. *Be on the lookout while I take a leak.*

CASADA. *n.f.* Boda. *Wedding.* 📖 [...] al general que nos arregló la CASADA [...]. *To the general who organized the wedding.* (E. Poniatowka. Hasta no verte Jesús mío).

CASADERA. *n.f.* Casamiento. *Marriage.* 📖 [...] comprendo que a él le interesaba mucho la CASADERA para tener hijos [...]. *I understand why he was so bent on marriage, so he could have children.* (E. Poniatowka. Hasta no verte Jesús mío).

CASANGA. *n.f.* Casamiento (en sentido festivo). *Wedding.*

CASAR. *v.* Pactar, concertar, convenir: *To arrange, agree to.* || **2** •Antes de que te CASES, mira lo que haces. *You better think twice before getting married.*

CASATENIENTE. *n.m.* (De una casa o departamento). *Landlord.*

CASCABELEAR. *v.* Tintenear. *To jingle.*

CASCARAÑADO (variante de **cacarañado**).

CASCAREAR. *v.* Hacer negocios de poca monta. *To carry out unproductive transactions, deals, etc.* 📖 "El término fue inspirado por la gente patéticamente pobre que, en los mercados, escarbaba en los desperdicios de la fruta para arrancar de las cáscaras los fragmentos de pulpa comestible." (J. Mejía Prieto).

CASCAREO. *n.m.* Ocupación poco productiva. *Unproductive transactions, deals, etc.*

CASCARÓN. *n.m.* Cáscara de huevo, rellena de almidón, agua y papel picado, que se tiran unos a otros en los juegos de carnaval. *Shell filled with confetti.*

CASCO. *n.m.* En las haciendas el grupo de edificios y población generalmente cercado por vallas. *Ranch house, ranch and outbuildings.* || **2.** Envase. *Empty bottle.* ~¿Has traído los CASCOS? *Did you bring back the empty bottles?* || **3.** Gajo. *Segment (of a fruit).*

CASCORROS. *n.m.* Zapatos. *Shoes.*

CASCORVO. *adj.* (Acad.) Patizambo, zancajoso. *Bowlegged.*

CASERO. *n.m.* Niñero, cuidador de niños. *Babysitter.*

CASILLA. *n.f.* Tienda pequeña donde se venden al por menor ciertos artículos. *Small retail store.* || **2.** Lugar público donde se instalan las mesas electorales. *Polling station.* || **3.** (De votación). *Polling both.*

CASILLERO. *n.* (En gimnasio). *Cubicle.*

CASO. *n.m.* •No tiene CASO. No tiene importancia, no merecer la pena. *There's no point in it, it doesn't matter.* 📖 Volví a perder los bienes que con la ayuda de don Jacobo había recuperado. En fin, no tiene CASO. *And again I lost all the possessions which don Jacobo help me recuperate. Anyway, it's of no consequence.* (Cit. Dicc. de Hispan.).

CASPIENTO. *adj.* Que tiene caspa. *Having dandruff.*

CASQUETE. *n.m.* Peluca. *Wig.* || **2.** •CAS-

QUETE corto. *Crew cut.*

CASTA. *n.f.* Tipos de imprenta del mismo grado y ojo. *Font (tipog.).* ‖ **2.** •Sacar la CASTA. Salir ganando. *To come out ahead.*

CASTAÑA. *n.f.* (Acad.) Barril pequeño. *Keg, small barrel.*

CASTAÑEAR. *v.* (Acad.) Castañetear. *To chatter (teeth).*

CASTIGAR. *v.* Apretar un tornillo o una cuerda por torsión. *To tighten up (mec.).*

CASTILLA. *n.f.* El idioma español. *The Spanish language.* ‖ **2.** •Hablar la CASTILLA. *To speak Spanish.* 📖 (...) porque no había nadie que supiera mi lengua, y poco a poco empecé a hablar la CASTILLA. *But no one knew my language, so little by little I began to speak Spanish.* (R. Pozas. Juan Pérez Jolote).

CASTIZO. *n.m.* (Acad.) Cuarterón, nacido en América de mestizo y española o de español y meztiza. *Offspring of a mestizo and a Spaniard.*

CASUAL. *adj.* Informal (ropa). *Casual.*

CATA. *n.f.* Excavación hecha para reconocer un criadero metalífero. *Trial pit in a mine.* ‖ **2.** (Acad.) Catarinita.. *Parrot.*

CATARINA. *n.f.* Mariquita. *Ladybug.*

CATARINITA. *n.f.* Cotorrita (también llamada catarina). *Parakeet.*

CATARIRIENTO. *adj.* •Estar CATARRIENTO. Tener catarro.*To have a cold.*

CATARRIENTO. *adj.* Acatarrado. *Subject to cold.*

CATEAR. *v.* (Acad.). Allanar la casa de alguien. *To break into, search one's house.* ‖ 2. Registrar (una persona). *To frisk.*

CATEAR. *v.* Reconocer o explorar los terrenos en busca de alguna veta de metal. *To make test borings in, explore (mining).* ‖ 2. Registrar (policía). *To frisk (person), (house) make a search of (police).* ‖ **3.** Acción de golpear a alguien con el puño cerrado. *To punch (someone).*

CATEO. *n.m.* Acción y efecto to catear o allanar casas. *Brake in, search.* ‖ **2.** •Orden de CATEO. Orden de registro. *Search warrant.*

CATITE. *n.m.* Cierta clase de seda. *A kind of silk.*

CATOCHE. *n.m.* Mal humor, displicencia. *Bad mood, bad temper.*

CATORRAZO. *n.m.* (Acad.) Cate, golpe. *Punch, blow.*

CATOTA. *n.f.* (Sonora). Canica, bolita. *Marble.*

CATRACA. *n.f.* Ave semejante al faisán. *Species of pheasant.*

CATRE. *n.m.* Cama de campaña, cama plegable. *Camp bed, folding bed.*

CATRÍN. *adj.* Elegante de mal gusto. *Over elegant, dressy.* ‖ 2. Elegante, bien vestido. *Elegantly dress.* 📖 Eran dos mujeres CATRINAS, con sombrero, guantes y pieles. Como se visten para ir a matrimonios. Lo tomaron [el taxi] sin tratar el precio. *They were two elegantly dressed women, with hats, gloves and fur coats. The way women dress when they go to a wedding.* (Agustín Yánez. Ojerosa y pintada.). ‖ **3.** Presuntuoso, afectado. *Conceited, foppish.* 📖 Hasta que el CATRINCITO aquel nos vino a decir que se trataba de Benito Juarez. *Until that conceited fellow came and told us that it was Benito Juarez.* (J. Rulfo. El llano en llamas).

CAUCHERO. *n.m.* (Acad.). Colector de caucho. *Rubber worker.*

CAUCHO. *n.m.* Hule. *Rubber.*

CAUDA. *n.f.* Estela. *Trail.* ~Una CAUDA de destrucción. *A trail of destruction.*

CAUSANTE. *n.m.* Persona que tiene que pagar alguna contribución, derecho o gabela. *Taxpayer, person liable for tax.*

CAVILOSO. *adj.* Chismoso. *Gossipy.*

CAYUCO. *adj.* Se dice de las personas que tienen la cabeza estrecha y alargada.

CAZAGUATE. *n.m.* (Acad.) Planta semejante a la pasionaria. (bot.). *Morning glory (bot.).*

CAZANGA. *n.f.* (Jalisco). Tipo de machete. Type of machete.

CAZO. *n.m.* Tazón. *Bowl.*

CAZUELA. *n.f.* Gallinero (sitio más alto o alejado en los teatros). *Top gallery, top balcony, paradise.*

CEBA. *n.f.* Cebo de arma de fuego. *Cannon charge, priming.*

CEBADA. *n.f.* Cerveza. *Beer.*

CEBADO. *adj.* (Acad). Dícese de la fiera que por haber probado carne humana, es mas temible. *Man-eating (said of a wild beast that has tasted human flesh and therefore is more dangerous).*

CEBARSE. *v.* Fallar o no estallar, refiriéndose a armas de fuego, cohetes, fuegos artificiales, etc. *To fail to go off (fireworks, firearms, etc.).*

CEBORUCO. *n.m.* Lugar en la montaña de rocas ásperas y puntiagudas. *Rough, rocky place.*

CEIBAL. *n.m.* Lugar poblado de ceibas (árbol algodonero). *Ceiba (silk-cotton tree) tree grove.*

CEJA. *n.f.* Camino estrecho, vereda. *Narrow road path.*

CELEBRE. *adj.* Simpático. *Cute.*

CELOSO. *adj.* Se dice del arma de fuego que se dispara o funciona con demasiada facilidad. *Liable to go off with the least movement (gun, rifle, etc.).*

CEMITA. *n.f.* Pan corriente, de forma redonda. *White bread roll.*

CEMPASÚCHIL (Variante de **cempoal**).

CEMPOAL. *n.m.* Clavel de las Indias. *Indian carnation.*

CENA. *n.f.* •Cena-baile. Cena con baile, comida bailable. *Dinner dance.*

CENADA. *n.f.* Cena. *Dinner.*

CENADURÍA. *n.f.* (Acad). Fonda en que se sirven comidas por la noche. *Eating place, restaurant.* 📖 Al pasar frente a una CENADURÍA [...] Chabelón los detuvo. -Vamos llegando a tomar algo. *When they were passing in front of a restaurant Chabelón stopped. -Let's go in and have something to eat.* (M. Azuela. Nueva burguesía).

CENANCLE. *n.m.* (Acad.) Mazorca del maíz. *Ear of corn.*

CENCUATE. *n.m.* (Acad.) Culebra venenosa de más de un metro de largo y muy pintada. *Poisonous, variegated snake of Mexico.*

CENOTE. *n.m.* (Acad.) Depósito de agua manantial, que se halla en Yucatán (Méjico) y otras partes de América, generalmente a alguna profundidad. *Natural deposit of spring water, natural water well.*

CENSONTLE (variante de **cenzontle**).

CENTRAL. *n.m.* Hacienda importante donde se fabrica azúcar. *Sugar mill.* || 2.•CENTRAL camionera. *Bus terminal.*

CENTRO. *n.m.* Conjunto de pantalón y chaleco. *Matching waistcoat and trousers.* || 2. Enaguas. *Underskirt.*

CENZONTLE. *n.m.* Pájaro cantor de canto muy variado. *Mockingbird.*

CEPA. *n.f.* (Acad.) Foso, hoyo. *Pit, trench.*

CEPILLAR. *v.* Adular. *To flatter, butter up.*

CEPILLAZO. *n.m.* Dicho o hecho adulatorio o servil. *Adulation, flattery.*

CEPILLO. *n.m.* Adulador. *Flatterer.*

CEPILLÓN (variante de **cepillo**).

CERA. *n.f.* Vela, por lo general de uso religioso. *Candle (usually used in religious ceremonies).*

CERCA. *n.f.* Cualquier vallado o cercado. *Fence, wall.*

CERCO (variante de **cerca**).

CEREZA. *n.f.* Cáscara del café. *Husk of the coffee bean.*

CERILLO. *n.m.* (Acad.) Cerilla, fósforo. *Match.* 📖 El hombre que se detiene a encender un cigarro, y mientras saca los CERILLOS... *The man that stops to light up a* *cigar, and while he take out the matches...* (V. Leñero. Los albañiles). 📖 O ponía alcohol en una palangana y le echaba un CERILLO prendido para que ardiera mientras se ponía la ropa. *He would pour some alcohol into a washbowl and throw in a lighted match so that it would burn.* (Silva Molina. El amor que me juraste). ‖ **2.** Joven, que en los supermercados, trabaja a empacar sus compras y cargarlas a distancia cercana. *Helper at a market.*

CERO. *n.m.* Jardín de infancia, kintergarten. *Kindergarten.*

CEROSO. *adj.* Dícese de los huevos pasados por agua semiduros. *Soft-boiled eggs.*

CEROTE. *n.m.* Apuro, preocupación, temor excesivo. *Fear, panic.* ‖ **2.** Excremento. *Human excrement.* ‖ **3.** •Estar hecho un CEROTE. Tener la ropa muy sucia. *To be covered in dirt.*

CERQUILLO. *n.m.* Flequillo. *Fringe.*

CERRAR. *v.* (Yucatán). Encerrar. *To lock up.*

CERRERO. *adj.* Que no tiene azúcar: Café CERRERO. *Unsweetened (sugar).* ‖ **2.** Dicese de la persona inculta, brusca. *Uncouth, rough.*

CERRO. *n.m.* (Huasteca). •Medio CERRO. Ladera. *Hillside, mountain side.* ‖ **2.** Montón. Pile, heap. ~Tengo un CERRO de papeles que revistar. *I have a pile of papers to review.*

CERTENEJA. *n.f.* (Acad.) Pantano pequeño y profundo. *Small, deep watherhole.*

CERVECERA. *n.f.* Cervecería. *Pub, bar.*

CHABACANEAR. Comportarse una persona de forma chabacana. *To do or say coarse things.*

CHABACANO. *n.m.* (Acad.) Albaricoque. *Variety of apricot.* ‖ **2.** (Acad.) Albaricoquero. *Apricot tree.* ‖ **3.** *adj.* Simple, ingenuo. *Gullible.*

CHABORRA. *n.f.* Ramero, prostituta. *Prostitute.*

CHACHACUATE. *n.m.* Pretal que se pasa por la barriga al toro, para montarlo en pelo. *Breastband strapped around a horse for bareback riding.*

CHACHALACA. *n.m.* ave, parecida a la gallina, que cuando vuela no deja de gritar desaforadamente. *Chachalaca (type of guan).* 📖Pasaron más parvadas de CHACHALACAS graznando con ruidos que ensordecían. *More flocks of chachalacas flew by, making deafening noises.* (J. Rulfo. El llano en llamas). 📖 Entre el follaje [...] aturdía un escándalo de CHACHALACAS que se comunicaban a gritos la novedad de una presencia extraña. *Among the folliage a deafening racket of chachalacas shouted the news of a strange presence.* (R. Castellanos. Balún Canán). ‖ **2.** (Acad.) Persona locuaz. *Chatterbox.* 📖 Las Escamillas como CHACHALACAS en un maizal. *The Escamilla sisters sounded like a bunch of chachalacas in a corn field.* (M. Azuela. Nueva burguesía).

CHACHALAQUEAR. *v.* Parlotear, cotorrear. *To chatter, prattle, gab.*

CHACHALAQUERO. *adj.* Persona parlanchina. *Talkative person.*

CHÁCHARA. *n.f.* Cachivaches (trasto, objeto en desuso). *Junk, useless things.* ~Tiene el cajón lleno de CHÁCHARAS. *His drawer is full of junk (odds and ends).* 📖 Qué íbamos a estar guardando CHÁCHARAS como si fuera oro en paño. *There is no way we were going to keep that junk as though it were pure gold.* (R. Castellanos. Balún Canán).

CHACHAREAR. *v.* (Acad.) Negociar con cosas de poco valor. *To deal in, sell cheap goods, inexpensive articles.* ‖ **2.** Comprar y vender. *To buy and sell.*

CHACHARERÍA. *n.f.* Baratijas, chucherías. *Trinkets.*

CHACHARERO. *n.m.* (Acad.) Quincallero, buhonero. *Peddler of trinkets.*

CHACHO, CHA. *n.m&f.* Sirviente. *Servant.*

CHACOLOTEAR (variant de **chacualear**).

CHACOTEAR. *v.* Bromear. *To joke.* 📖 No me gusta verte CHACOTEANDO con los hombres. *I don't like to see joking around with men.* (M. Azuela. Nueva burguesía).

CHACUACO. *n.m.* Colilla de cigarro. *Cigar stub.* || **2.** (Acad.) Chimenea, conducto. *Factory chimney.* || **3.** •Fumar como un CHACUACO. *To smoke like a chimney.* || **4.** Horno. *Furnace.*

CHACUALEAR. *v.* (Acad.) Chapotear, chapalear en el agua. *To splash (in water).*

CHAFA. *adj.* (Reloj, radio). *Inútil. Useless.* || **2.** De clase baja. *Low-class.*

CHAFALOTE. *adj.* Ordinario en sus modales. *Common, vulgar.* || **2.** Cuchillo grandote y feo. *Large, ugly knife.* 📖 –Mira el CHAFALOTE que te traigo. [...] La mano de Altagracia tomó febrilmente el puñal. *Look at that huge knife that I'm bringing you. Feverishly, Altagracia took the dagger in her hand.* (M. Azuela. La malhora). || **3.** *n.m.* Cualquier objeto largo, grande y pesado. *Large, heavy object.*

CHAFEAR. *v.* Malograrse, echarse a perder, arruinarse. *To fall through, break down.* ~Este sindicato ya CHAFEÓ. *That union has gone to the dogs.* ~Mi coche anda CHAFEANDO. *My car's giving out.*

CHAFIRETE. *n.m.* (Acad.) Chofer (desp.). *Chauffeur, driver.* ~Maneja como un CHAFIRETE. *He drives like a madman.* 📖 Yo mero fue ése que estrelló su camión contra el tren "La Rosa". Permítame explicarle... yo llevaba el volante, bueno... mi CHAFIRETE... *I'm the one that hit the train with my truck. Let me explain... I was at the wheel, well... my driver was...* (M. Azuela. La luciérnaga).

CHAFIRO (variante de **chafirro**).

CHAFIRRO. *n.m.* Cuchillo, machete. *Knife, machete.*

CHAFO. *adj.* Horrible. *Terrible.* ~Es un médico CHAFO. *He's a terrible doctor.*

CHAGOLLA. *n.f.* (Acad.) Moneda falsa o muy gastada. *False or very worn out coin.* || **2.** Cosa despreciable. *Useless thing.*

CHAGORRA. *n.f.* Mujer ordinaria. *Woman of the lower classes.*

CHAGUALA. *n.f.* (Acad.) Chancleta, zapato viejo. *Slipper, old shoe.*

CHAGÜE. *n.m.* Campo de cultivo en tierras húmedas. *Swampy land used for sowing.* || **2.** Platanal. *Banana plantation.*

CHAGUITE (Variante de **chaque**).

CHAHUISCLE. (Acad.) Variante de **chahuistle**.

CHAHUISTLE. *n.m.* Cierta enfermedad de las gramíneas, como el trigo o el maíz. *Wheat rust, bunt.* || **2.** Cualquier plaga dañina. *Pest.* || **3.** •Caerle el CHAHUISTLE a uno. Sobrevenirle a alguien un mal o una molestia. *To suffer an inconvenience.* ~Perdí la chamba, se enfermó mi madre y reprobaron a mi hijo. ¡Ora sí que me cayó el CHAHUISTLE! *First I lost my job, than my mother fell ill and finally they failed my son. So right now I'm really in a predicament*

CHAINA. *n.f.* Quena, flauta. *Indian flute.*

CHALÁN. *n.m.* Cobrador en los autobuses rurales. *One who collects fares on rural buses.* || **2.** Domador de caballos. *Horse breaker.* || **3.** Barca. *Barge.* || **4.** Ayudante de albañil. *Bricklayer's assistant.* || **5.** (Norte). Persona muy conversadora y de buen humor. *Friendly and effusive person.* || **6.** Zapato. *Shoe.*

CHALANA. *n.f.* (Tabasco). Modo de transporte para grandes cargas de río. *Ferry boat.*

CHALATE. *n.m.* Caballo pequeño y flaco. *Small, lean horse.*

CHALCHIHUITE. *n.m.* (Acad.) Especie de jade verde. *Emerald in the rough.*

CHALE. *n.m.* Apodo que se da al emigrante chino (pey.). *"Chink".* ~Una lavandería de CHALES. *A Chinese laundry.* || **2.** *interj.* ¡CHALE! ¡Dios mío!, ¡no me digas! *You're kidding!*

CHALECO. *n.m.* •A CHALECO. Por fuerza.

By hook or by crook. ~A CHALECO quieren ganar, no les importa como. *They're determined to win one way or another.*

CHALECÓN. *adj.* Tramposo. *Tricky, deceitful.* ‖ **2.** *n.m.* Persona tramposa. *Con-man.*

CHALEQUEAR. *v.* Robar. *Steal.*

CHALINA. *n.f.* Chal estrecho. *Stole.*

CHALMA. *n.f.* •Ni yendo a bailar a CHALMA. Nunca jamás. *Not in a million years.*

CHALPAQUEAR. *v.* Salpicar (agua, pintura). *To splash, spatter.*

CHALUPA. *n.f.* Especie de canoa angosta. *Canoe.* ‖ **2.** (Acad.) Bocadillo a base de masa, pequeño y ovelado, con algún condimento por encima. *Oval-shaped corn tortilla fried and filled with minced meat, lettuce, cheese, etc.* ⌨ Tampoco vi a Carlos [...] tomando un café en los puestos de CHALUPAS. *Niether did I see Carlos having coffee in a chalupa stall.* (A. Mastretta. Arráncame la vida).

CHAMACA. *n.f.* Muchacha. *Girl.* ⌨ Dejeme ser el padrino de la CHAMACA. *Let me be the girl's godfather.* (Carlos Fuentes. La frontera de cristal). ‖ **2.** Novia. *Girlfriend, sweetheart.*

CHAMACO. *n.m.* (Acad.) Chico, muchacho. *Boy, lad.* ⌨ Este oficio de alfombrero me lo enseñó mi papá (...) desde que yo era CHAMACO. *My father has been teaching me the trade of carpet making since I was a boy.* (E. Poniatowska. Luz y luna). ‖ **2.** Hijo. *Child.* ⌨ Me contaba de su mujer y de sus CHAMACOS. *He was telling me about his wife and children.* (J. Rulfo. El llano en llamas).

CHAMAGOSO. *adj.* (Acad.) Mugriento, astroso. *Filthy, unkempt.* (Acad.) Mal pergeñado. *Crude, rough.* ‖ **3.** (Acad.) Aplicado a cosas, bajo, vulgar y deslucido. *Low, vulgar.* ‖ **2.** *n.m&f.* Persona mugrienta. *Filthy, unkempt person.* ⌨ Pequeños CHAMAGOSOS, descalzos, iban y venían dentro de los coches [...]. *Kids, barefoot and in dirty clothes, went in and out of cars.* (M. Azuela. Nueva burguesía).

CHAMAGUA. *n.f.* (Acad.) Dícese del maíz que empieza a madurar. *Field of corn beginning to ripen.*

CHAMARRA. *n.f.* Chaqueta de piel. *Leather or sheepskin jacket.* ⌨ No sacaba las manos de las bolsas de la CHAMARRA [...]. *He didn't takes his hands out of the pockets of his leather jacket.* (V. Leñero. Los albañiles). ⌨ Volvió a abrir el ropero para sacar una CHAMARRA. *He opened the closet again to get a leather jacket.* (V. Leñero. Los albañiles). ‖ **2.** Chaqueta. *Jacket.* ⌨ Se puso la CHAMARRA azul de pluma de ganso [...]. *He put on his blue goose feather jacket.* (Carlos Fuentes. La frontera de cristal). ‖ **3.** Manta de cama, cobertor. *Blanket, bedspread.* ⌨ Antes de dormir cada uno rezaba sus oraciones, se envolvia en sus respectivas CHAMARRAS, se persignaba, daba las buenas noches. *Before going to sleep everyone would say their prayers, wrap himnself up in his own blanket, make the sign of the cross and say good night.* (L. de Lion. Cit. Dicc. de Hispan.). ‖ **4.** (Norte). Bozal. *Muzzle.*

CHAMARRO. *n.m.* Manta burda de lana. *Coarse woollen shawl or blanket.*

CHAMBA. *n.f.* (Acad.) Empleo, trabajo (normalmente ocasional y mal renumerado). *Job, position, employment.* ⌨ Mi amigo de aquel sindicato me consiguió CHAMBA en Educación. *A friend of mine from that worker's union got me this job with the Secretary of Education.* (C. Fuentes. La región más transparente). ‖ **2.** Lugar de trabajo. *Place of work.* ‖ **3.** Work. *Trabajo.* No puedo ir al cine porque tengo mucha CHAMBA. *I can't go to the movies because I have a lot of work to do.* ‖ **4.** Trabajo transitorio y de escaso rendimiento, trabajito. *Odd job, low-paying job.* ⌨ Tengo CHAMBITA, Nicho. ¿Quieres trabajar? *I have a small job for you, Nicho. Do you want to work?* (M. Azuela. La luciérnaga). ‖ **5.** •En la CHAMBA. *At work.*

CHAMBEADOR. *adj.* Trabajador. *Hard-working.*

CHAMBEAR. *v.* Trabajar. *To work.* ¿Dónde CHAMBEAS? *Where do you work?* ‖ **2.**

Ocuparse en algún trabajo de poca renumeración. *To be occupied in an odd job, to work for a pittance.* || **3.** Cambiar, feriar. *Exchange, barter, swap.* || **4.** •CHAMBEARLE duro. Trabajar como negro. *To work like a slave, to work one's butt off.*

CHAMBERINES. *n.m.* Adornos, relumbrones. *Flashy ornaments, trinkets, tinsel.*

CHAMBISMO. *n.m.* (Acad.) Pluriempleo. *Moonlighting.*

CHAMBISTA. *n.m.* Persona que tiene otro empleo. *Person who moonlights.*

CHAMBO. *n.m.* Cambio de granos y semillas por otros artículos. *Exchange of grain for other goods.*

CHAMBÓN. *adj.* Torpe, tosco. *Clumsy.*

CHAMBONADA. *n.f.* Tosquedad. *Clumsiness.* || **2.** Chapucería, obra mal hecha. *Botched job.*

CHAMBONEAR. *v.* Hacer **chambonadas**. *To botch, bungle a job, make foolish mistakes.*

CHAMBONERÍA (variante de **chambonada**).

CHAMBRA. *n.f.* Matinée coat, matinée jacket.

CHAMICO. *n.m.* •Dar CHAMICO. Hechizar, embrujar. *To bewitch.*

CHAMORRO. *n.m.* Pantorrilla. *Calf of the leg.* Vamos Pedrito, enseñe used a las señoras sus conejos y sus CHAMORROS [...]. *Come on Pedrito, show the ladies your biceps and your calves.* (M. Azuela. Nueva burguesía).

CHAMPA. *n.f.* Tienda provisional hecha de palmas; choza. *Roughly-built hut.*

CHAMPANERA. *n.f.* Yunta de animales que pertenece al trabajador que presta sus servicios en los terrenos del patrón. *Team of draft animals belonging to a farm hand who hires out.*

CHAMPOLA. *n.f.* Resfresco de guanábana. *Drink made from the guanábana fruit.*

CHAMPURRADO. *n.m.* (Acad.) Atole de chocolate. *Thick drink of chocolate and atole.* 📖 El chocolate con atole se llama CHAMPURRADO. *Chocolate with atole is called champurrado.* (E. Poniatowka. Hasta no verte Jesús mío). || **2.** Cosas o asuntos revueltos; revoltijo. *Mixture, jumble, mess.*

CHAMPURRO. *n.m.* Mezcla de licores. *Cocktail.*

CHAMUCHINA. *n.f.* Reunión de chiquillos. *Meeting of young children.*

CHAMUCO. *n.m.* El diablo. *The Devil.* ~Dice que se le apareció el CHAMUCO. *He says the devil appeared to him.* || **2.** Espíritus malignos. *Evil spirits.* 📖 [...] porque estoy repleto de dentro de demonios, y tiene que sacarme esos CHAMUCOS del cuerpo [...]. *Because I'm full of the devil and she has to rid my body of evil spirits.* (Juan Rulfo. El llano en llamas).

CHAMUSCAR. *v.* Vender a bajo precio. *To sell cheap.*

CHANCACA. *n.f.* Azucar macabado, panocha prieta. *Crude brown sugar in block.*

CHANCE. *n.m.* ANGL Oportunidad, posibilidad, ocasión. *Chance, opportunity.* || **2.** •CHANCE y. Quizá, es posible que. *I could very weel.* CHANCE y saque la lotería. *I may very well win the lottery.*

CHANCHO. *n.m.* Cerdo, puerco. *Pig, hog.*

CHANCHULLO. *n.m.* Negocio turbio e ilícito. *Fraud, swindle.* 📖 Y un viejo (...) para cuidar la máquina y ver que los obreros no hagan CHANCHULLOS. *...And an old man to look after the machine and make sure that the workers don't steal anything.* (C. Fuentes. La región más transparente).

CHANCLAS. *n.m.* Pantuflas. *Slippers.*

CHANCLEO. *n.m.* Fiesta. *Party.*

CHANCLETA. *n.f.* Niña recién nacida (desp.). *Newborn girl (derog.).*

CHANCLETERO. *n.m.* Persona de baja esfera. *Low-born, low-class.*

CHANCLO. *n.m.* Zapato. *Shoe.* 📖 Bartolo

cogió el CHANCLO por la agujeta y lo arrojó al montón de cueros arrugados y resecos que tenía sus pies. *Bortolo picked up the shoe by its lace and threw it on a pile of dried up, wrinkled patches of leather which lay at his feet.* (M. Azuela. Nueva burguesía).

CHANCLUDO. *adj.* Desaliñado, abandonado. *Scruffy, sloppy.*

CHANFLE. *n.m.* Chaflán. *Chamfer, beveled edge.* || **2.** Golpe oblicuo que se da a una pelota para que cambie de dirección. *Spin.* ~Darle CHANFLE a la pelota. *To put spin on the ball.*

CHANGA. *n.f.* Niña pequeña que entretiene a la gente. *Little girl who amuses people.*

CHANGARRO. *n.m.* (Acad.) Tendejón. *Small shop, poorly provisioned store.* 📖 Oiga, ¿Qué clase de CHANGARRO es éste? *Listen, what kind of a dump (so-called store) is this?* (C. Fuentes. La región más transparente). 📖 Ya estaba yo hasta la coronilla del CHANGARRO aquél y de la bebedera. *By now I was fed up with that joint and all the drinking.* (E. Poniatowska. Hasta no verte Jesús mío).

CHANGAZO. *n.m.* •Dar el CHANGAZO. Caer al suelo con violencia. *To suffer a heavy fall.* **b)** Morirse. *To die.*

CHANGLE. *adj.* Inútil. *Useless.*

CHANGO. *n.m.* (Acad.) Cualquier mono pequeño. *Small monkey.* || **2.** (Acad.) Niño, muchacho (tiene matiz cariñoso). *Girl, boy (has an affectionate overtone).* || **3.** Persona, tipo. *Guy, fellow.* ~Se me acercó un CHANGO con cara de pocos amigos. *This fellow with a not too friendly a face came to me.* || **4.** *adj.* Listo, vivo. *Clever, bright, sharp.*|| **5.** Chino. *Chinese man or woman.* 📖 Tiene una naricita china que está como un manguito. Pero ahora hay dos CHANGUITOS en la mesa aquella. *She has a little nose that's very cute. But now there are two chinese children at that table.* (R. Bernal. Cit. Dicc. de Hispan.). || **6.** Que copia o imita el gusto, maneras o modas de otros; copión. *Copycat.* ~Es muy CHANGA, nada más me vio el vestido y se mandó hacer uno igualito. *She's a copycat, no sooner had she seen my dress, she went and got one just like it.* || **7.** •Ponerse CHANGO. Tomar precauciones, ponerse en guardia. *To be alert, wary.* 📖 -¡Hora sí, muchachos, póngase CHANGOS! -dijo Anastasio Montañés, reconociendo los muelles de su rifle. *This is our chance, said Anastasio Montañés, checking the recoil mechanism of his rifle.* (M. Azuela. Los de abajo). || **8.** •Estar CHANGO una cosa. Estar abundante y barata. *To be plentiful and cheap.* || **9.** •Hacer (poner) CHANGUITOS. Cruzar dos dedos, para propiciar que algo que uno desea se cumpla. *To cross one's fingers.* ~Haz CHANQUITOS para que me gane el premio. *Cross your fingers that I win the prize.* || **10.** •Cada CHANGA con su mecate. *To each his own.*

CHANGO. *n.m.* Persona. *Person.* || **2.** Changuita. *Muchacha.* 📖 Entonces [si no tienes dinero] cómo quieres ir conmigo y con las CHANGUITAS al bosque. *If don't have money, how do you expect to go with me and the girls to the woods.* (Agustín Yánez. Ojerosa y pintada). || **3.** Muchacho. *Boy.*

CHANGUEAR. *v.* Imitar. *To imitate.*

CHANGUERÍA. *n.f.* (Acad.) Acción propia del chango, broma, payasada. *Clownish act, joke.*

CHANTE. *n.* Casa, hogar. *House, home.*

CHANZA. *n.f.* Oportunidad. *Chance, opportunity.* || **2.** Paperas. *Mumps.*

CHAPA. *n.f.* Cerradura. *Lock.* || **2.** Chuleta de cerdo. *Pork chop.* || **3.** •Darle a alguien en la CHAPA. Causarle a uno un daño grave. *To damage, to affect adversely.* La devaluación le dio en la CHAPA a sus ahorros. *The devaluation made a hole in his savings.*

CHAPANECO. *adj.* Rechoncho. *Short, stubby (person).*

CHAPAPOTE. *n.m.* (Acad.) Asfalto más o menos espeso que se halla en Méjico y las Antillas. *Trinidad asphalt, mineral tar.*

CHAPARRASTROSO. *n.m.* Persona desaliñada. *Sloppy person.*

CHAPARRERAS. *n.f.* Canzonera compuestas de dos piernas separadas que se atan a la cintura con unas correas. *Chaps (a pair of joined leather leggings, worn over trousers used for protection while on horseback).*

CHAPARRO. *adj.* Achaparrado. *Short, squat.* ~Casas CHAPARRAS y pobretonas. *Squat, shabby houses.* 📖 Estaba, pues, sentada en una silla CHAPARRITA, entre perros flacos y hambrientos [...]. *So she was sitting in a low chair among scraggy, famished dogs.* (M. Azuela. Nueva burguesía). || 2. Persona de baja estatura. *Short, squatty person.* 📖 Si eran altos iban a la caballería, si eran CHAPARROS a la infantería. *If they were tall they were sent to the cavalry, if they were short to the infantry.* (E. Poniatowka. Hasta no verte Jesús mío). 📖 Mi tío era [...] de regular estatura, ni alto ni CHAPARRO, ni gordo ni flaco [...]. *My uncle had a regular build, neither tall nor short, neither fat nor skinny.* (E. Poniatowska. Hasta no verte Jesús mío). || 3. Niño, chico, joven, muchacho. *Child, kid, boy.* || 4. Árbol en el desierto. *Short tree that grows in the desert.* || 5. •Suerte CHAPARRA. Mala suerte. *Bad luck.*

CHAPEADO. *adj.* (Acad.) Se dice de la persona que tiene las mejillas sonrosadas. *Flushed.* 📖 Vio a una mujer muy joven, muy CHAPEADA, arrullando a su criatura. *He saw a very young woman, her face flushed, rocking her baby.* (E. Poniatowska. Luz y luna).

CHAPEAR. *v.* Limpiar la tierra de malezas y hierbas. *To clear the ground.*

CHAPETA. *n.f.* Pendientes. *Earrings.* || 2. Pañales. *Diapers.*

CHAPETEADO. (Acad.) Variante de **chapeado**. 📖 Una mujer CHAPETEADA [...] se ocupaba de acomodar las botellas en la nevera. *A woman, her face flushed, was busy putting the bottles away in the refrigerator.* (Carlos Fuentes. La frontera de cristal).

CHAPETEAR. *v.* Colorear las mejillas. *To color the cheeks.* || 2. Realizar el acto sexual. *To have sex.*

CHAPETÓN. *n.m.* (Acad.) Rodaja de metal con que se adornan los arneses de montar. *Horse brass.*

CHAPÍN. *n.m.* Apodo que se da al guatemalteco. *Guatemalan.* ~Los futbolistas CHAPINES. *The Guatemalan football players.*

CHAPO. *adj.* De pequeña talla, **chaparro**. *Short and chubby.* || 2. *n.m.* Mezcla de harina con caldo u otro líquido alimenticio. *Corn porridge.*

CHAPOLEAR. *v.* Cortar la hierba, desmontar el pasto. *To cut the grass.*

CHAPOPOTE (variante de **chapote**).

CHAPOTE. *n.m.* (Acad.) Asfalto. *Asphalt, pitch, tar.* || 2. Roble. *Oak tree.*

CHAPOTEADERO. *n.m.* (Acad.) Estanque de muy poco profundidad para niños. *Paddling-pool.*

CHAPUCEAR. *v.* Engañar, hacer trampas, estafar. *To deceive, trick, swindle.*

CHAPUCERO. *adj.* Que engaña, que hace trampas. *Dishonest.* || 2. *n.m.* Estafador. *Swindler, cheat.*

CHAPUL. *n.m.* Niño o niña. *Child.*

CHAPULÍN. *n.m.* Langosta. *Locust, large grasshopper.* 📖 Se ha subido allí para que no le brinquen a la cara los CHAPULINES. *He climbed up there so that the locusts wouldn't jump in his face.* (J. Rulfo. El llano en llamas). || 2. Niño. *Kid.*

CHAPUZA. *n.f.* Fullería, trampa, engaño. *Trick, swindle.*

CHAPUZAR. *v.* Engañar. *To trick.* || 2. Estafar. *To swindle.*

CHAQUETA. *n.f.* •Cambiar uno la CHAQUETA. Cambiar la casaca, mudar de opinión. *To change sides, turn traitor.* 📖 El coronel le larga un recio puntapié en las posaderas. La injuria gravísima habría de dar sus frutos venenosos. Luis Cervantes cambia de CHAQUETA. *The colonel kicked him hard in the butt. That unforgivable insult bore its poisonous fruit. It was then that Cervantes shifted sides.* (M. Azuela. Los de abajo).

CHAQUETEAR. *v.* Traicionar. *To betray.*

CHAQUIRA. *n.f.* Abalorio, cuentecilla de vidrio. *Embroidery beads or spangles.*

CHARADA. *n.f.* Apuesta. *Bet.*

CHARAL. *n.m.* •Estar hecho un CHARAL. (Acad.) Estar muy flaco. *To be very thin, to be as thin as a rake.*

CHARALUDO. *adj.* Delgado, flaco. *Thin, skinny.*

CHARAMUSCA. *n.f.* (Acad.) Confitura en forma de triabuzón. *Candy twist or spiral.* 📖 Una vez Verania se tragó un caramelo y se puso morada. [...] el doctor [...] le hizo beber una infusión de manzanilla que le desbarató la CHARAMUSCA [...]. *Once Verania choked on a piece of candy and turned blue. The doctor had her drink chamomile tea which loosened up the candy.* (A. Mastretta. Arráncame la vida). || **2.** Mujer fea. *Ugly woman.*

CHARAMUSQUERO. *n.m.* Persona que vende **charamusca**. *Vendor of candy twist.* 📖 Faltaron dos: Serapio el CHARAMUSQUERO y Antonio que tocaba el platillo en la Banda de Juchipila. *Two were missing: Serapio the candy twist vendor and Antonio, the cymbal player in the Juchipila Band.* (M. Azuela. Los de abajo).

CHARANAGUA. *n.f.* Bebida fabricada con pulque agrio, miel y chile colorado. *Drink made from bitter pulque, honey and chile.*

CHARANGA. *n.f.* Baile familiar. *Family party, small but festive gathering.*

CHARAPE. *n.m.* (Acad.) Bebida fermentada de pulque con panocha, miel, clavo y canela. *Fermented pulque beverage with honey, clove, cinnamon and other ingredients.*

CHARCHINA. *n.f.* Auto viejo, cacharro. *Old car, jalopy.*

CHAROL (variante de **charola**).

CHAROLA. *n.f.* (Acad.) Bandeja. *Tray.* 📖 Por ahí anda un indígena con CHAROLA y bebestibles. *An Indian servant passes with a tray of drinks.* (C. Fuentes. La región más transparente). 📖 [...] luego llevaba la CHAROLA con los vasos y la jarra. *Then she would take a tray with glasses and a pitcher.* (E. Poniatowka. Hasta no verte Jesús mío). || **2.** Documento de identidad. *Identity card.* || **3.** •Pasar la CHAROLA. Hacer una colecta de dinero entre las personas que se encuentran en algún lugar. *To pass the plate.* || **4.** Chapa o placa bruñida de la policía. *Policeman's badge.*

CHARQUE (variante de **charqui**).

CHARQUI. *n.m.* Tasajo de vaca secado al sol. *Beef jerky.*

CHARRASCA. *n.f.* Nombre genérico de arma blanca. *Sharp weapon, knife.*

CHARRASQUEAR. *v.* Apuñalar. *To stab.*

CHARREADA. *n.f.* (Acad.) Fiesta de charros mejicanos. *Display of horseriding skills; rodeo.*

CHARREAR. *v.* Actuar como un **charro**. *To act in the manner of a "charro".*

CHARRERÍA. *n.f.* Arte de andar a caballo. *The art of horsemanship and rodeo riding.*

CHARRO. *n.m.* Sombrero de alas anchas que usa el hombre del pueblo. *Wide-brimmed hat.* || **2.** (Acad.) Jinete o caballista que viste traje especial. *Horseman, cowboy.* || **3.** Gente tosca, de escaso roce social. *Rustic, coarse (person).* || **4.** *adj.* Pintoresco (costumbres). *Quaint, picturesque, traditional.* || **5.** Macho, machote. *He-man, macho.* 📖 Esa es la enfermedad de los mexicanos: creer que son muy CHARROS [...]. *That's the problem with Mexican men: to think that they're very macho.* (E. Poniatowska. Hasta no verte Jesús mío). || **6.** Ridículo o cursi, abigarrado y de mal gusto por recargado de adornos o porque tiene colores chillantes (vestido). *Loud, flashy, gaudy, decorated in bad taste (suit),* ~Que gustos tan CHARROS tienes tú! *What poor taste you have!* || **7.** Diestro en el manejo del caballo. *Skilled in horsemanship.* || **8.** Corrupto (político). *Corrupt.* ~Un líder CHARRO. *A corrupt leader.* ~Un sindicato

CHARRO. *A corrupt union.* ‖ 9. Torpe. *Dim.* ~Es bien CHARRA para los idiomas. *She's useless at languages.* ‖ 10. Traidor. *Traitor, turncoat.* ‖ 11. Persona torpe. *Dimwit.*

CHAS. •Al CHAS, CHAS. (Acad.) Al contado. *Cash, in hard cash, cash on the barrel.* 📖 Pero mientras me pase la mensualidad AL CHAS-CHAS... *But as long as he pays me cash on the barrel every month...* (C. Fuentes. La región más transparente). 📖 Y yo de taruga, pagándoles tres pesos AL CHASCHÁS por cada misa que le rezaban (los curas) [...].*And me, like an idiot, paying them three pesos in hard cash for every mass that they celebrated on his behalf.* (E. Poniatowka. Hasta no verte Jesús mío). 📖 Me habían de pagar al CHASCHÁS, si no, pues no. *They had to pay me cash, if not then it was off.* (E. Poniatoswka. Hasta no verte Jesús mío).

CHATARRA. *adj.* •Comida CHATARRA. *Junk food.*

CHATITA. *n.f.* "Amor mío", "Cariño" (dirigiéndose a una mujer). *"Honey", "cutie", "funny face" (term of endearment toward a woman).* 📖 ¿Estás sola, CHATITA? *Are you alone, sweetie?* (C. Fuentes. La región más transparente). 📖 La cascada Basiasiachi/es como lluvia de plata/donde me iba las tardes/ a pasearme con mi CHATA. *The Basiasiachi waterfalls are like silver rain. There I used to take my sweetheart for a walk.* (Cancionero mexicano, 922).

CHATO. *adj.* Niño o joven por la que se siente cariño; novia. *Endearing term; girfriend, sweetheart.* ~Mi chatita. *My sweetheart, my girlfriend.* 📖 ¿Estás sola, CHATA? *Are you alone, sweetheart?* (C. Fuentes. La región más transparente). ‖ 2. Burdo, de poco alcance o de horizonte limitado. ~La pintura pertenece al realismo mas CHATO. *The painting belong to the worse kind of realism.* ‖ 3. Recipiente con el que se toma pulque. *Pulque container.* ‖ 4. •Dejar CHATO a uno. Engañarle a uno. *To deceive, swindle.* ‖ 5. •Quedarse uno CHATO. Chasquearse, salir frustrado en un intento. *To fail at an undertaking.*

CHATRE. *adj.* Vestido elegantemente. *Elegantly dressed.*

CHAVALO. *n.m.* Niño. *Kid.*

CHAVALONA. *n.f.* Muchacha. *Young girl.* 📖 Aquí nada alcanza para nada, CHAVALONA. *Here there's never enough of anything, my child.* (Carlos Fuentes. La frontera de cristal).

CHAVETA. *n.f.* Cuchillo de hoja ancha que usan los tabaqueros. *Broad-bladed knife used to cut tobacco.* 📖 Miguelito sintió vehemente deseo de gastar los cuarenta centavos con que iba a comer, en una CHAVETA, para hacer con él lo mismo que el Impedido le hizo. *He felt a vehement desire to spend the forty cents with which he was going to pay the meal, in buying a knife, so he could use it the same way that El Impedido had with him.* (M. Azuela. Nueva burguesía).

CHAVIJA. *n.f.* Enchufe. *Plug.*

CHAVO. *adj.* Joven. *Young.* ~El concierto de Rock estaba lleno de CHAVOS. *The Rock concert was full of young people.* ‖ 2. *n.m.* Muchacho. *Boy.* ‖ 3. CHAVOS banda. Pandilla. *Street gang.* ‖ 4. Novia, novio. *Boyfriend, girlfriend.* ~Ven a la fiesta y trae tu CHAVA. *Come to the party and bring your girlfriend.*

CHAYOTE. *n.m.* Especie de calabaza, espinosa en su exterior. *Vegetable pear.* ‖ 2. Tonto, necio, simple. *Dunce, silly fool.* ‖ 3. •Parir CHAYOTES. Pasarlo mal. *To have a terrible time.*

CHE. *n.m.* Argentino. *Argentinian.* Yo conozco a muchos CHES. *I have a lot of Argentinian friends.*

CHECADA. *n.f.* Revisión, comprobación. *Check.* ~Una CHECADA de los datos. *A check on the figures.* ~Tengo que hacer una CHECADA de los frenos. *I have to check the brakes.* ‖ 2. Reconocimiento médico. *Checkup.*

CHECADOR. *n.m.* Registrador. *Time clock.*

CHECAR. *v.* Revisar, mirar. *To check.* ~Me CHEQUÉ la presión. Me hice revisar la presión. *I had my blood pressure checked.* ‖ 2. Comprobar, verificar. ~¿CHECARON el saldo?

Did you check the balance? ¿Llegó el correo? -Ahorita se lo CHECO. *Has the mail come?* - *I'll go and check right now.* ‖ **3.** Vigilar. *To check up on.* ~No me gusta que me anden CHECANDO. *I don't like people checking up on me.* ‖ **4.** Marcar. *To stamp.* ~No olvides que te CHEQUEN el boleto del estacionamiento. *Don't forget to get the parking ticket stamped.* ‖ **5.** Registrar las horas de entrada y salida del trabajo. *To check in or out (at work).* ‖ **6.** CHECAR tarjeta. Fichar, marcar tarjeta. *To punch the clock, to check in or out (at work).*

CHECHÓN. *adj.* Mimado, consentido. *Spoiled, pampered.*

CHELA. *n.f.* Cerveza. *Beer.* ~Vamos a echarnos unas CHELAS bien heladas. *Let's have a couple of cold beers.*

CHELO. *adj.* Rubio. *Fair, blonde.* ‖ **2.** Peón de finca. *Farm hand.*

CHENCHA. *adj.* (Acad.) Holgazán, haragán. *Lazy, loafing.*

CHEPE. *adj.* Hipócrita. *Hypocrite.*

CHEQUE. *n.m.* •CHEQUE elástico. Cheque sin fondos. *Rubber check.*

CHEQUEAR ANGL. *v.* Revisar (auto). *To check, service, overhaul (car).* ‖ **2.** Fisgar. *To snoop (around).* ‖ **3.** Examinar, verificar, controlar. *To check, inspect, examine.* ‖ **4.** (variante de **checar**).

CHEQUEO. *n.m.* Examen, revisión. *Check, check up, examination.*

CHEQUERA. *n.f.* Talonario de cheques. *Checkbook.*

CHERIFE ANGL *n.m.* Jefe de policía de un distrito. *Sheriff.*

CHEVE. *n.m.* Cerveza. *Beer.*

CHÉVERE. *adj.* Magnífico, fantástico. *Smashing, super.*

CHÍA. *n.f.* (Acad.) Semilla de una especie de salvia. Remojada en agua, suelta gran cantidad de mucílago, que, con azúcar y zumo de limón, es un refresco muy usado en Méjico. Molida, produce un aceite secante.. *Beverage made from sage seeds, lemon juice and sugar.*

CHIBOL. *n.m.* Chichón, bodoque. *Bump, bruise.*

CHIBOLA (variante de **chibol**).

CHIBOLUDO. *adj.* Que tiene chichones. *Bruised up, full of bumps.*

CHICANA. *n.f.* Sofistería, argucia, artería. *Cunning, subterfuge.*

CHICANEAR. *v.* Usar de ardides. *To be cunning, subtly tricky.*

CHICANEO. *n.m.* Acto de chicanear. *Chicanery.*

CHICANERÍA (variante de **chicaneo**).

CHICANERO. *adj.* Que usa de **chicanas** o malos procederes. *Cunning, tricky, crafty.*

CHICATO. *adj.* Miope, corto de vista. *Nearsighted.*

CHÍCHARO. *n.m.* Aprendiz, **barrilete**. *Apprentice.* ‖ **2.** Guisante, judía verde. *Pea.*

CHICHARRA. *n.f.* Persona de voz chillona. *Person with a shrill voice.* ‖ **2.** Timbre. *Electric buzzer.* ‖ **3.** Grillo. *Cricket.* ◻ Cuando el aire se llenó de CIGARRAS [...] Pedro se frotaba los brazos y sus dientes rechinaban. *When the air filled with crickets, Pedro's teeth chattered and he rubbed his arms.* (C. Fuentes. La región más transparente). ‖ **4.** •Tronar (reventar) como CHICHARRA. Morir. *To kick the bucket.*

CHICHARRÓN. *n.m.* (Acad.) Piel del cerdo joven, oreada y frita. *Crisp piece of fried pork skin.* ◻ Pedro mataba puercos y freía CHICHARRONES. *Pedro would kill hogs and then make fried pork skins.* (E. Poniatowka. Hasta no verte Jesús mío). ‖ **2.** •Dar CHICHARRÓN. Eliminar, matar. *To bump off, get rid of.* ‖ **3.** •Tronar los CHICHARRONES. Intimidar. *To crack the whip.* ‖ **4.** •Hacerse algo CHICHARRÓN. Quemarse por completo. *To burn to a crisp.* ~Se le olvidó la carne en el horno y se le hizo CHICHARRÓN. *He forgot to remove the meat from the oven and it got burned to a crisp.*

CHICHARRONERO. *adj.* Torpe. *Bungling.*

CHICHE. *n.m&f.* Nodriza. *Wet nurse.* ‖ **2.** Pecho. *Breast.*

CHICHI. *n.f.* Nodriza. *Wet nurse.* ‖ **2.** Teta, pecho. *Breast.* 📖 [...] entre que uno se come un pan de los que llevan en la bolsa y entre que se le empieza a sobar los CHICHIS, facilito se van poniendo aguadas, aguadas. *Ater eating one of the rolls they carry in their bag and fondling their breasts they gradually begin to let their defense down.* (V. Leñero. Los albañiles). 📖 [...] Eulalia volvió del establo con la niña colgada de un CHICHI [...]. *Eulalia returned from the stable with the child clinging from one of her breast.* (A. Mastretta. Arráncame la vida). ‖ **3.** (Yucatán). Miga de pan. *Bread crumb.* ‖ **4.** (Sonora). Bebé o niño de corta edad. *Baby, young child.* ‖ **5.** Abuela. *Grandmother.* ‖ **6.** •Hacer CHICHÍS a un niño. Arrullar a un niño para que duerma. *To lull a baby to sleep.*

CHICHICASTE. *n.m.* Ortiga. *Nettle.*

CHICHICASTLE (variante de **chichicaste**).

CHICHICUILOTE. *n.m.* Lavandera. *Sandpiper.* ‖ **2.** •Tener piernas de CHICHICUILOTE. *To have very long thin legs.*

CHICHIFEAR. *v.* Trabajar de prostituta. *To work as a prostitute.*

CHICHIFO. *n.m. Male prostitute.*

CHICHIGUA. *n.f.* (Acad.) Nodriza. *Wet nurse.* ‖ **2.** Cualquier árbol que sirve de sombra. *Any tree which provides shade.* ‖ **3.** (Acad.) Hembra de los animales que está criando. *Nursing animal.* ‖ **4.** Animal manso. *Tame animal.* ‖ **5.** Alcahuete, chulo. *Pimp.*

CHICHILASA. *n.f.* (Acad.) Mujer hermosa y arisca. *Beautiful but very spirited woman, spitfire.* ‖ **2.** (Acad.) Hormiga pequeña, de color rojo, muy maligna. *Small malignant red ant.*

CHICHIMECO. *adj.* Mezquino. *Despicable, contemptible.* ‖ **2.** Hombre pequeño. *Short person.* ‖ **3.** Feo de cuerpo. *Ugly of body.*

CHICHO. *adj.* Bonito, estupendo. *Nice.* ‖ **2.** Brillante. *Brilliant.* ~Es muy CHICHO para los deportes. *He excels at sports.*

CHICHONA. *n.f.* Mujer que tiene muy desarrollados los **chiches** o pechos. *Large-breasted women.*

CHICLE. *n.m.* Suciedad. *Dirth, filth.* ‖ **2.** Asfalto. *Asphalt.* ‖ **3.** Persona no invitada. *Unwelcome guest.* ‖ **4.** •CHICLE bomba. Chicle de globos. *Bubble gum.*

CHICLEAR. *v.* (Acad.) Hacer la explotación del chicle. *To extract gum (for chewing).* ‖ **2.** Masticar chicle. *To chew gum.*

CHICLERO. *n.m.* (Acad.) Persona que se dedica a la industria del chicle. *Gum collector.* ‖ **2.** Vendedor. *Street vendor (selling chewing gum, candy, etc.).*

CHICLOSO. *n.m.* (Acad.) Dulce de leche hecho con chicle. *Caramel spread made with gum.*

CHICO. *n.m.* Pequeño vaso de pulque. *Small glass of pulque.*

CHICOTAZO. Latigazo. *Lashing, whipping.* 📖 Para que sepas lo que duele, a ti te voy a dar tus CHICOTAZOS. *So that you know what it feels like, I'm going to give you a lashing of my own.* (E. Poniatowka. Hasta no verte Jesús mío).

CHICOTE. *n.m.* Látigo. *Whip.* 📖 Tocó nuevamente con el mango del chicote, nada más por insistir, ya que sabía que no abrirían hasta que se lo antojara a Pedro Páramo. *He knocked again (on the door) with the handle of his whip, just for the sake of it, since he knew that Pedro Paramo wouldn't let them open de door until he felt like it.* (J. Rulfo. Pedro Páramo). ‖ **2.** (Veracruz). Colilla. *Cigarette butt.* ‖ **3.** •Darle CHICOTE a alguien. Azotar. *To give somebody a whipping.*

CHICOTEADA. *n.f.* Acción de **chicotear**. *Whipping, lashing, flogging.*

CHICOTEAR. *v.* Azotar. *To fog, whip, lash.* 📖 Los dos hermanos se enojaron (...) y me CHICOTEARON. *The two brothers got angry and whipped me.* (R. Pozas. Juan

Pérez Jolote).

CHIDO. *adj.* Fabuloso, fantástico. *Fantastic, great.*

CHIFLA. *n.f.* Mal humor. *Bad humor.*

CHIFLADERA. *n.f.* Chifladura. *Crazy idea.*

CHIFLADO. *adj.* Niño mimado. *Spoilt child.*

CHIFLAR. *v.* Cantar (pájaro). *To sing (bird).* || 2. Silbar. *To wistle.* 📖 Se espanta los zancudos con el sombrero y de vez en cuando intenta CHIFLAR. *He chases away the mosquitos with his hat and from time to time tries to whistle.* (J. Rulfo. El llano en llamas). 📖 [Esperan] a su novios que usan CACHUCHAS y se paran a chiflar en las esquinas. *They wait for their boyfriends who wear caps and spend their time whistling on the corner streets.* (R. Castellanos. Balún Canán).

CHIFLETA. *n.f.* Broma, indirecta, pulla. *Joke.*

CHIFLÓN. *n.m.* Ráfaga. *Gale, hurricane, strong wind.* 📖 En su voz oía la voz (...) de todas la muchachas que pasaron por la casa como CHIFLONAZOS. *In her voice I could hear the voice of all the girl servants who pass through the house like a hurricane.* (E. Poniatowska. Luz y luna). || 2. (Acad.) Canal o tubo por donde sale el agua con fuerza del surtidor de una fuente o de una bomba de riego. *Nozzle, waterspout, jet.* || 3. (Acad.) Derrumbe de piedras sueltas en el interior de una mina. *Caving in of loose rock (mine).* || 4. Viento colado o corriente muy sútil del aire. *draft of air.* ~Quítate de ese CHIFLÓN o vas a agarrar un resfrío. *You'd better get out of the draft or you'll catch a cold.* 📖 Ay, qué CHIFLÓN! Bobó, ¿Qué te cuesta cerrar esta ventana? *What a draft, Bobó. How difficult can it be to close that window?* (C. Fuentes. La región más transparente).

CHIFLONAZO. *n.m.* Aumentativo de chiflón. *Strong draft.*

CHILANGO. *n.m.* (Acad.) Natural de Méjico o del Distrito Federal. *Native or inhabitant of Mexico City.* 📖 -Será bruja? -N'hombre, es una de esas CHILANGAS ensorbecidas que nos vienen a tratar de apantallar a los provincianos. *-Is she a witch? -Not at all, she's one of those girls from Mexico City who come her and try to impress country people like us.* (Carlos Fuentes. La frontera de cristal). || 2. (Acad.) Perteneciento o relativo a esta zona (la cuidad de México). *Pertaining to Mexico City.*

CHILAPEÑO. *n.m.* Sombraro de paja. *Straw hat.*

CHILAQUIL. *n.m.* Sombrero viejo y maltratado. *Dirty old hat.*

CHILAQUILES. *n.m.* Guiso de tortillas despedazadas y cocidas en salsa de chile y caldo. *Casserole dish made of chopped tortilla and chile sauce with meat or cheese.*

CHILATOLE. *n.m.* (Acad.) Guisado de maíz entero, chile y carne de cerdo. *Corn, pepper and pork stew.*

CHILCHOTE. *n.m.* (Acad.) Una especie de chile o ají muy picante. *A variety of very hot chile.*

CHILE. *n.m.* Nombre genérico de todas las variedades de ají o pimiento. *All variety of red, green or bell peppers.* || 2. •Peor es CHILE y el agua lejos. Con que se aconseja resignación frente a una desdicha. *It could be much worse.* || 3. •Andar a medios CHILES. Medio ebrio. *Half drunk.* 📖 –¿Estás borracho. –A medio CHILES nomás, cuñadito. ¿O deveras cree que estoy pedo? *–You're drunk. –Just half drunk, my dear brother-in-law. Or do you really think that I'm plastered.* (V. Leñero. Los albañiles). || 4. •Estar hecho un CHILE. Estar encolerizado. *To be enraged.* ~La vieja esta hecho un CHILE conmigo. *My old lady is furious at me.* || 5. •Parecer CHILE relleno. Estar andrajoso. *To be dressed in ragged clothing.* || 6. •De CHILE, de dulce y de manteca. De todo un poco, mezclado. *Assortment, medley, jumble, hotchpotch.* ~En la fiesta habia gente de CHILE, dulce y de manteca. *At the party there was a medley of all kind of people.* || 7.

Hablarle a alguien al CHILE. Decirle algo a una persona sin rodeo. *To come straight to the point, not to beat around the bush.* || **8.** •Hacer al CHILE. Hacer algo con el mínimo de atención. *To do something in a slipshod way.* || **9.** •Hacer algo al puro CHILE. Hacer algo sin preparación alguna.

CHILERO. *n.m.* Nombre despectivo del tendero de comestibles. *Derogatory term for grocer.* || **2.** (Acad.) Persona que tiene por oficio cultivar, comprar y vender chile. *Person who sell or grow **chiles**.* || **3.** Vasija para la salsa de chile. *Serving dish for chile sauce.* || **4.** Vulgar, común y corriente. Un vestido es bastante CHILERO. *A fairly ordinary dress.*

CHILETÓN. *adj.* Que ya no es un niño, que ya está bastante crecido. *Grown boy.*

CHILILLO. *n.m.* Cualquier varita usada como látigo. *Stick, twig or the like used as a wip.*

CHILINDRINA. *n.f.* Cierta especie de pan de huevo. *Sugar-coated bun.*

CHILLA. *n.f.* Piso alto de los teatros. *Upper balconies of a theatre.* || **2.** Pobreza. *Poverty.* || **3.** •Estar en la CHILLA (andar en la quinta CHILLA). Ser muy pobre. *To be very poor.*

CHILLADERO. *n.m.* Ruido de gente chillando. *Shouting.*

CHILLAR. *v.* Denunciar al cómplice. *To "squeal", turn an accomplice in.* || **2.** Enojarse. *To get cross.* || **3.** Ofenderse. *To take offense.* || **4.** Protestar, refunfuñar, lamentarse. *To protest, complain, grumble.* || **5.** •CHILLAR el cochino. Descubrirse una intriga. *To let the cat out of the bag.*

CHILLÓN. *n.m.* Llorón. *Crybaby.*

CHILMOL (variante de **chilmole**)

CHILMOLE. *n.m.* (Acad.) Salsa o guisado con tomate u otra legumbre. *Tomato, onion and pepper sauce, similar to the vinaigrette.*

CHILMOLERO. *n.m.* (Acad.) Que hace o vende **chilmoles**. *Chilmole maker or vendor.* || **2.** *adj.* (Acad.) Latoso, fastidioso. *Bother-some, pestering.*

CHILOTE. *n.m.* (Acad.) Bebida que se hace con pulque y chile. *Drink made of chile and pulque.* || **2.** Choclo o mazorca de maíz muy tierno. *Ear of young, tender corn.*

CHILPAYATE. *n.m.* (Acad.) Muchacho, niño pequeño. *Kid, youngster.* 📖 Una compañera de Jesusa tuvo su CHILPAYATE en una trinchera. *One of Jesusa's companion gave birth to her child in a trench.* (E. Poniatowska. Luz y luna). 📖 A la Iselda no se le murió ni uno de sus CHILPAYATES. Se le dieron fuertes. *Iselda never lost a single one of her children. They were all born strong.* (E. Poniatowska. Hasta no verte Jesús mío).

CHIMAL. *n.m.* Cabellera muy alborotada. *Tousled, dishevelled hair.*

CHIMAR. *v.* To annoy, bother, vex. *Molestar, fastidiar.*

CHIMISCOLEAR. *v.* Callejear, vaguear, comadrear. *To wander about without anything to do.* || **2.** Chismear. *To gossip.* || **3.** Tomar un trago (de algo). *To take a swig (of something).*

CHIMISCOLEO. *n.m.* Chismeo. *Gossip, busybody.*

CHIMOLERO. *n.m.* Fondista (despectivo). *Inn-keeper, tavern owner (derog.).*

CHIMUELO. *adj.* (Acad.) Dícese de quien carece de uno o más dientes. *Toothless.* 📖 Y el que viene (...) nos deja CHIMUELOS, cojos (...). *And the one that follows leaves us toothless, lame...*(E. Poniatowska. Luz y luna).

CHINA. *n.f.* Término cariñoso aplicado a la mujer. *Term of endearment.* ~Mi CHINITA. *My darling, my sweet one.* || **2.** Naranja dulce. *Orange.*

CHINACA. *n.f.* (Acad.) Pobretería, gente desharrapada y miserable. *Poor people.*

CHINACATE. *n.m.* (Acad.) Murciélago. *Bat.* || **2.** (Acad.) Gallo sin plumas. *Featherless cock.* || **3.** (Acad.) Variante de **chinaco**.

CHINACO. *n.m.* (Acad.) Guerrillero liberal.

Guerrilla of liberal leaning.

CHINAMITLA. *n.f.* Choza pequeña de paja. *Small thatch-roofed hut.*

CHINAMPEAR. *v.* Huir el gallo en el momento de pelear. *To run away (a fighting cock).* || **2.** Evitar. *To avoid.* || **3.** Tener miedo. *To be afraid.* || **4.** (Compromiso). *To break.*

CHINAMPERO. *adj.* (Acad.) Cultivador de chinampas. *Cultivator of chinampas or floating orchards.* || **2.** Que se cultiva en las **chinampas**. *Grown in chinampas.* ~Clavel CHINAMPERO. *Carnation grown in Chinampas.*

CHINAMPINA. Buscapies. *Firecracker.* [...] detonaron media docena de CHINAMPINAS. (M. Azuela. El desquite).

CHINANA. *n.f.* Supositorio. *Suppository.* || **2.** Molestia, jeringa. *Nuisance, bother, annoyance.*

CHINANPA. *n.f.* (Acad.) Terreno pequeño donde se cultivan flores y verduras. *Small garden tract.* 📖 Nos llevaban a Xochomilco porque allí en las CHINAMPAS tenía contratados a unos inditos que lo veían como a un Dios. *He would take us to Xochomilco because there where the garden tracts were, he had some Indians working for him and which looked upon him as a God.* (E. Poniatowska. Hasta no verte Jesús mío). || **2.** Jardín flotante. *Floating gardens.* || **3.** Embarcación. *Riverboat.*

CHINAPO. *n.m.* (Acad.) Obsidiana. *Obsidian.*

CHINCHE. *n.m.* Clavito. *Thumbtack.*

CHINCHERÍA. *n.f.* Lugar sucio o desarreglado. *Filthy or messy place.*

CHINCHERO (variante de **chinchería**).

CHINCHÍN. *n.m.* Sonajero. *Baby's rattle.*

CHINCHORRO. *n.m.* Recua pequeña. *Small drove or pack of animals, small herd.* || **2.** Red. *Net.*

CHINCUAL. *n.m.* (Acad.) Sarampión. *Measles.* 📖 Desde que le agarró el CHINCUAL... *Since he contracted the measles...*

(Juan Rulfo. Pedro Páramo).

CHINCUALEAR. *v.* Parrandear. *To carouse around, go out on the town.*

CHINCUALERO. *n.m.* Parrandero. *Person who carouses, goes out on the town.*

CHINGA (vulg.). *n.f.* Trabajo excesivo, despiadado; molestia. ~Es una CHINGA mudarse. Es una molestia mudarse. *Moving is a nightmare.*

CHINGADA. *n.f.* •Vete a la CHINGADA. *Go to hell.* 📖 –Yo no te lo puedo comprar.¿Por qué no se lo pides a tu general? –Vete a la CHINGADA –contesté. *–I can't buy it for you. Maybe your general can. –Go to hell –I answered.* (A. Mastretta. Arráncame la vida). || **2.** •No saber (entender, tener) una CHINGADA. *Not to know (understand, have) a damned thing.* 📖 Andrés se quedó en México solo, sin entender una CHINGADA de lo que ahí pasaba. *Andrés stayed in Mexico City, without knowing a damned thing of what was going on there.* (A. Mastretta. Arráncame la vida). 📖 Nos reíamos como dos mensos que no tienen futuro ni casa ni una CHINGADA. *We laughed like two nuts without a future, without a house, without a damn thing to our names.* (A. Mastretta. Arráncame la vida). || **3.** •Mandar a la CHINGADA. *To tell someone to go to hell.* 📖 Lo que tienes que hacer es mandarle a la CHINGADA mañana mismo. *What you have to do is to tell him to go to hell, and first thing in the morning.* (A. Mastretta. Arráncame la vida). || **4.** •Hijo de la CHINGADA. *Son of a bitch.* || **5.** •De la CHINGADA. Muy mal. *Badly.* ~En este viaje me fue de la CHINGADA. *It was an awful trip.* 📖 No tengo razón alguna para reír. Creo que mi situación es espantosa. De la CHINGADA. *There's no reason for me to laugh. I consider my situation rather precarious. As a matter of fact, extremely precarious.* (Carlos Fuentes. La frontera de cristal).

CHINGADAZO. *n.m.* Golpe muy fuerte. *Hard blow.* 📖 [...] si no te quitas te va a dar una santa entrada de CHINGADAZOS. *If you don't get out of the way he's going to beat* *you silly.* (E. Poniatowka. Hasta no verte Jesús mío).

CHINGADERA. *n.f.* Basura. *Trash.* ~Esta tienda vende puras CHINGADERAS. *That shop sells nothing but trash.* 📖 ¿Para qué quiero esto? Quíteme esta CHINGADERA de allí. *What do you want me to do with this? Get rid of that trash.* (E. Poniatowska. Luz y luna). || 2. Estupideces. *Nonsense.* No digas tantas CHINGADERAS. *Stop talking nonsense.*

CHINGADOS. •¿Por qué CHINGADOS... *Why in the hell...* 📖 ¿Por qué CHINGADOS me manda pedir la comida si tenía ya quien se la llevara? *Why does he have me order the food if he already has someone to bring it to him.* (E. Poniatowka. Hasta no verte Jesús mío). || 2. •Como CHINGADO. *How the hell.* ~No sé como CHINGADOS aprobó. *I don't know how the hell he passed the exam.*

CHINGAQUEDITO. *adj.* Intrigante, maquinador. *Scheming.*

CHINGAR. *v.* Molestar, importunar. *To annoy, bother.* 📖 Eso es lo que me CHINGABA con los gringos -gruñó el Tuno. *That's what I had against the gringos, grumbled El Tuno.* (C. Fuentes. La región más transparente). || 2. Causar mal, hacer daño. *To injure, harm, oppress.* 📖 Ya nos CHINGÓ de pobres, que no quiera chingarnos de ricos. *It screwed us when we were poor. I hope it doesn't screw us when we are rich.* (A. Mastretta. Arráncame la vida). || 3. Frustrarse un intento, fracasar. *Fail, fall through.* ~Se CHINGÓ la fiesta. *The party was a flop.* || 4. Llevarse un chasco. *Suffer a let-down, be disappointed.* ~Me CHINGUÉ. *I'm really disappointed.* || 5. Estar CHINQUE que CHINQUE. *Estar siempre molestando. To be constantly pestering someone.* 📖 Mire, usted hace dos años de venir y estar CHINGUE y CHINGUE, y no entiende nada. *Look, you've been coming here for two years constantly pestering me, and you still don't understand anything.* (E. Poniatowska. Luz y luna). || 6. Fornicar, copular. *To have sex.* || 7. Sacrificarse en extremo. *To make sacrifices.* ~Yo me CHINGO trabajando día y noche y tú te gastas todo el dinero. *Here I am working my butt off day in and day out and the only thing you do is blow all the money away.*

CHINGASTE. *n.m.* Sedimiento, asiento. *Residue, dregs.* || 2. Posos de café. *Coffee grounds.*

CHINGAZO. *n.m.* Puñetazo o golpe con un objeto pesado. *A blow with the fist or an heavy object.*

CHINGO. *n.m.* Mucho. ~Te quiero un CHINGO. Te quiero mucho. ~Esta mesa me costó un CHINGO. *That table cost me an arm and a leg.* || 2. •Un CHINGO de. Un montón de. *Loads of.*

CHINGÓN. *adj.* Fantástico (partido, película). *Fantastic, fabulous.* 📖 Eres una vieja CHINGONA. Aprendiste bien. Ya puedes dedicarte a la política. *You're an amazing gal. You've learned very well. You can now devote yourself to politics.* (A. Mastretta. Arráncame la vida). 📖 Quedó CHINGÓN el discurso que le escribí a Rodolfo. *The speech that I wrote for Rodofo turned out great.* (A. Mastretta. Arráncame la vida). || 2. Exito. *Ace, hit.* ~Es un CHIGÓN con las mujeres. *He's a real hit with women.* ~Es una CHINGONA bailando. *She's a hell of a dancer.* ~Es una jugadora muy CHIGONA. *She's a hell of a player.* 📖 Nada es más admirado en México que el gran CHINGÓN. *No one is more admired in Mexico than the person who gets to the top regardless who he tramples over.* (C. Fuentes. La región más transparente). || 3. Cabron. *Bastard.* 📖 Unos cuantos CHINGONES esclavizan a una bola de agachados. *It just take a a few bastards to enslave a whole bunch of bootlickers.* (C. Fuentes. La frontera de cristal. Cit Hispan.).

CHINGONERÍA. *n.f.* Preciosidad, monada. *Beautiful thing.* 📖 Que CHINGONERÍA de canción. Otra vez desde el principio –pidió Andrés. *What a beautiful song. Sing it again from the beginning.* (A. Mastretta. Arráncame la vida).

CHINGUAL. *n.m.* Sarampión. *Measles.* 📖 –¿Desde cuándo? –Desde que le agarró el

CHINGUAL. *Since when? Since he got the measles.* (J. Rulfo. Pedro Páramo).

CHÍNGUERE. Vulgarmente, el aguardiente común. 📖 [...] al fin uno no es caballo para beber agua; tomo CHÍNGUERE ahora y me asienta. *Water is for horses. Now that I drink "chínguere" I feel much better.* M. Azuela. La malhora).

CHINGUERO. *n.m.* Montón. *Loads of, a great quantity, much.* 📖 Pero fue una nomás y Pedro tenía un CHINGUERO de coscolinas. *But that was only one of them and Pedro had a whole slew of girlfriends.* (E. Poniatowka. Hasta no verte Jesús mío).

CHINGUETAS. *n.m.* Persona pagada de sí mismo. *Smug person.*

CHINGUIRITO. *n.m.* (Acad.) Aguardiente de caña, de calidad inferior. *Cheap liquor.*

CHINITA. *n.f.* Calificativo cariñoso hacia la mujer. *Term of endearment: Honey, pet, darling.* ~Mi CHINITA. *My sweetheart, my loved one.*

CHINITO. *adj.* Lleno. *Full.* El monte está chinito de orégano. *The hills are full of oregano.*

CHINO. *adj.* Crespo, de pelo rizado. *Curly, kinky.* 📖 A su lado un gordo de pelo CHINO, chamagoso y desarrapado. *Next to him a filthy and shabbily dressed fat man with kinky hair.* (V.A. Maldonado. Cit. Dicc. de Hispan.). **2.** *n.m.* Rizo de pelo. *Curl.* || **3.** Pelo rizado. *Curly hair.* 📖 [...] acariciandose los *chinitos* cortos y anaranjados. *And stroking his short, curly orange-colored hair.* (Carlos Fuentes. La frontera de cristal). || **4.** Rulo (para rizar el pelo. *Curler, roller.*

CHIPE. *n.m.* Último hijo de una mujer. *Baby of the family.*

CHIPICHIPI. *n.m.* (Acad.) Llovizna. *Light rain, drizzle.*

CHIPIL. *n.m.* Niño llorón. *A child given to frequent crying.* 📖 [...] para pagar [...] las medicinas para el CHÍPIL que tiene chorrera. *To pay for the medicine for the baby who has diarrhea.* (M. Azuela. Nueva burguesía).

|| **2.** *adj.* Triste, sombrío. *Sad, gloomy.* || **3.** Mimado (niño). *Spoiled.*

CHIPILE. *n.m.* (Acad.) Chipilín, chiquilín. *Small child.*

CHIPILINGO (variante de **chipile**).

CHIPOCLUDO. *adj.* Fantástico, fabuloso. *Fantastic, great.* Un tiro CHIPOCLUDO. Un tiro fenomenal. *A corker of a shot.*

CHIPÓN. *adj.* Consentido (niño). *Spoiled child.*

CHIPOTE. *n.m.* Chichón. *Bump, lump.* 📖¿Quién te puso este CHIPOTE en la cara, paisano? *How did you get that bump on your face, my friend?* (M. Azuela. Nueva burguesía).

CHIPOTLE. *n.m.* (Acad.) Especie de chile muy picante, secado al humo. *Very hot smoked chile.*

CHIPOTUDO. *adj.* Hinchado. *Puffed up.* 📖 Recuerdo la cara del juez Cabañas, roja y CHIPOTUDA. *I still remember the judge's face, all red and puffed up.* (A. Mastretta. Arráncame la vida).

CHIQUEADO. *adj.* Mimado, consentido. *Spoiled.* || **2.** *n.m.* Niño consentido. *Spoiled brat.*

CHIQUEADOR. *n.m.* Se dice de la persna que mima. *Indulgent person.*

CHIQUEADORES. *n.m.* Rodajas de caray que se usan como adorno mujeril. *Discs of turtle shell worn as jewelry by women.* || **2.** (Acad.) Rodajas de papel que se pegan a las sienes cuando se tiene dolor de cabeza. *Small paper plasters applied to the forehead to relieve a headache.*

CHIQUEAR. *v.* Acariciar. *To pet, fondle.* || **2.** (Acad.) Mimar, consentir. *Spoil, indulge.* 📖 Yo estoy aquí para trabajar, no para CHIQUEAR pelados. *I'm here to work, not to pamper down-and-out characters.* (E. Poniatowska. Hasta no verte Jesús mío). || **3.** Hacerse de rogar. *To play hard to get.* || **4.** Solicitar mimos y caricias. *To ask for caresses.* || **5. Chiquearse**. Hacerse de rogar. *To play hard to get.*

CHIQUEAR. *v.* Consentir, mimar. *To spoil.*

CHIQUEO. *n.m.* (Acad.) Mimo, halago. *Endearment, flattery.*

CHIQUERO. *n.m.* Corral para cerdos, gallinas o otros animales, pocilga. *Pigpen, pigsty.* ‖ **2.** Lugar muy sucio o en desorden. *Messy or dirty place.*

CHIQUIARSE. *v.* Hacer de rogar. *To play hard to get.*

CHIQUIHUITE. *n.m.* (Acad.) Cesto o canasta de mimbre sin asas. *Small reed basket.* ‖ **2.** (Acad.) Abobado, inútil. *Dim-witted.*

CHIQUILÍN. *n.m.* Chiquillo, chiquitín. *Tiny tot, small boy.*

CHIQUIÓN. *adj.* Llorón y mal educado. *Crybaby.*

CHIQUIRIÓN. *adj.* Un pedazo de algo, ni muy grande ni muy chico. *Regular size.*

CHIQUITEAR. *v.* Beberse una copa a sorbitos. *To drink slowly.* 📖 Bebió, CHIQUE-TEÁNDOLA, la cerveza. *He drank his beer slowly and with gusto.* (F. del Paso. Cit. Dicc. de Hispan.).

CHIQUITITO. *n.m.* Niño pequeño. *Small child.*

CHIQUITURRIO. *adj.* Muy chico (tiene sentido afectivo). *Smallish.*

CHIRA. *adj.* Bonito, de calidad. Traía una blusa bien CHIRA. *She was wearing a beautiful blouse.* ‖ **2.** *n.m.* Persona tramposa. *Cheater.*

CHIRIMOYA. *n.f.* Cabeza. *Head.*

CHIRINGA. *n.f.* Cometa. *kite.*

CHIRINGO. *n.m.* Pedazo pequeño de una cosa. *Fragment, piece, bit.*

CHIRINOLA. *n.f.* Persona chismosa. *Gossiper.*

CHIRIPA. *n.f.* •De CHIRIPA. Por casualidad. *By pure luck.*

CHIRIPADA (variante de **chiripa**).

CHIRIPAZO. *n.m.* Casualidad favorable en extremo. *Stroke of luck.*

CHIRIPERO. *adj.* Que funciona o acierta por casualidad. *Which sometimes works and sometimes doesn't.* 📖 Dígale al general Blanco que me la cuide, porque mi pistola es muy chiripera. *Tell general Blanco to take good care of my gun, because sometime it goes off and sometimes it doesn't.* (M.L. Guzmán. (Cit. Dicc. de Hispan.).

CHIRO. *adj.* En la onda. *Cool (slang).*

CHIROLA. *n.f.* (Tabasco). Carcel. *"Jug", jail.* 📖 Maelo fue a la CHIROLA por posesión de cocaina. *Maelo was sent to jail for possession of cocaine.* (Cit. Dicc. de Hispan.).

CHIRONA. *n.f.* Cárcel. *Jail.*

CHIRRIÓN. *n.m.* Látigo. *Whip.* 📖 Pero su suegra se enojó y comenzó a golpearlo con el CHIRRIÓN. *But his mother-in-law got angry and started to whip him.* (E. Poniatowka. Hasta no verte Jesús mío). ‖ **2.** •¡Ay (ah) CHIRRIÓN. ¡No me digas!, ¡por Dios! *No kidding!, you must be joking!* ‖ **3.** •Voltearle a uno el CHIRRIÓN por el palito. *To have the tables turned on someone, to get a taste of one's own medicine.* 📖"Látigo tosco, largo y grueso, hecho de correas trenzada o retorcidas, y sujeto a un mango de madera corto. Úsanle especialmente los carreteros" (Santamaría).

CHIRRIONAR. *v.* Dar con el látigo o el **chirrión**. *To whip, lash.*

CHIRRISCO. *n.m.* Enamoradizo. *Flirtatious, skirt-chasing.* ‖ **2.** •Viejo CHIRRISCO. *Viejo verde. Dirty old man.*

CHISGO. *n.m.* Atractivo, gracia. *Charm, elegance.*

CHISME. *n.m.* Trasto, cacharro. *Junk, stuff.* ~Tiene su cuarto lleno de CHISMES. *His room is full of junk.* ‖ **2.** Coso. *Thing, thingamajig.* ~¿Donde está el CHISME para cambiar de canal? *Where's the thingamajig for changing channels?*

CHISPA. *n.f.* Resultado, éxito. *Result, success.* ‖ **2.** Coche ligero de dos ruedas tirado por un caballo. *Two-wheeled horse-*

drawn cart. || **3.** *adj.* Chistoso, gracioso. *Amusing, funny.* || **4.** Vivaz, lleno de vida. *Lively, vivacious.* ~Un perro CHISPA. *A frisky dog.* || **5.** •Dar CHISPA. *To work, be sucessful, yield results.*

CHISPARSE. *v.* Achisparse. *To get tipsy.* || **2.** Zafarse. *To come loose.* || **3.** Huir. *To run away, slip off.*

CHISPERO. *n.m.* Encendedor. *Lighter.*

CHISQUETAZO. Chisquete, chorro arrojado con fuerza. *Squirt, jet.* 📖 Escupidores de CHISQUETAZO certero. *Spitters of accurate aim.* (Cit. Dicc. de Hispan.).

CHISTE. *n.m.* Gracia, encanto. *Charm, appeal.* 📖 Es que ya me convencí de que la vida sin Leonor no tiene ningún CHISTE. *The thing is that I've convinced myself that life without Leonor is no longer appealing.* (Cit. Dicc. de Hispan.). || **2.** Cuestión. *The idea, the point.* ~El CHISTE es hacerlo en menos de un minuto. *The idea is to do it in less than a minute.* || **3.** •CHISTE colorado. Chiste verde. *Dirty joke.* || **3.** Broma. *Joke.* ~Vamos a hacerle un CHISTE. *Let's play a joke on him.* || **4.** •En CHISTE. En broma. *Jokingly.* ¿Me lo estás diciendo en CHISTE? *Are you joking?* || **5.** •Ni de CHISTE. *Don't even think about it.* || || **6.** •Tener su CHISTE. *To be tricky.* ~Se ve fácil pero tiene su CHISTE. *It looks easy but it's quite tricky.* ~Hacer tortillas tiene su CHISTE. *There's a knack to making tortillas.*

CHISTOSO. *adj.* •Hacerse el CHISTOSO. Hacerse el loco. *To act foolishly.*

CHITO. *n.m.* Carne de chivo frita. *Fried goat.* || **2.** (Grasa). Muck. || **3.** Suciedad. *Dirt, filth.*

CHIVA. *n.f.* Perilla. *Goatee.* || **2.** Prostituta. *Prostitute.* || **3.** (Guanajuato). Palomillas de maíz. *Popcorn.* || **4.** Cosa o asunto del que se desconoce el hombre; coso. *Anything for which the name is unknown; thing, what-d'call-it.* || **5.** *adj.* Cobarde. *Cowardly.* || **6.** •Tener la CHIVA amarrada. Tener trabajo asegurado. *To have steady work.* || **7. Chivas.** Trastos, conjunto de cobijas o enseres de uso personal. *Junk, garbage, personal things.* ~Vete de acá y llévate tus CHIVAS contigo. *Leave this place and take all your junk with you.* 📖 Tocó Gabriel la puerta [...]. "Aquí estoy con mis CHIVAS". *Gabriel knocked on the door. "Here I am with my belongings".* (C. Fuentes. La región más transparente). || **8.** Billete de diez dólares. *Ten-dollar bill.* || **9.** *adj.* Linda, hermosa. *Attractive, beautiful.*

CHIVAR. *v.* Molestar, fastidiar. *To annoy, upset.*

CHIVARRAS. *n.f.* (Acad.) Calzones de cuero peludo de chivo. *Goatskin breeches.* 📖 Arrastrando las espuelas, las CHIVARRAS caídas abajo de la cintura, Demitrio entró al Cosmopolita [...]. *Draggings his spurs, his goatskin breeches down below his waist, Demitrio entered the Cosmopolita [...].* (M. Azuela. Los de abajo).

CHIVATO. *n.m.* Cabrón, hijo de puta. *Bastard, son of a bitch.*

CHIVEAR. *v.* Asustar. *To scare, give a fright.* || **2. -se.** Turbarse. *To get embarrassed.* || **3.** Asustarse, acobardarse. *To get scared, get a fright.* || **4.** Pasar de contrabando, hacer contrabando. *To smuggle.*

CHIVERO. *n.m.* El que se dedica al contrabando. *Smuggler.* || **2.** Viento frío que viene del sur. *Cold southerly wind.*

CHIVO. *n.m.* Salario diario. *Day's wages.* || **2.** Día del CHIVO. Día de pago del salario. *Payday.* || **3.** *adj.* Bello, buen mozo. *Handsome, beautiful.* || **4.** •Hacerle de CHIVO los tamales a alguien. Estafar, dar gato por liebre. *To cheat someone, take someone for a ride,* b) Engañar, ser infiel. *To be unfaithful.* ~Su marido le hacía de CHIVO los tamales con su propia amiga. *Her husband was having an affair with her own friend.* || **5.** •Haber CHIVO encerrado. Haber gato encerrado. *To be fishy.* ~Aquí hay CHIVO encerrado. *There something fishy going on here.* || **6.** •Sacar el CHIVO. Ganarse la vida. *To make a living.*

CHOCANTE. *adj.* (Acad.) Antipático, odioso. *Annoying, irritating, vexatious.* ~Los empleados son muy CHOCANTES. *The staff is very unpleasant.*

CHOCANTERÍA. *n.f.* (Acad.) Impertinencia, cosa desagradable y molesta. *Rude remark, impertinence.*

CHOCAR. *v.* •CHOCARLE a uno. Molestarle a uno. *To rub the wrong way, to feel annoyed at someone.* ~Me CHOCA su actitud. *This attitude annoys me.* 📖 Este ambiente me CHOCA. *I don't like the atmosphere of this place.* (C. Fuentes. La región más transparente). ‖ **2.** Horrorizar, escandalizar. *To chock, to be shocking.* ~Le CHOCÓ. *He was schocked.* ‖ **3.** •CHOCARLA. Reconciliarse. *To make up.* 📖 A tu salud y CHÓCALA. *To your health and let's make up.* (M. Azuela. La malahora).

CHOCHO. *n.m.* Estimulante. *Stimulant, pep pill.* ‖ **2.** •Ni con CHOCHOS. De ningún modo. *In anyway.* ~Yo no vuelvo a este restaurante ni con CHOCHOS. *There's no way I'm going back to this restaurant.*

CHOCHOCOL. *n.m.* (Acad.) Vasija grande para líquidos. *Large earthen jar; pitcher, jug.*

CHOCLO. *n.m.* Zapato. *Flat shoe worn by men.* 📖 Yo me enamoré de unos CHOCLOS que vi en un puesto. [...]. Costaban tres pesos, un capital. *I felt in love with a pair of shoes that I saw in a stand. They cost 3 pesos, a small fortune.* (R. Castellanos. Balún Canán). ‖ **2.** 📖 Déjame [...] ponerme mis medias de seda y mis CHOCLOS nuevos y en seguida vengo por tí. *Let me put on my silk stockings and my new shoes and I'll pick you up shortly.* ‖ **3.** •Meter el CHOCLO. Meter la pata. *To put one's foot in it.*

CHOCO. *n.m.* Persona a quien le falta un miembro de su cuerpo. *One-arm, one-legged or one-eyed person.* ‖ **2.** Indígena de raza pura. *Pure Indian.*

CHOCOLATE. *n.m.* •Estar como agua para CHOCOLATE. Estar colérico. *To be furious, enraged.* ~El patrón se puso como AGUA para CHOCOLATE. *The boss got furious.* ‖ **2.** •Dar a uno agua de su propio CHOCOLATE. Pagarle alguien con la misma moneda. *To give someone a taste of his own medicine.*

CHOCOLATERO. *n.m.* Viento recio del norte. *Strong northerly wind.*

CHOFERO. *n.m.* Chofer, conductor. *Chauffeur, driver.*

CHOLE. *interj.* ¡Ya CHOLE¡ ¡Déjame en paz!, ¡No me embromes! *Give me a break!*

CHOLLA. *n.f.* Cabeza. *Head.* 📖 Los carrancistas con la paliza que nos dieron se volvieron muy panteras y teníamos ganas de darles en la mera CHOLLA. *After the beating they gave us, Carranza's men became very insolent and we felt like blowing their brains out.* (M. Azuela. Ésa sangre).

CHOLO. *n.m.* Mestizo de sangre europea e indígena. *Half-breed.*

CHOMPA. *n.f.* Cabeza. *Head.*

CHOMPIPE. *n.m.* Pavo. *Turkey.*

CHONCHO. *adj.* Grave, serio (problema). *Serious.* ~La cosa está CHONCHA. *Things are gettting serious.* ‖ **2.** (Persona). *Hefty, big.*

CHONES. Calzoncillos. *Shorts.* ‖ **2.** Braga. *Panties.*

CHONGO. *n.m.* Trenza. *Pigtails.* ‖ **2.** (Acad.) Moño de pelo. *Chinon, bun (hair).* 📖 Tenía el pelo blanco y escaso, se lo recogía atrás en un CHONGO sin mucha gracia. *Her hair was white and sparce and she gathered it into a somewhat ungraceful bun in the back of her head.* (A. Mastretta. Arráncame la vida). | **3.** Chanza, broma. *Joke, jest.* ‖ **4.** (Acad.) •CHONGOS zamoranos. Dulce que se hace de pan frito, o leche cuajada y en almíbar. *Famous Mexican confection.* ‖ **5.** •Agarrarse del CHONGO. Reñir, pelear (particularmente mujeres). *To scratch each other's eyes out.*

CHONGUEAR. *v.* (Acad.) Burlarse festivamente. *To joke, jest, banter.*

CHOPO. *n.m.* Nariz. *Nose.* ‖ **2.** –s. Pantuflas. *Slippers.*

CHORCHA. *n.f.* Fiesta casera. *Noisy home party.* Esta era la CHORCHA de las cuatitas, y aquí se bebían licores dulzones por lo que se subían mas rápido y con más sabrosura. *It was a girl's party, and there the drinks were* *somewhat sweet so that it went to your head faster and you enjoyed them more.* (Carlos Fuentes. La frontera de cristal). ‖ **2.** (Acad.) Reunión de amigos que se juntan para charlar. *Friendly meeting.* ‖ **3.** •Una CHORCHA de amigos. Grupo de gente divertida. *Group of friends (out for a good time).* ‖ **4.** •Hacer (la) CHORCHA. *To have a get-together.* ‖ **5.** •Andar (estar) en la CHORCHA. *To party.*

CHORCHERO. *adj.* Fiestero. *Party-loving.*

CHORIZO. *n.m.* Corte de carne. *Cut of beef.* ‖ **2.** Haz de de paja revolcado en barro, que sirve para formar las paredes de los ranchos. *Clay and straw used for plastering.* ‖ **3.** Cualquier cadena de objetos; cola. *Line (of cars, etc.).* ~Se hizo un CHORIZO larquísimo en la carretera. *There's was a long line of cars on the highway.* ‖ **4.** Rollo de monedas. *Roll of coins.*

CHOROTE. *n.m.* Bebida de maíz hervido y cacao. *Chocolate drink.*

CHORREADO. *adj.* Sucio, manchado, desaseado. *Dirty, stained.*

CHORRILLO. *n.m.* •Tener CHORRILLO. Tener diarrea. *To have diarrhea.*

CHORRO. n.m. (variante de **chorrillo**). ‖ **2.** Montón, gran cantidad. ~¡Qué CHORRO de gente! *What a lot of people!* ‖ **3.** •Gustarle un CHORRO algo a alguien. Gustarle en extremo una cosa a alguien. *To really like (to do) something.* ~Me gusta un CHORRO salir. *I really enjoy going out.* ‖ **4.** •Un CHORRO. Mucho. *Greatly, a lot.* ~Te extraño un CHORRO. *I really miss you.*

CHOTA. *n.f.* •La CHOTA. La policía. *The cops.*

CHOTEADO. *adj.* Burlón, guasón. *Teasing, joking.* 📖 [...] la gente de aquí del norte es muy CHOTEADORA. *People here in the north are somewhat given to teasing.* (Carlos Fuentes. La frontera de cristal).

CHOTEAR. *v.* Mofarse de alquién. *To make fun of, mock, jeer at, take for a ride.* 📖Entonces, ¿por qué te están CHOTEANDO? *Then, why are they making fun of you?* (E.

Poniatowska. Hasta no verte Jesús mío). ‖ **2.** Desprestigiar, desacreditar. *Discredit.* ~Este estilo de tela se va a CHOTEARSE muy pronto. *This style of cloth will soon loose popularity.* ‖ **3.** Holgazanear. *Lo loaf around.* ‖ **4.** Pasear. *To take a walk.* ‖ **5.** Delatar. *To give away, inform on.*

CHOYA. *n.f.* (Acad.) Cabeza. *Head.*

CHUCEAR. *v.* Herir, pinchar con arma punzante. *To prick, goad.*

CHUCHO. *adj.* Astuto. *Astute.*

CHUCHUMECO. *m.* (Acad.) Apodo con que se zahiere al hombre ruin. *Mean person, skinflint.*

CHUECA. *n.f.* •La CHUECA. La mano izquierda. *The left hand.* ‖ **2.** El pie izquierdo. *The left foot.*

CHUECO. *adj.* Torcido. *Bent, crooked, twisted.* ‖ **2.** Disgustado, enojado, atravesado. *Annoyed, disgusted, cross.* ~Juan anda medio CHUECO conmigo. *John is a little cross with me.* ‖ **3.** Tuerto. *One-eyed.* ‖ **4.** Zurdo. *Lefthanded.* ~En el equipo de béisbol tienen un lanzador CHUECO. *They have a southpaw on the beisbol team.* ‖ **5.** Cojo. *Lame.* ‖ **6.** Desleal, deshonesto. *Untrustworthy, crooked (person), shady (business).* ‖ **7.** Persona que tiene las piernas arqueadas. *Bow-legged.* ‖ **8.** Que está en los Estados Unidos ilegalmente. *Applies to the person who is living illegally in the United States.* ~Está chueco. *He's an illegal immigrant.* ‖ **9.** *n.m.* Persona deshonesta, desleal. *Double-crosser,* crook. ‖ **10.** Comercio de cosas robadas. *Stolen goods trading.* ‖ **11**•Comprar (vender) de CHUECO. Comerciar con objetos robados. *To fence (stolen goods).* ~Tiene un estéreo comprado de CHUECO. *He bought his stereo from a fence.* ‖ **12.** •Jugar CHUECO. *To be dishonest.*

CHULADA. *n.f.* Cosa bonita. *Gorgeous, beautiful.* ~¡Qué CHULADA de casa tienes! *What a gorgeous house you have!* ‖ **2.** Persona bonita. ¡Qué CHULADA de chamaca! *What a cute (sweet) girl.*

CHULEAR. *v.* Echar piropos. *To compliment (person), make nice comments about.* Estaba enterado de que los albañiles CHULEABAN a la hermana de Sergio García. *He knew that whenever Sergio García's sister would walk by, the construction workers would direct pleasing comments at her.* (V. Leñero. Los albañiles).

CHULO. *adj.* Bonito, lindo, mono. *Pretty.* 📖 (...) y le arruine para siempre el paisaje de este jardín tan CHULO que tiene. *...and forever spoil the appearance of such a beautiful garden as yours.* (C. Fuentes. La región más transparente). 📖 [...] que rete CHULA ha de ser la mar... *How very beautiful the sea must be.* (C. Fuentes. La región más transparente). || 2. Lindo, atractivo. *Good-looking, cute (man); pretty, cute (woman).* 📖 Dicen que es CHULISIMA. *They say she's quite attractive.* (Carlos Fuentes. La frontera de cristal).

CHUMERA. *n.f.* (Tabasco). Borrachera. *Drunkenness, drunkenspree.*

CHUMPIPE (variante de **chompipe**).

CHUNCHE. *n.m.* Bartulos. *Things, stuff.* 📖 [...] se refugió en la curiosa ocupación de coleccionar triques, CHUNCHES y sobre todo revistas. *She took refuge in collecting odds and ends and above all magazines* (Carlos Fuentes. La frontera de cristal).

CHUPAFLOR. *n.m.* (Acad.) Colibrí. *Humming-bird.*

CHUPALETA. *n.f.* Chupetín. *Lollipop.*

CHUPALLA. *n.f.* Sombrero tosco de paja. *Straw hat.*

CHUPAMIRTO. *n.m.* (Acad.) Colibrí. *Humming-bird.*

CHUPAR. *v.* Fumar. *To smoke.* 📖 Yo le compraba sus cigarros para que chupara. *I would by his cigars so that he could smoke.* (R.Pozas. Cit. Dicc. de Hispan.). || 2. Ingerir licor, tomar. *To drink (alcoholic beverages).*

CHUPARROSA. *n.m.* (Acad.) Colibrí. *Humming-bird.* 📖 Había CHUPARROSAS. Se oía el zumbido de sus alas entre las flores del jazmín que se caía de flores. *You could hear the fluttering of humming-birds among the leaves of a jasmine tree brimming with flowers.* (J. Rulfo. Pedro Páramo).

CHUPETE. *n.m.* Chupón. *Hickey.*

CHUPÓN. *n.m.* Furúnculo. *Boil.* || 2. Chupete. *Pacifier.* || 3. Biberón. *Baby's bottle.*

CHURRIA. *n.f.* Mancha. *Stain.*

CHURRO. *n.m.* Película de mala calidad. *Bad movie.* ~CHURROS importados o nacionales. *Imported and domestic films.*

CHUTARSE. *v.* (Comida, bebida). *To have.*

CHUZA. *n.f.* (Acad.) Lance en los juegos de billar y boliche que consiste en derribar con una sola bola todos los palos (en el billar, en el juego de la *treinta y una*, se entiende los cuatro palos de los ángulos, dejando en pie el del centro). *Strike (bowling). In billiards, in the game* treinta y una, *"chuza" consists in knocking down the four pins surrounding the center one.* || 2. •Hacer CHUZA. (Acad.) Acabar con algo, destrozarlo. *Destroy, do away with.*

CICATERO. *n.m.* (Guanajuato, Durango). Ladrón, ratero, tramposo. *Thief.* 📖 La revolución nos ha dejado muchos CICATEROS y malcriados... *The Revolution produced a lot of thieves and rude people.* (M. Azuela. Ésa sangre).

CIDRACAYOTE. *n.m.* Variedad de calabaza que se emplea en la confección de dulces. *Gourd calabash.*

CIELO. *n.m.* •Juntarle a uno CIELO y tierra. Acongojarse y amilanarse frente a una dificultad grave. *To be in a terrible predicament.* || 2. •Querer tapar el CIELO con las manos (un dedo). Pretender ocultar algo muy evidente. *To try to conceal something that is very evident.*

CIERRE. *n.m.* (Huasteca). Bragueta. *Fly (of pants).*

CIGARILLO. *n.m.* (Tabasco). Libelula. *Dragonfly.*

CIGARRA. *n.f.* (Chiapas). Libelula. *Dra-*

gonfly.

CIGARRERÍA. *n.f.* Tienda donde se venden cigarrillos. *Tobacco shop.*

CIGARRO. *n.m.* Cigarallo. *Cigarette.*

CIGUATERA. *n.f.* (Acad.) Enfermedad que suelen contraer los peces de las costas del golfo de México y que produce perniciosos efectos a las personas que los comen. *A fish and seafood disease which causes poisoning when eaten.* ‖ **2.** Intoxicación producida por comer peces o mariscos descompuestos. *Fish poisoning.*

CIGUATO. *adj.* Pálido, anémico. *Pale, anemic.* ‖ **2.** Tonto, bobo, mentecato. *Simple, stupid.* ‖ **3.** (Acad.) Que padece **ciguatera**. *Suffering from ciguatera (fish poisoning).*

CILINDRO. *n.m.* Organillo. *Barrel-organ.*

CIMARRÓN. *adj.* Bravío, montaraz, silvestre. *Wild, untamed.* ▭ Llevábamos una bestia muy CIMARRONA; no se dejaba cargar. *We had a very wild animal who refused to carry a load.* (R. Pozaz. Juanl Pérez Jolote).

CIMBRAR. *v.* •CIMBRAR un golpe (un puntapié, una puñada). *To hit, slap, kick, stab.*

CIMBRÓN. *n.m.* Temblor o sacudida violenta. *Shudder.* ‖ **2.** Sacudida (de un terremoto). *Tremor, shake, jolt.* ‖ **3.** Tirón fuerte y súbito del lazo u otra cuerda. *Violent jerk or pull.* ‖ **4.** Estremecimiento o vibración de una cosa flexible (de laso, etc.). *Crack.* ‖ **5.** Espadazo. *Blow with the flat of a sword.*

CIMBRONADA (variante de **cimbrón**).

CIMBRONAZO (variante de **cimbrón**).

CINCHA. *n.f.* Acción de **cinchar** o dar cintarazos. *Lashing.* ‖ **2.** •A revienta CINCHA. *A mata caballo, con mucha prisa. At breakneck speed, hurriedly.*

CINCHADA. *n.f.* Juego que consiste en que dos bandos tiren en sentido contrario de una cuerda. *Tug-of war.* ‖ **2.** Cinchadura. *Girthing, cinching.*

CINCHADO. *adj.* Se dice del animal cuyo pelaje presenta una o más fajas de distinto color en la barriga. *Animal with multicolored stripes on its belly.*

CINCHAR. *v.* Dar cintarazos. *To lash.*

CINCHO. *n.m.* (Acad.) Cincha de la silla o albarda de las caballerías. *Girth, cinch of a horse.* ▭ Yo siempre usé pistola al CINCHO. *I always carried a gun in the cinch of my horse.* (E. Poniatowka. Hasta no verte Jesús mío).

CINCO. *n.m.* Trasero, posaderas, nalgas. *Bottom, backside.* ‖ **2.** Moneda por valor de cinco centavos. *5 pesos piece.* ‖ **3.** •Azotar el CINCO a un niño. Pegarle a un niño (en las nalgas). *To spank a child's backside.* ‖ **4.** •Decirle a uno cuantas son CINCO. Decirle a uno las cuatro verdades. *To give someone a piece of one's mind.*

CINCOLOTE. *n.m.* Cesto de mimbre en que se transportan gallos de pelea. *Wisker basket used to carry fighting cocks.*

CINTA. *n.f.* (Huasteca, Durango). Cordón (zapatos). *Shoelace.* ‖ **2.** Aislante, cinta aisladora. *Insulating tape.* ‖ **3.** •CINTA negra. Cinturón negro. *Black belt.*

CINTILLO. *n.m.* Cinta agosta para el cabello. *Hairband.*

CINTO. *n.m.* (Norte). Cinturón. *Belt.*

CINTURA. *n.f.* •Con la mano en la CINTURA. Con facilidad. *Easily.* Nos ganaron con la mano en la CINTURA. *They beat us easily.*

CINTURÓN. *n.m.* •CINTURÓN de miseria. *Slum area.*

CÍO. *n.m.* (Acad.) Lavafrutas. *Finger bowl.*

CIPRÉS. *n.m.* Altar mayor de las catedrales. *Main altar.*

CIRCULACIÓN. *n.m.* •CIRCULACIÓN única. Tránsito de dirección o sentido único. *One-way street.*

CIRIO. *n.m.* Especie de cardón. *Saguaro cactus*

CIRQUERO. *n.m.* Acróbata, gimnasta, volatinero. *Circus performer, acrobat.* ▭ Me convertiría en CIRQUERO o, mejor, (...) aprendería a ser domador de leones. *I would become an acrobat in a circus or, even better,* *learn to tame lions.* (E. Valadés. La muerte tiene permiso).

CISCA. *n.f.* Vergüenza. *Shame.* || **2.** Susto, miedo. *Fright, scare.*

CISCAR. *v.* Avergonzar, abochornar. *To shame, put down.* || **2.** To provoke, needle. *Pinchar, provocar, fastidiar.* || **3.** -se. Avergonzarse. *To feel ashamed.* || **4.** Ofenderse. *To get upset, take offense.*

CISCO. *n.m.* Miedo. *Fear, fright.*

CISCÓN. *n.m.* Que se **cisca** o avergüenza con facilidad. *Touchy, sensitive.*

CISNERO. *adj.* Mentiroso. *Liar.*

CITA. *n.f.* Hora. *Apppointment (with doctor, hairdresser, etc.).* || **2.** •Pedir una CITA. Pedir hora. ~Llamé al médico para pedir una CITA. *I phoned the doctor to make an appointment.*

CITADINO. *n.m.* Habitante de la Ciudad de México. *Inhabitant of Mexico City.*

CITATORIO. *n.m.* Citación. *Summons.* || **2.** •Despachar un CITATORIO. *To issue a summons.* || **3.** Entregarle un CITATORIO a alguien. *To serve a summons on someone.*

CIUDAD. *n.f.* •CIUDAD perdida. Barrio bajo, villa miseria. *Slum area, shanty-town.*

CÍVICO. *n.m.* Soldado indisciplinado. *Unruly soldier.*

CIZOTE. *n.m.* Herida. *Wound.*

CLACO. *n.m.* (Acad.) Moneda antigua de cobre. *Ancient copper coin.* || **2.** •No valer un CLACO. Ser de poco valor. *To be worth very little.*

CLAREAR. *v.* •CLAREAR a uno. Atravesar de una bala de parte a parte cualquier cuerpo. *To put a bullet through someone.* 📖 (...) me enseñaron a otros dos de los pistoleros que habían sido CLAREADOS. *And they showed me two other gunmen who had been shot through and through.* (E. Valadés. La muerte tiene permiso). || **2.** Penetrar, atravesar. *To pierce through and through, penetrate.*

CLARIDOSO. *adj.* Persona que acostumbra a decir verdades sin tapujos. *Blunt, plain-spoken.* 📖 -Miren, compañeros, yo soy claridoso... y yo le digo a mi compadre que si vamos a tener aquí a los federales siempre, malamente andamos. *I'll be frank with you, my friends, and let me tell my buddy here that if we're going to have the government troops here with us indefinitely, we're in a bad way.* (M. Azuela. Los de abajo).

CLARÍN. *interj.* ¡Claro! *Of course!*

CLARINETE. *interj.* ¡Claro! *Of course!*

CLAUSURAR. *v.* Cerrar, poner fin a las tareas de una corporación, a los negocios de un establecimiento, etc. *To close up (business, etc.).*

CLAVADA (variante de **clavado**).

CLAVADISTA. *n.m.* Persona que practica el **clavado**. *Person who performs sport-diving.*

CLAVADO. *n.m.* (Acad.) Deporte que consiste en zambullirse desde elevadas rocas. *Sport-diving, generally performed from high altitude and often as a tourist attraction.* || **2.** CLAVADO de palomita. *Swan dive.*

CLAVARSE. Robar. *To swipe, to filch.* 📖 Sí, treinta billetes. Si es que los de la ambulancia no se CLAVARON algo. *Yes, thirty bills. That is if the ambulance attendants didn't steel any of them.* (Cit. Dicc. Hispan.). || **2.** Zambullirse. *To dive.* || **3.** Embolsar una cosa, guardársela. *To pocket something.* || **4.** Dedicarse intensamente. ~CLAVARSE a estudiar. *To study hard.* || **5.** •Clavársela. Emborracharse. *To get drunk.*

CLAVERÍA. *n.f.* (Acad.) Oficina que en la catedrales entiende en la recaudación y distribución de las rentas del cabildo. *The communal administration of a cathedral's treasury.*

CLAVO. *n.m.* (Huasteca). Patilla. *Sideburn.* || **2.** Dinero. *Money.* 📖 Es de la rancia pero no tiene un CLAVO. *He comes from a noble family but he's broke.* (Carlos Fuentes. La frontera de cristal). Parte de una veta muy rica en metales. *Rich vein of ore.* || **3.** Molestia, preocupación, daño. *Problem, snag.* || **4.** •Meter a uno en un CLAVO. Poner a uno en un aprieto, causarle un mal grave. *To put a person in a predicament.*

CLAZOL. *n.m.* (Acad.) Bagazo de la caña de azúcar. *Bagasse (of sugar cane).*

CLINUDO. *adj.* De crin larga. *Long-maned (horse).*

CLOCHE (variante de *clutch*).

CLOROFORMAR. *v.* Cloroformizar. *To chloroform.*

CLOSET. *n.m.* Especie de armario o ropera empotrado en la pared. *Built-in closet.* 📖 Me quedaba en la casa, después de hacer la tarea, ayudando a mi mamá a planchar o a limpiar el refrigerador o la despensa o el CLÓSET de mi hermano. *After homework, I would stay at home and help my mother iron or clean the refrigerator, or the pantry, or my brother's closet.* (Silva Molina. El amor que me juraste). ‖ **2.** •De CLOSET (racista, homosexual). Encubierto, de tapadillo. *Undeclared (homosexual).*

CLUTCH ANGL *n.m.* Embrague (automóvil). *Clutch.*

COA. *n.f.* (Acad.) Especie de palo usado para la labranza. *Long-handled narrow spade, hoe.*

COAMIL. *n.m.* Terreno de siembra. *Sowing field.* El COAMIL que yo trabajaba era también de ellos. *The sowing field that I cultivated also belonged to them.* (J. Rulfo. El llano en llamas).

COATE (Acad.) Variante de **Cuate.**

COBA. *n.f.* •Darle COBA a alguien. Adular a una persona. *To flatter someone.*

COBIJA. *n.f.* Manta. *Blanket.* 📖 Con decirles que muchos de los que allí se mueren, al llegar al infierno, regresan por su COBIJA. *As as a matter of fact (it is so hot out there) that it's said that many of those who die there, upon reaching hell, return for their blankets.* (J. Rulfo. Pedro Páramo). ‖ **2.** Ropas de cama. *Bedclothes.* ‖ **3.** •Pegársele a uno las COBIJAS. Pegársele a uno las sábanas. *To oversleep.*

COBRAR. V. •Por COBRAR. A cobro revertido. *Call collect.*

COBRE. *n.m.* Moneda de cobre de un centavo. *One cent copper coin.* ~No tengo un COBRE en el bolsillo. *I don't have a penny to my name.* ‖ **2.** •Enseñar el COBRE. *To show one's true colours.* ‖ **3.** •No tener un COBRE. No tener dinero. *To be broke.*

COCA. *n.f.* Coca Cola®. *«Coke».* ‖ **2.** •De COCA. De balde. *Free, gratis.*

COCAL. *n.m.* Cocotal. *Coconut grove.*

COCEDOR. *n.m.* Horno. *Oven.*

COCHE. *n.m.* Taxi. *Cab, taxi.* ‖ **2.** Cochino, cerdo. *Pig, hog.* 📖 (...) y luego les tiraba los pedazos a los COCHES. *And then he would throw the pieces to the hogs.* (R. Pozas. Juan Pérez Jolote). ‖ **3.** Rabieta. *Tantrum.*

COCHERA. *n.f.* Garaje. *Garage.*

COCHERADA. *n.f.* Grosería, brutalidad. *Coarse or vulgar expression.*

COCHERO. *n.m.* ‖ •Hablar en COCHERO. Hablar en languaje bajo. *To swear, use obscene language.*

COCHINILLA. *n.f.* Insecto de color rojo, originario de México. *Cochineal insect of Mexico.* ‖ **2.** Material colorante extraída de este insecto. *Cochineal dye.* ‖ **3.** •De COCHINILLA. De poca importancia. *Trivial, unimportant.* ‖ **4.** •Pintar en COCHINILLA. Salirle mal a uno un negocio. *To come off badly in a business deal.*

COCIDO. *n.m.* Estofado, guiso. *Stew.*

COCINA. *n.f.* •COCINA grande. El infierno. *Hell.*

COCINADA. *n.f.* Acto y efecto de cocinar. *Cooking.*

COCINETA. *n.f.* cocina. *Kitchenette.*

COCO. *n.m.* (Acad.) Coscorón, golpe dado en la cabeza con los nudillos de la mano cerrada. *Blow on the head.* ‖ **2.** •Cortar (pelar) a COCO. Cortar, pelar a rape. *To cut very short (hair).* ‖ **3.** •Patinarle a uno el COCO. *To be off one's rocker.*

COCOL. *n.m.* (Acad.) Panecillo que tiene forma de rombo. *Diamond-shaped bread roll.* 📖 Le dejó rumiar su COCOL de anís mientras iban en la carretera [...]. *She let her munch on her aniseed bread roll while they were on the road.* (A. Mastretta. Arráncame la vida). ‖ **2.** (Tabasco). Término afectivo y siempre usado en diminutivo para dirigirse a los niños muy pequeños: cocolito, ta. *Term of endearment for a young child.* ‖ **3.** •Irle (estar, quedar) del COCOL. (Acad.) Irle muy mal a uno. *Terrible, dreadful.* ~¿Cómo van las cosas? -Del COCOL. *How are things? - Dreadful, terrible.* ‖ **4.** (Acad.) Variante de **cocoliste.** ‖ **5.** •Cocoles. *String beans.*

COCOLAZO. Pelea. *Fight.* ~Le pusieron sus COCOLAZOS. *He got beaten up.* ~Se van a armar los COCOLAZOS. *There's going to be a fight.* ‖ **2.** Tiro (especialmente en combate). *Shots, shooting.*

COCOLERA. *n.f.* (Acad.) Especie de tórtola. *Species of turtle dove.*

COCOLERO. *n.m.* (Acad.) Panadero que hace o vende **cocoles.** *Baker or vendor of cocoles.*

COCOLÍA. *n.f.* (Acad.) Ojeriza, antipatía. *Grudge, dislike.*

COCOLISTE. *n.m.* (Acad.) Cualquier enfermedad epidémica. *Any epidemic disease.* ‖ **2.** (Acad.) Tabardillo, tifus. *Typhoid fever.*

COCOLMECA. *n.f.* Té de hierba empleado como medicina para los riñones. *Herbal tea used medicinally for the kidneys.*

CÓCONO. *n.m.* (Acad.) Pavo, guajolote. *Turkey.*

COCONOTE. *n.m.* Infante regordete. *Chubby child.* ‖ **2.** Persona gruesa y chaparra. *Squat person.*

COCUIZA. *n.f.* Hilo o cuerda hecho con fibra de henequén. *Maguey rope.*

COCUYO. *n.m.* Luciérnaga. *Firefly, glowworm.*

CODAZO. *n.m.* Consejo. *Tip-off.* ‖ **2.** •Dar CODAZO. Comunicar algo reservadamente. *To tip-off.*

CODO. *n.m.* (Acad.) Tacaño, mezquino. *Mean, stingy.* ‖ **2.** Morderse el CODO. Refrenarse, aguantarse. *To restrain oneself, to bite one's lip.*

COFIRO. *n.m.* Café. *Coffee.*

COFRE. *n.m.* Capó. *Hood (of a car).*

COGER. *v.* (Acad.) Realizar el acto sexual. *Copulate.* ‖ **2.** •COGER y. Decidirse por algo repentinamente. *Suddenly, all of a sudden.* ~Cogió y se fue sin despedirse. *All of a sudden he left without saying goodbye.* ‖ **3.** •COGERLA con uno. Tomarse con una persona, tenerle inquina a alguien. *To hold a grudge against someone.*

COGOLLO. *n.m.* La punta de la caña de azúcar. *Sugar cane top.*

COHETE. *n.m.* (Acad.) Barreno, agujero lleno de materia explosiva. *Blasthole.* ‖ **2.** (Acad.) Cartucho de dinamita. *Blasting fuse.* ‖ **3.** (Acad.) Pistola o revólver. *Pistol.* ‖ **4.** (Acad.) Borrachera. *Drunkenness.* ‖ **5.** •Estar COHETE. Estar borracho, ebrio. *To be drunk, tight.* ‖ **6.** (Acad.) Lío, enredo, problema. *Mess, problem, trouble.*

COJEADA. *n.f.* Cojera. *Limp.*

COJÍN. *n.m.* Adúltera. *Adulteres.*

COJINETES. *n.m.* Pequeñas alforjas de cuero que llevan algunas sillas de montar en lugar de pistoleras. *Saddlebags.*

COJINILLOS (Variante de *cojinetes*).

COJO. *n.m.* •Brincar de COJITO. Saltar con un solo pie. *To hop.*

COJOLITE. *n.m.* (Acad.) Especie de faisán. *Species of pheasant.*

COJUDEZ. *n.f.* (Acad.) Cualidad de **cojudo.** *Silly thing, piece of stupidity.*

COJUDO. *n.m.* Animal sin castrar. *Uncastrated animal.* ‖ **2.** Semental. *Stud animal used for stud purposes.* ‖ **3.** *adj.* (Acad.) Tonto, bobo. *Simple Simon.*

COL. *n.f.* •COL morada. Repollo. *Cabbage.*

COLA. *n.f.* Cuello de la camisa. *Shirt collar.* || **2.** Muchacha, mujer joven. *Girl, young woman.* ~Invítate algunas COLITAS a la fiesta. *Make sure to invites some young women to the party.* || **3.** Rabo. *Tail.* || **4.** •El que tiene COLA de zacate no puede jugar con lumbre. *Those who live in glass houses should not throw stones.* || **5.** Ser la COLA de Judas. Ser inaguantable (un niño). *To be unbearable.*

COLACION. *n.f.* Mixed sweets. *Mezcla de golosinas.*

COLADERA. *n.f.* Conducto por donde se vierten las aguas, alcantarilla. *Sewer, drain.* 📖 Sorry, -le dijo el mesero [...]. Su helado derretido se fue por la COLADERA hace rato. *I'm sorry, said the waiter, but you melted ice-cream when down the drain sometime ago.* (C. Fuentes. Cit. Dicc. de Hispan.). || **2.** (Acad.) Sumidero con agujeros, colador. *Strainer, colander.*

COLAR. *v.* Taladrar. *To drive, bore.* || **2. -se.** Meterse donde uno no ha sido invitado. *To gatecrash, slip in, sneak in.*

COLEADA. *n.f.* Acto de derribar una res tirándola de la cola. *The act of throwing a bull down by its tail.* || **2.** Acto de fumar cigarrillos unos tras otros. *The act of chain-smoking.* || **3.** Escapar furtiva o disimuladamente. *To sneak out.*

COLEAR. *v.* Fumar cigarrillos unos tras otros. *To chain-smoke.* || **2.** (Acad.) Tirar de la cola de una res para derribarla. *To throw a bull down by its tail.* || **3.** Seguir a una persona, no dejarla a sol ni a sombra. *To tail, follow a person.* || **4.** Gorronear, andar pidiendo (algo a alguien). *To scrounge (around).* 📖 Anduve rodando, durmiendo en las calles, pasando días enteros sin comer [...], COLEANDO a los conocidos [...]. *I went from one place to another, sleeping in the street, going hungry, scrounging around from acquaintances.* (Agustín Yánez. Ojerosa y pintada).

COLECCIÓN. *n.f.* •Es de COLECCIÓN. Ser una cosa para coleccionista. *It's a collector's item.*

COLEGIAL. *adj.* Inexperto. *Raw, green, inexperienced.* || **2.** Mal jinete. *Bad horseman.*

COLEGIATURA. *n.f.* Pensión que paga un alumno interno en un colegio. *School fees, tuition.*

COLERO. *adj.* Que no deja a sol ni a sombra; pegajoso. *Clinging.*

COLETO. *n.m.* (Tabasco). Epíteto despectivo que se aplica a los habitantes de Chiapas. *Inhabitant of Chiapas.* || **2.** Relativo a Chiapas. *Relative to the state of Chiapas.*

COLGADO. *adj.* Abusador, aprovechado. *Taking advantage.*

COLGADOR. Percha. *Coat hanger, hanger.*

COLGAR. *v.* Suspender (a un alumno). *To fail.* || **2. -se.** Retrasarse. *To get behind.* ~Se COLGARON en el pago del alquiler. *They fell behind with the rent.*

COLICHE. *n.m.* Joven que siempre sigue a los demás. *Young person who consistently follows others.*

CÓLICO. *n.m.* Dolor abdominal agudo; menstruación. *Intense abdominal pain; menstruation.*

COLÍN. *n.m.* Codorniz. *Quail.*

COLITA. *n.f.* Trenza. *Pigtail.*

COLLAREJA. *n.f.* (Acad.) Comadreja, pequeño mamífero carnicero (zool.). *Weasel (zool.).*

COLLÓN. *n.m.* Cobarde. *Coward.* 📖 Después se había comportado como un COLLÓN, dando de gritos. *Afterward he acted like a coward yelling and screaming.* (Juan Rulfo. Pedro Páramo).

COLME. *n.m.* El colmo. *The worst part.* ~El COLME es que no me dijo nada. *The worst part is that he said nothing to me.*

COLMENA. *n.f.* Abeja. *Bee.*

COLMILLO. *n.m.* Sagacidad. *Astuteness, shrewdness.* 📖 Negocio como cualquier otro, en él que se necesita COLMILLO; y como los muchachos no lo tienen, hay que obrar por ellos, lo quieran o no. *It's just like any other business, you need to be shrewd, and since the boys don't have it, we have to help him out, whether they like it or not.* (Agustín Yánez. Ojerosa y pintada). ‖ **2.** •Tener el COLMILLO torcido. Ser astuto, sagaz (como el zorro). *To be an old fox.* ‖ **3.** •¡Ya tengo COLMILLOS! ¡A mí no me engaña nadie¡ *You can't fool me.*

COLMILLUDO. *adj.* (Acad.) Sagaz, astuto, difícil de engañar. *Sharp, shrewd.*

COLONCHE. *n.m.* (Acad.) Bebida embriagadora que se hace con el zumo de la tuna y azúcar. *Fermented drink made from juice of prickly pear and sugar.*

COLONIA. *n.f.* (Acad.) Barrio urbano; cada una de las zonas en que se dividen las ciudades. *District.* 📖 Tengo hasta el plano de una casita en México, allá por la COLONIA de Santo Tomás. *I even have the plans for this small house in the Santo Tomás district.* (M. Azuela. Laluciérnaga). 📖 Andrés y Eulalia bajaron hasta la COLONIA Juárez con la poca leche que habían sacado [...]. *Andrés and Eulalia headed down toward the Juárez district with the little milk that they had been able to get.* (A. Mastretta. Arráncame la vida). ‖ **2.** •COLONIa proletaria. Barriada. *Shantytown.*

COLOR. *n.m.* •Subírsele a uno el COLOR. Ruborizarse. *To blush.*

COLORADO. *adj.* Verde, subido de tono (chiste). *Off-colored, risqué.*

COLOTE. *n.m.* (Acad.) Canasto cilíndrico. *Cylindrical basket.* ‖ **2.** Troje para guardar el maíz. *Granary, barn to store corn.*

COLOTEAR. *v.* Cochechar naranjas en colotes o cestos. *To harvest oranges in colotes or baskets.*

COMAL. *n.m.* (Acad.) Disco chato de barro para cocer las tortillas de maíz o tostar el café y el cacao. *Flat clay dish used for cooking tortillas or toasting coffee and chocolate.* 📖 El chocolate se tuesta en un COMAL de barro y se muele en metate con canela y azúcar. *You toast the chocolate in an earthenware* comal *and ground it on a grinding stone with cinnamon and sugar.* (E. Poniatowka. Hasta no verte Jesús mío). ‖ **2.** •Tener COMAL y metate. Tener todas las comodidades posibles. *To live in comfort.*

COMANDANTE. *n.m.* •COMANDANTE de policía. Jefe de policía. *Chief of police.*

COMBATE. *n.m.* Ayuda recíproca que se prestan los habitantes de un lugar para sus tareas agrícolas. *Mutual assistance between the inhabitants of a region in their farming chores.*

COMBILIADO. *n.m.* (Norte). Chiflado, atarantado. *Nuts, dope.*

COMBINARSE. *v.* Ponerse de acuerdo varias personas para realizar algún negocio. *To work out, arrange a project.*

COMBUSTIBLE. *n.m.* Gasolina. *Gas.*

COMEDERA. *n.f.* Comida. *Food.* 📖 Pero es mi madrina que saca el dinero de su bolsa para que Felipa compre todo lo de la COMEDERA. *But it's my protectress who takes the money out of her pocket so that Felipa can buy all the food.* (J. Rulfo. El llano en llamas). 📖 A la hora de la barbacoa yo ya traía mis buenas cervezas, y en plena COMEDERA me pidieron que me echara una canción. *At barbecue time I already had quite a few beers and just as I was eating, they asked me to sing a song or two.* (V. Leñero. Los albañiles).

COMEDERO. *n.m.* Lugar que frecuenta mucho una persona. *Hangout, place frequented by a person.* ‖ **2.** Lugar de pastoreo. *Grazing ground.*

COMEDIDO. *adj.* Servicial. *Helpful, obliging.*

COMEDIMIENTO. *n.m.* Acción de comedirse, de ofrecerse para algo. *Helpfulness.*

COMEDIRSE. *v.* Ofrecerse o disponerse para alguna cosa. *To volunteer, offer to help.*

COMELÓN. *n.m.* Comilón. *Hearty eater.*

COMELONA. *n.f.* Comida variada y muy abundante. *Feast, lavish meal.*

COMER. *v.* Criticar, sacar el cuero (fam.). *To criticize.* 📖 A mí no me han hecho la digestión los prójimos que hemos COMIDO desde hace rato: de todo México hemos murmurado. *I still can't get over all the people we've been criticizing of late: We have gossiped about just everyone in Mexico.* (Agustín Yánez. Ojerosa y pintada). ‖ **2.** •COMER como un pelón de hospicio. Comer como una lima (un sabañón). *To eat like a horse.*

COMETA. *n.m.* Persona que aparece muy de vez en cuando en un lugar. *Seldom seen person.*

COMEVACAS. *n.m.* Revolucionario. *Revolucionary.* 📖 Mueran los COMEVACAS. *Death to the revolucionaries.* (M. Azuela. Los de abajo).

COMIDERA. *n.f.* Cocinera. *Cook.* 📖 Mi papá se halló otra mujer, una *comidera*... *My father found another woman, a cook ...* (E. Poniatowka. Hasta no verte Jesús mío).

COMILÓN. *n.m.* Comilona. *Lavish meal, feast.*

COMISARIO. *n.m.* Jefe local de los servicios de policía. *Police inspector.*

COMISIÓN. *n.f.* Especie de guarda civil. *Type of policeman.*

COMERCIAL. *n.m.* Anuncio, spot publicitario. *Commercial.*

COMODÍN. *n.m.* Amante de la comodidad. *Comfort-loving.*

CÓMODO. *n.m.* (Acad.) Silleta, recipiente para excretar en la cama. *Bedpan.*

COMPADRE. Amigo. *Friend, pal.*

COMPADREO. *n.m.* Camaradería. *Companionship, close contact.*

COMPETENCIA. *n.f.* (Acad.) Competición deportiva. *Competition (sport).*

COMPONEDOR. *n.m.* (Acad.) Algebrista, cirujano de dislocaciones de huesos. *Person who sets broken bones.*

COMPONER. *v.* (Acad.) Restituir a su lugar los huesos dislocados. *To set (bones).* ‖ **2.** Castrar. *Castrate, neuter.*

COMPROMETIDO, DA. *n.m&f.* Novio, prometido. *Fiancé.*

COMPROMISOS. *n.m.* Rizos. *Curls.*

COMPURGAR. *v.* Cumplir el reo la pena que se le ha impuesto. *To purge, serve out a sentence.*

COMPUTO. *n.m.* Suma. *Total.*

COMUNA. *n.f.* Ayuntamiento, municipio. *Municipality, town council.*

CONCHA. *n.f.* Descaro, desvergüenza, cinismo. *Nerve, cynicism, shamelessness.* ‖ **2.** (Dep.) Protector. *Cup of jockstrap.* ‖ **3.** (Tabasco, Veracruz). Tortuga. *Turtle.* ‖ **4.** •Tener (ECHAR) CONCHA. Tener aguante, soportar en sumo grado. *To be tough, unruffled.* 📖 [...] pero Lucila como si nada, había echado CONCHA, las alusiones le resbalaban cual agua [...]. *But Lucila remained completely unruffled, everything they said went in one ear and out the other.* (Carlos Fuentes. La frontera de Cristal).

CONCHABAR. *v.* Asalariar, tomar sirviente a sueldo. *To hire.* ‖ **2.** Entrar a servir a sueldo. *To be hired.* ‖ **3.** -se. Ganarse, conquistarse. *To get on the right side of someone.*

CONCHABO. *n.m.* Contratación. *Hiring, engagement.*

CONCHUDO. *adj.* (Acad.) Desobligado, desentendido, indolente, indiferente. *Scoundrel, rascal.*

CONCRETO. *n.m.* Hormigón, cemento armado. *Concrete.*

CONCURRENCIA. *n.f.* Competencia. *Competition.*

CONDENA. *n.f.* •Ser uno la CONDENA de otra. Ser la ruina de uno. *To be the bane of someone's life.*

CONDUCTOR. *n.m.* Cobrador de los pasajes en un vehículo. *Fare collector on a bus or train.* 📖 La quietud con que el auditor y el CONDUCTOR revisaban guía y boletos, todo le causaba una extraña impresión. *The calm way in which the ticket inspector and the fare collector would check the tickets made a strange impression on her.* (M. Azuela. Nueva burguesía).

CONDUERMA. *n.f.* Majadería. *Silliness, absurdity.* ‖ **2.** Persona que molesta. *Annoying, bothersome person.*

CONDUMIO. *n.m.* Especie de turrón. *Kind of nougat.*

CONECTAR. *v.* Conseguir drogras. *To obtain drugs, to score.*

CONECTE. *n.m&f.* Traficante de drogas. *Pusher.*

CONEJO. *n.m.* Bíceps. *Biceps.* Vamos Pedrito, enseñe used a las señoras sus CONEJOS y sus chamorros [...]. *Come on Pedrito, show the ladies your biceps and your calves.* (M. Azuela. Nueva burguesía). ‖ **2.** Hacer CONEJO. Ejercitar el biceps para que crezca y se fortifique. *To exercise one's biceps.*

CONFERENCISTA. *n.m.* Conferenciante. *Lecturer.*

CONFIANZUDO. *adj.* Que se toma excesivas confianzas. *Forward.*

CONGA. *n.f.* Bebida compuesta del zumo de diversas frutas. *Drink of mixed fruit juices.*

CONGAL. *n.m.* (Acad.) Prostíbulo, burdel. *Bordello, whorehouse, brothel.*

CONGO. *n.m.* Hoja de tabaco de la segunda cosecha. *Tobacco leaf from the second crop.* ‖ **2.** Cada uno de los huesos mayores de las patas posteriores del cerdo. *The femur of a pig.*

CONMINACIÓN. *n.f.* Fallo, juicio (jur.). *Judgement (law).*

CONMUTADOR. *n.m.* (Acad.) Centralita telefónica. *Switchboard.*

CONNOTADO. *adj.* Decidido. *Strong-willed, with firm views.*

CONO. *n.m.* Helado de barquillo. *Ice cream on a cone.*

CONOCIENCIA. *n.f.* Conocido (se usa principalmente en plural). *Acquaintance.*

CONQUIÁN. *n.m.* Juego común de naipes. *Conquian (card game).*

CONSCIENTE. *adj.* Ser CONSCIENTE de algo. Tener conciencia. *To be aware, conscious of something.*

CONSIGNAR. *v.* (Presunto delincuente). *To bring before the authorities.*

CONSTANCIA. *n.f.* Comprobante (documento). *Documentary proof, written evidence.*

CONTACTO. *n.m.* Enchufe. *Plug.*

CONTADO. *adj.* •De CONTADO. Al contado. *In cash.*

CONTADOR. *n.m.* Contable. *Accountant*

CONTENER. *v.* ¿Qué CONTIENE eso? ¿Qué sentido contiene, de que se trata ? *What is it all about?, what does it mean?*

CONTENTA. *n.f.* Declaración en la que una persona renuncia a todo derecho sobre algún bien (jur.). *Release, acknowledgment (law).*

CONTENTAR. *v.* Reconciliar. *To reconcile.* 📖 Y ella no me habló en muchas semanas arguyendo que la había dejado sola en un compromiso. Y cuando se CONTENTÓ me dijo que yo no había sido bueno ni para llamar a la comadrona y que tuvo que salir del paso a como Dios le dio a entender. (Juan Rulfo. El llano en llamas).

CONTENTO. *n.m.* Reconciliacion. *Reconciliation.*

CONTEO. *n.m.* Recuento. *Count.*

CONTESTA. *n.f.* Conversación, plática. *Conversation, chat.* ‖ **2.** Declaración de amor. *Marriage proposal.*

CONTESTAR. *v.* Conversar, platicar. *To chat, converse.*

CONTESTO. *n.m.* Contestación. *Answer, reply.*

CONTIMÁS. Cuanto más. *Let alone.* 📖 [...] nos hubiera faltado las fuerzas para llevarte y CONTIMÁS para enterrarte. *We* *wouldn't have had the strength to take you, let alone bury you.* (J. Rulfo. Pedro Páramo). 📖 El trabajo no da para todo, CONTIMÁS para la exigencias del cuerpo. *Work doesn't take care of all the necessities, let alone the physical ones.* (J. Rulfo. Pedro Páramo).

CONTLAPACHE. *n.m.* (Acad.) Compinche, encubridor. *Accomplice, harborer, go-between.*

CONTLAPACHEAR. *v.* (Acad.) Encubrir a alguien, ser su compinche o su cómplice. *To cover up for someone, harbour (a criminal).*

CONTRA. *n.f.* Contraveneno. *Antidote.* || 2. Remedio, curación. *Cure, remedy.* || 3. •De CONTRA. Por añadidura. *Extra, over and above.*

CONTRAERSE. *v.* Concentrarse. *To apply oneself to (something).*

CONTRALOR. *n.m.* Funcionario encargado de examinar la contabilidad de los gastos oficiales. *Comptroller, treasury inspector; inspector of public spending.*

CONTRALORÍA. *n.f.* Oficina del contralor. *Comptroller's office, treasury inspector's office; office controlling public spending.*

CONTRAMATAR. *v.* Estropear a alguien golpeándola contra algo. *To bang someone against the wall.*

CONTRAMATARSE. *v.* Arrepentirse. *To repent.* ~Me CONTRAMATO de no haberlo hecho. *I regret not doing it.* || 2. Darse un fuerte golpe, particularmente en la cabeza; pero que no llega a causar la muerte. *To hit oneself severely on the head.*

CONTRAPUNTEO. *n.m.* Confrontación de pareceres. *Argument.*

CONTRECHO. *adj.* Contradictorio. *Contradictory.*

CONVENIENCERO. *adj.* Muy amigo de su bienestar y regalo. *Comfort-loving, self-indulgent.* || 2. *n.m.* Aprovechador. *User.* 📖 No era tonto sino CONVENIENCERO, porque decía que así de apestosa, ni quien se ocupara de mí. *He wasn't stupid, rather he acted to his own advantage, because he would say that the way I was stinking no one would would even look at me.* (E. Poniatowska. Hasta no verte Jesús mío).

CONVERSADA. *n.f.* Charla. *Chat, talk.*

CONVERSÓN. *adj.* Conversador. *Talkative.*

CONYUNTAR. *v.* Juntar. *To live with.* 📖 Mire, papá, esta es la muchacha con la que me voy a CONYUNTAR. *Look, dad, this is the girl that's going to be my companion.* (J. Rulfo. El llano en llamas).

COPAL. *n.m.* Resina. *Resin.* || 2. Incienso hecho con la resina del **copal**. *Incense made from copal.*

COPANTE. *n.m.* Serie de piedras puestos en los arroyos para pasarlos. *Stepping stones used in crossing rivers.*

COPERACHA. *n.f.* Colecta, contribución. *Collection, contribution.*

COPETE. *n.m.* •Estar hasta el COPETE (de una cosa). Estar hasta la coronilla. *To be fed up (with something).*

COPETEADO. *adj.* Lleno a tope. *Crammed, packed full.* 📖 [...] una alma compasiva y una gorda COPETEADA de chile y frijoles nuncan faltan [...]. *You can always count on a kind soul and a tortilla full of hot pepper and beans.* (M. Azuela. Los de abajo).

COPETEAR. *v.* Llenar a tope. *To cram, pack full.*

COPETÓN. *adj.* Soberbio, altanero, copetudo. *Haughty, stuck-up.*

COPETONA. *n.f.* Mujer elegante. *Well-dressed woman.*

COPINA. *n.f.* (Acad.) Piel copinada o sacada entera. *The whole skin of an animal.* || 2. Vestidura. *Clothes.*

COPINAR. *v.* (Acad.) Desollar animales sacando entera la piel. *To skin an animal, to remove the pelt in one piece.* || 2. Desatar. *To let loose.*

COQUITO. *n.m.* (Ave). *Turtledove.* || 2. (Árbol). *Coquito palm.*

CORBATA. •Corbata de moño (moñito). Pajarita, corbata de pajarita. *Bowtie.*

CORCHOLATA. *n.f.* Cápsula. *Bottle top, crown cap.* 📖 Todos los días a las siete y media me iba a pie a la escuela, y una cuadra antes empezaba a arrastrar los pies y a patear corcholatas. *Every day I would walk to school, and when I got to the last block I would start dragging my feet and kicking bottle tops.* (C. Fuentes. La región más transparente). Tarjetas postales, anuncios de películas, [...] corcholatas de refrescos, revistas de monos, todo lo acumuló doña Zarina con un celo que desesperaba a su hijos. *Postcards, movie posters, bottle tops, comic books, doña Zarina would collect about everything with a zeal that exasperated her sons.* (Carlos Fuentes. La frontera de cristal).

CORCONCHO. *adj.* (Tabasco). Jorobado. *Hunchbacked.*

CORCOR. *n.m.* Ruido que hace un líquido al pasar por la garganta. *Gulp, gulping noise.*

CORCOVEAR. *v.* Tener o sentir miedo. *To be frightened.*

CORDELEJO. *n.m.* (Acad.) •Dar cordelejo. Dar largas, entretener a alguien con falsas esperanzas. *To string someone along.*

CORDÓN. *n.m.* Cuneta. *Curb.*

CORE (variante de **corebac**).

COREBAC. *n.m.* Mariscal de campo (dep.). *Quarterback.*

CORNETA. *n.f.* Bocina. *Horn (car).*

CORNETO. *adj.* Se dice de la res vacuna que tiene el cuerno desviado. *Crooked-horned (cattle).*

CORONAR. *v.* Hacer dama (en el juego de damas). *To crown a piece.*

CORPORACIÓN. *n.f.* Regimiento. *Regiment.* 📖 Entre los de nuestra corporación había unos que decían que Blanco nos había metido en un lío. *Some of the soldiers in our regiment were of the opinion that Blanco had gotten us in a lot of trouble.* (E. Poniatowka. Hasta no verte Jesús mío).

CORRAL. *n.m.* Parte de una asignatura que no se ha estudiado. *Part of a lesson or assignment which one has not studied.* ~Me preguntaron un corral y me reprobaron. *They tested me on something I had not studied and I failed.*

CORRALÓN. *n.m.* Depósito (de coches). *Car pound.* 📖 Una grúa recogió mi carro y lo llevó al corralón. *A tow truck towed away my car to a car pound.* (J. García Ordoño. Cit. Dicc. de Hispan.).

CORREA. *n.f.* Cordón de zapatos. *Shoelace.* ‖ **2.** Agente de inmigración de los Estados Unidos. *Immigration officer on the United States side.*

CORREDERO. *n.m.* Hipódromo o lugar usado como tal. *Racetrack.* ‖ **2.** Cauce antiguo de un río. *Dried-up riverbed.*

CORREDOR. *n.m.* Cazador que espanta las piezas para que corran hacia donde están apostados los tiradores. *Beater (hunting).*

CORRELÓN. *adj.* Cobarde. *Cowardly.*

CORRENTADA. *n.f.* Lugar del río donde la corriente es más impetuosa. *Place in a river where the current is strongest.*

CORRENTÍA. *n.f.* (Nuevo León). Impulso que toma el corredor al emprender la carrera para saltar un obstáculo. *Momentum.*

CORRENTOSO. *adj.* Torrentoso (río). *Fast-flowing, rapid.*

CORREO. *n.m.* •Correo registrado. *Correo certificado.*

CORRER. *v.* Huir. *To take flight, run away.* ‖ **2.** Acobardarse. *To get scared, take fright.* ‖ **3.** •Correr a uno. Echar fuera, despachar a uno de un lugar sin miramiento. *To throw someone out, dismiss.* 📖 Entonces mi papá las corrió a las dos. *So my father threw both of them out of the house.* (J. Rulfo. El llano en llamas). ‖ **4.** Ser válido. *To apply.* ~Eso ya no corre. *That doesn't apply anymore.* ‖ **5.** Funcionar. *To be running.* ~Hoy no corren los trenes. *The trains aren't running today.* ‖

6. Escaparse. *To run away, to escape.* 📖 Si no me CORRO, no es éste él que te estuviera contanto del cuento. *If I hadn't escaped, I wouldn't be here to tell you about it.* (Cit. Dicc. Hispan.).

CORRERSE. *v.* Acobardarse, huir furtivamente. *To take flight, run away.*

CORRETEAR. *v.* Perseguir, hostigar, acosar. *To pursue, harass, chase.* 📖 A veces tenía que salir a medianoche, como si me fueran CORRETEANDO los perros. *Sometimes I had to leave around midnight, as though I was being chased by dogs.* (Juan Rulfo. El llano en llamas). 📖 Se veía a las claras lo cansado que estaba de andar CORRETEANDO al corporal [...]. *You clearly see how tired he was from chasing the corporal.* (Juan Rulfo. El llano en llamas).

CORRETIZA. *n.f.* Carrera. *Flight.* 📖 Luego empezó la CORRETIZA por entre los matorrales. *Then everyone started running through the bushes.* (J. Rulfo. El llano en llamas).

CORRIDA. *n.f.* Recorrido. *Journey, run.* ‖ **2.** Escalera (naipes). *Straight.*

CORRIDO. *n.m.* Romance popular que tiene alguna historia, hecho o aventura. *Popular ballad.* ‖ **2.** *adj.* •Estar más CORRIDO que escaso. Estar algo borracho. *To be somewhat drunk.*

CORRIMIENTO. *n.m.* Reumatismo. *Rheumatism.*

CORRINCHO. *n.m.* (Tabasco). Escándalo, desorden de gente reunida, especialmente de muchachos que juegan. *Racket.*

CORTA. *n.f.* Soborno, **mordida**. *Bribe.*

CORTADA. *n.f.* Cortadura, tajo. *Cut, slash.*

CORTADO. *adj.* •Estar o andar CORTADO. Sentir escalofríos. *To shiver, get the shivers.*

CORTAPLUMA. *n.f.* Cortaplumas (*n.m.*). *Penknife.*

CORTARSE. *v.* Separarse, segregarse de un conjunto, o de los compañeros de camino. *To become separated, cut off.* **2.** Marcharse, irse con presteza. *To leave in a hurry.* ‖ **3.** Sentir escalofríos. *To shiver, get the shivers.*

CORTE. *n.m.* Viaje. *Trip.* ‖ **2.** Tribunal. *Courthouse.*

CORUCO. *n.m.* (Michoacán). **Guajolote**. *Turkey.*

COSA. *n.f.* •No andarse con COSAS. No andarse con rodeos. *Not to beat around the bush.*

COSCOJO. *n.m.* Troje formado de barro para guardar el maíz. *Closed clay repository for corn.*

COSCOLINA. *n.f.* (Acad.) Mujer descocada. *Tramp, loose woman.* 📖 Pero fue una nomás y Pedro tenía un chinguero de COSCOLINAS. *But that was only one of them and Pedro had a whole slew of girlfriends.* (E. Poniatowka. Hasta no verte Jesús mío).

COSCOLINO. *adj.* Arisco, descontentadizo, malhumorado. *Peevish, touchy.*

COSCOMATE. *n.m.* (Acad.) Troje cerrado hecho con barro y zacate, para conservar el maíz. *Closed clay repository for corn.*

COSIACA. *n.f.* Cosa insignificante. *Small thing, triffle.*

COSIJO. *n.m.* (Acad.) El que ha sido como hijo sin serlo. *Child raised as one's own.* ‖ **2.** Molestia, desazón. *Nuisance, trouble, unease.*

COSIJOSO. *adj.* Engorroso, molesto, dificultoso. *Bothersome, annoying, difficult (to do).* 📖 Este modo me parece más fácil que hacerlo de cañaveral, pues lo supongo más trabajoso y COSIJOSO (Citado por Santamaría). ‖ **2.** Que se queja o resiente con causa ligera. *Grumbling, whining.*

COSQUILLUDO. *adj.* (Acad.) Cosquilloso. *Ticklish, touchy.*

COSTADO. *n.m.* Andén del ferrocarril. *Platform (train).*

COSTEAR. *v.* Convenir económicamente, resultar algo buen negocio. *To be to one's tadvantage, o be a good deal.* ~COSTEA más comprar una casa que poner el dinero en el banco. *You're better off buying a house than putting the money in the bank.*

COSTURAR. *v.* Coser. *To sew.*

COSTUREAR (variante de **costurar**).

COTENSE. *n.m.* Tela burda de cáñamo. *Coarse hemp fabric.*

COTO. *n.m.* Bocio, papera. *Goiter.*

COTÓN. *n.m.* Prenda de vestir que puede ser una blusa, una camiseta o un saco. *Shirt, blouse, jacket.* ‖ **2.** Camisa. *Coarse cotton shirt.*

COTONA. *n.f.* (Acad.) Chaqueta de gamuza, cazadora. *Chamois o suede jacket.* 📖 Pomposo se quitó la COTONA y la llevó a una estaca [...]. *Pomposo took of his suede jacket and hung it on a post.* (M. Azuela. Ésa sangre).

COTORINA. *n.f.* Suerte de **chamarra**. *Type of jacket.*

COTORRA. *n.f.* Orinal. *Chamberpot.* ‖ **2.** Mujer de la calle, prostituta. *Prostitute.* ‖ **3.** Taxi. *Taxi.*

COTORREO. *n.m.* Diversión. *Fun, good time.*

COTORRO. *adj.* Platicón. *Chatty, talkative.* ‖ **2.** •Estar COTORRO. Estar chiflado. *To be out of one's mind.* ‖ **3.** ¡Qué COTORRO! *How odd!, how strange!* ‖ **4.** Cotorra. *Parrot.* ‖ **5.** Divertido, entretenido. *Interesting, entertaining.* ~Proyectaron escenas COTORRAS, desde caricaturas hasta noticieros. *They showed very interesting scenes, from cartoons to news bulletins.* ‖ **6.** Mujer soltererona. *Spinster.* ‖ **7.** Mujer muy habladora. *Talkative woman.*

COVACHA. *n.f.* Parte posterior de un carruaje donde se coloca el equipaje. *Baggage rack at the rear of a carriage or vehicle.* ‖ **2.** Aposento, por lo común oscuro, como él que suele haber debajo de algunas escaleras. *Cubbyhole under the stairs.*

COYOL. *n.m.* (Acad.) Palmera de cuyo tronco se extrae una bebida agradable. *Cohune palm, wine palm.* ‖ **2.** Fruto de esta palmera. *Fruit from this palm.* ‖ **3.** Bebida fermentada que se prepara con esta fruta. *Drink made with the fruit of this palm.*

COYOLAR. *n.m.* (Acad.) Sitio poblado de coyoles. *Plantation of cohune palms.*

COYÓN. *adj.* Miedoso, cobarde. *Cowardly.* 📖 Reconozco que hay algunos (hombres) que son valientes, pero yo casí me he topado con puros COYONES. *I admit that some men may be brave, but all those I came in contact with were cowards.* (E. Poniatowska. Hasta no verte Jesús mío).

COYOTAJE. *n.m.* (Acad.) Acción de **coyotear**. *The act of coyotear.*

COYOTE. *n.m.* Individuo que se dedica a coyotear. *Shyster.* ‖ **2.** (Acad.) Persona que se encarga oficiosamente de hacer trámites de otros mediante una remuneración. *Agent, broker, middleman, go-between.* ‖ **3.** Niño menor. *Youngest child.* ‖ **4.** Persona astuta, lista. *Astute, clever, smart person.* ‖ **5.** Persona que guía a los inmigrantes clandestinos. *Guide of illegal immigrants to the United States.* ‖ **6.** De color semejante a la piel del coyote. *Having a color similar to the skin of the coyote.* ‖ **7.** Encubridor. *Fence.* ‖ **8.** Traficante en operaciones de Bolsa. *Speculator, dealer in shares, etc.* ‖ **9.** Político sin escrúpulos. *Politician without scruples.* ‖ **10.** Mestizo. *Half-breed.* ‖ **11.** El que trabaja a comisión. *Someone who works for a comisión.* ‖ **12.** •COYOTES de la misma loma. Lobos de la misma camada. *Birds of a feather.*

COYOTEAR. *v.* Hacer operaciones de descuento, cambio, préstamo, compra y venta, etc., mediante negociaciones rápidas y de beneficio inmediato. *To speculate, to deal in shares.* ‖ **2.** Ser listo. *To be smart, clever.* ‖ **3.** (Acad.) Actuar como coyote, tramitador oficioso. *To act as an agent, broker, middleman, go-between.*

COYOTERA. *n.f.* Trampa para coyotes. *Coyote trap.* ‖ **2.** Reunión de coyotes. *Gathering of coyotes.* ‖ **3.** Gritería, algarabía (por su parecido a los aullidos de muchos coyotes). *Din, clamor, shouting (for its affinity to the howling of coyotes).*

COYOTERO. *adj.* Dícese del perro amaestrado para perseguir a los coyotes. *Coyote-hunting dog, dog trained to hunt coyotes.*

COZCO. *n.m.* El diablo. *The devil.*

CRAYON. *n.m.* Crayola, crayón. *Wax crayon.*

CREDENCIAL. *n.m.* Tarjeta, carné. ~CREDENCIAL de socio. Carné de socio. *Membership card.* ~CREDENCIAL de lector. Carné de lector. *Library card.*

CREDO. *n.m.* •El credo REVUELTO con piedras. A Dios rogando y con el mazo dando. *Trust in God, but keep your power dry.*

CREER. *v.* •CREERSE de alguien. Fiarse de alguien. *To trust someone.*

CREÍDO. *adj.* Crédulo, confiado. *Gullible, trusting.* || 2. Vanidoso, envanecido. *Conceited, vain.*

CREMA. *n.f.* •Ponerle (echarle) mucha CREMA a sus tacos. *To boast, blow one's own horn.* || 2. •Doble CREMA. Crema doble, nata. *Heavy cream.*

CREMAR. *v.* (Acad.) Incinerar. *To cremate.*

CREPA. *n.f.* Crepe. *Pancake.*

CREPÉ. *n.m.* Peluca. *Wig.*

CRESPO. adj. Rizado. *Curly.* || 2. *n.m.* Curl. *Rizo.*

CRESTÓN. *n.m.* Idiota. *Idiot.*

CRIANDERA. *n.f.* Nodriza. *Wet nurse.*

CRIMINAR. *v.* Matar. *To kill.* [...] me van a juzgar porque CRIMINÉ a don Justo. Yo no me acuerdo; bien puede ser. *They're going to try me because they say I killed don Justo. That could be, but I just don't remember.* (J. Rulfo. El llano en llamas). || 2. Hablar mal de alguien, criticar. *To speak ill of someone, criticize.* 📖 Todavía no se te quita lo de andar CRIMINANDO gente. *You still haven't gotten over criticizing people.* (J. Rulfo. El llano en llamas).

CRINOLINA. *n.f.* Miriñaque. *Crinoline.*

CRINUDO. *adj.* De largas crines (caballería). *Long-maned (horse).*

CRISTAL. *n.m.* Vaso. *Glass.*

CRISTALERO. *n.m.* Ladrón que se especializa en robar fracturando cristales, sea de automóviles o de escaparates comerciales. *Window-breaking thief.*

CRISTALIZADO. *adj.* •Frutas CRISTALIZADAS. Frutas confitadas, fruta abrillantada. *Glacé fruits.*

CRISTALIZAR. *v.* Confitar, escarchar, abrillantar (fruta). *To crystallize.*

CRISTERO. *n.m&f.* Se dice de los que por los años 1926 a 1929 se rebelaron contra la iglesia. *Supporter of a rebellion against secular laws introduced after the Revolution.*

CRISTIANO. *n.m.* Se refiere a la persona que no sea de origen india. *Person not of Indian descent.* || 2. El hombre en general en contraposición con el animal. *Man as opposed to animal.* 📖 Te digo que no es un animal ...Oye como ladra el *Palomo*... Debe ser algún CRISTIANO. *I'm telling you it's not an animal... Listen to Palomo bark. It must be one of the men.* (M. Azuela. Los de abajo).

CRUCERO. *n.m.* (De carretera). *Crossroads.* || 2. (De ferrocarril). *Grade crossing.* 📖 [...] caminó por la calzada hasta que los timbres y luces del CRUCERO lo detuvieron bruscamente. *He walked along the avenue until the signals and lights of the grade crossing stopped him abruptly.* (M. Azuela. Nueva burguesía). || 3. Cruce. *Intersection.*

CRUCETA. *n.f.* Palo con los extremos terminados en cruz.

CRUDA. *n.f.* (Acad.) Malestar que queda después de la borrachera; resaca. *Hangover.* || 2. Tela burda, especie de arpillera. *Coarse cloth, sackcloth.*

CRUDO. *adj.* Tela burda, especie de arpillera. *Coarse cloth, sackcloth.* || 2. •Estar CRUDO. Tener una resaca. *To have a hangover.*

CRUZADORA. *n.f.* Mujer que roba en

combinación con otra. *Woman shoplifter.* 📖 "Las CRUZADORAS operan en grupos de tres, pasándose entre ellas, es decir, cruzándose los artículos sustraídos, mismos con los que una de las ladronas abandona rápidamente la tienda." (J. Mejía Prieto).

CUACHALOTE. *n.m.& adj.* Persona sucia y desaliñada. *Slovenly, dirty (person), slob.*

CUACHÓN (variante de **cuachalote**).

CUACO. *n.m.* (Acad.) Caballo (entre los campesinos). *Horse, nag.*

CUADERNO. *n.m.* Folleto, obra científica o literaria de pocas páginas. *Pamphlet.*

CUADRA. *n.f.* Manzana (distancia entre dos esquinas). *City block.* ‖ **2.** Pequeña propriedad rural. *Small house in the country.*

CUADRADO. *adj.* Cerrado de mente. *Inflexible, rigid.* El maestro es tan CUADRADO que no acepta que las mujeres lleven pantalones. *The teacher is so narrow-minded that he doesn't believe in women wearing pants.*

CUADRANTE. *n.m.* Notoría del curato. *Sacristy.*

CUADRAR. *v.* Agradar, gustar. *To appeal, to please.* 📖 ¿Es que la mercancía no te CUADRA? ¿Después de lo que me esmeré en escogerla? *You mean to tell that you don't like the merchandise? After all the trouble I went through selecting it?* (R. Castellanos. Balún Canán).

CUADRILLA (variante de **cuadra** 2.).

CUADRITO. *n.m.* •Hacer(se) la vida de cuadritos. Complicar(se) la vida. *To make life difficult for someone.* 📖 [...] y tu Martita, cuidado de hacerme allá atrás [del coche] la vida de CUADRITOS. *And you Martita, don't make life difficult for me there in the back seat.* (Agustín Yáñez. Ojerosa y pintada).

CUAJAR. *v.* Decir **cuajos** o mentiras. *To tell a fib.* ‖ **2.** Pasar el tiempo charlando, hablar por hablar. *To prattle aimlessly.* ‖ **3.** Madurar. *To mature.*

CUAJICOTE. *n.m.* (Acad.) Especie de abejón que forma su vivenda en el tronco de los árboles. *Carpenter bee.*

CUAJO. *n.m.* Plática ociosa y entretenida. *Idle chatter.* ‖ **2.** Mentira inofensiva. *Fib.* ‖ **3.** Proyecto irrealizable. *Pipe-dream.* ‖ **4.** Hora de recreo en los colegios. *Recess, break, playtime (in school).*

CUAMIL. *n.m.* (Acad.) Sementera. *Sowing season, sowing field.*

CUARTA. *n.f.* (Acad.) Látigo corto para las caballerías. *Whip.* ‖ **2.** •Vivir (andar) a la CUARTA (pregunta). Vivir miserablemente. *To live miserably, to be on the breadline.* 📖 (...) y anda a la CUARTA pregunta pidiendo prestado para recuperar lo que perdió. *...and living miserably and soliciting loans in order to recover what he lost.* (C. Fuentes. La región más transparente).

CUARTAZO. *n.m.* (Acad.) Golpe dado con la **cuarta**. *Blow with a whip, wiplash.* ‖ **2.** Caída repentina y violenta. *Heavy fall.*

CUARTEADURA. *n.f.* Cuarteamiento, grieta. *Crack.* 📖 Los adobes se despegan, las tejas se desacomodan, en las paredes se abren CUARTEADURAS. *The adobe bricks get loose, the tiles get unstuck, and the walls begin to crack.* (J.J. Arreola. Cit. Dicc. de Hispan.).

CUARTEAR. *v.* Azotar con la **cuarta** o látigo. *To whip, beat.* ‖ **2.** -se. (Acad.) Desdecirse, echarse para atrás, faltar a la palabra empeñada. *To go back on one's word, to fail to keep a promise.* 📖 Pero ahí sí no me CUARTEABA. *But that time I didn't give him a chance to back down.* (C. Fuentes. La región más transparente).

CUARTELAZO. *n.m.* Levantamiento. *Uprising.*

CUARTERÍA. *n.f.* Conjunto de cuartos o piezas pequeñas, para vivienda de gente pobre. *Dilapidated rooming house.*

CUARTERÓN. *n.m.* Hijo de blanco y nulata. *Person of mixed race.*

CUARTILLA. *n.f.* Moneda de veinticinco centavos. *Quarter.*

CUARTO. *n.m.* Luz de posicion. *Sidelight.* ‖ **2.** •Cuarto redondo. Pieza de alquiler independiente, con salida a la calle o a un patio. *Rented room with private entrance.*

CUÁS. *n.m.* Amigo inseparable. *Bosom pal, best friend.*

CUASCLE. *n.m.* Manta que se echa al caballo. *Horse blanket.*

CUATACHISMO. *n.m.* (Acad.) Nepotismo, amiguismo. *String-pulling.*

CUATACHO. *n.m.* (Acad.) Amigote. *Buddy, pal.*

CUATE. *n.m.* (Acad.) Mellizo, gemelo. *Twin.* ‖ **2.** (Acad.) Camarada, amigo íntimo. *Pal, buddy.* 📖 Efraín y Renato [...] eran sus cuates del alma. *Efraín y Renato were his true friends.* (A. Mastretta. Arráncame la vida). ‖ **3.** Tipo, individuo. *Guy.* 📖 Hasta que maté a un cuate y me mandaron dos anos a la pení. *Until I killed this guy and they sent me to jail for a couple of years.* (C. Fuentes. La región más transparente). ‖ **4.** *adj.* (Acad.) Igual o semejante. *Similar, identical.* Esas dos iglesias son cuates en es estilo y construccion. *Those two churches are similar both in style and construction.* ‖ **5.** •Ser cuate. Ser buena persona.*To be a nice person.* El maestro es cuate, nunca comete injusticias. *He's a very nice teacher, he's never unfair,* **b)** Ser muy amigo de alguien. *To be chummy with.* ~Es muy cuate con el jefe. Esta muy intimo con el jefe. *He's very chummy with the boss.* ‖ **6.** •No tener cuate. No tener comparacion. ~Mi suerte no tiene cuate. *I have the worse luck in the world.* ~Su maldad no tiene cuate. *He's evil as they come.*

CUATEPÍN. *n.m.* Golpe dado en la cabeza con la mano cerrada. *Knock on the head with closed fist.*

CUATEQUIL. *n.m.* (Acad.) Maíz. *Corn.*

CUATERA. *n.f.* Mujer que da luz a **cuates** o gemelos. *Woman who gives birth to twins.*

CUATEZÓN. *adj.* (Acad.) Se dice del animal que carece de cuernos. *Hornless (ox or sheep).* ‖ **2.** Cobarde, inútil, por alusión al buey que carece de cuernos. *Coward, useless (like a hornless animal).* ‖ **3.** *n.m.* Amigo íntimo, compañero. *Very good friend.*

CUATITA. *n.f.* Amiga. *Girlfriend, woman friend.* 📖 Queremos una fiesta para puras cuatitas, para estar muy a gusto y chismear sobroso. *What we want is a party just for your lady friends, so that everyone can enyoy it and we can gossip to our heart's content.* (Carlos Fuentes. La frontera de cristal).

CUATRAPEAR. *v.* Arruinar. *To ruin.* ‖ **2.** -se. Descomponerse (aparato). *To break.* ‖ **3.** (hum.) Enredar, enmarañar, atropellarse. *To get tongue-tied.* ~Se le cuatrapeó la lengua. *He got tongue-tied.*

CUATRERO. *n.m.* Indio que habla mal el castellano. *Indian who speaks "broken" Spanish.* ‖ **2.** *adj.* Que dice disparates. *Preposterous.*

CUATRO. *n.m.* Trampa, engaño. *Trick, fraud.* ‖ **2.** Disparate. *Nonsense, absurd thing to do or say.* ‖ **3.** •Meter las cuatro. Meter la pata. *To put one's foot in it.*

CUBETA. *n.f.* (Acad.) Cubo, balde. *Bucket.* ~Una cubeta de agua. *A bucket of water.* ~Una cubeta de hielo. *An ice bucket.* 📖 A poco salió de su cuarto [...] a vaciar una cubeta de agua jabonosa en el resumidero del patio. *A short while later he left his room to empty a bucket of soapy water into the drain in the patio.* (M. Azuela. Nueva burguesía). ‖ **2.** Sombrero de capa alta y plana. *Top hat.*

CUBIERTA. *n.f.* Vaina de arma blanca. *Sheath.*

CUBO. *n.m.* Caja o hueco (de la escalera). *Stairwell.*

CUCAR. *v.* Molestar, provocar. *To urge on, incite, provoke.*

CÚCARA, MÁCARA, PÍPIRI FUE. *Mini, mini, mo.*

CUCARACHA. *n.f.* Coche de mal aspecto o viejo. *Old crock.* ‖ **2.** Vagón de tranvía. *Tramcar.*

CUCARACHO. *n.m.* (Noreste). Cucaracha. *Cockroach.*

CUCHARA. *n.m.* Carterista. *Pickpocket.* ‖ 2. •Despacharse con la CUCHARA grande (o cucharón). Guardar para sí la parte más grande. *To keep the lion's share.* ‖ 3. (Acad.) Llana de los albañiles. *Trowel.*

CUCHARETA. *n.f.* (Acad.) Persona entrometida. *Meddler, busybody.*

CUCHARETA. *n.f.* Ceja angosta de monte. *Mountain ridge.*

CUCHE. *n.m.* Cerdo. *Pig.*

CUCHILLAZO. *n.m.* Cuchillada. *Slash.*

CUCHILLEAR. *v.* Azuzar. *To incite, egg on.*

CUCHILLERO. *n.m.* Se dice del pendenciero cuya arma predilecta para la pelea es el cuchillo. *Knife-carrying brawler.*

CUCHO. *adj.* (Acad.) Nacido con malformaciones naso-bucales o en las extremidades. *Having a harelip.* ‖ 2. Torcido. *Crooked.* ‖ 3. Lisiado. *Cripple.* ‖ 4. Desnarigado. *Small nosed.*

CUCHUFLÍ. *n.m.* Lugar estrecho y molesto. *Narrow crowded space.* ‖ 2. Cárcel. *Jail.*

CUCHUMBO. *n.m.* Cubilete (para echar dados). *Shaker, cup.*

CUCO. •Hacer CUCO a uno. Menospreciar, burlarse de una persona. *To poke fun at someone.*

CUECO. *n.m.* (Tabasco). Puerco, cerdo. *Hog.*

CUENCA. *n.f.* Cuenco. *Hollow.* La cuenca de la mano. *The hollow of one's hand.*

CUENTACHILES. *n.m.* (Acad.) El que ejerce o vigila mezquinamente la administración del dinero. *Penny-pincher.* 📖 Los empresarios yanquis siempre han sido hombres de vision, no CUENTACHILES provincianos como en Mexico [...]. *American businessmen have always been men of vision, not provincial misers like those in Mexico.* (Carlos Fuentes. La frontera de cristal).

CUENTAZO. *n.m.* Gran mentira. *Big lie.*

CUENTERO. *n.m.* Mentirosillo. *Fibber.*

CUENTOS. *n.m.* Historietas. *Comics.*

CUERA. *n.f.* Jaquetilla de cuero que usan los vaqueros. *Leather jacket.*

CUERAZO. *n.m.* Latigazo. *Lash.* ‖ 2. Stunner (woman), hunk (man). ~Es un CUERAZO. *He's a hunk of a man.*

CUEREADA. *n.f.* Acción de **cuerear**. *Act of whipping.* ‖ 2. Paliza, derrota. *Beating.* 📖 Ya tengo noticias de la CUEREADA que han dado a los federales. *I'll already know about the beating they gave the government troops.* (M. Azuela. Los de abajo).

CUEREAR. *v.* Azotar. *To whip.* 📖 Y si ya no tengo que CUEREAR a un cabo borracho, todavía puedo hacerlo a una suegra metiche. *If I can no longer whip a drunken corporal, I can certainly do it to a meddling mother-in-law.* (C. Fuentes. La región más transparente).

CUERITO. *n.m.* •De CUERITO a CUERITO. De cabo a rabo. *From beginning to end.*

CUERIZA. *n.f.* Paliza (en especial con látigo). *Beating, thrashing (with a whip).* ‖ 2. Zurra. *Spanking.*

CUERNITO (variante de **cuerno**).

CUERNO. *n.m.* Croissant. *Croissant.*

CUERO. *n.m.* Látigo. *Whip.* ‖ 2. Hembra, mujer de placer. *Prostitute.* ‖ 3. Azotamiento. *Whipping.* ‖ 4. Concubina, amante. *Concubine, mistress.* 📖 -¿Qué te traes con Jesusita? -Nada, es una amiga. -¿No es tu CUERO? *-What's going on between you and Jesusita? -Nothing, she's just a friend. -She's not your mistress?* ‖ 5. Mujer guapa. *Attractive woman.* ‖ 6. *adj.* Guapísimo. *Gorgeous.* ~Tu amiga es CUERÍSIMA. *Your friend is gorgeous.* ‖ 7. •Arrimar, dar o echar CUERO. Azotar. *To whip.*

CUERPO. *n.m.* •Echar CUERPO. Crecer. *To grown.*

CUERUDO. *adj.* Se dice de las caballerías lerdas. *Slow, sluggish (horse).* ‖ 2. Que tiene la piel gruesa y dura. *Having leathery skin.*

CUESCO. *n.m.* (Acad.) Masa redondeada de mineral de gran tamaño. *Large lump of mineral.*

CUETE. *n.m.* Pistola, revólver. *Pistol.* ~Aqui traigo mi CUETITO, por si hace falta. *I'm carrying my gun along with me, just in case I need it.* || **2.** Embriaguez, borrachera. *Drunkenness.* || **3.** (Acad.) Lonja de carne que se saca del muslo de la res. *Slice of rump (beef).* || **4.** Persona borracha. *Drunken person.* || **5.** Cohete. *Rocket.* || **6.** Problema. *Problem.* ~Poner a todos de acuerdo es un verdadero CUETE. *Having everyone agree is quite a problem.* || **7.** (Durango). Libertina. *Dissolute.* || **8.** *adj.* Borracho. *Drunk, loaded.* || **9.** •Agarrar (ponerse) un CUETE. *To get drunk.* || **10.** •Ser un CUETE. Ser un lío. *To be a real hassle.* || **11.** •Echar CUETE. Disparar balas. *To fire off.*

CUICO. *n.m.* (Acad.) Guardia o agente de policía. *Policeman.* 📖 [...] pensé que sería fácil vigilar a ella y a su CUICO que venía a pasar la noche junto al fogón. *I felt that it would be easy to watch her and her policeman friend who came to spend the night next to the fireside.* (E. Poniatowska. Hasta no verte Jesús mío). || **2.** Persona chismosa, soplón. *Blabbermouth.*

CUIDADOR. *n.m.* Enfermero. *Male nurse.*

CUIDADORA. *n.f.* Institutriz. *Governess.* || **2.** Niñera. *Baby-sitter.*

CUIJA. *n.f. (Acad.)* Lagartija pequeña y muy delgada. *Small thin lizard.* || **2.** (Acad.) Mujer flaca y fea. *Thin ugly woman.* || **3.** Defecto personal que atrae la simpatía de los demás. *Personal defect that atracts sympathy.*

CUIJAL. *n.m.* Tierras cubiertas de vegetación cactácea. *Land covered with cactus plants.*

CUIJE. *n.m.* Aprendiz. *Office junior.*

CUILCA. *n.f.* Frazada. *Blanket.*

CUILÓN. *n.m.* Hombre afeminado y pusilánime. *Effeminate and fainthearted man.*

CUILTA. *n.f.* Colcha, cobertor. *Bedspread.*

CUINO. *n.m.* (Acad.) Cerdo muy gordo y de patas cortas. *Swine, pig.*

CUITLALOCHE. *n.m.* Añublo, tizón. *Corn smut (edible fungus which grows on the corncob.*

CUJA. *n.f.* Sobre para carta. *Envelope.* || **2.** Envoltura. *Flap.*

CUJINILLOS. *n.m.* Alforjas o maletas que se tercian sobre una caballería. *Saddlebags.*

CULATA. *n.f.* Cada uno de los lados de una casa. *Sides of a house.*

CULATEAR. *v.* Golpear con la culata de un fusil o revólver. *To hit with the butt of a rifle.*

CULEAR. *v.* Rajarse, echarse atrás. *To back out.*

CULEBRA. *n.m.* Tromba de agua. *Waterspout.* || **2.** Manga. *Hosepipe.* || **3.** Cinturón hueco en que se guarda el dinero. *Money belt.* || **4.** Aguacero, chaparron. *Downpour, heavy shower.*

CULEBRON. *n.m.* Telenovela. *Television serial, soap.*

CULECO. *adj.* •Estar CULECO con algo. Envanecido, muy satisfecho y contento. *To be very pleased or proud about something.* || **2.** Enamorado. *In love.* || **3.** Se dice de la persona hogareña. *Home-loving.*

CULERO. *adj.* Cobarde, afeminado. *Coward, sissy.*

CULIMICHE. *adj.* Sin valor. *Worthless.*

CULIMPINARSE. *v.* Agacharse. *To stoop, get down.*

CUMPA. *n.m.* Compadre, amigo. *Pal, buddy.*

CUNA. *n.f.* Ataúd que en las iglesias de los pueblos suelen regalarse a los pobres. *Coffin for the poor.*

CUNDA. *n.m.* Meneo. *Wag.*

CUNDIDO. *adj.* Lleno de. *Full of.* Su explicación está CUNDIDO de incongruencias. *Her explanation was riddled with inconsistencies.*

CUÑA. *n.f.* Persona de influencia. *Influential person, big shot (coll.).* ~Tiene buenas CUÑAS. *He has good contacts, connections.*

CUÑO. *n.m.* Cabida. *Capacity.*

CUOTA. *n.f.* Peaje. *Toll.* ~Carretera de CUOTA. *Toll road.* ~Puente de CUOTA. *Tollbridge.*

CUPO. *n.m.* (Acad.) Cabida, capacidad. *Space, room, capacity.* ~La escuela tiene CUPO para dos mil estudiantes. *The school can take up to two thousand students.* ~El depósito tiene CUPO para quinientos litros. *The tank holds up to five hundred litres.* ~|| 2. •No haber CUPO. No quedar asientos (teatro, cine). *Full house, 'sold out' (theater).* || 3. •CUPO agotado. Completo. *No vacancies.*

CURARSE. *v.* Tomar una bebida después de dormir la borrachera. *To take a drink to sober up.*

CURIOSO. *adj.* Excentico. *Eccentric.* 📖 Ah que Gabriel tan CURIOSO repetía la madre una y otra vez. *How eccentric this Gabriel, the mother would keep saying.*

CURRO. *n.m.* Persona nacida en Andalucía. *Andalusian emigre, southern Spaniard living in America.* || 2. Persona elegante, señorito. *Dandy, elegantly-dressed.* 📖 -¿Quién es este CURRO? -preguntó Anastasio. *Who is this fine gentlemen? said Anastasio ironically.* (M. Azuela. Los de abajo).

CURRUTACO. *adj.* Regordete, rechoncho. *Plump.*

CURSERA. *n.f.* Diarrea, o cagalera. *Diarrhea.*

CURSIENTO. *adj.* Que tiene diarrea. *Having diarrhea.*

CURTIEMBRE. *n.f.* Tenería, curtiduría. *Tannery, tanning.*

CURTIRSE. *v.* Ensuciarse. *To get dirty, dirty one's clothes.*

CURVA. *n.f.* •Agarrar alquien en CURVA. *To take someone by surprise.* ~Nos agarraron en CURVA con sus preguntas. *Their questions caught us completely unprepared.*

CURVEAR. *v.* Describir una curva (pelota). *To curve.*

CUSCA. *n.f.* Mujer pública. *Prostitute.*

CUSILIAR. *v.* Azuzar a los perros. *To set the dogs on someone, urge the dogs to attack someone.* 📖 Ayer descargué como una tonelada de plátanos [...] y me dieron lo que me comí. Resultó conque los había robado y no me pagaron nada; hasta me CUSILIARON a los gendarmes. *Yesterday I unloaded something like a ton of bananas and they paid me what I had eaten. But they claimed that I had stolen them and gave me nothing; they even turned me over to the police.* (J. Rulfo. El llano en llamas).

CUSUCO. *n.m.* Armadillo. *Armadillo.*

CUSUSA. Aguardiente de contrabando. *Homemade con liquor.*

CUTARAS. *n.f.* Chancleta, zapato basto. *Sandals, rough shoes.*

CUTARRAS (Variante de **cutaras**).

CUZCA Mujer pública. *Prostitute..* 📖 ¿Quién te autorizó a irte de CUZCA? -preguntó cuando entré cantando a nuestra recámara [...]. *Who gave you permission to behave like a prostitute? –he asked when I entered the bedroom singing.* (A. Mastretta. Arráncame la vida).

D

DACTILOGRAMA. *n.m.* Huella digital. *Fingerprint.*

DADISTA. *n.m.* Jugador de dados. *Gambler who plays dice.*

DADO. *n.m.* •Llave de DADO. Llave de tubo. *Box wrench.*

DAGAZO. *n.m.* Herida de daga. *Stab wound.*

DAIME (angl.). *n.m.* Moneda de plata de diez centavos de dólar. *Dime.*

DALA. *n.f.* Viga de cemento armado para refuerzo de una pared o muro. *Beam of reinforced concrete used to shore up a wall.*

DAMAJUANA. *n.f.* Garrafa. *Demijohn.* 📖 Trajeron más DAMAJUANAS de ponche. *They brought more demijohns of punch.* (Juan Rulfo. El llano en llamas).

DAMASANA (Variante de **damajuana**).

DAMASQUINADO. *adj.* De aspecto semejante por su belleza al embutido metálico de este nombre. *Similar in beauty to damascene work (tooling or inlay on metal or leather).*

DAMESANA (Variante de **damajuana**).

DANTA. *n.m.* Tapir. *Tapir.*

DANZA. *n.f.* Música mexicana de tipo sentimental y de aire lento. *Mexican type of slow, sentimental music.*

DAÑAR. *v.* Embrujar a alguien o hacerle un maleficio. *To bewitch or cast a spell on someone.*

DAÑISTO. *adj.* (Chihuaha, Sonora, Sinaloa). Dañino. *Destructive, injurious.*

DAÑO. *n.m.* Maleficio, mal de ojo. *Spell, curse.* ~Le hicieron un DAÑO. *They put a curse on him.*

DAR. *v.* •DAR en la torre (madre). Herir, vencer. *To offend, hurt; to beat.* ‖ **2.** •¡A DARLE! Manos a la obra. *Let's get on with it.* 📖 ¡A DARLE, muchachos, que yo voy a raspar codos (bailar el mambo)! *Let's go, boys, because I'm going to dance the mambo.* (C. Fuentes. La región más transparente). ‖ **3.** •DAR una MANO (manita). Echar una mano. *To lend a hand, help.* ‖ **4.** ‖ •DAR lata. Importunar, fastidiar. *To annoy, bother, bore.* ‖ **5.** •DARSE taco (paquete). Darse importancia, presumir. *To show-off, be conceited.* 📖 Le convidió a comer nada más para DARSE taco. *He invited him for dinner just to show off.* (M. Azuela. El camarada Pantoja. Cit. Santam.). ‖ **6.** •DARSE por bien servido. Darse por satisfecho. *To be pleased, satisfied with the results.* ‖ **7.** •DAR dado. Emprender una riña o un combate temerariamente, sin probabilidad alguna de triunfar. *To be useless, to be a lost cause.* 📖 Pelear tres contra uno es DAR dado. *To fight three against one is a lost cause.* (M. Magdaleno. El resplandor. Cit. Santam.). **b)** Dar sin recibir recompensa. *To give without receiving something in return.* ~Que yo me meto en comercios. Más no me gusta DAR dado. *I like to get involved in business deals, but I don't like to give without receiving something in return* (Cit. Santam.). ‖ **8.** Dar a luz, parir. *To give birth.*

DEACINCO. *n.m.* Moneda de cinco centavos. *Five-cent coin.*

DEADIEZ. *n.m.* Moneda de diez centavos. *Ten-cent coin.*

DEADOS. *n.m.* Moneda de veinticinco

centavos. *Twenty-five cents coin.*

DEALMÁTICA. *n.f.* Dalmática. *Dalmatic (vestment worn by the Romans).*

DEALTIRO (variante de **dialtiro**).

DEATIRO (Variante de **dialtiro**).

DEBER. *v.* •DEBER muertes. Ser culpable de la muerte de otro o otros. *To be responsible for the death of one or more persons.* ~Si DEBE más muertes que cualquier otro bandido [...]. *He's killed more people than any other bandit. (Cit. Santamaría).* ‖ **2.** •DEBER un peso a cada santo (y una vela a cada virgen). *To be up to one's neck in debts.*

DEBITAR. *V.* Cargar en cuenta. *To debit.*

DECEMBRINO. *adj.* Relativo a diciembre. *Relative to the month of December.*

DECENA. *n.f.* Período de diez días. *Ten day period.* ‖ **2.** Período convencional más o menos equivalente a un tercio de mes. *One third of a month.* ‖ **3.** Pago, sueldo habido por ese tiempo de trabajo. *Salary equivalent to 10 days or one third of a month's work.*

DECENAL. *adj.* Que sucede o cumple cada diez días. *Happening every ten days.* ‖ **2.** Que dura diez días. *Lasting 10 days.* 🕮 "Adviértese que el Diccionario (de la Real Academia) llama sólamente así a lo que se cumple en un período de diez años y a lo que tiene esta duración." (F. G. Santamaría. Diccionario de mejicanismos).

DECEPCIONADO. *adj.* Desengañado, que ha sufrido una decepción. *Disillusioned.*

DECISORIO. *adj.* •Proceso DECISORIO. Fallo, sentencia. *Judgment, verdict.*

DECLARADO. *adj.* Pretendido, supuesto. *Ostensible.* ~Un enemigo DECLARADO. *A professed ennemy.*

DECRETAR. *v.* Anunciar (dividendo). *To declare dividend.*

DEDALEAR. *v.* Andar en negocios pequeños. *To deal small-time.*

DEDAZO. *n.m.* Nombramientos basados en el favoritismo y el amiguismo. *Preferential nomination based on personal favoritism.*

DEDO. *n.m.* •Ser el DEDO chiquito de otro. Ser el favorito, la persona de mayor confianza. *To be the favorite or most trusted person of someone,* 📖 El sí se ha sabido colocar; hasta con el viejo Carranza nunca estuvo mal; no digamos con mi general Obregon: es de sus dedos chiquitos. *That's a person that really established himself. He was even able get along with old Carranza; not to mention our very own general Obregon; he's one of his favorites.* (A. Yañez. La creación. Cit. Hispan.) ‖ **2.** •Jugar el DEDO en la boca. Embaucar, engañar a una persona. *To trick, swindle.* ‖ **3.** •No quitar el DEDO del renglón. Insistir. *To insist.* ‖ **4.** •Poner el DEDO en el renglón. Poner el dedo en la llaga. *To put one's finger on the spot.* ‖ **5.** Ponerle el DEDO a alguien. Señalar a alguien con el dedo. *To point the finger at someone.* ‖ **6.** •Tronar los DEDOS. Hacer chasquear los dedos -gesto que suele indicar cierto desprecio hacia la persona a quien va dirigido, ya que suele usarse con los perros. *To snap one's fingers at (derogatory).* 📖 El celador tronó los DEDOS: –Aprisa, Martínez, no se quede atrás. *Let's go, Martinez, don't get (fall) behind.* (A. Yáñez. La creación. Cit. Hispan.). ‖ **7.** •Tener DEDO de organista. Tener habilidad para una cosa. *To be good at a particular thing.*

DEDÓN. *adj.* De dedos grandes. *Having big fingers.*

DEFE. *n.m.* Distrito Federal. *Mexico City.* 📖 Aquí en la ciudad, en el DEFE, han salido sus obras en el periódico. *Here in the city, that is Mexico City, his works have come out in the newspapers.* (E. Poniatowska. Hasta no verte Jesús mío).

DEFECCIONAR. *v.* Cometer defección, deserción. *To defect, desert.* ~Todo el mundo había DEFECCIONADO o huía. *Everyone had either deserted or were fleeing (Cit. Santamaría.).*

DEFENDELÓN. *adj.* (Coahuila, Nuevo León, Tamaulipas). Que rápidamente sale en defensa, que da cara para el otro y lo auxilia. *Given to come to the defense of others.*

DEFENSA. *n.f.* Parachoques del automóvil. *Bumper, fender.* 📖 [...] no se pudo contener, comenzó a patear las DEFENSAS de los coches estacionados. *He couldn't help himself and began to kick the fenders of the parked cars.* (C. Fuentes. La frontera de cristal. Cit. Hispan.).

DEFENSO. *n.m.* Demandado, acusado. *Defendant.*

DEFEÑO. *n.m.* Persona que proviene del Distrito Federal (Cuidad de México). *Person from the Distrito Federal (Mexico City).*

DEFINITIVA. *adv.* •En DEFINITIVA. Permanente, de forma permanente. *Permanently, for good.*

DEFINITIVIDAD. *n.f.* Titularidad. *Tenure.* ‖ **2.** •Con DEFINIVIDAD. Con titularidad. *Tenured.*

DEFONDARSE. *v.* Desfondarse. *To collapse.*

DEJACIÓN. *n.f.* Dejadez, abandono, pereza, descuido. *Slovenliness, negligence, carelessness, lazyness, apathy.*

DEJADA. *n.f.* Transporte de pasajeros. *Transportation of passengers.* ~El valiente tostonazo que tanto tiempo fue [...] la tarifa regular de la DEJADA. *The noble fifty-cent piece which was for such a long time the regular transportation fare.*

DEJANTE. *adv.* •DEJANTE que. Aparte de que, además de que, no obstante. *Aside from, nevertheless.* ~DEJANTE que no me has pagado, vienes a faltarme el respeto. *Not only have you failed to pay me, but you show me disrespect as well.*

DEJAR. *v.* Llevar a uno de un punto a otro próximo, rápidamente. *To transport from one point to another rapidly.* ‖ **2.** •No DEJARSE. Pagar en la misma moneda. *Tit for tat.* ‖ **3.** •Por no DEJAR. De puro entretenimiento. *Just for the fun of it.*

DEJAZÓN. Dejadez, pereza. *Negligence, carelessness, neglect, laziness, apathy.*

DEJÓN. *n.m.* Persona que se deja manipular por otros. *Person who allows himself to be manipulated.*

DELEGACIÓN. *n.f.* Comisaría. *Police station.*

DELGADO. *adj.* Aguado, claro, no cargado. *Weak, thin, watery.* Un café DELGADO. *Weak coffee.*

DEMALEZAR. *v.* Desyerbar, desbrozar. *To weed; to clear the land of underbrush or thickets.*

DEMASIADAMENTE. *adv.* Demasiado. *Too much.* ‖ **2.** Muy. *Very.*

DEMASIADO. *adv.* Muy. *Very.* ~Debes ser DEMASIADO cuidadoso con tus cosas. *You have to be a little more careful with your belongings.*

DEMENTADO. *n.m.* Loco, demente. *Mad, insane.*

DEMERITAR. *v.* (Acad.). Empañar, quitar mérito. *Discredit.*

DEMONIAL. *n.m.* Una gran cantidad, mucho, muchísimo. *A large quantity, a great deal.*

DEMORA. *n.f.* Temporada de ocho meses que debían los indios trabajar en las minas, por obligación de encomienda. *Eight month period during which the Indians had to work in the mines in lieu of paying taxes.*

DEMORAR. *v.* Tardar. *To take (time).* ~DEMORÓ tres horas en terminar la prueba. *It took (him) three hours to complete the test.* ‖ **2.** Retrasar. *To delay.* ~Tuvo que DEMORAR el viaje. *He had to delay the trip.* ‖ **3.** ¡No DEMORES! *Don't take long.*

DENGOSO. *adj.* (Pers.) que al andar contonea las caderas. *Who walks swinging his hips.*

DENGUE. *n.m.* Contoneo, movimiento de las caderas. *Hip-swinging, affected gait, waggle.* ‖ **2.** Disgusto, rabieta. *Tantrum.* ~Me hizo un DENGUE cuando le dije que no iríamos. *He had a tantrum when I told him we wouldn't be going.* ‖ **3.** Muecas, gestos con el rostro.

DENSO. *adj.* Pesado, antipático. *Unplea-*

sant. ~Son personas muy DENSAS. *They're very unpleasant people.*

DENTISTERÍA. *n.f.* (Acad.) Consultorio del dentista, clínica dental. *Dentist's, dental clinic, dentist's office.*

DENTRAR. *v.* Entrar. *To enter.*

DENTRÍFICO. *n.m.* Dentífrico. *Toothpaste.*

DEPARTAMENTO. *n.m.* (Acad.) Apartamento. *Flat, apartment.* ‖ **2.** •Tienda *de departamentos.* (Grandes) almacenes. *Department store.* ‖ **3.** •Edificio de APARTAMENTOS. Edificio de DEPARTAMENTOS. *Apartment building.* ‖ **4.** •DEPARTAMENTO de bomberos. Parque de bomberos. *Fire station.*

DEPONER. *v.* (Acad.) Vomitar. *To throw up, vomit.*

DERECERA. *n.f.* Derechera, dirección en línea recta. *In a straight path.* ~El camino va en esta DERECERA. *The road is straight ahead.*

DERECHO. *adj.* Afortunado, dichoso. *Lucky, fortunate.*

DERRAPANTE. *adj.* Camino DERRAPANTE. Camino resbaladizo. *Slippery road.*

DERRAPAR. *v.* Patinar un carruaje. *To slip, slide, skid (car).* ‖ **2.** Desvivirse por alguien. *To be crazy about someone.* ~Juan DERRAPA por Lupita. *John is very fond of Lupita.*

DERRIBA. *n.* (Acad.) Desmonte, acción y efecto de desmontar. *Clearing or felling of trees.*

DERRUMBE. *n.m.* Derrumbamiento. *Cave-in (mine), landslide.*

DESABASTO. *n.m.* Desabastecimiento. *Shortage of supplies.*

DESABURRIRSE. *v.* Divertirse. *To have a good time.*

DESACOMEDIDO. *adj.* Desatento, no servicial, que no es acomedido. *Unobliging.*

DESACOMODAR. *v.* Desarreglar, desordenar. *To untidy, mess up.* ~Ojalá que no vengan los niños porque me DESACOMODAN toda la casa. *I hope the children don't come because they turn the house upside down.*

DESACOMPLETAR. *v.* Hacer que quede incompleta una cosa. *To leave short.* Su enfermedad vino a DESACOMPLETAR el equipo. *His illness left the team a man short.*

DESAGUADERO. *n.m.* Servicios, aseos, baño. *Lavatory.*

DESAGUAR. *v.* Orinar. *To urinate.*

DESAGUISADO. *n.m.* Barrullo, confusión, desorden, trastorno. *Mess, disorder.*

DESALOJO. *n.m.* Desalojamiento. *Eviction, eviction notice.* ~Les han dado el DESALOJO. *They have been given notice to vacate, they have been served with an eviction notice.*

DESANGRADA. *n.f.* Desangramiento. *Profuse bleeding, loss of blood.*

DESANGRE. *n.m.* Desangramiento. *Bleeding, loss of blood.*

DESANIMACIÓN. *n.f.* Desánimo, falta de animación. *Tediousness, listlessness.*

DESANIMADO. *adj.* De fiestas o reuniones faltos de animación. *Dull (parties, etc.).*

DESAPARECER. *v.* Hacer desaparecer. *To cause to disappear, to eliminate.* ☐ Y la gota caída por equivocación se la come la tierra y la DESAPARECE en su sed. *And the earth thirstily swallows up the lonely drop of water.* (J. Rulfo. El llano en llamas). ☐ Y allá... me imagino que será fácil desaparecer al viejo [...]. *And out there... I imagine it won't be difficult to get rid of the old man.* (J. Rulfo. Pedro Páramo).

DESAPARTAR. *v.* Apartar. *To separate.*

DESAPERCIBIDO. *adj.* Inadvertido. *Inattentive; unnoticed.*

DESAPREVENIDO. *adj.* Desprevenido. *Unprepared, unready, off-guard.*

DESARMADOR. *v.* (Acad.) Destornillador. *Screwdriver.*

DESARRAJAR. *v.* Descerrajar. *To break open, force the lock of.*

DESATERRAR. *v.* Remover la tierra que cubre el tallo de las plantas u obstruye un conducto. *To clear of rubble or earth.*

DESATORNILLADOR. *n.m.* Destornillador. *Screwdriver.* ‖ **2.** Bebida alcohólica preparada con jugo de naranja, vodka y cubos de hielo. *Screwdriver (drink).*

DESAYUNADOR. *n.m.* Habitación contigua a la cocina que se utiliza como comedor informal. *Breakfast room.*

DESAYUNARSE. *v.* Desayunar. *To have breakfast.* 📖 Lo detuvimos en el corredor mientras mi padre terminaba de DESAYUNARSE. *We stopped him in the hall while my father was finishing his breakfast.* (R. Castellanos. Balún Canán). 📖 Al otro día, domingo, se DESAYUNARON muy contentos en un restaurante de chinos. *The next day, on Sunday, in a happy mood, they had breakfast at a chinese restaurant.* (M. Azuela. Nueva burguesía).

DESBABAR. *v.* (Acad.) Quitar la baba al café y al cacao. *To clean of slime (coffee, cocoa).*

DESBABE. *n.m.* Acción de quitar la baba al cacao o al café. *Cleaning of slime (coffee, cocoa).*

DESBALAGAR. *v.* (Acad.) Dispersar, esparcir, extraviar. *To spread, scatter, disperse.* 📖 "Para los gitanos españoles, *balagar* es el haz o montón de forraje, y *desbalagar* significa desparramar la paja del *balagar*. Por extensión, equivale asimismo a disgregarse un grupo de personas. Sin conocimiento de dicho significado, al pueblo mexicano le sedujo la expresiva sonoridad del término y lo incorporé de buen grado a su léxico". (J. Mejía Prieto). ‖ **2.** (Coahuila, Nuevo León, Tamaulipas). Perderse, extraviarse del camino o del grupo. *To get lost, loose one's way or get separated from a group.* ~Nada más cargó con con media docena de caballos, una vaca y tres muchachas que encontró DESBALAGADAS en su camino. *He took with him only half a dozen horses, a cow and three lost girls which he found on the way.* ‖ **3.** (Tabasco). Deshacerse, desaparecer (tumor, hinchazón, etc.). *Disappear, go away (tumor, swelling).*

DESBAMBARSE. *v.* Destejerse un tela. *To become unravelled (fabric).*

DESBARRANCADERO. *n.m.* Despeñadero. *Precipice.*

DESBARRANCAR. *v.* Arrojar a un barranco. *To fling (someone) over a precipice.* ‖ **2.** -se. Caerse en un barranco. *To fall over a precipice.* ~He visto muchos que han muerto DESBARRANCADOS. *I have seen many people die by falling over a precipice.* (Cit. Santamaría). ‖ **3.** Perder de pronto una buena posición social o económica. *To come down in the world.*

DESBARRATARSE. *v.* Desordenarse, traspapelarse (documentos, papeles). *To get jumbled up, muddled up.* ‖ **2.** Romperse, descomponerse (mecanismo). *To get broken, break.*

DESBARRUMBARSE. *v.* Dar en el suelo lo que estaba amontonado a una gran altura; derrumbarse. *To fall down, topple down.*

DESBARRUMBE. *n.m.* Acción y resultado de desbarrumbarse. *Falling, toppling down.*

DESBORRADOR. *n.m.* Goma de borrar. *Eraser.*

DESBORRONAR. *v.* Desmoronar. *To deteriorate, fall apart, crumple.*

DESBOSCAR. *v.* Limpiar de árboles un terreno. *To clear of plants, to defoliate.*

DESBOTONAR. *v.* (Acad.) Quitar los botones y la guía a las plantas, especialmente la del tabaco, para impedir su crecimiento y para que ganen en tamaño las hojas. *To remove buds from tobacco plants.* ‖ **2.** Desabotonar. *To unbutton (clothing).*

DESCABEZAR. *v.* Dormitar. *To doze off, be drowsy.*

DESCACHAR. *v.* Desastar, despuntar. *To dehorn.*

DESCACHAZAR. *v.* Quitar la cachaza al guarapo; espumar. *To remove scum from* *(sugar cane juice).*

DESCALIFICAR v. ANGL. Quitar a una persona la calidad de buen crédito. *To disqualify (from a loan, etc.)*

DESCAMBIAR. v. Cambiar. *To change.*

DESCAMISADO. adj. Miserable, harapiento. *Ragged, shabby, wretched.*

DESCAMISAR. v. Quitar a alguien todo lo que tiene, especialmente en el juego, arruinar. *To take away everything that one owns, especially in gambling.* || 2. Quitar la camisa. *To remove the shirt of.*

DESCANSO. n.m. Retrete. *Toilet.*

DESCARAPELAR. v. Despellejarse, quitarse la piel o el pellejo. *To peel.* ~Se me DESCARAPELÓ la nariz. *My nose peeled.*

DESCARDAR. v. Escardar. *To weed, weed out.*

DESCAROZAR. v. Quitar el huego o carozo a las frutas. *To pit, stone, remove stone or pit from (fruits).*

DESCARRILAR. v. •Descarrilarse. *Descarrilar.*

DESCASAR. v. Deshacer un matrimonio. *To break up a marriage.* || 2. -se. Divorciarse. *To get a divorce.*

DESCASCARARSE. v. Desconcharse una pared. *To peel off, flake off, chip off.*

DESCHALECADO. adj. Desharrapado, mal vestido. *Ragged, shabby.*

DESCHAPAR. v. Descerrajar una cerradura. *To break (lock).*

DESCHAVETADO. adj. Chiflado, que ha perdido la chaveta. *Crazy, off one's rocker.*

DESCHAVETARSE. v. Perder la chaveta, perder el juicio, atolondrarse. *To go crazy, to go mad, to go off one's rocker.*

DESCOGER. v. Coger. *To choose.*

DESCOLADA. n.f. Desprecio. *Snub, rebuff, slight, rudeness, discourtesy, oversight.* ~Porque después de la DESCOLADA que le dieron los malditos indios de Tula, ya no he vuelto a saber de Ud. para nada. *Because since that occasion when the wretched Tula Indians treated you so rudely, I have not heard from you again. (Cit. Santamaría).*

DESCOLAR. v. Despreciar, desairar. *To snub, rebuff, slight, show contempt for.*

DESCOLGARSE. v. Presentarse inesperadamente. *To appear unexpectedly.* ~El aguacero se DESCOLGÓ temprano. *The early downpour came down unexpectedly.* || 2. Llegar, visitar sin previo aviso. ~Aunque nadie me invitó, me DESCOLGUÉ en la fiesta. como a las diez de la noche. *Although I was not invited, I sneaked in the party at about ten o'clock at night.* ~Se DESCOLGÓ por la casa y nos tomamos una botella de vino. *He dropped by the house unannounced and we had a bottle of wine.*

DESCOLÓN. n.m. Respuesta desatenta. *Slight, insult, snub, rebuff.* || 2. Hacerle (darle) un DESCOLÓN a alguien. *To snub, give the cold shoulder.*

DESCOMEDIDO. adj. Desatento. *Rude, impolite.* || 2. Desvergonzado. *Shameless, brazen.*

DESCOMPLETAR. v. Dejar incompleto lo que antes estaba completo. *To make incomplete, impair the completeness of.*

DESCOMPLETO. adj. Incompleto. *Incomplete.*

DESCOMPONERSE. v. (Acad.) Estropearse, averiarse. *Break down, go out of order.*

DESCOMPOSTURA. n.f. Falla, avería. *Fault, breakdown.*

DESCOMPUESTO. adj. Medio ebrio. *Tipsy.* || 2. Averiado. *Out of order, out of action.*

DESCONCEPTO. n.m. Descrédito. *Ill repute, discredit.*

DESCONCHABADA. n.f. Dislocación. *Dislocation.*

DESCONCHABADO. adj. Dislocado, descoyuntado. *Dislocated.* 📖 El niño tiene

[...] el brazo todo DESCONCHABADO y uno de los pies también. *One of the child's arm is dislocated as well as one of his feet.* (E. Poniatowska. Hasta no verte Jesús mío).

DESCONCHABAR. *v.* (Acad.) Descomponer, descoyuntar. *To dislocate.* ‖ **2. -se.** Estropearse, romperse. *To break (down).* ~Se DESCONCHABÓ el televisor. *The television set is broken.* ‖ **3.** Desavenirse, inconformarse las personas. *To disagree, fall out, quarrel.*

DESCONCHINFLADO. *adj.* Con mala salud, desarreglado. *Out of order, disarranged.* ~¿Cómo está el gobierno? ¿No has tenido novedad? ¿O está DESCONCHINFLADO como yo? *How's the government? Heard anything new? Or is it out of order (broken down) like me?* (Cit. Santamaría). ‖ **2.** Estropeado. *Broken down, out of order, wrecked.* 📖 El dice que hace falta componer el altar y que la mesa de su comedor está toda DESCONCHINFLADA. *He says that the altar needs repairing and that the dinning room table is a wreck.* (J. Rulfo. Pedro Páramo).

DESCONCHINFLAR. *v.* Desarmar de un golpe, transtornar el orden, la compostura de las piezas diversas de un todo. *To disarrange, put out of order.* ‖ **2.** (Norte). Desbaratar, descomponer por uso o abuso. *To wreck, ruin.* ~Llegó con la maleta DESCONCHINFLADA. *He arrived with his beat up suitcase.*

DESCONCHINFLAR. *v.* Estropear. *To break, bust.* 📖 Él dice (...) que la mesa del comedor está toda DESCONCHINFLADA. *He says that the dining-room table is completely broken down.* (Juan Rulfo. Pedro Páramo).

DESCONGESTIONAR. *v.* Dar término a la aglomeración de gente o cosas, poniéndolas en orden para cualquier efecto. *To break up, disperse (crowd, traffic, etc.).*

DESCONOCENCIA. *n.f.* Falta de conocimiento. *Lack of knowledge.*

DESCONOCIDA. *n.f.* •Dar una DESCONOCIDA. Se usa para advertir los repentinos cambios de conducta (de una persona o animal). *To react or behave in an unsuspected way.* ~No le hagas confianza al perro porque te va a dar una DESCONOCIDA. *Don't be too friendly with the dog because he may not as gentle as you think.*

DESCONTENTA. *n.m.* Malcontento. *Malcontent.*

DESCONTÓN. *n.m.* (Acad.) Golpe que se da por sorpresa. *Unexpected blow.* 📖 [...] exponiéndose a un DESCONTÓN o, con suerte, a una aceptación. (Carlos Fuentes. La frontera de cristal). *At the risk of being slapped or, with a little luck, having his advances accepted.* (Carlos Fuentes. La frontera de cristal).

DESCOSTRAR. *v.* Quitar la costra. *To remove the crust from.*

DESCOSTRE. *n.m.* Operación de romper la costra. *The removal of the crust from.*

DESCOZOR. *n.m.* Escozor. *Burning, smarting, stinging.*

DESCREMAR. *v.* Extraer la crema de la leche. *To skim milk.*

DESCUACHARRANGADO (Norte, Tabasco). Descuajaringado. *Rickety, beat-up, dilapidated, fallen to pieces.*

DESCUADRAR. *v.* Desagradar. *To displease.*

DESCUAJARINGADO (variante de **descuajeringado**).

DESCUAJARINGAR (variante de **descuajeringar**).

DESCUAJERINGADO. *adj.* Desvencijado, destartalado. *Rickety, beat-up, dilapidated, fallen to pieces.*

DESCUAJERINGAR. *v.* Desvencijar. *To break into pieces.* ‖ **2. -se.** Deshacerse. *To fall to pieces.* ‖ **3.** Debilitarse por enfermedad o cansancio. *To grow weak (from illness or fatigue).*

DESCUARTILARSE. Descuadrillarse. *To sprain (its haunches).*

DESCUERAR. *v.* Desollar, despellejar. *To flay, skin, remove the skin from.* ‖ **2.**

Murmurar, hablar mal de una persona, desacreditarla. *To slander, libel, discredit, difame, tear a person to pieces.*

DESCUERNAR. *v.* Descornar. *To dehorn.*

DESCUIDO. *n.m.* •En un DESCUIDO. Cuando menos se piensa. *When least expected, suddenly.*

DESEBAR. *v.* Desensebar (un animal). *To strip of fat.*

DESECHA. *n.f.* •Hacer la DESECHA. Fingir no interesarle algo. *Pretend lack of interest.*

DESECHAR. *v.* Abreviar el camino, yendo por un atajo. *To take a short cut.*

DESECHO. *n.m.* Atajo. *Short cut.* ‖ **2.** Sendero, vereda. *Side path.*

DESEMBARAÑADOR. *n.m.* Peine, peineta. *Comb.*

DESEMBOZADAMENTE. *adv.* Sin embozo, sin ocultar intenciones. *Openly, frankly.*

DESEMBROCAR. *v.* Sacar los panes de azúcar de los moldes para ponerlos a secar al sol. *To remove sugar loaves from the molds in which they were baked and let them dry under the sun.*

DESEMPAJAR. *v.* Despajar. *To separate the chaff from the wheat.*

DESEMPASTADO. *adj.* sin encuadernar, en rústica (libro). *Unbound (book).*

DESEMPASTAR. *v.* Quitar las pastas o cubiertas a un libro. *To take the cover off (books).*

DESEMPATAR. *v.* Desatar, desamarrar. *To untie.*

DESENCABAR. *v.* Desenastar. *To remove the handle or haft from tools or stock from weapons.*

DESENCANTADO. *adj.* Decepcionado. *Disillusioned, disenchanted, disappointed.*

DESENCHINCHAR. *v.* Quitar los chinches. *To remove bugs or bedbugs.*

DESENCHUECAR. *v.* Enderezar lo que está torcido. *To straighten, to unbend.*

DESENCINCHAR. *v.* Descinchar. *To loosen the girths of (a horse).*

DESENCUARTAR. *v.* Desencabestrar. *To disentangle (horse's leg) from the halter or the bridle.*

DESENDEUDARSE. *v.* Librarse uno de sus deudas. *To get out of debts, to pay one's debts.*

DESENGAÑADO. *adj.* Que ha sufrido un desengaño. *Who has suffered disillusionment.* ‖ **2.** Atrevido, valiente. *Brave, daring.*

DESENLATAR. *v.* Sacar algo de una envase de hojalata. *To open a can, to remove from a can.*

DESENROSCAR. *v.* Deshacer las vueltas de lo que está enroscado: desenroscar un cable. *To unscrew, to untwine, unwind, untwist.*

DESENSARTAR. *v.* Desenhebrar una aguja. *To unthread.* ⌑ DESENSARTÉ la aguja y sin esperar otra cosa se la hundí a él cerquita el ombligo. *I unthreaded the needle and without hesitation plunged it into his navel.* (J. Rulfo. El llano en llamas).

DESENTECHAR. *v.* (Acad.) Destechar. *To tear the ceiling off.*

DESENTEJAR. *v.* (Acad.). Destejar. *To remove the tiles from, to leave unprotected.*

DESENTOLDARSE. *v.* Despejarse el cielo de nubes gruesas. *To clear up (sky).*

DESENYUGAR. *v.* Desyugar, quitar el yugo. *To remove the yoke, to unyoke.*

DESENYUNTAR (variante de **desenyugar**).

DESENZOLVAR. *v.* Destapar un conducto, limpiarlo. *To unblock.*

DESESPERO. *n.m.* Desesperación. *Despair, impatience, hopelessness.*

DESFIGURO. *n.m.* Cosa ridícula, tontería. *Silly thing, nonsense.* ⌑ Se asoman los vecinos a mirar que ya está uno muriéndose, que está haciendo DESFIGUROS, porque la mayoría de la gente viene a reírse del que está agonizando. *The neighbors come by to see you dying, to see you do crazy things, because most people come to laugh at the person that is agonizing.* (E. Poniatowska. Hasta no verte

Jesús mío).

DESFOGAR. *v.* Desatascar, desobstruir. *To unclog, to unblock.*

DESFOGUE. *n.m.* Agujero por donde se descarga el agua de un conducto cubierto; salida, desagüe (cañería). *Outlet.*

DESGALILLARSE. *v.* Desgañitarse; gritar con toda fuerza. *To yell or scream at the top of one's voice.*

DESGAÑOTAR. *v.* (Tabasco). Matar cortando el gañote. *To kill by cutting the windpipe of or by dislocating the cervical vertebra of (birds, etc.).*

DESGARITARSE. *v.* (Tabasco). Desbandarse, desperdigarse. *To become separated, dispersed, scattered.*

DESGARRADOR. *adj.* Conmovedor, muy emocionante. *Heartrending.*

DESGARRANCHADO (Tabasco). *adj.* Despatarrado. *Sitting with legs wide apart and extended.*

DESGARRANCHARSE. *v.* Sentarse con las piernas abiertas y extendidas. *To sit with one's legs wide apart and extended.*

DESGARRAR. *v.* Arrancar, hacer salir la flema, arrojándola por la boca; expectorar, gargajear. *To cough up.*

DESGARRIATE. *n.m.* Desorden, desbarajuste. *Mess.* || **2.** Problema. *Problem.* ~No hubo manera de solucionar este DESGARRIATE. *There was no way of sorting out that mess.* ~Fue un DESGARRIATE conseguirlos. *Getting them was a real hassle.* || **3.** Alboroto, escándalo. *Ruckus.* || **5.** Desastre. *Disaster.* || **6.** Destrozo. *Damage.* || **7.** •Armar un DESGARRIATE. *To go wild, crazy.*

DESGARRO. *n.m.* Flema, gargajo,, esputo. *Phlegm, sputum, mucus.*

DESGARRONAR. *v.* Desjarretar. *To hamstring.*

DESGRACIADO. *n.m.* Hombre cuya mujer le es infiel. *Cuckold.* || **2.** Hijo de mujer pública. *Child of a prostitute.* || **3.** Epíteto injurioso que vale por cabrón, hijo de puta, ruin, miserable. *Rotten, wretched, son of a bitch.*

DESGRACIAR. *v.* Hacer perder la virginidad (a una doncella), desflorar, desvirgar, deshonrar. *To deprive a woman of her virginity.*

DESGRANARSE. *v.* Disgregarse, desbandarse. *To disperse, break up (crowd); to break to pieces.*

DESGUABINADO. *adj.* Destartalado. *Broken-down, dilapidated.*

DESGUABINAR. *v.* (Tabasco). Desguañangar. *To damage, break; to take apart, loosen.*

DESGUACHIPADO. *adj.* Que viste descuidadamente. *Slovenly, shabbily dressed.* 📖 El clima no permite más que ropa ligera y todos andan igual de DEGUACHIPADOS. *With this climate you can only wear light clothes and everyone is poorly dressed.* (R. Castellanos. Balún Canán).

DESGUANGÜILADO (Variante de de **desguanzado**).

DESGUANZADO. *adj.* Desfallecido, sin fuerza ni vigor. *Tired, exhausted.* || **2.** Aburrido (fiesta). *Dull, flat.*

DESGUANZAR. *v.* Cansar. *To tire out, exhaust.* ~Los antibióticos me DESGUANZARON. *The antibiotics left me feeling very weak.* ~El calor me DESGUANZA. *The heat wears me out.* || **2.** Devencijar, desconcertar alguna cosa. *To smash to bits or pieces.* || **3.** Tratar un cuaderno o un libro de forma que se estropee la encuadernación, descuadernar. *To handle a book or a notebook in such a way as to damage its binding.*

DESGUANZARSE. *v.* Cansarse. *To get tired, exhausted.*

DESGUANZO. *n.m.* Falta de fuerza y vigor. *Exhaustion, tiredness.*

DESGUAÑANGAR. *v.* (Acad.) Desvencijar, descuajaringar. *To damage, break; to take apart, loosen.*

DESGUAZAR. *v.* Romper con violencia,

hacer trizas. *To destroy, to shatter.*

DESGUSANAR. *v.* Limpiar de gusanos a los animales. *To remove the worms (from an animal).*

DESHIJAR. *v.* (Acad.) Quitar los chupones a las plantas. *To remove suckers from (a plant).*

DESHUASADERO. *n.m.* Chatarrería, cementerio de automóviles. *Scrapyard.* ‖ 2. Basurero, vertedero. *Junk heap.*

DESHUESADOR. Desguazador. *Wrecker.*

DESHUESAR. V. Desguazar (un automóvil). *To break up, scrap.*

DESHUESAR. *v.* Desguazar. *To convert to scrap.*

DESHUMANARSE. *v.* Deshumanizarse. *To become dehumanized.*

DESINQUIETO. *adj.* Inquieto. *Restless, uneasy, anxious, troubled.* ~Y también me dice el chango que mi hijo está muy DESINQUIETO que venga su merced pronto. *And the boy tells me that my son is very uneasy about your coming so soon.* (Cit. Santamaría).

DESINTELIGENCIA. *n.f.* Disención, oposición en los pareceres. *Disagreement, difference of opinion.*

DESLAVAR. *v.* Arrastrar (algo al agua); desmoronar un río (la ribera). *To wash away.*

DESLAVE. *n.m.* Desprendimiento de tierras o de rocas. *Landslide, rockfall, avalanche.*

DESLECHAR. *v.* Ordoñar. *To milk.*

DESMADRADO. *n.m.* Sinvergüenza, inservible. *Good-for-nothing.* 📖 Desde que me vine de Ixtlán soy un DESMADRADO que necesita cuates como tú. *Since I came from Ixtlan I'm a useless fellow who needs friends like you.* (V. Leñero. Los albañiles).

DESMAMPARAR. *v.* Desamparar. *To forsake, abandon a person.*

DESMANCHAR. *v.* Quitar o limpiar manchas. *To remove the stains from (a garnment).*

DESMANPARADO. *adj.* Desamparado. *Abandoned, left helpless.*

DESMAÑANADO. *adj.* Madrugador. *Who rises early.* 📖 [...] gente DESMAÑANADA, que esperaba despierta a que el toque del alba les avisara que ya había terminado la noche. *Early risers, who were awaiting awake the ringing of church bells that would announce the night's end.* (J. Rulfo. Pedro Páramo).

DESMAÑANARSE. *v.* Madrugar mucho, contra la costumbre, y hallarse molesto por esta causa. *To get up terribly early.*

DESMECHADO. *adj.* Que tiene el cabello revuelto y sin peinar. *Wild, ruffled, tousled (hair).*

DESMECHAR. *v.* (Acad.) Mesar el cabello. *To pull someone's hair.*

DESMECHARSE. *v.* Mesarse el cabello. *To pull one's hair.*

DESMECHONAR (variante de **desmechar**).

DESMERITAR. *v.* Desacreditar, quitar mérito. *To discredit, disparage.*

DESMIRADO. *adj.* Que no tiene miramientos. *Inconsiderate.* ‖ 2. Que no repara en peligros. *Hasty, reckless.*

DESMODERADO. *n.m.* Falta de moderación, inmoderado. *Immoderate.*

DESMORECERSE. *v.* Desvivirse por algo. *To be extremely eager.*

DESMOTAR. *v.* Quitar al algodón su semilla. *To gin (cotton).*

DESOBLIGADO. *adj.* Que es irresponsable. *Irresponsible.* ~Pedro es un padre muy DESOBLIGADO. *Peter is a very irresponsible father.* 📖 Ella dice que por borracho yo y por DESOBLIGADO [...]. *She says I do these things because I'm a drunk and an irresponsible person.* (Agustín Yánez. Ojerosa y pintada).

DESOCUPADO. *adj.* (Acad.). Desempleado, sin trabajo. *Unemployed.*

DESOCUPAR. *v.* Despedir de un trabajo. *To fire from a job.*

DESPACIOSAMENTE. *adv.* Despacio, lentamente. *Slowly.*

DESPACIOSO. *adj.* Calmo, lento y trabajoso con sus movimientos. *Slow.*

DESPAGAR. *v.* Cortar las malezas. *To cut the weeds.*

DESPALETARSE. *v.* Despaletillarse. *To break or dislocate its shoulder (an animal).*

DESPAREJURA. *n.f.* Desigualdad. *Inequality.*

DESPARPAJAR. *v.* (Acad.) Dispersar, desparramar, esparcir. *To scatter, spread.* || 2. (Acad.) Sacudir el sueño, despabilarse. *To wake up (from a reverie), to come alive, liven up.*

DESPARPAJO. *n.m.* Desorden. *Disorder, confusion.* || 2. Frescura, desfachatez. *Brazenness, nerve.* || 3. Dispersión. *Scattering, spreading.*

DESPARRAMAR. *v.* (Acad.) Divulgar una noticia. *To disclose a piece of news.* || 2. Difundir chismes. *To spread gossip.*

DESPARRAMO. *n.m.* Difusión de una noticia. *Spreading (of news).* || 2. Dispersión. *Scattering, spreading, dispersal.* || 3. Desorden, desbarajuste. *Confusion, disorder.* ~Entraron ladrones y dejaron el DESPARRAMO. *Thieves broke in and left the place in total caos (in a complete mess).*

DESPEGAR. *v.* Desenganchar los tiros de un carruaje. *To unharness.*

DESPELUCAR. *v.* (Acad.) Despeluzar, descomponer. *To dishevel, tousle, rumple.* || 2. Desplumar a uno, dejarle sin un cuarto, especialmente en el juego. *To fleece, clean out.*

DESPELUZAR. *v.* Desplumar a uno, quitarle el dinero. *To fleece, clean out; to ruin, leave penniless.*

DESPENSA. *n.f.* (Acad.) Lugar bien asegurado que en las minas se destina a guardar los minerales ricos. *Strong room in a mine for precious metals.*

DESPEPITADORA. *n.f.* Desmotadora. *Cotton gin.*

DESPEPITAR. *v.* Revelar, manifestar lo que se guardaba en secreto. *To reveal, admit; come clean (coll.).* Presionado por sus interrogadores, uno de los acusados DESPEPITÓ cuanto sabía. *Pressured by his interrogators, one of the accused revealed everything he knew.* || 2. -se. Declarar lo que se guardaba en secreto; declarar por fuerza la verdad. *To blurt out, confess, reveal, disclose.* ~Llamaremos también a éste, y haremos que se pudra en la cárcel hasta que se DESPEPITE. *We will also call in the other one and let him rot in jail until he comes clean.*

DESPERCUDIDO. *adj.* De piel clara. *Fair-skinned.*

DESPERCUDIR. *v.* Avivar, despabilar a alquien. *To liven up, make smart, wise up.* || 2. (Tabasco). Quitar la suciedad. *To clean or wash what is soiled or stained.* || 3. Abrirse, soltar la plata, ponerse dadivoso. *To become generous, openhanded.*

DESPERDICIO. *n.m.* (Norte). •No tener DESPERDICIO. Ser excelente. *To be excellent, to be pure gold (coll.).* ~Este libro no tiene DESPERDICIO. *This book is excellent, this book is pure gold.*

DESPERNANCARSE. *v.* (Acad.) Esparrancarse, despatarrarse. *To spread or open one's legs wide, to straddle ungracefully.*

DESPESTAÑARSE. *v.* Trabajar excesivamente con la vista de noche, quemarse las cejas. *To work hard late into the night, to burn the midnight oil.* || 2. Estudiar por la noche. *To study late into the night.*

DESPICAR. *v.* Cortar o arrancar el pico a las aves. *To cut or tear off a bird's beak.*

DESPIDO. *n.m.* Despedida. *Leave-taking, parting.*

DESPINTARSE. *v.* Desteñir. *To run.* ~¿Esta camisa se DESPINTA al lavarla? *Will this shirt run in the wash?*

DESPLATADO. *adj.* Sin dinero. *Broke.*

DESPLATEAR. *v.* Sacar dinero. *To get money out of someone.* || 2. Quitar el plateado de una cosa. *To desilver, to desilverize.*

DESPLAYARSE. Explayarse. *To expand, extend, enlarge.*

DESPOLVOREAR. v. Espolvorear; despolvorear azúcar sobre un bizcocho. *To sprinkle.*

DESPONRRONDINGARSE. v. Despilfarrar, echar la casa por la ventana. *To blow or squander one's money; to be extravagant.*

DESPORRONDINGADO. adj. Manirroto, botarate. *Lavish, prodigal, spendthrift, wasteful.*

DESPOSTILLAR. v. Desportillar, deteriorar una cosa. *To chip, to chip off the edge or the corners.*

DESPREDICAR. v. Predicar o decir lo contrario de lo que antes se había predicado o hecho. *To preach or say the opposite of what one once said or preached; to reverse oneself.*

DESPRETINAR. v. Romper la pretina (de un vestido). *To break the belt (waistband, girdle) of a dress.*

DESPUESITO. adv. (Acad.) Después, dentro de un momento, enseguida. *Right away, in just a moment.*

DESPULGAR. v. Espulgar. *To remove flees from.*

DESPULPADORA. n.f. Máquina para decerezar granos de café. *Machine used to pulp coffee beans.*

DESPULPAR. v. Descerezar. *To pulp (coffee beans).*

DESPULSARSE. v. Afanarse mucho en una cosa. *To work very hard for, strive for.* ~Por lo que mira a [...] todas aquellas cosas que debe saber una señorita de su clase [...], ya ha visto Vd. que me he DEPULSADO en enseñárselas. *And concerning all those things which a girl of her social class should know, you can see that I have done my best to teach them to her* (Cit. Santamaría).

DESPUNTADOR. n.m. (Acad.) Martillo que se usa para romper minerales. *Ore crusher.* || **2.** (Acad.) Aparato que separa minerales. *Ore separator.*

DESQUEBRAJAR. v. Resquebrajar. *To crack, split.*

DESRIELAR. v. Levantar los rieles de un ferrocarril. *To remove ties from the railroad track.*

DESTAJAR. v. Destazar, cortar, despedazar (una res). *To cut up, carve into pieces.*

DESTANTEADO. adj. Desorientado, confuso. *Confused, disoriented.* ▢ Otros llegaban como DESTANTEADOS y –y yo dirían medio encandilados– [...] y preferían tomarse un par de copas antes de decidirse. *Others came in somewhat disoriented –and I would say somewhat angry– and would prefer to take a few drinks before deciding.* (I. Solares. Columbus).

DESTANTEARSE. v. Desorientarse. *To get confused, become disoriented.*

DESTANTEO. n.m. Desorientación, confusión. *Confusion, disorientation.*

DESTAPADOR. n.m. (Acad.). Abridor de botella. *Bottle-opener.*

DESTAPAMIENTO. n.m. *Announcement of official PRI party presidential candidate.*

DESTAPAR. v. Echar a correr en el caballo. *To break into a run, to flee (on horseback).* || **2.** Soltarse a hablar. *To open up, speak freely.* || **3.** Descubrise, desarroparse. *To uncover oneself, to throw off the covers (in bed).*

DESTARTALAR. v. Descomponer, desbaratar. *To ruin, spoil, destroy.*

DESTAZAR. v. Criticar, condenar. *To criticize, condemn.* || **2.** Descuartizar. *To quarter.* ▢ Fue de mañanita, mientras nos ocupábamos en DESTAZAR una vaca [...]. *It was early morning, while we were busy quartering a cow.* (J. Rulfo. El llano en llamas).

DESTEMPLARSE. v. (Acad.). Sentir dentera. *To have one's teeth on edge.* || **2.** Sentirse indipuesto, afiebrado. *To feel sick, feverish.*

DESTERNERAR. v. (Acad.). Desbecerrar. *To wean (young calves).*

DESTILADERA. *n.f.* (Acad.). Filtro para clarificar un líquido. *Water filter.* ‖ **2.** Tinajero, armario. *Cupboard.*

DESTORLONGADO. *adj.* Derrochador, pródigo. *Extravagant, spendthrift.* ‖ **2.** Que hace las cosas sin orden ni concierto. *Acting in a disorderly manner.*

DESTORLONGO. *adj.* Despilfarro. *Squandering, wastefulness.*

DESTORNILLARSE. *v.* •Destornillarse de risa. Desternillarse de risa. *To split one's side laughing.*

DESTORNUDAR. *v.* Estornudar. *To sneeze.*

DESTORNUDO. *n.m.* Estornudo. *Sneeze.*

DESTORRENTADO. *adj.* Manirroto. *Free spending, prodigal, extravagant.* ‖ **2.** Revoltoso, turbulento, inquieto. *Wild, unruly, disorderly, confused.*

DESTORRENTARSE. *v.* Desorientarse, extraviarse. *To loose one's head, to become confused.* ‖ **2.** FIG. Ir por mal camino. *To go astray.* ‖ **3.** (Tabasco). Despoblarse, abandonar colectivamente un sitio. *To become deserted.* 📖 Ud. me dispense, D. Vives, voy a convencer a éstos, si no […] se me DESTORRENTA el sitio. *If you don't mind, Mr. Vives, I'm going to try to convince these people, because if I don't succeed, this place will become deserted (Cit. Santamaría).*

DESTRATAR. *v.* Deshacer el trato. *To break off (a deal).*

DESTRATE. *n.m.* Anulación del trato; destrueque. *Reversal of agreement.*

DESTRIPAR. *v.* Abandonar (los estudios, el estado religioso). *To abandon one's studies.* 📖 A la mitad del curso DESTRIPASTE para seguir la carrera de empleado. *You left off your studies in the middle of the course in order to become an employee (Cit. Santamaría).*

DESTRONCAR. *v.* (Acad.) Descuajar, arrancar plantas o quebrarlas por el pie. *To uproot.* ‖ **2.** Cansar con exceso a un animal. *To wear out (horse).*

DESTRONQUE. *n.m.* (Acad.) Descuaje. *Uprooting.*

DESTROYER. ANGL. Torpedero grande y poderoso. *Destroyer.*

DESTUTANAR. *v.* Sacar el tuétano de los huesos. *To remove the marrow from bones.*

DESUNIFICAR. *v.* Desunir. *To disunite, separate, disconnect.*

DESURTIDO. *adj.* (Acad.). Dícese de la tienda que no está surtida. *Lacking in variety.*

DESVENAR. *v.* Quitar la nervaduras a los chiles para eliminar lo picante. *To remove veins of peppers so that they are no longer hot.*

DESVERGÜENZA. *n.f.* Obscenidad. *Obscenity.*

DESVIACIÓN. *n.f.* TRANSP Desvío. *Detour.*

DESVIADERO. *n.m.* Guardagujas. *Switchman.*

DESYEMAR. *v.* Quitar los botones a la planta de tabaco. *To remove the bud from tobacco plants.*

DESYERBAR. Desherbar. *To weed, to rid of weeds.*

DESYERBO. *n.m.* Desyerba. *Weeding.*

DETALLE. *n.m.* •Vender al DETALLE. Vender al por menor. *To sell retail.* ‖ **2.** Amante. *Lover.* ‖ **3.** Punto en que reside la dificultad o interé de algo. *Point, secret.* ~¿No enciende? Ah, ahí está el DETALLE. Tiene seguro. *It's not turning on? Here's the secret. It's got a lock.* ‖ **4.** •Ahí está el DETALLE. *That's the point.* 📖 Y aquí está el DETALLE, señor Campillo. *That's exactly the point, Mr. Campillo.* (M. Azuela. Nueva burguesía).

DETERMINADO. *adj.* Resuelto, animoso. *Determined.*

DETRASITO. *adv.* Detrásito. *Behind.* 📖 Pues DETRASITO (de aquella loma) está la Media Luna. *Behind (that hill) is the Media Luna ranch.* (J. Rulfo. Pedro Páramo).

DEVANADO. *adj.* (Tabasco). Sucio, mugriento, andrajoso. *Dirty, filthy, ragged.*

DEVANADOR. *n.m.* Devanadera. *Winder, reel.*

DEVANARSE. *v.* Retorcerse de risa, dolor, o llanto. *To double up with pain, laughter or tears.*

DEVELAMIENTO. Descubrimiento (de una estatua, etc.). *Unveiling.*

DEVELAR. *v.* Descubrir (una estatua, etc.). Develar. *To unveil.*

DEVERAS. *adj.* Verdadero. *Real.* 📖 Su ilusión máxima (era tener) una pistola con balas DEVERAS. *His greatest aspiration was to to get a gun with real bullets.* (M. Azuela. La luciérnaga). ‖ **2.** •De a DEVERAS. Verdadero. *Real.* 📖 Bailaba yo pero no como ahora [...]. Antes era baile de a DEVERAS. *I would dance but not like now. Before it used to be real dancing.* (E. Poniatowska. Hasta no verte Jesús mío). **b)** De veras. *Really, honestly.* 📖 No, de a DEVERAS: En la cárcel los prisioneros pueden escoger una ocupación. *Really, in jail prisoners can choose to study a profession.* (Carlos Fuentes. La frontera de cristal).

DEVIS. •De a DEVIS. De veras. *Honestly, really.*

DEVISADERO. *n.m.* Mirador, atalaya. *Lookout, watchtower.*

DEVISAR. *v.* Parar, atajar, detener. *To stop, check, impede.* ‖ **2.** Divisar, alcanzar a ver. *To see, perceive.* 📖 Te daré lo del pasaje; pero si te vuelvo a DEVISAR por aquí, te dejo a que revientes. *I'll pay for the trip; but If see you here again, you can croak as far as I'm concerned.* (J. Rulfo. El llano en llamas).

DEVOLVERSE. *v.* Volverse, regresar. *To return, come back, go back.* 📖 Me DEVOLVÍ porque él me dijo: "Sácame de aquí, paisano, no me dejes." *I went back because he said to me: "Get me out of here, buddy, don't leave me."* (Juan Rulfo. El llano en llamas).

DÍA. *n.m.* •Estar en sus DÍAS. *To have one's period.* ‖ **2.** •Un DÍA con otro. Algún día. *Someday, some of these days.* 📖 [...] tenía un juicio pendiente sobre unos terrenos a inmediaciones de Jacona. Era posible que volviera un DÍA con otro. *He was involved in a lawsuit over some land near Jacona. He may come be back some of these days.* (A. Yáñez. La creación. Cit. Hispan.). ‖ **3.** •DÍA de los Muertos. Día de los Difuntos. *All Souls' Day.*

DIABLAL. *n.m.* Muchedumbre, gran cantidad. *Crowd, bunch, large group.*

DIABLITO. *n.m.* Dispositivo que permite usar la corriente eléctrica sin que marque el medidor. *Device which allows electric current to be used without registering in the meter.*

DIABLO. *n.m.* Carro de tracción animal, bajo y resistente de cuatro ruedas, a propósito para trasportar grandes pesos. *Heavy oxcart.* ‖ **2.** Madero que sirve para apoyar el taco en el juego de billar. ‖ **3.** Desclavador. *Claw, nail puller.*

DIACHO. •¡DIACHO! ¡Diantre! *Darn it!, blast it!*

DIALTIRO. *adv.* Enteramente, del todo, completamente. *Completely, entirely.*

DIAMANTE. *n.m.* DEP. Sitio en forma de rombo, donde se colocan los jugadores de béisbol. *Diamond.*

DIARIO. *adv.* A diario, diariamente. *Daily, everyday.*

DIARISMO. *n.m.* Periodismo. *Journalism.*

DIARUCHO. *n.m.* Diario sin importance, diario de mala muerte. *So-called newspaper.*

DIASQUE (variante de **diacho**).

DICEMBRINO (variante de **decembrino**).

DÍCERES. *n.m.* Murmuraciones, rumores. *Gossip, rumors.* 📖 Y que dizque yo lo había matado, dijeron los DÍCERES. *The rumors were that I was the one that killed him.* (J. Rulfo. El llano en llamas).

DICTAMEN. *n.m.* •Dictamen contable. *Auditor's report.*

DIENTAZO. *n.m.* Mordisco, dentellada. *Bite.*

DIENTE. *n.m.* •Pelar el DIENTE. Reírse. To

laugh. 📖 No le hizo gracia la cosa. Ni siquiera peló el DIENTE. *He didn't think it was funny. He didn't even laugh.* (J. Rulfo. El llamo en llamas). **b)** Coquetear, sonreír constantemente por coquetería. *To flirt, to giggle flirtatiously.* **c)** Adular con sonrisas. *To butter up, to flatter with smiles.* **d)** Reírse con frecuencia. *To laugh constantly.* **e)** Manifestar un animal una actitud amenazante o una persona un gesto agresivo. *To show one's claws, turn nasty. To bare one's teeth (menacingly).* ‖ **2.** •Reir con todos los DIENTES. Mentir descaradamente, mentir con toda la barba. *To lie through one's teeth.*

DIENTUSO. *adj.* Dentudo. *With long, prominent teeth.*

DIESEL. *n.m.* (Acad.) Aceite pesado, gas-oil. *Diesel oil.*

DIETA. *n.f.* Sueldo que reciben los que han sido elegido por voto popular (senadores, diputados, etc.). *Salary of elected officials.*

DIEZ. *n.m.* Moneda de diez centavos. *Ten-cent coin.*

DIEZMILLO. *n.m.* (Acad.) Solomillo. *Sirloin steak.*

DIFICULTOSO. *adj.* Que siempre pone dificultades. *Difficult, troublemaking, full of silly objections.*

DIFUNTEAR. *v.* (Acad.). Matar. *To kill.*

DIFUNTO. *adj.* Muerto. *Dead.* 📖 Les alzamos la cabeza [...] para ver si alguno daba señales de vida; pero no, ya estaban bien DIFUNTOS. *We lifted their heads to see if any showed any signs of life; but no, they were quite dead.* (J. Rulfo. El llano en llamas).

DILATADO. *adj.* Aplazado. *Delayed, deferred.*

DILATAR. *v.* Demorarse, llegar tarde. *To be delayed, be late.* ‖ **2.** Tardar. *To take (time), be long.* 📖 ¡No DILATES tanto, dijo Teódula. *Don't take so much time, said Teódula.* (C. Fuentes. La región más transparente). 📖 Y si ustedes no me ayudan, nos DILATAREMOS más todavía. *And if you don't help us, we'll take even longer.* (R. Castellanos. Balún-Canán).

DINERO. *n.m.* •DINERO sucio. Dinero negro. *Undeclared income.* ‖ **2.** •Estar podrido en DINERO. *To be stinking rich.*

DIOS. *n.m.* •Estar de DIOS y de la ley. Estar en la gloria. *To be tremendous, magnificent.* ‖ **2.** •Si DIOS quiere. *God willing.* Hasta mañana, si DIOS quiere. *We'll see you tomorrow God willing.*

DIPLOMADO. *n.m.* Seminario. *Seminar.*

DIPLOMAR. *v.* Dar un título confiriendo el diploma o grado correspondiente. *To confer a degree in.* ‖ **2. -se.** Licenciarse, recibir el título en. *To graduate (from college, etc.).*

DIPO. *n.m.* Estación de ferrocarril. *Railway station.*

DIPUTADO. *n.m.* (Tabasco). Guajolote. *Turkey.*

DIRECCIONAL. *n.f.* Intermitente. *Turn signal.* ‖ **2.** •Poner las DIRECCIONALES. *To indicate or signal (a turn).*

DIRECTORIO. *n.m.* •DIRECTORIO telefónico. (Acad.). Guía telefónica. *Telephone directory.*

DISCERNIR. *v.* Otorgar (premio). *To award.* ‖ **2.** Abjudicar. *To confer (degree, etc.).*

DISCO. *n.m.* •DISCO rayado. Repetición de las mismas razones o de un mismo tema. *Broken record.* 📖 Oye, Melitón, ¿Cuál fue la canción ésa que estuvieron repite y repite como DISCO rayado? *Listen, Meliton, what was that song they kept on playing like a broken record?* (J. Rulfo. El llano en llamas).

DISCOTECA. *n.f.* Disquería, casa de música. *Record Store.*

DISCUTIDO. *adj.* Generoso o dado a invitar. *Generous, hospitable.*

DISCUTIR. *v.* •Discutirse (con) algo. Invitar algo a alguien. *To invite with (tickets, etc.).*

DISGUSTADO. *adj.* Muy difícil de contentar. *Hard to please.* ~Es un jefe muy DISGUSTADO. *He's a very difficult boss to get along with.*

DISÍMBOLO. *n.m.* (Acad.) Disímil, diferente, disconforme. *Different, dissimilar.*

DISLOQUE. *n.m.* •Ser un DISLOQUE. Ser el acabóse, ser una locura. *To be the limit, to be the last straw.*

DISPARADA. *n.f.* (Acad.) Acción de echar a correr de repente o de partir con precipitación, fuga. *Sudden flight, wild rush, stampede.*

DISPARADOR *adj.* Obsequioso, dadivoso. *Lavish.*

DISPARAR. *v.* Gastar dinero, derrochar. *To spend lavishly, squander money.* || **2.** Pagar. *To pay.* ~Hoy DISPARO yo. *Today it's on me.* || **3.** Comprar. *To buy, treat.* 📖 O, por mejor decir, me encontré con Ibarra y me DISPARÓ un tequila. *Or, that is, I met Ibarra and he treated me to a tequila.* (R. Bernal. El complot mongol. Cit. Hispan.). || **4.** Partir velozmente, echar a correr, salir corriendo. *To bolt, dart (rush) off, to be off like a shot.*

DISPARATADO. *adj.* (Acad.) Precipitadamente, rápidamente. *Suddenly.*

DISPARATERO. *adj.* Disparatador. *Foolish, absurd, blundering.*

DISPAREJO. *adj.* Desigual. *Uneven (floor), different, not alike (gloves).*

DISPENSAR. *v.* Perdonar. *To excuse.* 📖 Mira, Remigio, me has de DISPENSAR, pero yo no maté a Odilón. *Look, Remigio, you'll have to excuse me, but I didn't kill Odilón.* (J. Rulfo. El llano en llamas). 📖 Así es que NOS DISPENSA mucho, Chabelón, pero háganos el favor de no seguirnos visitando. *I'm sorry, Chabelón, but do us a favor and stop visiting us.* (M. Azuela. Nueva burguesía).

DISTANCIARSE. *v.* Enfriarse las relaciones entre personas entre las que ha habido cierta intimidad. *To grow, drift apart.*

DISTANCIAS. *n.f.* (Jalisco). Expresiones o razones que no tienen que ver con lo que se está tratando. [...] se quedó varios días hablando distancias. *For several days talking he kept talking about things that were neither here nor there.* (E. Poniatowska. Hasta no verte Jesús mío).

DISTRAÍDO. *adj.* (Acad.) Roto, mal vestido, desaseado. *Slovenly, untidy, shabby.* || **2.** Chiflado. *Crazy.*

DITA. *n.f.* Pequeña. *Small debt.*

DIVERSIÓN. *n.f.* TRANSP Desvío. *Detour.*

DIVIERTA. *n.f.* Baile de carácter popular. *Village dance.*

DIVISADERO. *n.m.* Lugar de observación. *Lookout.* 📖 Así, cuando su ojo se sentía a gusto teniendo en quien recargar la mirada, los dos se levantaban de su DIVISADERO y desaparecían de la Cuesta de los Comadres por algún tiempo. *So, when he was fortunate enough to set his eye on someone, both would abandon their lookout and disappear for a time from the Cuesta de los Comadres.* (J. Rulfo. El llano en llamas. Cit. Hispan.).

DIVISAR. *v.* Atajar, detener. *To stop, check, impede.* || **2.** Devisar. *To make out, distinguish.*

DIZ QUE, DISQUE. *adv.* (Acad.) Al parecer, supuestamente, según se dice. *Supposedly, apparently, seemingly.* ~Trátalo bien, DIZQUE es amigo del presidente. *Treat him well, they say he's a friend of the president.* 📖 Los muchachos y yo DIZ que veíamos los platos, pero las miradas eran linternas que querían curiosear a Gertrudis. *Supposedly my friends and I were looking at the dishes (on the table), but our eyes were lanterns avidly following Gertrudis.* (E. Valadés. La muerte tiene permiso).

DOBLADILLADO. *n.m.* Dobladillo. *Hem (dress). Turn-ups, cuffs (trousers).*

DOBLADILLO. *n.m.* Vuelta (del pantalon). *Cuff.* || **2.** •Con DOBLADILLO. Con vuelta. *Cuffed.*

DOBLAR. *v.* (Acad.) Derribar a uno de un balazo. *To shoot down.* || **2.** •DOBLAR las manos (las manitas). Ceder. *To give in.* || **3.** (Chiapas, Tabasco). Torcer. *To turn.* ~Cuando llegue a la esquina, DOBLE a la derecha. *When you get to the corner, turn right.*

DOCE. •Darle a uno las DOCE. Ir por lana y

salir trasquilado. *To expect a bargain and come out the looser instead.* || **2.** Estar en una situación difícil. *To be in trouble.*

DOCTRINA. *n.f.* Curato colativo servido por regulares. *Collative curateship.* || **2.** Pueblo de indios convertidos, cuando todavía no se ha establecido en él parroquialidad o curato. *Indian community converted to Christianity but lacking a parish.*

DOLAMA. *n.f.* Dolencia, achaque. *Chronic illness.*

DOLORÓN. *n.m.* Dolor intenso. *Intense pain.*

DOMICILIAR. *v.* Indicar en una carta las señas de la persona a quien va dirigida. *To address (a letter).*

DOMINGO. *n.m.* Cantidad de dinero que se da generalmente a los niños este día, para que lo gasten en cosas que le proporcionen diversión o placer. *Sunday allowance.* 📖 Si a todos los chamacos se les da su DOMINGO, Jesusa. *Every kid gets their Sunday allowance, Jesusa.* (E. Poniatowska. Hasta no verte Jesús mío).

DOMO. *n.m.* Tragaluz. *Skylight.*

DON NADIE. *n.m.* Pobre diablo, un cualquiera. *Poor devil, a nobody.*

DON. *n.m.* Señor. *Sir.* ~¿Qué le vendo, DON? *What can I do for you, sir?*

DONA. *n.f.* Bollo esponjoso y frito con forma de rosquillo, cubierto de azúcar o de chocolate; donut. *Doughnut.*

DONAS. *n.f.* Ajuar. *Trousseau.*

DONDE. *adv.* Como. *How.* •¡DÓNDE ibamos a imaginar que...! *How were we to imagine that...!* || **2.** •DONDE que. Tanto más que. *All the more.* ~Hace un calor insoportable, DONDE que no hay nada de sombra. *The heat is unbearable, all the more since there is no shade.*

DONDIEGO. *n.m.* •DONDIEGO de día. *Morning glory.*

DONUT (Variante de **DONA**).

DOÑA. *n.f.* Señora, querida (fam.). *Lady,* dear (coll.). ~No me toque la fruta, DOÑA. *Please do not handle the fruit, dear.*

DORADO. *n.m.* Militar que formaba parte de la escolta o estado mayor de Pancho Villa. *Soldiers who served as guards or belonged to the general staff of Pancho Villa.* 📖 En el estribo del coche me cerró el paso uno de los DORADOS. *On the car's running-board one of Pancho Villa's guards stopped me.* (M.L. Guzmán. El águila y la serpiente. Cit. Hispan.). 📖 –Mi general Villa es así –dijo un "DORADO", cara de buldog y dientes de oro. *That's the way General Villa is, said of the one of Villa's guard, with a bulldog face and gold in his teeth.* (M. Azuela. ésa sangre).

DORMIDA. *n.f.* Acción de dormir; sueño. *Nap.* || **2.** •Echarse una DORMIDA. *To take a nap.*

DORMILONA. *n.f.* Almohadilla que se cuelga del cabezal de los sillones para descansar en ella la cabeza; reposacabezas. *Headrest.* || **2.** Arete. *Pearl of diamond earrings.*

DORMIR. *v.* Embaucar, engañar. *To deceive, trick, swindle.* || **2. -se.** (Tabasco). Desviarse una pared de la vertical, inclinarse. *To lean toward one side (wall).*

DORMITORIO. *n.m.* FERR. Litera. *Couchette.*

DORSO. *n.m.* Brazada de espaldas. *Backstroke.* || **2.** •Nadar de DORSO. Nadar de espaldas. *To swim (the) backstroke.*

DOSCARAS, DOS CARAS, DOS CARITAS. *n.m.* (Pers.) falsa, de doblez para proceder. *Two-faced person.*

DRAGONA. *n.f.* Fiador de la espada. *Sword fastener.* || **2.** (Acad.) Capa de hombre, con esclavina y capucha. *Hooded cloak.* || **3.** Adorno en la abertura de la manga consistente en una rueda de fleco.

DRAGONEAR. *v.* Alardear, jactarse. *To boast, to brag.* || **2.** •DRAGONEAR de. Hacerse pasar por. *To pass oneself as, to pretend to be, to boast of being.* ~DRAGONEA de médico.

He's trying to pass himself as a doctor.

DRAQUE. *n.m.* Bebida resfrescante hecha con agua, azucar y aguardiente. *Liquor made of water, brandy, sugar and nutmeg.*

DROGA. *n.f.* Deuda. *Debts, bad debts.* 📖 Liquidé las reses y dije: ya basta de DROGAS y de guajolotadas. *I sold off the cattle and told myself: no more debts and stupidities.* (E. Poniatowska. Hasta no verte Jesús mío). || **2.** Trampa. *Trick, hoax.* || **3.** •Echarse DROGAS. Contraer deudas, eudeudarse. *To get into debts.* || **4.** •Hacer DROGA. *To fail to pay off debts.*

DROGUERO. *n.m.* (Acad.) Moroso, mal pagador. *Slow payer, defaulter.* || **2.** Tramposo, fullero. *Swindler, cheat.*

DROGUISTA. *n.m.* Droguero. *Pharmacist.*

DROMEDARIO. *n.m.* Sastre. *Tailor.*

DUCTO. *n.m.* Conducto. *Pipeline.*

DUELA. *n.f.* (Acad.) Cada una de las tablas angostas de un piso o entarimado. *Floorboard.*

DULCE. *m.* Caramelo. *Sweet, candy.*

DULCETE. *adj.* Dulzón, dulzarrón. *Too sweet, oversweet.*

DUPLEX. *n.m.* •DÚPLEX horizontal. Casa adosada. *Townhouse.*

DURANGUÉS, DURANGUENSE, DURANGUEÑO. *adj.* De Durango. *From or related to Durango.*

DURAZNAL. *n.m.* Lugar poblado de durazneros. *Peach tree plantation.*

DURAZNILLO. *n.m.* Variedad de nopal que da un fruto cuyo aroma recuerda al del durazno. *A variety of plant resembling a peach tree.*

DURAZNO. *n.m.* Melocotón. *Peach.*

DUREX. *n.m.* Cinta adhesiva transparente. *Scotch tape.*

DURMIENTE. *n.m.* FERR. Traviesa. *Sleeper, tie.* 📖 Y si no quieres cosechar manzanas, te pones a pegar DURMIENTES. *And if you don't want to pick apples, then start putting ties on the railroad track.* (J. Rulfo. El llano en llamas).

DURO. *n.m.* (Oaxaca, Durango). Borracho. *Drunk.* || **2.** •Estar DURO. Ser poco probable. *To be unlikely.* ~ Esta DURO que nos aumenten el sueldo. *It's unlikely we'll get a pay raise.* || **3.** •DURO y parejo. (Acad.) Con fuerza y constancia. *Energically and with perseverance.* **4.** •Entrarle DURO a. Acometer con brío. *To undertake with determination.* 📖 Yo le entraba duro al TRABAJO, y no soltaba sino pocas palabras. *I worked very hard and said very few words.* (E. Valadés. La muerte tiene permiso). || **5.** •DURO de pelar (persona). Ser una persona difícil de tratar. *To be a person hard to get along with.* Su jefe es muy duro de PELAR. *His boss is very hard to get along with.* || **6.** DURO de pelar (cosa). Complicado, difícil; ser un hueso difícil de roer. *Difficult, complicated; to be a hard nut to crack.*

E

ECHADA. *n.f.* (Acad.) Fanfarronada. *Bluff, boast.* ‖ **2.** Mentira. *Lie.*

ECHADOR *adj.* (Acad.) Fanfarrón. *Boasting, boastful, bragging.*

ECHAR. *v.* •ECHAR a faltar. Echar de menos. *To miss.* ‖ **2 -se.** •ECHARSE algo encima. Asumir responsabilidad. *To take responsibility for something.* ‖ **3.** •ECHARSE a alguien (al plato). Matar. *To kill, bump off.* ‖ **3.**•ECHÁRSELAS. Presumir de mérito, posesiones o valimientos. *To brag, boast.*

ECHÓN. *n.m.* Jactancioso, petulante. *Braggart.*

EDAD. *n.f.* •EDAD de la punzada. Edad del pavo. *The awkward age.*

EDECÁN. *n.m&f.* Acompañante. *Escort.* ‖ **2.** •Agencia de EDECANES. Agencia de acompanantes. *Escort agency.*

EJE. *n.m.* •EJE vial. Ruta principal. *Main artery.*

EJECUTAR. *v.* Tocar un instrumento musical. *To perform* (music). ‖ **2.** Disciplinar. *To discipline.* 📖 La gente de antes era muy enérgica, muy buena para EJECUTAR a sus hijos. *In the past people used to be very forceful, very good at disciplining their children.* (E. Poniatowska. Hasta no verte Jesús mío). 📖 Como siempre llegaba borracho, mi padre lo tenía que EJECUTAR. *Since he always came home drunk, my father had to discipline him.* (E. Poniatowska. Hasta no verte Jesús mío).

¡ÉJELE! *excl.* Vámonos. *Come on, let's go.* 📖 ¡A comer! ¡ÉJELE! ¡Siéntense! muchachos que ahora les sirvo! ¡ÉJELE! *Let's eat!, Come on! Sit down, boys, I'm going to serve you right now! Lets go!* (E. Poniatowska. Hasta no verte Jesús mío).

EJIDAL. *adj.* En regimen de cooperativa. *Cooperative.*

EJIDATARIO. *n.m.* Poseedor o usufructuario de un predio ejidal o ejido. *Holder of a share in communal lands.*

EJIDO. *n.m.* Cooperativa. *Cooperative.* ‖ **2.** Terreno perteneciente a una cooperativa. *Land belonging to a cooperative.*

EJOTE. *n.m.* (Acad.) Vaina del frijol cuando está tierna y es comestible. *Green bean.* ‖ **2.** Costura hecha de puntadas grandes. *Large stitch.*

ELEFANTE. *n.m.* ANGL •ELEFANTE blanco. Cosa que cuesta mucho mantener y que no tiene ninguna utilidad. *White elephant.*

ELEVADOR ANGL *n.m.* Ascensor. *Elevator.* 📖 Rodrigo Pola salió del ELEVADOR con la cabeza baja. *Rodrigo Pola came out of the elevator with his head down.* (C. Fuentes. La región más transparente).

ELIMINARSE. *v.* Ausentarse, irse. *To go away.*

ELOTADA. *n.f.* Conjunto de **elotes**. *Ears of maize (collectively).* ‖ **2.** Merienda en que se comen **elotes**. *Meal of green corn.*

ELOTE. *n.m.* (Acad.) Mazorca tierna de maíz. *Ears of tender corn.* 📖 A eso nos llevaba expresamente, a comer ELOTES tiernos como manteca. *He took us there expressly for that, to eat corn on the cob, which were tender as butter.* (E. Poniatowska. Hasta no verte Jesús mío).

ELOTEAR. *v.* Empezar a tener granos la mazorca de maíz. *To come into ear.*

ELOTERA. *n.f.* •Lluvia ELOTERA. Llovizna menuda y persistente, beneficiosa para el maíz. *Fine and continued drizzle beneficial to corn growing.*

E-MAIL. *n.m.* ANGL Correo electrónico. *E-mail.*

EMBACHICHAR. *v.* Embaucar, engañar. *To dupe, trick.*

EMBALLESTADO. *adj.* Tener la enfermedad llamada **emballestadura**. *With a crooked fetlock.*

EMBALLESTADURA. *n.m.* (Acad.) Enfermedad de las caballerías consistente en una debilidad de las manos. *Bending of the fetlock joint.*

EMBALLESTARSE. *v.* (Acad.) Contraer la enfermedad llamada **emballestadura**. *To bend the fetlock joint (horse).*

EMBANCARSE. *v.* (Acad.) Pegarse la escoria de los metales a las paredes del horno. *To stick to the walls of a furnace (metal).*

EMBANQUETADO. *n.m.* Las aceras de las casas, tomadas en su conjunto. *Sidewalk, pavement.*

EMBANQUETAR. *v.* (Acad.) Poner aceras o banquetas en la calle. *To provide with pavements or sidewalks.*

EMBARRADA. *n.f.* Metedura de pata. *Blunder.* || **2.** Acción de untar (molde) con menteca o aceite. *Greasing.* ~A la sartén le das una EMBARRADA de mantequilla. *Grease the frying pan with butter.* || **3.** •EMBARRADA de mano. Revés. *Backhander.*

EMBARRADILLA. *n.f.* (Acad.) Especie de empanadilla de dulce. *Sweet turnover pastry or pie.*

EMBARRADO. *adj.* Ceñido. *Tight, tight-fitting.*

EMBARRAR. *v.* (Acad.) Implicar a uno en un negocio sucio. *To involve in a shady business.* || **2.** •EMBARRAR la mano. Sobornar. *To grease one's palm, to bribe.*

EMBELEQUERO *adj.* Exagerado en el sentimiento, aspaventero. *Given to making a great fuss, highly emotional.*

EMBICAR. *v.* Vaciar una vasija en otra, poniéndola boca abajo, embrocar. *To turn a container upside down in order to pour the content into another.* || **2. -se.** (Acad.) Empinar el codo, beber. *To drink.* Se EMBICÓ un trago de vino. *He drank down a glass of wine.*

EMBIJADO. *adj.* (Acad.) Dipar, formado de piezas desiguales. *Uneven.* ~Baraja EMBIJADA. *An uneven deck of cards.* || **2.** Sucio, manchado. *Stained, soiled, dirty.*

EMBIJAR. *v.* (Acad.) Manchar, ensuciar, embadurnar. *To make dirty, soil, stain.*

EMBIJE. *n.m.* Acción de **embijar**. *Act of dirtying, soiling.*

EMBOLARSE. *v.* Emborracharse. *To get drunk.* 📖 Todos mis amigos que me compraban me ofrecían copa, y me EMBOLABA yo mucho. *Everyone that purchased from me would offer me a drink and I would become quite drunk.* (R. Pozas. Juan Pérez Jolote).

EMBOLSARSE. *v.* Apropiarse ilícitamente de una cosa ajena. *To pocket something (steal).*

EMBONAR. *v.* Abonar la tierra. *To manure.* || **2.** Caer bien una cosa a una persona. *To fit, suit, become.* ~A Fulano le EMBONA el sombrero. *This hat is very becoming to John.* || **3.** (Acad.) Empalmar, unir una cosa con otra. *To join the ends of (like a rope).* || **4.** Concordar. *To fit in.* ~Este enfoque ha EMBONADO bien con la nueva política. *This approach has fitted in with the new policy.*

EMBORRASCARSE. *v.* (Acad.) Tratándose de minas, empobrecerse o perderse la veta. *To become exhausted (mine).*

EMBORUCARSE. *v.* (Acad.) Confundirse. *To be confused, muddled or perplexed.*

EMBOTELLAR. *v.* Encarcelar. *To jail.*

EMBOTICARSE. *v.* Llenarse de medicamentos. *To stuff oneself up with medicines.*

EMBROCAR. *v.* (Acad.) Poner boca abajo una vasija o plato, y por extensión cualquier otra cosa. || **2. -se.** Vestirse, poniéndose las prendas por la cabeza. *To put a garment on over one's head.* || **3.** Beber, empinar el codo. *To get drunk.*

EMBROMAR. *v.* (Acad.) Detener, hacer perder el tiempo. *To detain unnecessarily.* || **2.** (Acad.) Molestar, fastidiar, importunar. *To annoy, vex.* || **3. -se.** Atrasarse. *To get delayed.*

EMBUCHACARSE. *v.* Meterse algo en el bolsillo. *To pocket something.*

EMBUDO. *n.m.* Tolva. *Hopper.*

EMBURUJARSE. *v.* (Acad.) Arrebujarse, cubrirse bien el cuerpo. *To wrap oneself up.*

EMBUTE. *n.m.* Soborno. *Bribe.*

EMBUTIDO. *n.m.* Encaje. *Strip of lace.*

EMPACADA. *n.f.* Acción de **empacar** (empaquetar). *Packing (parcel), packaging.*

EMPACADORA. *n.f.* Fábrica de conservas cárnicas. *Meat-packing facility.*

EMPACAR. *v.* Empaquetar. *To package.* || **2.** Hacer las maletas. *To pack one's bags.* || **3. -se.** Devorar (comida, libros). *Wolf down (food), devour (books).*

EMPACHARSE. *v.* Llenarse el cañón de un candelero. *To become clogged or filled with wax (candlestick holder).*

EMPAJARSE. *v.* Obtener gran beneficio de algo. *To make a good profit.*

EMPANIZADO. *n.m.* Mezcla de pan rallado y huevos batidos con que se rebozan las carnes antes de freírlas. *Mixture of bread crumbs and egg batter in which meats are dipped before frying (veal cutlets, etc.).* || **2.** Empanada. *Meat turnover.*

EMPANIZAR. *v.* Empanar. *To dip into a mixture of bread crumbs and egg batter.*

EMPANTANADO. *adj.* Muy aguanoso, refiriéndose a terrenos de sembradío. *Flooded, swampy.* || **2.** (Zacatecas). (Cosas) empapadas en agua, alcohol y aceite. *Things which are soaked in, or saturated with water, alcohol and oil.*

EMPANZAR (variante de **empanzurrar**).

EMPANZURRAR. *v.* Comer demasiado. *To eat in excess.*

EMPAÑALAR. *v.* Ponerle un pañal a un niño. *To diaper.*

EMPAQUE. *n.m.* Descaro, desfachatez. *Nerve, cheek, brazenness.* || **2.** Junta, arandela. *Washer, gasket.*

EMPAREJARSE. *v.* Procurar completar una cosa que está incompleta. *To catch up with.* || **2.** Procurarse lo que hace falta para un fin. *To take the necessary steps to achieve something.* || **3.** Proveerse de. *To get a hold of.*

EMPARRILLADO. *n.m.* Campo (fútbol). *Football field.*

EMPASTADOR. *n.m.* Encuadernador. *Bookbinder.*

EMPASTAR. *v.* (Acad.) Empradizar un terreno. *To become overgrown with grass.*

EMPATAR. *v.* (Acad.) Empalmar, juntar un cosa con otra. *To join, connect, tie firmly together.*

EMPEDARSE. *v.* Emborracharse. *To get drunk.*

EMPELLA. *n.f.* Pella o manteca del cerdo. *Lard.*

EMPELOTADO. *adj.* Desnudo. *Naked.* || **2.** Enamorado. *In love.* || **3.** Haragán. *Lazy.*

EMPELOTARSE. *v.* (Acad.) Desnudarse, quedar en pelotas. *To undress, take one's clothes off.* || **2.** Enamorarse. *To fall in love head over heels, to fall madly in love with.*

EMPEÑERO. *n.m.* Prestamista. *Pawnbroker, moneylender.*

EMPEÑO. *n.m.* (Acad.) Casa de empeño. *Pawnshop.*

EMPERICARSE. *v.* Ruborizarse. *To blush.* || **2.** Elevarse socialmente. *To climb, get on top, to rise (in social position).* || **3.** •EMPERICARSE en algo. Posarse en algo. *To perch on something.* ~El pájaro se EMPERICÓ en el borde de la mesa. *The bird perched on*

EMPETATAR

the edge of the table.
EMPETATAR. *v.* (Acad.) Esterar, cubrir un piso con un petate. *To cover a floor with rush mats.*
EMPIEZO. *n.m.* Comienzo. *Beginning.*
EMPINARSE. *v.* Beberse. *To down (coll.).* 📖 La llevan de la mano al río a lavar la ropa y (...) EMPINARSE cervezas al sol del mediodía. *They take her by the hand to the river to wash clothes and drink beer under the midday sun.* (E. Poniatowska. Luz y luna).
EMPLASTAR. *v.* Añadir, encajar (coll.). *To add, slap on (coll.).* ~EMPLASTARON un 5% al precio. *They slapped another 5% on the price.*
EMPLASTE. *n.m.* Revoltijo. *Hodge-podge.* || **2.** (variante de **emplasto**).
EMPLASTO. *n.m.* Persona pesada y inoportuna. *Annoying, tedious person.*
EMPLUMAR. *v.* Envejecer. *To get older.*
EMPOLVARSE. *v.* Perder algo de la pericia en alguna ciencia o arte. *To get rusty, get out of practice.* || **2.** Juntar polvo, llenarse de polvo. *To gather dust.*
EMPOTRERAR. *v.* Encerrar el ganado en potreros pastosos. *To put out to pasture.* || **2.** Convertir un terreno abierto en potrero cercado. *To convert an open field to grazing land.*
EMPRESTAR. *v.* Prestar. *To Lend.* 📖 [...] dile que te EMPRESTEN un cernidor y una podadera. *Tell him to lend you a sieve and pruning shears.* (J. Rulfo. Pedro Páramo).
EMPUERCAR. *v.* Ensuciar. *To dirty.* La francesa les dejaba que se EMPUERCARAN y luego no los quería limpiar ella. *The French woman let them get dirty but afterwards she didn't want to clean them.* (E. Poniatowka. Hasta no verte Jesús mío).
ENANCARSE. (Variante de **enarcarse**).
ENARCARSE. *v.* (Acad.) Encabritarse el caballo. *To rear up (horse).*
ENCABEZADO. *n.m.* Encabezamiento.

(Acad.) Titular de un periódico. *Heading, headline.* 📖 María Cristina acababa de leerle los ENCABEZADOS. *Maria Cristina had just finished reading the headlines to him.* (M. Azuela. La luciéernaga).
ENCABRESTARSE. *v.* Emperrarse, ponerse terco. *To get stubborn, be obstinate.*
ENCABRONARSE. *v.* Cabrearse. *To get angry, to get mad.*
ENCACHAR. *v.* Conseguir novio. *To make a conquest, get a boyfriend.*
ENCAJAR. *v.* •ENCAJARSE con alguien. *To take advantage of someone.*
ENCAJETILLAR. *v.* Envasar una mercadería, especialmente cigarros, en cajetillas. *To put tobacco or cigarettes into packages or packs.*
ENCAJOSO. *n.m.* (Acad.) Pedigüeño, confianzudo. *Scrounger.*
ENCALAMOCARSE. *v.* Confundirse, aturdirse. *To become confused, bewildered.*
ENCALAMUCARSE (variante de **encalamocarse**).
ENCAMAR. *v.* Hospitalizar. *To take to the hospital, hospitalize.* || **2. -se.** Acostarse con alguien. *To go to bed with someone.*
ENCAMILLADO, DA. *n.m&f.* Que tiene que ser llevado en camilla. *Stretcher case.*
ENCAMPANADO. *adj.* •Dejar a uno ENCAMPANADO. (Acad.) Dejar a alguien en la estacada. *To leave in the lurch.*
ENCAMPANAR. *v.* (Acad.) Dejar a alguien en la estacada. *To leave in the lurch.* || **2. -se.** Meterse en un lío. *To get into a jam.* || **3.** Agitar. *To excite, agitate.* || **4.** Animar. *Encourage.* 📖 El fué el que me ENCAMPANÓ pa irnos pa allá. *He was the one that encouraged me to go there.* (J. Rulfo. El llano en llamas).
ENCANDILARSE (Tabasco). *v.* Enfadarse. *To get angry.*
ENCANGRINARSE. *v.* Gangrenarse. *To become gangrenous.* || **2.** Endeudarse. *To contract debts.*

ENCAPOTADO. *adj.* Enfermo (aves). *To be sick or listless (birds).*

ENCAPOTAR. *v.* Enfermarse las aves. *To become sick or listless (birds).*

ENCARADO. *adj.* •Mal ENCARADO. Enojado. *Angry.* ‖ **2.** De mal aspecto. *Nasty-looking.*

ENCARAR. *v.* Hacerle frente a una persona. *To stand up to.*

ENCARGO. *n.m.* •Traer (agarrar) a uno de ENCARGO. Molestar, acosar, importunar. *To pester someone, give someone a bad time.* ‖ **2.** •Estar de ENCARGO. Estar embarazada. *To be pregnant.* 📖 ¿Estarás de ENCARGO? *You're not pregnant, are you?* (A. Mastretta. Arráncame la vida).

ENCARREARSE. *v.* Apresurarse. *To hurry, to get a move on.* 📖 [...] lo hacía por mi bien, para que yo me ENCARREARA. *She did it for my own good, so I would get things done punctually.* (E. Poniatowka. Hasta no verte Jesús mío).

ENCARRERADO. *adv.* A toda velocidad. *At breakneck speed.*

ENCARRUJADO. *adj.* (Acad.) Aplícase al terreno quebrado. *Said of uneven ground.*

ENCARRUJAR. *v.* Rizar, escarolar, hacer pliegues menudos en las telas. *To ruffle, frill.*

ENCATRINARSE. *v.* Ponerse **catrín** o elegante. *To dress up.*

ENCERAR. *v.* Poner velas de cera en los candelabros de una iglesia. *To place wax candles in candlesticks (in a church).*

ENCERRAR. *v.* Ser hosco. *To be standoffish.*

ENCHALECAR. *v.* Robar, **chalequear.** *To steal.*

ENCHAPAR. *v.* Poner cerraduras a puertas y muebles. *To fit locks to doors and pieces of furniture.*

ENCHICHARSE. *v.* Embriagarse con **chicha** (bebida alcohólica de maíz fermentado). *To get drunk with chicha (corn liquor).*

ENCHILADA. *n.f.* (Acad.) **Tortilla** de maíz enrollada con relleno y salsa de chile. *Rolled tortilla filled with meat or cheese and served with chile sauce.* 📖 Yo, en Torreon, mate a una vieja que no quiso venderme un plato de ENCHILADAS. *Me, in Torreon, I killed an old woman who refused to sell me a platter of enchiladas.* (M. Azuela. Los de abajo). 📖 Pidió pollo frito, **enchiladas** y un vaso de cerveza. *He ordered fried chicken, enchiladas and a glass of beer.* (M. Azuela. Nueva burguesía).

ENCHILADERA. *n.f.* Mujer que hace o vende **enchiladas.** *Woman who makes or sells enchiladas.*

ENCHILADO. *n.m.* Guisado de mariscos con salsa de ají o chile. *Seafood stew with chile sauce.* ‖ **2.** *adj.* Bermejo, de color de ají o chile. *Bright red.* ‖ **3.** Condimentado con chile. *Seasoned with chile.* 📖 [...] se detuvieron a comprar dos elotes ENCHILADOS [...]. *They stopped to buy a couple of corn on the cobs seasoned with chile.* (Carlos Fuentes. La frontera de cristal). ‖ **4.** Colérico. *Furious.* ‖ **5.** •Estar ENCHILADO. Asarse de calor. *To be hot, suffering from heat.*

ENCHILADORA (variante de **enchiladera**).

ENCHILAMIENTO. *n.m.* Enojo, rabia. *Anger.* 📖 ¿Pero no cree usted que un día a los demás se les va a llenar el cuerpo de un ENCHILAMIENTO muy grande? (...). *But don't you think that one day deep resentment will fill the heart of all the others.* (E. Valadés. La muerte tiene permiso).

ENCHILAR. *v.* (Acad.) Untar, aderezar con chile. *To season with chile.* ‖ **2.** (Acad.) Picar, molestar. *To annoy, vex.* ‖ **3.** Picar como el chile. *To sting, burn like chile.* ‖ **4. -se.** Enrojecerse. *To get red in the face.* ‖ **5.** Irritarse, enfurecerse. *To get irritated or annoyed.* ‖ **6.** •Eso no es cosa de ENCHÍLEME usted otra. No es cosa tan sencilla como parece. *Easier said than done.* 📖 Todo tiene su maña, su secreto. No es cosa de ENCHÍLAME otra. *Everything has its own knack, its own* *secret. Its not as easy as it seems.* (E. Poniatowska. Luz y luna). || **7.** Arderle la boca a uno. *To have one's mouth burning (from eating chile).*

ENCHILOSO. *adj.* Picante. *Hot.*

ENCHINAR. *v.* (Acad.) Formar rizos o chinos en el pelo. *To curl (hair).* || **2. -se.** ENCHINARSELE el cuero (a alguien). Ponersele carne de gallina (a alguien), acobardarse. *To get gooseflesh, to get scared.* 📖 Se nos ENCHINÓ el pellejo a todos de la pura emoción. *We all got gooseflesh from the excitement.* (Juan Rulfo. Pedro Paramo).

ENCHINCHAR. *v.* Incomodar. *To put out, bother.* 📖 No bebo... ni ENCHINCHO. *I don't drink, nor do I bother anyone.* (M. Azuela. La malahora. || **2.** (Acad.) Hacer perder el tiempo a un persona. *To cause to waste time, to delay.* 📖 Es un cabrón bien hecho. ENCHINCHÓ siete años a Georgina Letona y ahora la deja para noviar contigo [...]. *He's a bastard all the way. He made Georgina Letona loose seven years of her life and now he's leaving her to to go steady with you.* (A. Mastretta. Arráncame la vida). || **3.** Dilatar, aplazar, dar largas a un asunto. *To delay.* || **4.** Enojar. *To rile, annoy.* || **5. -se.** Llenarse un cosa de chinches. *To get infested with bugs.*

ENCHISPAR. *v.* Emborrachar. *To make drunk.* || **2. -se.** Emborracharse. *To get drunk.*

ENCHUECAR. *v.* (Acad.) Torcer, encorvar. *To twist, bend, make or become crooked.* || **2.** Disgustarse, entibiarse la amistad entre dos o más personas. *To have a fall out with someone.* || **3. -se.** Torcerse. *To get bent or twisted.* || **4.** •ENCHUECARSE la suerte. Tener mala suerte. *To have a streak of bad luck.* 📖 Cuando se ENCHUECA la suerte todo sale mal. *When you're unlucky everything goes wrong.* (Agustín Yánez. Ojerosa y pintada).

ENCHUMBAR (Tabasco). *v.* Empapar. *To soak.* || **2. -se.** Calarse de agua. *To get soaking wet.*

ENCIMARSE. *v.* Estar en conflicto, coincidir. *To clash, conflict with.* ~Se me ENCIMA esta clase con otra. *That class clashes (coincides) with another.*

ENCIMOSO. *n.m.* Pesado. *Pain in the neck.* ~¡No seas ENCIMOSO! *Don't be a pain in the neck!*

ENCLENQUE. *adj.* Muy flaco. *Extremely thin.*

ENCOLADO. *adj.* (Acad.) Muy acicalado, gomoso, pisaverde, paquete. *Dandified, dapper.*

ENCOMIENDA. *n.f.* Bodegas donde se almacenan productos agrícolas. *Warehouse (for agricultural products).*

ENCONARSE. *v.* Robar cosas de poco valor, ratear. *To pilfer.*

ENCONCHARSE. *v.* Retraerse, meterse en su concha. *To go into one's shell.*

ENCONGARSE. *v.* Encolerizarse. *To become infuriated.*

ENCONO. *n.m.* Inflamación, hinchazón. *Swelling, inflammation.*

ENCONOSO. *adj.* Venenoso. *Poisonous.*

ENCORAJINAR. *v.* Enfadar. *To anger, irritate.*

ENCUARTARSE. *v.* (Acad.) Encabestrarse una bestia. *To tie up, rope (an animal).* || **2.** Enredarse en un negocio, no saber encontrar salida. *To get involved, to get bogged down.*

ENCUARTARSE. *v.* Enredarse uno en un negocio o asunto. *To get into a fix, to get into difficulties.* || **2.** Entrometerse en una conversación o cortar la palabra al que la tiene. *To butt in, interrupt, intrude.* || **3.** Enredarse una bestia en el lazo o en alguna correa. *To get caught an animal in its straps.*

ENCUCLILLARSE. *v.* Ponerse en cuclillas. *To squat, crouch.*

ENCUENTRO. *n.m.* •Llevarse a uno de ENCUENTRO. Derrotar, atropellar. *To crush.* || **2.** Arruinar, arrastrar a uno en su propia ruina. *To drag someone down to disaster.*

ENCUERADO. *adj.* Desharrapado, harapiento. *Ragged.* 📖 Estaba, pues, sentada en una silla chaparrita, entre perros flacos y hambrientos, muchachos ENCUERADOS [...]. *So she was sitting in a low chair among scraggy, famished dogs, and small children in rags.* (M. Azuela. Nueva burguesía). ‖ **2.** Desnudo. *Naked.* ‖ **3.** Mujer con ropa escasa que enseña sus formas con descaro. *To be dressed scantily (woman).* ‖ **4.** Estéril, árido, yermo. *Barren.* 📖 [...] ahora solo veía el desierto ENCUERADO, pero su vida podía ser como esa ciudad encantada del otro lado de la frontera [...]. *Now she could only see the barren desert, but her life could be like one of those enchanted cities on the other side of the border.* (Carlos Fuentes. La frontera de cristal).

ENCUERAR. *v.* (Acad.) Desnudar, dejar en cueros a una persona. *To strip naked, to undress.* ‖ **2.** -se. Desnudarse. *To strip off, get undressed.* 📖 [...] ni de chiste Gómez Soto la dejaba salir a ENCUERARSE fuera de casa (para ver a la masajista), aunque fuera para que la sobara otra mujer. *There was no way that Gómez Soto would let her get undress out of the house, even if the one that massaged her was a woman.* (A. Mastretta. Arráncame la vida). ‖ **3.** Dejar sin dinero. *To clean someone out.* ‖ **4.** Hacer strip-tease. *To strip.*

ENCUERATRIZ. *n.f.* Striptisera. *Stripper.*

ENCUERISTA. *n.f.* Estriptista. *Striptease artiste, stripper.*

ENCUETARSE. *v.* Emborracharse. *To get plastered. (coll.).*

ENDIABLADO. *adj.* Difícil, peligroso, arriesgado. *Dangerous, risky*

ENDORSAR. *v.* Endosar (un cheque). *To endorse (a check).*

ENDROGADO. *adj.* Endeudado. *In debt.* 📖 Ya no tenía dinero y estaba ENDROGADO. *I didn't have any more money and I was deep in debt.* (E. Poniatowka. Hasta no verte Jesús mío). 📖 Conozco médicos ENDROGADOS con seis meses de renta que apenas ganan para la gasolina de sus autos. *I know doctors who are six months behind in their rent and barely earn enough to pay for their gasoline.* (M. Azuela. Nueva burguesía).

ENDROGARSE. *v.* (Acad.) Contraer deudas. *To get into debts.* 📖 [le daba] buena ropa, el cine dos veces por semana [...] y le cumplía sus antojos hasta donde yo podía, y a veces ENDROGÁNDOME. *I would provide her with good clothes, movies twice a week, and indulge her every whim, getting into debts up to my neck in the process.* (Agustín Yánez. Ojerosa y pintada). ‖ **2.** •ENDROGARSE con alguien. *To get into debt with someone.*

ENFAJILLAR. *v.* Poner fajilla a los impresos (correos). *To put a wrapper on (Post Office).*

ENFERMOSO. *adj.* (Acad.) Enfermizo. *Sickly.*

ENFIESTADO. *adj.* De fiesta. *To be living it up.*

ENFIESTARSE. *v.* (Acad.) Estar de fiesta, divertirse. *To have a good time.*

ENFLATARSE. *v.* Enfadarse. *To fly off the handle, get mad.*

ENFLAUTAR. *v.* Encajar a alguien algo que puede serle inoportuno o molesto. *To unload something on someone, to force upon.*

ENFRIJOLARSE. *v.* Embrollarse un negocio. *To get messed up.*

ENFULLINARSE. *v.* Irritarse, sulfurarse. *To get angry.*

ENGANCHAR. *v.* Contratar (obreros, operarios). *To contract, hire, (workers).* ‖ **2.** -se. Conseguir trabajo, emplearse. *To sign up, obtain employment.* 📖 Allí buscaban gente para trabajar en la finca de La Flor. Me ENGANCHÉ. *There they were looking for people to work at the La Flor ranch. I signed up.* (R. Pozas. Jual Pérez Jolote).

ENGANCHE. *n.m.* Cantidad que se paga al contado, a modo de prima, en una operación de compraventa a plazos. *Down payment, deposit.* ‖ **2.** Comprometer en un contrato de obra. *Enrolling, hiring of laborers, often under false promises.*

ENGARATUSAR. *v.* (Acad.) Hacer a uno garatusas, engatusar. *To coax, cajole.*

ENGENTADO. *adj.* Aturdido, confuso. *Dazed, confused*

ENGERIRSE. *v.* Entristecerse. *To grow sad.*

ENGESTARSE. *v.* Poner mala cara. *To make a wry face.*

ENGORDA. *n.f.* (Acad.) Engorde, ceba. *Fattening.* || **2.** (Acad.) Conjunto de animales que se ceban para la matanza. *Herd of cattle fattened for slaughter.*

ENGORRAR. *v.* Fastidiar. *To annoy.*

ENGRANARSE. *v.* Trabarse (mec.). *To get locked, jammed (mec.).*

ENGRANE. *n.m.* Acción de **engranarse** un mecanismo. *Seizing, jamming.* || **2.** Diente, piñón, rueda dentada. *Cog, cogwheel.*

ENGRASADO. *n.m.* Engrase, lubricación. *Lubrication.*

ENGRASARSE. *v.*(Acad.) Contraer la enfermedad del saturnismo. *To become ill with lead poisoning.*

ENGREÍDO. *adj.* Encariñado (animal). *Affectionate, loving (animal).*

ENGRIFARSE. *v.* Irritarse, malhumorarse. *To get cross, blow one's top (coll.), fly off the handle (coll.).*

ENHORQUETAR. *v.* Poner a horcajadas. *To place astride or astraddle.* || **2. -se.** Ponerse a horcajadas. *To sit astride.*

ENJARETAR (Querétaro). *v.* Inducir a una persona que cargue con una tarea desagradable. *To stick someone with unpleasant work.* ~Fulano nos ENJARETÓ este trabajo. *John stuck us with this job.* || **2.** Intercalar, incluir. *To slip in, include, insert.*

ENJARRARSE. *v.* Ponerse con los brazos en jarras. *With arms akimbo.*

ENJETADO. *adj.* Enojado. *Cross-looking.* || **2.** Que hace muecas. *Scowling*

ENJETARSE. *v.* Enojarse. *To get mad, get angry.* || **2.** Hacer muecas. *To scowl.*

ENLAZAR. *v.* Atrapar con lazo a una persona o un animal. *To lasso.* || **2.** Casar. *To marry.*

ENLISTADO. *n.m.* Lista. *List.*

ENLISTAR. *v.* Hacer una lista. *To draw up (make) a list.*

ENMAIZARSE. *v.* Enfermarse el ganado por comer maíz y beber agua con exceso. *To get sick (cattle) from overeating corn and drinking an overabundance of water.*

ENMANOJAR. *v.* Formar manojos con las hojas de tabaco. *To form bundles with tobacco leaves.*

ENMICADO. *n.m.* Documento que ha sido plastificado. *Plastic covering, that which has been laminated.*

ENMICAR. *v.* Laminar, plastificar (documento). *To cover or seal in plastic, to laminate (document).*

ENMONARSE. *v.* Emborracharse. *To get drunk.*

ENMUGRAR. *v.* (Acad.) Enmugrecer. *To get dirty.*

ENMULAR. *v.* Volverse terco como una mula. *To become stubborn as a mule.*

ENOJADA. *n.f.* Enojo. *Fit of anger.* || **2.** •Darse una ENOJADA. *To get angry.*

ENOJÓN. *adj.* (Acad.) Enojadizo. *Quick-tempered, touchy, irritable.*

ENQUELITAR. *v.* Limpiar los sembradíos de quelites o planta mala. *To clear the fields of weeds.* ◻ Pos no ha querido ENQUILITAR la milpa no más por pura desidia. *He has refused to clear the fields of weeds out of pure apathy.* (M. Azuela. La mala yerba).

ENQUERIDARSE. *v.* Amancebarse, juntarse hombre y mujer. *To live together (an unmarried couple).*

ENRALECER. *v.* Enrarecer. *To become scarce.*

ENREDISTA. *n.m.* Enredador. *Trouble-maker.*

ENREDOSO (variante de **enredista**).

ENREJAR. *v.* (Acad.) Zurcir la ropa. *To darn, patch.*

ENRIELAR. *v.* Poner rieles. *To lay rails on.* || **2.** (Acad.) Meter en el riel, encarrilar. *To put on the tracks, set on the rails.* || **3.** Encauzar. *To put on the right track.*

ENSARTAR. *v.* (Acad.) Hacer caer en un engaño o trampa. *To trick, deceive.* || **2.** Estafar. *To swindle.*

ENSEÑAR. *v.* •Enseñarse a. Aprender a. *To learn to.* 📖 Después me ENSEÑÉ a tejer abanicos para ventearse cuando hay mucho calor. *Then I learned to make fans to fan oneself when the weather is hot.* (R. Pozas. Jual Pérez Jolote). || **2.** Acostumbrarse. *To get used to.*

ENSOPAR. *v.* Empapar. *To drench.* 📖 Estaba ENSOPADO y por lástima lo dejé quedarse en mi cama. *He was all drenched and because I felt sorry for him I let him sleep in my bed.* (Juan Rulfo. Pedro Páramo).

ENTABIQUAR. *v.* Poner tabiques. *To partition off.*

ENTABLAR. *v.* Presentar una acción judicial. *To bring a suit or legal action.* || **2. -se.** Iniciarse algo o tomar su curso. *To take place.* || **3.** •Entablarse el cielo. Nublarse. *To get cloudy (sky).*

ENTABLAZÓN. *n.m.* Obstáculo grande. *Heavy obstruction.*

ENTABLILLAR. *v.* Formar las tablillas o ladrillos de chocolate. *To cut (chocolate) into tablets or squares.*

ENTAMBAR. *v.* Poner en la cárcel. *To put in jail.*

ENTAPIZADO. *n.m.* Conjunto de tapices que cubren una pared. *Wall-coverings, tapestries.*

ENTEJAR. *v.* Tejar. *To tile.*

ENTELERIDO. *adj.* Enclenque. *Sick, weakly.* || **2.** Dolorido. *Sore, aching.* 📖 Me acuerdo que duré todo ese día ENTELERIDO y sin poder moverme por la hinchazón [...]. *I remember that I was sore all day from the swelling.* (J. Rulfo. El llano en llamas).

ENTERAR. *v.* (Acad.) Pagar, entregar dinero. *To pay, hand over.* || **2.** Completar, integrar una cantidad. *To make up, complete (a sum of money).*

ENTERCIAR. *v.* Preparar en tercios el tabaco. *To pack tobacco in bales.* || **2.** (Acad.) Empacar, formar tercios con una mercancía. *To pack into bundles.*

ENTERO. *n.m.* (Acad.) Entrega de dinero en una oficina pública. *Payment*

ENTOMPEATADA. *n.f.* Engaño. *Deception, trick, swindle.*

ENTOMPEATAR. *v.* Engañar, embaucar. *To trick, deceive, swindle.*

ENTONGAR. *v.* Poner algo en pilas o montones. *To pile up, stack.*

ENTRADA. *n.f.* (Acad.) Paliza, tunda. *Beating.* || **2.** Embestida. *Attack, onslaught.* || **3.** Apuesta inicial (juego). *Ante.* ~¡De cuanto es la ENTRADA? *What's the ante?*

ENTRADOR. *adj.* (Acad.) Que acomete fácilmente empresas arriesgadas. *Daring, venturesome.* || **2.** Enamoradizo. *Amorously inclined.*

ENTRARLE. *v.* Arremeter, empezar a comer. *To lay into* (food). ~Le entraron con ganas. Empezaron a comer con ganas. *They laid into their food with gusto.*

ENTRECERRAR. Cerrar a medias. *To half-close.* || **2.** Entornar una puerta o ventana. *To leave ajar (door).*

ENTREFUERTE. *adj.* Se aplica a una clase de tabaco ni fuerte ni suave. *Medium strong (tobacco).*

ENTREMÁS. *adv.* Cuanto más. *Especially.*

ENTRETELAR. *v.* Hacer que desaparezca la huella (en los pliegues impresos). *To press out (folds in a newsprint).*

ENTRETENCIÓN. *n.f.* Entretenimiento. *Entertainment, amusement.*

ENTRIPADA. *n.f.* Empapamiento. *Drenching, soaking.*

ENTRIPAR. *v.* Ensopar, mojar, empapar. *To soak.* ‖ **2. -se.** Empaparse, ensoparse. *To get soaked.*

ENTROMPARSE. *v.* Enfadarse. *To get angry.*

ENTROMPETAR. *v.* Emborracharse. *To get drunk.*

ENTRÓN. *adj.* Animoso, brioso, **entrador**. *Spirited, daring.*

ENTRONA. *adj.* Coqueta. *Flirtatious.*

ENTRONCAR. *v.* (Acad.) Aparear dos bestias del mismo pelo. *To mate horses of the same color.* ‖ **2.** •**ENTRONCARSE** con. (Acad.) Empalmarse dos líneas de transporte. *To connect with (train).* ‖ **3.** Unirse un camino secundario a uno principal. *To merge a route of lesser importance to a main one.*

ENTRONIZACIÓN. *n.f.* Establecimiento. *Entrenchment*

ENTRONIZAR. *v.* Establecer. *To entrench.* ‖ **2. -se.** Afianzarse. *To become entrenched.*

ENTRONQUE. *n.m.* Cruce, empalme (camino, carreteras). *Junction.*

ENTRUCHARSE. *v.* Meterse en problemas ajenos. *To meddle in someone else's business, to stick one's nose into other people's affairs.* ‖ **2.** Enamorarse hasta parecer tonto. *To be crazily in love.*

ENTUMIDO. *adj.* Tímido. *Timid, shy.*

ENVARAMIENTO. *n.m.* Entorpecimiento. *Numbness, stiffness.*

ENVARARSE. *v.* Entorpecerse. *To become numb, get stiff.*

ENVINADO. *adj.* De color de vino tinto. *Wine-colored.*

ENVINARSE. *v.* Embriagarse con vino. *To get drunk with wine.* ‖ **2.** Sentir repulsión por el vino por haberlo bebido con exceso. *To have an aversion to wine (from drinking too much of it).*

ENVUELTO. *n.m.* (Acad.) **Tortilla** de maíz aderezada y enrollada. *Filled and rolled tortilla.*

ENYERBAR. *v.* Hechizar, idiotizar. *To bewitch.* ‖ **2. -se.** Cubrirse de hierba un campo. *To get covered with grass (field).* ‖ **3.** (Acad.) Envenenarse una persona o el ganado. *To poison oneself.* ‖ **4.** Enamorarse perdidamente. *To fall madly in love.*

ENYUNTAR. *v.* Enyugar. *To yoke.*

ENZACATARSE. *v.* Llenarse de **zacate** un terreno. *To get covered with grass.*

ENZOLVAR. *v.* Atascarse un conducto. *To clog up, stop up.*

ENZOLVARSE (variante de **enzolvar**).

EPA!. *interj.* (Acad.) ¡Hola! *Hi!* ‖ **2.** (Acad.) Interjección usada para detener o avisar de un peligro. *Watch out!, be careful!*

EPAZOTE. *n.m.* Hierba aromática usada en la medicina popular. *Mexican herb tea.*

EQUIPAL. *n.m.* Silla rústica de cuero curtido. *Rustic leather chair.* 📖 Lo cierto es echó fuera a la gente y se sentó en su EQUIPAL, cara al camino. (J. Rulfo. Pedro Páramo). *The fact is that he threw everyone out and seated himself on his leather chair, looking at the road.* (J. Rulfo. Pedro Páramo). 📖 Allá atrás, Pedro Páramo, sentado en su EQUIPAL, miró el cortejo que se iba hacia el pueblo. *Out in the back, Pedro Páramo, seated on his leather chair, looked at the procession as it headed for the village.* (J. Rulfo. Pedro Páramo).

EQUIS. •Por EQUIS o por ye no lo hizo. *For one reason or another he didn't do it.*

ERIZO. *n.m.* Andar ERIZO. Estar pelado, estar sin un duro. *To be broke.*

EROGACIÓN. *n.f.* Desembolso de dinero, gastos. *Expenditure.*

EROGAR. *v.* Desembolsar, pagar. *To spend, lay out.*

ERRÁTICO. *adj.* Excéntrico, extravagante. *Eccentric, extravagant.*

ERRONA. *n.f.* En los juegos de azar, suerte en que pierde el jugador. *Miss (by a player in a game).*

ESCALAMIENTO. *n.m.* Robo en una casa,

allanamiento de morada (jur.). *Burglary, housebreaking.*

ESCALERA. *n.f.* •Escalera eléctrica. *Escalera mecánica.*

ESCALFAR. *v.* (Acad.) Descontar, mermar, quitar algo de lo justo. *To embezzle.*

ESCAMA. *n.f.* Cocaína. *Cocaine.*

ESCAMADO. *adj.* Desconfiado, receloso. *Distrustful.*

ESCAME. *n.m.* Terror, miedo. *Terror, fear.*

ESCAMOCHA. *n.f.* Sobras (comida). *Leftovers (from meals).* || **2.** Ensalada de fruta. *Fruit salad.*

ESCAMPAR(SE). *v.* Desembolsar, pagar. *To pay, pay out.* || **2.** Guarecerse del agua. *To shelter oneself from the rain.*

ESCANDOLOSO. *adj.* De color chillante. *Showy, loud (color).*

ESCAPE. *n.m.* Tubo de escape. *Exhaust pipe.*

ESCARAMUJO. *n.m.* Planta del valle de México, llamada también "rosa de Moctezuma". *Wild rose.*

ESCARAPELAR. *v.* Descascarar. *To shell, peel.* || **2.** -se. Atemorizarse, temblar. *To go weak at the knees, tremble all over, to get gooseflesh.* ~Se me escarapela el cuerpo cuando veo sangre. *I tremble all over (I get gooseflesh) when I see blood.*

ESCAROLA. *n.f.* Fruncido que se hace en un vestido como adorno. *Ruff, flounce.*

ESCARPA. *n.f.* Acera. *Sidewalk.*

ESCARPINES. *n.m.* Calcetines. *Socks.*

ESCAUPIL. *n.m.* Chaqueta de algodón acolchado que usaban los indios como arma defensiva. *Quilted battle tunic used by ancient Mexicans.*

ESCHARCHA. *n.f.* La estación fría del año. *The cold season.*

ESCOBERÍA. *n.f.* Fábrica de escobas. *Broom factory.*

ESCOBETA. n.f. (Acad.) Mechón de cerda que sale en el papo de los pavos viejos. *Tuft of hair on an old turkey's neck.* || **2.** (Acad.) Escobilla de raíz de zacatón, corta y recia. *Short sturdy broom.* || **3.** •Alzar escobeta. Acobardarse. *To get scare.*

ESCOBETEAR. *v.* Fregar con **escobeta**. *To sweep (with a broom).* 📖 (...) escobetear, tallar el cochambre de las cacerolas, tallar, tallar, tallar... *To pass the broom, scrub the dirt off pots and pans, scrub, scrub, scrub..* (E. Poniatowska. Luz y luna).

ESCOGIDO. *adj.* Selecto. *Choice (merchandise), select (clientele).* || **2.** Maneosado. *Picked over.*

ESCOLETA. *n.f.* Orquesta o banda de música de aficionados. *Amateur band.* || **2.** Ensayo o práctica de ese conjunto. *Rehearsal practice of an amateur band.* || **3.** Reunión para aprender a bailar. *Dancing lesson.*

ESCONDIDA. *n.f.* Juego del escondite. *Hide-and-seek.*

ESCOPETEAR. *v.* Dirigir uno repetidamente indirectas alusiones ofensivas a otra persona. *To get at, have a dig at.*

ESCRITORIO. *n.m.* •Escritorio público. Lugar donde se ofrece servicio de redacción, mecanografía, etc. *Office or stall offering letter writing, form-filling or typing.*

ESCUELA. *n.f.* •Escuela de manejo. Autoescuela. *Driving school.*

ESCUELANTE. *n.m.* Escolar, colegial. *Schoolboy, schoolgirl, pupil..* || **2.** Maestro o maestra de escuela. *Country schoolteacher.* 📖 Mire, a mí no me haga preguntas, que no soy escuelante. *Listen, I'm not a school teacher, so stop asking me questions.* (M. Azuela. Los de abajo).

ESCUELERO. *n.m.* Maestro de escuela (despect.). *Schoolteacher (derog.).*

ESCUINCLE. *n.m.* (Acad.) Muchacho, niño, chico. *Urchin, small boy, youngster.* 📖 –Si firma Rodolfo, que también firmen mis hermanos –dije yo. –Estás loca, si son puros escuincles. *If Rodolfo signs, then let my brothers and sisters sign too –I said. –You're* *of your mind, they're just kids.* (A. Mastretta. Arráncame la vida). ‖ **2.** Mocoso, nino mimado. *Brat.*

ESCULCAR. *v.* Registrar un persona en busca de algo escondido. *To search (a person).* ‖ **2.** Registrar los bolsillos. *To search someone's pockets.* 📖 Odilón llevaba ese día catorce pesos en la bolsa de la camisa. Cuando lo levanté, lo ESCULQUÉ y no encontré esos catorce pesos. *That day Odilón had fourteen pesos in the pocket of his shirt. When I lifted him, I checked his pockets but couldn't find those fourteen pesos.* (J. Rulfo. El llano en llamas). ‖ **3.** Registrar. *To check, search, go through.* 📖 Sacó de debajo (de la cama) una petaca. La ESCULCÓ. *She took out a suitcase from underneath the bed and went through it.* (Juan Rulfo. Pedro Páramo).

ESCULCO. *n.m.* (Acad.) Registro para buscar algo oculto. *Search.*

ESCULQUE. *n.m.* Registro. *Search.*

ESCUPIDOR. *n.m.* Nombre de ciertos fuegos artificiales. *Fireworks.*

ESCURRIDERAS. *n.f.* Aguas que se escurren de un riego, y cauces por donde éstas se escurren. *Excess irrigation waters.*

ESCURRIDO. *adj.* (Acad.) Corrido, confuso, avergonzado. *Abashed, ashamed, cowed.*

ESMERALDA. *n.f.* Cierto género de piña o ananá que se tiene como la más preciada y de la mejor calidad. *Variety of pineapple.*

ESPADA. *n.m.* •ESPALDA mojada. *Wetback.*

ESPALDILLA. *n.f.* Cuarto delantero de cerdo, preparado a manera de jamón. *Shoulder of pork.*

ESPANTADA. *n.f.* Espanto, miedo. *Fear, fright.* 📖 En realidad, fui a pegarme la ESPANTADA de mi vida. *As it turned out, I was never so frightenend in my life.* (A. Mastretta. Arráncame la vida).

ESPANTAR. *v.* •ESPANTÁRSELAS. Ser listo y darse cuenta de las cosas, cogerlas al vuelo. *To be wide-awake, to catch on quickly.*

ESPANTO. *n.m.* Fantasma. *Ghost.*

ESPAÑOLA. *n.f.* Llave de tuercas. *Spanner.*

ESPECIAL. *adj.* Espectáculo. *Show (theat.).* ‖ **2.** Oferta. *Special offer.*

ESPELUZNO. *n.m.* Escalofrío. *Chills with fever.*

ESPERANZA. *n.f.* •¡Que ESPERANZA! Que expresa contrariedad, convencimiento de que no se alcanzará algo, o de que no se realizará. *Fat chance! Not on your life!*

ESPIARSE. *v.* Maltratarse los pies el animal por haber andado mucho. *To bruise the hoofs, get lame (of a horse).*

ESPICHADO. *adj.* Avergonzado. *To be ashamed.*

ESPICHARSE. *v.* Enflaquecer. *To get thin.* ‖ **2.** Avergonzarse. *To become ashamed.*

ESPIGUEAR. *v.* Mover el caballo la cola de arriba abajo. *To swish the tail up and down (horse).*

ESPIGUERO. *n.m.* Depósito para las espigas de maíz de una cosecha. *Granary.*

ESPÍRITUSANTO. *n.m.* Orquídea que da una flor muy vistosa. *Species of colorful orchids.*

ESPONJA. *n.f.* Bebedor empedernido. *Drunkard, drunk.*

ESQUELETO. *n.m.* (Acad.) Formulario. *Blank, form, application form.* ‖ **2.** Bosquejo, plan preliminar. *Rough draft, outline, preliminary plan.*

ESQUILLÓN. *adj.* Que usa muletas. *Person who uses crutches.*

ESQUILMO. *n.m.* (Acad.) Provechos accesorios de menos cuantía que se obtienen del cultivo o de la ganadería. *Farm by-products.*

ESQUITE. *n.m.* (Acad.) Rosetas, granos de maíz tostado. *Toasted corn kernels.* ‖ **2.** Rositas de maíz. *Popcorn.*

ESTACA. *n.f.* •Arrancar la ESTACA. Deseo manifiesto de obtener algo. *To chomp at the bit, strain at the leash.*

ESTACAR. *v.* Extender una cosa sujetándola con estacas. *To stretch by fastening to stakes.* || **2.** •ESTACAR el cuero. Morirse. *To die.*

ESTACIONARSE. *v.* Estacionar. *To park.*

ESTACIONÓMETRO. *n.m.* Parquímetro, medidor. *Parking meter.*

ESTADO. *n.m.* •ESTADO de contabilidad. Balance. *Balance-sheet.*

ESTADUNIDENSE. *adj.* Estadounidense. *American.*

ESTAMPA. *n.f.* Cromo. *Trading card.*

ESTAMPIDA. *n.f.* (Acad.) Carrera impetuosa y desordenada del ganado. *Stampede.*

ESTAMPILLA. *n.f.* Sello. *Postage stamp.*

ESTANQUILLO. *n.m.* Puesto de cigarros, dulces, juguetes, etc. *Kiosk, stall, booth.* 📖 (...) porque aquí se acostumbra que en los ESTANQUILLOS haya desde un clavo hasta una locomotora. *Because here in those stalls you could find everything, from a nail to a locomotive.* (M. Azuela. La luciérnaga). || **2.** (Acad.) Tienda pobremente abastecida. *Small dirty shop.*

ESTAR. *v.* •ESTAR de vicio. *To be idle.*

ESTELARIZAR. *v.* Protagonizar. *To star in.*

ESTIRAR. *v.* Tirar de algo. *To pull, tug at.* || **2.** •ESTIRAR la pata. *To die.* || **3.** ESTIRA y afloja. Tira y afloja. *Give and take, hard bargaining.*

ESTITIQUEZ. *n.f.* Estreñimiento. *Constipation.*

ESTRAMADOR. *n.m.* Peine. *Comb.*

ESTRELLADO. *adj.* •Huevo ESTRELLADO. Huevo frito. *Fried egg.*

ESTRELLERO *adj.* (Caballo) que levanta mucho la cabeza al andar. *Which tosses its head (horse).*

ESTROBO. *n.m.* Luz estroboscópica. *Strobe light.*

ESTUCHERO. *n.m.* Ladrón de cajas fuertes. *Safe breaker.*

ESTUFA. *n.f.* Cocina. *Stove.* || **2.** •ESTUFA electrica. *Electric stove.* || **3.** •ESTUFA de gas. *Gas stove.*

ETIQUENCIA. *n.f.* Tisis. *Consumption.*

ETIQUETA. *n.f.* Etiqueta de identificación. *Dog tag.*

EVANGELISTA. *n.m.* (Acad.) El que tiene por oficio escribir cartas u otros papeles que necesita la gente que no sabe hacerlo. *Scribe.*

EXFOLIADOR. *n.m.* Cuaderno con hojas ligeramente pegadas para desprenderlas fácilmente. *Tear-off pad, loose-leaf notebook.*

EXHIBIR. *v.* Pagar cierta cantidad de dinero al contado. *To pay in cash.*

EXÓTICA. *n.f.* Estriptista. *Burlesque dancer, stripper.*

EXPEDITAR. *v.* Despachar un asunto con celeridad. *To expedite, hurry along.*

EXPENDIO. *n.m.* Tienda en que se venden tabaco, bebidas y otros efectos. *Retail shop.* || **2.** (Acad.) Ventas al por menor. *Retail sales.* || **3.** •EXPENDIO de boletos. Despacho de billetes. *Ticket office.*

EXPENSAR. *v.* (Acad.) Costear los gastos de alguna gestión. *To defray the cost of*

EXPRÉS. *n.m.* Café solo. *Black coffee.*

EXTINTO. *adj.* Defunto, muerto. *Dead, deceased*

EXTORSIONISTA. *n.m.* Chantajista. *Extortionist, blackmailer.*

F

FABRIQUERO. *n.m.* Encargado de los alambiques en un ingenio azucarero. *Distillery operator in a sugar mill.*

FACETADA. *n.f.* Chiste sin gracia. *Silly or poor joke.* ‖ **2.** Monería de niños, gracia. *Charming, cute ways or gestures (of a child).* ‖ **3.** Gracia afectada de personas mayores. *Attempt (from grownups) to imitate the cuteness or funniness of children.*

FACETADO. *n.m.* Chiste sin gracia. *Silly or poor joke.*

FACETO. *adj.* (Acad.) Que quiere ser chistoso, pero no tiene gracia. *Said of a person who says silly jokes.* ‖ **2.** (Acad.) Presuntuoso. *Cocksure, arrogant.* 📖 Hace ocho meses ya (...), le metí un navajazo a un capitancito FACETO. *Some eight months ago, I buried my knife into a show-off captain.* (M. Azuela. Los de abajo).

FACHA. *n.f.* (Acad.) Disfraz. *Costume, desguise.* ‖ **2.** Vestimenta desaliñada y impropia; fachas. ~Andar en FACHAS. *To be shabbily dressed.* ‖ **3.** •Darse FACHA. Jactarse. *To brag, boast.*

FACHENDOSO. *adj.* (Acad.) Fachoso, que se viste o hace las cosas con descuido. *That acts or dresses in an odd fashion.*

FACHENTO (variante de **fachendoso**). ~Estoy muy FACHENTA. *I look like a real mess.*

FACHOSEAR. *v.* Hacer ostentación de riquezas, habilidades, etc.; fachendear. *To boast, brag, show off.*

FACHOSO. *adj.* Jactancioso, que se da importancia. *Boastful, conceited, vain.* ‖ **2.** (Acad.) Que viste impropiamente. *Said of a person who dresses shabbily.* ‖ **3.** Que muestra afectación en el vestir. *Said of the person who dresses in a ridiculous manner.*

FACHUDO. *adj.* Que va vestido en forma ridícula o descuidada. *Said of the person who dresses in a ridiculous manner.*

FACISTOL. *adj.* Petulante. *Insolent.* ‖ **2.** Jactancioso, fanfarrón. *Boastful.* ‖ **3.** Vanidoso, presumido, pagado de sí mismo. *Vain, conceited.*

FACISTOLERÍA. *n.f.* Petulancia, fanfarronería, presunción. *Insolence, boastfulness, conceit.*

FACISTOLERO (variante de **facistol**).

FACISTOR (variante de **facistol**).

FACTORÍA. ANGL *n.f.* Fábrica. *Plant, factory.*

FACTURADOR. *n.m.* Encargado de facturar mercancías. *Person who bills or invoices.*

FACTURERO (variante de **facturador**).

FACTURISTA (variante de **facturador**).

FAENA. *n.f.* Trabajo que se hace fuera de los días y horas habituales de trabajo, horas extraordinarias. *Extra work, overtime.* ‖ **2.** Lugar en que pone su rancho, cocina, etc., una cuadrilla de trabajadores.

FÁFALA. *n.f.* Cuento, mentira, embuste. *Lie, deceit.* 📖 ¡Cuidado con que vayamos resultando con que todo fue FÁFALA, y con que perdimos lo ganado. *Make sure that the whole thing wasn't a lie and that we don't loose everything we worked for.* (Cit. Santamaría).

FAFARACHERO. *adj.* (Acad.). dícese de la persona fachendosa, jactanciosa. *Boastful, vain.*

FAISANEAR. *v.* Cazar faisanes. *To hunt pheasants.*

FAITE. ANGL *n.f.* Pendenciero. *Tough man, fighter.*

FAITEAR ANGL *v.* Pelear a puñetazos. *To brawl.*

FAJA. *n.f.* Tejuelo pegadizo al lomo de un libro. *Label, title (on spine of book).*

FAJAR. *v.* (Acad.). Pegar a uno, golpearlo. *To beat. Deliver, exchange blows.* || **2.** Propinar, asestar (golpes). *Deliver, exchange blows.* ~Los boxeadores se FAJARON duro. *The boxers really laid into each other.* || **3.** •FAJAR con uno. Hacerle frente a uno, aceptar con resolución el reto; enfrentarse con uno. *To confront someone.* || **4.** •FAJARLE a una cosa. Darle fuerte a una cosa. *To do something with diligence and determination.* ~FAJARLE al trabajo. *To get down to work, to knuckle down, to put one's shoulder to the wheel.* || **5.** -se. Dedicarse, aplicarse al trabajo. *To apply oneself, to knuckle down (coll.).* ~Vas a tener que FAJARTE como los buenos. *You're going to have to really knuckle down.* ~Se FAJARON a trabajar. *The worked their butts off (coll.).* || **6.** Pelearse. *To get into a fight.* || **7.** Acariciarse, tocarse (pareja). *To pet, caress, to neck.*

FAJE. *n.m.* Caricias, manoseo. *Petting.* || **2.** Abrazo. *Hug.*

FAJILLA. *n.f.* Faja o tira de papel que se pone a los impresos para enviarlos por correo. *Wrapper, paper band (for mailing printed matter).*

FAJINA (Tabasco). *n.f.* Comida que se hace al mediodía en el trabajo del campo. *Lunch.* || **2.** Hora en que se hace esta comida y el descanso consiguiente. *Lunch time, lunch break.*

FAJO. *n.m.* Golpe. *Blow.* || **2.** Cinturón para mujer. *Woman's belt.* || **3.** (Sureste). Trago de aguardiente. *Shot, swig of liquor.* •Echar un FAJO. Tomar un trago de aguardiente. *To take a shot of liquor.* ~Voy para la fonda precisamente; pero primero nos echaremos un FAJO de tequila. *As a matter of fact, I'm heading for the restaurant; but first let's have a shot of tequila (Cit. Santamaría).*

FALCA. *n.f.* (Sureste). Embarcación ancha que sirve para pasar vehículos de una a otra orilla, transbordador. *River ferryboat.*

FALDA. *n.f.* Ala (del sombrero). *Brim (of a hat).*

FALDÓN. *n.m.* Tapabarros del automóvil. *Car fender.*

FALENCIA. *n.f.* (Acad.). Quiebra de un comercio. *Bankruptcy.*

FALLA. *n.f.* (Acad.) Gorrito de tela fina con que se cubre la cabeza de los niños pequeños. *Baby's bonnet.*

FALLIR. *v.* Quebrar (en el comercio). *To fail (in business), go bankrupt.*

FALLO. *adv.* •Estar FALLO de. Estar falto de. *To lack, be without.*

FALLO. Diminutivo de Rafaél. *Shortened form of Raphael.*

FALLÓN. *adj.* Que falla (máquina). *That breaks down often.*

FALLUCA. *n.f.* (Sinaloa). Contrabando. *Smuggling.* (⇨**Fayuca**).

FALLUQUEAR. *v.* Estar en negocio de contrabando. *To sell smuggled good (on the black market).* (⇨**Fayuquear**).

FALLUQUERO. *n.m.* Traficante en productos de contrabando. *Seller of smuggled goods.* (⇨**Fayuquero**).

FALO. Diminutivo de Rafaél. *Shortened form of Raphael.*

FALSA. *n.f.* (Acad.) Desván. *Attic, loft.* || **2.** (Acad.) Falsilla. *Guide lines (for a writing tablet).*

FALSO. *n.m.* Falso testimonio. *False evidence, false testimony.*

FALTAR. *v.* Faltar al respeto. *To be rude, show disrespect for.*

FALTISTA (Variante de **faltón**).

FALTÓN. *adj*. Que falta con frecuencia a su trabajo. *Work-shy, person who is frequently absent from work.*

FALTOSO. *adj*. Irrespetuoso. *Disrespectful, rude.*

FAMILIA. *n.f.* Pariente. *Relative.* ~El es FAMILIA. *He's family, he's a relative.*

FANAL. *n.m.* Faro. *Headlamp, headlight.*

FANDANGA. *n.f.* Molestia, lata. *Nuisance, annoyance.* ~¡Qué FANDANGA ésta! *What a drag!*

FANDANGO. *n.m.* Fiesta alegre. *Party.* A Elvira le encanta el FANDANGO. *Elvira loves partying.* ‖ 2. Situación desordenada y escandalosa. *Fuss, row, racket; brawl, fight.* •Armar un FANDANGO. *To kick up, create a fuss.*

FANGUERO. *n.m.* Terreno lleno de fango, fangal. *Quagmire, bog.*

FANTASEO. *n.m.* Acción de fantasear. *Fantasizing.*

FANTOCHEAR. *v*. Lucirse. *To show off.*

FAÑOSO. *adj*. (Acad.). Que habla con una pronunciación nasal oscura. *Nasal (matter of speaking, voice).*

FARAMALLEAR. *v*. Bravuconear, farolear. *To brag, boast.*

FARAMALLERO. *adj*. Fanfarrón, bravucón, falorero. *Bragging, boastful.*

FARÁNDULA. *n.f.* Palabrería, ostentación, faroleo. *Boasting, bragging, meaningless talk.*

FARANDULEAR. *v*. Farolear, fanfarronear. *To boast, brag.*

FARANDULERO. *adj*. Farolero. *Boastful, bragging.*

FARO, -ITO. *n.m.* Cigarillo (popular, muy barato). *Cigarrette.* 📖 [...] que déme unos cacahuetes, que déme unos FARITOS [...]. *One day it's give me some peanuts, the next day it's give me some cigarrettes.* (E. Poniatowska. Hasta no verte Jesús mío. Cit. Hispan.).

FAROL. *n.m.* Persona a quien le gusta figurar, que presume de importante. *Show-off, braggart, boaster.* ‖ 2. Faro. *Headlight.* ‖ 3. Ojo. *Eye.* ~¡Te apagaron un FAROL, Juan! *Hey John, it seems that they gave you a black eye!* ‖ 4. Vaso grande de pulque. *Large glass of pulque.*

FAROLA. *n.f.* Linterna grande. *Large lantern.*

FAROLAZO. *n.m.* (Acad.) Trago grande de aguardiente. *Swig of liquor, stiff drink.*

FAROLEAR. *v*. En el juego de naipes, echar faroles, envidar por estrategia. *To bluff (in cards).*

FAROLITO. *n.m.* Nombre popular de varias plantas que tienen en común la forma de sus flores. *Canterbury bell.*

FARRERO (variante de **farrista**).

FARRISTA. *n.m.* (Acad.). Juerguista, aficionado a la juerga o la farra. *Person who likes to live it up, have a good time.*

FARRUCO. *n.m.* (Pers.) proveniente de Asturias y Galicia. *Person from Asturias or Galicia.*

FASTIDIAR. *v*. Perjudicar, causar daño a una persona. *To cause injury, damage or harm to someone.* ‖ 2. Echar a perder, arruinar. *To spoil.* Nos FASTIDIÓ la reunión con sus malos chistes. *He spoiled the get-together, with his bad jokes.* ▶Acepción sumamente común en México.

FASTIDIOSO. *adj*. ANGL Quisquilloso. *Fussy.*

FATIGADO. *adj*. Rendido por la fatiga. *Exhausted.*

FAUL ANGL *n.m.* Infracción de las reglas del juego (deporte). *Foul (sport).*

FAULEAR ANGL *v*. Cometer una infracción a las reglas del juego. *To commit a foul.*

FAVOR. *n.m.* (Acad.) Seguido de la prep. *de* y un infinitivo, equivale a hazme, hágame, etc., el favor de. *Please...* ~FAVOR de enviarme el libro. Hágame el FAVOR de enviarme el libro. *Please send me the book.* ‖ 2. ¡Por

FAVOR! Expresión de suma extrañeza, por un hecho insólito o absurdo. *Please!*

FAYUCA. *n.f.* Contrabando. *Contraband.* ‖ 2. Mercado negro, estraperlo. *Black market.* 📖 Tepito es también el centro tradicional de los contrabandistas de México y todo artículo imaginable de FAYUCA o contrabando [...] se puede conseguir allí. *Tepito is also the traditional center of Mexican smugglers and all imaginable wares of fayuca (contranband) can be found there.* (A. Riding. Cit. B. Steel). 📖 El origen del término es el siguiente: En la primera mitad del siglo XVIII existió en el islote y fortaleza de San Juan de Ulúa un establecimiento comercial llamado «La Bayuca», es decir «La Taberna», donde además de expender bebidas embriagantes se comerciaba con artículos de contrabando. Quienes deseaban adquirir mercancías ilícitamente introducidas al país iban a «La Bayuca», de modo que *bayuca* se convertió en sinónimo de mercaderías contrabandeadas (J. Mejía Prieto).

FAYUQUEAR. *v.* Pasar de contrabando. *To smuggle.* 📖 Lejos de los perfumes [...] cámaras y secadores de pelo FAYUQUEADAS en los Estados Unidos. *Far from the perfumes, cameras and hair dryers smuggled from the United States.* (E. Poniatowska. Cit. Brian Steel).

FAYUQUERO. *adj.* Traficante en productos de contrabando. *Seller of smuggled goods.* 📖 –Nosotros somos sólo las víctimas que recibimos los palos– se quejó un fayuquero (vendedor minorista de productos de contrabando). *We are the ones who get the blame -complained one of the smugglers.* (Cambio 16. Cit. B. Steel).

FECHADOR. *n.m.* Sello que marca la fecha. *Date-stamp.*

FEDERAL. *adj.* •Distrito FEDERAL. La ciudad de México. *Mexico City.* ‖ 2. •Los FEDERALES. El ejército del gobierno federal o la policía. *Federal soldiers or police.* 📖 Estuvimos escondido varios días; pero los FEDERALES nos fueron a sacar de nuestro escondite. *We manage to hide for several days; but the government troops came and dislodged us from our hideout.* (Juan Rulfo. El llano en llamas).

FÉFERES. *n.m.* (Acad.) Bártulos, trastos, baratijas. *Junk, odds and ends.*

FEISITO. Moderamente feo (con cierto sentido desdeñoso y de lástima). *Unattactive, sort of on the ugly side.* Es feisito el pobre. *The poor boy is sort of on the ugly side.*

FEIURA. Fealdad. *Uglyness.*

FELÓNICO. *adj.* Desleal, traidor. *Treacherous.*

FELPAR. *v.* Morirse, perder la vida. *To die.* ‖ 2. Acabarse alguna cosa por completo. ~FELPÓ el vino de la botella. *The bottle of wine is completly empty.*

FELPEADA. *n.f.* Castigo, reprimenda fuerte. *Dressing-down, sharp reprimand.*

FELPEAR. *v.* Reprender severamente, castigar. *To reprimand sharply.*

FEMENIL. *adj.* Que está formado por mujeres. *That is made up of women.* Un equipo FEMENIL de esgrima. *A woman fencing team.* ‖ 2. Femenino. *Female.* La mejor tenista FEMENIL del mundo. *The world's top female tenis player.*

FEO. *adj.* •Sentir feo. *To feel terrible.* ~Se siente FEO que te traten así. *It's really terrible to be treated that way.* ‖ 2. •Hacerle el FEO a una persona o cosa. Despreciar, rechazar una cosa. *To spurn (something or someone), to slight someone.* No le hagas FEO a la comida. *Don't turn your nose up at the food.* ‖ 3. •FEO de encargo. Sumamente feo. *Ugly as sin.* ‖ 4. •Ponerse uno FEO. Poner cara de enojo, enojarse, irritarse. *To get angry, to get irritated.* ‖ 5. Ponerse FEO un asunto. Ponerse peligroso. *To be getting very serious.*

FEOTÓN. *adj.* Feucho, feote. *Very ugly (person).*

FERIA. *n.f.* (Acad.) Dinero sencillo o suelto, cambio. *Change, loose money.* ~¿Trae FERIA? *Do you have any small change?* ~¿Me cambia este billete por FERIA? *Can you change this bill for me?* ‖ **2.** Dinero. *Cash, dough.* ~Me robaron toda mi FERIA. *They stole all my money.* 📖 Se apeó a la puerta de una cantinucha, entró y pidió una copa. –¿Tenés (tienes) FERIA? –preguntó el muchacho dependiente. *At the door of a cheap bar, he got off his horse, entered and ordered a drink. –Do you have any money?, asked the clerk.* (M. Azuela. Ésa sangre). ‖ **3.** •Irle a alguien como en FERIA. Irle mal las cosas a uno. ~Al equipo le ha ido como en FERIA. *The team has done terribly.* ‖ **4.** •Y FERIA. Y pico. *Just over.* Esta botella cuesta seis pesos y FERIA. *This bottle costs just over three dollars.* ‖ **5.** •FERIA de garaje. Venta de objetos usados en casa de su proprietario. *Garage sale.*

FERIAR. *v.* Cambiar una moneda fuerte o un billete de banco por monedas sueltas. *To change (money).* ‖ **2.** Intercambiar. *To swap.* 📖 La persona que quiera FERIAR una casa, en el centro de la ciudad, que sea grande [...] por otra más mediana [...]. *anyone who wishes to exchange a large house in the downtown area for a smaller one ...).* (Cit. Santamaría). ‖ **3.** Feriarse. Derrochar. *To squander.*

FERÓSTICO. *adj.* Feo de encargo (fest.). *Ugly as sin (hum.).*

FEROZ. *adj.* Feo. *Horrendous.* ~Un verde FEROZ. *A horrendous green.*

FERRETERÍA. *n.f.* Quincallería. *Hardware store.*

FERRETERO. *n.m.* Comerciante en ferretería. *Hardware store trader or dealer.*

FERROCARRILERO. *adj.* Ferroviario. *Railroad (before noun), railway (before noun).* ~Trabajadores FERROCARRILEROS. *Railway workers.*

FERRUCO, -A. *n.m.* Persona joven. *Young man (lady).*

FERRY. *n.m.* ANGL Transbordador. *Ferry.*

FESTEJADA. *n.f.* Zurra, azotaina. *Beating, whipping.*

FESTEJAR. *v.* (Acad.) Azotar, golpear. *To whip, beat, trash.*

FESTEJOSO. *adj.* Alegre, con cara de satisfacción. *Joyful, content.*

FESTINACIÓN. *n.f.* Celeridad, prisa, rapidez. *Speed, swiftness.*

FESTINAR. *v.* Acelerar, apresurar el despacho de algún asunto. *To hurry along, speed up.* ‖ **2.** Tratar con ligereza. *To make light of.* 📖 Entonces ¿para qué se mete con hombres si no quiere que FESTINEN? *Then why does she get involved with men if she doesn't want them to treat her lightly.* (E. Poniatowska. Hasta no verte Jesús mío).

FETIQUISMO. *n.m.* Fechetismo. *Fetishism.*

FETIQUISTA. *adj.* Fetechista. *Fetishistic.*

FETUNO. *adj.* Que aparenta un feto. *That looks like a fetus.*

FEURA (variante de **feiura**).

FEURA. *n.f.* Fealdad. *Ugliness.*

FIACA. *n.f.* Pereza, flojedad y falta de interés al hacer las cosas. *Lethargy, laziness.*

FIAMBRE. *n.m.* Plato frío compuesto de carne de puerco, lechuga, aguacate, cebolla y chiles verdes. *Pork, avocado and chile dish.* ‖ **2.** Noticia tardía, ya conocida. *Stale news.*

FIBRA. *n.f.* Estropajo. *Scouring pad.* ‖ **2.** •FIBRA metálica. Lana de acero. virulana®. *Steel wool.*

FICHA. *n.f.* Bribón, pillo. *Rogue, villain.* 📖 El término hace referencia a los malhechores fichados, o sea, registrados en los archivos de la delincuencia (J. Mejía Prieto). ‖ **2.** •Ser una buena FICHA. *To be a rogue, a villain.* ‖ **3.** Papel que tiene una obligación de pagar. *IOU.*

FICHAR. *v.* Enganchar un cliente una prostituta. *To hook.*

FICHERA. *n.f.* Prostituta. *Prostitute, hooker.* ‖ **2.** Mujer a quien se paga para bailar. *Woman who gets paid to dance.*

FIDERÍA. *n.f.* Fábrica de fideos y pastas. *Noodle and pasta factory.* || **2.** Lugar donde se venden fideos y pastas. *Pasta and noodle store.*

FIEBRÓN. *n.m.* Aumentativo de fiebre. *High fever.*

FIERA. *n.f.* Persona audaz, atrevida para los negocios o cualquier otra empresa. *Go-getter.*

FIERO. *adj.* Feo. *Ugly, hideous.*

FIERRA. *n.f.* Operación de marcar el ganado con hierro candante. *Cattle branding.*

FIERRADA. *n.f.* Dinero. *Money.*

FIERRO. *n.m.* Moneda de un centavo. *One cent piece or coin.* 📖 [...] don Jesús metido en el negocio de revender a cincuenta FIERROS los grandes (cigarros) y a treinta y cinco los chiquitos [...]. *And here was don Jesús going into the cigar business, selling the large ones at fifty cents and the small ones at thirty five.* (V. Leñero. Los albañiles). 📖 Hay restaurantes donde una comida cuesta un poco más de un tostón o de los setenta y cinco FIERROS. *There are restaurants where meals cost fifty cents or a little over seventy five cents.* (M. Azuela. Nueva burguesía). || **2 -s.** Dinero (especificamente las monedas metálicas de poco valor). *Money.* ~Me gasté todos mis FIERROS. *I spent all my money.* || **3** Herramienta, útiles de trabajo. *Tools.* || **4.** Hierro, marca para el ganado. *Branding iron.* || **5. -s.** Frenos (en los dientes). *Braces.* || **6.** Cuchillo, puñal, arma blanca. *Any sharp instrument used as a weapon.* || **7.** Pistola. *Gun.* || **8.** Herramienta. *Tool.*

FIESTEAR. *v.* Andar en fiestas, ser amigo de fiestas. *To be a party-goer.*

FIESTERO. *adj.* Bullanguero, que gusta estar en fiestas y diversiones. *Fun-loving, fond of parties.* || **2.** Bromista, alegre, jocoso. *Good-humored, festive, fond of jokes.* || **3.** Concurrente a una fiesta. *Guest at a party.*

FIESTÓN. *n.m.* Gran fiesta. *Big party.*

FIFÍ. *n.m.* Ocioso que viste bien y es presumido; figurín, lechuguino, petimetre. *Playboy, man about town, dandy.* 📖 –¿Y Federico Robles? Pues ahí lo tiene con los FIFIS de Sanborns todas las mañanas. *And Federico Robles? Well, here he is, every morning, with all the other playboys at Sanborns.* (C. Fuentes. Cit. B. Steel). 📖 Ha de ser uno de sos FIFÍES de la avenida Madero. *It must one of those dandies hanging out on Madero avenue.* (M. Azuela. La luciérnaga). || **2.** (Yucatán). Diminutivo de Sofía. *Shortened form of Sofia.*

FIFIRICHE. *adj.* (Acad.) Raquítico, enclenque. *Weak, sickly.* 📖 Yo al viejo FIFIRICHE [...] lo odio porque todo se lo bebió. *I detest that sickly old man because he drank himself broke.* (E. Poniatowska. Hasta no verte Jesús mío). || **2.** *n.m.* (Acad.) Pisaverde, petimetre, **fifí.** *Playboy, man about town, dandy.*

FIGURACIÓN. *n.m.* Espíritu. *Spirit.* 📖 Pensó que tal vez el demonio lo había seguido [...] y se dio vuelta, esperando encontrarse con alguna mala figuración. *He thought that perhaps the devil might have been following him and he turned around, expecting to run into an evil spirit.* (J. Rulfo. Pedro Páramo. Cit. Hispan.).

FIGUROSO. *adj.* Persona extravagante y ridícula en el vestir. *Showy, loud.*

FIJÓN. *adj.* Que se fija continuamente en los defectos y le gusta criticar. *Said of a person given to criticizing.* || **2.** •No haber FIJÓN. No haber problema o inconveniente. *To be no problem.*

FILARMÓNICA. n.f. Acordeón. *Accordion.*

FILDEAR *v.* ANGL. Interceptar y devolver la pelota (en beísbol). *To field.*

FILEAR. *v.* Comer. *To eat.*

FILERA (variante de **filero**).

FILEREAR. *v.* Cortar con cuchillo. *To cut with a knife.*

FILERO. *n.m.* Cuchillo (caló). *Knife.*

FILO. *n.m.* Hambre. *Hunger.* ~Tengo un FILO

enorme. *I'm starved.* ‖ **2.** •Traer (tener) FILO. Tener apetito. *To be hungry.* 📖 ¡A ver, traigo filo! ¿Dónde andan las tortillas. *Let's see, where are the tortillas?, I'm hungry.* (C. Fuentes. La región más transparente). ‖ **3.** Diminutivo de Filomeno y Filomena. *Shortened form of Filomeno and Filomena.*

FILOSO. *adj.* Afilado, que tiene filo. *Sharp, sharp-edged.* ‖ **2.** (Acad.) Dícese de la persona dispuesta o bien preparada para hacer algo. *Predisposed, able.*

FILTRACIÓN. *n.f.* Mal manejo de fondos públicos; robo. *Fraud (in government).*

FILUDO. *adj.* Afilado (cuchillo). *Sharp.*

FINA. Diminutivo de Filomena. *Shortened form of Filomena.*

FINADO. *n.m.* Difunto. *Deceased person.* ‖ **2.** •Día de FINADOS. *All Souls' Day.*

FINALIZACIÓN. *n.f.* Conclusión. *Completion.*

FINANCIAMIENTO. *n.f.* Financiación. *Financing.*

FINANCISTA. *n.m.* Persona versada en finanzas, financiero. *Financier.*

FINCA. *n.f.* Hacienda, rancho. *Ranch, farm.* ‖ **2.** (Norte). Cercado de piedra. *Stone wall.* ‖ **3.** Edificio. *Building.*

FINCAR. *v.* Estribar, consistir en. *To consist of, comprise.* ~El problema FINCA en su política oficial. *The problem rests in their official policy.* ‖ **2.** Construir. *To build.* ~Compró un terreno y está FINCANDO. *He bought some land and he's building a house.* 📖 Antes en la Lagunilla había un jardín al lado del mercado que después tumbaron para FINCAR. *Before in Lagunilla there was garden next to the market, which they tore down in order to give way to new construction.* (E. Poniatowska. Hasta no verte Jesús mío). 📖 La madre es la que valía; ella trataba con los albañiles y FINCÓ la casa. *The mother was the one that mattered; she's the one who would dealt with the construction workers and built the house.* (Idem). 📖 Les dieron la orden de FINCAR, sino les quitaban el terreno. *They ordered them to start building their house, otherwise they would take the land away from them.* (Idem).

FINIARSE. *v.* Coquetear, tratar de hacerse simpática una mujer. *To attempt to make oneself pleasing (woman).*

FINIR (del francés *finir*). Acabar, terminar, concluir, parar. *To finish, end, conclude, stop.*

FINQUERO. *n.m.* Dueño de una finca. *Farm owner.*

FIQUE. *n.m.* (Yucatán). Fibra del **henequen**. *Agave fiber.*

FIRMÓN. *n.m.* Que firma todo lo que le ponen delante. *Said of a professional who will sign anything, shyster lawyer.*

FISCAL. *n.m.* Vecino a cargo de la iglesia en los pueblos pequeños sin cura residente. *Church warden.*

FISGA. *n.f.* (Acad.) Banderilla para torear. *Banderilla (bullfighting).*

FÍSICO. *adj.* (Acad.) Melindroso, afectado. *Finicky, affected, delicate.* ‖ **2.** Pedante. *Pompous.*

FISTOL. *n.m.* (Acad.) Alfiler de corbata. *Tie pin, tie clip.* ‖ **2.** Especie de broche o prendedor para sujetar el sombrero. *Hat clasp or clip.* 📖 Prendí una vela, agarré un FISTOL, de los que se usaban antes para detener el sombrero y no se volara a uno por la calle [...]. *I lit a candle, took one of those clips that was once used to hold one's hat so they it wouldn't blow away in the streets.* (E. Poniatowska. Hasta no verte Jesús mío).

FLACA. *n.f.* La Muerte. *Death.* ‖ **2.** •Acompañar a la FLACA. Morirse. *To pass away.*

FLACÓN. *adj.* Muy flaco. *Very thin.*

FLACUCHENTO. *adj.* Muy flaco, flacucho. *Very thin.*

FLACUNCHO (variante de *flacuchento*).

FLAMA. *n.f.* Llama. *Flame.* ~Graduar la FLAMA del encendedor. *To adjust the flame on a lighter.*

FLAMABLE. *adj.* Inflamable. *Inflammable, flammable.*

FLAMENCO. *adj.* Flaco. *Thin, skinny.* ‖ 2. Presumido. *Conceited, vain.*

FLAQUEDAD. *n.f.* Flacura. *Thinness, leanness.*

FLAQUENCIA (variante de **flaquedad**).

FLATEAR. *v.* Desinflarse (la llanta del automóvil). *To deflate, go down (tire).*

FLATO. *n.m.* (Acad.) Melancolía, murria, tristeza. *Gloom, depression.* ‖ 2. Aprensión. *Apprehension, fear.* ‖ 3. Malhumor, enojo. *Bad temper, anger.* •Estar de FLATO. *To be bad-humored.*

FLATOSO. *adj.* Triste, aprensivo, melancólico. *Gloomy, sad.*

FLAUTA. *n.f.* (Sur, sureste, Veracruz). Armónica. *Harmonica.*

FLECHA. *n.f.* Eje (coche). *Axle (car).*

FLECHAR. *v.* Apostar sin miedo en el juego. *To bet without fear (in gambling), to gamble recklessly.*

FLECO. *n.m.* Flequillo. *Bangs.*

FLETACIÓN. *n.f.* Friega, fricción. *Rubbing.*

FLETADA (variante de **fletación**).

FLETAMIENTO. *n.m.* Alquiler de un vehículo cualquiera para transporte. *Charter, chartering.*

FLETANTE. *n.m.* Fletador. *Charterer.*

FLETAR. *v.* Alquilar en conjunto un avión, barco, etc. *To hire or charter (a boat, a plane, etc.).* ‖ 2. Transportar (pasajeros, mercancías). *To transport.* ‖ 3. (Acad.) Largarse, ausentarse de pronto. *To depart suddenly.* ‖ 4. Frotar, fregar. *To rub (clothes).* ‖ 5. Alquilar para transporte (vehículo, montura, bestia). *To rent, hire.* ‖ 6. Propagar noticias falsas y alarmantes. *To spread rumors or false news.* ‖ 7. Largarse a prisa. *To leave in a hurry, clear off (coll.), beat it (coll.).* ‖ 8. -se. Encargarse a disgusto de un trabajo pesado. *To perform an unpleasant task.* ‖ 9. •Salir FLETADO. Salir disparado. *To be off like a shot.*

FLETE. *n.m.* Precio de alquiler de cualquier medio de transporte. *Hire charge, rental charge, rental fee.* ‖ 2. (Acad.). Carga que se transporta por mar o por tierra. *Freight, cargo.*

FLETEAR (variante de **fletar**).

FLETERO. *n.m.* Embarcación que se alquila para transportar personas o mercancías. *Hauler, freighter.* ‖ 2. El que **fleta**. *Person who ferries goods or passengers.* ‖ 3. Cobrador del precio del transporte. *Person who collects a fee for ferrying goods and passengers.* ‖ 4. Arriero. *Mule driver.* ‖ 5. Prostituta que merodea buscando clientes. *Prostitute on the prowl for customers.*

FLOJERA. *n.f.* Pereza. *Laziness.* 📖 Estiró los brazos y las piernas con mucha FLOJERA, y se puso en pie. *He stretched his arms and legs lazily and stood up.* (M. Azuela. Los de abajo). 📖 [...] el reumatismo no era más que FLOJERA y pretexto para no trabajar [...]. *Rheumatism was nothing else than laziness and a pretext for not working.* (M. Azuela. Nueva burguesía).

FLOJÓN. *adj.* Muy perezoso. *Very lazy.*

FLOJONAZO. *adj.* Excesivamente perezoso, haragan, vago. *Lazybones.*

FLOREAR. *v.* Adornar una tela con flores, dibujos o bordados. *To adorn with flowers, add a flowery design to.* ‖ 2. Florecer. *To bloom, blossom (plants); to blossom (trees).* ~Los duraznos ya empiezan a FLOREAR. *The peach trees are already beginning to blossom.* ‖ 3. -se. Lucirse. *To show off, to perform brilliantly.* ‖ 4. Halagar. *To compliment.* ~Le FLOREARON mucho su vestido. *Her dress drew a lot of praise.* 5. Ejecutar firuletes con el lazo. *To perform clever tricks (with a lasso).*

FLORECIDO. *adj.* Florido. *Full of flowers.*

FLORESTERÍA. *n.f.* Florería. *Florist (shop).*

FLORETAZO. *n.m.* Sablazo, acción de pedir o lograr un préstamo. *Sponging, cadging (a loan).*

FLUX. *n.m.* (Acad.). Terno, traje masculino completo. *Suit of clothes.* || **2.** •Estar uno o quedarse a FLUX. No tener nada, perder todo lo que se tenía. *To blow all of one's money and be in debt.* || **3.** •Tener uno FLUX. Tener suerte. *To be lucky, fortunate.*

FOCO. *n.m.* Bombilla de luz eléctrica. *Electric light bulb.* || **2.** Linterna. *Flashlight.* || **3.** Farola. *Street light.* 📖 El único FOCO de la calle estaba sobre la ventana de mi cuarto. No dormí esa noche. *The only street light happened to be over the window of my room. I couldn't sleep that night.* (A. Aramoni. Cit. B. Steel). || **4.** Anteojos. *Eyeglasses.* || **5.** •Se me prendió el FOCO. *I had a bright idea, I had a brainstorm.*

FODONGO. *adj.* Sucio. *Dirty, filthy.* || **2.** Persona perezosa y negligente (se aplica principalmente a las mujeres desobligadas del quehacer de su casa). *Inert, inactive, negligent, lazy.* ¡Viejas FODONGAS! Se pasan la tarde viendo telenovelas, en vez de ocuparse en atender a sus hijos. *Those lazy women! They spend their evenings watching soap operas, instead of taking care of their children.*

FOETAZO (variante de **fuetazo**).

FOETE (variante de **fuete**).

FOETEAR (variante de **fuetear**).

FOGAJE. *n.m.* Bochorno, calor sofocante. *Scorching heat, sultry weather.* || **2.** Calor orgánico que se manifiesta en erupciones en la boca y los labios. *Rash.*

FOGÓN. *n.m.* Fuego, fogata. *Fire, bonfire.* || **2.** Cocina. *Stove.*

FOGONAZO. *n.m.* Café al que se añade una bebida alcohólica fuerte. *Coffee with spirits added.*

FOGUEAR. *v.* Disparar, tirotear. 📖 [...] el combate era ya general; hubo un momento en que dejaron de FOGUEARNOS. *The battle was now widespread; for a moment they stopped firing at us.* (M. Azuela. Los de abajo. Cit. Hispan.).

FOJA. *n.m.* Hoja. *Sheet.*

FOLDER. *n.m.* Carpeta. *Folder.*

FOMENTAR. *v.* Promover un negocio o empresa cualquiera. *To promote (business).*

FONCHAR. *v.* Hacer trampa en el juego de canicas. *To cheat in a marble game.*

FONDA. Restaurante económico. *Cheap restaurant.* 📖 Sergio fue a comer en una FONDA de la avenida Cuauhtémoc. *Sergio went out to eat at a small restaurant on Cuauhtémoc Avenue.* (V. Leñero. Los albañiles).

FONDEADO. *adj.* •Estar FONDEADO. Tener dinero. *To be wealthy, to be well-off.*

FONDEAR. *v.* Financiar. *To fund, to finance.* || **2.** -se. Enriquecerse. *To get rich.* || **3.** Guardar, ahorrar dinero. *To save for the future.*

FONDEO. *n.m.* Financiación. *Financing, funding.*

FONDERO. *n.m.* Dueño o encargado de una fonda. *Innkeeper, restaurant owner.* 📖 Los FONDEROS eran viejos conocidos del chofer, en cuya consideración sirvieron los platos con especial suculencia. *The restaurant owners were old friends of the taxi driver and consequently served the best available dishes.* (Agustín Yáñez. Ojerosa y pintada).

FONDILLUDO. *adj.* De anchos fondillos o de asentaderas abultadas. *Having a large backside.*

FONDO. *n.m.* (Acad.) Saya que llevan las mujeres debajo de las enaguas o la falda. *Petticoat, underskirt, slip.* || **2.** Retrete. *Bathroom.*

FONDONGO. *adj.* Filthy. *Sucio.*

FONDUCHO. *n.m.* Fonda pobre. *Cheap restaurant.*

FOQUEADO. *adj.* Perito, experto. *Expert, experienced.*

FORAMEN. *n.m.* Agujero en general. *Hole.*

FORCITO. *n.m.* Pequeño Ford. *Little Ford.* 📖 Nos tomamos unas copas y luego un FORCITO nos dejó en [...] Peralvillo. *We had a few drinks and then took one of those little*

Fords to Peralvillo. (M. Azuela. Ésa sangre).

FORDCITO (variante de **forcito**). 📖 Miguelito las seguía en un FORDCITO de a uno cincuenta la hora. *Miguelito followed them in his little Ford that he had rented at a dollar fifty an hour*. (M. Azuela. Nueva burguesía). 📖 Daba gusto verlos bajar en el Zócalo de su FORDCITO de a trescientos pesos. *You should have seen them stepping out of their small Ford into the Zócalo* (M. Azuela. Nueva burguesía).

FORMA. *n.f.* Formulario. *Form.* || **2.** Molde en que se echa el azúcar. *Sugar mold.*

FORMADOR. *n.m.* Cajista. *Compositor (person who sets up type for printing).*

FORMAJE. *n.m.* Conjunto de formas para el azúcar. *Sugar molds collectively.*

FORMALETA. *n.f.* Trampa para pájaros. *Bird trap.*

FORMAR. *v.* Convertir en páginas la composición de las galeras y arreglar la forma hasta dejarla lista para la prensa. *To make up form (print).*

FORMATO. *n.m.* Formulario, solicitud. *Form, application.*

FORMERO. *n.m.* Obrero que hace las formas para el azúcar. *Sugar mold maker.*

FORNITURA ANGL *n.f.* Mobiliario. *Furniture.*

FORRAJE. *n.m.* Cebada, maíz o paja que se da de comer a los caballos. *Fodder, forage.*

FORRARSE. *v.* Proveerse, aprovisionarse para un viaje o un paseo. *To stock up with.* || **2.** Enriquecerse. *To line one's pockets.* || **3.** Llenarse. *To stuff oneself.* || **4.** Comer bien antes de salir de viaje. *To have a good meal before going on a trip.*

FORRO. *n.m.* Mujer atractiva. *Stunner.*

FORTALEZA. *n.f.* Tufo, fetidez, mal olor. *Stench.*

FÓSFORO. *n.m.* Café al que se añade una bebida alcohólica fuerte, **fogonazo**. *Coffee laced with brandy.*

FÓSIL. *n.m.* (Acad.) Estudiante rezagado. *Slow student.*

FOTINGO. *n.m.* Auto barato o viejo. *Cheap or battered old car.* 📖 Borbotando de los trenes, autos, camiones y FOTINGOS. (M. Azuela. El desquite).

FOTINGUERO. *n.m.* Chofer que maneja FOTINGOS. *Fotingo driver.*

FOTUTEAR. *v.* Tocar el **fotuto**. *To play the claxon, the horn or the trumpet.*

FOTUTO. *n.m.* Caracol marino que se emplea en el campo para llamar al ganado. *Claxon, horn or trumpet.* || **2.** Arruinado, amolado. *Broke.* ▶Es eufemismo por *jodido*.

FRACCIONADORA. *n.f.* Compañía inmobiliaria. *Real estate development company.* 📖 Autorice el préstamo del banco a la FRACCIONADORA y asegure los terrenos. *Authorize the bank loan to the real estate development company and insure the land.* (C. Fuentes. Cit. B. Steel).

FRACCIONAMIENTO. *n.m.* División de una propiedad en viviendas. *Housing development.* || **2.** Urbanización. *Urban development.* || **3.** Zona residencial. *Residential area.* El ex presidente [...] permanece en su residencia del FRACCIONAMIENTO Las Brisas. *The ex president is staying at his home in the residential area of Las Brisas.* (Novedades. Cit. B. Steel).

FRACCIONAR. *v.* Parcelar. *Subdivide.* 📖 [...] después de haber FRACCIONADO las propiedades, mataron a muchos hacendados [...]. *After subdividing the properties, many of the landowners were killed.* (M. Azuela. Esa sangre).

FRÁGIL. *adj.* Pobre, empobrecido. *Poor, impoverished.*

FRANCO. *adj.* Libre de trabajo. *Off (from work).* ~Nos dieron la mañana FRANCA. *They gave us the morning off.* ~El lunes estoy FRANCO. *I have Monday off.*

FRANGOLLADO. *adj.* Hecho sin cuidado. *Made carelessly.*

FRANGOLLERO. *adj.* Que hace las cosas mal y de prisa. *Said of a person who does work in a slip-shod fashion, bungling.*

FRANGOLLO. *n.m.* Comida hecha de prisa y mal. *Poorly cooked food or meal.* ‖ **2.** Mezcolanza, revoltijo. *Mixture.*

FRANGOLLÓN (variante de **frangollero**).

FRAPPÉ. *adj.* • Hielo FRAPPÉ. Hielo picado. *Crushed ice.*

FRAQUERÍA. *n.f.* Conjunto de frascos. *Group of jars.*

FRASACA (Variante de **frasca**).

FRASCA. *n.f.* Fiesta escandalosa. *Noisy or boisterous party.*

FRASCO. *n.m.* Medida de capacidad para líquidos. *Liquid measure.*

FRASEO. *n.m.* Fraseología. *Phraseology.*

FRASQUERÍO (Variante de **frasquería**).

FRASQUERO. *n.m.* Aparador para colocar frascos. *Sideboard for keeping jars.*

FRAZADA. *n.f.* Manta. *Blanket.* ▢ Odilón llevaba ese día catorce pesos en la bolsa de la camisa. Cuando lo levanté, lo esculqué y no encontré esos catorce pesos. Luego ayer supe que te habías comprado una FRAZADA. *That day Odilón had fourteen pesos in the pocket of his shirt. When I lifted him, I checked his pockets but couldn't find those fourteen pesos. Then yesterday I found out that you had bough yourself a blanket.* (J. Rulfo. El llano en llamas).

FRECUENTAR. *v.* Comulgar y confesar a menudo. *To confess and receive the holy sacrament regularly.* ‖ **2.** Visitar con frecuencia y como costumbre. *To be a constant visitor.*

FREGADA. *n.f.* Suceso adverso, molesto o perjudicial. *Mess, predicamente, bind, difficult situation.* ‖ **2.** Nuisance, drag, bother, hassle. ~Es una FREGADA tener que ir hasta allí. *It's a real hasle (pain, drag) having to go all that way.* ‖ **3.** •Vete a la FREGADA. ¡Vete a la **chingada**! *Go to hell!* ‖ **4.** •Mandar a la FREGADA. *To tell someone to go to hell.* ~Mándalo a la FREGADA, ¿qué se cree? *Tell him to go to hell, who does he think he is?* ‖ **4.** •Llevarse la FREGADA a alguien o a algo. Llevárselo el diablo. *To be hopping mad, to be furious (person), to be going to hell (things).* ~Le robaron el coche y estaba que le llevaba la FREGADA. *They stole his car and he was furious.* ▢ Cómo carajos me preguntas ahora de eso, que no ves que estamos en huelga, que a todo se le está llevando la FREGADA. *Why the hell are you asking me about this now, can't you see that we're on strike and everything is going to hell.* (F. del Paso. José Trigo. Cit. Hispan.). ‖ **5.** •Hasta (en) la casa de la FREGADA. Muy lejos. *Far away.* ~Vive hasta la casa de la FREGADA. *He lives in Outer Mongolia (in Timbuktu, on the other side of the world).* ‖ **6.** •Y la FREGADA. Todo el tinglado (cotarro). *You name it, the whole shebang.* ~Apareció con su marido, hijos, primos, tíos y la FREGADA. *She showed up with her husband, children, cousins, aunts and uncles, you name it.* ‖ **7.** •De la FREGADA. Muy mal. *Very bad.* Para que no decirle; la cosa está de la FREGADA. *Let's face it; it's a very bad situation.* ‖ **8.** •¡Me lleva la FREGADA. *Well, I'll be damned!* ‖ **9.** •¡La FREGADA!, ¡No me friegues! ¡No me digas! *You don't say!, you're kidding (joking).*

FREGADAZO. *n.m.* Golpe fuerte. *Hard blow.* ~Se dio un FREGADAZO en la cabeza al pasar por la puerta. *He bumped his head hard as he was going through the door.*

FREGADAZO. *n.m.* Golpe fuerte. *Strong blow.* ~Se agarraron a FREGADAZOS. *They got into a real brawl.* ▢ Nomás se agarraba las piernas que ahí fue donde se dio el FREGADAZO. *He kept holding his legs which was where he felt the blow most.* (V. Leñero. Los albañiles). ‖ **2.** Desembolso fuerte e inesperado, riolera. *Large and unexpected expenditure.* ~El FREGADAZO, de puro hospital, fue de ocho mil pesos. *Just the hospital cost was a cool (whopping) eight thousand dollars.*

FREGADERA. *n.m.* Molestia. *Inconve-*

nience, nuisance. ~Es una FREGADERA tener que ir hasta allí. *It's a real hassle having to go all that way.* || **2.** Lavadero. *Sink (to wash clothes).* || **3.** Cosa o situación sumamente molesta o perjudicial. *Difficult situation.* 📖 [...] pero cuidate [...] vaya Dios a saber la FREGADERA que te prepara. *But be careful, God knows what you're getting into.* || **4.** Porquería, basura. *Piece of junk.* || **5.** Dejarse de FREGADERAS. *To stop fooling around.* ¡Ya déjense de FREGADERAS y póngase a trabajar! *Como on, stop fooling around and get to work!*

FREGADERO (variante de **fregadera**). || **2.** Lugar o aparato en que se hace el fregado de platos. *Kitchen sink, dishwasher.* 📖 Clarita caminó hacia el trapo de cocina que colgaba de un gancho junto al FREGADERO y se limpió las manos. *Clarita walked towards a dishtowel that was hanging on a hook near the kitchen sink and washed her hands.* (A. Mastretta. Arráncame la vida).

FREGADO. *adj.* (Acad.) Bellaco, perverso, astuto. *Cunning, artful, sly.* || **2.** Molesto, fastidioso, pesado. *Tiresome, annoying, irritating.* ~¡Qué hombre más FREGADO!, hace cinco veces que me llama. *What a nuisance this man is!, he's already called me five times.* || **3.** Pobre. *Poor.* ~Estamos bien FREGADOS, no nos alcanza ni para la comida. *We're in a very bad way, we don't even have enough money to eat.* || **4.** Difícil (cosa). *Difficult, tricky, tough.* ~Fue un examen muy FREGADO. *It was a very difficult (tough) test.* || **5.** Difícil (persona). *Difficult.* ~Con la edad se ha puesto muy FREGADO. *He has become very difficult in old age.* || **6.** •Estar FREGADO. (Acad.). Estar en mala condiciones de salud o dinero. *To be in a bad way, to be in a bad shape.* ~Esta bien FREGADO, se rompió la pierna y various costillas. *He's in pretty bad shape, he broke his leg and various ribs.* || **7.** Maldito. *Damned.* ~El FREGADO éste me quiso robar. *That damn bastard try to rob me.* || **8.** •¿Qué FREGADO le hice yo de malo a la Virgen del Sagrario para que me quitara a Isidro? *What in the world did I do to the Virgin of the Sagrario that she would take Isidro away from me.* (V. Leñero. Los albañiles).

FREGANDERA. *n.f.* Persona cuyo trabajo consiste en fregar pisos. *Cleaning woman.*

FREGANTINA. *n.f.* Molestia. *Nuisance, annoyance.*

FREGAR. *v.* Molestar, fastidiar. *To bother, annoy.* 📖 Es lo malo de juntarse con él – dijo Jacinto–: Empieza a FREGAR y a FREGAR con sus historias [...]. *The bad thing about getting together with him is that he bores you to high heaven with his stories.* (V. Leñero. Los albañiles). 📖 Lo que me está FREGANDO todavía es la maldita herida. *What's still bothering me is that damned wound.* (M. Azuela. Los de abajo). || **2.** Malograr, arruinar, estropear. *To ruin, spoil, mess up (coll.).* ~El mal tiempo vino a FREGAR las vacaciones. *The bad weather ruined our vacation.* 📖 –Espera, ¿No vas a dejar sestear tus animales? Están muy aporreados. –Aquí se FREGARÍAN más –nos dijo–. Mejor me vuelvo. *–Aren't you going to rest your animals? They're very battered. –Here they would get worse. It's best that I return.* (J. Rulfo. El llano en llamas). || **3.** Perjudicar. *Ruin, drag down, destroy, wreck.* El anterior gobierno no hizo más que FREGAR al país. *the only thing the last government managed to do was to drag to country down.* || **4.** (Acad.). Desconcertar. *To stump.* ~Me FREGÓ con esta pregunta. *That question really stumped me.* || **5.** Acosar. *To worry, harrass.* ~¡Déjate de FREGAR! *Stop bothering me!, leave me alone!* || **6.** Matar, agarrar, alcanzar. *To kill, to get someone.* ~Mataron a tres: al primero se lo FREGARON en la puerta del banco. *Three were killed; they got the first one at the door of the bank.* || **7.** Ganar (vencer) a una persona. *To beat, conquer.* ~Se lo FREGÓ en los últimos cien metros. *He beat him in the last one hundred meters.* || **8.** Robar. *To steal.* ~Cuando se quitó el saco le FREGARON el dinero. *When he took his coat off they stole his money.* || **9.** Lograr su meta uno. *To achieve one's goal, to get one's wish, to be in luck.* ~Ya FREGUÉ, nos ganamos la lotería.

We're in luck, we won the lottery. ‖ **10.** •FREGARLE la paciencia a alguien. No dejar ni a sol ni a sombra. *To get on someone's nerve, to get on someone's back.* ‖ **11. -se.** Malograrse una cosa. *To break down, go wrong.* ‖ **12.** Fastidiarse. *To loose out, be the worst for it.* ~Si no quieres venir, te FRIEGAS. *If you don't want to come, that's your business (you're the one that's going to loose out).* ~Los que se FRIEGAN son ustedes. *You'll be the ones to loose out.*

FREGATINA (Variante de *fregantina*).

FREGÓN. *adj.* (Acad.) Persona amiga de molestar, fastidiar, **fregar**. *Trying, tiresome, annoying.* ‖ **2.** (Acad.). Que es destacado o competente en lo suyo. *Competent, very good at.* ~Es un FREGÓN en matemáticas. *He's very good at maths.* ‖ **3.** Majadero. *Silly, stupid.* ‖ **4.** Que luce o destaca mucho; muy bueno, fantástico, fenomenal. ~Tiene una casa FREGONA. *He's got a fantastic house.*

FREGONA. *n.f.* mujer que tiene por oficio fregar suelos. *Cleaning lady.*

FREGONERÍA. *n.f.* Lo que resulta admirable por su calidad of belleza. ~¡Qué FREGONERÍA de coche. *What a beautiful car!* ~El tercer gol fue una auténtica FREGONERÍA. *The third goal was a corker.*

FREIDERA. *n.f.* Sartén. *Frying pan.*

FREIRSE. *v.* Mortificarse, atormentarse. *To fret, distress oneself.*

FRENADA (variante de **frenado**).

FRENADO. *n.m.* (Acad.) Frenazo. *Sudden braking.*

FRENO. *n.m.* Aparato (para los dientes). *Braces.*

FRENTAL. *n.m.* Correa o cuerda que ciñe la frente del caballo; frontalera. *Band or bridle, crossing the forehead; front.*

FRENTAZO. *n.f.* Chasco, repulsa. *Rebuff, disappointment.* ‖ **2.** •Pegarse un FRENTAZO. Quedar anonado, estar deshecho. *To be devastated.* ~Cuando se enteró se pegó un FRENTAZO. *He was really devastated when he heard the news.*

FRENTUDO. *adj.* Frontudo. *Big-browed.*

FRESA. *n.f.* •La gente FRESA. La gente de bien. *The in crowd.*

FRESCO. *n.m.* Refresco. *Refreshment.*

FRÍA. *n.f.* Cerveza fría. *Cold beer.* ▢ Yo nunca fui borracho, pero la verdad, eso de no poder echar ni siquiera una FRÍA es mucha exageración. *I've never been a drunkard, but to tell you the truth, this thing of not being able to have a cold beer once in a while is going too far.* (V. Leñero. Los albañiles).

FRIEGA. *n.f.* (Acad.) Molestia, fastidio. *Nuisance, bother.* ‖ **2.** Regaño. *Scolding, telling-off, reprimand.* ‖ **3.** Zurra, paliza. *Beating, thrashing.*

FRIJOL. *n.m.* Judía. *Bean.* ▢ No sé comer FRIJOLES. Los sé cocer, pero no es comida para mi estómago. *I'm no used to eating beans. I can cook them but they're not meant for my stomach.* (E. Poniatowska. Hasta no verte Jesús mío).‖ **2.** Cobarde. *Coward.* ‖ **3.** Alusión burlesca y ofensiva. *Joke, crack.* ‖ **4. -s.** Bravatas, fanfarronadas. *Boasting, bragging.* ‖ **5.** •Los FRIJOLES. La comida diaria. *The daily bread.* ~Ganarse los FRIJOLES. *To earn a living.* ▢ Todos trabajamos, la vida es dura, hay que ganarse los FRIJOLES. *Everyone is working, life is difficult, one has to earn a living.* (Carlos Fuentes. La frontera de cristal). ‖ **6.** •Echar FRIJOLES. Darse charol, cantar sus propias alabanzas. *To blow one's own trumpet.* ‖ **7.** •Son como los FRIJOLES que al primer hervor se arrugan. Escamparse en la primera señal de peligro. *To run at the first sign of trouble.* ‖ **8.** •Comer FRIJOL y eructar pollo. *To act like a big shot* (LIT. *To eat beans and belch chicken*).

FRIJOLAR. *n.m.* Terreno plantado de **frijoles**. *Bean field.*

FRIJOLEAR. *v.* Sembrar frijoles. *To sow, plant beans.* ‖ **2.** Criticar (a una persona). *To criticize someone.*

FRÍOS. *n.m.* Calenturas intermitentes, por causa del frío que suele preceder al acceso. *Intermittent fever.*

FRITA. *n.f.* Comida (fest.). *Food (hum.).*

FRITANGA. *n.f.* Fritada. *Greasy food, greasy dish, fried food.* ‖ **2.** Cualquier comida popular frita que puede venderse en calles, mercados, etc. *Any popular fried food sold in the street, markets, etc.* ‖ **3.** Dispositivo para freír en calles, mercados, etc. *Any appliance used to fry popular food sold in the street, market, etc.*

FRITANGUERO. *n.m.* Persona que hace o tiene **fritanga**. *Fritanga owner of maker.* ‖ **2.** Freidor, friturero. *Person who works at preparing fried foods.*

FRITO. *adj.* (Pers.) fracasada, abrumada. *Overwhelmed, Distressed.*

FRONDÍO. *adj.* (Acad.) Sucio, desaseado. *Dirty, unkempt.*

FRONTAL. *n.m.* (Acad.) Frontalera, correa o cuerda que ciñe la frente del caballo. *Front (band of bridle, crossing the forehead of a horse).*

FRONTIL (variante de *frontal*).

FRONTÍN. *n.m.* Blow on the head. *Golpe en la cabeza.*

FRUNCIDO. *adj.* Triste, angustiado. *Distressed, depressed.*

FRUNCIRSE. *v.* Encogerse de miedo. *To be intimidated.*

FRUTEAR. *v.* Fructificar. *To be fruitful.*

FRUTILLA. *n.f.* (Acad.). Especie de fresón americano. *Strawberry.*

FRUTILLAR. *v.* Plantación de frutillas. *Strawberry field.*

FUÁCATA. *n.f.* •Estar en la FUÁCATA. Estar sin dinero. *To be broke.*

FUCHA. *interj.* Exclamación de asco; puf. *Yuck!* (coll.).

FUCHE (variante de *fucha*).

FUCHI (variante de *fucha*).

FUEGO. *n.m.* Calor e indisposición del estómago que produce erupciones en la boca y los labios. *Mouth ulcer.*

FUENTE. *n.f.* •FUENTE de soda. Bar, heladería. *Ice-cream parlor.* 📖 [...] tomar un bus que la dejaba a tres cuadras del hotel, detenerse en la FUENTE de soda a tomarse un malteada de chocolate con su cerecita de copete. *Taking a bus which left her at three blocks from the hotel, stopping by an ice-cream parlor to have milkshake with a nice cherry on top.* (C. Fuentes. La frontera de cristal. Cit. Hispan.).

FUERA. *adv.* •En sus marcas, listos, ¡FUERA! *On your marks, get set, go!*

FUERANO (variante de *fuereño*).

FUEREÑO. *n.m.* Persona de fuera. *Outsider, incomer, stranger.* En Semana Santa, Veracruz se llena de FUEREÑOS. *At Holy Week Veracruz is full of outsiders.* 📖 Pomposo, que había perdido ya todo recelo al FUEREÑO [...]. *Pomposo, who by now had lost his distrust in the newcomer.* (M. Azuela. ésa sangre). 📖 Cada vez que llegaba alguien al pueblo me avisaban: "Por ahí andan unos FUEREÑOS, Juvencio." *And every time someone came to town they would notify me: "There are some strangers in town, Juvencio."* (Juan Rulfo. El llano en llamas). ‖ **2.** *adj.* Que viene por primera vez a la ciudad; provinciano. *Provincial.* ~Un FUEREÑO que se había perdido. *Some guy from out of town (up from the country) who got lost.* ‖ **3.** Habitante de fuera de la ciudad de México que está de paso en ella. *Person not originally from Mexico City.*

FUETAZO. *n.m.* Latigazo. *Whip.* 📖 Mi padre grita una orden en tzeltal al tiempo que descarga un FUETAZO sobre el anco de su caballo. *Mi father shouts an order in the tzeltal language while whipping his horse.* (R. Castellanos. Balún Canán).

FUETE. *n.m.* Látigo. *Whip.* 📖 Ambos espolean sus caballos y los castigan con el FUETE. (R. Castellanos. Balún Canán). ‖ **2.** •Comprarse el FUETE para cuando se tenga el coche. Hacerse ilusiones. *To build castles in Spain.*

FUETEAR. *v.* Dar latigazos. *To whip.*

FULMINANTE. *n.m.* •Capsula FULMINANTE.

Percussion cap.

FUMADA. *n.f.* Chupada. *Puff.* 📖 Dio una larga FUMADA al cigarro y permaneció estático largos momentos, incapaz de tomar una resolución. *He took a long puff at his cigar and remained motionless for a long while, unable to make a decision.* (M. Azuela. Ésa sangre).

FUMAR. *v.* Engañar, estafar, burlarse. *To swindle, to trick someone.* ‖ **2.** •FUMÁRSELO a uno. Aventajarle a uno en una competencia. *To outdo someone.* ‖ **3.** Escaparse. *To vanish.* ‖ **4.** Hacer caso. *To take notice.* 📖 (Significaría) multa, penitenciaría... Gracias, paisano, pero no la FUMO. *(It would mean) a fine, a trip to jail... No thank you, buddy, but I'm not interested.* (M. Azuela). La luciérnaga. ‖ **5.** •¡No FUMO! Expresión con que se rehusa lo que no agrada o no conviene a uno. *I can do without it!*

FUNDIDO. *adj.* Agotado. *Worn out.*

FUNDILLERO. *adj.* Putañero. *Libertine, debauched, womanizing.*

FUNDILLO. *n.m.* El trasero. *Seat, bottom, rear end, backside.* ‖ **2.** Fondillos (pantalones). *Seat (of pants).* ‖ **3.** Mujer apetitosa. *Luscious woman.*

FUNDILLOS (variante de **fundillo**).

FUNDILLUDO. *n.m.* Hombre, varón en general. *Man (as opposed to woman).*

FUNDIRSE. *v.* (Acad.). Arruinarse, hundirse. *To be ruined, go bankrupt.* ~El negocio se FUNDIÓ. *The business went bankrupt.*

FUNESTIDAD. *n.f.* Suceso funesto. *Calamity.*

FUNGIBLE. adj. Comsumible. *Comsumable.*

FUNGIR. *v.* Actuar en algún empleo como suplente o sin reunir la condiciones para ello. *To act as.* 📖 (...) casí acabo con los asistentes a la boda en la cual don Lucas Páramo iba a FUNGIR de padrino (...) *he almost got rid of all those present at the wedding in which Lucas Páramos was to act as the best man.* (Juan Rulfo. Pedro Páramo). ‖ **2.** •FUNGIR de algo. *To pretend to be something.* Mario FUNGE de médico, pero no está aun recibido. *Mario alleges (professes) to be a doctor, but he hasn't gotten his medical degree yet.*

FURACO. *n.m.* (Tabasco). Hueco, agujero, perforación. *Hole, cavity, hollow.*

FURCIA. *n.f.* Birria. *Ridiculous thing, rubbish, nonsense.* ‖ **2.** *Ridiculously dressed person.*

FÚRICO. *adj.* Furioso. *Furious.*

FUROR. *n.m.* •Tener FUROR para algo. *To have a craving (passion) for.*

FURRIÑA. *n.f.* Corage, enojo. *Anger, rage.*

FURRIS. *adj.* (Acad.) Malo, despreciable, mal hecho. *Shoddy, badly made or done.*

FUSCA. *n.f.* Pistola. *Handgun.* ‖ **2.** Varilla. *rod.*

FUSIL. *n.m.* Plagio. *Plagiarism.*

FUSILAR. *v.* Plagiar. *To plagiarize.*

FUSILATA. *n.f.* Acto y hecho de fusilar. *Execution (by a firing squad).*

FUSTÁN. *n.m.* Enaguas de algodón. *Cotton petticoat, underskirt.*

FUSTANEAR. *v.* Ejercer dominio imperativo la mujer sobre el hombre. *To lead a man by the nose; have complete control over him.*

FUTBOL. *n.m.* Fútbol. *Football.*

FUTILEZA. *n.f.* Futilidad. *Futility.*

FUTUTEAR (Variante de *fotutear*).

FUTUTO (variante de **fotuto**).

GABACHERO. *n.m.* Persona a quien le gustan los norteamericanos. *Fond of Americans.*

GABACHO. *adj.* •Salirle GABACHA la cosa a uno. Salirle mal, ser contraproducente. *To come to nothing, to be a failure.* || **2.** Cualquier extranjero. *Any foreigner, outsider.* || **3.** De Estados Unidos, estadounidense. *American.* 📖 Ya no queremos conjuntos GABACHOS, ya tenemos nuestra propia música. *We don't want any more American musical groups, we already have our own music. (Cit. Usual).* 📖 Los hippies GABACHOS que visitan Chiapas o Oaxaca [...]. *The American hippies who visit Chiapas or Oaxaca). (Cit. Usual).* 📖 [...] acompañados de unos abarroteros españoles y alpargateros GABACHOS. *Accompanied by Spanish grocers and American shoemakers.* (Cit. Usual).

GABÁN. *n.m.* Especie de poncho. *Type of serape or poncho.*

GABANEARSE. (Tabasco). *v.* Salir huyendo, echar a correr. *To flee.* || **2.** Largarse con algo. *To take, make off with.*

GABARDINO. *n.m.* Gringo. *Yankee.*

GABAZO. *n.m.* Bagazo. *Bagasse.*

GABINETE. *n.m.* Armario. *Kitchen cabinet, cupboard.*

GACHADA. (Noroeste). Mala jugada. *Dirty trick.* ~Se disgustaron porque él le hizo una GACHADA. *They quarrelled because he played a dirty trick on him.*

GACHAPANDA. •A la GACHAPANDA. A la sordina, a hurtadillas. *On the sly, silently.*

GACHÓ (variante de **guachupín**).

GACHO. *adj.* Desagradable, molesto. *Unpleasant, disagreeable.* ~¡Qué GACHO! Tengo que volver a hacerlo. *What a drag! (how annoying!). I have to do it all over again.* ~Su novia es bien GACHA. *His girlfriend is a pain in the neck.* || **2.** Malo, feo. *Terrible, awful.* ~La película era GACHÍSIMA. *The movie was terrible (awful).*

GACHUPÍN. *n.m.* (Acad.) Mote que se aplica al español que pasa a las Americas y se establece allí (pey.). (⇨ **cachupín**). *Spanish settler in Latin America (derog.).* 📖 ¡Cómo!... ¿Don Antonio, el GACHUPÍN? *You mean Antonio, the Spaniard?* (M. Azuela. La luciérnaga). 📖 Desde que tenía uso de razón, el Fifo venía a la fiesta del Grito: a robar carteras [...], a gritar ¡mueran los GACHUPINES! *As far back as he could remember, Fifo would come to the celebration of the proclamation of independence: to steal purses and shout: Death to the Spaniards!* (C. Fuentes. Cit. B. Steel).

GACHUPINADA. *n.f.* Los guachupines en general. *All Spaniards collectively.*

GACHUPO (variante de **guachupín**).

GAFO. *adj.* Entumecido. *Numb.* || **2.** Borracho. *Drunk.* || **3.** (Variante de **gacho**).

GAGO. *adj.* Tartamudo. *Stuttering, stammering.*

GAGUEAR. *v.* Tartamudear. *To stammer, stutter.*

GAITA. *n.f.* Persona despreciable y poco fiable; maula. *Dead loss.*

GALA. *n.f.* (Acad.) Obsequio, propina. *Tip, gratuity.*

GALAFRE. *adj.* (Norte). Valentón. *Daring, brave.*

GALÁN. *n.m.* Especie de cactus de flores olorosas de las cuales algunas especies abren sus corolas y perfuman sólo de noche. *Cactus with large white flowers which open at night; night-flowering cactus.*

GALANO. *adj.* Con manchas, moteado (animal). *Mottled.*

GALANTE. *n.f.* Prostituta. *Prostitute.*

GALERA. *n.f.* Tejado saledizo para guarecerse de la lluvia. *Projecting roof.* ‖ **2.** (Acad.) Cobertizo, tinglado. *Lean-to, open shed.* ‖ **3.** Cárcel. *Jail.* ‖ **4.** Prueba tipográfica para corregir errores antes de la impresión definitiva, galerada. *Galley proof.*

GALERO. *n.m.* En el lenguaje carcelero, guardián de celda, en la prisión. *Prison guard.*

GALERÓN. *n.m.* Galera o sala grande que suele servir de cárcel. *Hall, large room, often used as a prison.*

GALGÓDROMO. *n.m.* Canódromo. *Dog track.*

GALGUEAR. *v.* Tener antojo de algo. *To have a craving for.*

GALILA. *adj.* (Norte). Flaco, delgado, enclenque. *Skinny, sickly, weak.*

GALLARETO. *adj.* (Noreste). Alborotador, pendenciero. *Troublemaker.*

GALLERA. *n.f.* Corral en el que se crían gallos de pelea. *Coop (for gamecocks).* ‖ **2.** Paraíso, galería del teatro. *Top gallery, top balcony (theatre).* ‖ **3.** •Alborotar la GALLERA. Levantar un bullicio, un alboroto entre personas que se hallaban tranquilas; suscitar chismes.

GALLERO. *adj.* Aficionado a las riñas de gallos. *Fond of cockfighting, cockfighting enthusiast.* ‖ **2.** *n.m.* Criador de gallos de riña. *Gamecock breeder.* ‖ **3.** Persona que maneja los gallos de riña en la pelea. *Person in charge of cockfighting.*

GALLETA. *n.f.* Fuerza, vigor. *Strength, vigor.* •Tener mucha GALLETA. Tener muchas fuerzas. *To be very strong.* ~Ese cuate tiene mucha GALLETA. *That guy is pretty strong.* Jugaron con mucha GALLETA los futbolistas. *The football players played very hard.* ‖ **2.** Mujer del soldado. *Soldier's wife or mistress.* 📖 Pasaron frente a nosotros todavía medio ensombrecido por la noche, pero pudimos ver que eran soldados con sus GALLETAS. *They passed in front of us vaguely perceptible in the night, but we could see that they were soldiers with their wives or mistresses.* (J. Rulfo. El llano en llamas). **3.** •¡Échale GALLETA! *Put some effort into it!* ‖ **4.** Colgarle la GALLETA a uno. Despedir a una persona de su trabajo. *To fire, dismiss someone.* ‖ **5.** (Noreste). Dinero. *Money.*

GALLETAZO. *n.m.* Bofetada. *Slap.*

GALLETEAR. *v.* Comer muchas galletas. *To be found of cookies, crackers, etc.* ‖ **2.** Dar bofetadas. *To slap.*

GALLETERO. *n.m.* Persona que gusta de dar **galletas**, amiga de riñas. *Person given to fighting, brawler.*

GALLINA. *n.f.* •Andar como GALLINA chueca. Estar como unas Pascuas, estar muy contento. *To be highly pleased, to be as pleased as Punch.* ‖ **2.** •La GALLINA de arriba siempre ensucia la de abajo. En posición subalterna siempre se sufre. *The big fish eat the smaller ones.* ‖ **3.** •GALLINA que come huevo, aunque le quemen el pico. Es difícil abandonar una mala costumbre. *It's difficult to break a bad habit.*

GALLINADA. *n.f.* Conjunto de gallinas. *Group of chickens.*

GALLITO. *n.m.* (dep.) Volante con el que se juega al badminton, consistente en un corcho o media esfera de plástico con plumas. *Shuttlecock.* ‖ **2.** (Noreste). Trago pequeño de alguna bebida que generalmente se toma del pico de la botella. *Swig.* ‖ **3.** -s. (Noreste). Ropa ya usada pero en buen estado. *Used clothes (still fit to wear).* ~Tiene años de vestirse con los puros GALLITOS que le dan sus hermanos. *He's been wearing his* *brother's discarded clothes for years.*

GALLO. *n.m.* (Acad.) Serenata callejera, música nocturna al aire libre para festejar a alguien. *Serenade.* 📖 [...] Recordando las épocas de la adolescencia cuando sus novios le llevaban GALLO [...]. *Recalling those moments of her adolescence when her boyfriends would serenade her.* (Carlos Fuentes. La frontera de cristal). ‖ **2.** Fuerte y valiente. *Strong, brave.* 📖 Entiendo que él ya tenía su convenio para irse, por eso se puso tan GALLITO. *I realize that he already had commited himself to go, that's why he got so brave all of a sudden.* (E. Poniatowska. Hasta no verte Jesús mío). ‖ **3.** Bravucón. *Macho, tough guy.* ‖ **4.** Flema, gargajo. *Phlegm.* ‖ **5.** El diablo. *The devil.* **6.** Lo que se obtiene de segunda mano, en especial ropas. *Second-hand object (especially clothes).* ~Vestirse de GALLO. *To wear second-hand clothes.* ‖ **7.** Mecha de pelo. *Lock of hair.* 📖 Es un hombre muy alto, peinado de raya, que siempre tiene un GALLO levantado. *He's a tall man, who parts his hair and always has a lock of hair sticking out.* (J. Ibargüengoitia. Dos crímenes. Cit. Hispan.). ‖ **8.** •GALLO de pico. Gallo de riña. *Gamecock, fightingcock.* ‖ **9.** •Calentar el GALLO. Preparar el gallo para la riña. *To prepare the gamecock for a fight.* ‖ **10.** •Haber comido GALLO. Mostrarse pendenciero. *To be in a fighting mood.* ~Hoy parece que comiste GALLO. *You must have gotten out on the wrong side of the bed this morning.* ‖ **11.** •Levantar el GALLO. Alzar el gallo del ruedo dando así por terminada la riña. *To lift the gamecock from the ring to indicate that the fight is over,* **b)** Retirarse de una empresa o reunión. *To quit, pull out, throw in the towel.* ‖ **12.** •Matarle a uno el GALLO en la mano. Refutar inmediatamente y con éxito un argumento, tapar la boca a un oponente. *To floor someone (in an argument), to shut somebody up.* ~Cuando el otro le dijo que era policía, le mató el GALLO. *He soon shut up when the other guy told him he was a policeman.* ‖ **13.** •No irle a uno nada en el GALLO. No tener interés en un asunto. *Not to matter, to be no skin off one's nose.* ‖ **14.** •Dormírsele el GALLO a alguien. *To feel complacent, to rest on one's laurels.* ~Que no se te duerma el GALLO, que otro se ganará el ascenso. *You can't afford to feel complacent, otherwise someone else is going to get the promotion.* ‖ **15.** •Ya nos comeremos el GALLO. Expresión de amenaza. *You haven't heard the last of this.* ‖ **16.** •Al primer GALLO. A medianoche. *At midnight.* ‖ **17.** •Pelar (el) GALLO. Morirse. *To kick the bucket.* **b)** Abandonar. *Run away from.* ~Pelearon GALLO del mitín político antes de los cocolazos. *They hightailed out of the meeting before the fighting began.* ‖ **18.** •Haber GALLO tapado. Haber gato encerrado. *To smell a rat.* ~En este asunto hay GALLO tapado. *There's something fishy about this matter.* ‖ **19.** •GALLO difícil (duro) de pelar. Que no se deja vencer fácilmente. *Difficult to beat, to win against.* ~Resultaron GALLOS difíciles de pelar. *They proved to be tough opposition.* ‖ **20.** •Ser el (mejor) GALLO de alguien. *To be someone's best bet.* ~Los Lakers son su mejor GALLO para las finales. *The Lakers are your best bet for the finals.* ‖ **21.** •Ser puro pico de GALLO. *To be all talk.* ‖ **22.** •Se le hace un GALLO en el lado izquierdo. *His hair stick up on the left.* ‖ **23.** •Cantarle a uno otro GALLO. Ser otro cantar. *To be another story.* Otro GALLO me cantara si no se hubiera muerto mi tío. *If my uncle had not died, it would be another story.* ‖ **24.** •En menos que canta un GALLO. En un santiamén. *In no time at all; in a jiffy (coll.).* ‖ **25.** •Aquel GALLO. *That so and so.* ‖ **26.** •Soltar un GALLO. Volverse chillona la voz de un adolescente. *To go squeaky (an adolescent's voice).* ‖ **27.** (Tabasco). •GALLO de la tierra, GALLO de papada. Guajolote. *Turkey.* ‖ **28.** •Dejar a uno como GALLO desplumado. Dejar a uno vencido y en ridículo. *To humble, crush, bring one to his knees.* ‖ **29.** •Llevar GALLO. Dar una serenata. *To serenade.* 📖 Andaban buscando un mariachi para llevarles GALLO a las Amézquitas [...]. *They were looking for a mariachi to serenade the Amézquita sisters.* (M. Azuela. Nueva burguesía).

GALLÓN. *adj.* Engreído, que se la da de valiente. *Cocky, pert, self-assured.* ‖ **2.** Persona muy influente especialmente en la política. *Local boss.*

GALLOTE (variante de **Gallón**).

GALÓN. *n.m.* (del inglés *gallon*). (Norte). Medida de capacidad equivalente más o menos a tres litros. *Gallon.*

GALONEAR. *v.* (Norte). Medir por galones cualquier líquido. *To measure by the gallon.*

GALOPEADA. *n.f.* Galopada. *Gallop.*

GALOPINA. *n.f.* Mujer que ayuda a la cocinera en su trabajo. *Kitchen helper or assistant.* ◻ Luego la GALOPINA lavaba las montañas de trasterío. *Then the kitchen helper would wash the mountain of dishes.* (E. Poniatowska. Hasta no verte Jesús mío).

GALUCHA. *n.f.* (Acad.). Galope. *Gallop, gait of a horse.*

GALUCHAR. *v.* (Acad.). Galopar. *To gallop.*

GAMARRA. *n.f.* Ronzal. *Halter.* ‖ **2.** •Darse (con) las GAMARRAS. Congeniar con alguien. *To hit it off with.* ‖ **3.** •Traer (llevar) de la GAMARRA a alguien. *To lead someone by the nose.*

GAMBETA. *n.f.* En el fútbol, regate, movimiento del jugador para evitar que le arrebate el balón el contrario. *Dodge (in football).* ‖ **2.** Ademán para evitar un golpe. *Dodge, duck, feint.*

GAMBETEAR. *v.* Hacer **gambetas**. *To dodge (in football).* Eludir (una responsabilidad). *To dodge, to wriggle out of (an obligation).*

GAMBUSINO. *n.m.* Cateador. *Prospector.* ‖ **2.** Buscador de fortuna. *Fortune seeker.*

GANA. *n.f.* •Es GANA. Es inútil, no hay que perder el tiempo. *It's a waste of time, there's no point.* ‖ **2.** •Hasta las GANAS. Hasta lo último. *Right up to the end.* ‖ **3.** •Morirse de GANAS. Desvivirse por algo. *To be dying for something.* ‖ **4.** •Siempre hace su regalada GANA. Siempre hace lo que le place. *He always goes his own sweet way.* ‖ **5.** •No me pega la GANA. No tengo ganas. *I don't feel like it.* ‖ **6.** Traer ganas a algo. Buscar la oportunidad de conseguir o de lograr algo. *To look forward to, yearn.* ~Le había traído GANAS a ese viaje durante años. *He had looked forward to this trip for a long time.* ‖ **7.** (Noreste). •Ser de GANAS (una persona). No ser confiable. *To be unreliable.* ~No le confíes mucho a este carpintero porque es de GANAS. *I wouldn't trust that carpenter too much because he can't be relied on.*

GANADA. *n.f.* Ganancia. *Profit.*

GANAGRACIA. *n.m.* Adulón. *Flatterer.*

GANANCIA. *n.f.* (Acad.) Bonificación. *Bonus.* ‖ **2.** Propina. *Tip.*

GANAR. *v.* •GANAR para un lugar. Dirigirse a un lugar. *To set out for, go off towards somewhere.*

GANCHO. *n.m.* (Acad.) Horquilla que usan las mujeres para sujetarse el pelo. *Hairpin.* ‖ **2.** Pretexto, cebo, anzuela, ardid. *Trick, ruse, gimmick, bait.* ‖ **3.** Colgador. *Hanger.* ‖ **4.** Cruzadora, mujer bonita que roba ayudando al amante ladrón. *Woman shoplifter* (who has an accomplice). ‖ **5.** •Tener GANCHO (una mujer). Ser atractiva. *To be attractive (woman).* ‖ **6.** (Noreste). Firma. *Signature.*

GANDALLA. *n.m.* Vagabundo. *Bum, tramp.* ‖ **2.** Deshonesto. *Crooked.* ‖ **3.** Sinvergüenza. *Good-for-nothing.* ‖ **4.** *n.m.* Persona deshonesta. *Crook.*

GANDALLÍN. *n.m.* Diablillo. *Rascal, little devil.*

GANDICIÓN. *n.f.* Glotonería. *Gluttony.*

GANGA. *n.f.* Burla, bofa. *Taunt, jeer.*

GANGOCHE. *n.m.* (Acad.). Tela basta, especie de harpillera para embalajes, cubiertas, etc. *Burlap.*

GANOSO. *adj.* (Noreste). Tener grandes deseos. Casi siempre se usa con significado sexual. *To have sexual desires, to crave sex.*

GANSO. *n.m.* •Me canso, GANSO. ¡Claro que sí, por supuesto! *You bet!* —¿Vendrás a visitarme? ¡Me canso, GANSO! –*Are you going to visit me? –You bet!*

GAÑOTE. *n.m.* •Estar hasta el gañote. *To be fed up.*

GARABATO. *n.m.* Caballo flacucho. *Nag.*

GARAJISTA. *n.m.* Dueño o persona que cuida un garaje (taller). *Garage owner or attendant.*

GARANDUMBA. *n.f.* Mujer grande y fea. *Hag.*

GARAÑÓN. *n.m.* (Acad.) Caballo semental o entero. *Stallion, stud horse.* || **2.** *adj.* FIG. Mujeriego, putañero. *Woman chaser, libertine, debauched.* || **3.** Muchacho travieso. *Naughty, mischievous (boy).* || **4.** Persona que tiene un burdel a su cargo. *Brothel keeper.*

GARAPIÑA. *n.f.* (Acad.). Bebida muy refrigerante hecha de la corteza de la piña y agua con azúcar. *Iced pineapple drink.* || **2.** Ratería. *Petty theft.*

GARAPIÑAR. *v.* Robar cosas de poco valor. *To steal objects of little value.*

GARATERO. *adj.* Pendenciero, peleador. *Quarrelsome, troublemaker.*

GARATUZA. *n.f.* Coqueta, zalamera. *Flirtatious, flattering.*

GARBANCERA. *n.f.* Criada joven (desp.). *Young servant (derog.).* || **2.** (Tabasco). Munición gruesa de la escopeta del tamaño de un garbanzo. *Large bullet the size of a garbanzo bean used in a shotgun.*

GARBANZO (variante de **garbancera**). || **2.** •Este GARBANZO faltaba en la olla. Con que se expresa el placer que causa la llegada de una persona, a quien se echaba de menos y que viene como a completar la reunión. *To be the only person missing to make it perfect.* || **3.** •Un GARBANZO más no revienta una olla. *One more won't make a difference.*

GARBUDO. *adj.* (Noreste). Garboso, guapo, elegante en figura y trato. *Stylish, elegant, graceful.*

GARFIL. *n.m.* Policía. *Cop.*

GARGANTA. *n.m.* Persona influyente. *Big shot, bigwig.* 📖 Y se creyó muy GARGANTA porque andaba uniformado. *And he thought he was a big shot just because he had a uniform on.* (E. Poniatowska. Hasta no verte Jesús mío).

GARGANTÓN. *n.m.* Cabestro, ronzal. *Decorative halter.* || **2.** Persona influyente. *Big shot, bigwig.* ~Pídele chamba (trabajo) a tu tío, él es un GARGANTÓN. *Your uncle is one of the big shots, ask him for a job.*

GÁRGARA. *n.f.* Gargarismo, licor, líquido para hacer gárgaras. *Liquid used for gargling, gargling solution.*

GARGAREAR. *v.* (Acad.). Hacer gárgaras. *To gargle.*

GARIBOLEADO. *adj.* (Norte). Que está adornado con exceso; un vestido GARIBOLEADO. *Flashy; a flashy dress.*

GARIBOLEAR. *v.* (Norte). Adornar profusamente o con exceso o a lo charro. *To wear flashy clothes.*

GARIGA. *n.f.* Drizzle. *Llovizna.*

GARIGOLEADO. (Tabasco). Variante de **gariboleado**.

GARIGOLEAR. (Tabasco). Variante de **garibolear**.

GARITA. *n.f.* (Acad.) Puerta, entrada de la ciudad. *City gate.* || **2.** Oficina situada en cada una de las puertas de la ciudad, y en la cual se recauda el derecho que deben pagar los introductores de mercancía. || **3.** (Tabasco, Chiapas). Construcción transitoria que en las calles y plazas públicas se hace en los días de feria, para puestos de venta. *Stall, stand.* || **4.** Oficina de aduana. *Custom house.*

GARITERO. *n.m.* Empleado que recoge los boletos en una casa de juego. *Ticket taker in gambling house.* || **2.** Empleado que en la **garita** recauda el derecho de introducción. || **3.** (Tabasco). Fiestero que gusta de frecuentar las **garitas**, en las ferias de pueblo. || **4.** Persona que tiene **garita**, o la atiende. *Owner or person in charge of a garita.*

GARNACHA. *n.f.* (Acad.) Tortilla gruesa

con salsa de chile y otros ingredientes. *Thick tortilla with filling and chile sauce.* ‖ **2.** Fuerza, vigor. *Vigor, energy, strength.*

GARNACHERA. *n.f.* Tipo popular de mujer que hace y vende principalmente **garnachas**, en puestos callejeros. *Woman who makes and sells garnachas.*

GARNACHUDO (variante de **garrudo**).

GARNIEL. *n.m.* Bolsa de cuero. *Leather case.* ‖ **2.** (Acad.) Estuche para las navajas que se ponen a los gallos de pelea.

GARNUCHO. *n.m.* (Acad.) Capirazo, papirotazo. *Rap, tap on the nose.*

GARRA. *n.f.* •Hacer GARRA. Hacer pedazos. *To tear, destroy.*

GARRA. *n.f.* Extremidad del cuero por donde, mediante un ojal, se le afianza en las estacas al estirarlo. *Edge of hide (where it is fixed for stretching).* ‖ **2.** Fuerza muscular del individuo. *Muscular strength.* ‖ **3.** (Acad.). Pedazo de cuero endurecido y arrugado. *Dried, withered piece of leather.* ‖ **4.** (Acad.). Desgarrones, harapos. *Rags, tatters.* ~¡No señor, usted no va a ir así con esas GARRAS! Póngase el traje azul. *No Sir, you're not going to go with these rags! Put on your blue suit.* ‖ **5. -s.** Pedazos. *Bits, pieces, scraps.* **b)** Ropa (en sentido humorístico). *Clothes.* ‖ **6.** •No hay cuero sin GARRAS. Todas las cosas tienen algún defecto. *Nothing is perfect.* ‖ **7.** •Echar la GARRA. Agarrar, detener. *To grab, arrest.* ‖ **8.** •Hacer GARRAS. Despedazar. *To tear to pieces.* ‖ **9.** Mujer fea. *Hag.* ‖ **10.** •Hecho GARRAS. (Acad.) En estado ruinoso. *In bad shape.* ‖ **11.** •Sacar GARRAS. Sacar ventajas. *To take advantage.*

GARRALETA. *n.f.* Pedazo de trapo viejo y desgarrado. *Rag.* ‖ **2.** FIG Concubina. *Concubine, trashy girlfriend, old rag.* ▢ Estás muy equivocado si crees que soy igual a tus GARRALETAS de México. *You're mistaken if you think I'm like your trashy girlfriends from Mexico City.* (M. Azuela. Nueva burguesía).

GARRAPATERO. *n.m.* Aves que se alimentan de las garrapatas del ganado. *Tick-eater (bird).*

GARRAPATICIDA. *n.f.* Sustancia química que mata las garrapatas. *Insecticide, tick-killing agent.*

GARREAR. *v.* Regatear. *To bargain, haggle.* ‖ **2.** Vivir a expensas de otro. *To live at someone else's expense.*

GARREO. *n.m.* Regateo. *Haggling, bargaining.*

GARRERO. *n.m.* (Noreste). Conjunto de ropa. *Wardrobe.* ‖ **2.** Vendedor de ropa usada o de bajo precio debido a su mala calidad. *Dealer of cheap clothing; used clothing dealer.*

GARRIENTO. *adj.* (Noreste). Andrajoso. *Dressed in rags.* ~No vayas a ir a la iglesia todo GARRIENTO. *Don't go to church with those shabby clothes.*

GARROCHA. *n.f.* Aguijada de boyero. *Goad-stick.*

GARROTE. *n.m.* (Acad.) Freno de coche. *Break (car).* ‖ **2.** •Dar GARROTE. *To put on the brakes.*

GARROTEAR. *v.* Apalear, dar de palos. *To beat with a stick, or club.* ‖ **2.** Derrotar ampliamente en algún encuentro deportivo. *To defeat decisively in a sporting match.*

GARROTERO. *n.m.* Guardafrenos. *Brakeman.* ▢ Se llamaba Juan Z. López, era GARROTERO de las Líneas Nacionales, ganaba ochenta y hasta cien pesos semanales. *His name was Juan Z. López, he worked as a breakman for National Railways and earned eighty and even a hundred pesos monthly.* (M. Azuela. Nueva burquesía). ‖ **2.** Ayudante de **mesero** (mozo). *Assistant waiter.* ‖ **3.** Salteador que lleva por única arma una garrote. *Attacker, bully (armed with a stick or a club).*

GARROTIZA. *n.f.* (Noreste). Paliza. *Severe beating.*

GARRUDO. *adj.* (Acad.) Forzudo. *Tough, muscular, brawny.*

GARRUFERO. *adj.* (Noreste). Malpensado. *Malicious, evil-minded.*

GARUFIA. *n.f.* Desperdicio, cosa inútil o sobrante. *Junk, trash, garbage.*

GARULLA. *n.f.* Gritería, algazara, alboroto, bulla. *Racket, ruckus, shouting.*

GARZA. *n.f.* •Creerse la GARZA divina. *To think very highly of oneself.* 📖 Nunca saluda a uno: se cree la divina GARZA. *She never says hello to anyone: she thinks she's Marilyn Monroe.* (M. Azuela. Nueva burguesía). 📖 Es un tipo pretensioso: se cree la GARZA divina. *He's a presumptuous fellow. He thinks he's God's gift to humanity.* (M. Azuela. Nueva burguesía).

GASOLINA. *n.f.* •Cargar GASOLINA. Echarle gasolina al coche. *To get some gas.*

GASOLINERA. *n.f.* Estación de gasolina. *Gas station.*

GASTA. *n.f.* Pedazo. *Small piece (of soap), thin slice (of cheese).*

GASTITA. n.f. Pedazo, fragmento, rajita. *Little piece.*

GATA. Sirvienta. *Servant, maid.* 📖 No importan. Son las criaditas, las GATAS domingueras. *They're not important. They're the maids, the Sunday servants.* (E. Poniatowska. Luz y luna). 📖 Y la fáciles son las GATAS que voltean al primer chiflido [...]. *And the easy one are the maids who turn around at the first whistle.* (V. Leñero. Los albañiles). || 2. •Andar a GATAS. Enamorar gatas, sirvientas. *To make advances to the maids or servant girls.* 📖 Ambrosio esta loco, ha obligado a la criada a usar perfume [...]. ¿Qué crees?, la pobre GATITA se va a sentir gente decente. *Ambrosio is out of his mind, he made the maid use perfume, can you imagine? that poor maid is going to feel she's like everybody else.* (Carlos Fuentes. La frontera de cristal).

GATAZO. *n.m.* (Acad.). Engaño que se hace a uno para sacarle dinero u otra cosa de valor. *Confidence trick, swindle.* || 2. •Dar el GATAZO. Engañar con apariencias. ~No es de oro pero da el GATAZO. *It's not gold but it could pass for gold.* **b)** Parecer más joven de lo que en realidad es. *Not to show one's age.* Es cuarentona pero cuando se arregla da el GATAZO. *She's well into her forties but when she dresses up she looks pretty good (she fools you).*

GATEAR. *v.* Enamorar a las gatas o mozas de servicio. *To make advances to the maids or servant girls.* || 2. Andar en aventurillas amorosas. *To seduce.* || 3. •En lugar de andar, GATEA. (Empresa) que no adelanta sino que retrocede. *That takes one step forward and two steps backwards.*

GATERO. *adj.* Aficionado a las sirvientas. *Person given to making advances to maids or servant girls.* 📖 Ah, qué don Pedro! - dijo Damiana-. No se le quita lo GATERO. *Same old don Pedro, I guess he'll never stop fooling around with servant girls.* (J. Rulfo. Pedro Páramo. Cit. Hispan.).

GATILLERO. *n.m.* Pistolero. *Gunman.* 📖 La policía [...] acabó por desechar la segunda hipótesis [...], que en realidad los GATILLEROS hubieran pretendido atacar en la casa contigua. *The police finally rejected the second hypothesis, that the hired gunmen had really intended to attack the house next to them.*

GATO. *n.m.* Gatillo (arma). *Trigger (gun).* || 2. (Acad.) Sirviente. *Servant.* 📖 Cuéntame, ¿viste al modisto ese espiando la boda desde la cocina y elogiando su creación con los GATOS. *Tell me, did you see the dressmaker observing the wedding from the kitchen and praising his own creation with the servants?* (C. Fuentes. La región más transparente). || 3. Propina. *Tip.* || 4. (Juego) Tres en raya. *Tic-tac-toe.*

GAVERA. *n.f.* (Acad.). Gradilla o gálapo para fabricar tejas o ladrillos. *Brick or tile mold.*

GAVETA. *n.f.* Cajón (de un mueble). *Drawer.*

GAVILÁN. *n.m.* (Acad.) Uñero, borde de la uña, especialmente la del dedo gordo del pie, que se clava en la carne. *Ingrown nail.* || 2. Halcón. *Hawk.*

GAVILLERO. *n.m.* (Acad.). Matón, salteador. *Gunman, trigger-man.*

GAVIOTA. *n.f.* Piloto. *Airman, flyer.* ‖ 2. •A volar GAVIOTAS! Vaya a la porra! *Get lost!* 📖 Yo la vida la tengo comprada para andarla perdiendo en las jodederas que discurren sus mercedes. Asi que, a volar, GAVIOTAS! *I'm getting too old to start loosing my time listening to all that nonsense that you fine gentlemen are cooking up, so get lost.* (E. Poniatowska. Hasta no vertes, Jesús mío. Cit. Hispan.).

GAYOLA. *n.f.* Parte más alta de la gradería de un teatro, auditorio u otro lugar. *Top gallery, top balcony (theatre).*

GAZA. n.f. (Acad.) Lazo. *Lasso.*

GAZNATADA. *n.f.* (Acad.) Bofetada. *Smack, slap, punch.*

GAZNATE. *n.m.* Dulce de coco, piña o huevo. (Acad.) Especie de almádana. *Sweets made with pineapple and coconut.*

GAZNATÓN. *adj.* Gritón. *Loud-mouthed.* ‖ 2. *n.m.* Bofetada fuerte. *Hard slap.*

GAZPACHO. *n.m.* Sobras de comida. *Leftovers.*

GELATERÍA. *n.f.* Heladería. *Ice-cream parlor.*

GELENGUE. *n.m.* (Noreste). Alboroto, baile ruidoso y desordenado, bulla, jaleo. *Ruckus, racket, wild party.*

GEMELOS. *n.m.* Binoculares. *Field glasses.*

GENDARME. *n.m.* Policía, agente. *Policeman.* 📖 Mucho ojo, señor GENDARME, que el hombre es muy listo. *Be careful, officer, this man is very clever.* (M. Azuela. La luciérnaga). 📖 En cada esquina había un GENDARME con linterna. *On every corner there was a policeman with a flashlight.* (E. Poniatowska. Hasta no verte Jesús mío). 📖 Pero los GENDARMES lo detuvieron al salir de casa. Ahora está preso. *But the police arrested him when he was leaving his house. Now he's in prison.* (R. Castellanos. Balún Canán).

GENERALATO. *n.m.* Dueña de un prostíbulo. *Madame, brothel keeper.*

GENERALES. nm. pl. Datos personales. *Record, file.* 📖 Para que me dejaran entrar en el hospital Naval tuvo que dar mis GENERALES y cincuenta pesos al cabo de guardia. *In order to be admitted to the hospital Naval had to present my medical record and give fifty pesos of the head guard.* (J. Ibargüengotia. Dos crímenes. Cit. Hispan.).

GENIOSO. *adj.* De mal genio. *Bad-tempered, touchy.*

GENÍZARO. *n.m.* Descendiente de cambujo y china o de chino y cambuja. *Half-breed.*

GENTE. *n.f.* Persona. *Person.* 📖 Soy la única GENTE que tiene para hacerle hacer sus necesidades. *I'm the only person he has to help him take care of himself.* (J. Rulfo. Pedro Páramo). ‖ 2. adj. (Acad.). Gente decente, bien portada. *Respectable people.* ~Es una familia muy GENTE. *They're a very decent family.* ‖ 3. •Ser muy GENTE. Ser como se debe, ser recto, irreprochable. *Kind, good.*

GENTIL. *adj.* Servicial. *Kind, helpful.*

GIGANTÓN. *n.m.* Girasol. *Sunflower.*

GIRAR. *v.* Ocuparse de una actividad determinada, cumplir cierta función o papel. *To work as, to do.* ~La anda GIRANDO de taxista. *He's spending his time working as a taxi driver.* ~¿De qué GIRAS en la obra? *What's your role in the play?* ‖ 2. (Noreste). Pasear, caminar. *To take a walk, go somewhere.* ~¿A dónde la GIRAS con este chal? *Where are you going with this shawl on?* ‖ 3. •GIRARLA. Frecuentar. *Hang out, occupy oneself.* ~¿Dónde la GIRAS los sábados. *Where do you hang out on Saturdays?*

GIRO. *n.m.* Hombre resuelto, con arrestos de valiente. *Cocky, confident person.* ‖ 2. adj. Resuelto, con arrestos de valiente. *Cocky, confident.* 📖 Como a la media hora vuelve otra vez muy GIRITO el muchacho: que le mandara su gasto a Manuel porque se hacía tarde para irse a la matiné. *Some half and hour later the boy came back and in cocky tone* *told me to send over Manuel's spending money since it was getting late for the evening show.* (E. Poniatowska. Hasta no verte Jesús mío). || **3.** (Acad.) Aplícase al gallo de color oscuro que tiene amarillas o, a veces, plateadas las plumas del cuello y de las alas. *Streaked with yellow (a cock's plumage).* || **4.** (Acad.). Aplícase también al gallo matizado de blanco y negro. *Rooster with speckled black and white plumage.* || **5.** (Santamaría). Aplícase al gallo que tiene amarillas las plumas de la golilla y de las alas, y negras las del cuerpo. || **6.** Que tiene un aspecto saludable. *To look good, to be in good shape.* ~Mi abuela anda ya muy GIRITA después de la operación. *My grandmother looks wonderful now that she had the operation.* ~A sus noventa años todavía se ve GIRITO. *He's in pretty good shape for a man of ninety.*

GIS. *n.m.* Pulque, cualquiera bebida incolora o de color muy débil. *Pulque, any colorless drink.* || **2.** Tiza. *Chalk.* || **3.** Andar GIS. Estar borracho. *To be drunk.*

GOBERNACIÓN. *n.f.* Ministerio del Interior. *Ministry of the Interior.*

GOGOTEAR. *v.* (Noreste). Pedir cuentas. *To have to explain or justify.*

GOLILLA. *n.f.* Cerco de plumas que rodea el cuello del gallo. *Ruff (of a cock).* || **2.** •Alzar GOLILLA. Gallear, alzarse con enojo o presunción, jactarse con tono. *To puff out one's chest.* **b)** Tener miedo. *To be fearful.*

GOLLETE. *n.m.* Dádiva o regalo que aprovecha la persona afecta a beber, comer y divertirse a costa de los demás. *Free meal (fig.).* || **2.** Fiesta, comida o diversión sin costo para los concurrentes. *Free party.* 📄 "El vocablo alude al hecho de que la gente dada a comer y beber gratuitamente suele altiborrarse, llenándose hasta el *gollete* o parte superior de la garganta." (J. Mejía Prieto).

GOLLETERO. *n.m.* Que habitúa disfrutar a costa ajena; gorrón. *Scrounger, freeloader.*

GOLLOTEAR. *v.* Disfrutar a costa ajena. *To scrounge.*

GOLPE. *n.m.* Martillo grande de hierro. *Sledgehammer.* || **2.** Trago de licor. *Drink.* || || **3.** •Al GOLPE. Al instante, inmediatamente. *Right away, immediately.* || **4.** •Dar el GOLPE (al cigarro). Aspirar. *To inhale.* || **5.** •A golpe de CALCETÍN. *On foot.*

GOLPEAR. *v.* •GOLPEAR (a la puerta). Tocar o llamar a la puerta. *To knock on (at) the door.* ~Creo que oí alguien GOLPEAR (a la puerta). *I think I heard someone knock at the door.* || **2.** **-se.** Cerrarse violentamente (puerta). *To bang, slam (door).* || **3.** (Noreste). •Hablar GOLPEADO. *To bark at.* ~No me hables tan GOLPEADO. *Don't bark at me.*

GOLPIZA. *n.f.* Paliza. *Beating, thrashing.* 📄 Primero le propinaron una GOLPIZA espantosa dentro de su misma celda. *First the give him a tremendous beating inside of his own cell* (V. Leñero. Cit. B. Steel).

GOMA. *n.f.* Cruda. *Hangover.* || **2.** Caucho. *Rubber.* || **3.** •Mandar a la GOMA (a una persona). Mandar a paseo. *To tell someone to get lost.* ~Tu novio te ha dejado plantada de nuevo, ¡ya mándalo a la GOMA! *Your boyfriend didn't show up again, tell him to get lost!*

GOMERO. *n.m.* Frasco en que se guarda la goma para pegar. *Pot of glue.*

GÓNDOLA. *n.f.* Plataforma de ferrocarril o de tranvía. *Platform (train).*

GORBETEAR. *v.* Hablar con altanería. *To speak with arrogance.*

GORDA. *n.f.* Tortilla de maíz mucho más gruesa que la común. *Thick tortilla.* 📄 Total, es dinero lo que necesitamos para mercar aunque sea una GORDA con chile. *If you think about it, the only thing we need is money so that we can at least buy a tortilla with chile pepper.* (Juan Rulfo. Pedro Páramo). 📄 Oye, chatita, deja que mi sargento fría las GORDAS; tu ven aca conmigo. *Listen, sweetheart, you let the sargent fry the tortillas and come here with me.* (M. Azuela. Los de abajo). || **2.** Querida. *Darling.*

GORDI. *n.m.* Gordo. *Fatty, fatso.*

GORDITA. (Noreste). Variante de **gorda**. 📖 Nomás me tomaba mi café con las GORDITAS que me torteaba. *I just had my coffee with the thick tortillas I used to make for myself.* (E. Poniatowska. Hasta no verte Jesús mío). 📄 Especie de tortilla de harina de trigo más gruesa de lo normal y que debe ser dulce y llevar más manteca. Si es de masa de trigo se le llama sólo gordita o gordita de harina, si es de masa de maíz –y se come con alimento con sal– se le tiene que llamar gordita de manteca o gorda de manteca. (R. Elizondo).

GORDO. *adj.* Apelativo cariñoso. *Dear, honey, etc.* 📖 Rosario me dice conmovida: –Mi GORDO está llorando. *Deeply moved, Rosario tells me: –My little child is crying.* ‖ **2.** •Caer GORDO. Ser antipático. *To rub the wrong way.* 📖 Hasta puedes que si eres honrado les caiga GORDO. *Being honest can even rub people the wrong way.* (C. Fuentes. La región más transparente). 📖 Será, pues, lo que usted quiera; pero a mí me cae muy GORDA. *I don't care what you say: she just rubs me the wrong way.* (M. Azuela. Nueva burguesía). 📖 Mexico me cae GORDO; me voy al Norte, donde de veras se gana dinero. *I'm sick of Mexico; I'm going up North where there's good money to be made.* (M. Azuela. Nueva burguesía).

GÓRGORO. *n.m.* (Acad.) Burbuja, gorgorita. *Bubble.*

GORGUZ. *n.m.* (Acad.) Púa de la garrocha. *Point or lance of goad.*

GORRA. *n.f.* Gorro. •GORRA de baño. *Bathing cap.* ‖ **2.** •De GORRA. Gratis, sin pagar. *Free, without paying.* Entré de GORRA al cine. *I got in the cinema free.* ‖ **3.** Sistema de vida a costa ajeno. *Freeloading.*

GORREAR (variante de **golletear**).

GORRO. *n.m.* •Apretarse el GORRO. Disponerse a huir. *To get ready to run away, prepare for flight.* ‖ **2.** Echar a correr. *To run, escape.* ~Después se apretó el gorro, es decir, se mandó mudar [...]. *Then he flew the coop, that is, he took off.* (Cit. Santamaría). ‖ **3.** •Estar hasta el GORRO. Estar hasta la coronilla. *To be fed up with.* **b)** Estar borracho (o drogado). *To be plastered.* ‖ **4.** •Valerle GORRO (algo a una persona). No importarle nada. *Not to care about something.* La pérdida de mi empleo vale GORRO. *I couldn't care less about loosing my job.*

GOTA. *n.f.* •La GOTA que derrama el vino. La gota que rebasa el vaso. *The straw that breaks the camel's back.*

GOTERAS. *n.f.* •Las GOTERAS. Cercanías, suburbios, afueras, contornos, alrededores. *Surroundings, outskirts.*

GOTERO. *n.m.* Cuentagotas. *Dropper, medecine dropper.*

GRACEJADA. *n.f.* (Acad.) Payasada, bufonada, generalmente de mal gusto. *Joking, clowning, jesting.* ‖ **2.** Mala jugada. *Dirty trick.*

GRACEJO. *n.m.* Payaso. *Clown, joker.*

GRAJO. *n.m.* Olor desagradable que se desprende del sudor del cuerpo. *Body odor.*

GRAMILLA. *n.f.* (Acad.). Césped, hierba menuda y túpida que cubre el suelo. *Grass, lawn, turf.*

GRANADERO. *n.m.* Policía (antimotines). *Riot squad.*

GRANADILLA. *n.f.* Planta trepadora que produce fruto del mismo nombre. *Passionflower (plant), passionfruit (fruit).*

GRANDE. *adj.* Niño, chico (en edad). *Older child.* ~Los más GRANDES pueden ir solos. *The older ones can go on their own.* ~Ya eres GRANDE y puedes comer solo. *You're a big boy now and you can feed yourself.* ‖ **2.** Mayor. *Grown up.* ~Mis hijos ya son GRANDES. *My children are all grown up now.*

GRANDULÓN. *n.m.* Grandullón. *Big boy, bid kid.*

GRANDURA. *n.f.* Grandor, tamaño. *Size.*

GRANIENTO. *adj.* Que está lleno de granos. *Full of pimples.*

GRANIZAL. *n.m.* Granizada. *Hailstorm.*

GRANIZO. *n.m.* Color de la caballería de pelaje oscuro con manchitas blancas diseminadas en el cuerpo. *Spotted (horse).*

GRASA. *n.f.* Betún para el calzado. *Shoe polish.* ‖ **2.** •Dar GRASA. Dar betún al calzado. *To polish (shoes).* ▢ Un bolero le dio GRASA a los zapatos hasta dejarlos relucientes como espejos. *A shoeshine boy polished my shoes until they look like mirrors.* ‖ **3.** •Dar GRASA. Hacerse lustrar los zapatos. *To get a shoeshine.* ▢ Miguelito estaba dándose GRASA en una banca de la Alameda cuando un chamaco le ofreció una revista por un quinto. *Miguelito was getting a shoeshine when a paperboy offered to sell him a magazine for a nickel.* (M. Azuela. Nueva burguesía).

GRATO. *adj.* Agradecido. *Grateful.*

GRAVARSE. Agravarse, empeorar. *To get worse.*

GRECA. *n.f.* (Noreste). Cafetera de filtro. *Coffee pot.*

GREGORITO. *n.m.* Burla. *Practical joke.* ‖ **2.** Chasco. *Disappointment.*

GREÑA. *n.f.* (Acad.) Porción de mies que se pone en la era para trillarla. *Heap of grains not yet thrashed.* ‖ **2.** •En GREÑA. Sin purificar. *Raw (silk), unpolished (silver), unrefined (sugar).* ‖ **3.** •Andar a la GREÑA. (Acad.) Estar en desacuerdo. *To be at daggers drawn.* ‖ **4.** •Montar a la GREÑA. Montar en pelo. *To ride bareback.* ‖ **5.** •A toda GREÑA. A toda prisa. *Hurriedly.*

GRIFO. *adj.* (Acad.) Borracho. *Drunk.* ‖ **2.** Enojado. *Angry, mad.* ‖ **3.** Intoxicado por la marihuana. *Stoned, high.* ‖ **4.** •Ponerse GRIFO. Enojarse. *To get mad.* ~Se puso GRIFO porque le contestaste de mal modo. *He got angry because you answered him so abruptly.*

GRILLA. *n.f.* Trapichero. *Wheeler-dealer.* ‖ **2.** Politiquería. *Politicking*

GRILLAR. v. Intrigar con fines políticos. *To involve in politicking.*

GRILLO. *n.m.* Politiquero. *Político.*

GRINGADA. *n.f.* Conjunto de gringos. *All gringos collectively.* ‖ **2.** Acción propia de gringo. *Typical thing a gringo does.*

GRINGO. *n.m.* (Acad.). Norteamericano de los Estados Unidos. *Yank, yankee.* ▢ Está bien. Tómate tu jugo, pareces GRINGA. ¿Qué campesino amanece con jugo en este país? *Alright, drink your juice. You look like a gringo. Who out here in the country drinks juice in the morning?* (A. Mastretta. Arráncame la vida). ▢ Vaticinó el desembarco de tropas GRINGAS en Veracruz. *He predicted the landing of American troops in Veracruz.* (A. Mastretta. Arráncame la vida). ‖ **2.** Por extensión, persona rubia. *Fair, blond, light-skinned.* ‖ **3.** •A la GRINGA. Cada quien por su cuenta (cuando se va en grupo en un restaurante); a la americana. *To go dutch treat.* ‖ **4.** •Ojo de GRINGA. Billete de cincuenta pesos (cuando la tinta que se usaban en ellos era azul). *Fifty-peso bill.*

GRINGOLANDIA. *n.f.* (desp.). Estados Unidos. *The United States.* ▢ No se da cuenta de lo que nos cuesta entrar en GRINGOLANDIA!. *Don't you realize how difficult it is for us to get into the United States?* (Carlos Fuentes. La frontera de cristal).

GRINGUERÍO. Conjunto o grupo de gringos. *Group of gringos, gringos collectively.*

GRIPA. *n.f.* Gripe. *Influenza, flu.* ~Tiene gripa. *He's got the flu.*

GRIPOSO. *adj.* Agripado. *Affected by the flu, having the flu.*

GRISALLA. *n.f.* Chatarra. *Rubbish.* ▢ Liverpool [...], el puerto de aguas mercuriales y densas, repletas de desechos de todas las industrias que proyectan su GRISALLA, sus metales sombríos. *Liverpool, that seaport with its cloudy and mercury-laden waters, full of industrial waste, exposing its rubbish, its rusty metals.* (E. Poniatowska. Cit. B. Steel).

GRITADERA. *n.f.* (Noreste). Griterío. *Shouting.*

GRITO. *n.m.* Proclamación. *Proclamation.*

GRITONEAR

‖ 2. •El GRITO de independencia. *The proclamation of independence.* ‖ 3. •El GRITO de Dolores. *The proclamation of Mexican independence (1810).* ‖ 4. Dar el GRITO. Declararse alguien independiente y libre. *To declare oneself free and independent.* ~Luisa dio el GRITO a los catorce años. *Luisa declared her independence when she was fourteen.*

GRITONEAR. *v.* Alzar la voz en forma insolente. *To bark (at someone).*

GRITONEO. *n.m.* Gritería. *Shouting, clamor.*

GROSURA. *n.f.* Grosor. *Thickness.*

GRUESA (variante de *gorda*).

GRUESO. *adj.* Complicado, difícil o peligroso. *Critical, out of hand.* ~La fiesta se puso GRUESA cuando llegó la policía. *The party got out of hand when the police arrived.* ~Está GRUESA la situación. *The situation is critical.*

GRULLA. *n.f.* Inteligente, listo. *Bright (person).* ‖ 2. •Ya está aleando la GRULLA. *Cold weather is on it's way.*

GRULLO. *adj.* (Acad.) De color ceniciento (caballo). *Dark grey (horse).* ‖ 2 Peso, moneda. *Peso, dollar.* ‖ 3. *n. m.* Caballo de color ceniciento. *Grey horse.* ‖ 4. Mentira, ficción, invención. *Lie, tall story.*

GUACA. *n.f.* Escopeta. *Double-barreled shotgun.* ‖ 2. Alcancía. *Piggy bank.* ‖ 3. •Hacer GUACA. Llenar la hucha, hacer dinero. *To make money, make one's pile.*

GUACAL. *n.m.* (Acad.) Especie de cesta o jaula formada de varilla de madera. *Portable crate (generally carried on the back).* 📖 [...] el GUACAL se lleva en la espalda y sirve para cargar algo [...] pero, en rigor, es una especie de jaula. *The guacal is carried on one's back and is used to transport all types of merchandise, but in reality, it's really a kind of cage.* (R. Prieto. Cit. B. Steel). ‖ 2. •Salirse del GUACUAL. Salirse de quicio, perder los estribos. *To loose one's head, to loose control.*

GUACALADA. *n.f.* Lo que cabe en un guacal. *Content of a guacal.*

GUACALÓN. *adj.* Grueso, obeso. *Stout, obese.*

GUACALUDO. *adj.* Indio (por ser quien suele cargar el guacal). *Indian (derog.).*

GUACAMAYA. *n.f.* Bocón, fanfarrón. *Loudmouth.* ‖ 2. *n.f.* Mujer habladora y escandalosa. *Woman who likes to gossip.*

GUACAMOLE. *n.m.* (Acad.) Ensalada de aguacate, chile o ají verde y cebolla picada. *Savory spread or salad made of avocado, onions, herbs and chile peppers, guacamole.* 📖 [...] y cómo era de rápido para levantar una tortilla tras otra rociándola con salsa de GUACAMOLE. *And how swiftly he would pick up one tortilla after another and sprinkle it with guacamole.* (Juan Rulfo). El llano en llamas).

GUACAMOLEAR. *v.* Comer guacamole. *To eat guacamole.* ‖ 2. Manosear, cachondear. *To caress, pet.* 📖 Ahora ya no dejan que haiga (haya) monjas revueltas con curas, pero cuando las tenían en su conventos [...] se GUACAMOLEABAN toditos. *Now they no longer mix nuns and priests (in convents), but when they did there would be a lot of caressing and petting taking place between them.* (E. Poniatowska. Hasta no verte Jesús mío).

GUACAMOLEO. *n.m.* Manoseo, cachondeo. *Caressing, petting.*

GUACAMOLERA. *n.f.* Mujer que hace, sirve, prepara o vende **guacamole**. *Woman who makes, serves, prepares or sells **guacamole**.*

GUACAMOLERO. *adj.* Relativo al **guacamole**. *Relating to **guacamole**.*

GUACAMOTE. *n.m.* La yuca o mandiola. *Yucca plant, cassava.*

GUACAMOTERO, RA. *n.m&f.* Persona que vende yuca. *Person who sells cassava, manioc.*

GUÁCARA. *n.f.* •Echarse una GUÁCARA. Vomitar. *To throw up.*

GUACAREAR. *v.* Vomitar. *To throw up.*

GUACHAPEAR. (Tabasco). Lavar ligeramente, lavar a medias. *To wash hastily.* ‖ **2.** (Yucatán). Bailar el zapateo. *To dance the zapateo (Heel-and-toe tap dance).*

GUACHAPEO. *n.m.* Acción y resultado de **guachapear.** *Light washing.*

GUACHAR *v.* ANGL Vigilar, observar. *To watch.*

GUACHE. *n.m.* Habitante del interior. *Inlander.* ‖ **2.** (Guerrero). Chamaco. *Kid, youngster.*

GUACHICAR (de la expresión inglesa *watch your car*). *n.m.* Cuidador de automóviles. *Parking attendant.*

GUACHICARRO (variante de **guachicar**).

GUACHIMÁN (del inglés *watchman*). *n.m.* (Acad.). Rondín, vigilante, guardián. *Watchman.*

GUACHINANGO. *n.m.* Persona astuta, zalamera o lisonjera con interés. *Artful charmer or flatterer.* ‖ **2.** (Acad.) Pez de mar de color rojizo, semejante al pagro. *Red snapper.*

GUACHO. *n.m.* Persona que vive en la ciudad de México. *Inhabitant of Mexico City.* ~Es típico de los GUACHOS creer que lo saben todo. *People from Mexico City think that they know it all.* ‖ **2.** (Yucatán). Mexicano no nacido en Yucatán. *Person not born in Yucatán; outsider.* ‖ **3.** Soldado federal. *Government troops.* ▭ A los heridos déjenlos encima para que los vean los GUACHOS; pero no se traigan a nadie. *Leave the wounded on top so that the governement troops can see them; but let's not take anyone.* (J. Rulfo. El llano en llamas). ‖ **4.** (Sonora y Sinaloa). Soldado. *Soldier.*

GUACHUZO (variante de **guachupín**).

GUACO. *n.m.* Mellizo, **cuate.** *Twin.*

GUADAFANGO. *n.m.* AUT. Salpicadera. *Fender.*

GUADAÑERO. *n.m.* Dueño o conductor de un **guadaño.** *Owner or driver of a small harbor boat.*

GUADAÑO. *n.m.* (Acad.) Pequeño bote usado en los puertos. *Small harbor boat.*

GUAGUA. *n.f.* •De GUAGUA. De balde, gratis. *Free, for nothing.*

GUAGUAREAR. *v.* Charlar, parlotear. *To babble, chatter.*

GUAGUARERO. *n.m.* Charlatán. *Trickster, charmer.* ▭ Es puro GUAGUERO, no le tengas miedo. *Don't be afraid of him, he's all talk.* (M. Azuela. Ésa sangre).

GUAJADA. *n.f.* Tontería, bobería, necedad, acción propia de un **guaje.** *Stupid, nonsensical act or talk.*

GUAJALOTE (variante de **guajolote**).

GUAJE. *n.m.* Fruto del calabacero. *Gourd, calabash, squash.* ‖ **2.** (Acad.) Calabaza de base ancha que sirve para llevar vino. *Vessel or bowl made of a gourd.* ‖ **3.** (Acad.) Bobo, tonto. *Fool.* ‖ **4.** Baratija, cosa insignificante, trasto. *Trifle, trinket, piece of junk.* ‖ **5.** *adj.* De cabeza vacía, tonto, bobo. *Foolish, stupid.*‖ **6.** •Hacer GUAJE a uno. Engañar a uno. *To deceive, to fool someone, to take somebody in.* ▭ Pues sí, todas creemos. Y a todas nos hacen GUAJES. *Yes, all of us believed in them. And they deceive us all.* (E. Poniatowska. Luz y luna), **2)** Serle infiel a uno. *To be unfaithful to someone, cheat on someone.* ‖ **7.** •Más vale GUAJITO tengo, que no acocote tendré. Más vale pájaro en mano que diez volando. *A bird in hand in worth two in the bush.* ‖ **8.** •Hacerse uno GUAJE. Hacerse el tonto, hacerse el remolon. *To play dumb.* **b)** Jugar. *To fool around with.* ~Los ninos no deben hacerse GUAJE con la la electricidad. *Children shouldn't fool around with electricity.* ‖ **9.** •No necesitar GUAJE para nadar. No necesitar de nadie, tener suficiente industria para manejarse a sí mismo. *To be self-sufficient.*

GUAJEAR. *v.i.* Hacerse el bobo para engañar. *To play the fool, to play dumb.*

GUAJERÍA. *n.f.* Estupidez, tontería. *Idiocy, foolishness.*

GUAJIRO. •Sueño GUAJIRO. Quimera, sueño. *Pipe dream.*

GUAJOLOTE. *n.m.* (Acad.) Pavo. *Turkey.* 📖 Don Roque, vengo a invitarlo a comer GUAJOLOTE, el domingo en mi casa. *Don Roque, I would like to invite you to my home on Sunday for a turkey dinner.* (M. Azuela. Nueva burguesía). 📖 La gente sacaba de las cuevas del monte sus animalitos. Entonces se sabía que había borregos y GUAJOLOTES. *People were taking out their animals out of the caves of the mountains. Therefore, one knew that there were sheep and turkeys.* (J. Rulfo. El llano en llamas). ‖ **2.** (Acad.) Bobo, tonto. *Fool, simpleton.* ‖ **3.** *adj.* Pavo, tonto, necio. *Silly, stupid.* ‖ **4.** •Sólo los GUAJOLOTES mueren la víspera. Que será, será. *What will happen will happen.*

GUAJOLOTÓN. *adj.* Necio, simple, papanatas. *Silly, stupid.*

GUAMAZO. *n.m.* Bofetada, manazo. *Slap, blow.*

GUANÁBANA. *n.m.* Chirimoya. *Custard apple (bot.)*

GUANABANADA. *n.f.* Bebida resfrescante, compuesta de agua y **guanábana** batida con azúcar. *A refreshing drink made with guanábana, sugar and ice.*

GUANACO. *n.m.* Simple, bobo, tonto. *Fool, simpleton.*

GUANAJO (variante de *guanaco*).

GUANDAJO (variante de **guadajón**).

GUANDAJÓN. *adj.* Desarreglado, mal vestido. *Shabbily dressed.*

GUANGO. *adj.* (Acad.) Ancho, suelto (suéter), holgado, amplio (vestido, pantalones), flojo (cordel). *Baggy (sweater), loose-fitting (dress, trousers), slack, loose (rope).* ~The queda GUANGA. *It's too big for you.* ‖ **2.** •Me viene GUANGO. Me tiene sin cuidado. *I couln't care less.* 📖 Los de Francisquito me vienen GUANGOS. *Those San Francisquito people don't worry me the least.* (M. Azuela. ésa sangre). ‖ **3.** *n.m.* Especie de machete. *Type of machete.* 📖 Yo vi que se movía en dirección de un tecolote y que agarraba el GUANGO que yo siempre tenía recargado allí. Luego vi que regresaba con en el GUANGO en la mano. *I saw that he was heading for a plum tree and that he was picking up the machete which I always kept there. Then I saw him with the machete in his hand.* (J. Rulfo. El llano en llamas. Cit. Hispan.).

GUANGOCHE. *n.m.* (Acad.) Tela burda y rala. *Burlap.* ‖ **2.** (Noreste). Débil, enfermo. *Weak, sick.* ~Pobres niños, están todos GUANGOCHES. *Poor kids, there're all weak and ill.*

GUANGOCHO. *adj.* (Acad.) Ancho, holgado, amplio. *Wide, loose, roomy.*

GUANGOCHUDO (variante de **guangoche**).

GUANO. *n.m.* Estiércol. *Manure, fertilizer.*

GUANTA. *n.f.* Disimulo, fingimiento. *Pretense, furtiveness.*

GUANTEAR. *v.* (Acad.). Dar guantadas, abofetar. *To smack, slap.*

GUANTÓN. *n.m.* Guantada, guantazo. *Slap, hit, blow.*

GUAPEADA. *n.f.* Acción y resultado de guapear. *Bravado, boastfulness.*

GUAPEAR. *v.* Echar bravatas, fanfarronear. *To boast, brag, bluster.*

GUAPETONA. *adj.* (Mujer) guapa, atractiva. *Very attractive (woman).*

GUAPO. *adj.* Valiente. *Bold, brave, daring, courageous, gutsy.* ‖ **2.** Machote. *Tough guy.* ‖ **3.** Rígido, severo. *Firm, harsh.* ‖ **4.** (Norte). Hábil, diestro. *Skillful.* ‖ **5.** (Tabasco). Enojado, irritado. *Angry, mad, annoyed.* ‖ **6.** (Noreste). Inteligente (niño, adolescente). *Intelligent.* ~Chepo es el más GUAPO de la clase. *Chepo is the smartest student in the class.* ‖ **7.** Que es muy hábil y diestra, en particular las mujeres en las labores domésticas. *To be very good with one's hands, skillful.* —Qué bonito suéter trae tu hijo. –Lo hice yo. –¡Qué GUAPA! –*What a beautiful sweater you're child is wearing. – I did it myself. –How clever of you!* || **8.** •Ponerse GUAPO. Comportarse con generosidad. *To be generous.* Su padrino se puso GUAPO y nos invitó a cenar a todos. *His godfather broke down and invited all of us to dinner.*

GUARACHA (variante de **guarache**). || **2.** (Tabasco). Oreja. *Ear.* || **3.** Baile popular, música y tonada que en él se cantan. *An old Spanish and now a popular dance, music and song.*

GUARACHAZO. *n.m.* (hum.) Baile. *Dance.*

GUARACHE. *n.m.* (Acad.) Sandalia tosca de cuero. *Leather sandal.* || **2.** Remiendo de emergencia que se pone a la llanta con pedazos de lona ahulada. *Tire patch.*

GUARAPETA. *n.f.* Borrachera. *Drunkenness.* || **2.** •Agarrar un GUARAPETA. Emborracharse de lo lindo. *To get plastered (coll.).*

GUARAPO. *n.m.* (Acad.). Jugo de la caña dulce exprimida, que por vaporización produce el azúcar. *Sugar-cane liquor.*

GUARDA. *n.m.* •GUARDA GUARDA. (Sureste). Juego de las escondidas. *Game of hide and seek.*

GUARDABRISA. *n.f.* Mampara. *Screen, room divider.*

GUARDADITO. *n.m.* Ahorritos. *Nest egg.*

GUARDAMONTE. *n.m.* (Acad.) Pieza de cuero que se coloca sobre el anca del caballo. *Croup blanket.*

GUARDARAYA. *n.f.* Franja. *Boundary strip.* || **2.** Cortafuegos. *Firebreak.* || **3.** (Tabasco). Calle o pasadizo que se deja en los ingenios y ranchos cafetaleros entre los cuadros de cañaverales y cafetales. *Boundary line, path between sugarcane, coffee patches or plantations.*

GUARDÓN. *n.m.* Persona ahorrativa. *Thrifty person.*

GUAREADA. *n.f.* Llovizna. *Drizzle.*

GUAREAR. *v.* (Noreste). Lloviznar. *To drizzle.*

GUARENGA. *n.f.* (Tabasco). Prostituta. *Prostitute.*

GUARURA. *n.f.* Policía. *Cop.* || **2.** Bodyguard. *Guardaespalda.* 📖 ¡Además con este despliegue de GUARURAS en torno a cada funcionario! Cada funcionario tiene los suyos, pero no sólo eso, también su esposa, sus hijitos, su familia entera. *Then, you should see the deployment of bodyguards surrounding each official! Not only each official has various of his own, but that's not all, he has them also for his wife, his little kids, his entire family.* (E. Poniatowska. Cit. B. Steel). || **3.** Maton. *Thug.*

GUASANGA. *n.f.* (Acad.) Bulla, algazara, barahúnda. *Uproar, tumult, din.*

GUASANGUERO. *adj.* Bullanguero. *Noisy, rowdy, boisterous.*

GUASAPERA (variante de **guasanga**).

GUASCO. *adj.* Ebrio. *Drunk.*

GUATACO. *adj.* Rechoncho, gordete. *Plump, chubby.*

GUATACUDO. (Tabasco). *adj.* Orejudo. *Big-eared.*

GUATEPÍN. *n.m.* Golpe dado en la cabeza con la mano cerrada. *Blow given on the head with closed fist.*

GUATEQUE. Fiesta. *Bash, party.* || **2.** Canción regional (Veracruz). *Folk song (from Veracruz).*

GUATEQUE. *n.m.* Fiesta. *Bash, party.* || **2.** Canción folklórica de Veracruz. *Folk song from Veracruz.*

GUATO. *n.m.* Alboroto, tumulto. *Brawl, uproar.*

GUATOSO. *adj.* Bullicioso. *Noisy.*

GUAYA. *n.f.* Mentira. *Lie.*

GUAYABA. *n.f.* Amorío. *Love affair.* || **2.** Lover. *Amante.* || **3.** Mentira, embuste. *Lie, tall story, fib.* || **4.** •Ser un hijo de la GUAYABA. Ser malvado, ruin, desalmado. *To be a so-and-so.*

GUAYABATE. *n.m.* Dulce en pasta, hecho de guayaba. *Guava sweet.*

GUAYABERA. *n.f.* Blusa de tela muy liviana que usan los hombres. *Loose-fitting men's shirt.* 📖 O [los hombres] andarían de regreso del mercado [...] con su GUAYABERA albeando. *Or the men in white shirts would be returning from the market.* (Silva Molina. El amor que me juraste). 📖 [...] ahora vestía una GUAYABERA color canela y altas botas de alpinista. *Now he was wearing a cinnamon colored shirt and high climbing boots.* (M. Azuela. Nueva burguesía).

GUAYABERO. *n.m.* Mentiroso. *Liar.* ‖ **2.** *adj.* Que acostumbra decir mentiras. *Lying.*

GUAYÍN. *n.m.* Carruaje ligero de camino, de cuatro ruedas y asientos, cerrado con cortinillas de cuero. 📖 En el mismo GUAYÍN iré a San Vicente a comprar una partida de mulas brutas. (M. Azuela. El Desquite).

GUBERNATURA. *n.f.* Gobierno. *Government.*

GÜEGÜECHO. *adj.* Que padece de bocio. *Suffering from goiter.* ‖ **2.** *m.n.* Bocio. *Goiter.*

GÜERO. *adj.* (Acad.) Rubio. *Fair, blond, light-skinned.* 📖 Pero los prietos prefieren a las GÜERAS. *But dark-complexioned men prefer blondes.* (C. Fuentes. La región más transparente). 📖 Media docena de GÜEROS pecosos [...]. *Half a dozen of blond freckled kids.* (M. Azuela. La mala yerba). 📖 Bonita panomina hago yo tan negra usted tan GÜERO. *Lovely pair of clowns we are, me so black and you so white.* ‖ **2.** Amarillo. *Yellow.* ‖ **3.** Gracioso. *Funny, amusing.* ‖ **4.** •Creer en indios GÜEROS. Confiar en personas sospechosas. *To trust just anyone.*

GÜEVA. (Noreste). •Echar la GÜEVA. *To take it easy, loaf around, do nothing.* 📖 Nos gusta la GÜEVA. Que otra agarre el caso por su cuenta [...]. *We prefer to take the easy way out. Let somebody else take the case.* (V. Leñero. Los albañiles).

GÜEVERO. *n.m.* Persona que vende huevos. *Egg vendor.* 📖 Y en un principio me volví GÜEVERO y aluego gallinero y después merqué puercos [...]. *At first I sold eggs and then chickens and then hogs.* (Juan Rulfo. El llano en llamas).

GÜEVO. *n.m.* A GÜEVO. Por fuerza. *By obligation.* 📖 [...] y andaba en la bola siguiendo a mi marido más de A GÜEVO que de ganas. *And I stayed in the Revolution, following my husband from place to place, more by obligation than choice.* (E. Poniatowka. Hasta no verte Jesús mío).

GUEVÓN. *n.m.* Tento, tardo, estúpido, ingenuo. *Stupid, simple-minded.* 📖 Orale, GUEVONCITA. ¿Qué haces ahí pensando como si pensaras? *Come on, you naive little thing. Don't stand there pretending to be thinking?* (A. Mastretta. Arráncame la vida). ‖ **3.** (Acad.) Holgazán. *Lazy.* 📖 ¿Qué haces, GÜEVONA? Levántate a darme de comer. *What are you doing, lazying around in bed. Get up and give me something to eat.* (E. Poniatowka. Hasta no verte Jesús mío). 📖 De abajo comenzaron a gritarle, que haces tanto tiempo allí arriba, no sea GUEVON, rápido, tenemos que jalarnos al siguiente edificio. *From down below they started to shout at him, why are you taking so long up there, don't be so slow, let's go, we have to move on to the next building.* (Carlos Fuentes. La frontera de cristal).

GÜEY. Hermano. *Buddy (as a form of address)*.

GUÍA. *n.m.* Volante (del automóvil). *Steering wheel.*

GUIJO. *n.m.* Eje de rueda hidráulica. *Shaft.*

GÜILA. *n.f.* (Acad.). Ramera, prostituta. *Prostitute, streetwalker.* 📖 (...) se tuvieron que ir (...) porque la gente les chiflaba la canción de "Las GÜILOTAS". *They had to leave because (when they saw them) people would whistle that song about prostitutes.* (Juan Rulfo. El llano en llamas). ‖ **2.** Cometa pequeño. *Small kite.* (⇨**Huila**).

GÜILO. *adj.* Débil, enclenque. *Weak, feeble, sickly.* ‖ **2.** Tullido, lisiado, inválido. *Maimed, crippled.* ‖ **3.** *n.m.* Pavo o guajolote. *Turkey.*

GÜINCHE. *n.m.* Cabrestante, torno. *Hoist.*

GÜINCHERO. *n.m.* Persona que usa el güinche. *Person who works with a hoist.*

GUINDA. *adj. & nm.* Color vino tinto. *Burgundy (color).*

GUINDAR. *v.* Colgar (ropa). *To hang up (clothes).* ‖ **2.** Colgar. *To hang (from).* Los frutos GUINDAN del árbol. *The fruits hang from the tree.* GUINDA tu saco en este clavo. *Hang your coat on that nail.* ‖ **3.** Detenerse, entretenerse en algo. *To while away the time.* ~Se GUINDARON por teléfono toda la tarde. *They were on the phone all afternoon.*

GUINDO. Rojo oscuro. *Dark red color.*

GUINEAL. *n.m.* Platanar. *Banana plantation.*

GUINEO. *n.m.* Nombre genérico de plátanos o bananas. *Banana.*

GUIPIL. *n.m.* (Acad.) Camisa de algodón sin mangas. *Sleeveless blouse or tunic.*

GUISADO. *n.m.* Guiso. *Casserole.* •GUISADO de pollo. Pollo a la cacerola. *Chicken casserole.*

GUITA. *n.f.* Dinero. *Money, dough.*

GUITARRERO. *n.m.* (Tabasco). Músico que toca mal la guitarra. *Bad guitar player.*

GUMARRA. *n.f.* Policía. *Cop.*

GUNDIDO. *n.m.* Comilón, tragón. *Glutton.*

GURGUCIAR. *v.* (Tabasco). Gruñir, hablar entre dientes. *To grunt, snort.*

GURRUMINA. *m.f.* Molestia. *Bother, annoyance.* ‖ **2.** (Acad.) Pequeñez, fruslería. *Trifle, small matter.* ‖ **3.** Muchacha. *Young girl.*

GURRUMINO. *n.m.* Chiquillo, muchacho, niño. *Child, youngster.* ‖ **2.** Fruslería, pequeñez, cosa mínima. *Trifle, triviality, silly little thing.* ‖ **3.** Cabrón, consentidor. *Cuckhold, one who consents to the adultery of his wife.* ‖ **4.** Benjamín. *Youngest child.*

GURRUPIÉ. *n.m.* Ayudante del banquero en las casas de juego. *Croupier.*

GUSANO. •Matar el GUSANO. Contentar en parte un antojo. *To satisfy partially a whim or caprice.* ‖ **2.** •GUSANO de luz. Luciérnaga. *Glowworm.*

GUZGO. *adj.* (Acad.) Goloso. *Sweet-toothed.* ‖ **2.** Glotón. *Gluttonous.* 📖 Iba a la tienda a comprar alguna guzlería, [...] porque uno de chico es GUZGO. *I would go to the store to buy things to eat, because when you're young you usually have a big appetite.* (E. Poniatowka. Hasta no verte Jesús mío).

GUZGUEAR. *v.* Ir en busca de (alimento). *To hunt for (food).*

GUZGUERÍA. *n.f.* Glotonería. *Gluttony.* 📖 Dicen que el huérfano no tiene llenadero porque le falta la mano de la madre que le dé de comer y a mí siempre me dio GUZGUERÍA. *They say that an orphan never seems to have enough to eat because he never had a mother to feed him and so I've always been a glutton.* (E. Poniatowka. Hasta no verte Jesús mío).

GUZLERÍA (variante de **guzguería**).

H

HAAS. n.m. (Yucatán). Plátano. *Banana.*

HABA. *n.m.* •Se le cuecen las HABAS. No puede estarse quieto. *He has ants in his pants.*

HABADO. adj. De los gallos de color blanco y colorado. *Refers to roosters white and red in color.*

HABANERO. *n.m.* Bebida alcohólica fuerte, de color rojizo, muy conocida en México, originario de La Habana, pero hecho en Veracruz. *Strong liquor, well known in Mexico although originally from Havana, but produced in Veracruz.* 📖 El cantinero [...] se acerca a la mesa de los jugadores con dos vasos y una botella de HABANERO. (P.I. Taibó II. Sombra de la sombra. Cit. Hispan.). ‖ **2.** Chile picoso, amarillo cuando maduro. *Yellow hot chile pepper.* 📖 Ana, su mujer, había puesto un chilito amarillo, redondo y oloroso llamado HABANERO, sumamente picoso. *Ana, his wife, had put (on the table) a small round chile pepper of pleasant smell and very hot, called "habanero".*

HABER. v. •¿Qué HUBO(le)? Expresión familiar con que se saluda a los amigos. *What's up, how are you?*

HABILITACIÓN. *n.f.* Adelanto de dinero a cuenta de un trabajo, anticipo. *Advance, advance payment.*

HABILITADOR. *n.m.* Persona que adelanta dinero a cuenta de un trabajo. *Person who makes an advance payment of some work to be done.* 📖 Fui a hablar con el HABILITADOR, y luego me preguntó que cuánto dinero quería. Y le dije que lo que me diera. *I went to speak to an habilitador who asked me how much I wanted. I told him that whatever he wished to give me.* (R. Pozas. Juan Pérez Jolote). ‖ **2.** Reclutador de una finca. *Person who recruits laborers to work on the farm.* 📖 Un día pidió mi papá doce pesos a un HABILITADOR de los que andan enganchando gente para llevarla a trabajar a las fincas. *One day my father asked for twelve pesos from someone in charge of recruiting laborers to work on the farms.* (R. Pozas. Juan Pérez Jolote. Cit. Hispan.).

HABILITAR. *v.* Adelantar dinero a cuenta de un trabajo. *To make an advance payment on some work to be done.* ‖ **2.** •Estar uno HABILITADO. Estar uno fresco. *To feel cheated.* ~¡Estoy HABILITADO yo con esta pluma que me costó diez pesos y no sirve! *I feel cheated. This pen cost me ten pesos and it doesn't work.*

HABLADA. *n.f.* Acción de hablar. *Speaking.* ‖ **2.** Fanfarronada. *Boast.* ‖ **3.** Habladuría, murmuración, chisme. *Rumor, gossip.* ‖ **4.** Indirecta. *Hint, innuendo.*

HABLADERA. *n.f.* Habladuría. *Rumor, gossip, idle chatter.*

HABLADERO. *n.m.* Vocerío, gritería. *Shouting, racket.*

HABLADOR. *adj.* Mentiroso. *Lying.* ‖ **2.** Valentón. *Bullying.* ‖ **3.** Jactancioso. *Boastful.* ‖ **4.** Indiscreto. *Loud-mouthed.* ‖ **5.** *m.n.* (Acad.) Fanfarrón. *Bragart, boaster.*

HABLAR. *v.* •Hablar ALTO de alguien (probablemente de la expresión inglesa to *speak highly* or *very highly of*). Enaltecer. *To speak (very) highly of (someone).*

HABLICHI. *adj.* (Sinaloa). Hablador,

chismoso. *Gossipy.*

HABLOTEO. *n.m.* Parloteo, algarabía en que muchas personas hablan sin entenderse. *Incomprehensible talk.*

HACENDADO. Estanciero, persona de campo que tiene hacienda, especialmente cuando se dedica a la cría de ganado. *Rancher, cattle dealer.*

HACER. *v.* Hacer el amor, encamarse con. *To make love to, to go to bed with.* 📖 [...] ellas, eternamente bocarriba, pasivas, odiando mientras recibían a los hombres; ellos amando a la Virgen María mientras HACÍAN [...]. *They (the women), perpetually on their back, passive, filled with hate while they entertained the men; and they (the men) praising the Virgin Mary while making love [...].* (L. de Lión. El tiempo principia en Xilalba. Cit. Hispan.). || **2.** Fingir debilidad o incapacidad para algo. *To pretend to be unable to do something.* || **3.** Aparentar ignorancia de algo. *To play dumb.* || **4.** •HACERSE a una cosa. Acostumbrarse a una cosa. *To get used to something.* || **5.** •No le HACE. No importa. *It doesn't matter.* 📖 No le HACE que nomás haya sido por esta noche. *It doesn't matter that it was only for that night.* (Juan Rulfo. Pedro Páramo). 📖 No le HACE (que todos los asientos esten ocupados); vamos subiendo, vente. *It doesn't matter; let's get aboard, come on.* (M. Azuela. Nueva burguesía). || **6.** •HACERSE la chanchita muerta o HACERSE el chancho rengo. Hacerse el bobo. *To pretend not to notice, to play dumb.* || **7.** •HACÉRSELE a uno que. Parecerle a uno que. *To seem to someone that.* ~¿No se le HACE? ¿No le parece? *What do you think?* 📖 [...] se me HACE como en Tuzcacueco no existe ninguna iglesia. *I don't believe that there are any churches in Tuzcacueco.* (J. Rulfo. El llano en llamas). 📖 —Nuestros papás son muy influentes. —dijo. —Se me HACE que no. —*Our parents are very influential.* —*he said.* —*I really don't think so (not really).* (C. Fuentes. Cit. B. Steel). || **8.** •HACERLA. Alcanzar algo deseado. *To be successfull at something, to make it (coll.).* ~La HICIERON muy bonita con ese negocio. *They did very well with that deal.* || **9.** •Hacerla (buena). *To get into trouble.* ~¡Ya la HICE! Se me olvidaron las llaves en casa. *I'm in trouble! I forgot my keys at home.* || **10.** •HACÉRSELA buena a alguien. Cumplir con su palabra. *To keep one's word.* ~Se la HIZO buena y se casó con ella. *He kept his word and married her.* || **11.** •¡HÁZMELA buena! Ojalá! *If it could only come true!* || **12.** •HACERLE a algo. Ser ducho en, servir para. *To know something about, to be good at.* ~Enrique le HACE a la electricidad. *Enrique knows something about electricity.* || **13.** •¡No le HAGA! *You must be kidding!* || **14.** •HACÉRSELE algo a alguien. Lograr, conseguir. *To succeed in.* ~Por fin se le hizo GANAR un partido. *She finally managed to win a game.* || **15.** •Yo me HICE. Me hice el tonto. *I played dumb, I pretended not to notice.* || **16.** •Hace (hacía, hizo, etc.) HAMBRE. Tener hambre. *To be hungry.* 📖 [...] muy sabrosa la conversación; pero yo tengo que volver dentro de media hora, para la segunda función, y hace HAMBRE. ¿Quieres venir conmigo al café? *This is a very enjoyable conversation; but I need to go back for the second performance (show). I'm hungry. Would you like to go with me and get something to eat.* (A. Yañez. La creación. Cit. Hispan.). || **17.** •HACER caritas. Poner buena cara una mujer a un pretendiente. || **18.** •HACERSE el chico. Ocultar habilidad en el juego. *To pretend to be inexperienced (in a game).* || **19.** •HACER de chivo los tamales. Engañar, embaucar, dar gato por liebre. *To mislead, fool, deceive.* || **20.** •HACER empeño. Empeñarse. *To strive to, to make an effort to.*

HACHA. *n.f.* •Estar HACHA. Estar atento. *To pay attention, be alert.* ~Ponte HACHA, no vayas a perder el autobus. *Be on the look out, otherwise you're going to miss the bus.* || **2.** •Ser HACHA. Quien gasta una prenda rápidamente. *To be hard on one's clothes.* || **3.** •Ser muy (bien) HACHA para algo. *To be very good at something.* || **4.** •Estar como HACHA. Estar preparado. *To be well prepared.* ~Está como HACHA para la prueba. *He's well* *prepared for the test.*

HACHAR. v. Trabajar con la hacha. *To use an ax (in cutting down a tree, chopping wood, etc.).*

HACHEAR (variante de **hachar**).

HACHAZO. *n.m.* Herida de gran tamaño producida por el golpe de un instrumento cortante (hacha, cuchillo, etc.). *Gash, open wound.*

HACHE. •Por HACHES o erres. Por angas o por mangas. *One way or another.*

HACHEADA. *n.f.* Obra de desmonte hecha con hacha. *Clearing of trees with an axe.*

HACHERO. *n.m.* Hachador. *Woodman, lumberjack.*

HACIENDA. *n.f.* Propriedad rural de gran extensión dedicada a la agricultura o a la ganadería. *Country estate, large farm.* ▤ En Tabasco, lo genérico es FINCA, si de menor importancia RANCHO; si de mayor importancia, una HACIENDA (Santamaría). ‖ 2. •HACIENDA de beneficio. Horno de fundición. *Smelter.*

HALAR (se pronuncia *jalar*). *v.* Tirar para sí. *To pull, tug at.* ‖ 2. Embriagarse. *To get drunk.* ‖ 3. •HALARLE. Emborracharse. *To get drunk.*

HALCÓN. *n.m.* Matón joven del partido en el poder. *Young thug of the ruling party.*

HALL. *n.m.* ANGL Vestíbulo, gran salón. *Hall.*

HALÓN. *n.m.* (Acad.). Tirón, acción y efecto de halar. *Pull, tug, yank.*

HAMACAR. *v.* (Acad.). Mecer. *To rock, swing.*

HAMAQUEADA. *n.f.* Mecida, remezón. *Rocking, swaying.*

HAMAQUEAR. *v.* (Acad.). Mecer, columpiar, especialmente la hamaca. *To swing, rock.* ‖ 2. Entretener a alguien dando largas a un asunto cuya pronta solución desea. *To keep someone on tenterhooks, to keep someone waiting for a decision.* ‖ 3. Hacer esfuerzos o buscar medios para librarse de una obligación. *To look for a way out.*

HAMAQUEO. *n.m.* Acción y resultado de mecerse en la hamaca. *Rocking, swinging (in a hammock).*

HAMAQUERO. *n.m.* Persona que hace o vende hamacas. *Hammock maker o vendor.* ‖ 2. Flojo, perezoso. *Lazy.*

HAMBRE. *n.m.* •Juntarse el HAMBRE con las ganas de comer. Se dice cuando se juntan dos personas de iguales necesidades tratando de ayudarse mutuamente. ‖ 2. •El que HAMBRE tiene, en tortillas piensa. Obrar de acuerdo a la necesidad; buscar la solución que cuadra al deseo. ‖ 3. •Tenerle HAMBRE a uno. Tener la mala intención de hacerle daño, tener entre ojos. *To have it in for someone.*

HAMBREADO. *adj.* Hambriento. *Hungry, starving.*

HAMBRUSIA. *n.f.* Hambruna. *Famine.*

HAMINQUE. *n.m.* Cierto baile popular en el estado de Guerrero. *Popular dance of the state of Guerrero.*

HARINUDO. *adj.* Harinoso. *Floury.*

HARNEAR. *v.* Cribar, cerner. *To sieve, sift, screen.*

HARTO. *adj.* Bastante, mucho, demasiado. *A lot of, many, much.* ▤ Tendría HARTA lana si no fuera por las viejas y el bailecito. *I would have a lot of money if it weren't for women and dance halls.* (C. Fuentes. La región más transparente). ▤ Por allá se hace HARTA plata, es cierto, pero HARTA plata se gasta tambien. *It's true, over there you make a lot of money, but you spend a lot too.* (M. Azuela. La mala yerba). ‖ 2. Sumamente, muy. *Very, extremely.* ~Es un trabajo HARTO difícil. *It's a very difficult job.* ‖ 3. Muchos. *Many.* –¿Tienes amigos allí? –Sí, HARTOS. – *Do you have friends there? –Yes, many.*

HARTÓN. *adj.* Glotón, voraz. *Greedy, gluttonous.* ‖ 2. Fastidioso, necio. *Annoying.* ‖ 3. Estúpido. *Stupid.* ‖ 4. *n.m.* Plátano de gran tamaño. *Large banana.* ▤ «Nombre que se da en Campeche, Tabasco y Chiapas al *plátano macho* o *plátano largo,* dando a entender que cada uno de estos frutos es suficiente para darse un hartazgo». (J. Mejía Prieto).

HASTA. *prep.* Hasta. *Not... until.* 📖 [...] y HASTA los quince días de casados volví a ver a mi marido. *And I didn't see my husband again until fifteen days later.* (E. Poniatowka). Hasta no verte Jesús mío). 📖 Vino a llorar HASTA aquí [...]. *He didn't start crying until he came here.* (J. Rulfo. El llano en llamas). ‖ **2.** •HASTA entonces. *Only then.* 📖 Porque las palabras que había oído HASTA entonces, HASTA entonces lo supe [...]. *Because I had never heard these words before, it was only then that I found out.* (J. Rulfo. Pedro Páramo). Asomaron los fulgores del sol, y HASTA entonces pudo verse el despeñadero cubierto de gente. *The sun rose brightly, and only then could you see the crowd of people on the cliff.* (M. Azuela. Los de abajo). ‖ **3.** •HASTA cada rato (el rato, el ratito, cada momento, la vista). Hasta luego. *Good bye, so long, see you later.*

HATAJADOR. *n.m.* (Acad.) El que guía la recua. *Drover, herdsman.*

HEBETADO. *n.m.* Embotado. *Blunt, dull (mind).*

HEBRA. *n.f.* •De una HEBRA. De un tirón. *All at once, in one go, in one breath.* ‖ **2.** •Romperse la HEBRA. Terminarse la amistad entre dos personas. *To have a fall out (between friends).* Se rompió la HEBRA entre los dos amigos. *The two friends had a fall out.* ‖ **4.** •Hablar por la HEBRA. Telefonear. *To telephone.*

HEBRUDO. *adj.* Hebroso, fibroso. *Fibrous.*

HECHIZO. (Guerrero). *Adj.* Fabricado en el país y a mano, no con máquinas. *Homemade.* ‖ **2.** (Producto) de la industría casera, hecho imperfectamente. *Home-made, makeshift.* ~Es HECHIZO pero aparenta mucho. *It's a makeshift (home-made affair), but it looks good.* ‖ **3.** Local. *Local.* ‖ **4.** •HECHIZO de México. Hecho en México. *Made in Mexico.* ‖ **5.** •Producto HECHIZO. *Home-produced.*

HECHOR. *adj.* Garañón. Del burro. *Stud donkey, stallion jackass.*

HECHURA. *n.f.* •No tener uno HECHURA. Ser una calamidad, no tener compostura. *To be a dead loss.*

HEGRILLA. *n.f.* (Oaxaca). Hequerilla. *Castor oil plant.*

HELADERA. *n.f.* Plato o fuente para servir helado en la mesa. *Dish for serving ice cream.*

HEMBRERA. *adj.* (Mujer) que sólo ha parido mujeres. *Said of the woman who has given birth to girls only.*

HEMBRERÍA (variante de **hembrerío**).

HEMBRERÍO. *n.m.* Conjunto de mujeres, abundancia de hembras. *Gaggle of women, crowd of women.*

HEMBRERO. *adj.* Mujeriego. *Fond of women, women chaser.* ‖ **2.** (Hombre) que engendra puras mujeres. *Said of the man who has fathered only girls.*

HEMBRILLA. *n.f.* Embrión, germen. *Seed, origin, cause.*

HENCHIDA. *n.f.* Hinchazón. *Swelling.*

HENEQUÉN. *n.m.* Nombre de varias plantas textiles de las que se sacan fibras de variado uso industrial. *Agave, henequen.* ‖ **2.** Fibra en general. *Fiber.*

HENEQUERO. *n.m.* (Acad.) Perteneciente o relativo al henequén. *Pertaining to agave fiber.* ‖ **2.** (Acad.) Persona que vende o cultiva el henequén. *Person who sells or grows agave fiber.*

HENIQUÉN (variante de **henequén**).

HENOJO, *n.m.* Hinojo. *Fennel.*

HEREDAR. *v.* Legar, dejar (en un testamento). *To bequeath, leave.* 📖 ¿Generoso? ¿Con mi dinero? No tiene sino lo que yo le voy a heredar. *Generous? With my money? The only thing he has is what I'm going to leave him.* (Carlos Fuentes. La frontera de cristal).

HEREJÍA. *m.f.* Despropósito, disparate.

Silly remark, gaffe.

HERIDO. *n.m.* Canal o acequia menor que se desprende de una principal para riego o usos industriales. *Side ditch, channel used for irrigation.* ‖ **2.** Canal pequeño de desagüe. *Small irrigation channel.*

HERNIA. *adj.* Pelmazo. *Boring, tedious.*

HERRADERO. *n.m.* Plaza de toros en desorden durante la faena del matador.

HERRAJE. *n.m.* Conjunto de piezas de plata que adornan los arreos de montar. *Silver harness fittings.*

HERVENTÍA. *n.f.* Hervor. *Boil, boiling, ebullition.*

HERVER. *v.* Hervir. *To boil.*

HETAÍRA. *n.f.* Prostituta. *Prostitute.*

HICOTEA. *n.f.* Tortuga pequeña de agua dulce. *Freshwater tortoise.*

HIDALGO. *n.m.* Moneda de oro de diez pesos. *Ten-peso gold coin.* 📖 Tendió un sarape en el suelo y sobre él vació el talego de HIDALGOS relucientes como ascuas de oro. *He spread out a serape on the ground and on it emptied the bag of shining **hidalgos**, gleaming like golden embers.* (M. Azuela. Los de abajo). 📖 Llamó a Benito aparte y le puso un medio HIDALGO en la mano. –Para gastos, paisano. *He took Benito aside y put half an hidalgo in his hand. That's to cover your expenses, my friend.* (M. Azuela. La luciérnaga).

HIELERA. *n.f.* Frigorífico, nevera, heladera. *Refrigerator.* 📖 Felix se hincó y abrió la HIELERA. *Felix knelt down and opened the refrigerator.* (C. Fuentes. Cit. B. Steel). ‖ **2.** Cubo del hielo. *Ice bucket.* 📖 [...] sali al pasillo a llenar la HIELERA que estaba sobre el tocador; luego saqué una botellita de wisky del servibar. *I went to the hall and filled the ice bucket that was on the dressing table; than I took out a small bottle of whisky from the service bar.* (Silvia Molina. El amor que me juraste).

HIELO. *n.m.* •HIELO frappé. Hielo picado. *Crushed ice.*

HIERBATERO. *n.m.* Curandero que cura con hierbas. *Herb doctor.*

HIERBAZAL. *n.m.* Lugar de mucha hierba. *Grassy land.*

HIERBERO. *n.m.* Herborista. *Herbalist.*

HIERRA. *n.f.* (Acad.). Acción de marcar con el hierro los ganados. *Branding.* ‖ **2.** (Acad.). Temporada en que se marca el ganado. *Branding period.*

HÍGADO. *n.m.* •Ser uno un HÍGADO. Ser pesado, molesto. *To be a pain in the neck.* ‖ **2.** •Tener HÍGADO de indio. Ser de mala entraña. *To be a disagreeable sort.*

HIGADOSO. *adj.* Pesado, cargante. *To be a pain in the neck.*

HIGUERILLA. *n.f.* Plantas cuyas semillas se utilizan como purgante, ricino. *Castor-oil plant.*

HIJEAR. Brotar, germinar. *To shoot, put out shoots.*

HIJERO. *adj.* Prolífico, que da muchos hijos. *Person with a large family.*

HIJO. *n.m.* •Hacer a uno un HIJO macho. Causarle a uno daño. *To do somebody harm.* ‖ **2.** •¡HÍJOLE! ¡Dios mío! *Wow!, good God!, good grief!* ‖ **3.** •HIJO de la chingada (de la guayaba, de la pelona, de la mañana, de la tostada, de la tiznada). Hijo de puta. *Bastard, son of a bitch.* 📖 HIJO de la guayaba, de la tiznada, de la chingada, salmodía el viejo [...]. *You bastard, son-of-a-bitch, swine, droned the old man.* (F. Del Paso. José Trigo. Cit. Hispan.).

HIJUEL. (Tabasco). Hijo de puta. *Bastard, son of a bitch.*

HIJUELA. *n.f.* Seam of ore. *Veta o filón (mineral).*

HIJUEPUTA. *n.m.* Hijo de puta. *Bastard, son of a bitch.*

HILACHA. Androjos. *Rags, tatters.* 📖 ¡Que me den mis HILACHAS porque salgo libre. *Give me my rags because I'm free.* (E. Poniatowka. Hasta no verte Jesús mío). ‖ **2.** •La HILACHA. La plebe, el populacho. *The* masses, the poor people.

HILACHENTO. *adj.* Andrajoso. *Ragged, tattered.* || **2.** Hilachoso, hilachudo. *Frayed, fraying.*

HILACHO. *n.m.* •Dar vuelo al HILACHO. Divertirse de lo lindo. *To have a wild time.* || **2. -s.** Andrajos. *Rags, tatters.*

HILACHUDO (variante de **hilacho**).

HILADURA. *n.f.* Acción y resultado de hilar. *Spinning (textile).*

HILO. *n.m.* •Al HILO. Seguido. *One after another.* 📖 Llegué a echarme hasta cuatro o cinco botellas de aguardiente AL HILO [...]. *On occasions I would drink four or five bottles of liquor one after the other.* (E. Poniatowka. Hasta no verte Jesús mío).|| **2.** •De un HILO. Sin cesar. *Continually.* 📖 Zoraida se aburre de estar aquí. No lo confiesa porque sabe que la voy a regañar. Pero se aburre de un HILO. *Zoraiba is bored here. She doesn't want to admit it because she knows I'm going to scold her. But she's utterly bored.* (R. Castellanos. Balún-Canán. Cit. Hispan.).

HIPATO (variante de **jipato**).

HIPEAR (variante de **hipiar**).

HIPIAR. *v.* Hipar. *To hiccup.*

HIPIL (variante de **huipil**).

HISOPO. *n.m.* Brocha grande para blanquear paredes. *Large brush used to whitewash wall.* || **2.** Brocha en general. *Paintbrush.* || **3.** Brocha de afeitar. *Shaving brush.*

HISTORIA. *n.f.* Embrollo confusión. *Tangle, confusion, mess.*

HISTORIAR. *v.* Complicar, confundir, embrollar. *To confuse, mix up.*

HOCICÓN. *adj.* Fanfarrón. *Bigmouth, blabbermouth.* ~Eso le pasa por HOCICÓN. *That's what you get for opening your big mouth.*

HOCICONEAR. *v.* Presumir, darse bombo. *To show off.*

HOCICUDO. *adj.* De mal talante y de cara avinagrada. *Scowling, grumpy.*

HOCIQUEADA. *n.f.* Reprimenda severa. *Harsh reprimand.*

HOITZILTOTOL. *n.m.* Colibrí. *Hummingbird.*

HOJALATEAR. *v.* AUT. Reparar las abolladuras de la carrocería de un automóvil. *To do bodywork on a car.*

HOJALATERÍA. AUT. Trabajo de carrocería. *Bodywork.* || **2.** Oficio consistente en trabajar la hojalata. || **3.** Taller de hojalateria. *Body shop.*

HOJALATERO. *n.m.* Chapista. *Auto bodyworker, person who does bodywork on cars.*

HOJALDRA. *n.m.* Hojaldre. *Puff-pastry, flaky pastry.*

HOJALETERÍO. *n.m.* Conjunto de objetos de hojalata. *Tinware.*

HOJEAR. *v.* Echar hojas las plantas. *To put out leaves, to grow leaves.* || **2.** Alimentarse de hojas un animal. *To eat leaves (cattle).*

HOJUELA. *n.f.* Hojaldre. *Puff paste or pastry.*

HOLÁN. *n.m.* (Acad.) Faralá, volante. *Frill, flounce, ruffle.* 📖 Llevaba un vestido blanco, muy antiguo, recargado de HOLANES. *She wore a white dress, very old and full of frills.* (Juan Rulfo. Pedro Páramo).

HOMBRADA. *adj.* Hombruna. *Manlike.* 📖 Yo era muy HOMBRADA y siempre me gustó jugar a la guerra. *I was always somewhat of a tomboy and I've always liked war games.* (E. Poniatowka. Hasta no verte Jesús mío).

HOMBREAR. *v.* Meter el hombro, ayudar, proteger. *To help, lend a hand.* **2.** || Ser hombruna una mujer. *To be mannish.* || **3.** Empujar con el hombro. *To push with the shoulder.*

HOMBRERA. *n.f.* Cojinete que se pone en el hombro a la ropa para que se forme bien. *Shoulder reinforcement in a garment.*

HOMBRO. *n.m.* •Meter el HOMBRO. (Acad.) Arrimar el hombro. *To put one's shoulder to* *the wheel, to lend a hand.* ‖ **2.** (variante de **hombrear**).

HOME. *n.m.* Hombre. *Man.*

HOMENAJEAR. *v.* Agasajar, festejar. *To pay hommage to someone with a banquet or a reception.*

HONDEAR. *v.* Tirar con honda. *To hit with a slingshot.*

HONGO. *n.m.* •El HONGO más blanco es el más venenoso. La aparencias engañan. *All that shines is not gold.* 📖 No se puede confiar en nadie. El HONGO más blanco es el más venenoso. *You can't trust anyone. All that shines is not gold.* (R. Castellanos. Balún Canán).

HOPA. *interj.* ¡Hola! *Hello!*

HOQUIS. *n.m.* •De HOQUIS. Gratuitamente, de balde. *Free.* ~No estoy acostumbrado a trabajar de HOQUIS. *I'm not used to working for nothing.* 📖 "Es una alteración del arcaísmo español *hoque*, voz con la que se designa al regalo hecho por el comprador o el vendedor, o ambos, al intermediario que intervino en una venta." (J. Mejía Prieto).

HORA. •HORA pico. Hora punta. *Rush hour.* ‖ **2.** •¿Qué HORA son? ¿Qué hora es? *What time is it?* 📖 ¿Qué HORA son, señor? Casi las dos y media; nunca salen antes de las tres. *What time is it, sir? Almost two thirty; they never come out before three.* (Agustín Yánez. Ojerosa y pintada).

HORCADO. *adj.* Ahorcado. *Hung.*

HORCAR. *v.* Ahorcar. *To hang.*

HORCHATA. *n.f.* Bebida resfrescante hecha de pepitas de melón mezclados con agua y azucar. *Drink made of ground melon seeds.*

HORCON. *n.m.* (Acad.). Madero vertical que en las casas rústicas sirve, a modo de columna, para sostener vigas o aleros de tejado. *Wooden post, prop, support.*

HORDA. *n.f.* Multitud. *Horde.* ~HORDAS de turistas. *Hordes of tourists.*

HORERO. *n.m.* Horario (reloj). *Hour hand (of the clock).*

HORITA. *adv.* Ahora, en este momento. *Right now, in a moment.*

HORIZONTAL. *n.f.* En sentido figurado, la ramera, mujer pública; prostituta. *Prostitute.*

HORMAR. *v.* Ahormar. *To stretch by putting on a shoetree.*

HORMERÍA. *n.f.* Fábrica y venta de hormas de zapatos. *Sale and manufactering of shoetrees.*

HORMIGA. n.f. •Ser uno una HORMIGA. Ser laborioso, ahorrador. *To be hard-working, thrifty.* ‖ **2.** Poner algo color de *hormiga*. Tomar una situación un giro peligroso. *To get out of hand.* ~La discusión se puso color de HORMIGA. *The discussion became heated.* ‖ **3.** Volverse ojo de HORMIGA. Desaparecer, hacerse humo. *To disappear.*

HORMIGÓN. *n.m.* Hormiga grande. *Large ant.*

HORMIGUILLAR. *v.* Revolver el mineral argentífero con el pulverizado con el magistral y la sal común para beneficiarlo. *To mix silver ore and salt.*

HORMIGUILLO. *n.m.* Movimiento producido por las reacciones del mineral al incorporarse los ingredientes necesarios para la almagación; fusión. *Amalgamation (of silver); Reaction between silver ore and a mixture of ferrous oxide and copper sulphate (in silver processing).*

HORQUETA. *n.f.* (Acad.). Lugar donde se bifurca una camino. *Fork (road).* ‖ **2.** (Acad.). Parte donde el curso de un río o arroyo forma ángulo agudo, y terreno que este comprende. *Sharp turn (in a river); fork (of land).* ‖ **3.** (Acad.). Parte del árbol donde se juntan formando ángulo agudo el tronco y una rama medianamente gruesa. *Fork (tree).* ‖ **4.** •En HORQUETA. En situación muy apurada. *In a very difficult situation.* ‖ **5.** Hacer HORQUETA. Cabalgar, montar a caballo. *To ride (a horse).*

HORQUETEAR. *v.* Montar a horcadas sobre algo. *To sit stride.* ‖ **2.** Echar ramas los árboles. *To put out branches, grow branches.*

HORRAR. *v.* Ahorrar. *To save.*

HOSPICIANTE. n.m. Hospiciano. *Inmate of an orphanage, orphan.*

HOSTIGAR. *v.* (Acad.) Empalagar un alimento o bebida. *To surfeit, cloy.*

HOT CAKE. ANGL *n.m.* Panqueque. *Hot cakes.*

HOT DOG. ANGL *n.m.* Salchicha caliente. *Hot dog.*

HOYADOR. *n.m.* Ahoyador. *Seed drill.*

HOYANCO. *n.m.* Bache grande en las carreteras. *Pothole, large hole in the road.*

HOYAR. *v.* Abrir hoyos con el **hoyador**, generalmente para sembrar granos. *To make holes (for sowing seeds).*

HOYITO. *n.m.* Hojuelo de la barba o de las mejillas. *Dimple.*

HOYO. *n.m.* •Hacer HOYOS donde hay tiezas. Descubrir el Mediterráneo. *To reinvent the wheel, state the obvious.* || **2.** •Hoyo negro. Agujero negro. *Black hole.*

HOZADO. *n.m.* Hozadura. *Rooting hole or mark (left by a rooting hog).*

HUACA. *n.f.* Escopeta de dos cañones, **guaca**. *Double-barrelled shotgun.*

HUACAL. *n.m.* Caja. *Wooden crate.* || **2.** Huesos (de un pollo muerto). *Carcass.* || **3.** Jaula. *Cage.* 📖 Un lento removerse de los pasajeros, de pollos en JUACALES. *A slow stirring of passengers, of caged chickens.* (C. Fuentes. Cit. B. Steel). || **4.** •Salirse uno del HUACAL. Desobedecer. *To get out of hand.* ~Varios de sus alumnos se le salieron del HUACAL a Don Juan. *Many of Don Juan's students got out of hand.* **b)** Desviarse de un tema. *To wander, go off the point.*

HUACALERO. *n.m.* Cargador de **huacal**. *Huacal bearer.*

HUACALÓN. *adj.* De voz áspera y gruesa. *Gravel-voiced.* || **2.** Obeso, gordinflón. *Chubby, plump.*

HUACAMOLE (variante de **guacamole**).

HUACAMOTE (variante de **guacamote**).

HUACHAPEAR (variante de **guachapear**).

HUACHE. *n.m.* Minero encargado de echar piedras para ser trituradas en el molino. *Miner in charge of throwing stones into the mill, to be grounded.*

HUACHINANGO. *n.f.* Pargo. *Red snapper.* || **2.** HUACHINANGO a la veracruzana. *Red snapper in a semispicy red sauce.*

HUACHO. (También se dice **guacho**). *n.m.* Soldado raso. *Common soldier.* || **2.** Habitante de la cuidad de México. *Person from Mexico City.* || **3.** (Yucatán). Apodo que aplican en Veracruz a los originarios de las poblaciones arribeñas o distantes de la costa. *Outsider, person living away from Yucatán.*

HUACO (variante de **guaco**).

HUAJOLOTE (variante de **guajolote**).

HUAMIL (variante de **guamil**).

HUANO. *n.m.* Abono de estiércol. *Manure.*

HUAPAGUERO. *n.m.* Tocador, cantante, o bailador de **huapangos**. *Person who plays, sings or dances huapangos.*

HUAPANGO. *n.m.* Música y baile popular del estado de Veracruz. *Popular folkloric dance, music and rhythm of the state of Veracruz in Mexico.*

HUARACHAZO. *n.m.* Golpe con el **huarache**. *Blow with a huarache.*

HUARACHE. *n.m.* Sandalia tosca de cuero. *Sandal (made out of a car tire).* 📖 [...] usaba [...] unos HUARACHES con suela de llantas Goodrich [...]. *He wore leather sandals with Goodrich tire soles.* (C. Fuentes. La frontera de cristal). || **2.** AUT. Parche. *Patch.*

HUATEQUE. *n.m.* Fiesta. *Party.*

HUATÓN. *adj.* Barrigón, pesado para andar. *Potbellied, heavy-footed.* || **2.** Glotón, goloso, tragón. *Gluttonous, sweet-toothed.*

HUECHE. *n.m.* Armadillo. *Armadillo.*

HUECO. *n.m.* Homosexual. *Homosexual.*

HUEJA. *n.f.* (Chihuahua). Jícara. *Gourd, calabash.*

HUELÁN. *adj.* Aplícase a la madera y a la leña que están húmedas o mojadas. *Half dry, half ripe (said of timber and plants).*

HUELLERAR. *v.* Seguir una huella o rastro. *To trail, track (down).*

HUELLERO. *n.m.* Rastreador. *Tracker.*

HUERCO. *n.m.* Niño, muchacho, pequeñuelo. *Young child, kid.* 📖 Oiga, Doña Luz, ¿No espera HUERCO? [...] Es que ayer soñé que estaba embarazada. *Listen!, Mrs. Luz, are you expecting a child? Yesterday I dreamed that you were pregnant.* (Cit. Hispan.).

HUERO. *adj.* Podrido, corrompido (especialmente de los huevos cuando tienen mal olor. *Rotten.* ‖ **2.** Variante de **güero.**

HUERTERO. *n.m.* Hortelano. *One who owns or tends an orchard.*

HUERTISTA. *adj.* Partidario de Victoriano Huerta. *Follower of Victoriano Huerta.* 📖 Vió Miguel Alessio los cañoneros HUERTISTAS desde la cima del cerro que habían escogido como atalaya. *Miguel Alessio saw Huerta's gunboats from the top of hill they had chosen as a lookout.*

HUESAL. *n.m.* Montón de huesos (en un lugar. *Pile of bones.* ‖ **2.** Osamenta. *Bones, squeleton.*

HUESAMENTA. *n.f.* Osamenta. *Bones, squeleton.*

HUESEAR. *v.* Trabajar. *To work.*

HUESERA (variante de **huesamenta**).

HUESERÍO (variante de **huesamenta**).

HUESISTA. *n.m,f.* Persona con puesto cómodo. *Person with a soft job.*

HUESO. *n.m.* Destino o empleo oficial. *Government job.* ‖ **2.** Puesto cómodo. *Soft job, sinecure.* ‖ **3.** Trabajo en general. *Work, job.* ‖ **4.** Trabajo (entre impresores). *Work (in the printing business).* ‖ **5.** Original que va a la imprenta. *Original manuscript or copy (printing).* ‖ **6.** •HUESO colorado. Viento norte fuerte. *Strong northerly wind.* ‖ **7.** •Meterse a HUESO de puerco. Fanfarronear. *To boast, brag.* ‖ **8.** •De HUESO colorado. *Through and through, to the core.*

HUESUDA. *n.f.* •La huesuda. *Death.* 📖 Me respondió que al hijo de la chingada se lo podía llevar la HUESUDA [...]. *He replied that as far as he was concerned, the Grim Reaper could take him straight to hell.* (J. García Ordoño. Tres crímenes y algo más. Cit. Hispan.).

HUEVA. *n.f.* Pereza (especialmente entre estudiantes varones). *Lazyness.*

HUEVADA. *n.f.* El conjunto de huevos que un ave está empollando. *Nest of eggs.* ‖ **2.** Una porción de huevos. *A bunch of eggs.*

HUEVEAR. *v.* Haraganear. *To be lazy, loaf around.*

HUEVERO. *n.m.* Animal que se nutre de huevos. *Animal which feeds on eggs.*

HUEVO. *n.m.* •Costar una cosa un HUEVO. Costar un ojo de la cara. *To cost an arm and a leg.* ‖ **2.** •HUEVO tibio. (Acad.) Huevo pasado por agua. *Soft-boiled egg.* 📖 [...] ah el desayuno burguesito con su HUEVO tibio y su pan dorado. *Oh that middle class breakfast with it soft boiled egg and toasted bread.* (E. Poniatowska. Cit. B. Steel). ‖ **3.** •HUEVOS tibios. Persona indecisa. *Person who can't make up its mind.* ‖ **4.** HUEVOS estrellados. Huevos fritos. *Fried eggs.* ‖ **5.** •A HUEVO. *Por fuerza.* ‖ **6.** •Huevos RANCHEROS. Huevos revueltos con salsa de tomate y ají. *Huevos rancheros.* 📖 Luisa me trajo los HUEVOS rancheros, la jarrita de café y el pan. *Luisa brought me the huevos rancheros, a pot of coffe and bread.* (J. García Ordoño. Tres crímenes y algo más. Cit. Hispan.).

HUEVÓN. *adj.* Tento, tardo, estúpido, ingenuo. *Stupid, simple-minded.* 📖 Eres un HUEVÓN –dijo. *You're an idiot –he said.* (A. Mastretta. Arráncame la vida). ‖ **2.** Animoso, valiente. *Brave, gutsy.* ‖ **3.** (Acad.) Holgazán. *Lazy.*

HUEVONEAR. *v.* Haraganear. *To be lazy, loaf around.*

HUICHA. *n.f.* (Noroeste). Espina. *Thorn, prickle.*

HUICHACA. *n.f.* Tronera (de la mesa de billar). *Pocket (of a billiard table).*

HUICO. *n.m.* (Sinaloa). Iguana. *Iguana.*

HUILA. *n.f.* Cometa pequeño. *Small kite.* || **2.** Prostituta, ramera. *Prostitute.* 📖 Unas HUILAS se paseaban por la plaza Negtzahualcóyotl con las rodillas vendadas y los tacones lodosos. *Some prostitutes with bandaged knees and muddy heels were strolling through Negtzahualcóyotl park.* (C. Fuentes. La región más transparente). || **3.** Inválido, tullido. *Crippled.*

HUILE. *n.m.* Parrilla de metal para asar carne o pimientos. *Roasting grill.*

HUILÓN. *adj.* Cobarde. *Coward.*

HUILOTA. *n.f.* Tórtola. *Turtledove.* || **2.** Tonto, simple. *Stupid, dumb.*

HUINCHE (variante de **güinche**).

HUINCHERO (variante de **güinchero**).

HUIPIL. *n.m.* (Acad.) Camisa de algodón, sin mangas, descotada con bordados y adornos. *Traditional sleeveless blouse or dress; embroidered smock.* 📖 Hasta para Verania me dieron un HUIPIL blanco. *They even gave me a white huipil for Verania.* (A. Mastretta. Arráncame la vida). || **2.** Antigua prenda de la mujer azteca con bordados. y adornos. *Traditional embroidered dress worn by Indian women.*

HUIROTE. *n.m.* Chichón en la frente. *Bump, lump, swelling.*

HUISACHEAR. *v.* Pleitar, litigar. *To engage in litigation.* || **2.** Ejercer la abogacía sin tener título habilitante. *To practice law without a degree.*

HUISACHERÍA. *n.f.* Profesión de **huisachear**. *Practice of law without a degree.*

HUISACHERO. *n.m.* Picapleitos, leguleyo, persona que ejerce la abogacía sin tener título habilitante. *Shyster lawyer, unqualified lawyer.* || **2.** Tinterillo, escribiente de profesión. *Scribbler, pencil pusher.*

HUITLACOCHE. *n.m.* Seta negra. *Species of black mushroom that grows on corn.*

HUITZLACUACHE. *n.m.* Puerco espín de México. *Porcupine.*

HUIZILÍN. *n.m.* Nombre alterno del colibrí. *Hummingbird.*

HULAR. *n.m.* Plantío de árboles que producen hule o caucho. *Rubber plantation.*

HULE. *n.m.* Goma. *Rubber.* ~Guantes de HULE. *Rubber gloves.* || **2.** Arbol gomero. (Acad.) Nombre de varios árboles de los que se extrae el hule, goma elástica. *Rubber tree.* || **3.** Condón, preservativo. *Condom.* || **4.** Hoja (limpiaparabrisas). *Blade (windshield wiper).* || **5.** Tela impermeable. *Oilcloth, oilskin.* || **6.** •HULE espuma. Goma espuma. *Foam rubber.*

HULEAR. *v.* Trabajar en la explotación del hule. *To extract rubber (from plants).*

HULERÍA. *n.f.* Establecimiento de explotación de hule. *Rubber plantation or industry.*

HULERO. *n.m.* (Acad.). Trabajador que recoge el hule o goma elástica. *Rubber tapper, rubber gatherer.*

HUMANARSE. *v.* Rebajarse, condescender. *To condescend.*

HUMAR. *v.* Ahumar. *To smoke (ham, fish).* || **2.** Fumar. *To smoke.*

HUMAZO. *n.m.* Operación que consiste en producir grandes humaredas en los plantíos para protegerlos contra las heladas. *Operation which consists of producing dense smoke in plantations in order to prevent them from freezing.*

HUMEAR. *v.* Fumigar. *Fumigate.* || **2.** Azotar. *To beat, thrash.*

HUMERO. *n.m.* Humareda. *Dense smoke.*

HUMO. *n.m.* •Írsele al HUMO a alguien. Írsele encima a alguien atacándolo a ciegas. *To jump somebody.* || **2.** •Llenársele a uno la casa de HUMO. Llenarse la casa de visitas no esperadas. *To get a houseful of unexpected guests.*

HÚNGARO. *n.m.* Gitano. *Gipsy.*

HURACO. *n.m.* Agujero, perforación. *Hole.*

HURGÓN. *adj.* Que acostumbra a hurgar, revolver las cosas, curiosear. *Said of person who likes to finger, turn over, rummage inquisitively among things.* || **2.** Pinchazo, puntada. *Prick, shot, jab*

HURGUETEAR. *v.* (Acad.). Hurgar, escudriñar, huronear. *Touch, look over, rummage through, poke one's nose into.*

HURGUILLA (variante de **hurgón**).

HURÓN (variante de **hurgón**).

I

IBES. *n.m.* (Yucatán). Frijol común. *Small kidney bean.* ~Hay aquí varias clases de frijol, pero no he visto los IBES, que tanto abundan en Yucatán. *Here I have seen a variety of beans, but not the ibes, which abound here in Yucatan. (Cit. Santamaría).*

ICACO. *n.m.* Arbusto ramoso que da un fruto parecido a la ciruela. *Coco plum, icaco.* ‖ **2.** (Fruto). *Coco plum, icaco plum.*

ICOTEA. *n.f.* Tortuga. *Turtle.*

IDEARSE. *v.* Cavilar, meditar. *Ponder, consider closely.*

IDEÁTICO. *adj.* Caprichoso, extravagante. *Eccentric, odd, whimsical.* ~Es muy IDEÁTICO. *He's full of strange ideas.*

IDEOSO (variante de **ideático**).

IDIOSO (variante de **ideático**).

IDIOTIZAR. *v.* Enervar las facultades mentales hasta reducir a idiota. *To drive somebody crazy.*

IDO. *adj.* Ebrio. *Intoxicated.* ‖ **2.** Distraído. *To be distracted, to be miles away.* ‖ **3.** Chiflado. *Screwy, crazy, loony.*

IDÓNEO. *adj.* Genuino. *Genuine.*

IGLESIERO. *adj.* Que frecuenta mucho las iglesias; rata de sacristía. *Churchy, churchgoing.*

IGUALADO. *adj.* Que trata a sus superiores de igual a igual. *Upstart, overfamiliar with someone's superiors.* ‖ **2.** Grosero, descarado, desvergonzado. *Rude, insolent, brazen, disrespectful.* ‖ **3.** Impertinente. *Arrogant.* ‖ **4.** Astuto. *Sly.*

IGUALARSE. *v.* Portarse como un igualado, respecto a una persona a quien se debe consideración o respeto. *To place oneself on an equal footing with somebody, to be too familiar.*

IGUALITO. *adj.* Enteramente igual, idéntico. *Exactly the same, identical.* ~Los dos están IGUALITOS. *They're the spitting image of each other.*

IGUANA. *n.f.* Especie de lagartos. *Type of lizards.* 📖 Estábamos tirados panza arriba como IGUANAS calentándose al sol. *We were lying belly up like lizards warming themselves in the sun.* (J. Rulfo. El llano en llamas). ‖ **2.** Especie de guitarra. *Type of guitar.* ‖ **3.** •Estar hecho una IGUANA. Estar muy flaco. *To be very skinny.*

ILEGAL. *n.m.* inmigrante ilegal. *Illegal alien.*

ILUSIONISMO. *n.m.* El arte de la magia. *The art of magic.*

ILUSIONISTA. *n.m.* Mago. *Magician.*

IMBÍBITO. *adj.* Comprendido, incluido en un total. *Included (in the bill).*

IMBORNAL. *n.m.* •Irse por los IMBORNALES. Irse por los cerros de Úbeda. *To go off at a tangent.*

IMILLA. *n.f.* Moza india al servicio de un clérigo. *Indian maid at the service of a priest.*

IMITAMONOS. *n.m.* Copión. *Copycat.*

IMPAVIDEZ. *n.f.* Descaro, frescura. *Nerve, impertinence, insolence.*

IMPÁVIDO. *adj.* Fresco, descarado, insolente. *Cheeky.*

IMPERSONADOR. *n.m.* Imitador. *Imper-*

sonator.

IMPERSONAR. *v.* Imitar, remedar. *To impersonate.*

IMPLEMENTOS (del inglés *implement*). *n.m.* Útiles de labranza. *Implements.* || 2. •IMPLEMENTOS deportivos. *Sports equipment.*

IMPLICANCIA. *n.f.* (Acad.) Consecuencia, secuela. *Implication.*

IMPONENCIA. *n.f.* Grandeza, soberbia, majestad. *Stateliness, grandness.*

IMPONER. *v.* Habituar, acostumbrar. *To get accustomed to.* ~No estoy IMPUESTO a estas cosas. *I'm not used to these things.* || 2. •IMPONERSE a algo. Acostumbrarse. *To become accustomed to something.*

IMPORTAR. *v.* •Me IMPORTA un cacahuate. *I couldn't care less.*

IMPOSIBILITARSE. *v.* Lastimarse. *To hurt oneself, be injured.* ~Me IMPOSIBILITÉ la mano. *I hurt my hand.*

IMPOSIBLE. *adj.* Muy desaseado, repugnante. *Messy, untidy, dirty.* || 2. Intratable, de mal carácter (se emplea generalmente con el verbo *estar*). *Impossible, difficult to get along with.*

IMPREDECIBLE (del inglés *unpredictable*). *adj.* Desconcertante, enigmático. *Unpredictable.*

IMPROPUESTO. *adj.* (Tabasco). Falso, inexacto. *False, inexact, untrue.*

IMPUESTO. *adj.* Acostumbrado, habituado. *To be used to do something.* Estaba IMPUESTA a madrugar todos los días. *She was used to getting up early every day.*

INACIO. *n.f.* Barbaridad, salvajada propia de indios. *Atrocity.*

INACTUAL. *adj.* Falto de vigencia o de valor en la actualidad. *Lacking present validity.* || 2. Fuera de moda. *Old-fashioned, out-of-date.*

INCAÍBLE. *n.m.* Horquilla. *Bobby pin.*

INCAPACITADO. *adj.* Minusválido. *Disabled, handicapped.*

INCAPAZ. *adj.* Insoportable, insufrible (niño). *Trying, difficult (child).*

INCLINADO. *adj.* •Estar INCLINADO a. Estar propenso a. *To be inclined to.*

INCOMODADA. Ataque. *Fit.* ~Casi me dio una INCOMODADA. Casí me dió un ataque. *I almost had a fit.*

INCONDICIONAL. *adj.* Servil. *Servile, fawning.*

INCONDICIONALISMO. *n.m.* Sujeción incondicional a la voluntad de otro. *Servility.*

INCONOCIBLE. *adj.* Cambiado, desconocido. *Unrecognizable.*

INCORDIAR. *v.* Molestar, fastidiar. *To bother, annoy.* ~Dejate de INCORDIAR. *Stop bothering me.*

INCORDIO. *n.m.* Persona o cosa molesta. *Nuisance, bore, pest.* ~Ya está allí el INCORDIO ése. *Here is that pest again.*

INCRÓSPIDO. *adj.* Torpe, desmañado. *Clumsy.* || 2. Borracho. *Drunk, plastered (coll.).*

INCRÚSPIDO (variante de **incróspido**).

INCUMPLIDO. *adj.* Informal. *Unreliable.*

INCUMPLIR. *v.* Faltar, no cumplir. No me vayas a INCUMPLIR. *Don't let me down.* || 2. •INCUMPLIR a algo. No cumplir con algo. *To fail to do something.* ~INCUMPLIÓ a la cita. *She did not show up.*

INDAGATORIA. *n.f.* Investigación, indagación (jur.). *Investigation, inquiry (law).*

INDIADA. *n.f.* Acción propia de indios. *Action or expression typical of an Indian.* || 2. (Acad.). Muchedumbre de indios. *Crowd or mass of Indians.* Teníamos que desembarcar todos los caballos y sepultar a la INDIADA. *We had to unload the horses and bury the Indians.* (E. Poniatowka. Hasta no verte Jesús mío).

INDIANISMO. *n.m.* Afición a cuestiones americanas vernáculas; estudio o cultivo de ellas. *Interest in or study of the Indians of the Western Hemisphere.*

INDIANISTA. *adj.* Que cultiva la literatura, las lenguas o estudios relacionados con los indígenas americanos. *Specialist or expert in the Indian cultures of the Western Hemisphere.*

INDÍGENA. *adj.* Indio. *Indian.* ‖ 2. *n.m.* Indio. *Indian.*

INDIGESTARSE. *v.* Sufrir de indigestión. *To have an attack of indigestion.*

INDINO. *adj.* Malvado. *Mean.* ‖ 2. Vergonzoso. *Shameful, disgraceful, outrageous.* ▢ ¡Viejas INDINAS! ¡Les debería dar vergüenza! *Disgraceful old ladies. They should be ashamed of themselves.* (Juan Rulfo). El llano en llamas).

INDIO. *n.m.* •INDIO viejo. Estofado con maíz y hierbas. *Stewed meat with corn and herbs.* ‖ 2. *adj.* De color rojo oscuro (gallo). *Dark red.* ‖ 3. •Subírsele a uno el INDIO. *To get out of hand, fly off the handle.* ~Ya se le subía el INDIO con dos copas de más. *He had too much to drink and he was getting out of hand.*

INDISCERNIBLE. *adj.* Imperceptible. *Indiscernible.*

INEPCIA. *m.f.* Ineptitud. *Ineptitude, incompetence.*

INESCRUPULOSO. *adj.* Desaprensivo, sin escrúpulos. *Unscrupulous.*

INFALTABLE. *adj.* Que no falta o que no puede faltar. *Not to be missed.*

INFELIZ. *adj.* Insignificante, de poca monta. *Trifling, insignificant.* ~Pagué unos 20 infelices pesos por este magnífico cuadro. *I paid a mere 20 dollars por this wonderful picture.*

INFELIZAR. *v.* Desgraciar. *Make life miserable for someone.* ▢ A él lo que le interesó era INFELIZARME y ya. *The only thing he was interested in was to make life miserable for me.* (E. Poniatowska. Hasta no verte Jesús mío).

INFICIÓN. *n.f.* Contaminación. *Pollution.*

INFLARSE. *v.* Emborracharse. *To booze it up, drink.* ▢ Todavía no es tiempo. Primero a INFLARSE. *It's not quite the time yet. First let's get drunk.* (C. Fuentes. La región más transparente).

INFLUENCIA. *n.f.* Gripe. *Flu.*

INFLUENCIAR. *v.* Influir. *To influence.*

INFLUENZA. *n.f.* Gripe. *Flu.*

INFRACTIONAR. *v.* Poner una multa. *To fine.* ‖ 2. Transgredir. *To commit an offense.*

INFRASCRITO. *n.m.* Modo festivo de referirse a sí mismo una persona que habla ante un público. *The present speaker.*

INFUMABLE. *adj.* Insoportable. *Unbearable, intolerable.*

INFUNDIA. *n.f.* Enjundia. *Fat.*

INGENIERO. *n.m.* Título de cortesía. *Courtesy titles for executive and public officials.*

INGENIO. *n.m.* Refinería. *Refinery.* ‖ 2. •INGENIO de azucarero. *Sugar refinery.*

INGERIDO. *adj.* Enfermo. *Ill, under the weather.*

INGLESA. •A la INGLESA. Vuelta y vuelta, poco hecho (bistec). *Rare (steak).*

INGRESARSE. *v.* Alistarse en el ejército o en una institución cualquiera. *To join, become a member, to join up (military).*

ÍNGRIMO. *adj.* (Acad.) Solitario, abandonado, sin compañía. *Solitary, forsaken.* ‖ 2. Solo. *Alone.* ▢ ¿Dónde está la gente de respeto? -Salieron. Nos dejaron ÍNGRIMOS. *Where are the people of the house? -They went out. They left us all by ourselves.* (R. Castellanos. Balún Canán). ‖ 3. Desierto (lugar). *Lonely, deserted.* ‖ 4. *adv.* Solamente. *Only.* ~Traigo INGRIMOS diez pesos. *I only have 10 pesos on me.*

INMISERICORDE. *adj.* Sin misericordia (liter.). *Insensitive, pitiless (liter.).*

INMOVILIZACIÓN. *n.f.* Embotellamiento, atasco. *Traffic-jam.*

INOFICIOSO. *adj.* Inútil, ineficaz. *Useless, inefficient.*

INOPERABLE. *adj.* Que no puede ser operado. *Inoperable.*

INOPERANTE. *adj.* Ineficaz; que no opera, obra o actúa. *Useless, fruitless, unproductive.*

INQUILINAJE. *n.m.* Conjunto o reunión de inquilinos. *Tenants (Collectively).*

INSULTADA. *n.f.* (Acad.) Insulto o serie de insultos. *Insult, string of insults.*

INSULTO. *n.m.* (Tabasco). Indisposición digestiva, atascamiento intestinal. *Indigestion.*

INTEGRAR. *v.* Entregar una cantidad que se debe. *To hand over, pay up.*

INTELECTUAL. *adj.* •Autor INTELECTUAL. Cerebro. *Brains.* ~Fue el autor INTELECTUAL de la operación. *He was the brains behind that operation.* .

INTELIGENTEAR. *v.* Entender. *To understand.* 📖 Ya volvía él a leer y le INTELIGENTEABA yo muy bien [...]. *He would read again and I could understand perfectly.* (E. Poniatowska. Hasta no verte Jesús mío).

INTENDENTE. *n.m.* Inspector de policía. *Police inspector.*

INTENTO. *n.m.* Propósito. *Intention.* || **2.** •De (puro) INTENTO. A propósito. *On purpose, deliberately.*

INTERFÓN. *n.m.* Portero automático. *Intercom.*

INTERINATO. *n.m.* Interinidad, tiempo que dura el desempeño de un cargo. *Period of temporary employment.*|| **2.** Cargo o empeño interino. *Temporary post or position.*

INTERIOR. *n.m.* Provincias. *Provinces.* || **2.** •En el INTERIOR. *In the provinces, away from the capital.* 📖 Las del INTERIOR somos muy payas. *Those of us from the provinces are simple people.* (M. Azuela. Nueva burguesía).

INTERIORIZAR. *v.* Informar respecto a lo íntimo de un asunto, sus verdaderas causas, sus razones, etc. *To inform fully.* || **2.-se.** Informarse. *To familiarize, acquaint oneself with, find out, learn about.*

INTÉRLOPE. *adj.* Fraudulento. *Fraudulent.*

INTERMEDIO. *n.m.* Por intermedio de. Por conducto, por medio. *Through, by means of.*

INTERREGNO. *n.m.* Intérvalo, tregua; espacio de tiempo. *Interval, intervening period.* || **2.** •En el INTERREGNO. *In the meantime.*

INTERTANTO. *adv.* Entretanto, mientras tanto. *Meanwhile.*

INTERTANTO. *adv.* Entretanto, mientras tanto. *Meanwhile.* || **2.** *conj.* Mientras. *While.* ~INTERTANTO que él llegue. *Until he comes, while we wait for him to come.* || **3.** •En el INTERTANTO. *In the meantime.*

INTRAMUROS. *adj.* Dentro de la universidad. *Intramural.* || **2.** Campeonatos dentro de la universidad. *Intramurals.*

INTRIGAR. *v.* Inquietar, preocupar. *To preoccupy, worry.* ~Me tiene INTRIGADO la tardanza de esta respuesta. *The delay in answering has me worried.*

INVISIBLE. *n.m.* Redecilla de finos hilos de seda para mantener bien el peinado. *Hairnet of thin silk threads used by women to hold their hairdo.*

INYECTADO. *adj.* Encarnizado (hablando de los ojos). *Blood-shot (eyes).*

IPIL (variante de **huipil**).

IR. *v.* •IRLE a algo/alguien. Tomar partido por, apoyar. *To support.* ~Mucha gente le VA al equipo peruano. *A lot of people support the Peruvian team.* || **2.** •IR que. Apostar a que. *To bet that.* ¿VOY a qué se te olvidó por qué viniste a dar aquí? *I bet that you forgot why you landed here?* (M. Azuela. Los de abajo).

ISCATÓN. *n.m.* Algodón. *Cotton.*

ISLA. *n.f.* Conjunto de árboles aislado en una llanura. *Isolated clump of trees.*

ISLEÑO. *n.m.* Español natural de las Islas Canarias. *Native of the Canary Islands.*

ISMO. *n.m.* •El ISTMO. *The isthmus of Tehautepec.*

ISTE (variante de **ixtle**).

ISUATE. *n.m.* Especie de palmera de las mesetas. *Palm tree from whose bark mattresses are made.*

ITACATE. *n.m.* Provisiones de boca que se llevan en un viaje. *Travelling provisions, pack.* ‖ 2. •Hacer su ITACATE. *To pack up.*

ITINERARIO. *n.m.* Horario (trenes). *Timetable (trains).*

ITZCUINTLI (variante de **izcuincle**).

IXCUINTLE. Niño. *Boy, kid.* 📖 [...] y a eso agréguele chambear en cosas pesadas desde IXCUINTLE [...]. *And on top of it having to work away at lifting heavy stuff since I was a kid.* (Augustín Yánez. Ojerosa y pintada).

IXTLE. *n.m.* Nombre genérico dado a todas las clases de fibras vegetales. *Fiber.* 📖 De la pared pendían sacos de papel y de IXTLE conteniendo pedazos de pan más duro que las piedras. *Paper and fiber bags contaning pieces of bread harder than rocks, hung from the wall.* (M. Azuela. Nueva burguesía).

IZCUINCHE (variante de **izcuincle**).

IZCUINCLE. *n.m.* Perro sarnoso, canijo, maltratado. *Mangy, mongrel.* ‖ 2. Niño desarrapado, callejero. *Ragged child, urchin.* ‖ 3. (Variante de **ixcuintle**).

J

JAB. *n.m.* ANGL Golpe corto y directo dado en el boxeo. *Jab.*

JABA. *n.f.* Especie de haba. *Type of bean.*

JABADO. *adj.* Blanco sucio con pintas negras o pardas. *White with brown patches.*

JABATO. *adj.* Grosero, tosco. *Rude, uncouth.* ‖ **2.** Irritable, bravo. *Ill-tempered.*

JABÍ. *n.m.* Quebracho. *Quebracho (South American hardwood tree).*

JABÍN (variante de **jabí**).

JABÓN. *n.m.* Susto, miedo. *Fright, scare.* ‖ **2.** •Agarrarse un JABÓN. Asustarse. *To get a fright.* ‖ **3.** •Dar JABÓN. Adular. *To flatter.*

JABONADA. *n.f.* Reprimenda, regaño. *Dressing down, reprimand, tongue-lashing.*

JABONCILLO. *n.m.* Árbol cuya madera y fruto contienen una sustancia jabonosa que sirve para lavar la ropa. *Soapberry tree; soapberry.*

JABONERO. *adj.* Tirando a blanco (vaca, toro). *Off-white, whitish.* ‖ **2.** Barbero. *Barber.*

JABONUDO. *adj.* Jabonoso. *Soapy.*

JACAL. *n.m.* Casa humilde, **rancho**, choza. *Hut, shack, small house (made of adobe or reeds).* 📖 En cada JACALITO escondido entre las rocas, se detenían y descansaban. *They would stop at each hut hidden among the rocks and rest.* (M. Azuela. Los de abajo). ‖ **2.** •No tener JACAL donde meterse. Estar muy pobre. *To be without a roof over one's head.* ‖ **3.** •Al JACAL viejo no le faltan goteras. En la vejez todo es achaques. *Old age is bound to have its problems.*

JACALEAR. *v.* Comadrear, ir de casa en casa para charlar y murmurar. *To wander about gossiping, to spread gossip or rumors.*

JACALERO. (Noreste). Que le gusta visitar, que anda de casa en casa (no tiene siempre implicaciones de chismoso).

JACALÓN. *n.m.* Galpón de carácter provisional, destinado casi siempre a alguna diversión. *Large, poorly constructed shed, similar to a hangar, often used for country dances.* 📖 Era un JACALÓN vacío, sin puertas... *It was an empty shed, without doors.* (Juan Rulfo. El llano en llamas). ‖ **2.** Edificio destartalado. *Broken-down building.* ‖ **3.** Teatro de mala muerte. *Broken-down theater, fleapit.*

JACALUCHO. Choza. *Rundown shack.* 📖 Del jacalucho salía apresurada una muchacha. *From a lowly shack a girl came out hurriedly.* (M. Azuela. Mala yerba).

JAGUA. *n.f.* Fruto del árbol del mismo nombre, parecido a una naranja pequeña de sabor agridulce. *Genipap.*

JAGUAL. *n.m.* Terreno sembrado de JUAGAS. *Genipap plantation.*

JAGUAR. *n.m.* Tigre. *Tiger.*

JAGÜEL (variante de **jagüey**).

JAGÜEY. *n.m.* Depósito artificial de agua en el terreno o depósito transitorio en el campo. *Large pool or basin; well, cistern.*

JAHUEY (variante de **jagüey**).

JAIBA. *n.f.* (Acad.) Especie de cangrejo. *Species of crab, crayfish.* 📖 [...] y el diez de enero le cocinaron un caldo largo de robalo, un arroz con mariscos y JAIBAS [...].

On the tenth of November they prepared him a large bowl of soup of sea bass and rice with seafood and crab. (Cit. B. Steel). || 2. •Ser una JAIBA. Ser astuto, listo en los negocios. To be a sharp customer. || 3. •Allí va la JAIBA. Allí está el secreto, la parte medular del asunto. That's the point.

JAIBO. n.m&f. Nativo de Tampico. Native of Tampico.

JAIBOL. n.m. Wisky con soda. Whisky and soda, highball. 📖 –La familia está reunida, parece. ¿Traigo los naipes? Usted, Fany, irá preparando los jaiboles. It seems that the whole family is here. You, Fany, can prepare the highballs. Cit. B. Steel).

JAL. n.m. Especie de piedra pómez. Pumice stone.

JALA. n.f. Borrachera. Drunkenness.

JALADA. n.f. Reprimenda, represión, llamada de atención. Reprimand, scolding, rebuke. || 2. Tirón. Pull, tug, heave, yank. ~Le dimos varias JALADAS a la cuerda. We pulled (yanked) the rope several times. || 3. Tontería, exageración. Stupid comment. ~Ésas son puras JALADAS. That's a lot of nonsense. 📖 JALADAS, me dice. Los obreros apenas sobrepasan el salario mínimo. So you think I'm exaggerating. If I were to tell you that the workers barely make a little more than the minimum wage. (J. García Ordoño. Tres crímenes y algo más. Cit. Hispan.). || 4. Fumada de cigarrillo. Cigarette puff.

JALADERA. m.f. Manija. Handle.

JALADO. adj. Borracho. Drunk, tight. || 2. Descabellado. Crazy. || 3. Obsequioso, generoso (se usa en frases negativas). Generous. Juan no es tan JALADO como ellos piensan. John is not as generous as they seem to think. || 4. adv. Rápidamente. Fast. ~Iba muy JALADO. He was racing along.

JALADOR. adj. Servicial. Cooperative. || 2. n.m. (Acad.) Persona dispuesta a ayudar. Cooperative person. || 3. Escobilla de goma para secar superficies. Squeegee. || 4. Cadena (baño). Lavatory chain. || 5. Dispuesto a divertirse. Said of a person who likes to have a good time. 📖 Me gusta el Patotas porque a parte de lo JALADOR que es, le encanta la alegata (discusión). I like to go out with Patotas not only because he likes to have a good time, but also because he likes to argue. (V. Leñero. Los albañiles). || 6. (Noreste). Trabajador. Worker.

JALAPA. n.f. Coima (en las casas de juego). Bribe (in gambling).

JALAPANECO. adj. De o relativo a Jalapa, Tabasco. From or pertaining to Jalapa, Tabasco.

JALAPEÑO. n.m. Chile grande y picante. Jalapeño pepper. || 2. De o relativo a Jalapa, (estado de Veracruz). From or pertaining to Jalapa (in the state of Veracruz).

JALAR. v. Tirar, arrastrar. To pull, haul. 📖 Aprendí que Benito Juárez era masón y había vuelto del otro mundo para JALARLE la sotana a un cura [...]. I learned that Benito Juarez was a mason and that he had come back to earth just to pull a priest's cassock. (A. Mastretta. Arráncame la vida). 📖 [...] repartían leche en una carreta [...]. JALADA por un caballo viejo. They delivered milk in a cart pulled by an old horse. (A. Mastretta. Arráncame la vida). || 2. Tener influencia. To have pull. || 3. Exagerar. To exaggerate. || 4. Distribuir equitativamente una tarea. To do one's share. || 5. Hacer la corte. To be courting. || 6. Irse, largarse. To go, go off, clear out, head for. 📖 [...] y como no lo encontró (el trabajo), JALAMOS todos para Salina Cruz. And since he didn't find it, we all headed for Salina Cruz. (E. Poniatowka. Hasta no verte Jesús mío). || 7. Tomar una dirección o rumbo. To set out for, take the road to. 📖 Pero el año entrante, otra vez, a JALARLE p'al (para el) Norte, donde está el dinero. But next year it's up North again, where the money is. (C. Fuentes. La región más transparente). || 8. Desenfundar, desenvainar, tirar de. To pull, to draw, pull out. ~JALÓ por la pistola. He drew, pulled out his gun. || 9. Agarrar. Take, pick up. ~JALÓ el periódico y se puso a leer. He picked up the newspaper and began to read. ~JALÓ una silla y se sentó. *She drew up (took) a chair and sat down.* || **10.** Interesar, atraer. *Interest, attract.* ~Ahora lo JALAN más sus amigos. *He's more interested in seing his friends these days.* || **11.** Robar. *To steal, lift (coll.).* || **12.** Dar un aventón. *To give a lift.* || **13.** Apresurarse. *To hurry, get a move on.* ~JALA (jálale), que van a cerrar. *Get a move on, they're closing.* || **14.** Ir. *To go.* ~Estaba tan oscuro que no sabía por donde JALAR. *It was so dark, I didn't know which way to go.* || **15.** Funcionar. *To be in working order.* ~Esta máquina no JALA. *This machine doesn't work.* || **16.** Molestar. *To pester, bug (coll.).* ¡Ay cómo JALAS! *Boy, you can really get on somebody's nerves!* || **17. -se.** Emborracharse. *To get drunk.* || **18.** Tirar. *To pull, yank.* ~Le jaló los cabellos. *He pulled her hair.* || **19.** •JALAR parejo. Tirar por igual. *To pull evenly, to do one's share.* 📖 La hija del general [...] JALABA parejo en todo. *The general's daughter did her share as well as anybody else.* (E. Poniatowka. Hasta no verte Jesús mío). **b)** Repartir de forma equitativa. *To share evenly.* || **20.** •No JALARSE con una persona. No tener una amistad con una persona. *Not to get along with someone.* ~No JALABA con sus compañeros de clase. *He didn't get along with his classmates.* || **21.** •JALARLE a una cosa. Tener afición por una cosa. *To have a fondness or craving for.* ~Éste le JALA al pulque. *He loves pulque.* || **22.** •JALANDO. Bastante bien. *O.K., not too bad.* ~¿Cómo te va? -JALANDO. *How is it going? -Not too bad.* ~¿Cómo van los negocios? - JALANDO, JALANDO. *How is business? - Ok, not too bad.* || **23.** (Noreste). Trabajar. *To work.* ~Yo me puse a JALAR a los quince años cuando se murió mi padre. *I started working when I was fifteen years old when my father died.* || **24.** •JALAR el gatillo. Apretar el gatillo. *To pull the trigger.* 📖 Es entonces sedante desquite JALAR el gatillo para que un hombre caiga y se quede quietecito. *Then it's sweet revenge when you pull the trigger, a man falls and gives you no more problems.* (E; Valadés. La muerte tiene permiso). || **25.** •JALAR las orejas (a alguien). *To pull someone's ears.* 📖 (...) con la madre siempre enojada, gritona, JALÁNDOLE las orejas. *And her mother always angry, always screaming and pulling her ears.* (E. Valadés. La muerte tiene permiso). || **26.** •JALARSE las medias. Correrse. *To get a run in one's stocking.*

JALE. *n.m.* (Noreste). Trabajo. *Work.* ~Me fui al JALE bien temprano. *I went to work very early.*

JALEA. *n.f.* Gel, gomina (para el pelo). *Hair gel.*

JALEAR. *v.* Importunar. *To annoy, bother.* || **2.** Burlarse, mofarse. *To jeer at.* || **3.** Dar broma de buen humor. *To tease, mock.* || **4.** Divertirse en forma ruidosa. *To have a ball.*

JALEISTA. *adj.* Que le gusta hacer bromas, amigo de **jalear**. *Joker.*

JALISCIENSE. *adj.* De Jalisco. *From Jalisco.* || **2.** Relativo a Jalisco. *Pertaining to Jalisco.*

JALISCO. *adj.* Borracho, **jalado**. *Drunk, plastered.* || **2.** *n.m.* Sombrero de paja. *Straw hat.*

JALLO. *adj.* Presumido. *Showy, flashy.* || **2.** Quisquilloso, puntilloso. *Peevish, touchy.*

JALÓN. *n.m.* Trecho, jornada. *Distance, stretch.* ~Nos falta todavía un gran JALÓN. *We have a long way to go yet.* || **2.** Trago de licor. *Swig, drink, slug.* || **3.** (Acad.). Tirón. *Pull, tug, yank.* || **4.** Fumada de cigarrillo. *Cigarette puff.* || **5.** Enganchón (calcetín). *Snag (in fabric, stocking).* | **6.** Carrera (en una media). *Run, ladder.* || **7.** •Hacer JALÓN. Hacer requerimientos de amor. *To make advances.* || **8.** •Beber (tomar) a JALONCITOS. Tomar (beber), a sorbitos. *To sip.* 📖 [...] Tatacuatzín pagó y bebió a JALONCITOS. *Tatacuatzín paid up and began sipping at his drink.* (Cit. Hispan.). || **9.** •De un JALÓN. De un tirón, de una vez. *To do something at one go.* 📖 Nomás no te la gastes toda de una JALÓN, no seas tonto. *Just don't spend it all at once, don't be a fool.* (C. Fuentes. La región más transparente). 📖 [...] se le murieron tres hijos de un JALÓN. *He lost* three of his children one after the other. 📖 Yo a mi marido le saque de un JALON cien mil pesos de la tarjeta Optima antes de que se diera cuenta. *Before he realized it I drew a hundred thousand pesos from my husband's Optima card.* (Carlos Fuentes. La frontera de cristal).

JALONAZO. *n.m.* Tirón. *Pull, tug.*

JALONEAR. *v.* Dar tirones. *To pull at, yank out, tug at.* 📖 La JALONEÓ de las trenzas y la golpeó. *He pulled her hair and beat her.* (E. Valadés. La muerte tiene permiso). 📖 Ahí me senté sobre la cama y empecé a JALONEARLAS (las botas). *There I sat on the bed and began to wrestle with my boots.* (A. Mastretta. Arráncame la vida). || **2.** Regatear. *To haggle.* || **3.** Arrastrar. *To drag.* 📖 Estoy ronca, tengo moretones en los brazos de donde me jalearon para traerme hasta aquí. *I'm hoarse, my arms are full of bruises from pulling and dragging me here.* (R. Castellanos. Balún Canán).

JALONEO. *n.m* Tironeo. *Pulling, tugging.* || **2.** Regateo. *Haggling.*

JALOTEAR (variante de *jalonear*).

JALOTEO (variante de **jaloneo**).

JAMAICA. *n.f.* Verbena, especie de feria o venta de caridad para reunir fondos. *Jumble sale, charity sale.* || **2.** Sangre. *Blood.* || **3.** Fiesta callejera. *Street party.*

JAMÁN. *n.m.* Tela blanca. *Cotton fabric.*

JAMBADO. *adj.* Tragón, glotón, comilón. *Glutonnous.* || **2.** Que sufre los efectos de haber comido mucho. *To be feeling over-full.*

JAMBARSE. *v.* Comer con exceso. *To stuff oneself.*

JAMBAZÓN. *n.m.* Hartazgo. *Surfeit.* || **2.** La comida. *Food.*

JAMBÓN. *n.m.* Fastidioso. *Annoying, bothersome.*

JAMONCILLO. *n.m.* Dulce de leche. *Candy made with milk, sugar and ground pumpkinseeds.*

JAMPA. *n.f.* Umbral. *Threshold.*

JANDO (variante de JAMBADO).

JANGADA. *n.f.* Mala pasada. *Dirty trick.* ~Nos hizo una JANGADA. *He played a dirty trick on us.*

JAQUÉ. *n.m.* Prenda masculina de gala; chaqué. *Morning coat, cut-away coat.*

JÁQUIMA. *n.f.* Borrachera. *Drunken state, drunkenness.*

JARA. *n.f.* (Michoacán). Flecha. *Dart, arrow.* || **2.** •La JARA. La policía. *The cops.*

JARABE. *n.m.* FOLK. Baile popular semejante al zapateo. *Popular Mexican dance.* || **2.** •JARABE de palo. Paliza. *Thrashing.* || **3.** •JARABE de pico. Habladurías, promesas sin intención de cumplimiento. *Pure talk.*

JARANA. *n.f.* Pequeña guitarra campesina. *Small guitar.* 📖 Toca, toca mi JARANA/llora llora mi violín/canta, canta huapanguero/que me quiero divertir. *Let my small guitar play, let my violin weep, let the huapanguero singer sing, let us be happy.* (Cancionero mexicano (Cuco Sánchez). || **2.** Baile regional. *Folk dance.* || **3.** •Andar metido en JARANAS. Ocuparse en cosas que producen contrariedad más que provecho. || **4.** •Armar JARANAS. Meter bulla, hacer escándalo. *To kick up a row.*

JARANEAR. *v.* Divertirse, estar de fiesta. *To have a good time, to have a ball.* || **2.** Tocar la **jarana.** *To play the jarana.*

JARANERO. *adj.* Amante de la juerga, amigo de diversiones y bromas. *Merry, roistering, rowdy.* || **2.** Persona que toca la jarana. *Person who plays the jarana.*

JARANITA. *n.f.* Guitarrillo. *Small guitar.*

JARANO. *n.m.* Sombrero de fieltro, de copa alta y ala ancha. *Wide-brimmed hat.*

JARCÍA. *n.f.* Cuerda. *Rope, cord.*

JARCIO. *adj.* Borracho. *Drunk.*

JARDÍN. *n.m.* •JARDÍN de niños. Jardín de infancia. *Kindergarten.*

JARDINERA. *n.f.* Tranvía abierto propio para pasearse en las tardes calurosas. *Open trolley car, open-side tramcar.*

JAREA. n.f. Apetito voraz. *Hunger, keen appetite.*

JAREARSE. v. Morirse de hambre. *To be starving.* || **2.** Huir, evadirse. *To flee.* || **3.** Bambolearse. *To sway, stagger.*

JARIPEAR. v. Participar en un **jaripeo**. *To take part in a horse show or rodeo.*

JARIPEO. n.m. Diversión en que se montan potros cerriles, se hacen ejercicios de lazo y demás cosas propias de jinetes. *Horse show, rodeo, bronco-busting.*

JAROCHO. adj. Natural de Veracruz. *Native of Veracruz.* 📖 «En un principio, el término se aplicó en Veracruz, con intención ofensiva, al hijo de negro e indio. La voz deriva del epíteto *jaro*, que en la España musulmana se asignó al puerco montés. Con la indepencia y la Reforma el vocablo perdió su sentido ofensivo, y en la actualidad la población del puerto de Veracruz ostenta con orgullo el título de *jarocha*.» (J. Mejía Prieto).

JAROPEARSE. v. Hartarse de comer hasta indigestarse. *To get a stomach ache from overeating.*

JARRA. n.f. Borrachera. *Binge, drinking spree.* || **2.** •Irse de JARRA. Agarrar una borrachera. *To go on a drinking spree.* || **3.** •Agarrar la JARRA. Emborracharse. *To get plastered (coll.).*

JARRADA. n.f. Lo que cabe en una jarra. *Jugful.*

JARTÓN. adj. Comilón, tragón. *Gluttonous.*

JATO. n.m. Atado, bulto, lío. *Load.* || **2.** Hato de ganado. *Flock, herd.*

JAULA. n.f. Vagón de ferrocarril ganadero, sin techo. *Cattle truck, cattle railway car.* || **2.** Cárcel. *Prison, jail.* || **3.** •Hacer JAULA. Resistirse a hacer algo. *To dig one's heels in.*

JAULERO. n.m. Ladrón. *Thief.* 📖 «Calificativo empleado por la prensa amarillista para designar al ladrón que se esconde, durante las horas hábiles, en un local comercial, quedándose dentro cuando cierran –enjaulado– para cometer su fechoría.» (R. Elizondo Elizondo).

JEDENTINA. n.f. Hedor, hediondez. *Foul smell.* 📖 La JEDENTINA se la llevaba el aire muy lejos, y muchos días después todavía se olía el olor a muerto chamuscado. *The air dispersed the foul smell far away, but many days later the smell of burned bodies was still in the air.* (J. Rulfo. El llano en llamas).

JEDER. v. Heder. *To reek, stink.*

JEFE. n.m. •Tratamiento que la gente de pueblo inculta acuerda a los personajes que, según supone, tiene poder o mando. ~Sí, mi JEFE. *Yes, sir!, yes, boss!* 📖 Diosito se lo ha de pagar, jefe. *God bless you, sir.* (Augustín Yánez. Ojerosa y pintada). 📖 ¿A donde vamos, jefe? No me saque de aqui! *Where are we going, sir. Don't take me out of here!* (Carlos Fuentes. La frontera de cristal). || **2.** Padres. *Parents.* 📖 Ya ves como son los JEFES de uno, que ni se ocupan de uno. *You can see how parents are, they don't even care about you.* (C. Fuentes. La región más transparente).

JEGÜITE. n.m. Yerbazal que nace espontáneamente en un terreno inculto, maleza. *Weeds, brambles.*

JEGÜITERA. n.f. Sementera llena de **jeqüite**. *Sown land filled with weeds or brambles.*

JEHUITE (variante de *jegüite*).

JEJÉN. n.m. Mosquito. *Mosquito.* || **2.** Montón, un gran número. *Heap, great number.* Tener un JEJÉN de hijos. *To have a slew of kids.* || **3.** Multitud. *Crowd.*

JEJENCO. adj. Tonto, simple. *Stupid, dim.*

JEJENERÍO. (Noreste). Variante de **jején**.

JELENQUE. n.m. Pendencia, bochinche. *Din, racket.*

JENÍZARO. adj. (Acad.) Se dice del descendiente de cambujo y china, o chino y cambuja. *Mixed, hybrid.* || **2.** (Acad.) Individuo del cuerpo de policía. *Police* *officer.*

JEREMIADA. *n.f.* Acción de jeremiquear. *Whining, moaning.*

JEREMIQUEAR. *v.* Lloriquear, gimotear. *To snivel, whimper, moan, whine.* || **2.** Rogar con insistencia. *To nag.*

JEREMIQUEDA (variante de **jeremiada**).

JEREMIQUEO (variante de **jeremiada**).

JERGA. *n.f.* Pieza de paño que se aplica sobre el lomo de las caballerías como sudadero. *Horse blanket.* 📖 Y la almohada era una JERGA [...]. *And a horse blanket served as a pillow.* (J. Rulfo. Pedro Páramo). || **2.** Trapo. *Floorcloth.* || **3.** Alfombra. *Rug.*

JERINGA (variante de **jeringón**). || **2.** (Acad.). Molestia, pejiguera, importunación. *Nuisance, bother.*

JERINGAR. *v.* Molestar, enfadar. *To bug, pester.*

JERINGÓN. *adj.* Fastidioso, jeringador. *Annoying, pestering, irritating.* || **2.** *n.m.* Persona fastidiosa, molesta. *Pest, nuisance.*

JERINGUEADOR (variante de *jeringón*).

JERINGUEAR. *v.* Jeringar, molestar. *To annoy, vex, irritate.*

JERÓNIMO. *n.m.* •Sin JERÓNIMO de duda. Sin genero de duda. *Without the shadow of a doubt.*

JERSEY. *n.m.* Tejido de lana o seda de punto de malla; jersey (tela). *Jersey (fabric).*

JESUITA. *n.m.* Persona hipócrita. *Hypocritical person.*

JESUITISMO. *n.m.* Comportamiento hipócrita y disimulado. *Hypocritical conduct.*

JETA. *n.f.* Siesta. *Nap.* || **2.** •Echarse una JETA. Tomar una siesta. *To take a nap.*

JETEAR. *v.* Dormir. *To sleep.* || **2.** -se. Quedarse dormido. *To fall asleep.*

JETINA. *n.f.* (Guerrero). Enojo, mal humor. *Anger, bad mood.* ~Ya está con la JETINA. *He's in a bad mood again.*

JETÓN. *adj.* De boca grande. *Big*-mouthed.

|| **2.** De labios gruesos. *Thick-lipped.* || **3.** Enojado o malhumorado. *In a bad mood.* || **4.** Dormido. *Asleep.*

JÍBARO. *adj.* Rústico. *Rural, rustic.* || **2.** Huraño. *Sullen.* || **3.** *n.m.* Campesino. *Peasant.* || **4.** (Acad.) Decíase del descendiente de albarazado y calpamula, o abarazada y calpamulo. *Mixed, hybrid.*

JICALPESTLE. *n.m.* (Oaxaca). Calabaza en general. *Pumpkin, squash.*

JÍCAMA. *m.f.* Especie de nabo dulce. *Sweet turnip.*

JÍCARA. *n.f.* Vasija en forma de taza hecha del fruto del **jícaro**. *Gourd cup or bowl made from a calabash gourd.* 📖 Una moza muy amable trajo una JÍCARA de agua azul. *A very nice lady brought out a jug of clear water.* (M. Azuela. Los de abajo). || **2.** Pocillo o taza destinados a servir el chocolate. *Small cup for drinking chocolate.* || **3.** Cabeza calva. *Bald head.* || **4.** Medida. *Unit of measure.* || **5.** (Acad.) Fruto del jícaro. *Fruit of the calabash tree.*

JICARAZO. *n.m* Veneno que se daba a beber en una jícara de chocolate. *Poisonous drink.* || **2.** Lo que cabe en una **jícara**. *Cupful.* || **3.** Golpe dado con una jícara. *Blow given with a gourd bowl.*

JICARERAR. *v.* Medir el pulque por jícaras. *To measure pulque by jícaras.*

JICARERO. *n.m.* Despachador de las pulquerías que mide por jícaras el pulque que vende. 📖 El JICARERO vino con una jarra nueva. (M. Azuela. La malhora). 📖 Y muchos meses vivió como JICARERO de una pulquería de Nonoalco. *And for many months he earned his living by serving pulque in a bar in Nonoalco.* (M. Azuela. Nueva burguesía).

JÍCARO. *n.m.* El árbol que tiene como fruto la jícara. *Calabash tree.* || **2.** (variante de **jícara**).

JICARUDO. *adj.* Que tiene la cara ancha y la frente abultada. *Broad-faced, broad-browed.*

JICHE. *n.m.* (Tabasco). Tendón, ligamento muscular. *Tendon, sinew.*

JICHOSO. *adj.* De contextura tendinosa. *Sinewy.*

JICOTE. *n.f.* (Acad.) Avispa. *Wasp.*

JICOTEA. *n.f.* Especie de tortuga americana de huevos comestibles. *Fresh-water tortoise.*

JICOTERA. *n.f.* Nido de **jicotes**. *Wasp's nest, hornets' net.* || **2.** Zumbido de las avispas. *Buzzing of wasps.* || **3.** •Armar una JICOTERA. Meter bulla, armar camorra. *To kick up a row.*

JIGOTE. *n.m.* Guisado de carne, muy condimentado. *Fricassee; braised meat stew.*

JIJEZ. *n.f.* Mala jugada. *Dirty trick.*

JIJO (variante de **hijo**).

JILA. *n.f.* (Veracruz). Montón, pila. *Heap, pile.* || **2.** Hilera de plantas en un sembrado, *Row of plants in a sown field.*

JILOTE. *n.m.* (Acad.) Mazorca de maíz cuando su granos no han cuajado todavía. *Unripened ear of corn.*

JILOTEAR. *v.* Empezar a cuajar el maíz. *To come into ear, to begin to ripen.*

JIMAGUA. *n.f.* Gemelo. *Twin.*

JIMBA. *n.f.* Bambú. *Bamboo.* || **2.** Borrachera. *Drunkenness.* || **3.** Trompo hecho con la corteza del fruto del bambú. *Spinning top made with the bark of the bamboo fruit.* || **4.** •Bailar como JIMBA. Que le gusta bailar. *Fond of dancing.*

JIMBAL. *n.m.* Matorral de jimbas. *Bamboo thicket.*

JIMBAR. *v.* (Chiapas). Arrojar con violencia. *To hurl, fling, throw.*

JIMBO. *adj.* Borracho. *Drunk.*

JINAISTE. *n.m.* Grupo de chiquillos. *Bunch of kids.*

JINCAR. *v.* Encajar, enjaretar. *To subject to, burden with.* Le JINCARON un hijo. *She got stuck wih a child.*

JINDAMA. *n.f.* Miedo. *Fear.*

JINETA. *n.f.* (Acad.). Mujer que monta caballo. *Horsewoman, rider.*

JINETAZO. Muy buen jinete. *Expert horseman.*

JINETEAR. *v.* (Acad.) Montar a caballo. *To mount a horse.* || **2.** Domar un caballo. *To break in a horse.* || **3.** Disponer temporalmente del dinero ajeno. *To misappropriate funds.* || **4.** -se. Asegurarse el jinete como pueda, para no ser derribado por la bestia. *To stay in the saddle.* || **5.** Procurar los medios para sostenerse en una posición (por alusión al jinete que monta un potro y resiste sus corcovos). *Find the ways to maintain a certain position.* || **6.** Ofrecer resistencia a amenazas o peligros. *To hang on, keep going.* || **7.** (Acad.) Tardar en pagar un dinero con el fin de sacar ganancia. *To speculate by making late payments on money owned.* ~Le corrieron por andar JINETANDO el dinero de los empleados. *They fired him for speculating with the employee's money.*

JIOTE. *n.m.* (Acad.) Enfermedad cutánea, especie de pitiriasis o empeine. *Impetigo, rash.* 📖 No ves esas manchas como de JIOTE que me llenan de arriba abajo. *Can't you see all those spots from the rash covering my whole body.* (Juan Rulfo. Pedro Páramo).

JIOTOSO. *adj.* Persona que tiene jiote. *Suffering from jiote.*

JIOTUDO (variante de *jiotoso*).

JIPA (variante de **jipajapa**).

JIPAR. *v.* Hipar, *To hiccup.* || **2.** Jadear. *To pant, grasp for breath.*

JIPATERA (variante de **jipatez**).

JIPATEZ. *n.f.* (Tabasco). Palidez. *Paleness, wanness.*

JIPATO. *adj.* (Tabasco, Veracruz). (Pers.) muy pálida o anémica. *Pale, wan.*

JIPE (Yucatán). Variante de **jipe**.

JIPI. *n.m.* Sombrero de palma. *Straw hat.*

JIPIAR. *v.* Hipar. *To hiccup.*

JIPIJAPA. *n.m.* Sombrero de palma. *Straw hat, Panama hat.*

JIPO. *adj.* (Noreste). Satisfecho (hambre). *Full.*

JIQUILETE (variante de *jiquilite*).

JIQUILITAL (variante de **jiquilitera**).

JIQUILITE. *n.m.* Planta de la que se extrae el añil. *Indigo plant.* || **2.** Añil de superior calidad que se extrae de esta planta. *Indigo.*

JIQUILITERA. *n.f.* Lugar poblado de jiquilites. *Plantation of jiquilites.*

JIRIBILLA. *n.f.* Movimiento giratorio que se toma en su trayectoria un objeto lanzado, por el efecto del lanzamiento. *Spin, turn.*

JIRICUA. *n.f.* Planta muy usada en la medicina popular para curar el reumatismo y las úlceras. *Popular medicinal plant used against rheumatism and ulcers.* || **2.** Sarna. *Itch, scabies.* || **3.** Tiña. *Ringworm.*

JIRIMIQUEAR. *v.* Gemir, lloriquear, gimotear. *To moan, whine, complain.*

JIRIMIQUEDA. *n.f.* Lloriqueo, gimoteo. *Moaning, whining, complaining.*

JIRIMIQUEO (variante de **jerimiqueo**).

JIRIMIQUIADO (variante de **jerimiqueada**).

JITAZO. *n.m.* Golpe, palo bien dado. *Hit, blow; hit, stroke (sport).* || **2.** Exito. *Success.*

JITOMATAL. *n.m.* Plantío de **jitomates**. *Jitomate field.*

JITOMATE. *n.m.* (Acad.) Tomate. *Tomato.* 📖 (...) luego va a la plaza, compra sus cebollas, sus JITOMATES (...). *Then he goes to the town square, buys the onions and tomatoes he needs...* (M. Azuela. Los de abajo). 📖 [...] y cada rato andaba en pleito con las marchantas en la plaza del mercado porque le querían dar muy caro los JITOMATES. *She would always quarrel with the women who were peddling their wares in the market place because they sold the tomatoes at a high price.* (Juan Rulfo. El llano en llamas).

JITOMATERA. *n.f.* Planta que produce el **jitomate**. *Tomato tree.* || **2.** Mujer que vende **jitomates**. *Woman tomato vendor.*

JITOMATERO. *adj.* Relativo al **jitomate**. *Pertaining to the jitomate.* || **2.** (variante de **jitomatal**).

JOBO. *n.m.* Cedro. *Cedar tree.* || **2.** Aguardiente. *Spirits, liquor.*

JOCO. *adj.* Agrio, amargo (fruta). *Sour, bitter (fruit).*

JOCOQUE. *n.m.* Leche cortada. *Sour cream.* || **2.** (Acad.). Preparación alimenticia a base de leche agriada, semejante al yogur. *Yogurt.*

JOCOQUETE (variante de **jocoque**).

JOCOQUI (variante de **jocoque**).

JOCOTAL. *n.m.* Plantío de **jocotes**. *Hog plum field.*

JOCOTE. *n.m.* (Acad.) Fruta parecida a la ciruela. *Hog plum (prune-like fruit).*

JOCOTERO. *adj.* Relativo al **jocote**. *Pertaining to the hog plum.* || **2.** Arbol que produce los **jocotes**. *Hog plum tree.*

JOCOYOTE. *n.m.* El hijo menor. *Youngest child, baby of the family.*

JODA. *n.f.* Molestia, fastidio. *Annoyance, bother, drag (coll.).* || **2.** Perjuicio. *Harm, damage.* || **3.** Problema, dificultad. *Trouble.* || **4.** Broma. *Joke, joking.* ~Te lo digo en JODA. *I'm just kidding.*

JODEDERA. *n.f.* Bobada, cosa molesta. *Nonsense, silly thing.* 📖 Yo la vida no la tengo comprada para andar perdiendo el tiempo en las JODEDERAS que discurren sus mercedes. *Life is too short for me to loose my time listening to all the stupid things that you gentlemen come up with.* (E. Poniatowska. Hasta no verte Jesús mío. Cit. Hispan.).

JODER. *v.* Fastidiar, molestar. *To annoy, upset.* || **2.** Perjudicar. *To harm, damage.* || **3.** Hacer problemas. *To cause trouble.*

JODIDO. *adj.* Egoísta. *Selfish.* || **2.** Perverso. *Wicked.* || **3.** De trato difícil, quisquilloso, exigente. *Demanding, tough (coll.).*

JODIENDA. *n.f.* Molestia, fastidio. *Nuisance.*

JODÓN. *adj.* Pesado, fastidioso. *Annoying, irksome, tedious.* || **2.** Listo, hábil. *Skillful.* ~Parece JODONA con la guitarra. *She's pretty good on the guitar.*

JOL (del inglés *hall*). *n.m.* Vestíbulo. *Hall, lobby.* 📖 [...] haciendo a lado la cortina floreada que dividía el pequeño JOLECITO del primer cuarto. *Pulling aside the curtain with flower designs which separated the small hall from the first room.* (V. Leñero. Los albañiles).

JOLA. *n.f.* Dinero en cambio menudo. *Small change.*

JOLINCHE. *adj.* Rabón, colín. *Short-tail, bob-tailed.* || **2.** De cuchillo de hoja gastada. *Said of knife with a worn-out or dull blade.*

JOLINO (variante de **jolinche**).

JOLÓN. *n.m.* Avispa que fabrica sus nidos con lodo cerca de las casas rústicas. *Wasp.* || **2.** Nido de esta avispa. *Wasp's nest.* || **3.** Rabón. *Bob-tailed.*

JOLONERA. *n.f.* Nidada de **jolones**. *Wasp's nest.*

JOLOTE. *n.m.* Pavo o **guajolote**.

JOLOTÓN. *n.m.* Manto de algodón muy labrado que usan de rebozo las mujeres de Jalisco. *Embroidered cotton shawl worn by Jalisco women.*

JOMA. *n.f.* Joroba. *Hump.*

JOMADO. *adj.* Jorobado. *Hunchbacked.*

JOMBEADO. *adj.* (Oaxaca). Jorobado. *Hunchbacked.*

JONDEAR. *v.* Tirar, arrojar un objeto. *To throw, hurl.* || **2.** Acobardarse, abrirse. *To turn cowardly.* || **3.** Lanzarse sobre algo. *To hurl oneself upon an object.*

JONDEÓN. *n.m.* Tirón, empujón. *Throw.*

JONRÓN. *n.m.* DEP. Cuadrangular. *Home-run.*

JONRONEAR. *v. To make a home run.*

JONUCO. *n.m.* Espacio o pieza oscura situada debajo de la escalera de las casas. *Small dark room.*

JORJA. *n.f.* Sombrero de palma. *Straw hat.*

JORNADA. *n.f.* Extensión grande de tierra árida y sin vegetación. *Stretch of barren land.*

JORNALERO. *n.m.* Trabajador asalariado que trabaja por día en los labores del campo. *Day laborer.*

JORONCHE. *n.m.* Jorobado. *Hunchbacked.*

JORONGO. *n.m.* (Acad.) Especie de poncho, sarape. *Sleeveless poncho.* || **2.** Colcha, frazada de lana. *Woolen blanket.* 📖 [...] tapados con míseros JORONGOS. *Covered with miserable woolen blankets.* (M. Azuela. Nueva burguesía).

JOSCO. *adj.* Color oscuro del ganado. *Dark grey (cattle).* || **2.** (Caballo) espantadizo. *Easily frightened or startled (horse).*

JOTO. *n.m.* (Acad.) Afeminado. *Effeminate, homosexual.* 📖 (...) y miles de aristócratas y pintores y JOTOS. *And thousands of aristocrats, painters and homosexuals.* (C. Fuentes. La región más transparente). || **2.** Miedoso, cobarde. *Coward, fearful.* ~No seas JOTO. *Don't be a scaredy-cat.*

JUAGAR. *v.* Enjuagar. *To rinse.*

JUAN. *n.m.* Soldado de línea. *Common soldier.*

JUANA. *n.f.* Marijuana. *Marijuana.* || **2.** Mujer fácil que frecuenta los cuarteles. *Camp follower.*

JUANITA (variante de **juana**).

JUAY. *n.m.* Cuchillo. *Knife.*

JUBILARSE. *v.* Instruirse en un asunto; adquirir práctica. *To become expert or skilled, to gain experience.*

JUDAS. *n.m.* Pelele o muñeco de papel y trapos, relleno de pólvora y de petardos, que se quema, colgado de un poste, el Sábado de Gloria por la noche. *Figure burnt on Easter bonfires.* || **2.** Muchacho travieso. *Mischievous child.* || **3.** El día del santo. *Saint's day.* || **4.** Policía. *Police.* Leoncio es un conocido traficante, protegido de Guajardo y otros JUDAS. *Leoncio is a well-known drug dealer, and a protégé of Guajardo and other cops.* (J. García Ordoño. Tres crímenes y algo más. Cit. Hispan.).

JUDERÍA. *n.f.* Diablura, travesura de muchacho. *Prank, mischief.*

JUDICIAL. *n.f.* Policía. *Policeman.*

JUECHE. *m.n.* (Tabasco, Sureste). Armadillo. *Armadillo.*

JUEGA. *Interj.* ¡Seguro!, ¡de acuerdo! *Sure!, agreed.*

JUGADA. *n.f.* Esguince, movimiento brusco del cuerpo para evitar un golpe, un peligro, etc. *Dodge.*

JUGADO. *adj.* Experto, experimentado. *Expert, skilled.*

JUGAR. *v.* •JUGAR a dos cartas. *To be doublefaced.* || **2.** •¡JUEGA! Sí, por supuesto. *You bet!, of course.* –¿Vamos a la fiesta? –¡JUEGA! *Are we going to the party? –You bet!*

JUGUETÓN, NA. n.m&f, Adúltera, adúltero. *Adulteress, adulterer.*

JUIL. *n.m.* Pez de los lagos del país. *Mexican lake trout.* || **2.** •Si el JUIL no abriera la boca, no lo pescarían. En boca cerrada no entran moscas. *Silence is golden.*

JUILA. *n.f.* Bicicleta. *Bicycle.*

JUILÓN (Tabasco). *adj.* Cobarde. *Cowardly.* ⌂ Ya lo decía yo que era un JUILÓN. Con sólo verle la cara. *I told you that he was a coward. Just by looking at him.* (J. Rulfo. El llano en llamas).

JUIPEAR (del inglés *to whip*). *v.* (Tabasco). Azotar. *To whip.*

JUIPERA. *n.f.* (Tabasco). Azotaina. *Whipping.*

JUISQUI (del ingles *whiskey*). Whisky, güisqui. *Whiskey.*

JULEPE. *n.m.* Ajetreo, trabajo. *Work, strenuous activity, hustle and bustle.* || **2.** (Sureste). Regaño, represión. *Reprimand.*

JULEPEAR. *v.* Cansar. *To tire out, wear out.* || **2.** Regañar, reprender. *To reprimand, scold.*

JULIA (del inglés *jail*). *n.f.* Carro cerrado para llevar a los presos. *Black Maria, paddy wagon.* ⌂ Nos llevaron a los dos (la policía). No se usaban las JULIAS entonces. A pie nos arriaban a cualquier parte por todas las calles. *They took the two of us away. They didn't have paddy wagons then. They would herd us on foot everywhere and through all the streets.* (E. Poniatowska. Hasta no verte Jesús mío). || **2.** Coche de la policía. *Police car.*

JUMA. *n.f.* Borrachera. *Drunkenness.*

JUMADERA. *n.f.* Borrachera. *Drunken state.* || **2.** Humareda. *Cloud of smoke.*

JUMADO. *adj.* Borracho. *Drunk.*

JUMARSE. *v.* Emborracharse, embriagarse. *To get drunk, to get plastered (coll.).*

JUMO. *adj.* Borracho. *Drunk.*

JÚNIOR. *n.m.* Hijo de papá. *Rich kid.*

JUNQUILLO. *n.m.* Cadenita de oro que se ponen las mujeres en el cuello. *Gold necklace.*

JUNTADO. *adj.* Amancebado. *Concubinage, living together.*

JUNTARSE. *v.* Vivir junto una pareja. *To live together (unmarried couple).* ⌂ (...) y mire que ya llevamos seis meses de habernos JUNTADO. *And keep in mind that we've already been living together for six months.* (M. Azuela. La luciérnaga).

JUNTO. *prep.* •JUNTO de. Junto a. *Next to.* ~Y sentado me hallé junto DE una fuente. *And I sat down I saw a fountain near me* (Cit. Santamaría).

JUPA. *n.f.* Calabaza redonda. *Gourd.* || **2.** La cabeza, dicho en tono festivo. *Head (hum.).*

JURA. *n.f.* •Hacer JURA. Arrojar dinero a los muchachos. *To throw money around (to children).* || **2.** La policía. *The cops.*

JURACO. *n.m.* Agujero. *Hole.*

JURGONEAR. *v.* Hurgonear. *To ferret, rummage through.*

JURRIA. *n.f.* (Veracruz). Borrachera. *Drunken spree.*

JURTÓN. *n.m.* Ladrón, bandolero. *Thief, bandit.*

JURUNERA. *n.f.* Covacha. *Cubbyhole under the stairs.* || **2.** Lugar de difícil acceso. *Hard to get at place.*

JUZGÓN. *adj.* Criticón, murmurador. *Hypercritical, carping.*

L

LABERINTEAR. *v.* (Norte). Hacerse cargo de un asunto; gestionar. *To arrange.*

LABERINTERO (variante de **laberintoso**).

LABERINTO. *n.m.* Escándalo. *Scandal.* ‖ 2. Ruido. *Noise.* ‖ 3. Intriga. *Intrigue.* ‖ 4. Griterío. *Shouting, uproar.*

LABERINTOSO. *adj.* Escandaloso, embrollón, metebullas. *Troublemaker.*

LABIOSIDAD. *n.f.* Zalamería, adulación. *Flattery.*

LABIOSO. *adj.* Que tiene mucha labia; hablador. *Talkative.* ‖ 2. Ladino. *Persuasive, glib, honey-tongued.* ‖ 3. *n.m.* Adulador, lisonjero. *Flatterer.*

LABOR. *n.f.* (Noreste). Finca pequeña destinada a la agricultura. *Small farm.*

LABRADOR. *n.m.* El que tumba los árboles y los labra, hasta dejar la troza lista para el arrastre; leñador. *Lumberjack.*

LABRAR. *v.* Derribar los árboles y limpiar los troncos en una explotación maderera. *To fell and smooth (tree).*

LACEADA. *n.f.* Zurra aplicada con un lazo o cosa semejante. *Thrashing with a lasso or something similar.*

LACEADURA (variante de **laceada**).

LACEAR. *v.* Asegurar con lazos la carga de las caballerías. *To tie on firmly, to strap securely.* ‖ 2. Echarle el lazo a. *To lasso.*

LACHO. *n.m&f.* Diminutivo familiar de Nicolás y Horacio. *Nickname for Nicholas and Horatio.*

LACIAR. *v.* Poner lacio el pelo rizado. *To uncurl, straighten (hair).*

LACRA. *n.f.* Úlcera, llaga. *Sore, ulcer.* ‖ 2. Cicatriz. *Scar.* ‖ 3. Costra. *Scab.*

LACRADO. *adj.* Que tiene lacras. *Having ulcers or scars.*

LACRE. *adj.* De color rojo. *Bright red.*

LADEA. *n.f.* Limpieza, en un sembrado, de las malezas que crecen a los lados de las filas de plantas. *In a field, cutting of undergrowth which grows on the sides of the rows of plants.*

LADEADO. *n.m.* Persona de cortos alcances. *Simpleton.*

LADILLA. *n.f.* Persona pesada. *Pain, pest.*

LADILLENTO. *adj.* Que tiene ladillas. *Covered with lice.*

LADINO. *adj.* De voz aguda; lo contrario de voz gruesa o grave. *High-pitched, fluty.* Qué mujer tan LADINA. *What a shrill voice that woman has.* ‖ 2. (Tabasco, Campeche, Chiapas). De ascendencia hispana. *Of Spanish-speaking origin. (Often used to refer to Indians who adopt Spanish ways).* 📖 Los compañeros me hacían burla porque era yo vestido de LADINO, porque había dejado mi vestido de chamula. *My companions would poke fun at me because I was dressed like a white person and I had stopped wearing my Indian clothes.* (R. Pozas. Juan Pérez Jolote). ‖ 3. Mestizo. *Of mixed race (particularly of Indian and white parentage).* ‖ 4. Salvaje, bravo (animal). *Wild, fierce.* ~El enlaza toros LADINOS. *He lassoes wild bulls.* ‖ 5. *n.m.* Indio de habla hispana. *Spanish-speaking Indian.*

LADO. •El otro LADO. Los Estados Unidos. *The United States.* ~Traen fayuca (mercancías de contrabanda) del otro LADO. *They* *bring smuggled goods from the United States.* ~Viven en el otro LADO. *They live in the United States.* ‖ **2.** •Echársela de LADO. Jactarse, vanagloriarse. *To boast.* ‖ **3.** •Por mi LADO no hay portillo. Ser uno firme en sus convicciones; puede usted confiar en mí. *To stand firm; you can trust me.* 📖 Se trata, a lo que parece, de seguir peleando. Buenos, pos a darle; ya sabe mi general, que por mi lado no hay PORTILLO. *It seems that we have no other choice than keep fighting. So let's do it; I want you to know, general, that as far as I'm concerned, I'm a hundred-percent on your side* (M. Azuela. Los de abajo. Cit. Hispan.).

LADRERÍA (variante de **ladrerío**).

LADRERÍO. *v.* Ladrar incesante de los perros, ladrido. *Barking.*

LADRILLERA (variante de **ladrillería**).

LADRILLERÍA. *n.f.* Lugar en que se hacen ladrillos; ladrillar. *Place were bricks are made; brickworks.*

LADRONA. *n.f.* Hormiga voraz de gran tamaño. *Large voracious ant.*

LADRONAZO. *n.m.* Muy ladrón. *Big time thief.*

LADRONERÍO. *n.m.* Hurtos o robos frecuentes. *Series of thefts or robberies.*

LAGARTADA (variante de **lagartera**).

LAGARTEAR. *v.* Cazar lagartos. *To catch lizards.*

LAGARTEO. *n.m.* Action de cazar lagartos. *Lizard catching.*

LAGARTERA. *n.f.* Madriguera de lagartos. *Lizard hole.*

LAGARTERO (variante de **lagartera**).

LAGARTERO. *n.m.* Cazador de lagartos. *Person who catches lizards.* ‖ **2.** *adj.* Relativo al lagarto. *Pertaining to lizards.*

LAGARTIJA. *n.f.* •Ser o estar hecho una LAGARTIJA. Estar muy flaco. *To be very skinny.*

LAGARTIJO. *n.m.* Persona ociosa o vaga que anda siempre bien vestido. *Sharp dresser, dandy.* ‖ **2.** Salvavidas. *Lifeguard.*

LAGARTO. *n.m.* Persona astuta, audaz, codiciosa, muy aficionada al dinero. *Shark, get-rich-quick type.* ‖ **2.** Caimán. *Alligator.* 📖 El cazador arriesga en cada excursión las piernas y los brazos para que las damas elegantes luzcan bolsas y zapatos de piel de LAGARTO. *On each trip the hunter risks his legs and arms so that elegant ladies can display their alligator purses and alligator shoes.* (Cit. B. Steel). ‖ **3.** •¡LAGARTO¡, ¡LAGARTO! ¡Dios nos libre! *God forbid!*

LAGARTÓN. Codicioso, audaz; listo en grado sumo, como para tragarse al más listo. *Extremely sharp, shrewd.*

LAGUNATO. *n.m.* Lagunajo, charco. *Pool.*

LAGUNEAR. (Tabasco). Pescar por las lugunas, general de noche con una linterna. *To fish (especially at night, with a lantern).*

LAGUNERÍA. *n.f.* Lugar donde hay muchas lagunas. *Place abounding with lagoons.*

LAGUNERÍO (variante de *lagunería*).

LAGUNERO. *n.m.* El que cuida de una laguna. *Person who guards a lake, pool or lagoon.*

LAICIDAD. *n.f.* Laicismo. *Laicism (doctrine of the independence of the State, etc., from interfererence).*

LALO, -LA. Diminutivo de Eduardo y Eduarda. *Nickname for Eduardo and Eduarda.*

LAMA. *n.f.* (Acad.) Moho, cardenillo. *Mold, mildew.* ‖ **2.** (Acad.) Musgo que se cría en el tronco y las ramas de los árboles viejos. *Moss.* ‖ **3.** Estiércol. *Fertilizer.*

LAMADA. *n.f.* Lamedura. *Lick.*

LAMBARERO. *n.m.* Adulador. *Flatterer.*

LAMBEADURA. *n.f.* Lametada. *Lick.*

LAMBEDOR. *n.m.* Adulón. *Flatterer.*

LAMBEPLATOS. *n.m.* Servil, abyecto, lameplatos. *Bootlicker.* ‖ **2.** Pobre diablo, muerto de hambre. *Poor wretch.*

LAMBER. *v.* Adular servilmente. *To suck up to (coll.).*

LAMBETADA. *n.f.* (Tabasco). Lamida o golpe de la lengua lamiendo. *Lick.* ‖ **2.** Acción de adular servilmente. *Soft-soaping.*

LAMBETAZO. *n.m.* Lengüetada. *Lick.*

LAMBETEADA (variante de **lambetada**).

LAMBETEAR. *v.* Lamer. *To lick.*

LAMBETÓN (variante de **lambetada**).

LAMBIACHE (variante de **lambón**)

LAMBIACHI (variante de **lambón**)

LAMBICHE (variante de **lambiscón**).

LAMBICHI (variante de **lambón**).

LAMBIDA. *n.f.* Lamidura, lengüetada, lamido. *Lick.*

LAMBIDO. *adj.* Sinvergüenza, descarado, cínico. *Cheeky, shameless, cynical.* ‖ **2.** Presumido. *Vain, conceited.* ‖ **3.** Entrometido. *Meddling, interfering.* No te metas en mis cosas, LAMBIDA. *Don't meddle into my affairs.*

LAMBIDURA (variante de **lambida**).

LAMBIMIENTO (variante de **lambida**).

LAMBIOCHE (variante de **lambón**).

LAMBIOCHI (variante de **lambón**).

LAMBISCÓN. *adj.* Goloso, lameplatos. *Gluttonous.* ‖ **2.** (Acad.) Adulador. *Fawning, toadying.* 📖 Pero la bola de LAMBISCONES se desvivía por tenerle la mesa llena. *But the bunch of flatterers would go out of their way to make sure that nothing was missing from the table.* (Juan Rulfo. El llano en llamas).

LAMBISCONEAR (variante de **lambisquear**). 📖 [...] pero nunca tuve que LAMBISCONEAR a esos líderes desgraciados. *But I never had to lick the boots of those wretched leaders.* (M. Azuela. Nueva burguesía).

LAMBISCONERÍA. Greediness, gluttony. ‖ **2.** Adulación. *Fawning, groveling.* 📖 Ya ni cuartelazos, ni conspiraciones, ni ninguna oportunidad fuera de la LAMBISCONERÍA, que no es para hombres, ni menos para soldados. *No more uprisings, no more conspiracies, nor any other possibilities except flattering, which is not for men, let alone soldiers.* (Agustín Yánez. Ojerosa y pintada).

LAMBISQUEAR. *v.* Lisonjear. *To flatter.* 📖 Claro a éste vamos a LAMBISQUEARLE, pero es nuestra única tablita y la cosa es diferente; tiene hartas influencias, harto dinero, y me debe la vida [...]. *Of course, that one we're going to flatter, but it's our only salvation; and with him, it's different: he's has a lot of connections, a lot of money, and he owes me his life.* (Agustín Yánez. Ojerosa y pintada). ‖ **2.** Buscar los niños migajas o golosinas para engullírselas. *To look for candy (children).*

LAMBIZQUE. *n.m.* (Pers.) que evita tener que pagar. *Said of a person who avoids paying.*

LAMBÓN. *adj.* Adulador, servil. *Servile, fawning.*

LAMBONEAR. *v.* Arrastrarse. *To crawl, creep.* ‖ **2.** Variante de **lambisquear.**

LAMBONERÍA. *n.f.* Acción de **lambonear**. *Crawling.*

LAMBRÁN (variante de **lambón**).

LAMBRICHE (variante de *lambiche*).

LAMBRIJO. *adj.* Flacucho, delgaducho. *Skinny, thin, slender.*

LAMBRISCO. *adj.* Flacucho. *Skinny, thin.*

LAMBROTE. *adj.* Servil, adulón. *Fawning, obsequious, servil.*

LAMBRUSCO. *adj.* Glotón, hambriento, goloso. *Hungry, ravenous.*

LAMBRUSQUEAR. *v.* Lamer. *To lick.* ‖ **2.** Golosear, golosinar. *To constantly nibble at tidbits or delicacies.*

LAMBUSCÓN (variante de *lambón*).

LAMBUSO (variante de *lambuzo*).

LAMBUSQUEAR. *v.* Adular. *To flatter.*

LAMBUZCO (variante de *lambón*).

LAMBUZO. *adj.* Hambriento, glotón. *Gluttonous.* ‖ **2.** Descarado, desvergonzado. *Shameless, brazen.*

LAMECAZUELA. *n.f.* (Tabasco). Dedo índice de la mano (fest.). *Index finger, forefinger (hum.).*

LAMEPLATOS. *n.m&f.* Servil, adulón. *Flatterer.* || **2.** Parásito. *Scrounger.* || **3.** Persona despreciable. *Despicable person.*

LAMETADA. *n.f.* Lametón. *Lick.*

LAMIDA. *n.f.* Lamedura. *Lick.*

LÁMINA. *n.f.* Mujer bella pero de salud muy delicada. *Attractive woman of delicate health.*

LAMPAR. *v.* (Norte). Sentir un hambre atroz, un apetito voraz. *To be (absolutely ravenous).*

LÁMPARA. *n.f.* (Noreste). Luciérnaga. *Glow-worm.*

LAMPARAZO. *n.m.* (Tabasco). Trago grande de aguardiente. *Long drink.*

LAMPAREADA. *n.f.* Acción de pescar o cazar con una lámpara. *Fishing or hunting with the help of a lamp.*

LAMPAREAR. *v.* Cazar o pescar con la ayuda de una lámpara. *To hunt or fish with the help of a lamp.*

LAMPARILLA. *n.f.* Tulipán rojo. *Red tulip.*

LAMPARÓN. *n.m.* Mancha grande, principalmente en el vestido. *Large stain or spot (generally on a dress or suit).*

LAMPAZO. *n.m.* Jacinto. *Hyacinth.*

LAMPOTE. *n.m.* Girasol. *Sunflower.*

LAMPREAR. *v.* Cubrir un trozo de carne asada con huevo revuelto. *To cover a piece of roasted meat with scrambled eggs.*

LAMPRIAR (variante de **lamprear**).

LAMUSQUIAR. *v.* (Veracruz). Adular. *To flatter.*

LANA. *n.f.* Dinero. *Money, dough, bread.* 📖 (...) y a la hora en que le machucó el camión, nadie sabía donde tenía escondida la LANA. *And when the bus ran over him, no one knew where he had hidden the money.* (C. Fuentes. La región más transparente). 📄 «Durante el virreinato cobró auge extraordinario en el país la industría de la lana, misma que producía utilidades cuantiosas. El que tenía lana, tenía dinero.» (J. Mejía Prieto). || **2.** Peso. *Peso.* 📖 Me compremeto a que hoy mismo sale; pero le cuesta dos mil LANAS; no importa que haya matado a un rey. *I promise that he's going to be released this very day; but it's going to cost you two thousand pesos; even if he's in jail for killing a king.* (Agustín Yánez. Ojerosa y pintada). || **3.** •LANAS. Mentiras. *Lies.* || **4.** •Una (buena) LANA. Mucho dinero. *A lot of money.* ~Le salió una buena LANA arreglar el coche. *Fixing the car cost him an arm and a leg.*

LANCE. *n.m.* Conquista amorosa, aventura sentimental, tentativa de seducción. *Love affair.* 📖 Ha habido más de un lance penoso que pudo tener un fatal desenlace, cuando algún caballero ofendido se echó en pos del agresor para castigarlo. *Many love affairs could have ended tragically when an offended gentleman hunted down the culprit in order to get even.* (Arreola. La feria. Cit. Hispan.).

LANCETA. *n.f.* Aguijón. *Sting.*

LANCHAJE. *n.m.* Flete cobrado por el transporte de mercancías en lanchas y botes. *Ferry charges.*

LÁNGARA. *n. m-f.* Persona falsa, taimada. *Sly, untrustworthy person.*

LÁNGARO. *adj.* (Noroeste). Hambriento. *Starving, poverty-stricken.* ▶Santamaría lo representa como **langaro** (sin acento en la primera sílaba).

LANGARUCHO (variante de **languirucho**).

LANGARUZO (variante de **lángara**).

LANGUARICO. *adj.* Lenguaraz. *Insolent, rude.*

LANGUCIENTO. *adj.* Hambriento. *Starving.*

LANGUIRUCHO. *adj.* Larguilucho. *Lanky.*

LANGUSO. *adj.* Astuto, taimado. *Astute, cunning.* || **2.** Larguilucho. *Tall and thin, lanky.*

LANÓN. *n.m.* Platal. *Mint.* ~Cuesta un LANÓN. *It costs a mint.*

LANUDO. *adj.* Adinerado. *Well off, well-to-do, wealthy.*

LANZA. *n.f.* (Acad.). •Ser una LANZA. Ser pícaro, ladino, bribón. *To be a rogue, to be crafty, deceptive.*

LANZARSE. *v.* Declararle una persona a otra su amor por ella. *To declare one's love (to someone).* Este idiota de Jaime se le LANZÓ a la mujer de su jefe. *That stupid Jim had to tell his boss' wife that he loved her.*

LAPALADA (variante de **lapalada**).

LAPALADA. *n.f.* (Oaxaca). Llovizna. *Drizzle.*

LAPICERO. *n.m.* Bolígrafo. *Ballpoint pen.*

LAPO. *n.m.* Bofetón, bofetada, golpe dado con la mano cerrada. *Punch, wallop, clout.* ‖ 2. Trago de licor. *Drink.*

LARGADO. *adj.* (Noreste). Divorciado o abandonado por el cónyuge. *Divorced or separated.*

LARGAR. *v.* Arrojar, lanzar. *To throw, hurl.* ‖ 2. Dar un golpe con violencia. *To strike a blow.* Juan me LARGÓ una trompada. *John punched me in the face.* ‖ 3. Empezar una carrera. *To start a race.* ‖ 4. (Noreste). Divorciarse, separarse. *To separate or get a divorce.* ‖ 5. **-se.** Morir. *To die, kick the bucket (coll.).* ‖ 6. •LARGAR la brea. Soltar el dinero. *To let go (money).*

LARGUCHO. *adj.* Larguilucho. *Lanky.*

LARGURUCHO (variante de **largucho**).

LASCADURA. *n.f.* Rozadura. *Bruise, graze, abrasion.* ‖ 2. Lastimadura. *Wound, injury.*

LASCAR. *v.* Lastimar, rozar. *To graze, bruise.* ‖ 2. Descarar, hacer saltar lascas de un cuerpo duro. *To chip off, flake off.*

LASTIMADA (variante de **lastimadura**).

LASTIMADURA. *n.f.* Magulladura, herida. *Wound, injury.*

LATA. *n.f.* Balde, cubo. *Bucket, pail.* ~Una vez me cargaron con una LATA que pesaba mucho, y al querer caminar se me cayó, y regué por el suelo la trementina. *Once they loaded me with a heavy bucket, and when I tried to walk I spilled all the turpentine on the ground.* (R. Pozas. Juan Pérez Jolote). ‖ 2. Molestia, fastidio. *Bother, nuisance, headache, pain in the neck.* 📖 Ya ves la LATA del catecismo. Pues no es LATA de verdad. *As you see catechism can be a pain. But it's not really a pain.* (C. Fuentes. La región más transparente). ‖ 3. •Dar LATA. Dar la lata; molestar, fastidiar, importunar. *To bother, annoy, pester.*

LATERÍA. *n.f.* (variante de **laterío**). ‖ 2. Fábrica de objetos de lata. *Tinsmith's (shop).*

LATERÍO. *n.m.* Conjunto de mercancías vendidas en envases de hojalata. *Tinned good, canned goods.*

LATIDA. *n.f.* Presentimiento, corazonada, premonición. *Hunch, inkling, premonition, feeling.* 📖 [...] porque yo soy medio indio, y las cosas que se me ocurren suceden, ya verá mi LATIDA. *Because I'm half Indian, and as you will see, the things that occurred to me do happen.* (Augustín Yánez. Ojerosa y pintada). ‖ 2. Latido. Latida. *Beat, beating, throbbing.*

LATIDERO. *n.m.* Ladrido repetido de los perros. *Constant barking of dogs.*

LATIGUEADA. *n.f.* Azotaina. *Whipping, flogging.*

LATIGUEAR. *v.* Azotar. *To flog, whip.*

LATIR. *v.* Tener presentimiento. *To have a hunch, or an inkling.* 📖 Me LATE que van a venir juntos. *I have a feeling (something tells me) that they'll come back with the others.* (M. Azuela. Los de abajo). ‖ 2. Parecer. *Appear, give the impression.* 📖 Me LATE que es él... Me equivoco pocas veces, Don Pedro. *I'm fairly sure it's him... I'm seldom wrong Don Pedro.* (J. Rulfo. Pedro Páramo). ‖ 3. Parecer bien. *O.K.? What do you say?* ~Te llamo mañana ¿Te LATE? *I'll call you tomorrow. Is that OK?* ‖ 4. Gustar. *To like.* 📖 [...] a mí no me LATE ser mesera porque no me gusta torear (pelear con) borrachos. *Me, I'm not crazy about being a waitress and having to fight off drunkards.* (E. Poniatowska. Hasta no verte Jesús mío).

LAUCA. *n.f.* Calvicie. *Baldness.*

LAVADA. Lavado. *Wash.* Necesito darle una LAVADA a esta ropa sucia. *I need to give these soiled clothes a wash.* 📖 No creo que se van a desteñir a la primera LAVADA. *I don't think they're going to fade in the first wash.* (R. Castellanos. Balún Canán). ‖ **2.** Ropa de casa que se ha de lavar o que se está lavando. *Laundry.*

LAVADERO. *n.m.* (Acad.). Paraje del lecho de un río o arroyo donde se recogen arenas auríferas y se lavan allí mismo agitándolas en una batea. *Place or river bank where gold is obtained by washing gold-bearing deposits; gold-panning site.* ‖ **2.** Lugar de los ríos propio para que las mujeres pobres laven ropa. *Washing place.*

LAVADERO. *n.m.* Lugar en las orillas del río donde las mujeres pobres lavan la ropa. *Washing place.* ‖ **2.** Paraje u orillas de un río que arrastra pepitas de oro donde éstas se lavan o benefician. *Place or river bank where gold is obtained by washing gold-bearing deposits.* ‖ **3.** Fregadero. *Sink (to wash clothes).* 📖 Cuando pregunté dónde estaba el LAVADERO, la Jesusa me señaló una tablita encanalada... *When I asked where the sink was, Jesusa pointed to a small corrugated plank...* (E. Poniatowska. Luz y luna).

LAVADO. *n.* •LAVADO en seco. *Dry-cleaning.*

LAVADOR. *n.m.* Mapache. *Racoon.*

LAVAMANOS. *n.m.* Palangana. *Washbowl, basin.*

LAVANDA. *n.f.* Espliego o alhucema, y el perfume que se extrae de esta planta. *Lavender.*

LAVANDA. *n.f.* Espliego. *Lavender.*

LAVAPLATOS. *n.m.* (Acad.) Fregadero, pila dispuesta para lavar la vajilla. *Kitchen sink.*

LAVATORIO. *n.m.* (Acad.). Jofaina, palangana. *Washbowl.* ‖ **2.** (Acad.). Lavabo, mueble especial donde se pone la palangana. *Washstand.* ‖ **3.** (Acad.). Lavabo, pieza de la casa dispuesta para el aseo. *Washroom.*

LAZAR. *v.* Enlazar. *To lasso.* Había que LAZAR mula por mula y derribarla. *One had to lasso the mules one by one and throw them to the ground.*

LAZARIENTO. *adj.* Lazarino. *Leprous.*

LAZO. *n.m.* Cuerda que simboliza la unión matrimonial. *Cord with which the couple are symbolically united during the wedding ceremony.* ‖ **2.** Cuerda. *Rope.* ‖ **3.**•No echarle (tirarle) un LAZO a alguien. *Not to give someone a second glance.* ‖ **4.** •Poner a uno como LAZO de cochino. Amonestar. *To give someone a dressing-down.*

LEBRÓN. *adj.* Persona experimentada, difícil de engañar. *Sharp, wide-awake.* ‖ **2.** Valentón, insolente. *Boastful, bully, insolent.* ‖ **3.** Malintencionado, malicioso. *Sly, evil-minded.* ‖ **4.** Orgulloso. *Proud.* 📖 [...] uno es LEBRONCITO de por si ... y no le cuadra que nadie le pele los ojos.

LECHADA. *n.f.* Acción de lechar. *White-washing.*

LECHAR. *v.* Blanquear. *To whitewash.*

LECHE. *n.f.* Buena suerte. *Good luck.* 📖 El general Del Río, carrero como yo. Hoy con una gran chamba en Guerra. ¡Ésa es LECHE! *General Del Río, a truck driver like me. And now a top dog in the War Department.* (M. Azuela. Esa sangre).

LECHERA. *n.f.* Vaca. *Cow.* ‖ **2.** •VACA LECHERA. Negocio productivo. *Good business, profitable deal, gold mine.*

LECHERÍA. *n.f.* Mezquindad. *Meanness.*

LECHERO. *adj.* Afortunado. *Lucky, fortunate.* ‖ **2.** Mezquino, miserable. *Mean, stingy.*

LECHERÓN. *n.m.* Papaya. *Papaya.*

LECHÓN (variante de **lechudo**).

LECHUDO. *adj.* Persona de mucha suerte. *Lucky, fortunate.*

LECHUZA. *n.f.* Ramera. *Street-walker.* ‖ **2.** Persona albina o rubia. *Albino, light blond.* ‖ **3.** Murciélago. *Bat.*

LECHUZÓN. *n.m.* Lechuza grande. *Large owl.*

LECO. *adj.* (Veracruz). Chiflado, tonto. *Crazy, nuts, out of one's rocker.*

LEFIO. *adj.* Bobo, necio, tonto. *Foolish, silly, stupid.*

LEGAJAR. *v.* Formar en legajos, reunir en legajos. *To file.*

LEGAL. *adj.* Integro, justiciero, probo. *Just, honest, upright.* ‖ **2.** Justo. *Fair.* ~No es LEGAL que lo trates así. *It's not fair for you to treat him that way.*

LEGISLATURA. *n.f.* Congreso o asamblea legislativa. *Legislature, legislative body.*

LEGISTA. *n.m-f.* Médico que se ocupa de los aspectos legales de la medicina. *Criminal pathologist.* ‖ **2.** •MÉDICO LEGISTA. Médico forense. *Forensic expert.* 📖 Del tercero se encargó un joven detective con grandes ambiciones, a insinuación del MÉDICO LEGISTA que intervino en la causa. *A young, ambitious detective took care of the third one, on the recommendation of the forensic expert who took part in the case.* (M. Azuela. Nueva burguesía).

LEGUA. *n.f.* Camino, carretera. *Road.* ‖ **2.** •A LEGUAS. A la legua. *Very obvious or apparent.* ~Se ve a LEGUAS que es una imitación. *It sticks out a mile that it's a forgery.* ~Se le notaba a LEGUAS que estaba mintiendo. *It was patently obvious that he was lying.* ‖ **3.** •En la LEGUA. Por ahí, en algún sitio indeterminado. *All the way out there.* 📖 De México me llamaban los amigos: qué andaba haciendo en la LEGUA, perdiendo tiempo, desperdiciando oportunidades [...]. *My friends would call me from Mexico and ask me what I was doing all the way out here, wasting my time, loosing opportunities.* (A. Yánez. La creación. Cit. Hispan.). ‖ **4.** •Hacer la LEGUA. Hacer proselitismo. 📖 Le conocieron cuando hacia la LEGUA como maestro de misiones rurales, promoviendo la demagogía musical. (A. Yánez. La creación. Cit. Hispan.). ‖ **5.** •De la LEGUA. Que va de lugar a lugar presentando sus espéctaculos; itinerante, ambulante. *Travelling, itinerant.* ~Un buen día lo abandonó todo y se fue de músico de la LEGUA. *One day he left everything behind and became an itinerant musician.*

LEGUAJE. *n.m.* Distancia en leguas. *Distance in leagues.*

LEGULEYADA. (Noreste). Enredo legal de difícil entendimiento. *Legal tangle or mess.*

LEÍDO. *adj.* (Pers.) instruida, informada. *Said of an educated person.*

LEJECITO. *adv.* Lejano, aunque no demasiado. *Somewhat far away.*

LEJOS. *adv.* •Es de LEJOS la mejor. Es muchísimo mejor (que las demás). *She's by far the best.* ‖ **2.** •Tener buen LEJOS. Tener buen aspecto visto a la distancia. *To have good appearance from a distance.* ~Tiene buen LEJOS, pero ya de cerca se le notan las arrugas. *She looks well from a distance, but close up you can notice her wrinkles.*

LENCHO, CHA. *fam.* Diminutivo de Lorenza y Lorenza. *Nickname for Lorenzo and Lorenza.*

LENGÓN (variante de *lengüón*).

LENGUA. *n.f.* (Tabasco). •LENGUA larga (lengualarga). Chismoso, hablador, entrometido, lenguaraz. *Talkative, gossipy, meddling.*

LENGÜETA. *n.f.* Hablador, charlatán, chismoso. *Chatterbox, gossip.* ‖ **2.** Adornos como festones del ruedo de las enaguas. *Fringe of a petticoat.*

LENGÜETEAR. *v.* Lamer. *To lick.* 📖 Dejó entrar las vacas una por una. [...] «Míralo y LENGUÉTEALO; míralo como si fuera a morir.» *Look at him and lick him (it) as though he (it) were going to die.* (J. Rulfo. El llano en llamas).

LENGÜITA. *n.f.* Lengüecita. *Tongue.*

LENGUÓN. *adj.* Hablador, chismoso.

Talkative, gossiping. || **2.** Calumniador. *Slanderer.*

LEÑAR. *v.* (Tabasco). Hacer or cortar leña. *To make into firewood, cut up for firewood.*

LEÑATEAR (variante de **leñar**).

LEÑAZO. *n.m.* Golpe dado con un palo. *Bash, blow with a stick.*

LEÓN. *n.m.* Puma. *Puma, cougar.* || **2.** •Tirar a alguien de a LEÓN. No hacerle caso a alguien. *To ignore someone.* ~No me tiraste de a LEÓN. *You didn't pay me the least notice.* || **3.** •Cómprame un LEÓN. A otro perro con este hueso. *Tell it to the marines.*

LEONERA. *n.f.* Casa destinada a jolgorios y orgías con mujeres de mala vida. *House of pleasures.*

LEONTINA. *n.f.* Cadena para el reloj de bolsillo. *Watch chain.*

LEOPOLDINA. *n.f.* Cadena de reloj de bolsillo. *Ornamental watch chain.* ⌨ Mire, si me hace esta valedura, pa usté es el reló con todo y leopoldina de oro [...].. *Listen, if you do me this favor, the watch and the gold chain are all yours.* (M. Azuela. Los de abajo).

LEPE. *adj.* (Noroeste). Potrillo o becerro que ha quedado huérfano. *Orphaned colt or yearling calf.* || **2.** (Nuevo León) Niño, muchacho. *Boy, child.* || **3.** Persona de baja estatura. *Short (person).* || **4.** Pícaro. *Rascal.*

LEPERADA. *n.f.* Expresión obscena. *Gross or vulgar remark, obscenity.* ⌨ [...] pero apenas terminé se soltó riendo y se puso a gritarme LEPERADAS. *But as soon as I finished he burst out laughing and began screaming insults at me.* (V. Leñero. Los albañiles). || **2.** (Acad.) Canallada. *Dirty trick, rotten thing to do.*

LÉPERO. *n.m.* (Acad.) Individuo ordinario, de clase social ínfima. *Low-class, vulgar, coarse person.* ⌨ (...) ellos no se juntaban con los "léperos", la turba de granujas que aturden con su gritería. *They did not mix with the riffraff, the mob of young rogues with their deafening shouts.* (E. Poniatowska. Luz y luna).

LEPERUSCO. *adj.* Relativo al lépero. *Low-class, plebeian.*

LEPERUZA. *n.f.* Prostituta, ramera. *Prostitute.* || **2.** Gentuza, chusma, populacho. *Rabble, riffraff.*

LEPRA. *n.f.* Marca dejada en el cuerpo; moretón. *Bruise.* ⌨ [...] las LEPRAS que me han dejado en el cuerpo las mujeres. *The bruises that women have left all over my body.* (M. Azuela. Los de abajo).

LERDEAR. *v.* (Acad.). Tardar, hacer algo con lentitud. *To be slow in doing things.* || **2.** (Acad.). Moverse con pesadez y torpeza. *To move sluggishly or awkwardly.*

LERDERA (variante de **lerdeza**).

LERDEZA. *n.f.* Calidad de lerdo. *Laziness.*

LERDÓN. *adj.* Excesivamente lerdo. *Slow, lumbering person.*

LERENDO. *n.m.* Lerdo, cachazudo, tonto. *Slow-witted, lumbering.*

LETARGIA. *n.f.* Letargo. *Lethargy.*

LEVA. Chaqueta (de un traje). *Suit jacket.* || **2.** • Echar LEVAS. Baladronear, fanfarronear. *Boast, brag.* **b)** Decir mentiras. *To tell lies.*

LEVANTADO. *adj.* Altivo, altanero. *Arrogant, haughty.*

LEVANTAR. *v.* •LEVANTARLA. Tener éxito. *To be lucky.* ~Este chavo (muchacho) no la LEVANTA. *This kid is very unlucky.*

LEY. *n.f.* •Hacerle la LEY del hielo a alguien. Hacerle el vacío a alguien. *To give the cold shoulder.* || **2.** •Le aplicaron la LEY de fuga. Le hirieron 'mientras trataba de escaparse'. *He was shot 'while trying to escape'.*

LIBERTARIO. *adj.* Libertador. *Liberating.* ~Guerra LIBERTARIA. *War of liberation.*

LIBRAMIENTO. *n.m.* Carretera de circunvalacion. *Beltway, bypass.* || **2.** (Tabasco). Conjunto de libros. *Bunch of books.*

LIBRAR. v. Esquivar. *To miss, avoid.* El conductor apenas pudo LIBRAR el poste para no chocar. *The driver barely avoided crashing against the lamp post.* ‖ **2.** Pasar libremente por un espacio reducido. *To fit.* Este piano no LIBRA por esta puerta. *This piano doesn't fit through the door.*

LIBRE. *n.m.* Taxi. *Taxi.* 📖 No podré esperarlo; pero no faltan LIBRES por aquí, en la esquina pasan muchos. *I can't wait for you; but there's no lack of taxis here, a lot of them go by on the corner.* (Agustín Yánez. Ojerosa y pintada). 📖 [...] a gastar unos pesos en un LIBRE, y llegar pronto a la casa. *Let's spend a few dollars on a taxi and get home as soon as possible.* (Carlos Fuentes. La region mas transparente).

LIBRERO. *n.m.* Estantería. *Bookshelf.* ‖ **2.** Armario. *Bookcase.* 📖 No le va el piso alfombrado ni le van los libreros de madera pulida. *The carpeted floor does not suit him well, nor does the bookcases of polished wood.* (E. Poniatowska. Cit. B. Steel).

LIBRO. *n.m.* Según (siguiendo, de acuerdo con) el libro. *By the book.*

LICAR. *v.* (Noreste). Vigilar. *To watch.*

LICENCIA. *n.m.* Carné de conducir. *Driver's license.* ‖ **2.** Vacaciones. *Vacation, holiday.* 📖 Si usted lo cree necesario puedo pedir una prorroga de mi LICENCIA para curarme en forma. *If you think it's necessary I can request an extension of my vacation so that I can recover completely.* (M. Azuela. Nueva burguesía). | **3.** •Estar de LICENCIA. Estar de vacaciones. *To be on vacation.*

LICENCIADO. *n.m.* Abogado. *Lawyer.* Es un dineral lo que piden. Sólo para el gobierno son diez mil pesos y no sé que tanto más para los LICENCIADOS. (M. Azuela. La mala yerba). *They're asking for a fortune. It's ten thousand dollars for the government and I don't know how much more for the lawyers.* (M. Azuela. La mala yerba). ‖ **2.** Título de cortesía. *Flattering form of address (directed at someone who does not have a university degree).* ~¿Una lustrada, LICENCIADO? *Shoeshine sir?*

LICEO. *n.m.* (Campeche, Yucatán). Escuela de instrucción secundaria. *Secondary school.*

LICIÓN. *n.f.* Lección. *Lesson.*

LICOR. *n.m.* Bebidas fuertes. *Liquor.*

LICORERÍA. *n.f.* Fábrica de licores. *Distillery.*

LICORERO. *n.m.* Licorista. *Distiller.*

LICUADORA. *adj.* (Noreste). (Mujer) que se contonea al andar. *Said of the woman who swings her hips when walking.*

LIDIA. *n.f.* Tarea fatigosa, esfuerzo, trabajo. *Trouble, nuisance.*

LIDIAR. *v.* Luchar. *To fight.* ‖ **2.** Tener trato con personas con las que uno difícilmente se entiende. *To contend with (a nuisance or a pest).*

LIDIOSO. *adj.* Que da trabajo. *Troublesome, trying, tiresome.*

LIEBRE. *n.f.* Cualquier ocupación o trabajo rápidos. *Small job, job of short duration.* ‖ **2.** •Ser una LIEBRE corrida. Ser persona precavida y experimentada. *To be an old hand at, to be an expert in.* ‖ **3.** Prostituta. *Prostitute.*

LIENDRA. *n.f.* Liendre, piojo. *Lice.*

LIENDRERO. *adj.* Conjunto de liendres. *Lice (collectively).* ‖ **2.** Cabeza en que abundan los piojos. *Head full of mice.*

LIENDROSO. *adj.* Lendroso. *Lice-ridden.*

LIENDRUDO. *adj.* (Noreste). Lendroso. *Lice-ridden.*

LIENZO. *n.m.* Corral o circo para enlazar y colear. *Corral, pen.* ‖ **2.** Cada una de las porciones en las cercas comprendidas entre dos estacas. *Section of a fence.* ‖ **3.** (Tabasco). Paño o porción de cercado cualquiera que corre en línea recta. *Stretch of fence.* ‖ **4.** •Hacer LIENZO. Ayudar. *To help, give a hand.*

LIGA. *n.f.* Goma (elástica). *Rubber band.*

LIGADERO. *n.m.* (Noreste). Lugar para ligar (entablar relaciones amorosas pasajeras). *Meeting place (where girls can be picked up).*

LIGAR. *v.* Tener buena suerte en el juego.

To be lucky. || **2.** Mirar, curiosear. *To look, stare, to nose about.*

LIGERO. *adv.* Pronto, sin tardanza. *Soon, immediately.* ~Vamos LIGERO que se está haciendo tarde. *Let's go right away, it's getting late.* || **2.** Rápidamente. *Rapidly, swiftly.* ~No andes tan LIGERO. *Don't walk so rapidly.* || **3.** *adj.* Rápido. *Fast.* Este barco es muy LIGERO. *This is a fast boat.* || **4. n.m.** Ligas. *Suspenders.*

LILO. *n.m.* Homosexual. *Gay man.* ~En una cantina para LILOS. *It's a gay bar.*

LIMETÓN. *n.m.* Garrafa grande de cuello corto y boca grande. *Carafe, decanter with a long neck and wide opening.*

LIMÓN. *n.m.* Lima. *Lime.* || **2.** •LIMÓN agrío. *Lime.* || **3.** •LIMÓN francés. *Lemon.* || **4.** •*Limón* verde. *Lime.*

LIMPIA. *n.f.* Desyerbe de plantíos o de tierras destinadas al cultivo. *Weeding, cleansing, clearing.* || **2.** (Tabasco, Yucatán, Campeche). Azotaina. *Whipping, beating.* || **3.** Limpieza. *Cleaning.* 📖 El trabajo lo realizan 50 camiones del servicio de LIMPIA citadino. *The work is carried out by 50 trucks from the City Cleaning Department.* (Cit. B. Steel).

LIMPIADA. *n.f.* Limpieza. *Cleaning.* 📖 Y por eso empezó a gustarme más la bailada que la LIMPIADA. *And that's why I began to prefer dancing to cleaning houses.* (E. Poniatowska. Hasta no verte Jesús mío).

LIMPIADOR. *n.m.* Limpiaparabrisas. *Windshield wipers.* ~El LIMPIADOR está rayando el cristal. *The windshield wipers are scratching the windows.*

LIMPIAMANOS. *n.m.* Toalla de lienzo para secarse las manos. *Hand towel.*

LIMPIAPIES. *n.m.* Esterilla que se pone a la entrada de las casas para limpiarse la suela del calzado. *Doormat.*

LIMPIAR. *v.* Pegar, azotar. *To hit, bash, beat.* || **2.** Robar, hurtar. *To steal, rob.* || **3.** Intervenir la policía o las fuerzas armadas con gran energía. *To mop up.* || **4.** (Tabasco).

•LIMPIARSELAS. Escaparse, fugarse. *To run away, escape, flee.*

LIMPIAVIDRIOS. *n.m.* Limpiaparabrisas. *Windshield wiper.*

LIMPIO. *n.m.* Terreno libre de árboles o matorrales; abra. *Treeless area, clearing in the wood.* || **2.** •Estar (quedar) en LIMPIO. Estar pelado. *To be broke.*

LIMPITO. *adj.* Diminutivo de limpio. *Clean.*

LINCE. *n.m.* Gato montés. *Wild cat.*

LINCHES. *n.m.* Alforjas hechas de hebras de maguey. *Saddlebags.*

LINDO. *adj.* •Se siente LINDO. *It feels wonderful.*

LINEA. *n.f.* •La LÍNEA. *The United States border.*

LINICUIJE. *adj.* Flaco. *Skinny.*

LINTERNAS. *n.m.* Tienda o negocio pequeño. *Small business or store.* || **2.** –s. Ojos. *Eyes.*

LINTERNEAR. *v.* Cazar o pescar usando la linterna para deslumbrar a la presa. *To hunt or fish with a lantern.*

LIPENDIS. *adj.* Pobre diablo; un infeliz. *Unhappy, wretched, miserable.*

LIPEQÜE. *n.m.* Adehala, suplemento. *Bonus, extra given to a buyer.*

LIPIDIA. *n.f.* Impertinencia. *Impertinence, annoyance.* || **2.** Persona fastidiosa. *Nuisance, pest.*

LIPIDIAR. *v.* Importunar, molestar, fastidiar. *To annoy, bother, pester.*

LIPIDIOSO. *adj.* Majadero, impertinente, fastidioso. *Cheeky, annoying, bothersome.*

LIQUIDACIÓN. *n.f.* Sueldo que se da a los obreros al despedirlos. *Pay given to workers when dismissed; severance pay.* || **2.** Despido. *Dismissal.* 📖 También en enero la DINA comenzó a plantear la LIQUIDACIÓN de personal, dos mil quinientos trabajadores. *Also in January, DINA began to talk of the possible dismissal of employees; two* *thousand five hundred of them.* (Cit. B. Steel).

LIQUIDAR. *v.* Despedir a obreros, dándoles el sueldo correspondiente. *To dismiss, pay off (worker).* 📖 En Cuernavaca la empresa automotriz Nissan Mexicana LIQUIDÓ a unos tres cientos obreros en enero. *In Cuernavaca car maker Nissan Mexicana has dismissed some three hundred workers.* (Cit. B. Steel). ‖ **2.** Matar. *To kill.* ~La policía LIQUIDÓ a los bandidos. *The police killed the criminals.* ‖ **3.** Destruir, inutilizar. *To destroy, ruin, make useless.*

LÍQUIDO. *adj.* Exacto, ni más ni menos. *Exact, correctly measured.* ~4 VARAS líquidas. *Exactly 4 yards.*

LIRA. *n.f.* Guitarra. *Guitar.*

LÍRICO. *adj.* Irrealizable, utópico. *Unattainable, impossible to carry out.* ‖ **2.** (Tabasco, Campeche, Yucatán). Autodidácto. *Self-taught.* Es un músico LÍRICO. *He's a self-taught musician.* ‖ **3.** •A lo LÍRICO. Por intuición. *Intuitively.*

LIRISMO. *adj.* Sueño, fantasía, utopía. *Fantasy, dream, Utopian ideal.* ‖ **2.** Manera de ser de las personas que imaginan utopías o acciones desinteresadas. *Fancifulness, dreaminess.*

LISMONERO. *n.m.* Mendigo. *Beggar.*

LISO. *adj.* (Acad.). Desvergonzado, atrevido, insolente, respondón. *Fresh, cheeky, rude, shameless, brazen.*

LISTADILLO. *n.m.* Tela de algodón con listas azules y blancas de que suele vestirse la gente pobre. *Striped white and blue cotton cloth.*

LISTO. *n.m.* Traje hecho, de percha, ropa de confección. *Ready-made suit.* ‖ **2.** *Interj.* Está bien, no más, se acabó. *That's it.*

LISTÓN. *n.m.* Cinta. *Ribbon.*

LISURA *n.f.* Desvergüenza, descaro. *Impudence, insolence.* ‖ **2.** Dichos propios del **liso** o fresco. *Cheeky remark, disrespectful thing to say.*

LITERA. *n.f.* Carruaje, coche. *Carriage.*

LLAMADA. *n.f.* Cobardía. *Cowardliness.* ‖ **2.** Timidez. *Timidity.*

LLAMADO. *n.m.* Llamamiento. *Call, appeal.* ~El presidente hizo un LLAMADO a la calma. *The president called for everyone to be calm.*

LLAMARADA. *n.f.* •LLAMARADA de petate. Cosa o persona que, después de haber despertado grandes expectativas, resulta un fracaso; decepción, desilusión. *Disappointment.*

LLAMÓN. *adj.* Cobarde. *Cowardly.*

LLANADA. *n.f.* Llano. *Plain.* 📖 Acampamos al pie de un cerro en una LLANADA inmensa [...]. *We camped at the foot of a hill on a vast plain.* (E. Poniatowska. Hasta no verte Jesús mío).

LLANTA. *n.f.* Neumático. *Tire.* ‖ **2.** Michelín (Pliegue que se forma alrededor del cuerpo por la acumulación excesiva de grasa). *Roll of fat, flat tire.* ‖ **3.** •LLANTA de refacción. Rueda de recambio. *Spare tire.* ‖ **4.** •LLANTA pinchada, llanta ponchada. Neumático pinchado, rueda pinchada. *Flat tire.*

LLANTERA. *n.f.* Lugar donde se fabrican o venden **llantas**. *Place where tires are made or sold.* 📖 [...] quien iba a pensar que ya no había seguridad ni en las oficinas de la LLANTERA de Peltzer. *Who would have thought that you couldn't be safe even in the offices of the Peltzer tire company.* (P.I. Taibo II. Sombra de la sombra. Cit. Hispan.).

LLANTERO. *adj.* Relativo a las llantas. *Having to do with tires.* 📖 No estaba mal que el dueño de la única industria LLANTERA de México regateara como el tendero de la esquina. *There was apparently nothing wrong for the only tire company in Mexico to haggle like the corner storekeeper.* (P.I. Taibo II. Sombra de la sombra. Cit. Hispan.).

LLAVE. *n.m.* Grifo. *Faucet.* ‖ **2.** •LLAVE de dado (tubo). *Box wrench.* ‖ **3.** •LLAVE de candado. Toma de lucha libre que consiste en doblar el brazo del adversario hacia su espalda. *Hammer lock.* || **4. -s.** Cuernos del toro. *Horns (bull).*

LLEGADA. *n.f.* Acción de herir con una arma de fuego. *Act of wounding with a firearm.* || **2.** Herida causado por una arma de fuego. *Wound caused by a firearm.* || **3.** Zaherimiento, ofensa. *Offense, harsh criticism.*

LLEGADO. *adj.* Herido. *Wounded.*

LLEGAR. *v.* Herir, apuñalar. *To wound, knife.* || **2.** •LLEGARLE a uno. Morir. *To die.*

LLENAZÓN. *n.m.* Pesadez del estómago. *Blown-out feeling, indigestion.*

LLEVAR. *v.* •LLEVAR una materia. Estudiar una materia. *To study a subject.* || **2.** LLEVAR a uno de encuentro. Atropellar a una persona. *To run over, knock down.*

LLORIDO. *n.m.* Gemido, llanto. *Groan, moan, crying.* 📖 Ahora estaba hablando La Huérfana, la del eterno LLORIDO. *The Orphan Woman, the one who was constantly crying, was now talking.* (J. Rulfo. El llano en llamas).

LLORONA. *n.f.* FOLK. Fantasma, alma en pena que, según la superstición popular, aparece por las noches en algunos lugares para pedir sufragios que la rescaten del purgatorio. *Ghost of woman said to roam the streets wailing.*

LLOVER. *v.* •LLOVERLE a uno en la milpa. Prosperar. *To have a run of good luck.*

LLOVIDA. *n.f.* Lluvia. *Rain.*

LLOVIZNOSO. *adj.* Lluvioso. *Rainy, wet.*

LOA. *n.f.* (Tabasco). Regaño. *Reproof.*

LOBO. *n.m.* Agente de tráfico. *Traffic cop.* || **2.** (Acad.) Mestizo de indio y negro. *Half-breed.* || **3.** Astuto, audaz. *Cunning, crafty, daring.* || **4.** Cauteloso. *Cautious.*

LOCACIÓN ANGL *n.f.* Lugar. *Location, place.* ~Visite el museo Rivera, LOCACIÓN: Calle Altavista. *Visit the Rivera Museum (located) on Altavista Street.*

LOCALIZARSE. *v.* Situarse. *To be situated.*

LOCERÍA. *n.f.* Vajilla de loza, especialmente si hace juego. *Crockery, china.*

LOCERO. *n.m.* Alfarero. *Potter.*

LOCHI. *adj.* (Noroeste). Jorobado. *Hunchbacked.*

LOCO. *n.m.* El peso (fest.). *Cabbage, lettuce (money).*

LOGRERO. *adj.* (Acad.). Persona que procura lucrarse por cualquier medio. *Sponger, scrounger, freeloader.* 📖 [...] sólo los oportunistas y los LOGREROS pensaban en el comunismo. *Only the opportunists and the freeloaders believed in communism.* (A. Mastretta. Arráncame la vida).

LOGRÓN (variante de **logrero**).

LOMBRICIENTO. *adj.* Que tiene lombrices. *Suffering from worms.*

LOMBRIZ. •Feliz como una LOMBRIZ. *Happy as Larry.*

LOMERÍA. *n.f.* Serie de lomas. *Group of low hills.*

LOMERÍO (variante de *lomería*).

LOMETÓN. *n.m.* Montículo aislado. *Isolated hillock.*

LOMILLO. *n.m.* (Acad.). Pieza del recado de montar, consistente en dos almohadas rellenas de junco o de totora, afianzada en una lonja de suela, que se aplica sobre la carona. *Pads of a pack saddle.*

LOMITA. *n.f.* •Tras LOMITA. Muy cerca. *Very near.*

LOMO. •Hacer LOMO. Soportar con paciencia, resignarse a resistir, hacer de tripas corazón. *To bear with patience, to resign oneself.* || **2.** •Sobarse el LOMO. Trabajar como negro. *To work one's butt off.*

LONA. *n.f.* Arpillera, tela barata. *Sackcloth.*

LONCHAR ANG. *v.* Comer al mediodía una comida menos abundante que la española tradicional; almorzar. *To have lunch.*

LONCHE ANGL. *n.m.* Comida del mediodía muy frugal. *Lunch, luncheon.* || **2.** (Noreste). Sándwich (hecho con una barra entera de

LONCHEAR

pan). *Kind of submarine sandwich.* ~Preparamos unos LONCHE de jamón y queso para la fiesta. *We fixed some ham and cheese sandwiches for the party.* ‖ **3.** Comida ligera (para llevar al trabajo). *Lunch.* No olvides llevarte tu LONCHE a la oficina. *Don't forget to take your lunch to the office.*

LONCHEAR (variante de **lonchar**).

LONCHERÍA. *n.f.* Restaurante. *Restaurant.* 📖 El sábado la puta barata entra en un LONCHERÍA de San Juan de Letrán. *On Saturday the cheap whore goes into a restaurant on San Juan de Letrán street.* (C. Fuentes. La región más transparente).

LONCHI (variante de **lonche**).

LONDRI ANGL *n.m.* Lavandería. *Laundry.*

LONETA. *n.f.* Especie de lona que se emplea para hacer toldos, etc. *Canvas.*

LONJUDO. *adj.* (Noreste). Gordo desparramado, con grandes pliegues de grasa en la piel. *Flabby, blubbery, pudgy.*

LOQUERA. *n.f.* Locura. *Madness.*

LOQUERO. *n.m.* Siquiatra. *Psychiatrist.*

LORA. *n.f.* (Acad.). Loro. *Female parrot.*

LORENZO. *adj.* Loco. *Crazy.*

LORO. *n.m.* En el juego de billar, carambola que sale por casualidad. *Lucky shot.*

LOTE. *n.m.* Terreno. *Lot, plot.* ~Hay muchos LOTES baldíos en esta ciudad. *There are a lot of empty lots in this city.* 📖 Nuestro hermano [...] ha comprado un LOTE [...]. Va a construir una residencia y pronto dejaremos esta mugre de casa. *My brother has just purchased a lot. Soon he's going to build a home on it and we can leave this broken down house.* (M. Azuela. Nueva burguesía).

LOTEAR (variante de **lotificar**).

LOTIFICACIÓN. *n.m.* División de un terreno extenso en lotes pequeños. *Division of land into lots.*

LOTIFICAR. *v.* Dividir un terreno extenso en lotes pequeños. *To subdivide, divide into lots.*

LUCAS. *adj.* Loco, medio loco. *Crazy, cracked.* 📖 [...] pero los demás decían que estaba LUCAS. *But the others thought he was crazy.* (M. Azuela. Nueva burguesía).

LUCERO. *n.m.* Caballo que tiene en la frente una mancha blanca. *Horse with a white spot on the forehead.*

LUCES. *n.f.* Claritos (en el pelo). *Highlights.* ‖ **2.** •LUCES altas. LUCES fuertes. *Brights.* ‖ **3.** •LUCES delanteras. Faros. *Headlights.*

LUCHA. *n.f.* Diminutivo de Luz y Lucía. *Nickname for Luz and Lucía.* ‖ **2.** Trabajo extra o extraordinario. *Overtime.* 📖 Si no fuera porque tengo mis LUCHAS, y no sé que hubiera sido de mí. *If it wasn't for the fact that I work overtime, I really don't know what would have become of me* (Cit. Santamaría). ‖ **3.** •Hacerle la LUCHA. Intentar. *To give it a try.* 📖 [...] listos para adivinar quién es la (mujer) que se deja fácil y quién es a la que hay que hacerle la LUCHA. *Ready to make a guess as to which one is an easy pick up and which one will be a struggle.* (V. Leñero. Los albañiles). 📖 -Y doscientos pesos de comisión para tí. -Deme los quinientos y le haremos la LUCHA. *And two hundred pesos commission for you. -Make it five and I'll give it a good try.* (M. Azuela. Nueva burguesía).

LUCHADA. *n.f.* Lucha. *Fight.*

LUCHISTA (variante de **luchón**).

LUCHÓN. *n.m.* Luchador. *Enterprising, industrious, hardworking.*

LUCIR. *v.* Rendir (dinero, trabajo, tiempo). *To go a long way, to make the most of.* ~A mí ya no me LUCE el dinero. *I can't make ends meet anymore.* ~El sueldo es pequeño pero me LUCE mucho. *The salary is small, but I make the most of it.* ~Hoy si que me LUCIÓ el tiempo. *Today I really used my time well.* ~Fui de compras a una liquidación y me LUCIÓ mucho el dinero. *I went shopping at a sale and I really got my money's worth.*

LÚCUMA. *n.f.* •Dar la LÚCUMA. Empeñarse.

To keep trying.
LUEGO. *adv.* De vez en cuando. *Sometimes, from time to time.* 📖 Vas a caballo de hacienda, como LUEGO dicen. *You have somebody to back you up, as they say (as it's sometime said).* (A. Yánez. La creación. Cit. Hispan.). || **2.** En seguida. *At once, right away.* 📖 Vete LUEGO a la casa de tu padre. *Go to your father's house right away.* (M. Azuela. Los de abajo). || **3.** •LUEGO, LUEGO. En seguida. *Right away, instantly.* 📖 LUEGO, LUEGO brincaba y corría alrededor de la cama [...]. *Instantly he would jump up and down and run around the bed.* (A. Mastretta. Arráncame la vida). 📖 En cambio, el administrador se murió LUEGO, LUEGO. *On the other hand, the administrator died instantly.* || **4.** •Para LUEGO es tarde. Frase con que se exhorta al fanfarrón que cumpla en seguida con sus amenazas. *Later won't do, put up or shut up.* || **5.** Cerca. *Nearby.* ~Vive aquí LUEGO. *He lives near here.* || **6.** •En LUEGO de. En vez de. *Instead of.* 📖 Andrés, en LUEGO de ir al pleno en el hotel Regis, se fue a una comida que organizó Balderas [...]. *Andrés, instead of going to the plenary session at the Regis hotel, went to a dinner organized by Balderas.* (A. Mastretta. Arráncame la vida).

LUEGUITO. En seguida. *Right away, immediately, at once.* || **2.** Cerca. *Nearby.* –¿Dónde vive? –Aquí LUEGUITO. *–Where do you live? –Right near here.*

LUGAR. *n.m.* •A como de LUGAR. Sea como sea, a toda costa. *At all cost, no matter what.* ~A como de LUGAR tengo que terminar hoy. *I have to finish today no matter what.*

LUGAREÑO. *adj.* De un lugar o población pequeña. *Local, regional.*

LUIDO. *adj.* Desgastado por el uso (cuello, manga). *Frayed.*

LUIR. *v.* Rozarse una cosa contra otra, desgastarse. *To rub together, rub away.*

LUJAR. *v.* (Acad.). Dar lustre al calzado. *To shine, polish (shoes).*

LULLIR (variante de **luir**).

LUMBRADA. *n.f.* Fuego. *Fire.* 📖 Luego hacía una LUMBRADA y tatemaba las inguanas chiquitas [...]. *Then I would make a fire and cook the small iguanas.* (E. Poniatowka. Hasta no verte Jesús mío). || **2.** Después dejábamos que la ceniza oscureciera la LUMBRADA [...]. *Afterwards we let the ashes dim the fire.* (Juan Rulfo).

LUMBRE. *n.m.* Fuego. *Fire.* 📖 No metería la mano en la LUMBRE por él. *I wouldn't put my hand in the fire for him.* (V. Leñero. Los albañiles). •Llegarle a uno la LUMBRE. Estar con la soga al cuello. *To be in dire straits.*

LUMBRERA. *n.f.* Palco en la plaza de toros. *Box in bull ring.* || **2.** Palco alto en el teatro. *Theatre box.*

LUMBRERO. n.m. Bombero. *Firefighter.*

LUMBRIZ. *n.f.* Persona delgada. *Thin person.*

LUMINARIA. *n.f.* CINE Actor o actriz muy famosos. *Star.*

LUNA. *n.f.* •Estar con (de) LUNA. Estar de mal humor. *To be in a bad mood.* || **2.** Menstruación. *Menstruation.* ¡Oh!, cuánta vergüenza me da decirle esto, don Fulgor. [...]. Me toca la LUNA. *Oh!, how embarassed I am having to tell you this, Mr. Fulgor, but I'm having my period.* (J. Rulfo. Pedro Páramo. Cit. Hispan.).

LUNADA. *n.f.* Fiesta nocturna que se celebra al aire libre cuando hay luna llena. *Party which takes place under a full moon.* 📖 Tita había aceptado acompañar a John a una LUNADA en un rancho vecino [...]. *Tita had agreed to accompany me at a monlight party at a neighboring farm.* (L. Esquivel. Como agua para chocolate. Cit. Hispan.).

LUNAREJO. *adj.* (Animal) que tiene lunares en el pelo. *Animal with spots of gray hair.*

LUNES. *n.m.* •Hacer san LUNES. Alargar el fin de semana hasta el lunes. *To take a long weekend.*

LUNETA. *n.f.* Platea, patio de butacas (teatro, cine). *Orchestra seat.*

LURIACO. *adj.* Demente, loco. *Crazy, lunatic.*

LURIAS. *adj.* Loco. *Mad, crazy.* || **2.** Estar LURIAS. *To be crazy.* 📖 Sí pues, pero éste está lurias [...] y cualquier día nos MADRUGA a todos. *That's all and well, but that guy is crazy and one of these days he'll kill all of us.* (V. Leñero. Los albañiles).

LURIO. *adj.* (Sonora, Sinaloa). Enamorado. *Love-sick.* || **2.** Tonto, atontado, alocado. *Mad, crazy.* || **3.** Engreído, pedante, fatuo. *Conceited, pompous.*

LUSTRABOTAS. *n.m.* Limpiabotas. *Shoeshine boy.*

LUSTRADA. *n.f.* Acción de lustrar, especialmente el calzado. *Shoeshine.*

LUSTREAR. *v.* Lustrar, especialmente el calzado). *To shine (shoes).*

LUYIDO (variante de *luido*).

LUZ. *n.f.* Riqueza. *Wealth.* || **2.** Dinero. *Money.*

MABINGA. *n.m.* Tabaco de mala calidad. *Inferior quality tobacco.* || **2.** Estiércol. *Dung, manure.*

MACACO. *adj.* Feo, deforme, de aspecto repugnante, por alusión al mono de este nombre. *Ugly, misshapen.* || **2.** *n.m.* Persona deforme, fea. *Ugly person.* || **3.** Coco. *Bogeyman, hobgoblin.* || **4.** Colono chino. *Chinese immigrant.*

MACADÁN. *n.m.* Pavimento de calles o caminos hecho con piedras trituradas que se asienta con un rodillo de gran peso. *Type of road paving.*

MACADANIZAR. *v.* Pavimentar con macadán.

MACAGÜITE (del náhuatl *maitl*, "mano", y *cuahuitl*, "palo"). **Macana** de los aztecas. *Wooden weapon used by the Aztecs.*

MACAL. *n.m.* Batata, camote. *Yam.*

MACANA. *n.f.* (Tabasco). Azada. *Hoe.* || **2.** Garrote usado como arma, porra o maza usada por diversas razas indígenas americanas. *Indian wooden weapon.* || **3.** Machete de madera con filo de pedernales. *Wooden machete with a flint blade.* || **4.** Cualquier garrote o barra de madera gruesa, fuerte y pesada; porra. *Club.* || **5.** (De policía). *Billy club.* || **6.** Peso. *Peso.* 📖 Aunque no sea día de visita y haya mucho rigor, por cincuenta macanas haré que Usted vea a su preso. *Although it's not visiting day and they're very strict, for 50 pesos I'll fixed it so that you can see your prisoner friend.* (Agustín Yánez. Ojerosa y pintada). || **7.** (Norte). *adj.* Que gasta muy poco dinero, miserable. *Stingy, miserly.*

MACANAZO. *n.m.* Golpe dado con una **macana**. *Blow (with a club).*

MACANEAR. *v.* Golpear con una **macana**. *To beat (with a club).* || **2.** Trabajar con la azada. *To hoe.*

MACANERO. *n.m.* Trabajador rural cuyo principal instrumento es la **macana**.

MACANO. *adj.* Barato, de baja calidad. *Cheap, of inferior quality.*

MACANUDO. *adj.* Abultado, desproporcionado. *Swollen, overlarge.*

MACATRULLO. *adj.* Tonto, torpe. *Simple, clumsy.*

MACAZUCHIL. *n.m.* (Acad.) Planta de sabor muy fuerte, empleada para perfumar el chocolate y otras bebidas en que entra el cacao. *Plant used to flavor chocolate or chocolate drinks.*

MACEGUAL. *n.m.* (Del Náhuatl *macehualli*, "vasallo"). HIST Indio destinado al trabajo y servicio de la agricultura por los aztecas. En la época colonial los españoles llamaron así a la gente de ínfima condición social.

MACETA. *n.f.* Cabeza. *Head.* •Le dieron en la mera MACETA con una pedrada. *They hit him smack on the head with a stone.* || **2.** *adj.* Pesado, lento, indolente. *Sluggish, slow, lazy.* || **3.** (Veracruz). Mazo corto con que se calafatean las costuras de los botes. *Mallet used to caulk the hull of ships.* || **4.** Tarro para tomar pulque. *Mug used for drinking pulque.* || **5.** Martillo grande de madera. *Large wooden hammer.*

MACHA. *n.f.* Mujer fuerte. *Mannish woman.*

MACHACA. *n.f.* Carne seca y deshebrada que se puede comer con huevo, etc. *Traditional Mexican dish made with ground dried meat fried with egg and onion.*

MACHAJE. *n.m.* Conjunto de muchos varones: los hijos varones de un matrimonio. *Large group of men: male members of a family.* || **2.** Conjunto de animales machos. *Herd or flock of male animals.*

MACHAQUEAR. *v.* Machacar. *To crush, pound, ground, mash.*

MACHERO. *n.m.* Corral para las mulas y los machos del servicio de las haciendas. || **2.** Persona que tiene a su cargo las mulas y los machos.

MACHETE. *n.m.* •De MACHETE. *By heart.* Se aprende las cosas de MACHETE y a los dos días ya no recuerda nada. *He memorizes everything by rote and a couple of days later he can't remember anything.*

MACHETEAR. *v.* Herir con machete. *To wound, cut or strike with a machete.* ◻ En el aguaje estaba otro de los nuestros con las costilla de fuera como si lo hubieran MACHETEADO. *In the water hole there was another one of our men with his ribs hanging out as thought killed by a machete.* (J. Rulfo. El llano en llamas).|| **2.** Porfiar, obstinarse. *Persist, hammer away.* || **3.** Estudiar con tesón. *To study assiduously.* ◻ Cómo nos fregamos MACHETEANDO, amigo. *You should see, my friend, how we killed ourselves studying* (C. Fuentes. La región más transparente). || **4.** Trabajar o hacer algo atolondradamente. *To do something in a disorderly way.* || **5.** Trabajar de cajista. *To work as a typesetter.* || **6.** Robar la policía el dinero de los reos. *To steal money from prisioners (guard, police).* || **7.** (Yucatán). Regatear. *To bargain, haggle.*

MACHETERO. *n.m.* Trabajador torpe. *Clumsy, awkward worker.* ~Sería buena modista si no fuera tan MACHETERA. *She would be a good dressmaker if she weren't so careless.* || **2.** Cajista. *Typesetter (print.).* || **3.** Alumno estudioso, aunque poco inteligente. *Dull but studious student, plodder.* || **4.** Cargador, descargador. *Porter.* || **5.** Cañero. *Cane cutter.* || **6.** Persona ignorante. *Ignorant person.* || **7.** Peón de los camiones de carga. *Worker employed occasionally to load and unload cargos.* ◻ Los MACHETEROS tumbados sobre la carga [...] se ponen de pie cuando el camión dobla a la derecha, al llegar a la obra. *The laborers lying down on their cargo get on the feet as the truck turn to the right and reach the construction site.* (V. Leñero. Los Albañiles). || **8.** *adj.* Tenaz. *Persevering.* ▶"Se les llaman así porque en un tiempo los cargadores usaron sombrero de palma con el ala levantada, muy parecido al llamado *sombrero machetero* que llevaban los soldados juaristas comandados por el general Ángel Martínez, y cuya arma principal era el machete". (J. Mejía Prieto).

MACHETÓN. *n.m.* Militarote autoritario e ignorante. *Saber rattler, ignorant military chief.* || **2.** (Norte). Variante de **machetero.** || **3.** Haragán. *Lazy person.* || **4.** *adj.* Torpe para ejecutar o hacer cosas. *Clumsy.*

MACHETONA. *adj.* Hombruna, poco femenina. *Tomboyish.* || **2.** *n.m.* Mujer hombruna. *Tomboy.*

MACHIGUA. *n.f.* Agua puesta en un lebrillo de barro con la que la molendera se moja las manos y humedece la piedra de vez en cuando. *Crushed-corn washings.*

MACHIGUADO. *adj.* (Norte). Muy sobado, manoseado. *Dogeared, that has been handled (fingered) a lot.* ~Frutas MACHIGUADAS. *Fruits that have been handled a lot.*

MACHIGUAS. *n.f.* (Norte). Sobras de comida mezcladas, revueltas, destinadas para el alimento de animales domésticos.

MACHÍN, NA. *adj.* Fuerte. *Strong.* || **2.** Bueno. *Good.*

MACHINCUEPA. *n.f.* (Acad.) Voltereta que se hace apoyando cabeza y manos en el suelo para caer de espalda. *Somersault.* || **2.** Cambio de partido político. *Act of changing political parties.*

MACHITO. *n.m.* Menudencia de res frita, sobre todo de puerco. *Fried offal.*

MACHO. *n.m.* Grano de arroz que queda con cáscara después de majado o mortado, entre los demás ya limpios o descascarados. *Unpolished grain of rice.* || **2.** Mula. *Mule.* 📖 Se apeó del MACHO. *He got off the mule.* (J. Rulfo. El llano en llamas). || **3.** •PLÁTANO macho. Plátano grande. *Plantain.*

MACHORRA. *n.f.* Marimacho, varonil (mujer). *Mannish woman, tomboy.* 📖 A Sara Camacho le gustaba mucho andar entre hombres. Era MACHORRA. *Sara Camacho liked to be among men. She was a tomboy.* (E. Poniatowska. Hasta no verte Jesús mío. || **2.** (Norte). Hembra estéril. *Sterile woman.* || **3.** (Norte). Lesbiana. *Lesbian.*

MACHOTA. *n.f.* Marimacha. *Mannish woman, tomboy.*

MACHOTE. *n.m.* (Acad.) Impreso, formulario. *Form, application.* 📖 Entre los (documentos) más importantes [...] figuran: machote para la solicitud de ingreso, esquema para la primera y segunda investigación [...]. *Among the most important documents were the following: An application for entrance to the school; outlines for the first and second investigation.* (Cit. Brian Steel). || **2.** Borrador, modelo, patrón. *Rough draft, sketch.* || **3.** (Acad.) Señal que se pone para medir los destajos en las minas. *Boundary stone (mine).*

MACHUCAR. *v.* Fatigar a un caballo en los entrenamientos previos a una carrera. *To tire a horse out before the start of a race.* || **2.** Machacar. *Crush, ground, pound.* || **3.** Atropellar. *To run over.* 📖 (...) y a la hora en que lo MACHUCÓ el camión, nadie sabía donde tenía escondida la lana. *And when the bus ran over him, no one knew where he had hidden the money.* (C. Fuentes. La región más transparente). 📖 ¡Las va a MACHUCAR un coche! *Be careful or you're going to be run over by a car.* (E. Poniatowska. Luz y luna).

MACHUCHO. *adj.* (Viejo) experimentado, astuto y socarrón. *Cunning, sly, shrewd.*

MACHUCÓN. *n.m.* Golpe cortado (en béisbol). *Chop.* || **2.** Moretón, **machucadura**. *Bruise.*

MACIZAR. *v.* Asegurar o poner en un lugar seguro. *To secure.*

MACOLLA. *n.f.* •En MACOLLA. (Norte). En rácimo, al mismo tiempo. *In bunches, all together.*

MACOLLO. *n.m.* (Acad.) Cada uno de los brotes de un pie vegetal. *Bunch, cluster (of flowers or roots).*

MACOYA (variante de **macolla**).

MACUACHE. *adj.* Mal hecho, de mala apariencia. *Rough, coarse.* || **2.** Tosco, feo, bruto. *Brute, animal.* || **3.** (Acad.) Se dice del indio pobre e ignorante. *Illiterate Indian.*

MACUCHE. *n.m.* Tabaco inferior; cigarro o puro de mal tabaco. *Inferior quality tobacco, cigar o cigarette.* 📖 [...] José María lió un cigarro de hoja y tabaco MACUCHE [...]. *José María rolled a cigar of cheap tobacco.* (M. Azuela. La luciérnaga). || **2.** (Variante de **macuache**).

MACUCHO (Norte). Variante de **macuache**.

MACUECO. *adj.* (Zapoteca). Sordo. *Deaf.* || **2.** Manco. *One-handed, with one arm.*

MACULTILLA (de *macular*, manchar). *n.f.* (Norte). Habladurías, chismes. *Gossip.*

MACUQUERO. *n.m.* Unlawful worker of abandoned mines. || **2.** (Norte). *adj.* Que recoge por aquí y por allá objetos para venderlos o cambiarlos después.

MACUTENO. *n.m.* (Acad.) Ratero, ladrón. *Petty thief.* 📖 "Ciertamente es voz histórica muy usada en *Astucia* por Inclán; en *Los bandidos del río frío*; en el *Perequillo* del PENSADOR (Fernández de Lizardi); hasta hace cosa de medio siglo". (F. J. Santamaría. Diccionario de Mejicanismos).

MADERA. *n.f.* Adulación. *Flattery.*

MADRAL. *n.m.* Montón. *Heap.* 📖 Ésta es la verdad hace desde hace un MADRAL de años. *It's been this way for a good number*

of years. (J. García Ordóñez. Cit. Hispan.).
MADRAZO. *n.m.* Golpetazo. *Nasty bump, hard blow.* ~Me di una MADRAZO en la frente. *I gave myself a nasty bump on the forehead.* || **2.** Golpiza. *Beating.* ~Le dieron un MADRAZO de aquellos. *They give him a nasty beating.* ~Se agarraron a MADRAZOS. *They beat each other up.* || **3.** Abolladura. *Dent.* || **4.** •¿Y ese MADRAZOTE que trae tu coche? *How did you get that large dent in your car?* || **5.** •Películas de MADRAZO. Películas con escenas violentas. *Violent movies.*

MADRE. *n.f.* •No tener (tener poca) MADRE. No tener sentimientos. *To have no feelings.* 📖 Tienes muy poca MADRE, no te estaba pidiendo prestado [..]. *You're not being very friendly, I wasn't asking for a loan.* (V. Leñero. Los albañiles). 📖 ¡Qué poca MADRE tiene usted! ¿No mira (ve), pues, como está? *Don't you have any feelings. Don't you see in what state he is?* (M. Azuela. Nueva burguesía), **b)** Ser un desvergonzado. *To be a swine.* || **2.** •Estar hasta la MADRE de algo. Estar hasta la coronilla. *To be fed up with something,* **b)** Muy lleno, atestado. *Jampacked.* || **3.** •A toda MADRE. Estupendo, muy bueno, tremendo. *Fantastic, tremendous.* 📖 Dicen que tuvieron un pleito a toda MADRE. *They said that they had a tremendous argument.* (V. Leñero. Los albañiles). 📖 [...] le dijo a Marina que de veras quería llevarse a toda MADRE con ella [...] pero que si seguía dando consejos no pedidos, [...] iban a dejarse de hablar. *She told Marina that she wished to get along with her as much as possible, but that if she kept giving her unsolicited advice, that they would stop speaking to each other.* (Carlos Fuentes. La frontera de cristal). || **4.** •Dar en la MADRE. Dañar, herir seriamente a una persona. *To wound someone seriously.* 📖 Porque cada día también nacen mil cabrones como tú dispuestos a darle en la MADRE al rico que nació el mismo día que tú. *Because every day a thousand bastards like you are born, ready to screw the rich guy that was born the same day as you were.* (C. Fuentes. Cit. B. Steel). 📖 [...] porque los villistas nos dieron en la MADRE. *Because Villa's men really gave us a bad time.* (E. Poniatowka. Hasta no verte Jesús mío). || **5.** •Importar MADRE(s). No importar un bledo. *Not to give a damn.* 📖 La tira (policia) me importa MADRES, jefe. *To tell you the truth, boss, I don't give a damn about the police.* (J. García Ordoño. Tres crímenes y algo más). || **6.** •Una pura MADRE. Nada de nada. *Not a thing.* 📖 Parece que ellos estudiaron para el negocio [...]. Y yo estudié una pura MADRE. *It's seems that they studied up on the business. As for myself, I studied absolutely nothing.* (R. Bernal. El complot mongol. Cit. Hispan.). || **7.** •Ni MADRES ¡Ni muerto! *Not on your life!* 📖 ¿Piensas que yo voy a ser con mis hijas como tu papá contigo? Ni MADRES. *Do you think that I'm going to brehave with my daughters the same way you behaved with your father? Not on your life!* (A. Mastretta. Arráncame la vida). || **8.** •Caer de MADRE. Caer mal. *To displease, annoy.* 📖 Los dos me caen de MADRE y a los dos me gustaría verlos en el bote. *I can't stand either one of them and I'd like to see both go to jail.* (V. Leñero. Los albañiles). || **9.** •Mentar MADRES. Decir palabrotas, soltar tacos (coll.). *To swear.*

MADREAR. *v.* Pegar, golpear. *To beat up.* 📖 Pero ahora, el colmo es que había MADREADO a su abuela, y eso sí que no se lo iba a permitir. *But now, to make things worse, he started to beat up his grandmother, and that's something I wouln'd stand for.* (L. Esquivel. La ley del amor. Cit. Hispan.). || **2.** Arruinar alguna cosa a golpes. *To wreck.*

MADRINA. *n.f.* Denunciante, delator, soplón. *Police informer.* || **2.** Animal manso que se ayunta con otro que se quiere domar. *Tame animal tied to a wild one; lead mare.* || **3.** Caballo manso en que cabalga el jinete que guía al potro indómito montado por el domador. *Lead mare.* || **4.** Coche celular, furgón policial. *Police van, paddy wagon.*

MADRIZA. *n.f.* Paliza, golpiza. *Bashing, beating up.* 📖 Horas después de delatar a sus compañeros, recibió una imponente MADRIZA de sus compañeros [...]. *A few hours* *after he informed on his companions, they beat him up badly.* (V.A. Maldonado. La noche de San Barnabé).

MADROÑO. *n.m.* Liro o súchil. *Spring lily.*

MADROTA. *n.f.* Dueña o encargada de la mancebía, alcahueta. *Procuress.* ▭ Siete putas y su MADROTA y un gringo desaparecido, asesinado o quién sabe. *Seven prostitutes, a brothel keeper and a missing American, perhaps murdered as far as we know.* (C. Fuentes. El naranjo).

MADRUGAR. *v.* •MADRUGARLO a uno. Ganarle la delantera a uno, sacarle ventaja. *To get the better of.* || 2. Herir, matar con ventaja; atacar el primero, sin dar tiempo al contrario para defenderse. *To attack unsuspectedly, wound or kill.* ▭ Pudo ser que te haya querido golpear y tú le MADRUGASTE. *I could be that he tried to hit you and for that reason you killed him.* (J. Rulfo. El llano en llamas). ▭ Sí pues, pero éste está lurias [...] y cualquier día nos MADRUGA a todos. *That's all and well, but that guy is crazy and one of these days he'll kill all of us.* (V. Leñero. Los albañiles).

MADRUGUETE. •Tenderle (hacerle) un MADRUGUETE a uno. Ganarle por la mano a uno. *To beat someone to it.*

MADURO. *adj.* Dolorido, maltratado. *Aching, hurting, in a bad shape.* •Estoy MADURO de tanto caminar. *I'm aching all over from so much walking.*

MAESE. *n.m.* Amigo. *Friend, buddy.* || 2. Profesor. *Teacher.*

MAESTRÍA. *n.f.* Diploma de postgrado. *Master's degree.* ▭ Se vieron obligados a cerrar fábricas y despedir miles de empleados, desde directivos preparados con títulos de MAESTRÍA obtenidos en Estados Unidos hasta obreros. *They were forced to close factories and dismiss thousands of employees, from executives with Master's degrees from the United States to simple workers.* (A. Riding. Cit. Brian Steel).

MAESTRO. *n.m.* Tratamiento de respeto que dan los estudiantes a un catedrático de reputación. *Title of respect used by students to address a renown scholar.*

MAGNAVOZ. Altoparlante. *Loudspeaker.*

MAGUEY. *n.m.* Embriaguez. *Drunkenness.* || 2. •Al MAGUEY que no da pulque, no hay que llevarle acocote. No hay que pedir peras al olmo. *You can't squeeze blood out of a turnip.*

MAGULLÓN. *n.m.* Magalladura, machucadura. *Bruise.*

MAICERÍA. *n.f.* Tienda donde se vende maíz. *Corn shop.*

MAICERO. *n.m.* Troje. *Granary, barn.* || 2. Abundancia de maíz. *Aboundance of corn.* || 3. Persona que se dedica a cultivar o vender el maíz. *Corn grower or dealer.* || 4. Relativo al maíz. *Relating to corn.*

MAICILLO. *n.m.* Planta parecida al mijo, de cuyas ramas delgadas se hacen escobas. *Plant similar to millet, used in broom making.* || 2. Grava, gravilla. *Gravel.*

MAJADEREAR. *v.* Importunar, molestar, incomodar. *To pester, annoy, bother.* || 2. Insistir con terquedad importuna en una pretensión o negativa. *To be a nuisance or a pest.*

MAJADERÍA. *n.f.* Leperada. *Insult, obscenity.*

MAJADERO. *n.m.* Lugar donde se majan los granos, como los frijoles, para separarlos de las vainas. *Pestle for pounding in a mortar.* || 2. *adj.* Lépero. *Crude, vulgar.*

MAJADOR. *n.m.* Mozo que se ocupa de majar los granos, especialmente el arroz, para descascararlos. *Pounder, crusher.*

MAJAGUA. *n.f.* Planta arbórea, de hojas grandes y fruto amarillo, cuya madera se emplea en ebanistería. *Majagua bush, sea hibiscus, tree hisbiscus.* ▣ Historically, the bark has been used for rope, fishing nets and for tying tobacco. (L.C. Schoenhals. A Spanish English Glosarry of Mexican Flora and Fauna).

MAJE. *adj.* Crédulo, simplón. *Gullible.* ~Te vieron cara de MAJE. *They saw you coming.* 📖 Y usted, señor tesorero, despídase de mi cuota y búsquese otros miembros más majes que yo. *And you, mister treasurer, say goodbye to my membership fees and find yourself members more gullible than me.* (E. Poniatowska. Hasta no verte Jesús mío). || **2.** Tonto, idiota. *Fool, stupid.* || **3.** •Hacerle MAJE a alguien. Engañarle a uno. *To make a sucker out of someone.* 📖 [...] aquí me estás queriendo hacer MAJE, aquí no; o aquí me ves cara de buey [...]. *Here you are trying to take me for fool, well not me; or do you think I look dumb.* (V. Leñero. Los albaniles). || **4.** •Hacerse (el) MAJE. Hacerse el tonto. *To play the innocent.* || **5.** Nombre que se da vulgarmente al indio. *Name commmonly used to refer to an Indian.*

MAJEAR. *v.* Adular, halagar a una persona para ganarle su voluntad. *To soft-soap, to win someone over with flatteries.*

MAL. •MAL que. Aunque. *Although.* 📖 [...] se dejaba llevar por aquellos amigos que conoció en Europa, MAL que le chocaba la confianza súbita de su trato, lindante con la grosería. (A. Yáñez. La creación).

MALACA. *n.f.* ANTIC Peinado femenino que consiste en rodear la cabeza con las trenzas, atándolas sobre la frente. *Hairdo with braids crossing on the top of the head.*

MALACACHÓN. *n.m.* Juego infantil. *Children's game.*

MALACARIENTO. *adj.* De mal gesto, de mala cara. *Grouchy, ill-tempered.*

MALACATE. *n.m.* (Acad.) Huso. *Spindle.* || **2.** Máquina a manera de cabrestante invertido muy empleada para sacar minerales de las minas o aguas de pozos profundos, para arrastrar grandes pesos y para otros usos similares.

MALACRIANZA. *n.f.* Descortesía. *Rudeness.*

MALAGRADECIDO. *adj.* Ingrato, desagradecido. *Ungrateful, unappreciative.* 📖 ¿A quién le falta la tortilla, a quién los alimentos cuando las enfermedades nos ponen en la miseria, MALAGRADECIDAS? *Who puts bread on the table, who provides food when illness strikes and we're destitute, ungrateful creatures.* (M. Azuela. La mala yerba).

MALAGUEÑA. *n.m.* •A la MALAGUEÑA. Por las malas, con violencia. *By force.*

MALAMÉ. *n.m.* Maíz para alimentar aves de corral. *Corn used to feed poultry.*

MALAMUJER. *n.f.* (Acad.) Especie de ortiga. *Type of nettle.*

MALANCO. *adj.* (Norte). Malucho. *Under the weather, indisposed.*

MALANCOSO. *adj.* (Norte). Tramposo, malévolo. || **2.** Achacoso, enclenque. *Sickly, weak.*

MALAYA. *interj.* ¡Maldito sea!, ¡mal haya! *Damn!* || **2.** *interj.* ¡Ojalá! *If only!* ¡MALAYA pan! *If I could only have some bread!*

MALCRIADEZ. *n.f.* Malacrianza, descortesía. *Bad manners, ill-breeding.* 📖 Y así, con la boca sucia de MALCRIADECES, subió hasta el comulgatorio. (R. Castellanos. Balún Canán).

MALCRIADEZA (variante de **malcriadez**).

MALDITO. *adj.* Astuto. *Crafty.*

MALDOSO. *adj.* Acostumbrado a cometer maldades, maldadoso. *Wicked, bad, perverse.* 📖 —Buen hombre ese Rogaciano. —No. Es un MALDOSO. *—He's a good fellow that Rogaciano. —No. He's a wicked man.* (J. Rulfo. El llano en llamas).

MALENTRETENIDO. *n.m.* Vago, holgazán. *Idler, homeless.*

MALETA. *adj.* Travieso, perverso, bribón (niño). *Naughty, mischievous (child).* || **2.** Perezoso. *Lazy.* || **3.** Malo. *Wicked.* 📖 Bueno: usted conoce a una vieja de la vecindad, una tal Lolita [...]; una mujer muy chismosa y MALETA. *Look, you must know that old woman in the tenement house called Lolita; a* *terrible gossip and very wicked.* (M. Azuela. Nueva burguesía). ‖ **4.** Torpe. *Clumsy, awkward.* ‖ **5.** Estúpido, inhábil. *Stupid, useless.* ‖ **6.** *n.m.* Lío de ropa. *Bundle of clothes.*

MALETERA. *n.f.* Bolsa para la maleta de viaje que se coloca en la grupa de las caballerías. *Saddlebag.*

MALETUDO. *adj.* Jorobado. *Hunchbacked.*

MALGENIOSO. *adj.* Enojadizo. *Ill-tempered, irritable.*

MALGENIUDO, MAL GENIUDO (variante de **malgenioso**). 📖 Toda mi vida he sido MAL GENIUDA y corajuda. *All my life I have been bad-tempered and gusty.* (E. Poniatowska. Hasta no verte Jesús mío).

MALHORA. *adj.* (Acad.) Amigo de hacer maldades o travesuras. *Rogue, scoundrel.* 📖 [...] el general era muy MALHORA y muy rencoroso. *Because the general was quite a scoundrel and very resentful.* (E. Poniatowka. Hasta no verte Jesús mío).

MALICHE. *adj.* (Tabasco). Enfermizo, enclenque. *Sickly, weak.*

MALINCHE. *n.f.* FOLK Niña muy adornada con cintas de colores que tomas partes en las fiestas populares.

MALINCHISMO. *n.m.* Admiración exagerada hacia lo extranjero, en especial lo norteamericano. *Preference for foreign goods or people.*

MALINCHISTA. *adj.* Que tiene preferencia por las cosas que proviene del extranjero. *Prefering foreign things.* 📖 A lo que lleva la inclinación MALINCHISTA de muchas familias mexicanas, rastacueras, con un inconcebible debilidad racista [...]. (Agustín Yánez. Ojerosa y pintada).

MALLUGADORA. *n.f.* Machucadura (en una planta, fruta). *Bruise.*

MALLUGAR. Machucar, magullar. *To bruise.* ‖ **2.** •Si no compra, no MALLUGUE. No tocar la mercancía. *Please do not handle.* 📖 Órale, órales, si no compra, no MALLUGUE.

Please, please do not handle the merchandise. (E. Poniatowska. Luz y luna). 📖 "Frase figurativa familiar que se dice maliciosamente por advertencia a aquél que disfruta del amor de una mujer sin dar trazas de casarse con ella." F. J. Santamaría. *Diccionario de Mexicanismos).*

MALMEDIDO. *adj.* Ingeniero de caminos. *Civil engineer.*

MALMODADO. *adj.* (Pers.) de malos modales, grosera. *Rude, insolent.* ‖ **2.** Hosco, áspero. *Harsh, gruff, sullen.*

MALO. A la MALA. En forma aleve, a traición, con malas artes. *Treacherously.* ‖ **2.** La de MALAS. La mala suerte. *A spell of bad luck.* ~Que MALA leche, se ha puesto a llover. *What a drag! it's starting to rain.* ‖ **3.** •Estar MALO. Estar enfermo. *To be sick.* ~El pobre está MALITO. *The poor thing's not feeling very well.* ‖ **4.** •Lo hizo con MALA leche. Lo hizo para jorobar. *He did deliberately (to cause trouble).* ‖ **5** •Está de MALA leche. Está de mal humor. *He's in a bad (foul) mood.*

MALOJA. *n.f.* Plantas y cañas de maíz que después de las cosechas quedan en los rastrojos y se emplean para forraje. *Corn leaves and stalks used as fodder.*

MALOJAL. *n.m.* Plantío de malojas. *Land planted with green corn (used as fodder).*

MALORA. *n.m.* Individuo amante de hacer maldades y travesuras. *Rogue, rascal.*

MALORIAR. *v.* Maltratar. *To treat rudely.* 📖 Me la MALORIÓ (a mi mujer) siempre que se la truje [...]. *You treated her rudely everytime I brought her over.* (J. Rulfo. El llano en llamas).

MALOSO (variante de **maldoso**).

MALOTE. *adj.* Valentón. *Bragging, boastful, arrogant.* ‖ **2.** Fiebre. *Fever.*

MALTRAJEADO. *adj.* Harapiento. *Shabbily dressed.*

MALTRATADA. *n.f.* Acción y efecto de maltratar. *Mistreatment.* 📖 [...] estaba divorciada de un gringo que le ponía unas MALTRATADAS terribles antes de que ella encontrara el valor para abandonarlo. *She had divorced her American husband who mistreated her badly until she finally found the courage to leave him.* (A. Mastretta. Arráncame la vida).

MALVA. *adj.* Astuto, listo. *Astute, clever.*

MALVIVIENTE. *adj.* Maleante. *Villainous, rascally.*

MALVÓN. *n.m.* (Acad.) Geranio. *Geranium.*

MAMÁ. *n.m.* •Mamá GRANDE. Abuela. *Grandmother.*

MAMADA. *n.f.* Ventaja lograda con poco esfuerzo. *Cinch.* || **2.** Prebenda. *Soft job.* || **3.** Borrachera. *Drunkenness.* || **4.** Estupidez. Tontería. *Stupid thing, nonsense.* ~No me vengas con tus MAMADAS. *Don't give me any of that nonsense.* 📖 Con veinte tipos como tú ningún periodista se iba a atrever a escribir sus MAMADAS. *With twenty people like you no lousy reporter would dare to write their stupid articles.* (V. Leñero. Los albañiles). || **5.** Mala pasada. *Dirty trick.* ~Hacerle una MAMADA a alguien. *To play a dirty trick on someone.* || **6.** *adj.* (Mujer) fuerte o musculosa. *Strong, musculous woman.*

MAMADERA. *n.f.* (Acad.). Utensilio para la lactancia artificial, biberón. *Feeding bottle, baby's bottle.*

MAMADO. *adj.* Borracho. *Drunk.* || **2.** (Norte). Fuerte y musculoso. *Strong, muscular.*

MAMADOR. *n.m.* Persona que vive a expensas de otros. *Person who lives at the expense of others.*

MAMALÓN. *n.m.* Homosexual, lesbiana. *Gay person.*

MAMARSE. *v.* Echarse a perder, arruinarse una cosa. ~Ya MAMÓ el televisor. *He already broke the television set.* || **2.** •MAMARSE a uno. Sacarle ventaja a uno. *To get the better of someone,* **b)** Matar a uno. *To kill someone.* || **3.** Emborracharse. *To get drunk.*

MAMAZÓN. *n.f.* (Tabasco). Borrachera. *Drunkenness.*

MAMELUCO. *n.m.* (Acad.) Pijama de una sola pieza para bebés. *Romper suit, all-in-one.* || **2.** Overol. *Overalls.*

MAMEYAL. *n.m.* Plantación de mameyes o sitio donde estos abundan. *Mamey plantation.*

MAMEYERO. *n.m.* Arbol del mamey. *Mamey tree.*

MAMILA. *n.f.* Biberón. *Feeding bottle, baby's bottle.* 📖 Ese coronel Gómez seguro de chico les robaba las MAMILAS a sus hermanos. *As a child, that coronel Gómez probably stole the feeding bottles from his brothers and sisters.* (A. Mastretta. Arráncame la vida).|| **2.** Alimentar con MAMILA. *To bottlefeed.* || **3.** Idiota. *Jerk.*

MAMÓN. *n.m.* (Acad.) Especie de bizcocho muy blando y esponjoso que se hace en Méjico de almidón y huevo. *Soft spongecake made of egg and cornstarch.* || **2.** Retoño de una planta. *Sucker, shoot.* || **3.** Succión. *Suck.* || **4.** Niño pequeño pero muy desarrrollado. *Small, but well developed child.* || **5.** Chupete. *Pacifier.* || **6.** *adj.* Bruto. *Stupid, ignorant.* || **7.** Engreído. *Cocky.* || **8.** Animal mamífero de poca edad: Ternero MAMÓN, chivito MAMÓN. *Yearling calf.*

MAMONCITO. *n.m.* Niño pequeño pero muy desarrrollado. *Small, but well developed child.*

MAMOTRETO. *n.m.* Armatoste. *Monstruosity.*

MAMPUESTO. *n.m.* Cualquier punto de apoyo de un arma de fuego para fijar la puntería. *Support for firearms when taking aim.* || **2.** Disparar en MAMPUESTO. Disparar con el arma de fuego apoyado en algo. *To fire a firearm from a support of some kind.*

MÁNAGER. *n.m.* ANGL Entrenador. *Manager.*

MANCABALLOS. *n.m.* Cacto de espinas fuertes que hacen cojear a las caballerías que las pisan. *Cactus with sharp needles which*

when stepped upon causes a horse to limp.
MANCAR. *v.* Fallar, errar. *To miss (shot).*
MANCERINA. *n.f.* Plato o bandeja de madera fina con una abarazadera circular en el centro, donde se coloca el chocolate. *Saucer with a holder for a chocolate cup.*
MANCHA. *n.f.* Manada, bandada, camada. *Flock, herd, liter, swarm.* ~Una MANCHA de langostas. *A swarm of locusts.* ‖ **2.** •MANCHA negra. Oveja negra de la familia. *Black sheep of the family.* ‖ **3.** •MANCHA de nacimiento. Marca de nacimiento. *Birthmark.*
MANCHATINTA. *n.f.* Escritorzuelo. *So-called writer.*
MANCORNA (variante de **mancuerna**).
MANCORNAR. *v.* Compartir una mujer su amor con dos hombres, o un hombre con dos mujeres. *To have relation with two men (woman), to have relations with two women (man).*
MANCUERNA. *n.f.* (Acad.) Gemelos para los puños de la camisa. *Cufflinks.* ‖ **2.** Parte del tallo de tabaco con un par de hojas adheridas a él. *Part of tobacco plant with a pair of leaves attached.* ‖ **3.** Pareja de detectives. *Team (of detectives).* ‖ **4.** (Acad.) Pareja de aliados. *Team.*
MANCUERNILLAS (variante de **mancuernas**).
MANDA. *n.f.* Voto o promesa hecha a Dios o a un santo. *Promise, offering.*
MANDADO. *adj.* Oportunista, aprovechador. *Opportunist.* ‖ **2.** Acto de ir de compra al mercado por orden de otro. *Purchase of basic foodstuff.* 📖 [...] pero nunca supe comprar el MANDADO de una casa. *But I was never able to do the shopping at the market for the house.* (E. Poniatowska. Hasta no verte Jesús mío). ‖ **3.** Cosa comprada. *Item bought on request.* ~¿Me traiste el MANDADO? *Did you get the things I asked you for?* ‖ **4.** Recado; provision de boca para el consumo diario que del mercado se lleva a casa; compras que hacen las criadas, por lo común. 📖 El asistente me compraba el MANDADO [...], el caso es que yo tenía cada tercer día la bolsa a la puerta del cuarto, con frijoles, arroz, manteca, sal, todo lo que se necesita para una casa. *My helper would do the shopping, and every third day at the door of the room there was a bag with beans, rice, lard, salt, everything needed in the house.* (E. Poniatowska. Hasta no verte Jesús mío). 📖 La primera semana le di dos reales para que fuera a comprar el MANDADO. *The first week I gave them a couple of* **reales** *to go and do the shopping.* (E. Poniatowska. Hasta no verte Jesús mío). ‖ **5.** Expresión injuriosa que da a entender desprecio por una amenaza. *To care little about what one thinks or does.* ~A mí Juan me hace los MANDADOS. *I really don't care about John (John runs my errands).* ‖ **6.** Lista del MANDADO. Lista de la compra. *Shopping list.* ‖ **7.** •Hacer los MANDADOS. Ir de compras. *To do the shopping (at someone's request or order).* ‖ **8.** •Comerle el MANDADO a alguien. Arrebatar a una persona lo que es legítimamente suyo. *To take away what legitimately belongs to someone, To take the shirt off one's back.* 📖 Aquí en la capital, hay que andar abusado, o nos comen el MANDADO. *Here in Mexico City you really have to be careful, otherwise they'll take away everything you have.* (C. Fuentes. La región más transparente).
MANDAMÁS. Mandón. *The person in charge, the top dog, bigwig.*
MANDAR. *v.* •¡MANDE! ¡Perdone! ¿Cómo? ¿Qué dijo? *I beg your pardon!,* **b)** ¿En qué le puedo servir? *What can I do for you?* ‖ **2.** -se. Comerse o beberse una cosa; engullir. *To eat or drink something up; to polish off.* •Se MANDÓ todo el postre. *He polished off all the desert.* ‖ **3.** Faltar al respeto, abusar. *To be discourteous.* **4.** •MANDAR a la porra. Mandar al diablo. *To send someone packing.*
MANDARÍN. *adj.* Mandón. *Bossy, domineering.*
MANDIL. *n.m.* Delantal. *Apron.*
MANDINGA. *n.m.* (Acad.). Nombre del diablo en el lenguaje de los campesinos. *The*

MANEA. *n.f.* (Sinaloa). Freno (vehículo). *Brake.*

MANEADERO. *n.m.* Lugar donde se manean las reses en las haciendas. *Place used for hobbling horses or cattle.*

MANEADO. *adj.* (Norte). Inútil, que no sirve para nada. *Good for nothing, useless.* || **2.** Maniatado. *Shackled.*

MANEADOR. *n.m.* Ronzal o cabestro usado por los vaqueros para tirar del caballo. *Long strap used for hobbling horses or cattle.* || **2.** Manea, maniota, cojera. *Lameness.*

MANEAR. *v.* Atar las manos o las patas. *To tie one's feet or hands.* || **3.** Frenar un vehículo. *To brake, apply the brakes.*

MANEARSE. *v.* Enredarse los pies al caminar. *To trip over one's own feet.*

MANECO. *adj.* De manos contrahechas o lesionadas. *Having deformed hands.* || **2.** De pies deformes. *Having deformed feet.*

MANEJADOR. *n.m.* Conductor. *Driver.* || **2.** Entrenador. *Manager.*

MANEJAR. *v.* Conducir un automóvil. *To drive.*

MANEJERA. *nf.* Volante. *Steering wheel.* || **2.** Manubrio (bicicleta). *Handlebars (of a bicycle).*

MANEJO. *n.m.* AUTOM. Conducción. *Driving.*

MANEQUÍ. *n.m.* Maniquí. *Mannequin, dummy.* 📖 [...] entró violentamente en la agencia de viajes, sacudió el manequí pero el manequí no era de palo, sino de carne y hueso, y exclamó, "VÓYTELAS, ya ni dormir lo dejan a uno". *He rushed in the travel agency, shook the mannequin, but the mannequin was not made of wood, but rather of flesh and bones, exclaiming, "Good God, you can't get a good sleep anymore".* (Carlos Fuentes. La frontera de cristal).

MANETO. *adj.* (Cuadrúpedo) Estropeado de una o de ambas manos. *With deformed hands.*

MANFLOR. *adj.* Afeminado. *Effeminate*

MANFLORA. *adj.* Marimacho. *Mannish, masculine woman, tomboy.* || **2.** Lesbiana. *Lesbian.* 📖 No era MANFLORA. Las MANFLORAS tienen sus queridas y vienen a ser como jotas. *She wasn't really a lesbian. Lesbian have their women lovers and they are truly gay.* (E. Poniatowska. Hasta no verte Jesús mío).

MANFLORITA (variante de **manflora**).

MANGA. *n.f.* (Acad.). Espacio comprendido entre dos palanqueras o estacadas que van convergiendo hasta la entrada de un corral en las estancias, o hasta un embarcadero en las costas. *Narrowing gangway or lane (leading cattle to a corral or loading platform).* || **2.** Montón. *Crowd, gang, mob.* ~Una MANGA de ladrones. *A bunch of thieves.* || **3.** Preservativo. *Condom.* || **4.** Persona bien vestida. *Well-dressed person.* || **5.** •MANGA de hule. (Acad.) Capa de hule que se abrocha por la frente con abertura en el medio para meter la cabeza. *Rain, waterproof cape, oilskin poncho.* || **6.** •Estar uno como la MANGA de un chaleco. Estar **arrancado**, no tener dinero. *To be broke.*

MANGAL. *n.m.* Plantío de mangos. *Mango plantation.*

MANGANA. *n.f.* Asechanza, trampa. *Trap.*

MANGANEO. *n.m.* Chanchullo, manipulación. *Fiddling, graft, manipulation.*

MANGANILLA. *n.f.* Engaño, estafa, robo. *Swindle, fraud.*

MANGANZÓN. *adj.* Holgazán, mangón. *Lazy.* || **2.** *n.m.* Holgazán. *Lazy-bones.*

MANGARRIA. *n.f.* Mazo o martillo pesado. *Sledgehammer.*

MANGO. *n.m.* Mujer hermosa y guapa. *Atractive woman, peach.* ~¡Qué MANGO esta chica! *What a beautiful girl!* || **3.** Hombre atractivo. *Attractive man.* 📖 Pues te diré. Conocí a un MANGO. Si tuviera que vender mi cuerpo y mi alma por ese señor, lo haría. *Well, it's like this. I met this very attractive man. If I had to sell my body and my soul for* *this man, I would.* (C. Fuentes. La región más transparente).

MANGONEADOR. *n.m.* Sujeto aprovechador. *Corrupt official, grafter.*

MANGONEAR. *v.* Explotar una situación ventajosa para fines de utilidad personal (empleo público, etc.). *To profit illicitly from public office.* || **2.** Lucrar por medios ilícitos. *To enrich oneself through illegal means.* || **3.** Manejar los negocios o asuntos ajenos en beneficio propio. *To defraud.* || **4.** Robar. *To rob, steal.*

MANGONEO. *n.m.* Chanchullo, manipulación. *Graft, fixing.*

MANGUEAR. *v.* Arrear y rodear el ganado, encaminándolo a la **manga**. *To drive, force (cattle) into a gangway.* || **2.** (Tabasco). Andar de excursión entre muchachos, cortando y comiendo mangos. *To go mango-picking.*

MANGUERA. *n.f.* Manga de riego. *Hose.* || **2.** Manga para extinguir incendios. *Fire hose.*

MANGUILLO. *n.m.* Portaplumas. *Penholder.*

MANICURISTA. *n.m&f.* Manicuro o manicura. *Manicurist.*

MANIDO. *adj.* Manoseado (argumento, tema). *Well-worn, hackneyed.*

MANIFESTACIÓN. *n.f.* MANIFESTACIÓN de impuestos. Declaración de renta. *Tax return.*

MANIGUA. *n.f.* Ciénaga. *Swamp, marsh.* || **2.** Maleza. *Scrubland.* || **3.** Selva. *Jungle.*

MANIJA. *n.f.* Pomo, tirador. *Door handle.*

MANILARGO. *adj.* Propenso a apropiarse de lo ajeno. *Light-fingered, thievish.*

MANILLA. *n.f.* Pomo, tirador. *Door handle.* || **2.** Guante (para resguardase las manos). *Protective glove.* || **3.** Mitones. *Mittens.*

MANILO. *adj.* (Gallo o gallina) de mucho cuerpo. || **2.** Cobardón. *Coward.* || **3.** Se dice de la persona de sexo dudoso.

MANITA. *n.f.* Mano. *Hand.* || **2.** •Estar (andar) hasta las MANITAS. *To be intoxicated,* *to be high on drugs.* || **3.** •Hacer MANITAS. Besuquearse. *To neck.*

MANITO. (Acad.) Tratamiento popular de confianza. *Buddy, chum, pal.* 📖 Estoy atendiento a este señor [...], así que llegaste tarde, MANITO... *I'm already taking care of this gentlemaan, so get lost, pal...* (E. Poniatowska. Hasta no verte Jesús mío). 📖 Esos dos se decían MANITOS, porque eran amigos y en la tarde se iban a dar una vuelta. *They would call themselves **manitos** because they were friends and in the evening they would go out four a stroll.* (E. Poniatowka. Hasta no verte Jesús mío).

MANO. *n.m.* (Abreviatura de hermano). Amigo, compañero, hermano. *Buddy, chum, pal.* –Ya ves, MANO, qué guaje eres, te hundiste tu mismo. *Now you can you see, buddy, what a fool you are, you dug your own grave.* (V. Leñero. Los albañiles). || **2.** Conjunto de cuatro, cinco o seis objetos de la misma especie. *Cluster, group of 4, 5 or 6 objects of the same kind.* || **3.** Gajo del racimo de plátano. *Bunch of bananas.* || **4.** Percance, lance desfavorable, desgracia. *Mishaps, misfortune, accident.* || **5.** •Embarrar la MANO a alguien. Sobornar. *To grease someone's palm, to bribe.* || **6.** •No vale MANO negra. No se puede ayudar. *You're not allowed to help him.* || **7.** •En esa quiebra hubo MANO negra. Hay algo sospechoso en esta quiebra. *There's something fishy about the way that company went bankrupt.* || **8.** •MANO santa. Persona (normalmente una niña) elegida para sacar los números ganadores de la lotería. *Child who draws the winning numbers in a lottery.* || **9.** •Doblar alguien las MANOS. Ceder, darse por vencido. *To give in.* || **10.** •Quedar a MANO. *To be even.* Con este pago ya quedamos a MANO. *With this payment we're now even.* || **11.** •Con una MANO adelante y otra atrás. *In utter poverty.* 📖 [...] y ya casi me echaba de su casa con una MANO adelante y otra atrás. *And you almost threw me out of the house with just the clothes on my back.* (J. Rulfo. El llano en llamas).

MANOJEAR. *v.* Atar el tabaco en ramas que

se compone de cuatro gavillas (2 libras). *To tie leaves of tobacco into bundles or bunches of approximately 2 pounds.*

MANOPLA. *n.f.* Puño de hierro. *Brass knuckles.* || **2.** Mitones. *Mittens.*

MANOPLAZO. *n.m.* Golpe atestado con **manopla**. *Blow given with brass knuckles.*

MANOSEAR. *v.* Acariciar importunadamente a una mujer. *To carress, pet, fondle.*

MANOSEO. *n.m.* Acción de **manosear**. *Petting, fondling, carressing, pawing (coll.).*

MANOTADA. *n.f.* Puñado, manojo. *Handful, fistful.*

MANOTEADOR. *n.m.* Bolsista. *Bag-snatcher.* || **2.** Estafador. *Swindler.* || **3.** Ladrón. *Thief.* || **4.** Persona que mueve mucho las manos al hablar. *Gesticulator.*

MANOTEAR. *v.* Robar. *To steal.*

MANOTEO, *n.m.* Robo. *Theft, robbery.* || **2.** Estafa. *Swindle, fraud.*

MANQUE. *conj.* Aunque. *Although.*

MANQUEAR. *v.* Cojear (animal). *To limp (animal).*

MANSARDA. *n.f.* Desván, buhardilla. *Attic, loft.*

MANTA. *n.f.* (Acad.) Tela ordinaria de algodón. *Coarse cotton cloth.* || **2.** (Acad.). Poncho. *Poncho.* || **3.** Costal de pita o ayate, que se usa en la minas para cargar minerales. *Bag for carrying ore.* || **4.** •MANTA de cielo. Muselina. *Muslin.*

MANTEADO. *n.m.* Toldo de circo. *Circus tent.* || **2.** Toldo o cobertizo de mantas, lonas, etc., para dar sombra. *Awning, canopy.* 📖 [...] en la plaza que rodea al templo se instalan los puestos y los MANTEADOS. *The boths and awnings are installed in the square surrounding the church* (R. Castellanos. Balún Canán. Cit. Hispan.). || **3.** Tienda. *Tent.*

MANTEAR. *v.* Estropear entre varios a una persona. *To ill-treat, abuse.*

MANTECOSO. *adj.* Fastidioso. *Tiresome, annoying.*

MANTELITO. *n.m.* Servilleta. *Napkin.*

MANTENIDA. *n.f.* Concubina. *Kept woman.*

MANTENIDO. *adj.* Hombre que vive a expensas de la mujer. *Kept man, gigolo.* || **2.** Alcahuete, hombre que vive a expensas de la prostitución de una mujer. *Pimp.* || **3.** Cornudo, cabrón. *Cuckhold, one who consents to the infidelity of his wife.*

MANTEQUILLERA. *n.f.* (Acad.). Vasija en que se tiene o vende menteca, mantequillero. *Butter dish.*

MANTEQUILLERO. *n.m.* (Acad.). El que hace of vende manteca. *Person who sells or makes butter.*

MANTILLAS. *n.f.* Pañales. *Diapers.*

MANTILLÓN. *adj.* Descarado, desvergonzado. *Shameless.* || **2.** Gualdrapa. *Horse blanket.*

MANTILLÓN. *n.m.* (Acad.) Persona que vive a expensas de otra. *Kept man, or woman.* || **2.** Manta que se coloca sobre el sudario de la caballerías. *Horse blanket.*

MANUDO. *adj.* De manos grandes y gruesas. *Having big hands.*

MANUELA. *n.f.* Chaqueta. *Jacket.*

MANZANA. *n.f.* (Acad.). Nuez de la garganta. *Adam's apple.* || **2.** MANZANA de Adán. Nuez de la garganta. *Adam's apple.*

MANZANEAR. *v.* Dividir un terreno en manzanas. *To subdivide a lot into street blocks.* || **2.** Buscar favores a través de regalos. *To seek favors through gifts.*

MANZANERO. *n.m.* Persona que cosecha o vende manzanas. *Person who grows or sells apples.*

MANZANO. *n.m.* Plátano de color amarillo, muy dulce y suave. *Type of sweet, soft banana.*

MAÑANA. *n.f.* •Hacer o tomar la MAÑANA. Beber unos tragos de aguardiente por la mañana temprano. *To take a shot of liquor before breakfast.* 📖 –¿Les parece que hagamos la MAÑANA? –propuso austero uno de ellos, ya en las afueras, mirando un tenducho. –*How about stopping for a few drinks before breakfast? proposed one of the men in an austere tone upon reaching the countryside and spotting a small store.* (M. Azuela. La mala yerba).

MAÑANEAR. *v.* Levantarse temprano. *To rise early.* 📖 A mí me encantó siempre MAÑANEAR. *I've always enjoyed getting up early in the morning.* (E. Poniatowka. Hasta no verte Jesús mío).

MAÑANITA. *n.f.* -s. Composición musical de gran popularidad como canción de alborada para festejar a una persona en su onomástico. *Serenade sung to celebrate one's Saint's Day, birthday song.*

MAÑOSEAR. *v.* Dicho de los niños, ponerse **mañoso**. *To be finicky, difficult, fussy, especially about food (applied mostly to children).*

MAÑOSO. *adj.* Dicho de los niños, que no quieren alimentarse sino de golosinas o dulces. *Difficult, fussy, especially about food. Preferring sweets to regular meals (said of children).* ‖ **2.** Terco (animal). *Obstinate (animal).* ‖ **3.** Resabiado (animal). *Vicious (animal).*

MAPASÚCHIL. (Del náhuatl *macpalli*, "palma de la mano", y *xochitl*, "flor"). Árbol que da una flor parecida al tulipán. *Type of tree which produces a flower similar to the tulip.*

MAPEANGO. *adj.* Flojo, inútil. *Useless, incompetent.*

MAPLE. *n.m.* Arce. *Maple.*

MAQUE. *n.m.* Charol, laca. *Lacquer.*

MAQUILA. *n.f.* Precio que se cobra por trillar o cosechar siembras. *Fees charged for harvesting.* ‖ **3.** Medida de sembradura en algunas regiones de México. *Sowing measure in some parts of Mexico.*

MAQUILADORA. *n.f.* Empresa de montaje, que goza de franquicia y está obligada a exportar su producción. *Cross-border assembly plant.* 📖 [...] las MAQUILADORAS que les permetían a lo gringos ensamblar juquetes, motores, muebles, computadoras [...] con partes fabricadas en los EE.UU, ensemblados en México [...]. *The cross-border assembly plants which let the Americans assemble toys, engines, furniture, computers, with parts produced in the United States and assembled in Mexico.* (C. Fuentes. La frontera de cristal. Cit. Hispan.).

MAQUILAR. *v.* Montar, ensamblar (una planta industrial). *To assemble (in a cross-border plant).*

MAQUILLISTA. *n.m.* *Makeup artist.*

MÁQUINA. *n.f.* Automóvil. *Car.*

MARACA. *n.f.* Pesos. *Bucks.* ~Nomás tengo cien MARACAS. *All I have is a hundred bucks.*

MARAVILLA. *n.f.* Nombre de muchas plantas diferentes, generalmente de flores vistosas. *Marigold.*

MARCADO. *n.m.* •MARCADO automático. Discado directo, servicio automático. *Direct dialing.*

MARCAR. *v.* Atajar (deporte). *Tackle (sport).*

MARCHA. *n.f.* Arranque automático. *Self-starter.*

MARCHANTAJE. *n.m.* Clientela. *Clientele, customer, patron.*

MARCHANTE, TA. *n.m.* Vendedor (en un mercado). *Stall-holder.* 📖 (...) cada rato andaba en pleito con las MARCHANTAS en la plaza del mercado. *She would always quarrel with the women who were peddling their wares in the market place.* (Juan Rulfo. El llano en llamas). ‖ **2.** Paroquiano, persona que suele comprar en un misma tienda. *Customer, regular client.* ‖ **3.** Comprador. *Buyer.* 📖 [...] le tengo un MARCHANTE para la gasolinera. *I have a buyer for your gas station.* (M. Azuela. Nueva burguesía).

MARCHAR. *v.* Servir en el ejército. *To do military service.* ‖ **2.** ¡No MARCHES! ¡No te pases! *Cool it!, take it easy!*

MAREAR. *v.* Hacer trampas. *To cheat.* ‖ **2.** -se. Embriagarse a medias. *To get tipsy.*

MARFIL. *n.m.* Peine de dientes muy tupidos. *Fine-toothed comb.*

MARGAJITA. *n.f.* Polvos de salvadera. *Marcasite, white pyrites.*

MARGALLATE. *n.m.* Desorden, escándalo, confusión. *Turmoil, disarray.* 📖 Parado allí en la frontera, esperando pasar ese MARGALLATE de la manifiestación. *Waiting at the border for the turmoil of the demonstration to simmer down.* (C. Fuentes. La frontera de cristal. Cit. Hispan.).

MARGARITA. *n.f.* Cóctel hecho con tequila y jugo de lima. *Cocktail made with tequila and lime juice.*

MARGAYATE (variante de **margallate**).

MARÍA. *n.f.* Campesino que inmigra a la ciudad de México. *Migrant from the country into Mexico City or the urban areas.* 📖 [...] allí andan de vendedores ambulantes al igual que [...] las MARÍAS que llegan al Distrito Federal. *Here you have them, peddling their wares, just like those who migrate to Mexico City.* (E. Poniatowska. Cit. Brian Steel).

MARIACHI. *n.m.* (Acad.) Música y baile populares mejicanos procedentes del Estado de Jalisco. *Mariachi music.* ‖ **2.** (Acad.) Orquesta popular mejicana que interpreta esta música. *Mariachi band.* ‖ **3.** Músico callejero. *Street singer.* 📖 "El término *mariachi* surgió a consecuencia de que durante la Intervención francesa esta clase de grupos musicales solían ser contratados por los invasores para amenizar las fiestas de boda o *mariage*." (J. Mejía Prieto). 📖 "Se ha afirmado que la voz viene del francés *mariage*, "casamiento", y que en la época de la ocupación francesa el pueblo llamó así a las orquestas que ejecutaban música popular en los casamientos. Pero no se documenta tal afirmación. (Marcos A. Morínigo)."

MARIGUANADA. *n.f.* Tontería, sandez. *Stupidity, foolishness.* 📖 [...] yo ya no tengo que decir nada porque aquí está escrita la lista de todas tus MARIGUANADAS. *I have nothing more to say. Here's a list in writing of all your stupidities.* (E. Poniatowska. Hasta no verte Jesús mío). 📖 [...] son unos ignorantes, nunca entenderán que no hablo de MARIGUANADAS. *They're ignorant peope, they'll never understand that I'm not talking foolishly.* (A. Mastretta. Arráncame la vida).

MARIGUANO. *n.m.* Que fuma marihuana. *Marijuana (marihuana) smoker.* 📖 ¿Lo llamó MARIGUANO? [...] –No es cierto, no es verdad. *–Did you call him a mariguana smoker. –No that's not true, I never said that.* (V. Leñero. Los albañiles).

MARIHUANA (variante de **mariguana**).

MARIJUANA (variante de **mariguana**).

MARIMBA. *n.f.* (Acad.). Instrumento musical en que se percuten con un macillo blanco tiras de vidrio, como en el timpano. *Marinba (type of xylophone).*

MARIPOSA. •Nadar de MARIPOSA. Nadar estilo MARIPOSA. *To swim butterfly-style.*

MARIPOSÓN. *n.m.* Hombre enamoradizo, galanteador. *Flirt, Don Juan.* ‖ **2.** (Norte). Maricón exagerado.

MARITATAS. *n.f.* Vendedor callejero. *Street vendor, peddler.* ‖ **2.** –s. Canal para recoger el mineral en polvo.

MARITATEAR. v. (Norte). Ir de un lugar a otro vendiendo y comprando **maritates**. *To go from one place to another selling things, or junk.*

MARITATES. *n.f.* Equipo, herramientas. *Tools, gear, tackle.* ‖ **2.** Trastos viejos, cosas sin importancia. *Things, junk.*

MARLO. *n.m.* La espiga del maíz despojada de los granos. *Grainless stalk of corn.*

MARMAJA. *n.f.* Dinero. *Dough, money.* ‖ **2.** Marcasita o polvo que se ponía a la salvadera para borrar lo escrito, arenilla. *Maracasite.*

MARMITA. *n.f.* Hervidor, pava. *Kettle.*

MAROMA. *n.f.* Voltereta. *Somersault, tumble.* ~Dar (echar) una MAROMA. *To do a somersault.* ‖ **2.** (Acad.). Volatín, voltereta o pirueta de un acróbata. *Stunt, trick.* 📖 -

Mamá quiero ir al circo. -Pero cuál circo. Son unos pobres muertos de hambre que no saben cómo regresar a su pueblo y se ponen a hacer MAROMAS. *Mother I want to go to the circus. -What circus. They're just a bunch of in and out people who don't know how to go back to their village and earn a living doing acrobatic stunts.* (R. Castellanos. Balún Canán). || **3.** (Acad.). Función de circo en que se hacen ejercicios de acrobacia, volatines, etc. *Acrobatic performance.* || **4.** (Acad.). Voltereta política. *Change in one's political allegiance.* || **5.** •Dar MAROMA. (Hidalgo). Ayudar una locomotora a otra para mover un tren pesado.

MAROMEAR. *v.* Bailar el volatín en la maroma. *To walk a tightrope, to perform acrobatic stunts.* || **2.** Balancear, tratando de estar bien con todos, especialmente en política. *To do a political balancing act.* || **3.** Vacilar. *To lean one way and then the other.*

MAROMERA. *n.f.* Locomotora que ayuda a otra para mover un tren pesado.

MAROMERO. *n.m.* (Acad.). Acróbata, volatinero. *Tightrope walker, acrobat.* || **2.** (Acad.). Político astuto que varia de opinión o partido según las circunstancias. *Clever politician, politician who manages to be on good terms with all parties, political opportunist.* || **3.** (Acad.). Versátil. *Changeable, fickle, unstable.*

MAROTA. *n.f.* (Acad.) Marimacho. *Mannish, tomboy.*

MARQUESOTE. *n.m.* Torta de harina fina de arroz o de maíz que se corta en trozos de figura de rombo. *Type of cake.*

MARQUETA. *n.f.* (Chocolate). *Block*. (De azúcar). *Lump.*

MARRAJO. *n.m.* Persona avara o mezquina. *Skinflint.*

MARRANA. *n.f.* •Hacer la MARRANA. Hacerse el enfermo para no trabajar. *To play sick so as not to work.* || **2.** Hacerse mimar en casa. *To let oneself be pampered at home.*

MARRAZO. *n.m.* Bayoneta del fusil. *Bayonet.* ⌑ ¡Le hacen el torniquete y le aprietan con un MARRAZO! *Do a tourniquet (on his arm) and tighthen it with a bayonet.* (E. Poniatowska. Hasta no verte Jesús mío). ⌑[...] otros (cuchillos) largos y puntiagudos, otros [...] pesados como MARRAZOS. *Some long and sharp, and others as heavy as bayonettes.* (M. Azuela. Los de abajo).

MARRO. *n.m.* Mazo, martillo. *Mallet, hammer.*

MARTAJAR. *v.* Picar, quebrantar el maíz en la piedra. *To pound, grind, crush corn on a stone.* || **3.** Saber mal una cosa que debió aprenderse bien de memoria. *To know halfway.* Saber MARTAJADA una lección. *To know a lesson half-way.* || **2.** •MARTAJAR el español. *To speak broken Spanish.*

MARTINGALA. *n.f.* Ardid, treta, combinación para ganar en un juego. *Trick, scheme.*

MÁS. *adj.* •MÁS que nunca. Con mayor razón. *The more so.* || **2.** •MÁS que. Nada más que. *Only to.* || **3.** •Más que sea. Aun cuando sólo sea. *Although it may only be.* || **4.** •No más. Pues. *Just.* ⌑ –¿Que decís si nos encontramos en un café? –Como no, con mucho gusto. No MÁS decime dónde. *–What do you say if we go to a café? –Gladly, just tell me where.* (A. Yáñez. La creación. Cit. Hispan.).

MASA. *n.f.* •MASA harina. *Corn flour (for tortilla, etc.).*

MASATO. *n.m.* Provisión de maíz molido que se lleva en los viajes. *Provision of ground corn taken on a trip.*

MASCADA. *n.f.* (Acad.) Porción de tabaco que se toma en la boca para mascarlo. *Plug of chewing tobacco.* || **2.** (Acad.) Pañuelo de seda que se lleva en el bolsillo o puesto en el cuello. *Silk handkerchief, scarf.* ⌑ A veces él hacía como que me iba a ahorcar con la MASCADA. *Sometimes he would act as though he was going to choke me with the hankerchief.* (E. Poniatowska. Hasta no verte Jesús mío). ⌑ [...] y MASCADA solferina al cuello. *And with a purple scarf around his neck.* (M. Azuela. Los de abajo).

MASCAR. *v.* Masticar tabaco. *To chew tobacco.*

MASCÓN. *adj.* Logrero. *Opportunistic.*

MASCOTA. *n.f.* Tela de algodón a cuadros. *Gingham.* || **2.** Amuleto. *Good-luck charm.* || **3.** Persona a quien se le atribuye virtudes de buen aguero, adivino. *Fortune teller.* || **4.** Tela de vestido cuyo dibujo es de cuadros negros y blancos. *Cloth used in the confection of dresses whose design is made up of black and white squares.*

MASCUCHAR. *v.* (Norte). Masticar la comida ruidosamente. *To chew, masticate noisily.*

MASTATE. n.m. (Acad.) Faja que usaban los antiguos indios. *Loincloth.*

MASTIQUE. *n.m.* Mástique. *Mastic.*

MATA. *n.f.* Colina. *Hill.* || **2.** Matorral. *Thicket, jungle.*

MATADA. *n.f.* Hecho de matar. *Killing.* 📖 Comprendió que no se podía ser débil en esto de la MATADA; o se hacía con firmeza o sólo causaba un gran dolor. *She realized that she could not be fainthearted about the killing; either it was done with firmness or it would only cause great grief.* (L. Esquivel. Agua para chocolate. Cit. Hispanomamericanos).

MATADERO. *n.f.* Casa de citas. *Brothel.* || **2.** El testuz de los gallos, en la jerga de los riñeros. *Rooster's neck.*

MATADO. *adj.* (Norte). Matador (trabajo). *Tough, difficult, exhausting.*

MATAGUSANO. *n.m.* Untadura que se hace para matar los gusanos del ganado. *Oitment against worms (cattle).*

MATANCERO. *n.m.* Jifero o persona que en los mataderos mata y descuartiza las reses. *Slaughterman.* || **2.** Carnicero o persona que vende carne al público. *Butcher.* 📖 Al meterme de MANTANCERA tuve que comprar todos los útiles, básculas [...] cuchillos, pesas. Vendía yo carne por kilo [...]. *When I became a butcher I had to buy the necessary implements, scales, knives, weights. I sold meat by the kilo.* (E. Poniatowska. Hasta no verte Jesús mío).

MATANZA. *n.f.* Lugar donde se ha matado una res para el abasto público. *Meat market.* || **2.** (variante de **matancero**).

MATAPALO. *n.m.* Arbol cauchífero de corteza fibrosa. *Three yielding rubber and sackcloth fiber.*

MATAPIOJOS. *n.m.* Planta con cuya semilla se prepara un ungüento para matar parásitos. *Dragonfly.*

MATATE. *n.m.* Red de fibras vegetales, en forma de bolsa, para llevar frutas y otras cosas. *String bag.*

MATATENA. *n.f.* Juego de niños parecido al juego de la taba. *Jacks.* || **2.** Piedrecita redonda. *Small, round stone or pebble.*

MATAZÓN. *n.f.* Matanza. *Slaughter, killing (of animales); carnage, massacre (of people).* 📖 Fue como nos fusilaran. Dimos marcha atrás, pero ya era tarde [...]. De todos modos la MATAZÓN fue grande. *It was like being shot by a firing squad. We retreated, but by now it was too late. It was a real massacre.* (J. Rufo. El llano en llamas).

MATERIAL. *n.m.* •De MATERIAL. Hecho de adobe o de ladrillos. *Made of brick, brick-built.*

MATERIALISTA. *n.m.* Constructor. *Building contractor.* || **2.** Camionero (de materiales de construcción diversos). *Truck driver (of builder's materials).* || **3.** Transportista. *Haulage contractor, trucker.* || **4.** Relacionado con los materiales de construcción. *Pertaining to builder's materials.* 📖 [...] y lograron que un camión MATERIALISTA los llevara hasta el hospital. *And they managed to catch a ride from a truck of builder's materials.* (C. Fuentes. Agua quemada. Cit. Brian Steel).

MATINÉ, MATINÉE. *n.f.* (Acad.). Función de espectáculo, teatro, cine, circo, etc., que se ofrece en las primeras horas de la tarde. *Morning performance, matinée.*

MATOJO. *n.m.* Matorral. *Thicket, underbrush.*

MATONA. *n.f.* Pistola. *Gun.*

MATRACA. *n.f.* Ametralladora. *Machine-gun.* || **2.** Coche viejo y destartalado. *Jalopy.*

MATRERO. adj. Malo. *Bad.* 📖 [...] la gente se había vuelto MATRERA, y lo único que habíamos logrado era agenciarnos enemigos. *People had turned wicked and the only thing we accomplished was to make ennemies.* (J. Rulfo. El llano en llamas).

MATRIMONIAR. *v.* Casar. *To marry.* || **2.-se.** Casarse. *To get married.* 📖 No sé si se MATRIMONIARON pero oí que eso le dijo a mi papá. *I don't know if they got married but that's what I heard my father say.* (E. Poniatowka. Hasta no verte Jesús mío). 📖 Nos MATRIMONIAMOS en Tres Palos, Guerrero [...]. *We got married in Tres Palos in the state of Guerrero.* (E. Poniatowka. Hasta no verte Jesús mío).

MAULA. *adj.* (Acad.). Cobarde, despreciable, taimado. *Good-for-nothing, unreliable.* || **2.** (Animal) remolón, bellaco, flojo para el trabajo. *Useless, vicious, lazy (animal).*

MAURE. *n.m.* Faja de colores que usan las mujeres del pueblo sobre las faldas para ceñirse la cintura. *Sash, band, belt (around a blouse or tunic).*

MAXTATE (variante de **matate**).

MAYATE. *n.m.* Escarabajo. *Beetle.* 📖 Rifaba cuanta porquería y media traía en el bolsillo: canicas ágatas, trompos y zumbadores y hasta MAYATES verdes, de esos a los que se les amarra un hilo en un pata para que no vuelen muy lejos. *He raffled whatever junk he happened to carry in his pocket: marbles, spinning tops and even green beetles, the kind that you tie a thread to one of the legs so they won't fly very far.* (J. Rulfo. El llano en llamas). || **2.** *adj.* Borracho. *Drunk.*

MAYOR. *n.m.* Comandante. *Major.* 📖 Mi MAYOR dice que si no viene de hoy a mañana, acabamos con el primero que pase y así se cumplirán las órdenes. *The major says that if he doesn't come by tomorrow, to grab the first one that comes by and in this way the orders are carried out.* 📖 (J. Rulfo. El llano en llamas).

MAYOREO. Venta al por mayor. *Wholesale (trade).*

MAZA. *n.f.* Cubo de la rueda de los coches. *Hub (of wheel).*

MAZACOTE. *n.m.* Boa. *Boa.*

MAZAMORRA. *n.f.* Comida a base de maíz hervido. *Corn porridge.*

MAZORCA. *n.f.* Boca. *Mouth.* || **2.** •Pelar la MAZORCA. *To smile from ear to ear.*

MEAR. *v.* •MEAR fuera del tarro (tiesto, escupidera). Obrar desacertadamente o inoportunadamente. *To be wrong, do the wrong thing.*

MECADA. *n.f.* Malacrianza. *Ill-breeding, bad manners.*

MECAPAL. *n.m.* (Acad.) Faja de cuero con los extremos terminados en cuerdas, con las que se ata la carga, apoyando la faja sobre la frente para cargar a la espalda, y de la cual se sirven los **mecapaleros**, cargadores o mozos de cordel. *Headband used for attaching loads carried on one's back; leather harness used by carriers and porters.*

MECAPALERO. *n.m.* (Acad.) Mozo de cordel o cargador que habitualmente usa el **mecapal** en su trabajo. *Porter.* 📖 Raimundo [...] era MECAPALERO, pero también vendía pan en el mercado de San Lucas [...]. *Raimundo was a porter, but he also sold bread at the San Lucas market.* (E. Poniatowska. Hasta no verte Jesús mío). 📖 Luego tuvo que trabajar como MECALERO [...]. *Later he had to work as a porter.* (M. Azuela. Nueva burguesía).

MECATAZO. *n.m.* Latigazo. *Whiplash.* || **2.** Trago. *Shot, swig (of liquor).*

MECATE. *n.m.* (Acad.) Cualquier fibra de corteza vegetal usada para atar. *Strip of pita fiber.* || **2.** Cuerda de fibras retorcidas o trenzadas usada para ataduras. *Rope, string, cord.* 📖 [...] se echó solito el MECATE al

MECATEADA

pescuezo, señor Juez. *He put a noose around his own neck, your honor.* (E. Poniatowska. Hasta no verte Jesús mío).|| **3.** Bramante o cordel. *Twine.* 📖 Los mantenía juntos con un MECATITO amarrado a un palo. *He held them together with a small piece of string tied to a stick.* (E. Poniatowska. Luz y luna). || **4.** Persona tosca e inculta. *Boor.* || **5.** •Caerse del MECATE. Quedar en evidencia. *To be caught in the act,* **b)** Quedar cesante. *To loose one's job.* || **6.** •No aflojar el MECATE. No perder de vista un asunto. *Not loose sight of.* || **7.** •Tener a uno a MECATE corto. No ceder en su autoridad, no dejar obrar a otro a su albedrío. *To hold someone on a tight rope, to give him little room to act freely.* || **8.** •Andar como burro sin MECATE. Andar como moro sin señor. *To act chaotically, like bedlam.* || **9.** •Donde quiera plancho y lavo, y en cualquier MECATE tiendo. Refrán con que se expresa soberbia, arrogancia o valentía. *Expression denoting self-reliance.* || **10.** •Olerle a uno el pezcuezo a MECATE. Ser reo de algún delito grande; estar próximo a ser ahorcado. *To feel the hangman's noose around one's neck.* || **11.** •Es todo MECATE. ¡Es magnífico! *It's terrific!* || **12.** •Jalearle el MECATE a uno. Dar coba. *Polish the apple.* || **13.** •A todo MECATE. Magnífico. ~Se compró un coche a todo MECATE. *He bought a beautiful car.* **b)** Muy bien. *Very well, great.* ~Nunca me he sentido tan a todo MECATE. *I never felt as great as I do now.* **c)** A todo dar. *Full swing.* 📖 Ya comenzó la animación a todo MECATE, ¿Oyen? *The party has begun full swing, can you hear it.* (Agustín Yánez. Ojerosa y pintada).

MECATEADA. *n.f.* Zurra, paliza. *Bashing, beating.*

MECATEADO. *adj.* (Norte). Que tiene mucha experiencia. *Experienced.*

MECATEAR. *v.* Atar, lazar con **mecate**. *To tie up.* || **2.** •MECATEÁRSELA. Huir. *To flee, run away.* || **3.** Azotar. *To whip, thrash.*

MECATERÍA. *n.f.* Lugar donde se venden **mecates**. *Place where mecates are sold.*

MECATERO. *n.m.* El que vende o hace **mecates**. *Mecates maker or vendor.* || **2.** Mozo de cordel. *Porter, carrier.*

MECATONA. *n.f.* La comida. *Daily food.*

MECEDOR. *n.m.* Mecedora, silla para mecerse. *Rocking-chair.*

MECHA. *n.f.* Miedo. *Fear.* || **2.** Greñas, mechones de cabello que penden de la cabeza en desorden. *Tuft, lock.* || **3.** •Aguantar la MECHA. Soportar una molestia, una reprensión, peligro o un castigo. *To endure danger, reprimend or adversity with resignation.*

MECHERO. *n.m.* Conjunto de cabellos enhiestos. *Mop of hair.* || **2.** Cabeza muy despeinada. *Dishevelled head of hair.*

MECHUDO. *adj.* Desgreñado, con los cabellos desordenados o sucios. *Tusled, unkempt (hair).* 📖 Unos indios MECHUDOS, acostumbrados a no comer en muchos días (...) *Indians with unkempt hair used to not eating days on end.* (Juan Rulfo. Pedro Páramo). || **2.** *n.m.* Trapeador. *Mop.*

MECO. *adj.* Inculto, salvaje. *Uncivilized, wild.* || **2.** Bruto, ignorante. *Brutish, ignorant, "thick".* 📖 Ese Villa era un MECO que se reía del mundo y todavía se oyen su risotadas. *That Villa was a brute and you can still hear his blaring laughter.* (E. Poniatowska. Hasta no verte Jesús mío). || **3.** Ordinario. *Crude.* || **4.** Canallesco. *Despicable.* || **5.** (Acad.) Se dice del color bermejo con rayas negras de ciertos animales *Brownish black, blackish red (animal).* || **6.** (Acad.) Se dice del indio bravo, rebelde. *Said of the wild, unwieldy Indian.* || **7.** (Zapotecas). (Indio) no bautizado. *Said of the unbaptized Indian.* || **8.** Patizambo. *Bowlegged.* || **9.** *n.m.* Indio bravo, rebelde. *Wild Indian.* || **10.** (Norte). Niño, muchacho. *Boy, child.*

MEDIA. *n.f.* Calcetines. *Sock.* || **2.** •Media CUCHARA. Ayudante o peón de albañil. *Bricklayer's (or construction worker's) assistant.* 📖 Por menso o por sonzo no pasará de MEDIA CUCHARA, pero es muy buen tipo, muy leal. *Since he's not very bright, he'll never be more than a construction worker's assistant, but* *he's a very nice guy and very loyal.* (V. Leñero. Los albañiles).

MEDIANERÍA. *n.f.* Aparcería. *Partnership, share-cropping.*

MEDIANOCHE. *n.f.* Bollo partido en dos mitades entre las cuales so coloca una lonja de jamón, carne, etc. *Type of roll for sandwiches.*

MEDIDOR. *n.m.* Contador de gas, de agua o de luz eléctrica. *Meter, gauge.*

MEDIERO. *n.m.* Aparcero. *Share-cropper, partner on cattle ranch or farm.*

MEDIO. *adj.* A medias. *Almost, half way.* 📖 Cuando MEDIO sané, empecé a ir a la plaza. *When I was almost well again, I began to go to the village square.* (R. Pozas. Juan Pérez Jolote. Cit. Hispan.).

MEDIR. *v.* Estar uno sin trabajo. *To be without a job.* || **2. -se.** No perder la calma. *To keep calm, to keep one's head.* || **3.** Probarse (ropa). *To try on (clothes).* ~¿Me lo puedo MEDIR? *Can I try it on?* || **4.** Competir con alguien en fuerza, habilidad o inteligencia. *To match one's ability, wit, etc.* || **5.** En los deportes, competir un equipo con otro. *To play each other, meet.* || **6.** Reñir. *To quarrel, come to blows.* || **7.** •MEDIR las CALLES. Callejear, holgazanear. *To idle, loaf, walk the street.*

MEJUNJE. *n.m.* Enredo, confusión, lío. *Mess, mix-up.*

MELADO. *n.m.* (Acad.) En la fabricación del azúcar de caña, jarabe que se obtiene por la evaporación del jugo purificado de la caña antes de concentrarlo a punto de cristalización los tachos. *Cane syrup.*

MELADURA. *n.f.* Melado o miel ya preparado para hacer el azúcar. *Concentrated cane syrup ready for making sugar.*

MELCOCHA. *n.f.* Miel, pasta de miel. *Honey.*

MELGA. *n.f.* (Acad.). Faja de tierra que se marca para sembrar; amelga. *Plot of land ready for sowing.*

MELGUEAR. *v.* Amelgar. *To furrow at regular intervals to facilitate even sowing.*

MELINDROSO. *adj.* Exigente, remilgado, maniático. *Choosy, picky, finicky.*

MELONADA. *n.f.* Bellaquería, torpeza, vulgaridad. *Clumsiness, wickedness.*

MELONZAPOTE. *n.m.* Nombre que se da en varias partes a la papaya. *Papaya.*

MEMBRESÍA. *n.f.* Calidad de miembro o socio, pertenencia. *Membership.* || **2.** Número de socios. *Membership.* 📖 La MEMBRESÍA de las sociedades secretas [...] podría ser estimada [...] en aproximadamente diez mil [...]. *The membership of secret societies is estimated to be approximatey ten thousand members.* (Cit. B. Steel).

MEME. *n.f.* •Vámonos ya, hay que hacer la MEME. Vámonos ya, es hora de acostarse. *Let's go, it's time for you to go to bed.*

MEMELA. *n.f.* Tortilla de maíz gruesa, de forma alargada y no circular como la común. *Oval-shaped corn tortilla.* || **2.** (Acad.) Tortilla delgada de maíz. *Thin tortilla.*

MEMORISTA. *adj.* Memorioso. *Having a retentive memory.*

MEMORIZACIÓN. *n.f.* Esfuerzo y método para recordar lo que uno aprende. *Memorization.*

MEMORIZAR. *v.* (Acad.). Aprender de memoria. Fijar en la memoria. *To learn by heart, memorize, commit to memory.*

MENDIGO. *n.m.* Cobarde. *Coward.* || **2.** Tacaño. *Stingy.* || **3.** Malo. *Mean.*

MÉNDRIGO. *adj.* Cobarde. *Coward.*

MENEAR. *v.* Remover. *To stir.*

MENEARSE. *v.* (Tabasco). Darse prisa. *To hurry.*

MENEQUEAR. *v.* Mover reiteradamente una cosa hacia un lado y otro sin mudarla de lugar. *To shake, wag.*

MENEQUEO. *n.m.* Acción de **menequear**. *Shaking, wagging.*

MENESTEROSA. *n.f.* Mujer que hace

muchos dengues y monerías afectadas. *Woman who demonstrates affected coyness and cuteness.*

MENJURJE (variante de **mejunje**).

MENORISTA. *n.m.* Comerciante que vende al por menor. *Retail merchant, retailer.* || **2.** *adj.* Minorista. *Retail.*

MENSADA. *n.f.* Tontería, estupidez. *Stupid thing to say.* 📖 Yo soy muy grosera y usted es muy mensa porque nos anda preguntando puras MENSADAS que no importan. *I may be very rude but you're stupid, because your questions are pure nonsense and completely useless.* (E. Poniatowska. Hasta no verte Jesús mío).

MENSO. *adj.* (Acad.) Tonto, necio, pesado. *Foolish, stupid.* 📖 Yo soy muy grosera y usted es muy MENSA porque nos anda preguntando puras mensadas que no importan. *I may be very rude but you're stupid, because your questions are pure nonsense and completely useless.* (E. Poniatowska. Hasta no verte Jesús mío). || **2.** Loco. *Crazy, mad.* 📖 Era el cuñado de Nachito Rivero, aquel que se volvió MENSO a los pocos días de casado. *He was Nachito Rivero's brother-in-law, the one who went crazy a few days after he got married.* (Juan Rulfo. El llano en llamas).

MENTADA. *n.f.* Insulto. *Insult.* || **2.** •MENTADA de madre. *Insult (usually about a person's mother).*

MENÚ. *n.m.* Carta, lista. *Menu.*

MENUDEAR. *v.* Abundar una cosa. *To abound.* || **2.** Crecer en número, aumentarse. *To increase, grow in number.* || **3.** Vender al por menor. *To sell retail.* 📖 Sólo puedo aconsejarte que te lleves una canasta bien repleta de queso fresco por un mercado que se llama Lagunilla, y allí lo MENUDEAS. *I can only suggest that you take a basket full of fresh cheese to a market called Lagunilla and sell it to the public.* (M. Azuela. La luciérnaga).

MENUDENCIA. *n.f.* Menudillo de las aves. *Giblets (fowl).*

MENUDEO. *n.m.* (Acad.). Ventas al por menor. *Retail trade.* || **2.** •Al MENUDEO. Al por menor. *Retail.* ~Ventas al MENUDEO. *Retail sales.*

MENUDO. *n.m.* (Acad.) Guisado de menudos (tripas, etc.), también llamado "mondongo", callos. *Tripe stew.*

MEQUIOTE. *n.m.* Tallo floral del maguey. *Spike of the maguey.*

MERCA. *n.f.* La cantidad de cosas compradas; la compra. *Shopping, purchases.* 📖 ¿No tienes aquí tu negocio? ¿No estás metido en la MERCA de puercos? *Don't you have your business here? Aren't you in the business of buying hogs?* (J. Rulfo. El llano en llamas).

MERCACHIFLE. *n.m.* Badulaque, bellaco, tipo sin importancia. *Rogue, nobody.*

MERCAR. *v.* Comprar. *To buy.* 📖 -¿Quién me MERCA esta maquinaria? preguntó uno. *Who wants to buy this stuff from me? someone asked.* (M. Azuela. Los de abajo). 📖 No hay dinero para MERCARLOS [...]. Se acabó el negocio, padre. *There is no money to buy them. That business is over, father.* (J. Rulfo. El llano en llamas). || **2.** Vender. *Sell.* 📖 Y el día que se lo pedí me dijo: "Anda a MERCAR güevos, eso deja más." *And the day that I asked you you told me: "Go and sell eggs, it's much more profitable.* (Juan Rulfo. El llano en llamas).

MERCERÍA. *n.f.* Tienda donde se venden paños, lienzos y tejidos. *Draper's shop, dry-goods store.*

MERECIDO. *adj.* Engreído. *Conceited.*

MERENDAR. *v.* Tomar la comida de la noche, cenar. *To have dinner.* || **2.** •MERENDARLE a uno. Matar a uno. *To bump somebody off.*

MERENDERO. *n.m.* Restaurante. *Café, lunch counter.*

MEREQUETENGUE. (Norte). Lío, borlote, embrollo. *Mess.* 📖 [...] eran más bien campesinos muertos de hambre. Ellos ya no sabían para donde tirarle. Aquello era un MEREQUETENGUE. *They were badly starved country people, not knowing what to do or where to go. It was a mess.* (E. Poniatowska. Hasta no verte Jesús mío).

MERIENDA. *n.f.* Cena. *Dinner.*

MERITO. *adj.* (variante de **mero**). 📖 El MERITO día quince, no lo vi salir de su casa. *On that particular 15th, I didn't see him leave his house.* (E. Poniatowska. Hasta no verte Jesús mío).

MERJURJE (variante de **menjurje**).

MERLÁCHICO. *adj.* Enclenque. *Pale, sick.*

MERMA. *n.f.* (Norte). Sobrante que suele pasar por desperdicio pero que la gente hacendosa utiliza con provecho. *Leftovers.* Con la MERMA de la masa podríamos hacer unos bizcochitos. *With the leftover mixture we could make some sponge cakes.*

MERO. *adj.* Propio, mismo, exacto. *Very, right.* Vive en la MERA esquina. *He lives right on the corner, on the very corner.* 📖 En el fondo (de la cárcel), hasta MERO atras, está el Departamento de Mujeres. *In the rear (of the jail), at the very end, is the Women Section.* (E. Poniatowska. Hasta no verte Jesús mío). 📖 Alguna vez subí (a las pirámides) pero nunca hasta MERO arriba. *I once when up (the piramides) but never to the very top.* ‖ **2.** En el momento preciso. *At the exact, precise time.* ‖ **3.** (Intensivo) Propio, mismo. *Very, own.* Tu MERO padre. *Your own father.* Es la MERA verdad. *It's the plain, simple truth.* 📖 Sé que ahora debe estar en el MERO hondo del infierno. *I know that right now he must be in the very depth of hell.* (Juan Rulfo. Pedro Páramo). ‖ **4.** Principal. *Real, true.* Es el MERO culpable. *He's the real, true culprit.* ‖ **5.** Sólo. *Only.* Una MERA de la tres. *Only one of the three.* ‖ **6.** Mismo. *Same, very same.* Es la MERA persona que vino a verme ayer. *It's the very same person that came to see me yesterday.* ‖ **7.** Justo. *Exactly, straight.* 📖 A los puercos necesita uno darles el cuchillazo en el MERO corazón. *To kill a pig you need to drive a knife straight into their heart.* (E. Poniatowska. Hasta no verte Jesús mío). ‖ **8.** Más. *Most.* La historia de Encarnación era de las MERAS buenas, de las MERAS tristes [...]. *Encarnación's story was one of the most interesting and one of the saddest.* (V. Leñero. Los albañiles). 📖 Y ahora empieza lo MERO güeno (bueno), siñores (señores). *And now comes the best part, gentlemen.* (M. Azuela. La mala yerba). ‖ **9.** Directamente. *Directly, straight from.* 📖 Me acaban de llegar de MERO París de Francia. *I just got them straight from Paris, France, no less.* (M. Azuela. El desquite). ‖ **10.** Exactamente, precisamente. *Exactly, precisely.* 📖 Ése MERO era el amo don Inacio. *That exactly the kind of man my boss, don Inacio, was.* (M. Azuela. La mala yerba). 📖 Yo MERO fui ese que estrelló su camión contra un tren. *I'm that very one who crashed his truck into the tren.* (M. Azuela. La luciérnaga). ‖ **11.** •Ahora MERO, ya MERO. Hace poco. *Just now.* ~Me vino a ver ahora MERO. *He just came to see me.* (b). Pronto, en seguida. *Soon, in a moment.* Ya MERO llega. *He'll be here shortly.* ‖ **12.** •Aquí mero. *Right here.* 📖 (Dirigiéndose a un taxista). – No, no, dese vuelta aquí. Por esa calle... En la casa verde.... Aquí, aquí. Aquí MERO está bien. *No, no, turn around here. Down that street. Where the green house is. Here, here. That's fine right here* (V. Leñero. Los albañiles). 📖 Todo empezó ahí *mero. Everything started right here.* (V. Leñero. Los albañiles). ‖ **13.** •¡Eso MERO! Eso es. *Right!, you've got it!* ‖ **14.** •MERO enfrente. *Right in front.* 📖 [...] ver a la virgen allí, MERO enfrente de nosotros, dándonos su sonrisa [...]. *To see the Virgin there, right in front of us, smiling.* (J. Rulfo. El llano en llamas). ‖ **15.** •Ser el MERO MERO. El encargado de mayor jerarquía. *The big boss, the top dog, the big shot.* 📖 Con tal de conocer gringos y quedar bien con los MEROS MEROS. *As long as he was able to meet gringos and in this way look good with his superiors.* (C. Fuentes. La región más transparente). 📖 [...] yo ya no quise mantener a los holgazanes y les dije a los MEROS MEROS del Sindicato [...]. *I refused to support those loafers any longer and told the Union's big shots...).* (E. Poniatowska. Hasta no verte Jesús mío). ‖ 16. •Ser el MERO petatero. *To be the boss.* ~¿Quien es el MERO petatero en esta casa? *Who's the boss (who wears the pants) in this house?* ‖ 17. •Ya MERO que... *There's no way that...* ~¡Ya MERO que te voy a prestar el carro! *You must be joking if you thing I'm going to lend you the car!*

MERODEAR. *v.* Procurarse ganancias por medios ilícitos. *To make money by illicit means.*

MEROLICO. *n.m.* (Acad.) Vendedor callejero, especialmente de remedios medicinales, que atrae a los transeúntes gracias a su verborrea. *Quack, medicine man.* 📖 "La voz parece proceder de una embaucador que se hacía llamar el doctor Meroil-Yock y que sentó su plaza en México por 1865. Vendía entonces un aceite de San Jacobo que decía curaba muchas enfermedades". (Marcos A. Morínigo). ‖ 2. Parlanchín, hablador. *Fast talker.*

MESA. *n.f.* Meseta. *Meseta, tableland, plateau.*

MESADA. *n.f.* Meseta. *Meseta, tableland, plateau.*

MESALINA. Prostituta. *Dissolute woman.*

MESERO, RA. *n.m&f.* (Acad.) Mozo o moza que sirve a la mesa en los restaurantes. *Waiter, waitress.* 📖 [...] Munguía llamó al MESERO y pidió una botella de Bacardí. *Munguía called the waiter and ordered a bottle of Bacardi.* (V. Leñero. Los albañiles). 📖 [...] una pobre mujer que estaba trabajando de MESERA en una cantina. *An unfortunate girl that was working as a waitress in a bar.* (E. Poniatowska. Hasta no verte Jesús mío).

MESILLA. *n.f.* Meseta alta. *High plateau or tableland.*

MESTEÑO. Caballo salvaje. *Wild, untamed (horse).*

METAL. *n.m.* MUS •Metales. Bronces. *Brass section.*

METALIZADO. *adj.* (Pers.) que vive dedicada a ganar dinero por cualquier medio, que todo lo valora o tasa conforme a su costo en dinero. *Mercenary, dedicated to making money; who sees everything in terms of money.*

METATE. *n.m.* (Acad.) Piedra de moler. *Grinding stone.* 📖 El chocolate se tuesta en comal de barro y se muele en METATE con canela y azúcar. *The chocolate is toasted in a comal and ground on a grinding stone with cinnamon and sugar.* (E. Poniatowska. Hasta no verte Jesús mío). 📖 [...] con cuchillos afilados en el METATE. *With knives sharpened on a grinding stone* [...]. (M. Azuela. Los de abajo). ‖ 2. •Estar pegado al METATE. Batir el yunque. *To keep one's nose to the grindstone.* ‖ 3. •A muele y muele, ni METATE queda. El insistir tenazmente acaba con toda resistencia. *Constant dripping wears away the stone.*

METATEADO. *adj.* (Norte). Manoseado (tema). *Well-worn, hackneyed (story, topic).*

METATEAR. *v.* Moler en metate. *To grind on a grinding stone.*

METEDERA. *n.f.* Entrometimiento, intromision. *Butting in, interference, meddling.*

METELÓN. *adj.* Entrometido. *Meddling.*

METER. *v.* ¡Métele! *interj.* Interjección usada para exhortar a alguien a que se dé prisa, a que trabaje con brío, a que se decida a hacer algo o a continuar en una empresa. *Let's go!, let's get with it!, step on the gas (coll.).*

METICHE. *adj.* (Acad.) Entrometido. *Meddling, nosy.* 📖 Me gustaba. Era curiosa y METICHE como yo. *I liked her. She was curious and nosy just like me.* (A. Mastretta. Arráncame la vida). ‖ 2. *n.m.* Entrometido. *Meddler.*

METICHI (Variante de **metiche**).

METICULOSO. *adj.* Escrupuloso, caprichoso de los detalles. *Meticulos, finicky.*

METLAPIL. *n.m.* Rodillo de piedra algo más grueso en el centro que se usa para moler en el metate el maíz, el cacao y otros granos. *Roller used for grinding corn in the metate or grinding stone.*

METÓN. *n.m.* (Yucatán). Intrometido. *Meddler.*

MÉXICO. La ciudad de México. *Mexico City.* 📖 MÉXICO no me gusta. Me he resuelto a vivir aquí porque las muchachas me comprometieron a ponerme casa con mucha luz y mucho sol. *I don't like Mexico City. I came to live here because the girls agreed to set me up in a house with a lot of light and sun.* (M. Azuela. Nueva burguesía).

MEXIQUENSE. *adj.* (Acad.) Natural del Estado de México. *Native of the state of Mexico.*

MEZCAL. *n.m.* Aguardiente que se extrae por la destilación de la cabeza o pencas del mezcal. *Mescal (alcoholic drink made of the maguey plant).* 📖 En el baile hubo mucha alegría y se bebió mucho buen MEZCAL. *The dance was very lively and everyone drank good mescal.* (M. Azuela. Los de abajo). || **2.** Variedad de **maguey**. *Mescal (a variety of cactus).* || **3.** La fibra del mezcal preparada para hacer cuerdas. *Prepared fiber of the maguey for making hemp cord or rope.* || **4.** •Para todo mal, MEZCAL; para todo bien, también. Expresión popular con la que se encarece la bebida. *Mescal cures all problems.*

MEZCALERA (variante de **mezcalería**). 📖 [...] acabó casándose con Lucio Chico, dueño de la mezcalera [...]. *She ended up getting married to Lucio Chico, the owner of the mescal store.* (E. Poniatowska. Hasta no verte Jesús mío). || **2.** Grupo de cactus o pitas. *Cactus patch.* 📖 Y a ellos (les había tocado) nada más un pedazo de monte, con una MEZCALERA nada más [...]. *The only part that had been assigned to them was a small piece of land full of cactus in the hills.* (J. Rulfo. El llano en llamas).

MEZCALERÍA. *n.f.* Lugar donde se vende mezcal. *Place where mescal is sold.* || **2.** Fábrica de **mezcal**. *Mescal factory.*

MEZCALERO. *n.m.* Persona que cultiva o fabrica el **mezcal**. *Person who grows or makes mescal.* || **2.** *adj.* Relativo al **mezcal**. *Having to do with mescal.*

MEZCLILLA. *n.f.* Tela basta de algodón, usada en la confección de pantalones vaqueros. *Cloth woven from mixed fibers used in the fabrication of jeans.* || **2.** Pantalones de MEZCLILLA. *Denim, jeans.* 📖 [...] todos vestidos de camisa y pantalones de MEZCLILLA [...]. *All dressed with shirts and jeans.* (Carlos Fuentes. La frontera de cristal). 📖 Los demás iban con ropa de MEZCLILLA. *The others wore denims.* (Carlos Fuentes. La frontera de cristal).

MEZQUINAR. *v.* (Acad.). Regatear, escatimar alguna cosa, dar con mezquindad. *To skimp on, be stingy with.*

MEZQUINO. *n.m.* Verruga que sale en las manos o en los pies. *Wart.*

MEZQUITE. *n.m.* Arbol de ramas espinosas, cuyas hojas y frutos se usan como forraje y contra la inflamación de los ojos. *Mezquite tree.* 📖 Hazlo como te digo y si antes de dos semanas no das la razón a mi... me cuelgan del MEZQUITE que te cuadre. *Do as I say and if within two weeks you don't agree with me... they can hang me from the mezquite tree you choose.* (M. Azuela. La mala yerba).

MI. *v.* Forma acopocada de 'mira'. *Shortened form of 'look'.* 📖 ¡MI qué cara pone! *Just look at the expression in his face!* (M. Azuela. Los de abajo. Cit. Hispanomaricanos).

MICADA. *n.f.* Conjunto de micos o monos. *Group of monkeys.* || **2.** Gestos afectados, dengues. *Fussiness.*

MICALÓN. *n.m.* Oso melero. *Kincajou.*

MICHE. *n.m.* Gato. *Cat.* –MICHE... michito. Abierta la cola en palmera, el animal da un salto a la calle. (M. Azuela. La luciérnaga).

MICHI (variante de **miche**).

MIENTRAS. *adv.* •En MIENTRAS. Mientras tanto. *Meanwhile.*

MIGRA. *n.f.* •La MIGRA. *The immigration police (on the US-Mexican border).*

MIJE. *n.m.* Cigarro de mala calidad. *Poor quality cigar.*

MILADA. *n.f.* (Norte). Millar. *Thousand.* Recibieron MILADAS de llamadas. *They received thousands of calls.*

MILAPANCLE. *n.m.* Acequia que cruza una milpa o sementera para regarla. *Irrigation ditch or channel.*

MILITAROTE. *n.m.* Militar inculto, autoritario y de maneras bruscas y torpes. *Rough soldier, blustering soldier.*

MILLO. *n.m.* Maíz millo, maicillo. *Variety of millet.*

MILLONEARSE. *v.* (Norte). Enriquecerse. *To get rich.*

MILOGUATE. *n.m.* Caña de maíz. *Cornstalk.*

MILPA. *n.f.* (Acad.) Maizal, terreno sembrado de maíz. *Corn field.* 📖 Miren nada más: a esto le llaman MILPA. No dan más que unos elotitos así, chiquitos [...]. *Just look at it: and they call this a cornfield. The only thing that ever grows on it is a few ears of corn, that small.* (Cit. Brian Steel). ‖ **2.** Cultivo. *Crop.* ‖ **3.** •Lloverle a uno en la MILPA. Prosperar. *To become prosperous.* ‖ **4** •No hay MILPA sin güitlacoches. No hay nada perfecto. *Nothing is perfect.* ‖ **5.** •Contigo la MILPA es rancho, y el atole, champurrao. Contigo, pan y cebolla. *For better or for worse, through thick and thin.*

MILPEAR. *v.* Preparar la tierra para sembrar el maíz. *To prepare for the sowing of corn, to till.* 📖 [...] en donde andaban MILPEANDO de madrugada. *Where they had been tilling since dawn.* (E. Poniatowka. Hasta no verte Jesús mío). ‖ **2.** Formar un maizal. *To sow a field with corn.* ‖ **3.** Comenzar a brotar el maíz sembrado. *To begin to sprout.*

MILPERO. *n.m.* Dueño de una **milpa**. *Owner of a milpa.* ‖ **2.** Persona que cultiva el maíz. *Corn grower*

MILTOMATE. *n.m.* Tomate proveniente de la milpa. *Tomato grown in a cornfield.*

MINA. *n.f.* Prostituta. *Prostitute.*

MINERAL. *n.m.* Pueblo en el cual hay una o varias minas. *Mining-town.*

MINERO. *n.m.* •Irse de MINERO. Morir. *To die.*

MINGO. *n.m.* •Darse MINGO. Lucirse, darse tono. *To impress, show off.*

MIRAR. *v.* Ver. *To see.* 📖 La MIRÉ en la iglesia el día siguiente, trémula de emoción y con lo ojos henchidos de lágrimas. *I saw her in church on the following day, trembling with emotion and her eyes swollen with tears.* (M. Gutiérrez Nájera).

MIRIÑAQUE. *n.m.* Tela de algodón muy rala, usada especialmente para el bordado. *Thin cotton cloth.*

MIRRUÑA. *n.f.* Pedacito. *Tiny bit.* ~Se comió hasta la última MIRRUÑA. *He ate up the very last scrap.* ~Una MIRRUÑA de aguardiente. *A tiny drop of liquor.*

MIRUJEAR. *v.* Echar un vistazo. *To browse.*

MISCELÁNEA. *n.f.* (Acad.) Tienda pequeña. *Small shop.*

MISMO. *adj.* •MISMO que. Que, quien. *Who, which.* 📖 [...] e incineró los restos de la mujer, MISMOS que en pocos minutos quedaron reducidos a cenizas. *And he incinerated the remains of the woman, which in a few minutes were reduced to ashes.* (Cit. Brian Steel).

MITOTE. *n.m.* Especie de baile o danza que usaban los aztecas. *Aztec ritual dance.* ‖ **2.** Pelea. *Brawl.* ‖ **3.** (Acad.) Jaleo, alboroto. *Uproar, racket.* ‖ **4.** Fiesta casera. *House party* ‖ **5.** Aspaviento, melindre, remilgos. *Finickiness, fussiness.* ‖ **6.** Chisme. *Gossip.* ‖ **7.** Charla. *Chat.* ‖ **8.** •Estar en el MITOTE. *To have a chat.*

MITOTEAR. *v.* Hacer remilgos. *To fuss.*

MITOTERO. *adj.* Pendenciero. *Brawling, quarrelsome.* || **2.** Bullanguero, amigo de diversiones. *Rowdy, noisy, boisterous.* || **3.** Chismoso, enredador. *Gossipy, mischief-making.* || **4.** Remilgado. *Fussy, finicky.* || **5.** *n.m.* Alborotador. *Boisterous person.* ~Es un MITOTERO. *He's terrible rowdy (boisterous).* || **6.** Remilgado. *Finicky person.*

MOCA. *n.f.* *Coffee-flavored cake (or biscuit).* || **2.** Vaso con asa; pequeña jarra para beber. *Mug.*

MOCHA. *n.f.* (Veracruz). Machete campesino. *Type of machete.* || **2.** •Hacerse gata MOCHA. Simular humildad. *To pretend humility.* || **3.** •Llegar hasta la MOCHA. Llegar muy deprimido o agobiado. *To arrive very depressed or exhausted.*

MOCHAR. *v.* Cortar. *To cut off.* 📖 Lo vi de muy cerquita en la toma de Celaya cuando le MOCHARON el brazo a Obregón. *I saw him from very close in the capture of Celaya where they cut off his arm.* (E. Poniatowska. Luz y luna). || **2.** Irse. *To leave.* ~Si no quieres venir con nosotros, MÓCHATE. *If you don't want to go with us, then get lost.* || **3.** •MOCHARSE con algo. Desembolsar, pagar. *To pay, cough up (coll.).* ~Tenemos que pagar entre todos, así que MÓCHATE con tu parte. *We all have to pay our share, so cough up.*

MOCHICUÁN. *adj.* Egoísta, cicatero. *Tightfisted, mean.*

MOCHILA. *n.f.* Maleta en forma de cofre pequeño o de bolsa. *Small trunk.*

MOCHILLER. *n.m.* La primera pelea de gallos que se hace en el día. *First cockfight of the day.*

MOCHO. *adj.* Religioso, beato. *Sanctimonious, religious.* || **2.** Reacionario. *Reactionary.* || **3.** Conservador, retrógrado. *Conservative, backward.* || **4.** Manco. *Missing an arm* || **5.** Mojigato. *Prudish, innocent-looking.* 📖 Así de tan MOCHITA que se veía, a los ocho días de casada escapó con el médico del regimiento [...]. *As innocent-looking as she looked, eight days after getting married she ran away with the doctor of the regiment.* (A. Mastretta. Arráncame la vida). || **6.** •Hecho la MOCHA. A toda velocidad. *Full steam ahead.* ~Pasó hecho la MOCHA a su clase. *He whizzed by on his way to his class.* || **7** *adv.* •Habla medio MOCHO. *He doesn't pronounce his words clearly.*

MOCHONGADA. *n.f.* Payasada. *Clowning, buffoonery.*

MOCHONGO. *n.m.* Hazmereír, payaso. *Clown, laughingstock.*

MOCIONAR. *v.* Hacer una propuesta. *To present, propose (a motion), to move.*

MOCO. *n.m.* •Doblar el MOCO. Quedarse dormido. *To fall asleep.*

MOCOCOA. *adj.* Enfermizo. *Unhealthy, sickly.*

MODELO. *n.m.* Formulario. *Blank form.*

MODISTERÍA. *n.f.* Boutique. *Boutique, lady's dress shop.*

MODISTO. *n.m.* Modista. *Dressmaker.* 📖 Cuéntame, ¿viste al MODISTO ése espiando la boda desde la cocina y elogiando su creación con los gatos. *Tell me, did you see that dressmaker observing the wedding from the kitchen and praising his own creation with the servants?* (C. Fuentes. La región más transparente).

MODO. *n.m.* •Ni modo. Que la vamos a hacer! *But, what are you going to do!, too bad, but...* 📖 Pero en alguna parte tenemos que vivir, ahijada, y ahora se necesita protección, ni MODO, hay que defenderse y defender lo propio. *There's not much we can do about it, my child, we need to live somewhere and protect ourselves and our belongings.* (Carlos Fuentes. La frontera de cristal). || **2.** •Ni MODO que. De ninguna forma. *By no means.* Ni MODO que me quedara allí de labradora. *There was no way I was going to stay there working as a farmhand.* (E. Poniatowska. Hasta no verte Jesús mío).

MODORRO. *adj.* Estudiante desaplicado y poco inteligente. *Plodder.*

MODOSO. *adj.* Muy meticuloso en la

limpieza y el arreglo de la casa. *House-proud.* ‖ **2.** Se aplica a la persona mal educada, que tiene malos modos. *Rude, bad-mannered.*

MOFLE ANGL *n.m.* Silenciador. *Muffler.*

MOGOMOGO. *n.m.* Guisote de caldo espeso. *Thick stew.*

MOJADO. *adj.* •Espalda MOJADA. Inmigrante ilegal a los Estados Unidos. *Wetback.* ‖ **2.** *n.m.* Mexicano que se interna ilegalmente en los Estados Unidos pasando al Rio Bravo a nado. *Wetback.* ‖ **3.** •Llover sobre MOJADO. *To make matter worse.* 📖 Veníamos todos enlodados. Además nos llovió sobre MOJADO porque tuvimos muchas bajas. *We were all full of mud, and to make matters worse we had many casualties.* (E. Poniatowka. Hasta no verte Jesús mío).

MOJAR. v. Celebrar el estreno de algo o un acontecimiento agradable bebiendo un licor, vino o cerveza. *To celebrate with a drink.*

MOJARRA. *n.f.* (Acad). Cuchillo corto y ancho. *Short, broad-bladed knife.*

MOJIGANGO. *adj.* (Norte). Mal vestido, mal arreglado, de mal aspecto en el vestir. *Shabbily dressed.*

MOJO. •MOJO de ajo. Salsa de ajo. *Garlic sauce.*

MOLACHO. *adj.* Que carece de uno o más dientes. *Toothless.* 📖 Y el que viene (...) no deja CHIMUELOS, cojos (...). *And the one that follows leaves us toothless, lame...*(E. Poniatowska. Luz y luna).

MOLCAJETE. *n.m.* Morterillo de piedra o de barro cocido de tres patas para moler especias o salsas. *Mortar.* 📖 No es lo mismo enchufar la licuadora que estar moliendo en el MOLCAJETE toda la santa mañana. *It's one thing to plug in the blender and another to be grinding on the mortar all morning long.* (M.A. Almazán. Cit. B. Steel).

MOLCAJETEAR. v. (Norte). Molestar. *To annoy, pester.* ‖ **2.** Moler en el molcajete. *To grind in a mortar o molcajete.*

MOLCAJETERO. *n.m.* Fabricante o vendedor de **molcajetes**. *Molcajete maker or seller.*

MOLCAJETES. (Norte). El jefe, el mandamás, el "mero mero". *The boss, the top banana.*

MOLCAS. *n.m.* (Norte). Variante de **molcajete**. ‖ **2.** (Norte). Término que se usa para aludir a una persona indeterminada. *Guy.*

MOLDURA. *n.f.* Marco. *Frame.*

MOLE. *n.m.* (Acad.) Famoso y peculiar guiso que se prepara con salsa de chile y ajonjolí. El más famoso es el MOLE poblano. *Casserole dish prepared with meat and chile sauce.* ‖ **2.** •Darle a alguien en su (mero) MOLE (regalo, invitación). Venirle a alguien de maravilla una cosa, venirle como anillo al dedo. *To suit someone to a T. To be the perfect gift, invitation, etc.* ‖ **3.** •Ser el (mero) MOLE de alguien. *To be one's strong point.* ~Las matemáticas son su mero MOLE. *Mathematics are his strong point, he excels in mathematics.* ~Ese tipo de trabajo es mi mero MOLE. *This kind of work is right up my alley.* ~El fútbol es su mero MOLE. *He's a real soccer freak.* ‖ **4.** •MOLE de olla. Guiso. *Meat stew.* ‖ **5.** •Ser MOLE de MOLE. Ser el tiempo más indicado. *To be the perfect time.* ~A darle, que es MOLE de MOLE. *Let's get on with it, there's no time like the present (let's strike when the iron is hot).* ‖ **6.** Sangre. *Blood.* ‖ **7.** MOLE poblano. *Rich, cooked chili sauce made with nuts, raisins and chocolate.* ‖ **7.** MOLE verde. *Thick, cooked chile sauce made with green tomatoes.*

MOLEAR. v. Tomar mole. *To eat mole.*

MOLEDERA. *n.f.* Molestia, fastidio. *Nuisance, bother, annoyance.* 📖 Aquí vivo a gusto, sin la MOLEDERA de la gente. *Here I live in peace, without the aggravation of people.* (Juan Rulfo. El llano en llamas).

MOLENDERO. *n.m.* Persona que tiene por oficio moler en el **metate**. *Person who grinds corn for a living.*

MOLENQUES. *adj.* Destartalado. *Dilapi-*

dated. Pelaron sus dientes MOLENQUES y dijeron que no [...]. *They smiled through their broken teeth and said no.* (J. Rulfo. El llano en llamas).

MOLER. *v.* Fastidiar, cansar. *To bother, tire, annoy.* 📖 [...] y la muy desconsiderada empieza a MOLER, a andar tras uno a todas horas. *And without consideration she begin to pester you and get on your back all the time.* (V. Leñero. Los albañiles).

MOLERO. *n.m.* Persona aficionada a comer mole. *Person fond of mole.* || **2.** Cazuela donde se prepara el **mole**. *Casserole used for making mole.* || **3.** Vendedor de **mole**. *Mole vendor.*

MOLESTOSO. *adj.* (Acad.). Que causa molestia. *Annoying.*

MOLIDO. *adj.* •Pan MOLIDO. Pan rallado. **Breadcrumbs**.

MOLIENDA. *n.f.* Acción de moler. *Grinding.*

MOLINILLO. *n.m.* Batidor. *Beater, mixer, blender.*

MOLLEJA. *n.f.* Reloj de bolsillo. *Pocket watch.*

MOLÓN. *adj.* Molesto, fastidioso. *Tiresome, bothersome.* 📖 La señora (de la casa) era muy MOLONA, mexicana también. *The lady of the house, who was also Mexican, was very demanding.* (E. Poniatowska. Hasta no verte Jesús mío).

MOLONQUEAR. *v.* Golpear. *To beat up.*

MOLOTE. *n.m.* (Acad.) Tumulto, escándalo, bullicio, motín. *Riot, commotion, uproar.* || **2.** Tortilla enrollada y rellena de sesos, papas o carne molida. *Tortilla filled with meat, chile, onions, etc.* || **3.** Ovillo de hilo. *Ball of wool.* || **4.** Chanchullo. *Dirty trick, swindle.* || **5.** Moño o pelo trenzado que se atan las mujeres en la parte posterior o superior de la cabeza. *Bun, chignon (hair).* || **6.** Lío o envoltura que se hace en forma alargada a modo de maletín. *Bundle.* 📖 Es una que trae un MOLOTE en su rebozo y lo arrulla diciendo que es su crío. *She's a woman who carries a bundle wrapped up in her shawl saying that this is her child and sings lullabies to lull it to sleep.* (Juan Rulfo. Pedro Páramo).

MOMA. *n.f.* Gallina ciega (juego). *Blind man's buff.*

MOMITA (variante de *moma*).

MONA. *n.f.* Cobarde. *Coward.* || **2.** Dibujo de mujer. *Drawing of a woman.* || **3.** Barreno con dinamita para despedazar peñas. *Shot hole.*

MONDA. *n.f.* Zurra de azotes, azotaína. *Beating.*

MONDADOR. Trituradora. *Shredder.*

MONDONGO. *n.m.* (Acad.) Traje o adorno ridículo. *Ridiculos dress or adornment.* || **2.** CULIN Callos. *Tripe.*

MONDONGUDO. *adj.* Panzudo. *Potbellied.*

MONDONGUERO. *n.m.* Persona que hace y vende **mondongo** (callos). *Person who makes and sells mondongo (tripe).*

MÓNDRIGO. Cobarde. *Coward.* 📖 [...] porque ustedes no son más que unos MÓNDRIGOS bandidos y mentecosos ladrones. *Because you're just a bunch of cowardly bandits and greasy thieves.* (J. Rulfo. Pedro Páramo).

MONEAR. *v.* Hacer monerías, contonearse. *To boast, show off.*

MONERO. *n.m.* Humorista. *Cartoonist.*

MONIFATO. *n.m.* Figura ridícula de persona o animal. *Fool, clown.*

MONITO. *n.m.* •Revista de MONITOS. Revista de historietas, tebeo. *Comic book.*

MONJA. *n.f.* Cierta bebida. *Type of drink.* 📖 Mezclaban el anís dulce con cubito de hielo y eso daba la MONJA [...]. *They would mix anissete with ice cubes to make "monja".* (C. Fuentes. La frontera de cristal).

MONO. *n.m.* Malla de bailarina. *Leotard.* || **2.** Montón de mazorca en forma de pila. *Pile of corncobs.*

MONTANTE. *n.m.* Suma, importe. *Total,*

amount.

MONTAÑA. *n.f.* Bosque, selva. *Forest, jungle.*

MONTE. *n.m.* Yerba, maleza. *Grass, fallow pasture.*

MONTEADA. *n.f.* Acción y efecto de montear. *Chopping of wood.*

MONTEADOR. *n.m.* Persona hábil en montear. *Persona skillful at chopping wood.*

MONTEAR. *v.* Cortar leña en el monte. *To chop wood in the woodland.*

MONTERÍA. *n.f.* Establecimiento para cortar y explotar maderas. *Timber camp.*

MONTERO (variante de **monteador**).

MONTÓN. *n.m.* •Echar MONTÓN. Actuar en conjunto para dañar a una persona. *To gang up on.*

MONTONERO. *n.m.* Pendenciero. *Troublemaker.* 📖 No te creas lo que dicen... MONTONERO no más. *Don't believe what they say. He's just a troublemaker.* (M. Azuela. La malahora). 📖 Quiero decir que los valientes con las mujeres y los indefensos, con cobardes MONTONEROS cuando hay que pelear con los hombres. *I mean that those who are brave with women and defenseless people are nothing but cowardly bullies when it comes to fighting men.* (M. Azuela. Nueva burguesía).

MONTUNO. *adj.* (Acad.). Rudo. *Coarse.* || 2. Montaraz. *Wild, untamed.* || 3. Rústico. *Rustic.*

MONTURA *n.f.* Silla de montar. *Saddle.*

MOÑO. •Estar con el MOÑO torcido. Estar de mal talante. *To be in a bad mood.* || 2. Ponerse en su MOÑOS (una persona). Hacerse del rogar. *To be stubborn.*

MORA. *n.f.* •Mora azul. Arándano. *Blueberry.* || 2. •Mora roja. *Cranberry.*

MORALLA. *n.f.* Dinero suelto, moneda menor que el peso duro. *Small change.*

MORDELÓN. *adj.* Que acepta el soborno. *Given to taking bribes.* 📖 No produciendo nada al Fisco, para ellos no hay contribuciones, ni multas, ni MORDELONES. *Not yielding any benefit to the treasury, for them there are no contributions, no fines, no one to take bribes.* (M. Azuela. La luciérnaga). || 2. (Acad.) Agente de tráfico. *Traffic cop.* 📖 Comenzó a caminar. Lo detuvo un grupo de personas. -¿Libre? -Sí, pero de prisa, suban, a ver si no me ven los MORDELONES. *He started to walk. A group of people stopped him. Taxi? Yes, but hurry up, get in before the traffic cops see me.* (Agustín Yánez. Ojerosa y pintada).

MORDER. *v.* Estafar, robar. *To swindle, cheat.* || 2. Exigir soborno. *To exact a bribe from.*

MORDIDA. *n.f.* (Acad.) Provecho o dinero obtenido de un particular por un funcionario o empleado, con abuso de las atribuciones de su cargo; soborno. *Bribe.* 📖 Esos periodistas que con una mano rezan a la Guadalupe y con la otra reciben MORDIDAS. *Those reporters who pray to the Virgen of Guadalupe with one hand and accept bribes with the other.* (C. Fuentes. La región más transparente). 📖 [...] juró que recuperarían sus propiedades, así tuviera que dar MORDIDA a todos esos bandidos del gobierno. *He swore that he would recover his possesions, even if he had to bride every corrupt official in the government.* (M. Azuela. Ésa sangre).

MORDISCÓN. *n.m.* Mordisco. *Bite.*

MORDISQUEAR. *v.* Mordiscar. *To bite.*

MORETE. *n.m.* Cardenal. *Bruise.*

MORETÓN (variante de *morete*).

MORGA. *n.f.* Depósito de cadáveres, instituto anatómico forense. *Morgue.*

MORIR. *v.* •Hasta MORIR. Hasta lo último. *To the very end.* ~La fiesta va a ser hasta MORIR. *The party is going to go on until we drop dead.*

MORISCO. *n.m.* (Acad.) Decíase del descendiente de mulato y europea o de mulata y europeo. *Quadroon.*

MORLACO. *n.f.* Dinero. *Buck, peso (any*

national coin). ~Me prestó unos MORLACOS. *She lent me some cash.*

MORMADO. *adj.* Tapado, congestionado. *Stuffed up, blocked.* ~Tengo la nariz MORMADA. *My nose is blocked.*

MORO. *adj.* •Ponerle un ojo MORO a alguien. Ponerle un ojo morado a alguien. *To give someone a black eye.*

MORONA. *n.f.* Migaja de pan. *Bread crumb.*

MORONGA. *n.f.* Morcilla. *Blood sausage.*

MOROTEAR. *v.* Amorotar, acardenar. *To bruise.*

MORRALLA. *n.f.* (Acad.) Dinero suelto. *Loose change, small change.* 📖 Cambio de MORRALLA. (Cartel en un banco de México. Cit. Brian Steel).

MORRITA. *n.f.* (Norte). Novia. *Girlfriend.*

MORRO. *n.m.* (Norte). Muchacho, joven. *Boy, kid.*

MORROCOTUDO. *adj.* ‖ Grande, fuerte, temible, magnífico, excelente. *Tops.* 📖 Ustedes que opinan de Diego como publicista: ¿No es más MORROCOTUDO que como pintor? *What do think of Diego as a publicist: Doesn't he do a better job at it than being a painter?* (Agustín Yánez. Ojerosa y pintada). ‖ **2.** Grande, fuerte. *Big, enormous, strong, stout.*

MORRONGO, GA. *n.m.* Moza, mozo, sirviente. *Servant.* ‖ **2.** (Tabasco). Cigarro puro hecho de una sola hoja de tabaco enrollada. *Cigar made from from a rolled leaf of tobacco.* ‖ **3.** Chico que ayuda en el trabajo de los mineros. *Miner's assistant.*

MORRULLA. *n.f.* Morcilla. *Blood pudding.*

MORTIFICARSE. *v.* Avergonzarse. *To feel ashamed.* ‖ **2.** Cortarse, intimidarse. *To feel bashful, intimidated.*

MORTUAL. *n.f.* Herencia. *Inheritance.*

MOSAICO. *n.m.* Baldosa. *Floor tile.*

MOSCA. *n.f.* Gorrón, sablista. *Sponger.* ‖ **2.** Dinero. *Money.* 📖 Está bien como experiencia, pero no dejaba mucha MOSCA. *It was good experience, but it didn't pay very much.* (C. Fuentes. La región más transparente). ‖ **3.** •Ir de MOSCA. [...] se trepó en un tren de carga y como MOSCA llegó a Torreón. *He got aboard a freight train and reached Torreón as a stow away.* (M. Azuela. Nueva burguesía).

MOSCO. *n.m.* (Norte). Abeja, avispa. *Bee, wasp.* 📖 [...] se fue a vivir a una casa inhóspita y medio vacía, con una alberca de agua helada y cientos de MOSCOS por las tardes. *She went to live in an half empty, inhospitable house, with a swimming pool with frozen water and hundreds of bees in the evenings.* (A. Mastretta. Arráncame la vida). ‖ **2.** •No te conozco MOSCO. *I don't know you from Adam.*

MOSQUEADO. *adj.* (Norte). Aburrido, solitario, triste. *Bored, solitary.* 📖 —¿Y qué dijo Celerina? —Estaba MOSQUEADA, pero se iba interesando en la cuestión. —*What did Celerina say? —She was somewhat bored but she was taking interest in the matter.* (V. Leñero. Los albañiles).

MOSQUERO. *n.m.* (Acad.). Hervidero o abundancia de moscas. *Swarm of flies.*

MOSQUETE. *n.m.* Pasillo del teatro para espectadores sin asiento. *Theatre aisle for spectators without a seat.*

MOTA. *n.f.* Borla de pluma o de algodón, usada por las mujeres para empolvarse. *Powder puff.* ‖ **2.** Marijuana, hachís. *Marijuana plant, hash.*

MOTETE. *n.m.* (Acad.) Cesto grande fabricado con cintas entrelazadas. *Large basket.* ‖ **2.** (Acad.) Lío, envoltorio. *Bundle, parcel.*

MOVIDA. *n.f.* Amante. *Mistress.* ‖ **2.** Aventura amorosa. *Love affair.* ‖ **3.** *adj.* Pachorrudo, irresoluto. *Sluggish, slow, irresolute.* ‖ **4.** Activo (persona). *Active (person).*

MOVIDO. *adj.* Sin carácter, indeciso, irresoluto. *Variable, inconsistent, irresolute.*

MOYOTE. Mosquito. *Mosquito; gnat.*

MUCHACHADA. *n.f.* Grupo de muchachas

y muchachos. *Group of youngters.*

MUDADA. *n.f.* (Acad.). Mudanza de casa. *Moving, change of domicile.*

MUDAR. *v.* Cambiar los dientes (un niño). *To loose one's milk teeth.*

MUEBLE. *n.m.* Coche. *Car.*

MUGROSO. *adj.* Mugriento. *Filthy.* 📖 Oye, ¿Por qué andas tran MUGROSA? ¿Por qué no te cambias? *Listen, why are you so dirty? Why don't go and change?* (E. Poniatowka. Hasta no verte Jesús mío). || **2.** Cochino, mísero. *Lousy, miserable.* 📖 No le va a pasar gran cosa (al doctor Aguilar) con perder tres mil MUGROSOS pesos. *Loosing a miserable three thousand pesos shouldn't affect him that much.* (V. Leñero. Los albañiles).

MUINA. *n.f.* Enojo, rabia. *Anger, annoyance.* || **2.** 📖 [...] a medida que caminaba se me iba subiendo la MUINA [...]. *The more I walked the more I became angry.* (E. Poniatowka. Hasta no verte Jesús mío). || **3.** •Me da la MUINA. Me da rabia. *It gets on my nerves.* 📖 A mí me daba harta MUINA que me dijeran la reina Sóchil. *Calling me Queen Sochil was getting on my nerves.* (E. Poniatowka. Hasta no verte Jesús mío). || **4.** Desazón. *Unease.* 📖 Y yo me puse a pensar en la muchacha de Cuquila, con mucha MUINA. *And I began to think uneasily of the girl from Cuquila.* (E. Valadés. La muerte tiene permiso).

MUJERERÍO. *n.m.* Mujerío. *Bunch of women.*

MUJERERO. *adj.* Mujeriego. *Women-chaser.*

MUJERÓN. *n.m.* Mujerona. Mujer alta, tosca o corpulenta. *Heavily-built woman.*

MULA. *n.f.* Mercancía invendible. *Unsaleable, worthless merchandise, junk.* || **2.** Cojín que usan los cargadores para no lastimarse. *Shoulder pad worn by porters or carriers.* || **3.** Persona fuerte, resistente (para el trabajo). *Strong, tough person (for work).* || **4.** Botella cualquiera de aguardiente. *Liquor carrying bottle.* || **5.** •Echar la MULA. Reprender, regañar. *Reprimand, scold.* || **6.** •Mantenerse en su MULA. Seguir en sus treces. *To stand one's ground.* || **7.** Persona mala. *Mean person.* 📖 [...] el anunciador era una MULA bien hecha y a la hora de presentarme me puso todavía más nervioso con sus preguntas. *The announcer was a real mean person and when he introduced me he made me even more nervous with his questions.* (V. Leñero. Los albañiles).

MULITO. *n.m.* (Tabasco). **Guajolote.** Turkey.

MULTÍGRAFO. *n.m.* (Acad.) Multicopista. *Duplicator.*

MUÑECA. *n.f.* Mazorca nueva. *Baby corn.*

MURALLA. *n.f.* Pared. *(Any) wall.* || **2.** (Chihuahua). Casa de vecindad. *Tenement.*

MURMURÓN. *n.m.* Murmurador. *Gossip.*

MURUSO, SA. •Hacer MURUSA. Engañar. *To mislead, deceive.*

MUSARAÑA. *n.f.* Mueca. *Face, grimace.*

MUSCULACIÓN. *n.f.* Musculatura. *Muscles.*

MUSGO. *adj.* Musgoso, sucio de musgo. *Mossy.*

MÚSICA. *adj.* Antipático. *Mean.* No seas MÚSICA, préstame tus apuntes. *Don't be mean, lend me your notes.* || **2.** •Ser MÚSICA para algo. *To be hopeless at.*

MÚSICO. *n.m.* Hipócrita. *Hypocrite.*

MUSTIO. *adj.* Hipócrita. *Hypocritical, two-faced.* || **2.** (Michoacán). Persona orgullosa enemiga de ser tratada con familiaridad. *Haughty, arrogant, snobbish.*

N

NABORÍ. *n.m.* Indio doméstico; o criado en general. *Servant.*

NABORÍA (variante de **naborí**).

NACATAMAL. *n.m.* (Acad.) Tamal especial que contiene carne con salsa de chile. *Corn and meat wrapped in a banana leaf.*

NACATEMALERO. *n.m&f.* Persona, por lo general, mujer, que vende o hace **nacatamales**. *Person, generally a woman, who sells or makes nacatamales.* || **2.** *adj.* Relativo al nacatamal. *Relating to the nacatamal.*

NACATETE. *n.m.* (Acad.) Pollo recién nacido que aún no tiene plumas. *Unfledged chick.* || **2.** Pollo pelón. *Featherless chicken.*

NACATÓN (variante de **nacatete**).

NACENCIA. *n.f.* Nacimiento. *Birth.* 📖 [...] ése es un don que viene de NACENCIA, ya es una cosa que lleva uno dentro. *That something that one is born with, something that is part of yourself.* (E. Poniatowka. Hasta no verte Jesús mío).

NACER. *v.* Engendrar. *To father.* 📖 Pero Ud. me NACIÓ. Y usté tenía que haberme encaminado [...]. *But you fathered me. And you should have oriented me.* (J. Rulfo. El llano en llamas). || **2.** •NACERLE a uno. Querer, tener voluntad, darle la gana. *To feel like.* ~Hago lo que me nazca. *I do what I feel like doing.* || **3.** ⇨ **tamal**

NACHO, CHA. *fam.* Diminutivo de Ignacio y Ignacia. *Nickname for Ignacio and Ignacia.*

NACIDA. *n.f.* Nacimiento. *Birth.*

NACIDO. *n.m.* Forúnculo, tumor, divieso. *Tumor, growth, boil.*

NACIENCIA (variante de **nacencia**).

NACO. *n.m.* (Guerrero). Indígena. *Indian.* || **2.** *adj.* Torpe, ignorante. *Stupid, ignorant.* 📖 ¿Por qué todos tan prietos, tan de a tiro nacos? *Why so dark-skinned and so utterly stupid?* (C. Fuentes. La frontera de cristal). || **3.** Grosero, ordinario, vulgar. *Trashy, vulgar, common.* Que es habitante o natural de la ciudad de México. *Native or inhabitant of Mexico City.* 📖 O que se creian las CAPITALINAS que nomás por ser del norte eran de a tiro nacas. *Or did those girls from Mexico City believe that people from the North were absolutely common people.* (Carlos Fuentes. La frontera de cristal).

NADA. *n.f.* Pequeña cantidad. *A small amount.* ~¿Le diste vino al bebé? -sólo una NADA. *Did you give the baby some wine? - Only a tiny drop.* ~Le puse una NADA de sal. *I added a tiny pinch of salt.* ~Ganó por una NADA. *He won by a whisker.* || **2.** •A cada NADA. A cada momento, a cada paso. *At every moment, at every step.* || **3.** •NADA más fui yo. *I was the only one who went.* ~No NADA más yo lo critico. *I'm not the only one to criticize him.*

NADITA. *n.f.* Poco. *Little.* ~Si no aumenté más que una NADITA. *I really gained just a little.* || **2.** Porción mínima de algo. *A very small amount.*

NADO. *n.m.* Natación. *Swimming.* ~Tiene el record en NADO de pecho. *He holds the breaststroke record.* || **2.** •A NADO. Nadando. Fueron hasta las rocas a NADO. Fueron hasta las rocas nadando. *They swam out to the rocks.*

NAGATERO. *n.m.* Jifero, carnicero.

Butcher.

NAGUAL. *n.m.* (Acad.) Brujo, hechicero. *Sorcerer, wizard.* ‖ **2.** *n.f.* Mentira. *Lie.* ‖ **3.** (Acad.) Animal que una persona tiene de compañero. *Pet.* ‖ **4.** Persona que se disfraza para robar en figura de animal. *Person that disguises himself as an animal in order to steal.* ⌑ Ya conocí al que se hace pasar como NAGUAL para venirse a robar las cosas. *I finally found out who it was that pretended to be a animal in orders to steal from us.* (E. Poniatowka. Hasta no verte Jesús mío). ‖ **4.** *adj.* Bruto, salvaje, bárbaro. *Brutish, savage, barbarian.*

NAGUALEAR. *v.* Contar mentiras. *To tell lies.* ‖ **2.** Andar de noche robando. *To steal, rob.* ⌑ Y esa noche había tan bonita luna que [...] vi muy bien que andaban NALQUEANDO. *And that night there was such a beautiful moon that I could see very well that someone was on the prowl.* (E. Poniatowka. Hasta no verte Jesús mío).

NAGUAS. *n.f.* Enagua. *Petticoat.*

NAGUAS. *n.f.* Falda. *Skirt.*

NAGUATATO (variante de **naguatlato**).

NAGUATLATO. *n.m.* Intérprete. *Indian interpreter (between Spaniards and Nahuatl indians).*

NAGUATO (variante de *naguatlato*).

NAHUALEAR (variante de nagualear).

NAHUATL. *n.m.* Lengua del pueblo azteca. *Language of the Aztecas.* ‖ **2.** Azteca. *Aztec Indian.*

NAHUILA. *adj.* (Noroeste). Efeminado, maricón. *Effeminate, queer.*

NALGADA. *n.f.* Paliza (en la parte trasera). *Smack on the backside.*

NALGÓN. *adj.* Nalgudo. *Having a large posterior or behind, big-buttocked.*

NALGUEADA. *n.f.* Tunda de nalgadas. *Smack on the bottom, spanking.*

NALGUEAR. *v.* (Acad.) Golpear a alguien en las nalgas. *To strike someone on the backside.* [...] se abrazaron NALGUEÁNDOSE entre sí. *They embraced and slapped themselves on the backside.* (Carlos Fuentes. La frontera de cristal).

NALGUERA. *n.f.* Petaca. *Hip flask.*

NAMBIMBA. *n.f.* (Acad.) Pozole muy espumoso, hecho de masa de maíz, miel, cacao y chile. *Frothy stew made with corn, honey, cacao and chile.*

NANA. *n.f.* (Acad.) Nodriza. *Wet-nurse.* ‖ **2.** (Acad.) Niñera. *Nursemaid.* ‖ **3.** (Sonora, Oaxaca). Mamá. *Mom.* ‖ **4.** Madre (tratándose de animales). *Mother.* ‖ **5.** Abuela. *Grandma.*

NANACATE. *n.m.* Seta, hongo, champiñón. *Mushroom.*

NANGO. *adj.* (Durango). Forastero. *Foreigner.* ‖ **2.** (Colima). Tonto, necio. *Silly, foolish.*

NANSÚ. *n.m.* Tela de algodón muy fina, sedosa al tacto, que se usa para ropa interior de mujeres. *Nainsook.*

NARANJA. *n.f.* Toronja. *Grapefruit.* ‖ •¡Naranjas! *Not on your life!*

NARANJATE. *n.m.* Naranjada. *Orange drink.*

NARIGÓN. *n.m.* Argolla que se pone en las narices del buey para tirar de ella. *Nose ring*

NARIZUDO. *adj.* (Acad.) Narigón. *Having a big nose.*

NATA. *n.f.* En minería, escoria de la copelación. *Slag, scum of metals.*

NATAL. *adj.* Originario de. *Native of.* ~Es NATAL de Guadalajara. *He's a native of Guadalajara.*

NÁUFRAGO. *n.m.* •Comer como un NÁUFRAGO. Comer como una vaca. *To eat like a horse.*

NAVAJA. *n.f.* Cortaplumas. *Penknife.* ‖ **2.** •NAVAJA de resorte. Navaja automática. *Flick knife, switchblade.*

NAVAJUDO. *adj.* (Veracruz). Marullero, taimado. *Sly, cunning.*

NAVE. *n.f.* Coche. *Car.*

NAVEGAR. *v.* Tolerar, aguantar, sufrir. *To endure, bear, put up with.*

NECIO. *n.m.* Delicado, puntilloso, susceptible. *Touchy, hyper sensitive.* || **2.** Testarudo. *Stubborn, pig-headed.*

NEGOCIACIÓN. *n.f.* Empresa. *Business.*

NEGOCIO. *n.m.* Establecimiento, tienda, almacén. *Firm, company, place of business.*

NEGRADA. *n.f.* Conjunto de negros. *Negroes, body or crowds of blacks.* || **2.** Acción propia de un negro. *Remark or act typical of a negro.*

NEGREAR. *v.* Explotar. *To treat like a slave.*

NEGRERÍO (variante de **negrada**).

NEGRO. *n.m.* En oración directa tratamiento de cariño usado familiarmente en miembros de la familia y amigos. *Dear, honey.*

NEJA. *n.f.* (Acad.) Tortilla que sale de color cenizo, por exceso de cal en el cocimiento del maíz. *Corn cake.*

NEJAYOTE. *n.m.* (Acad.) Agua turbia amarillenta, donde se coció el maíz para las tortillas y que tiene mucha cal. *Water in which corn has been boiled.*

NEJO. *adj.* (Guerrero) Sucio, mugroso, desaseado. *Slovenly, dirty.*

NEOMEXICANO. *adj.* De Nuevo México, en Estados Unidos. *From New Mexico.*

NETA. *n.f.* •La NETA. *The truth.* ~Dime la NETA. *Tell me the truth, give it to me straight.* || **2.** •Ser la NETA. *To be great.*

NEVADO. *n.m.* Montaña cubierta de nieves perpétuas. *Snow-capped mountain.*

NEVERÍA. *n.f.* (Acad.) Heladería. *Refrigerator.* || **2.** Heladería. *Ice cream parlor.*

NEVERO. *n.m.* •Ponéselas de NEVERO. Embriagarse. *To get drunk.*

NI. *conj.* •NI modo. Que le vamos a hacer. *What are you going to do.* ~Se echó a perder el dibujo. –NI modo. *The drawing is ruined. What are you going to do!*

NICA. *n.m.* Nicaragüense. *Native of Nicaragua.*

NICHO, CHA. *fam.* Diminutivo de Dionisio y Dionisia. *Nickname of Dionisio and Dionisa.*

NICLE (variante de **niquel**).

NIDADA. *n.f.* Guarida. *Den, lair (animal), hideout (person).* 📖 [...] donde según ellos estaba la NIDADA de bandidos [...]. *Where according to them was the bandits' hideout.* (J. Rulfo. El llano en llamas). 📖 Dejamos el cuartel general en Acapulco y nos adentramos más a donde estaba la NIDADA de los zapatistas. *We left our headquarters in Acapulco and got closer to the Zapatista soldiers' hideout.* (E. Poniatowka. Hasta no verte Jesús mío). || **2.** Nido. *Nest.* 📖 Conocía maneras de que todos los huevos de una NIDADA reventaran en pollos amarillos. *He knew a way to make all the eggs in a nest burst into yellows chickens.* (R. Castellanos. Balún Canán).

NIEBLINA. *n.f.* Niebla. *Fog.*

NIEVE. *n.f.* (Acad.) Helado de agua. *Sherbet.* || **2.** Helado. *Ice cream.* Decíamos que éramos novios porque íbamos juntos a tomar NIEVE a La Rosa [...].*We would tell everyone that we were going out together since we used to go La Rosa to have ice cream.* (A. Mastretta. Arráncame la vida).

NIEVERO. *n.m.* Persona que vende helados. *Ice-cream vendor.*

NIGUA. *n.f.* Insecto americano parecido a la pulga. *Jigger flea.* || **2.** •Comer como NIGUA. Comer en exceso. *To stuff oneself.* || **3.** •Pegarse como **nigua**. Adherirse fuertemente. *To stick firmly.*

NIGUATOSO (Variante de **nigüento**).

NIGÜENTO. *adj.* Que tiene niguas. *Contaminated with jigger fleas.*

NIGÜERO. *n.m.* Lugar donde abunda las niguas. *Place where niguas abound.*

NINGUNEAR. *v.* Tratar a uno como perro; despreciar, menospreciar. *To disrespect, to* *treat like dirt.*

NINGUNEO. *n.m.* Menosprecio. *Disrespect.*

NIÑO, NIÑA. *n.m.* Tratamiento de respeto que emplea la gente humilde o el sirviente para los superiores. *Master, sir (masc.).* Miss, mistress (fem.) ~El NIÑO. *The (young) master.* ~La NIÑA. *The mistress of the house.* 📖 ¡Cuánto gusto de verlo en la casa de los probes (pobres)! Pase, NIÑO, pase; no está aquí Anselma, pero orita mismo la voy a arrendar (buscar). *How nice it is of you to come and visit our humble house! Come in, come in sir: Anselma is not here at this moment, but I'll go and fetch her.* (M. Azuela. La mala yerba).

NÍQUEL. *n.m.* Moneda en general, y aun riqueza. *Money, wealth.* || 2. Moneda de cinco centavo. *Niquel.* 📖 Entra, muchacho, toma este NIQUEL. *Come in, my boy, and take this niquel.* (M. Azuela. La luciérnaga).

NISCÓMEL (variante de **nixcómil**).

NISCÓMIL (variante de **nixcómil**).

NITO, NITA. *n. m&f.* Amigo, amiga. *Friend.*

NIXCÓMIL. *n.m.* (Acad.) Olla de barro para cocer el maíz de las tortillas. *Saucepan in which corn is cooked for tortillas.*

NIXTAMAL. *n.m.* (Acad.) Maíz con el cual se hacen las tortillas. *Corn especially processed for making tortillas.* 📖 [...] nos pusimos a moler el NIXTAMAL y a echar gordas. *We started to grind corn and make large tortillas.* (E. Poniatowka. Hasta no verte Jesús mío).

NO. *adv.* •¿No que NO vendrías? ¿No dijo que no vendrías? *Didn't you say you weren't coming?*

NOCHECITA. *n.f.* Crepúsculo vesperino. *Dusk, nightfall, twilight.*

NOCHERA (variante de *nochero*).

NOCHERO. *n.m.* Velador, mesita de noche. *Bedside table.*

NOGAL. *n.m.* Pacana, pacán. *Pecan tree.*

NOMÁS. *adv.* (Acad.) Tan pronto como. *As soon as.* ~NOMÁS tenga dinero, te invito. *I'll invite you as soon as I have money.* || **2.** (Acad.) No más. Solamente. *Only.* 📖 Una plaga que NOMÁS espera que se vaya la gente para invadir las casas. *A plague which is only waiting for people to leave before invading the houses.* (Juan Rulfo. Pedro Páramo). || **3.** (Acad.) En oraciones exhortativas, añade énfasis a la expresión. ~Pase NOMÁS. *Please do come in.*

NOPAL. *n.m.* (Acad.) Nombre genérico de las plantas que dan como fruto la tuna. *Prickly pear.*

NOPALERA. *n.f.* Conjunto de **nopales**. *Prickly pear growth or thicket.*

NOPALITO. *n.m.* (Acad.) Penca tierna de nopal que se come guisada o encurtida. *Boiled or pickled cactus leaves.*

NORMALISTA. *n.m&f.* Alumno de una escuela normal. *Student teacher, schoolteacher.*

NORMAR. *v.* Regir. *Govern, control, determine.* ~Estos principios NORMAN el proceso. *The process will conform to these principles.* || **2. -se.** Acatarrarse o constiparse. *To catch a cold.*

NORTEADO. *adj.* (Acad.) Desorientado, perdido. *Disoriented.*

NORTEAR. *v.* Soplar viento del norte (casí siempre acompañado de lluvia). || **2.** •Nortea. *The north wind is blowing.* || **3.** •Andar NORTEADO. Andar desorientado. *To be disoriented.* 📖 Ya para llegar al Defe me levantó gratis un camión Fleja Roja, y entonces me NORTIÉ. *A Flecha Roja bus gave me a free ride to Mexico City, but then I got lost.* (E. Poniatowska. Hasta no verte Jesús mío).

NOSOCOMIO. *n.m.* Hospital. *Hospital.* ~El médico responsable del NOSOCOMIO [...] pidió urgentemente el envío de medicamentos. *The doctor in charge of the hospital urgently requested medicine* (Cit. Brian Steel).

NOTA. •NOTA de consumo. Cuenta detallada (restaurante). *Detailed receipt (for a meal).*

NOTICIERO. *n.m.* Conjunto de noticias de interés público. *News bulletin, newscast.* ~Me enteré de lo que había sucedido por el NOTICIERO. *I learned the news on the radio (televisión).*

NOVEDOSO. *adj.* (Acad.) Que implica novedad. *Novel, original.*

NOVIAR. *v.* Andar de novios. *To go out together, to go steady.* 📖 Es un cabrón bien hecho. Enchinchó siete años a Georgina Letona y ahora la deja para NOVIAR contigo [...]. *He's a bastard all the way. He made Georgina Letona loose seven years of life and now he's leaving her to go steady with you.* (A. Mastretta. Arráncame la vida).

NOVIERO. *adj.* Enamoradizo. *Who falls in love easily.*

NOVILLO. *n.m.* Ternero castrado. *Castrated bull calf.*

NUBLAZÓN. *n.m.* Nublado. *Storm cloud, black cloud.* 📖 Cuando me levanté, la mañana estaba llena de NUBLAZONES [...]. *When I got up, the morning was full of black clouds.* (Juan Rulfo. El llano en llamas).

NUEVECITO. *adj.* Diminutivo con el cual se manifiesta que algo es flamante, que está acabado de hacer. *Brand-new.*

NUEZ. *n.f.* Pacana, nuez lisa. *Pecan, pecan nut.* || 2. •Nuez nogal (de Castilla). *Walnut.*

NULIFICAR. *v.* Anular politica o socialmente. *To withdraw power from, to deprive of authority.* 📖 Las medidas necesarias para NULIFICAR a Carranza y acabar con Villa venían a resolverse [...] en un problema militar. *The necessary measures to deprive Carranza of authority and kill Villa were nothing more that a military problem.*

NUNCIAS. *n.f.* Casamiento. *Wedding.*

N

NERVOSO (variante de **ñervudo**).

ÑA. *n.f.* Señora. *Mrs. (a title used only before the Christian name, e.g. Ña María).* 📖 - Güenos días le dé Dios, ÑA Fortunata... ¿Cómo amanecieron? *Good morning Mrs. Fortunata. Did you sleep well?* (M. Azuela. Los de abajo).

ÑACO. *n.m.* Palomitas, rosetas (de maíz). *Popcorn.*

ÑAGUAL. *n.m.* Rodete de hierba para asentar las ollas y los cantaros. *Grass mat to place pots and pans.*

ÑAME. *n.m.* Batata. *Sweet potato, yam.*

ÑANGATE. *n.m.* (Oaxaca). Batata, **ñame**. *Sweet potato, yam.*

ÑANGO. *adj.* (Michoacán). Débil, enclenque. *Weak, feeble.* ~Es una muchacha un poco ÑANGA. *The girl is somewhat wimpish.* ‖ **2.** Flaco. *Skinny.*

ÑAPA. *n.f.* (Tabasco). Robo, hurto. *Robbery, theft.* ‖ **2.** (Acad.). Añadidura, propina, yapa. *Gratuity, bonus, something extra.* ~Me dio tres manzanas de ÑAPA. *He threw in three extra apples, he gave me three extra apples for good measure.* ‖ **3.** •De ÑAPA. *For good measure, to boot, into de bargain.*

ÑAPEAR. *v.* (Tabasco). Hurtar, robar. *To steal, rob.*

ÑARRAS. *n.f.* Provechos que resultan de un cargo o de un empleo. *Fringe benefits, incentives.*

ÑASGADO. *adj.* Jorobado. *Hunchback.*

ÑATO. *adj.* De nariz corta y aplastada; chato. *Pug-nosed, flat-nosed.*

ÑECO. *n.m.* Puñetazo. *Punch.*

ÑENGO. *adj.* (Tabasco). (Acad.) Flaco, débil, enclenque. *Weak, feeble.*

ÑENGUE (variante de **ñengo**).

ÑEQUE. *adj.* Fuerte. *Strong, vigorous.* ‖ **2.** Valiente. *Brave.* ‖ **3.** *n.m.* Fuerza, vigor. *Strength, vigor, pep (coll.).* ‖ **4.** Valor. *Courage.* ‖ **5.** •Ser uno de NEQUE, tener mucho NEQUE. *To be brave, strong.* ~Hombre de NEQUE. *A real man, a he-man.* ‖**6.** Golpe. *Blow.* ‖ **7.** Bofetada. *Punch.*

ÑEQUEAR. *v.* Golpear, dar puñetazos o **ñeques**. *To beat, hit, punch.*

ÑEQUISA. *n.f.* Pelea a puñetazos. *Fistfight.*

ÑERO. *n.m.* Compañero, compinche. *Friend, companion.* ~Nos echamos una cascarita con los ÑEROS de la cuadra. *We played football with our buddies in the block.* ‖ **2.** Persona que se considera vulgar, carente de educación por pertenecer a una clase social baja. *Uneducated.* ~Habla como ÑERO. *He speaks like an uneducated person.* ~Está muy ÑERO su galán. *Your boyfriend looks like a country bumpkin.*

ÑERVO. *n.m.* Nervio. *Nerve.*

ÑERVUDO. *adj.* Nervioso, tendinoso. *Sinewy.*

ÑESGADO (variante de **ñasgado**).

ÑO. *n.m.* Señor. *Sir (a title used only before the Christian name, e.g. Ño Antonio).*

ÑONGO. *adj.* Estúpido. *Stupid.*

ÑOÑERÍA. *n.f.* Chochez. *Old age, doddering.*

ÑOÑO. *adj.* Anticuado, pasado de moda, cursi. *Old-fashioned, out of style.* ‖ **2.** Bruto. *Thick, dense.* ‖ **3.** Se aplica a lo insustancial, insípido, soso. *Dull, without substance, flat, drab.* ‖ **4.** Viejo, chocho. *Old, doddering, senil.*

ÑOR, ÑORA. Abreviación popular del tratamiento señor, señora. *Abreviation for "señor", "señora".*

O.K. *n.m.* Visto bueno. *Approval, OK.* 📖 [...] no le quisieron pagar porque el recibo no tiene el O.K. *They refused to pay him because the receipt didn't have an OK.* (V. Leñero. Los albañiles).

OAXAQUEÑO. *adj.* Natural o habitante de Oaxaca. ‖ **2.** Relativo a Oaxaca. *Relating to the state of Oaxaca.*

OBACHÓN (Variante de **ovachón**)

OBISPADO. *n.m.* •Hacer a uno del OBISPADO. Serle infiel al marido. *To be unfaithful (wife).*

OBISPO. *n.m.* •A cada muerte de OBISPO. Muy de vez en cuando. *Once in a blue moon.*

OBITUARIO. *n.m.* Defunción, muerte de una persona. *Death of a person.*

OBLAR. *v.* (Yucatán). Producir. *To produce.*

OBLEA. *n.f.* MED. Sello medicinal. *Capsule.*

OBLIGACIÓN. *n.f.* •OBLIGACIÓN tributaria. *Tax liability.*

OBLIGADA. *n.f.* Obligación. *Obligation.*

OBLIGADAMENTE. *adv.* De una manera obligatoria. *Compulsorily, by necessity.*

OBRA. *n.f.* •Obra NEGRA. En la construcción, cimientos y conjuntos y paredes maestras. *Foundation (of a house, building).* 📖Cuando di el enganche estaban por terminar la OBRA NEGRA. *When I gave the down payment they were about to to finish the foundation* (J. García Ordoño. Tres crímenes y algo más. Cit. Hispan.). ‖ **2.** •Poner en OBRA. Emprender la realización de una obra. *To undertake.*

OBRAJE. *n.m.* Carnicería. *Butcher shop.*

OBRAJERO. *n.m.* Carnicero de carne de cerdo. *Pork butcher.*

OBSEDER. *v.* Producir obsesión. *To obsess.*

OBSEQUIAR. *v.* Obsequiar con, regalar. *To give as a present.* ~Le OBSEQUIARON un reloj. *They presented him with a watch.*

OBSEQUIOSO. *adj.* Que le gusta hacer regalos. *Fond of giving presents.*

OBSERVAR. *v.* •OBSERVAR a uno. Hacer una advertencia u observación. *To point something out to someone, to draw someone's attention to something.*

OBSTINADO. *adj.* Porfiado, terco, testarudo. *Obstinate, stubborn.*

OBSTRUCCIONAR. *v.* Obstruir. *To obstruct.*

OBSTRUSO. *adj.* Abstruso. *Abstruse, obscure.*

OBÚS. *n.m.* Granada, proyectil. *Granade or projectil.*

OCAL. *n.m.* Nombre vulgar del eucalipto. *Eucalyptus.*

OCALO (Variante de **ocal**).

OCASIÓN. *n.f.* •Aviso de OCASIÓN. Anuncio por palabras, avisos clasificados (Lat. Amer.). *Classified add.*

OCELOTE. *n.m.* Aztequismo con que se designa genéricamente al tigre. *Tiger.*

OCELOTEAR. *v.* Cazar tigres. *To hunt tigers.*

OCELOTERO. *adj.* (Perro) educado para cazar tigres ocelotes. *Dogs trained to hunt tigers.* ‖ **2.** Persona aficionado a esta caza. *Person fond of hunting tigers.*

OCELOTL. *n.m.* Decimocuarto día de los veinte que tiene el mes azteca. *14th day of* the twenty day Aztec month.

OCHO. *n.m.* •Aventarse un OCHO. *To come up with a brilliant move.* ~Te aventaste un OCHO. *That's was a brilliant move.*

OCIOSEAR. *v.* Holganzanear. *To idle, loaf about.*

OCOTAL. *n.m.* Plantío de **ocotes**. *Ocote grove or plantation.*

OCOTE. *n.m.* (Acad.) Nombre popular del pino del país, típico de la meseta central. *Torch pine, ocote wood (madera), ocote pine (árbol).* 📖 Los durmientes los ponían buenos, de OCOTE; [...] antes eran de OCOTE macizo. *The railroad ties, made of ocote wood, used to be very good [...] then they would make them out of solid ocote wood.* (E. Poniatowka. Hasta no verte Jesús mío). || **2.** Antorcha, tea. *Torch (made of ocote wood).* 📖 Y ni siquiera prendo el OCOTE para ver por donde se me andan subiendo las cucarachas. *I don't even light the ocote torch to see where all the cockroaches come from.* (J. Rulfo. El llano en llamas). || **3.** •Echar OCOTE. Meter cizaña. *To make trouble.* || **4.** •Apagásele el OCOTE. Desalentarse, perder el ánimo. *To get discouraged, disheartened.* || **5.** •De OCOTE. De escaso brillo y poca animación (fiesta, baile, etc.). *Dull, boring, lifeless.*

OCOTEAR. *v.* Cortar, podar o cultivar **ocotes**. *To cut, trim or cultivate ocotes.* || **2.** Perseguir de cerca al que huye, y aun causarle algún daño. *To pursue, run down.*

OCOTERA (variante de **ocotal**).

OCOTERO. *adj.* Cizañero. *Trouble-maker.* || **2.** Relativo al **ocote**. *Relating to the torch pine or ocote.*

OCOTI (variante de **ocote**).

OCOTITO (variante de **ocotero**). || **2.** *n.m.* Cizaña, discordia. *Discord, dissension.*

OCOTUDO. *adj.* Mezquino, avaro. *Stingy, mean.*

OCOZOAL. *n.m.* Culebra venenosa que vive en los ocotales. *Rattlesnake.*

OCULTABLE. *adj.* Que puede ocultarse. *That can be hidden.*

OCUPAR. *v.* Emplear. *To use.* ¿Está OCUPANDO la pluma? *Are you using the pen?* ~Esta palabra no se OCUPA por aquí. *This word is not used around here.* 📖 Los políticos son como las pirujas: se enojan porque no los OCUPAN. *Politicians are like prostitutes: they get mad when you don't make use of them.* (M. Azuela. Nueva burguesía).|| **2.** Contratar, emplear. 📖 Atrás de la prisión había un señor que OCUPABA mujeres que supieran el trabajo de cartoneras. *In the back of the prison there was a man who hired women who had experience in making boxes.* (E. Poniatowska. Hasta no verte Jesús mío). 📖 Pues me voy al barco a ver si allá me OCUPAN. *Well, I'm going to go to the boat to see if they're hiring.* (E. Poniatowska. Hasta no verte Jesús mío).

OCURSO. *n.m.* Memorial, escrito, petición por escrito. *Petition, claim, appeal.*

ODIO. *n.m.* •ODIO jarocho. Odio extremado. *Intense dislike.* 📖 Leonardo odia con ODIO jarocho a la tira. *Leonardo really hates the police.* (García Ordoño. Tres crímenes y algo más. Cit. Hispan.).

ODIOSEAR. *v.* Fastidar, cansar. *To irk, annoy.*

ODIOSIDAD. *n.f.* Fastidio, molestia. *Irksomeness, annoyance.*

ODIOSO. *adj.* Fastidioso, molesto. *Irksome, annoying.*

OFENDER. *v.* (Norte). Doler. *To hurt.* ~Me ofende el brazo. *My arm hurts.*

OFENSIBLE. *adj.* Ofensor. *Offending.*

OFERTADA. *n.f.* Oferta. *Offer.*

OFERTAMIENTO (variante de **ofertada**).

OFERTAR. *v.* (Acad.). Ofrecer, prometer algo. *To offer.*

OFICIALADA. *n.f.* Oficialidad (peyorativo). *Officers, body of officers (derog).*

OFRECER. *v.* •Si se OFRECE. A lo mejor, quizás. *Perhaps, maybe.* 📖 Si se OFRECE, ya va a despertar. *He may be just about to wake* *up.* (J. Rulfo. Pedro Páramo).

OFRECIDO. *adj.* Servil, obsequioso. *Servil, subservient.*

OJALÁ. *interj.* •Ojalá y (que). Ojalá. *Hopefully.* 📖 OJALÁ Y ella pudiera hacer lo mismo, pero no se atrevía. *It would be a good thing if she could do the same, but she no dare to try.* (L. Esquivel. Como agua para chocolate. Cit. Hispan.).

OJALATERO. *adj.* Mirón, observador. *Inquisitive, nosy, curious.*

OJALEAR. *v.* Ojalar, hacer ojales. *To put buttons in.*

OJEROSO. *adj.* Cobarde. *Coward.*

OJETADA. *n.f.* Acción vil. *Baseness, despicableness, imfamy.* ~Fue una OJETADA que te burlaras de él. *It was despicable on your part to make fun of him.*

OJETE. *adj.* Despreciable, miserable, infame, abyecto. *Despicable, contemptible.* 📖 Era chinos ellos también, chinos como tú, pero OJETES. *They too were chinese, just like you, but those were despicable.* (P.I. Taibo II. Sombra de la sombra. Cit. Hispan.).

OJETERO. *n.m.* Afeminado. *Effeminate.*

OJO n.m. •OJO de buey. Abertura o ventila, claro del muro en forma oval. *Round church window.* ‖ **2.** •OJO de agua. Manantial. *Spring.* ‖ **3.** •OJO moro. Ojo morado. *Shiner, black eye.* ‖ **4.** •OJO de pescado. Callo. *Corn (on toe).* ‖ **5.** •Hacerse (volverse) OJO de hormiga. Desaparecer. *To do a vanishing act, to make oneself scarce.* ‖ **6.** Pelar los ojos. Abrir mucho los ojos por miedo o por admiración. *To open one's eyes wide.* **b)** Abrir el ojo, estar advertido para que no le engañen a uno. *To keep one's eyes open, to be on the alert.* ‖ **7.** •Con el ojo PELÓN. Sin poder dormir, con insomnio. *Not to sleep a wink.* ‖ **8.** •Ni qué OJO de hacha. ¡Ni qué ocho cuartos! ¡Ni qué niño muerto! *Never in your life.* 📖 No, ¡qué tío Nazario ni qué OJO de hacha! *No, uncle Nazario, never in your life.* (M. Azuela. Los de abajo. Cit. Hispan.). ‖ **9.** •Poner a alguien los OJOS verdes. Engañar, hacer creer una mentira a alguien. *To deceive, mislead.* 📖 A mí se me hace que tú y ella me están poniendo los OJOS verdes. *It seems to me that both of you are taking me for a ride.* (E. Poniatowska. Hasta no verte Jesús mío).

OJÓN. *adj.* De ojos grandes. *Big-eyed, having big eyes.*

OJUDO (variante de **ojón**). 📖 Cuando conocí al general Zapata era delgado, [...] con su bigote retorcido, OJÓN, muy OJÓN [...]. *When I met General Zapata he was lean and had a twisted mustache and very very large eyes.* (E. Poniatowka. Hasta no verte Jesús mío).

OLÁN. *n.m.* Holán. *Flounce, ruffle.* 📖 Toda mi preocupación era no mancharme los OLANES blancos que me llegaban hasta el suelo. *My only worry was not to dirty the ruffles of my dress which almost touched the ground.* (E. Poniatowka. Hasta no verte Jesús mío).

OLEADA. *n.f.* Racha de suerte en el juego. *Run of luck.*

OLISCO. *adj.* Que comienza a oler mal. *Smelly.*

OLISCOSO (variante de *olisco*).

OLLA. *n.f.* •Estar en la OLLA. Tener problema. *To be in trouble.* ‖ **2.** •OLLA presto. Olla a presión. *Pressure cooker.*

OLLETA. *n.f.* Hornilla portátil, anafe. *Portable stove.*

OLOR. *n.m.* Especia, condimento. *Spices.*

OLOTE. *n.m.* Mazorca del maíz sin los granos. *Corncob (without corn kernels), corn stalk.* ‖ **2.** •Un (cualquier) OLOTE. Un don nadie. *A nobody, a non-entity.* ‖ **3.** •Quedarse como el OLOTE: desgranado. Quedarse pobre o abandonado. *To be poor and forsaken.* ‖ **4.** Mientras menos burros, más ELOTES. A menos bulto, mayor claridad. *The fewer the better.* 📖 No quieren tener trato contigo. –Mejor. Entre menos BURROS, más olotes. *They don't want to have anything to do with you. –Good. Then we get to keep everything for ourselves.* (Juan Rulfo. El llano en llamas).

OLOTEAR. v. Recoger olotes. *To gather or harvest corn.*

OLOTERA. n.f. Máquina a manera de torno para desgranar el maíz. *Corn thresher.* || **2.** Montón o pila de olotes. *Heap of corncobs.*

OLOTÓN. adj. Deforme, ridiculamente obeso. *Extremely obese.*

OLVIDAR. v. Omitir. *To omit.*

ONDA. n.f. Tema. *Topic.* 📖 Te daremos gusto. Vamos primero a Xola. Y cambiemos ONDA para terminar contentos la velada. *We'll have it your way. Let's first go to Xola. And let change the subject so that we can enjoy the rest of the evening.* (Agustín Yánez. Ojerosa y pintada). || **2.** •¿Qué ONDA? ¿Qué hay? ¿Qué pasa? *Hi!, What's new?, How's everything?* || **3.** •Ser alguien buena o mala ONDA. Ser buena o mala persona. *To be a god or bad person.*

ONOMÁSTICO. n.m. Cumpleaños. *Birthday.* || **2.** Día del Santo. *One's saint's day, one's name day (celebrated in Spain and Latin America as equivalent to one's birthday).*

ONZA. n.f. Yaguar o tigre americano. *Snow leopard.*

OPA. adj. (Acad.). Tonto, idiota. *Dummy.* || **2.** Sumamente distraído o ensimismado. *Absent-minded.*

OPACARSE. v. Ponerse opaca una cosa. *To become cloudy or dark.* || **2.** Perder el brillo los metales o los muebles. *To loose its shine, become tarnished.* || **3.** Empañarse. *To mist up.* || **4.** Superar a una persona. *To overshadow, outshine, eclipse.* || **5.** Deslucir. *To mar.* ~Su actuación se vio OPACADA por algunas fallas técnicas. *Her performance was marred by technical problems.*

OPERADOR. n.m. Obrero. *Worker.*

OPERAR. v. Manejar (una máquina). *To operate.*

OPERISTA. n.m. Compositor de óperas. *Opera composer.*

OPUNCIA. n.f. Tuna. *Pricky pear.*

OQUIS. •De OQUIS. De balde, gratis. *Free.* 📖 ¿A poco se lo iban a dar (el dinero) de OQUIS? *You didn't expect him to give it to them for free, did you?* (E. Poniatowka. Hasta no verte Jesús mío).

ORA. adj. Ahora. *Now.* 📖 ORA sólo quiero que me la cuide, porque me voy en serio. *Now the only thing I want is that you take care of her, because I'm really leaving.* (J. Rulfo. El llano en llamas).

ORAL. n.m. Sitio donde abunda el oro. *Place abounding in gold.* || **2.** Cantidad de oro. *A quantity of gold.*

ÓRALE. interj. Bien, de acuerdo. *Right!, OK!* ~¡ÓRALE!, en eso quedamos. *OK!, that's agreed then.* ~¿Los dos por cinco pesos? ¡ÓRALE! *Both for five pesos? You've got a deal!* || **2.** ¡Vamos! (para animar). *Come on!* ~¡ÓRALE!, bébetelo. *Come on!, drink it up!* || **3.** Apresurar. *To hurry.* Orale, niños. *Come along, children.*

ORCIFÓN. n.m. Cobarde. *Coward.* || **2.** adj. *Cowardly.*

ORDEN. n.f. Pedido. *Order.* 📖 El capitán llamó a un mesero para que tomara la ORDEN, y se retiró. *The captain at the restaurant signalled a waiter to take the order and left.* (Silva Molina. El amor que me juraste). || **2.** •ORDEN de comparación. Citación, citatorio. *Summon, subpoena.* || **3.** •ORDEN de allanamiento. *Search warrant.* || **4.** Plato, ración. *Order (in a restaurant).*

ORDENAR. v. Pedir (en un bar, restaurante). *To order.* 📖 Le pedí a la camarera que volviera más tarde y ORDENÉ el desayuno. *I asked the maid at the hotel to come back later and ordered breakfast.* (Silva Molina. El amor que me juraste). || **2.** Llamar (un taxi). *To call.* || **3.** Encargar (un libro, etc.). *To order.* **4.** Pedir (general). *To order.* 📖 Cuando di el enganche estaban por terminar la obra negra. *When I gave the down payment the foundation had just been laid.* (J. García Ordoño. Tres crímenes y algo más. Cit. Hispan.).

ORDEÑA. n.f. Ordeño. *Milking.* || **2.** Vaca

de ORDEÑO. *Milking cow.* 📖 Fue una vez que encontramos unas ORDEÑAS por aquí, sin saber quien era el dueño. *We once found some milking cows here, without knowing who the owner was.* (J. Rulfo. Pedro Páramo).

ORDINAREZ. *n.f.* Ordinariez. *Vulgarity, coarseness.*

OREJA. *n.f.* Soplón. *Stool pigeon, informer.* || **2.** Que escucha a escondidas. *Eavesdropper.* || **3.** Asa, agarradero. *Handle.* || **4.** •Jalarle las OREJAS a alguien. Reprender. *To tell somebody off.* || **5.** •Parar las OREJAS. Aguzar el oído, prestar atención. *To be attentive, to prick one's ear.*

OREJANO. *adj.* Del animal sin marca o sin dueño conocido. *Unbranded, ownerless animal.* || **2.** Huraño. *Unsociable.*

OREJEADA. *n.f.* Acción de escuchar algo con disimulo. *Eavesdropping.*

OREJEAR. *v.* Escuchar con disimulo. *To eavedrop.* || **2.** Desconfiar, estar receloso. *To suspect, mistrust.* || **3.** Aguzar las orejas, o el oído, para oir bien. *To prick up one's ear.* || **4.** Ir con chismes o cuentos. *To gossip.*

OREJERA. *n.f.* Rodaja a manera de argolla que usaban algunas clases de indios, poniéndosela en un agujero en la parte inferior de la oreja. *Type of earrings worn by certain types of Indians.* || **2.** Palo que se pone atravesado al arado criollo para arrimar tierra. *Moldboard, earthboard (of plow).*

OREJERO. *adj.* Receloso. *Suspicious.*

OREJÓN. *adj.* Zafio, tosco. *Rough, coarse.* || **2.** Marido consentidor. *Cuckold.*

ORFANATORIO. *n.m.* Orfanato. *Orphanage.*

ORGANILLO (de boca). *n.m.* Armónica. *Harmonica.*

ORGULLECERSE. *v.* Enorgullecerse. *To be proud.*

ORILLA. *n.f.* (Acad.) Arrabales, afueras de una población. *Outskirts.*

ORILLAR. *v.* Estrechar un cerco, encerrar a alquien en un último reducto. *To fence in.* || **2.** •ORILLAR a uno a hacer algo. Impulsar a alguien a hacer algo. *To force, drive someone to do something.* ~El hambre le ORILLÓ a robar. *Hunger drove him to steal.* || **3.** Hacer a un lado (vehículo). *To pull over.* ~ORILLÓ el coche para revisar las llantas. *He pulled over to check the tires.* || **4. -se.** Correrse. *To move over.* ~ORÍLLATE que me siente a tu lado. *Move over so I can sit next to you.*

ORITA. *adv.* Ahora mismo. *Right now.* 📖 Tengo allí dos conejos sueltos que se comen los huevos. ORITA vuelvo. *I have a couple of rabbits on the loose eating the eggs. I'll be right back.* (J. Rulfo. El llano en llamas). || **2.** •ORITA vuelvo. Vuelvo en seguida. *I'll be right back.* 📖 Entonces ORITA vuelvo, voy por ella. *Then I'll be right back, I'll go and get her.* (Juan Rulfo. El llano en llamas).

ORZUELA. *n.f.* Enfermedad del pelo que consiste en abrirse las puntas de dos o tres hebras. *Split ends (a poor condition of human hair).* || **2.** Horquilla para el pelo. *Hairpin, hairclip.*

OSCURANA. *n.f.* Oscuridad. *Darkness.*

OSCUREAR. *v.* Oscurecer. *To grow dark.*

OSO. *n.m.* •Hacer OSOS. Hacer tonterías. *To act like a fool.* Estaba tan borracho que hizo puros OSOS en la fiesta. *He was so drunk that he made a complete fool of himself at the party.*

OSTIÓN. *n.m.* Ostra. *Oyster.* 📖 Tragué el último OSTIÓN y alcé los ojos para ver quién venía. *I swallowed the last oyster and looked up to see who was coming.* (A. Mastretta. Arráncame la vida). 📖 [...] y en la misma concha comíamos los OSTIONES porque están vivitos, fresquitos. *And we would eat the oyster right from it's shell since the were still alive and fresh.* (E. Poniatowska. Hast no verte Jesús mío).

OSTIONERÍA. *n.f.* Ostrería. *Oyster bar.*

OTATE. *n.m.* Junco de que se hacen cestos. *Reed used in basket weaving, etc.* || **2.** Bastón resistente hecho de la caña de la planta del mismo nombre. *Bamboo stick or cane.* || **3.**

OTATERO 282

Clase de bambú. *Species of bamboo.*

OTATERO. *adj.* Relativo al **otate**. *Having to do with the otate.*

OTOMÍA. Maldad, barbaridad, ultraje. *Insult, atrocity, wickedness.* ‖ **2.** •Hacer OTOMÍAS. Cometer una travesura gorda, maldad de muchacho pero grande. *To misbehave, to commit atrocities (child).* ‖ **3.** Hacerle a uno OTOMÍAS. Ofender hasta lo indecible. *To insult.* ‖ **4.** •Decir OTOMÍAS. *To say atrocities, to be insulting*

OTRA. *adj.* •Estar más para la OTRA, que para ésta. Estar vencido ya por la edad, en decadencia o en decrepitud. *To be with one foot on the grave.*

OVACHADO (variante de *ovachón*).

OVACHARSE. *v.* Ponerse excesivamente gordo el caballo de silla por mucho comer y falta de ejercicio. *To gain excessive weight (horse).*

OVACHÓN. *adj.* Cerdo. *Fat slob.* ‖ **2.** (Caballo de silla) barrigón. *Big-Bellied (horse).*

ÓVALO. *n.m.* MED. Supositorio vaginal. *Pessary.*

OVEJERA. *n.f.* Sitio donde se recoge las ovejas. *Sheepfold.*

OVEROL. *n.m.* (Acad.). Mono, traje de faena de una sola pieza. *Overalls.* 📖 A inmediaciones de la refinería, los esperados trabajadores. Uno de OVEROL, el otro de saco. *In the vicinity of the refinery, the expected workers. One in overalls, the other wearing a jacket.* (Agustín Yánez. Ojerosa y pintada).

OYETE. Oye, tú. *Listen, you.*

OZUELO. *n.m.* Barbarismo por orzuelo. *Snare (for birds); trap (for wild animals).*

OZUMACLE. *n.m.* Mono. *Monkey.*

PABELLÓN. *n.m.* Sorbete. *Sherbert.*

PACANA. *n.f.* Arbol de la familia de los nogales. *Pecan tree.* ‖ **2.** Fruto (especie de nuez) que da la **pacana**. *Pecan nut.*

PACANERO (variante de **pacana**).

PACANO (variante de **pacana**).

PACÁTELAS. *interj.* ¡Te imaginas¡ *Would you believe it!, lo and behold!* 📖 Entonces con su machete ¡PACÁTELAS! mi papá arrancaba las grandes ostras. *Then with his machete, lo and behold, my father would yank out the large oysters.* (E. Poniaowka. Hasta no verte Jesús mío).

PACHANGA. *n.f.* (Acad.) Fiesta casera, diversión bulliciosa o desordenada. *Lively or rowdy party.* 📖 Con la PACHANGA en tu casa, Charlotte, ya fue el colmo. *With that party we had at your house, Charlotte, that was the last straw.* (C. Fuentes. La región más transparente). ‖ **2.** Fiesta o espectáculo inferior a la prevista. *Flop.* ‖ **3.** Cierto baile. *Mexican dance.*

PACHANGUERO. *adj.* Alegre. *Merry.* ‖ **2.** Chistoso. *Witty.* ‖ **3.** Campechano. *Expansive.* ‖ **4.** Amigo de diversión bulliciosa, fiestero. *Fond of parties.*

PACHICHE (variante de **pachichi**).

PACHICHI. *adj.* Del fruto marchito. *Withered, shriveled (fruit).* ‖ **2.** Persona vieja y arrugada. *Old wrinkled person.*

PACHOCHA. *n..f.* (Tabasco). Dinero. *Money, dough, cash (coll.).*

PACHOL. *n.m.* Maraña de pelo, greña. *Mat of hair.*

PACHÓN. *adj.* Peludo, lanudo. *Hairy,* wooly (sweater), furry (cat).

PACHUCO. *adj.* Joven inmigrado que viste con elegancia extravagante. *Flashy, flashily dressed.* ‖ **2.** *n.m.* Joven mexicano que vive en los Estados Unidos (pey.). *Young Mexican influenced by US culture, chicano.* 📖 "Como es sabido, los pachucos son bandas de jovenes, generalmente de origen mexicano, que viven en las ciudades del Sur (de los Estados Unidos) y que se singularizan tanto por su vestimienta como por su conducta y su language. [...] El pachuco no quiere volver a su origen mexicano; tampoco -al menos en apariencia- desea fundirse a la vida norteamericana (O. Paz. *El laberinto de la soledad.* Cit. Hispan.). 📖 Los pachucos aparecieron primeramente en los arrabales de las ciudades populosas del suroeste de los Estados Unidos. Todos eran mexicanos inmigrantes o de ascendencia mexicana. Se ha afirmado que la voz quería decir en el español suyo "habitante de El Paso", ciudad de los Estados Unidos que tiene una numerosa población oriunda de México. Pero puede suponerse que es una etimología popular (M. A. Morínigo).

PACHUCÓN (variante de **pachuco**). 📖 Andas muy PACHUCÓN, Rodrigo. Veo que los tiempos han cambiado para bien. *How elegantly dressed, Rodrigo. I can see that times have improved.* (C. Fuentes. La región más transparente).

PACOTA. *n.f.* De calidad inferior, de mala clase, de fabricación corriente. *Inferior quality or shodilly made goods, trash, junk.* 📖 Porque antes se solía forrar los zapatos, no que ahora hacen pura PACOTA. *Because before they used to line the shoes, but not any more. Now they make pure trash.* (E. Poniaowka. Hasta no verte Jesús mío). || **2.** (Acad.) Persona poco estimable. *Coarse, uncouth.* || **3.** •De PACOTA (PACOTILLA). *Of inferior quality, poorly or shoddily made, second-rate (writer), trashy (novel), cheap, shoddy (watch).* ~Dictadores de PACOTA. *Tinpot dictators.*

PACOTILLERO. *adj.* (Acad.). Buhonero o mercader ambulante. *Peddler, street vendor (generally selling shoddy goods).*

PADILLA. *n.m.* •Mandar a uno a donde fue el padre PADILLA. Mandar al diablo. *To send to the devil.*

PADRE. *adj.* Muy grande, descomunal. *Huge, enormous.* 📖 Verá que PADRES fiestas arma Bobó. *You'll see what great parties Bobó arranges.* (C. Fuentes. La región más transparente). || **2.** Estupendo, hermoso, magnífico. *Beautiful, marvellous.* 📖 !Que verbo más PADRE! *What a beautiful verb!* (E. Poniatowska. Luz y luna). || **3.** Grande. *Terrible.* ~Nos llevamos un susto PADRE. *They scared the hell out of us.* ~Se armó un escándalo padre. *There was a terrible fuss.* || **4.** *n.m.* Palabra que denota superioridad. *The most knowledgeable or expert; daddy, big daddy.* ~Cuando necesiten ayuda, vengan a ver a su PADRE. *Whenever you need help, just come to big daddy.* ~¡No corran muchachos! Vengan a conocer a su PADRE Demetrio Macías. *Don't run away you guys. Come and meet big daddy.* (M. Azuela. Los de abajo. Cit. Hispan.). 📖"La frase 'yo soy tu padre' no tiene ningún sabor paternal, ni se dice para proteger, resguardar o conducir, sino para imponer una superioridad, esto es, para humillar. (O. Paz. El laberinto de la soledad. Cit. Hispan.). || **5.** •Nombrar PADRES y madres. Insultar mentando al padre y a la madre. *To insult (refering particularly to one's father and mother).* 📖 Acudían a nombrar PADRES y madres en el bordado más rico de indecencias. *They would weave the finest tapistry of insults imaginable* (M.

Azuela. Los de abajo. Cit. Hispan.).

PADRISIMO. *adj.* Estupendo, magnifico. *Fantastic, great.* 📖 Acapulco era PADRÍSIMO hace veinte años [...]. *Acapulco was a terrific place twenty years ago* (C. Fuentes. La región más transparente. Cit. Brian Steel).

PADRON. *n.m.* Registro, censo. *Electoral register (roll).*

PADROTE. *n.m.* Conseguidor, alcahuete. *Pimp, procurer.* 📖 Muchos rateros y más de una docena de putillas y PADROTES, a quienes el progreso pilló desprevenido, buscaron formas de vida decentes y con menos riesgos. *Many petty-thieves and a dozen or so cheap whores and pimps, which progress had caught off guard, started looking for a more decent and less risky way of life* (V.A. Maldonado. La noche de San Barnabé. Cit Hispan.). || **2.** Semental equino o bovino. *Breeding bull, stallion.*

PADROTEAR. *v.* Actuar de alcahuete. *To pimp for.*

PAGANINI. *n.m.* •Ser el PAGANINI. Ser el que paga. *To be the one who pays.*

PAGUA. *n.f.* Aguacate grande. *Large avocado pear.*

PAI. *n.m.* Pastel. *Pie.* || **2.** •PAI de queso. Tarta de queso. *Cheesecake.*

PAILERO. *n.m.* Nombre familiar que se da a los inmigrantes italianos. *Italian immigrant.* || **2.** (Acad.) Persona que hace o vende pailas (sartenes). *Pan maker or peddler.* || **3.** (Acad.) Persona que atiende las pailas (sartenes) en los ingenios de azúcar. *Workman in charge of sugar pans (in sugar mills).* || **4.** Trabajador en cobre, cobrero. *Coppersmith.* || **5.** Calderero. *Tinker.*

PAISA. *n.m.* Paisano, compatriota. *Fellow countryman.*

PAISANO. *n.f.* De origen judío. *Of jewish origin.* || **2.** •De PAISANO. Sin uniforme (soldado). *Wearing civilian clothes (soldier).* || **3.** (Norte). Correcaminos. *Roadrunner.*

PAISANO. *n.m.* Nombre familiar que se da

a los españoles. *Spaniard.*

PAJAREAR. *v.* (Acad.) Prestar atención a algo, oir con cuidado. *To keep an ear open, to watch with attention.* || **2.** No prestar atención. *To daydream, be in the clouds.* || **3.** Perder el tiempo. *To loaf, lazy around.* || **4.** Espantarse una caballería. *To shy (horse).* || **5.** Espantar pájaros. *To scare birds away.*

PAJARERO. *adj.* Brioso (caballo). *Spirited (horse).* || **2.** (Acad.). Espantadizo, hablando de las caballerías. *Nervous, shy, skittish (horse).*

PAJILLA. *n.f.* Sombrero de paja. *Straw hat.*

PAJÓN. *adj.* De pelo lacio, rígido y erizado. *Lank, curly (hair).* || **2.** (Acad.). Gramínea silvestre, muy rica en fibra, que en época de escasez sirve de alimento al ganado. *Scrub, stubble.*

PAJUELA. *n.f.* Palillo. *Toothpick.* || **2.** Prostituta. *Prostitute.*

PAJUELAZO. *n.m.* Latigazo. *Lash.* 📖 Y dio un PAJUELAZO contra los burros, sin necesidad, ya que los burros iban mucho más adelante de nosotros. *He lashed at the donkeys needlessly, since they were at quite a distance from us* (J. Rulfo. Pedro Páramo. Cit. Hispan.). || **3.** Detonación, estallido. *Explosión.* || **4.** Trago de aguardiente fuerte. *Shot of strong liquor.*

PAJUELEAR. *v.* Detonar, estallar. *To explode.* 📖 Sentíamos las balas PAJUELEÁNDONOS los talones, como si hubiéramos caído sobre una emjambre de chapulines. *We could feel the bullets exploding at our feet, as if we had landed on a swarm of locusts.* (J. Rulfo. El llano en llamas).

PALACETE. *n.m.* Diminutivo de palacio. *Diminutive of palace.*

PALANCA. *n.f.* Botador. *Punting pole.* || **2.** Influencia que se emplea para conseguir algún fin. *Pull, contact, connections.* || **3.** •PALANCA de velocidades. Palanca de cambio. *Gearshift.*

PALANGANADA. *n.f.* Fanfarronada. *Bragging, boasting.*

PALANGANEADA (variante de **palanganada**).

PALANGANEAR. *v.* (Acad.). Fanfarronear. *To brag, show off.*

PALANGUEAR. *v.* Hacer avanzar una embarcación por medio de la **palanca** o botador. *To punt, pole along.*

PALANGUETA. *n.f.* Pesa. *Weight, dumbell.* || **2.** Dulce seco de pasta de maíz y miel. *Sweetmeat made with cane syrup.*

PALAPA. *n.f.* Construcción rústica y abierta, hecha con palos troncos y con techo de palma, común en los lugares muy calurosos. *Palm shelter.*

PALENQUE. *n.m.* Fiesta popular. *Festival (with cockfighting, music, etc.).* || **2.**. Gallero, reñidero. *Cockpit, cockfighting arena.*

PALERO. *n.m.* Jugador que en connivencia con el banquero juega y gana, repartiendo luego las ganancias de los jugadores que ha atraído. *Front man.*

PALETA. *n.f.* (Acad.) Golosina de caramelo en forma de disco con palito para chupar, chupetín, pirulí. *Lollipop.* || **2.** Helado en forma de palo, con un palito encajado a modo de mango. *Popscicle®.* 📖 Quizá se chupen una PALETA helada o se compren un barquillo. *Maybe they'll buy a popcicle or an ice-cream cone.* (E. Poniatowska. Luz y luna). || **3.** Espátula para remover algo que se está cocinando. *Serving ladle, spatula.* || **3.** Palmeta con que las lavanderas golpean la ropa al lavarla. *Wooden paddle for beating clothes.*

PALETERO. *n.m.* (Acad.) Persona que fabrica o vende **paletas**. *One who makes or sells paletas.* 📖 Eso, o andar de PALETERO en las colonias del D.F. *It's that or selling popsicles in Mexico City's neighborhoods.* (C. Fuentes. La región más transparente).

PALIACATE. *n.m.* (Acad.) Pañuelo grande de vivos colores, usado por la gente del campo. *Brightly colored scarf or handkerchief, kerchief.* 📖 (...) se enjuega el sudor con un PALIACATE. *He wipes the perspiration* *from his brow with a handkerchief.* (E. Valadés. La muerte tiene permiso). 📖 Me tapaba la cabeza con el PALIACATE y el sombrero. *I would cover my head with a kerchief and a hat.* (E. Poniatowka. Hasta no verte Jesús mío).

PALILLA. *n.m.* Portaplumas. *Penholder.*

PALMAR. *v.* •PALMARLA. Morir. *To kick the bucket.*

PALMEAR. *v.* Hacer tortillas de maiz (golpeando con la palma de la mano la masa para aplanarla y darle forma circular). *To make tortillas.*

PALMERO. *n.m.* Palmera. *Palm, palm tree.*

PALMICHE. *n.m.* Palmera de cogollo tierno comestible. *Royal palm, royal palm nut.*

PALMISTA. *n.m.* Quiromántico. *Palmist.*

PALO. *n.m.* (Acad.) •PALO ensebado. Palo jabonado. *Greasy pole.*

PALOMA. *n.f.* Cometa. *Kite.* || **2.** En el juego, el jugador inexperto al que se piensa ganar fácilmente. *Pigeon, sucker.* || **3.** Petardo. *Firecracker.* || **4.** Marca. *Tick.* || **5.** •PALOMA de San Juan. Polilla o termita. *Moth or termite.*

PALOMEAR. *v.* Marcar. *To tick, mark with a tick.*

PALOMILLA. *n.f.* Conjunto de chiquillos vagabundos. *Mob of kids.* || **2.** (Acad.) Plebe, vulgo, gentuza, pandilla de vagabundos o matones. *Gang.* || **3.** Región del anca del caballo. *Back, backbone, fore-rump of a horse.* **4.** Grupo de personas que se reunen para divertirse, peña. *Circle, group.* 📖 En eso no vio la PALOMILLA de la cantina y entonces le pusieron a él Don Juan y a mí Doña Inés. *Those who used to meet at the bar started calling him Don Juan and me Doña Inés.* (E. Poniatowska. Hasta no verfrte Jesús mío). || **5.** Pandilla. *Gang.* 📖 –Quiubo, Tibu (Tiburcio), ¿qué te pasa? Son sus cuates. Sus "manitos". Los de la PALOMA. –Pos me pegaron. –No la amueles, ¿pos quí'ciste (qué hiciste)? *What's up Tibu, what's the matter?*

These are his friends, his buddies, the 'gang'. –Well, they gave me a thrashing. –You're kidding! What did you do? (E. Valadés. La muerte tiene permiso). || **6.** Chusma. *Rabble, riff-raff.*

PALOMINO. *adj.* Caballo de color blanco mate. *White horse.*

PALOMITA. *n.f.* Polilla. *Moth.*

PALOMO. (variante de **palomino**).

PALOTAZO. *n.m.* Golpe con palo grande. *Blow with a heavy stick.*

PALPITO. *n.m.* Presentimiento. *Hunch, feeling.* 📖 [...] siempre con el PÁLPITO de que en cualquier rato me matarían. *With the feeling that they would kill me at any moment.* (J. Rulfo. El llano en llamas).

PALTÓ. *n.m.* Saco, jaqueta. *Jacket.*

PAMBA. *n.f.* Golpes leves dados con la palma de la mano en la cabeza de una persona en son festivo. *Taps on the head.*

PAMBAZO. *n.m.* CULIN Especie de panecillo. *Type of breal roll.* 📖 [...] una vieja haraposa recalentaba y freía PAMBAZOS en un comal de hierro [...]. *An old woman dressed in rags was reheating and frying bread rolls in an iron comal.* (M. Azuela. Nueva burguesía).

PAMITA. *n.f.* Hierba que se usa para preparar té medicinal. *Herb used to prepare medicinal tea.*

PAMPLINADA. *n.f.* Pamplina, simpleza. *Triviality, silly thing, piece of nonsense.*

PAN. *n.m.* •PAN dulce. Bollo. *Bun, pastry.* || **2.** •PAN tostado. Tostada. *Toast.* || **3.** •PAN de caja. Pan de molde. *Sliced bread.*

PANCISTA. *n.m.* Individuo que saca provecho del partido político al cual pertenece. *Political opportunist.*

PANCITA. *n.f.* Popular guiso de menudo, callos. *Tripe stew.*

PANCITO. *n.m.* Terrón de azúcar. *Lump of sugar.* || **2.** Panecillo. *Roll, bread.*

PANDO. *adj.* Que tiene arqueado o hundido

el espinazo. *Round-shouldered.* || 2. Borracho. *Drunk.*

PANDORGA. *n.f.* Broma pesada. *Practical joke, prank.*

PANDORGO. *adj.* Tonto, simple. *Dim, stupid.*

PANEL. *n.f.* Furgoneta. *Van, panel truck.*

PANELA. *n.m.* Sombrero de paja. *Straw hat.* || 2. Pesado, antipático, impertinente. *Bore, drag.* || 3. Masa preparada con azúcar o miel, de diversas maneras. *Brown sugar loaf.* || 4. Tipo de queso. *Type of fresh cheese.*

PANETELA. *n.f.* Especie de bizcocho. *Sponge cake.*

PANGA. *n.f.* Lancha o balsa que transporta pasajeros y vehículos de una a otra margen del río. *Ferry, ferryboat.* || 2. Plataforma flotante. *Raft.*

PANIAGUARSE. *v.* Confabularse, hacerse compinches dos o más personas. *To become friends, pal up.*

PANINO. *n.m.* Enjambre de avispas. *Swarm of wasps.*

PANOCHA. *n.f.* Bloque de piloncillo en forma de cono truncado. *Powdered brown sugar (sold in cone-shaped blocks).*

PANQUÉ. *n.m.* Bizcocho. *Sponge cake.*

PANQUEQUE (variante de **panqué**).

PANTALETA. *n.f.* Pantalones bombachos de mujer. *Bloomers, drawers.* || 2. Prenda interior. *Panties.*

PANTALLA. *n.f.* Guardaespaldas. *Bodyguard.* || 2. Apariencia. *Appearance.* ~Parece que sabe mucho, pero es pura pantalla. *It looks at though he knows a lot, but it's all show.*

PANTALÓN. *n.m.* •PANTALÓN de mezclilla. Vaqueros, tejanos. *Blue jeans.*|| 2. •Ponerse, amarrarse, fajarse los PANTALONES. Actuar con energía y autoridad. *To act energetically.*

PANTALONERA. *n.f.* Pantalón característico del **charro**, con botonadura a lo largo de la pierna. *Charro (cowboy) pants (button-ned down the leg).*

PANTALONERO. *adj.* Relativo a los pantalones. *Having to do with trousers.* || 2. *n.m.* Persona que confecciona pantalones. *Person who makes trousers.* || 3. Sastre inexperto. *Second-class tailor.*

PANTEÓN. *n.m.* (Acad.) Cementerio. *Cemetery.*

PANTEONERO. *n.m.* (Acad.) Sepultero. *Gravedigger.*

PANTERA. *n.f.* Matón. *Bully, thug.* || 2. Individuo de valor temerario. *Brave, energetic.* || 3. (Acad.) Persona atrevida o arriesgada en los negocios. *Risk taker, agressive.* ⌨ Su consuelo fue cerciorarse de que las Amézquitas no se encontraban cerca, pues se había conquistado con ellas la reputación de "muy PANTERA". *It was a consolation to know that the Amézquitas sisters were not around, since he was thought by them to be a bold and daring fellow.* (M. Azuela. Nueva burguesía).

PANTIMEDIAS. *n.f.* Panties. *Panty-hose, leotards.* ⌨ Ahora andan de mini (mifalda), guiados por el Ariel el abonero, quien sigue los dictados de la moda y trae, entre sus tesoros, PANTIMEDIAS. *And now they wear miniskirts, following the recommendations of Ariel, the street merchant, who keeps abreast of the latest fashions, and carries panty-hoses among his prized wares.* (E. Poniatoswka. Cit. B. Steel).

PANTS. *n.m.* Equipo (de deporte), chandal. *Sweatsuit.*

PANTS. *n.mpl.* Equipo (de deportes), chándal. *Sweatsuit.*

PANUCHO. *n.m.* (Acad.) Tortilla que lleva un picadillo de carne y frijoles. *Tortilla filled with beans and meat.*

PANZA. *n.f.* •PANZA mojada. Inmigrante ilegal a los Estados Unidos. *Wetback.* •PANZA de pulquero. Panza (de bebedor de cerveza). *Beer belly.*

PANZAZO. *n.m.* Hartazgo, panzada. *A lot*

of, a belly-full. || **2.** Golpe que se da con la panza o se recibe en ella, panzada. *Blow in the belly or push with the belly.* || **3.** •Pasar de PANZAZO. Pasar, aprobar un examen con la calificación mínima requerida. *To barely pass (a test, exam, etc.), to scrape through.* || **4.** •Perder la carrera y el PANZAZO. *To fail utterly.*

PANZONA. *n.f.* Encinta. *Pregnant.*

PAÑALERA. *n.f.* Bolsa con asa para llevar los pañales y las cosas del bebé.

PAÑO. *n.m.* Extensión de terreno propia para el cultivo. *Parcel of tillable land.* || **2.** Lienzo de un cercado. *Face of a wall.* || **3.** Pañolón, rebozo. *Shawl.* || **4.** Entre campesinos, pañuelo. *Among country people, kerchief.*

PAPA. *n.f.* Mentira, embuste. *Lie, false rumor, hoax.* ⌨ No se fíe de Cuca. Todo lo que le va contando son PAPAS. *Don't believe what Cuca says. It's all lies.* (M. Azuela. Nueva burguesía). || **2.** Cualquier trabajo que produce buenas ganancias con poco esfuerzo. *Soft job, plum.* || **3.** Dedos o parte del pie que asoman por las roturas de los zapatos o medias. *Toes or part of the foot showing through a hole in the stockings or shoes.* || **4.** Plato de avena cocido con leche, gachas. *Porridge, gruel.* || **5.** •PAPA grande. Abuelo. *Grandfather.* || **6.** •Echar PAPAS. Echar mentiras. *To lie.* •PAPAS a la francesa. Papas fritas. *French fries.*

PAPACHADOR. *adj.* Reconfortante. *Conforting, relaxing.*

PAPACHAR. *v.* (Acad.) Acaricias a los niños, hacerles mimos, tocándolos con la mano. *To stroke, pat, carress a child.*

PAPACHO. *n.m.* (Acad.). Mimo, caricia que se hace a los niños. *Apapacho. Cuddles, caresses.*

PAPAGAYO. *n.m.* Cometa grande. *Large kite.*

PAPAL. *n.m.* (Acad.). Terreno sembrado de papas. *Potato field.*

PAPALÓN. *n.m.* Cínico, desvergonzado. *Brazen, shameless, swine.* || **2.** *adj.* Holgazán. *Idle, lazy.*

PAPALOTA. *n.f.* Mariposa. *Butterfly.*

PAPALOTE. *n.m.* (Acad.) Cometa. *Kite.* ⌨ "Pensaba en ti, Susana. En las lomas verdes. Cuando volábamos PAPALOTES". *I thought of you, Susana. In the green hills. When we would fly kites together.* (Juan Rulfo. Pedro Páramo). || **2.** •Volar un PAPALOTE. Hacer volar un papalote. *To fly a kite.* ⌨ Es la temporada en que las familias traen a los niños para que vuelen su PAPALOTES. *It's the time of the year when families take their kids to fly their kites.* (R. Castellanos. Balún Canán).

PAPALOTEAR. *v.* Vagabundear. *To wander.* || **2.** Agonizar. *To give one's last gasp.* || **3.** Soñar despierto. *To daydream.*

PAPARRUCHADA. *n.f.* Paparrucha, disparate, desatino. *Nonsense, silly thing.*

PAPASAL. *n.m.* Papeles de poca importancia en desorden. *Scattered pieces of papers.* || **2.** Pieza literaria embrollada y ramplona. *Long, poorly written novel.*

PAPEL. *n.m.* Envoltura de papel en que se venden dosis de polvos medicinales. *Paper containing a dose of medicine.* || **2.** •PAPEL de arroz. El papel blanco fino de los cigarrillos. *Kind of paper used in making cigarrettes.* || **3.** •PAPEL de oficio. Papel para escribir de catorce pulgadas de largo, usado preferentemente para asuntos oficiales. *Official foolscap paper.* || **4.** •PAPEL sanitario. Papel higiénico. *Toilet paper.*

PAPELERÍO. *n.m.* (Acad.). Papelería, conjunto de papeles desordenados. *Mass, heap of paper.*

PAPELERO. *n.m.* Persona que vende periódicos. *Paper-boy.* ⌨ -¿Eres PAPELERO? - Trabajo en una fábrica, de noche. *-Are you a paper-boy? -No, I work in a factory, at night.* (Augustín Yánez. Ojerosa y pintada).

PAPELOTE (variante de **papalote**).

PAPERO. *adj.* Mentiroso, embustero. *Lying, deceitful.* || **2.** (Persona) que cultiva o vende papas. *Said of person who grows or sells* *potatoes.*

PAPORRETA. *n.f.* •Hablar de PAPORRETA. Hablar sin ton ni son. *To speak nonsense.*

PAPUJO. *adj.* Malicento, anémico. *Sickly, anemic.* || **2.** Hinchado. *Swollen, puffed up.*

PAQUERO. *n.m.* Estafador. *Swindler, crook.*

PAQUETE. *n.m.* Asunto difícil. *Tough job, hard one.* || **2.** Cargar con el PAQUETE. Cargar con el problema. || **3.** Persona bien vestida. *Elegant, chic.* || **4.** •Darse PAQUETE. Darse importancia, presumir. *To give oneself airs.*

PAQUETEARSE. *v.* Presumir, mostrarse ante los demás bien vestido.

PAQUETERO (variante de **paquero**).

PAQUETUDO. *adj.* (Persona) bien vestida. *Elegant, chic.*

PARACAIDISMO. *n.m.* Accion y efecto de colarse. *Gatecrashing.* || **2.** Hecho de ocupar un inmueble ajeno sin autorización. *Squatting.*

PARACAÍDISTA. *n.m.* Colado. *Gatecrasher.* || **2.** Ocupante ilegal. *Squatter.* 📖 [...] los PARACAÍDISTAS andaban de un lado a otro revisando el techo de sus jacales [...]. *The squatters were running all around inspecting the roofs of their shacks.* (V. Leñero. Los albañiles).

PARADA. *n.f.* Cargador de cartuchos. *Clip of cartridges.* || **2.** Desfile, procesión cívica. *Parade, civic procession.* || **3.** •Hacer la PARADA. Hacer frente, sacar la cara por otro. *To challenge someone.* || **4.** •Aclarar PARADAS. Hablar claro. *To speak clearly.*

PARADERO. *n.m.* Parada de autobuses. *Bus stop.* **2.** Apeadero de ferrocarril. *Railway halt.*

PARADO. *n.m.* Fisonomía, parecido. *Air, look, resemblance.* || **2.** *adj.* (Acad.). Derecho en pie. *Standing.* Estar PARADO. *To be standing (up), to be on one's feet.* ~Estuve PARADO dos horas. *I stood for two hours.* || **3.** Erguido (cabello). *Stiff, straight (hair).* || **4.** Recto, en posición vertical. *In an upright*

position. || **5.** Estar bien PARADO. Tener buena posición, apoyos o influencias. *To be well-placed, have influence.*

PARAGUAS. *n.m.* Hongo, saeta. *Mushroom.*

PARAGÜE. *n.m.* Paraguas. *Umbrella.*

PARAÍSO. *n.m.* Arbol de origen oriental de madera propia para la ebanistería. *Chinaberry.*

PARAL. *n.m.* Cualquier madero fuerte para sostener algo. *Shore, prop.* || **2.** Puntal para sostener edificios en reparación. *Post.*

PARAR. *v.* (Acad.). Poner de pie. *To stand.*

PARAR. *v.* ¡Ya PÁRALE! ¡Basta ya! *Cut it out!* || **2.** -se. Levantarse, dejar de estar sentado, poniéndose en pie. *To stand up.* || **2.** Despertar y levantarse. *To get up (from bed).* ~Me PARO a las seis de la mañana por costumbre. *I get up every morning at six o'clock.*

PARCHAR. *v.* Remendar, poner un **parche**. *To patch, put a patch on, mend.* || **2.** Componer una rotura en un neumático, echándole un sobrepuesto. *To fix a flat tire.*

PARCHE. *n.m.* Ventajista. *Person who takes advantage of others.* || **2.** •Ojo con el PARCHE. Atención, cuidado (con lo que haces)! *Watch out, be careful!* || **3.** Sacarle al PARCHE. Tenerle miedo a alguien. *To be afraid of someone.* ~Lo retó al campeón, pero le sacó al PARCHE. *He challenged the champion, but refused to fight him.* || **4.** •Pegar el PARCHE. Conseguir una cosa mediante engaños. *To obtain by deceit.* ~Quiso entrar en la asamblea diciendo que era periodista, pero no pegó su PARCHE. *He tried to attend the meeting by saying he was a reporter, but he didn't succeed.*

PARCIA. *n.f.* Companero, compinche. *Partner, companion, buddy.*

PARDO. *n.m.* (Tabasco). Persona de condición social humilde. *A poor devil.*

PARECIMIENTO. *n.m.* Semejanza, parecido. *Look, resemblance.*

PARED. •Hasta la PARED de enfrente. Muchos, un montón. *Loads.* ~Había gente hasta la PARED de enfrente. *There were loads of people there, the place was absolutely packed.* || **2.** •Hasta topar con PARED. *Until you reach the end of the road.* ~Vaya todo derecho hasta topar con PARED, después volteé a la izquierda. *Go straight until you reach the end of the road, then turn left.*

PAREJA. *n.f.* Par de animales. *Team of animals.*

PAREJERO. *adj.* (Acad.).Dísese del caballo de carrera excelente y veloz. *Fast race horse.* || **2.** Que entabla amistades fácilmente. *Fond of making friends.*

PAREJO. *adj.* Equitativo. *Impartial.* ~Siempre ha sido muy PAREJO con nosotros. *He has always treated us impartially.* 📖 [...] a más que la justicia no es PAREJA. *Particularly when there is no justice.* (Agustín Yánez. Ojerosa y pintada). || **2.** Fiel, solidario. *Loyal, supportive.* || **3.** Servicial. *Helpful, obliging.* || **4.** *adv.* Muy fuerte, reciamente. *Heavily, hard.* ~Vienen del Norte, arriando PAREJO con todo lo que encuentran. Son muy poderosos. *They come from the North taking with them all they can put their hands on. They're very strong.* (J. Rulfo. Pedro Páramo. Cit. Hispan.). || **5.** •Al PAREJO. A la par. *On a par.* ~Un escritor al PAREJO de los mejores del mundo. *A writer who is on a par with the world's best.* || **6.** •Poner PAREJO. Regañar. *To reprimand, admonish.* ~Lo agarró robando y lo puso PAREJO. *He caught him stealing and he gave him a good scolding.* || **7.** •Jalar PAREJO. Participar en algo en la misma medida que los demás. *To contribute equally.* || **8.** •Agarrar PAREJO. No ser exigente, no ser difícil de contentar. *Not to be choosy.* ~Es de los que agarran PAREJO, le gustan las bonitas o las feas. *He's not very discriminating, he takes them as they come, whether they're beautiful or ugly.* || **9.** •En parejo de. Paralelo a. *Paralell with.* 📖 Entraron por la gran puerta de Nonoalco, en PAREJO de la calle de Olivo. *They entered through the large gate of Nonoalco, which is parallel to Olivo street.*

PARÍAN. *n.m.* Mercado. *Market.*

PARIENTE. *n.m.* •No ser PARIENTES ni por los dientes. No tener ningún parentesco. *Not to be in the least related (family-wise).*

PARQUE. *n.m.* Municiones. *Ammunition.* 📖 [...] le habían ordenado al general Blanco que saliera a combate, pero [...] estaba esperando un barco de PARQUE que tenían que enviarle [...] de México. *They had ordered General Blanco to launch an offensive, but he was waiting for some amunition which they had sent from Mexico by ship.* (E. Poniatowka. Hasta no verte Jesús mío). || **2.**•PARQUE de béisbol. Estadio. *Ballpark.*

PARQUEAR. *v.* Aparcar, estacionar. *To park.*

PARQUEO. *n.m.* Aparcamiento, estacionamiento. *Parking, parking lot.*

PARRANDA. *n.f.* Multitud de cosas ordinarias y viejas. *Heap, lot, group.* || **2.** •Una PARRANDA de. Una multitud de. *A lot of.* Una PARRANDA de sillas viejas. *A lot of old broken-down chairs.*

PARRANDEAR. *v.* Ir de juerga. *To go out partying.* 📖 Y tú sin oportunidad de PARRANDEAR, ¿Verdad? *And so you can't go out partying, right?* (C. Fuentes. La región más transparente). 📖 Pedro Aguilar me llevó a su casa. Allí me encerró y luego se fue a PARRANDEAR. *Pedro Aguilar took me to his house. There he locked me in and then went partying.* (E. Poniatowka. Hasta no verte Jesús mío).

PARRANDERO. *n.m.* Que le gusta la juerga. *Fun-loving.* 📖 [...] yo he sido muy PARRANDERO [...]. *I've always fond of partying.* (M. Azuela. Nueva burguesía).

PARTE. *n.f.* ANGL Repuesto. *Part, spare part, spare.*

PARTERO. *n.m.* Ginecólogo. *Gynecologist.*

PARTIDA. *n.f.* •Confesar uno la PARTIDA. Decir la verdad que se estaba ocultando. *To tell the truth, come clean.*

PARTIDO. *n.m.* Participación en la cosecha que corresponde al aparcero. *Crop share.* || **2**

Partido. *Game.* || 3. •Dar PARTIDO. Conceder cierto número de puntos como ventaja a un jugador menos hábil. *To spot (a certain number of points) in a game to an inferior opponent.* || 4. •A PARTIDO. A partes iguales. *Share and share alike, in equal shares.*

PARTIR. *v.* •Al PARTIR. Beneficio repartido en partes iguales entre proprietario y trabajador. *Profit shared in equal parts between owner and worker.*

PARVA. *n.f.* Banda de chiquillos. *Group of children.*

PARVADA. *n.f.* Bandada. *Flock.* 📖 Por el techo abierto vi pasar PARVADAS de tordos. *Through the open ceiling I saw flocks of blackbirds go by.* (J. Rulfo. Pedro Páramo).

PASABLE. *adv.* Que se puede vadear (río o arroyo). *Fordable.* ~El río es PASABLE a la altura de Melo. *You can cross the river at Melo.*

PASADO. *adj.* Seco (fruta). *Dried (fruit).*

PASADOR. *n.m.* Horquilla. *Bobby pin.*

PASAJE. *n.m.* Callejón que tiene una sola salida. *Cul-de-sac, private alley.*

PASAJERO. *n.m.* Remero que se encarga de pasar a los viajeros de un lado a otro del río. *Ferryman.*

PASANDITO. *adv.* De puntillas. *On tiptoes.*

PASANTE. *n.m.* EDUC *Probationary teacher.*

PASAR. *v.* Gustar. *To like.* ¿Te PASA este lugar? Te gusta este lugar? *Do you like this place?*

PASARRATO. *n.m.* Pasatiempo. *Hobby.*

PASE. *n.m.* PASE de abordar. Tarjeta de embarque. *Boarding pass.*

PASEADA. *n.f.* Paseo. *Trip.* 📖 A mí lo que más me gustaba de la PASEADA era salir a tomar el fresco [...]. *What I like most about the trip was to the opportunity of going out and taking fresh air.* (E. Poniatowska. Hasta no verte Jesús mío).

PASEAR. *v.* Faltar al trabajo. *To take a day off.*

PASERO. *n.m.* Persona que guia a los inmigrantes clandestinos. *Person who, for a fee, helps people cross the border into the USA illegally.*

PASILLO. *n.m.* Estera larga y estrecha que se pone en la entrada de los edificios para no manchar los pisos. *Runner, hall carpet.*

PASMADO. *adj.* Se refiere a la persona lerda, alelada. *Thick, stupid.* || 2. Se aplica a la fruta que se seca sin llegar a su pleno desarrollo. *Dried up, shriveled up.* || 3. Infectado (herida). *Infected (wound).* || 4. Enfermo, en especial si sufre de infecciones. *Sick, swollen (from infections).*

PASMAR. *v.* Lastimar la silla el lomo del caballo. *To get bruised by the saddle or pack (said of horses and mules).* || 2. Secarse la fruta antes de madurar. *To dry up, wither.* || 3. Infectarse una herida. *To become infected (wound).* || 4. Enfermarse. *To fall ill.*

PASMAZÓN. Pasmo. *Amazement, astonishment.* || 2. Pasmo, malestar general. *Illness.*

PASMO. *n.m.* •Ser un PASMO. Ser torpe, pesado, inútil. *To be clumsy, useless.*

PASO. *n.m.* Transbordardor, embarcadero, *Ferryboat.* || 2. •PASO a desnivel. Paso elevado. *Overpass.* || 3. •PASO de gatos. Pasarela. *Catwalks.*

PASOTA. *adj.* Pasado de moda. *Out of fashion.*

PASTA. *n.f.* •De PASTA blanda (libro). En rústica. *In paperback (book).*

PASTAJE. *n.m.* Pastizal. *Pasture, grazing land.* || 2. Pasto. *Grass.* || 3. Derecho que se paga para que pasten los animales en algún lugar. *Grazing fee.* || 4. El hecho de pastar los animales en algún lugar. *Grazing.*

PASTAL. *n.m.* Pastizal. *Grazing land.*

PASTEAR. *v.* Pastar. *To graze, pasture.*

PASTEL. *n.m.* Torta. *Cake.*

PASTO. *n.m.* (Acad.) Cesped. *Lawn.* 📖 Se conforman con (...) sentarse en el PASTO del parque... *They're satisfied to sit on the lawn* *at a park.* (E. Poniatowska. Luz y luna).

PASTOREAR. *v.* Acechar. *To lie in wait for.*

PASTOSO. *adj.* (Acad.). (Terreno) que tiene buenos pastos. *Grassy.*

PASUDO. *adj.* (Acad.) Que tiene el pelo ensortijado a manera de los negros. *Having kinky hair.*

PATA. •Hacer algo con las PATAS. Hacer una chapuza de algo. *To botch something up.* ‖ 2. •Ser un (una) PATA de perro. Ser un trotamundos. *To have itchy feet, to be a globetrotter.* ‖ 3. •Bailar en una PATA. Estar muy contento.*To jump with joy, to be overjoyed.* ‖ 4. •Estirar la PATA. *To kick the bucket.* ‖ 5. •Tener mala PATA. Tener mala suerte. *To be unlucky.* ‖ 6. •Ser un (una) PATA de perro. Ser un tratamundo. *To be a globetrotter, to have itchy feet.*

PATACHO. *n.m.* Recua de bestias mulares. *Train of mules.*

PATADA. *n.f.* •Estar de la PATADA. Estar pésima una cosa. *To be a disaster, to go wrong.* ~Este año me ha ido de la PATADA. *Everything has gone wrong for me this year.* 📖 [...] pero eso de no comer ni dormir a gusto es de la PATADA. *But not being able to sleep or eat well is terrible.* (Augustín Yánez. Ojerosa y pintada). ‖ 2. •Ni a PATADAS. De ninguna manera. *No way.* ~Ni a PATADAS vamos a llegar a tiempo. *There's no way we'll get there in time.* ‖ 3. •De la PATADA. ~No la soporto, me cae de la PATADA. *I can't stand her, she rubs me the wrong way.* ~Hace un frío de la PATADA. *It's freezing cold.*

PATAGRÁS. *n.m.* Cierto queso blando y mantecoso. *A type of soft cheese.*

PATEAR. *v.* Cocear (caballo, mula). *To kick.*

PATILLA. *n.f.* •Jalar PATILLA. Adular. *To flatter.*

PATIMOCHO. *adj.* Cojo. *Lame.*

PATINADA. *n.f.* Patinazo. *Skid.* El coche dio una PATINADA. *The car skidded (went into a skid).*

PATINETA. *n.f.* Patinete. *Scooter.*

PATIO. *n.m.* FERROC Estación de maniobras. *Shunting yard.*

PATITO. *n.m.* •Hacer PATITOS. *To skim stones, play ducks and drakes.*

PATO. *n.m.* Bacín. *Bedpan.* ‖ 2. •Hacerse el PATO. Hacerse el tonto. *To act the fool, to play dumb.* 📖 De buenas a primeras una mañana a la hora de irnos a trabajar se hizo PATO. (E. Poniatowska. Hasta no verte Jesús mío), b) Engañar. *To mislead, deceive.* 📖 Ya te he dicho que los viernes hago PATO a la vieja. *I've already told you that on Friday I go out on my wife.* (C. Fuentes. La región más transparente).

PATOJEAR. *v.* Caminar moviéndose de un lado para otro como los patos. *To waddle in walking.*

PATOJITO. *n.m.* Niño pequeño. *Small boy.*

PATOJO. *n.m.* Muchacho, niño, gente joven. *Boy, child.* 📖 Llegué a una finca de Soconusco donde ganaba diez centavos, trabajando con los PATOJOS, pues aparte trabajaban los hombres y los muchachos. *I ended up at a ranch in Soconusco where I worked for ten cents, working alongside with young kids, since there grown men worked separately from children.* (R. Pozas. Juan Pérez Jolote).

PATROCINAR. *v.* (Abogado). *To attest.*

PATROCINIO. (De un abogado). *Attestation.*

PATRULLA. *n.f.* Automóvil en que van los policías. *Police car.*

PATRULLERO. *n.m.* Policía. *Policeman, patrolman.*

PATULECO. *adj.* (Acad.). Persona que tiene un defecto físico en los pies o en las piernas. *Bowlegged.*

PAUSA. *n.f.* Con (toda) PAUSA. Sin prisa. *Unhurriedly.* Se vistió con PAUSA. *He dressed slowly.*

PAVA. *n.f.* Orinal, bacinilla. *Chamber-pot.*

PAVEAR. *v.* Burlarse de una persona o de una cosa. *To joke, play a joke.*

PAVO. *n.m.* (Acad.) Pasajero clandestino, polizón. *Stowaway.*

PAY (variante de **pai**). ~Un PAY de manzana. *An apple pie.*

PAYACATE. *n.m.* (Acad.) Pañuelo, **paliacate.** *Scarf, kerchief, shawl.*

PAYASEAR. *v.* Hacer el payaso. *To clown around, to act the clown.*

PAYO. *adj.* Campesino que al llegar a la ciudad se asombra de todo lo que ve. *Rustic, simple.* 📖 Ya les he pedido que no se asomen a la ventana como PAYOS. *I've already asked you not to stick your head out of the window like country bumpkins.* (C. Fuentes. La región más transparente). 📖 Las del interior somos muy PAYAS. *Those of us from the provinces are simple people.* (M. Azuela. Nueva burguesía). ‖ **2.** Aparatoso, de poco gusto (ropa). *Loud, flashy, tasteless (clothes).*

PAZOTE. *n.m.* Yerba aromática usada en la medicina popular. *Wormseed, Mexican tea.*

PEAL. *n.m.* (Acad.). Lazo que se arroja a un animal para derribarlo. *Lasso.*

PEALAR. *v.* Echar un lazo o cuerda al animal que se quiere atrapar. *To lasso.*

PECHADA. *n.f.* (Acad.). Golpe, encontrón dado con el pecho o con los hombros. *Push, shove.* ‖ **2.** Acción y efecto de pecharse dos jinetes. *Bumping contest between two riders.* ‖ **3.** Sablazo. *Touch for a loan.*

PECHADOR. *n.m.* (Acad.). Sablista, estafador. *Sponger, one who borrows from friends.*

PECHAR. *v.* (Acad.). Sablear, estafar. *To scrounge money off, to touch someone for a loan.* ‖ **2.** Dar pechadas. *To push, shove.*

PECHAZO. *n.m.* Empujón. *Push, shove.*

PECHICATERÍA. *n.f.* Tacañería, mezquindad. *Meanness, stinginess.*

PECHÓN. *adj.* Cabrón, consentidor. *Cuckold.* ‖ **2.** Desvergonzado. *Cadging, sponging, brazen.*

PECHUGÓN, -ONA. *adj.* Sinvergüenza, descarado, cínico. *Brazen, nervy, impudent.* ‖ **2.** *n.f.* Que tiene pechos abultados. *Big-breasted.*

PECHUGUERA. *n.f.* Ronquera, afonía. *Hoarseness.* ‖ **2.** Afección pectoral, bronquitis. *Chest cold.*

PECULADO. *n.m.* Estafa. *Embezzlement.*

PEDICURISTA. *n.m.* Pedicuro. *Pedicurist.*

PEDIDERA. *n.f.* Petición. *Petition.*

PEDILÓN. *adj.* Pedigüeño. *Persistent in asking (for some favor), pestering.*

PEDIMENTO. *n.m.* Licencia, permiso. *License, permit.*

PEDINCHE. *n.m.* Gorrón. *Scrounger.*

PEDO. *n.m.* •Estar PEDO. Estar borracho. *To be drunk, to be plastered.* 📖 –¿Estás borracho. –A medio chiles nomás, cuñadito. ¿O deveras cree que estoy PEDO? *–You're drunk. –Just half drunk, my dear brother-in-law. Or do you really think that I'm plastered.* (V. Leñero. Los albañiles).

PEDRADA. *n.f.* •A la PEDRADA. Pésimamente. *Disastrous.* ‖ **2.** Indirecta. *Hint.* ~¡Deja de echarme PEDRADAS! *Stop dropping hints.*

PEDRERO. *n.m.* Pedregal. *Stony ground, lava field.*

PEGA. *n.f.* Trabajo. *Job.*

PEGADURA. *n.f.* Pegamento. *Glue.*

PEGAPAGA. *n.mf.* Adulador. *Flatterer.*

PEGAR. *v.* Atar, sujetar. *To tie, fasten down.* ‖ **2.** Enyugar. *To hitch up (horse).* ‖ **3.** •PEGARSE a. Empeñarse en algo. *To work hard at something.* ‖ **4.** •PEGAR su chicle con alguien. Ligar con una chica. *To score with someone.* ‖ **5.** •PEGARLA. Obtener buen éxito, lograr lo que se desea. *To fullfil one's wish, to hit the jackpot.*

PEGÓN. *adj.* Castigador, **manolarga**. *Given to beating.*

PEGOSTE. *n.m.* Gorrón, sablista. *Parasite, scrounger.*

PEGOTE (variante de **pegón**). ‖ **2.** Etiqueta. *Sticker, adhesive label.*

PEGUE. *n.m.* •Darle un PEGUE a alguien. Darle una paliza a alguien. *To give someone a beating, to thrash.*

PEINADOR. *n.m.* Tocador. *Dressing table.* ‖ **2.** Peluquero. *Hairdresser, stylist.*

PEJE. *adj.* Estúpido. *Stupid.*

PELA. *n.f.* Trabajo duro, excesiva fatiga. *Hard work, exhaustion.* ‖ **2.** Azotaina. *Beating, thrashing.* ‖ **3.** Golpe. *Slap, smack.* ‖ **4.** •Estar uno que se las PELA. Estar deseoso de obtener algo. *To be longing eagerly for something,* **b)** Estar uno con gran enojo o fastidio. *To be enraged.* ‖ **5.** •Estar una cosa que PELA. Estar muy caliente una cosa. *To be steaming hot.*

PELA. *n.m.* Paliza. *Beating.*

PELADA. *n.f.* Corte de pelo. *Haircut.* ‖ **2.** •La PELADA. La pura verdad, la verdad desnuda. *The real, unadulterated truth.* ‖ **3.** •Ir de PELADA. Huir. *To flee, run away.*

PELADAJE. Plebe. *Riffraff, the masses.* 📖 [...] creyendo que Don Porfirio va a resucitar y correr con latigo a los bandidos y al PELADAJE. *Thinking that Don Porfirio is going to come back to life and chase all the bandits and the riffraff with a whip.* (C. Fuentes. La región más transparente).

PELADAR. *n.m.* Terreno árido. *Arid plain.*

PELADERA. *n.f.* Murmuración, chisme. *Gossip.*

PELADERO. *n.m.* Casa de juego donde siempre se pierde. *Sharper's den.* ‖ **2.** (Acad.) Terreno pelado, desprovisto de vegetación. *Arid plain, wasteland.* ‖ **3.** Jugada o truco de fullero. *Cheating, cardsharking, trickery.*

PELADEZ. *n.f.* Vulgaridad, *Vulgarity.* 📖 Te dije que me dejara en paz —gritó Sergio– Vete a otro lado a decir tus PELADECES. *I told you to leave me alone –shouted Sergio–. I'm not in the mood to put up with your vulgar comments.* (V. Leñero. Los albañiles). ‖ **2.** Obscenidades. *Obscenity, bad language, rude word.*

PELADO. *adj.* (Acad.) Se aplica al individuo mísero e inculto, pero no delincuente o perverso. *Down and out, penniless.* ‖ **2.** Que no tiene educación. *Coarse, crude.* 📖 Rosita dice que sería mas chic ir a Xochimilco [...] en vez de meterse entre tanto PELADO. *Rosita says that it would be more chic to go to Xochimilco than to get stuck with all that riffraff.* (M. Azuela. Nueva burguesía). ‖ **3.** 📖 -Yo no veo más que unas lomas PELADAS -respondió Emmita desconsolada. *-The only thing I can see are barren hills -answered Emmita disappointed.* (M. Azuela. Nueva burguesía). ‖ **4.** Grosero. *Foulmouthed.* ‖ **5.** Desnudo, sin vestidos. *Naked.* ‖ **6.** *n.m.* (Noreste). Individuo. *Fellow, guy.* ‖ **7.** Corte de pelo. *Haircut.*

PELANTRÍN. *n.m.* Pobre diablo que presume de petimetre. *Would-be dandy.*

PELAR. *v.* (Acad.) Huir, fugar, desaparecer. *To run away, disappear.* 📖 ¿Te acuerdas cuando me PELÉ con la güera ésta? *Do you remember when I ran away with that blonde?* (C. Fuentes. La región más transparente). 📖 Rufino duró conmigo dos años y luego se PELÓ. *Rufino lasted two years with me and then he flew the coop.* (E. Poniatowska. Hasta no verte Jesús mío). ‖ **2.** Morir. *To die.* 📖 Más valía que no hubiera vuelto, si de todos modos se iba a PELAR. *It would have been better if he had not returned, since he was going to die anyway* (J.J. Arreola. La feria. Cit. Hispan.). ‖ **3.** Desacreditar, criticar, murmurar. *To slander, criticize, speak ill of.* ‖ **4.** Resbalarse. *To slip, skid.* ‖ **5.** Actuar con descaro. *To behave impudently, with insolence.* ‖ **6.** Hacer caso. *Not to pay any attention to.* ~No me PELA. *He doesn't pay attention to me.* ‖ **7.** •PELAR los ojos. Abrir los ojos mucho por admiración o susto. *To open one's eyes wide.* 📖 No me PELE tanto los ojos... Que no me lo he de comer. *Stop staring at me in this way... I'm not going to eat you.* (M. Azuela. La luciérnaga). 📖 [...] PELO tremendos ojos la Calandria. *Calandria opened her eyes wide.* (Carlos Fuentes. La frontera de cristal). ‖ **7.** •PELAR rata. Morirse.

To die. ‖ **8.** •PELAR los dientes (el diente). Reír. *To laugh.* 📖 No le hizo gracia la cosa. Ni siquiera PELÓ el diente. *He didn't think it was funny. He didn't even crack a smile.* (J. Rulfo. El llano en llamas). ‖ **9.** •PELAR gallo. Fugarse, desaparecer. *To run away, escape, disappear.* ‖ **10.** PELÁRSELAS por algo. Apetecer, desear, codiciar. *To have a yearning for.* 📖 Chabelón está que se las PELA ellas. *Chabelón is crazy about them.* (M. Azuela. Nueva burguesía).

PELAZÓN. *n.f.* Pelada. *Bald head.* ‖ **2.** Pobreza crónica. *Chronic poverty.* ‖ **3.** Chismes, murmuración. *Gossip.*

PELEADO. *adj.* Enemistado. *On bad terms with someone.* ~Juan y María están PELEADOS. *John and Mary are not talking to each other.*

PELECHO. *n.m.* La piel que mudan los animales. *Sloughted skin.*

PELEÓN. *adj.* Discutidor, peleador. *Quarrelsome, argumentative.* ‖ **2.** Pendenciero. *Brawling, pugnatious.*

PELEONERO. *adj.* Peleón. *Fond of fighting.* 📖 Ninguno de mi casa fue como yo de PELEONERO. *No one in my family was as fond of fighting as I was.* (E. Poniatowka. Hasta no verte Jesús mío).

PELIAR. *v.* Pelear. *To fight, quarrel.* Y por allí comenzó a PELIAR conmigo. *And from that moment on we began to quarrel.* (E. Poniatowska. Hast no verte Jesús mío).

PELLEJO. *n.m.* Prostituta vieja y fea. *Old ugly prostitute.*

PELO. *n.m.* •Venir una cosa al PELO. Convenir una cosa, venir a propósito. *To suit someone just fine, to be just what one wanted.* ‖ **2.** •Dejarlo a uno en PELO. Arruinar a una persona, dejarlo sin dinero. *To leave penniless.* ‖ **3.** •De medio PELO. Que aparenta tener una educación y una posición social más elevada de la que en realidad tiene. *Of no social standing, socially unimportant.* ‖ **4.** íSer del mismo PELO. Pertenecer a la misma clase. *To belong to the same social group.* ‖ **5.** •No aflojar un PELO. No ceder un punto. *Not to yield an inch.* ‖ **6.** •PELO quebrado. Pelo ondulado. *Curly hair.* 📖 –Ya lo conozco –gritó un muchachito de pelo QUEBRADO. *I know this person shouted a small boy with curly hair* (A. Yáñez. La creación. Cit. Hispan.).

PELÓN. *n.m.* Muchacho, chiquillo. *Boy, small child.* ‖ **2.** Aves sin plumas. *Featherless bird.* ‖ **3.** Soldado de línea, soldado federal. 📖 [...] se pusieron a disparar contra un pelotón de PELONES, que resultó ser todo un ejército. *They began to fire at a group of soldiers, which turned out to be a whole army* (J. Rulfo. Pedro Páramo. Cit. Hispan.). ‖ **4.** *adj.* Difícil. *Difficult.* ~Está PELÓN este libro. *This book is tough going.* ‖ **5.** Desnudo. *Bare.* 📖 Toña entró [...] vestida de azul brillante y con los brazos PELONES. *Toña came in wearing a bright blue dress and with her arms bare.* (A. Mastretta. Arráncame la vida). ‖ **6.** Reseco, árido, sin vegetación. *Bare, dry, arid (of land).* 📖 Pero le tenía aprecio a aquellas tierras; las lomas PELONAS tan trabajadas [...]. *But he loved that land; those bare hills so assiduously cultivated* [...] (J. Rulfo. Pedro Páramo. Cit. Hispan.). ‖ **7.** Escaso, mísero. *Paltry, contemptible, miserable, lousy (coll.).* 📖 Él a su vez apalabró ocho peones [...] con paga de cincuenta pesos PELONES. *In turn he hired eight farmworkers for a miserable fifty pesos each* (J.J. Arreola. La feria. Cit. Hispan.). ‖ **8.** Abierto. *Open.* 📖 [...] para que algo sirva pasarse la noche con el ojo PELÓN mientras los otros duermen muy confiados [...]. *So that it makes sense to spend the night wide awake while others are sleeping with complete confidence.* (V. Leñero. Los albañiles). ‖ **9.** Calvo. *Bald, baldheaded.* ‖ **10.** •Con los dientes PELONES. Enseñando los dientes, sonriéndose. *To show one's teeth, to smile.* 📖 Y él parecía estar riéndose de nosotros, con sus dientes PELONES, colorados de sangre. *He seemed to be laughing at us, showing his teeth colored with blood.* (Juan Rulfo. El llano en llamas). ‖ **11.** •La PELONA. La muerte. *Death.* ‖ **12.** •Mas PELÓN que una bola de boliche. *As bald as a coot.*

PELOTA. *n.f.* Pasión por una persona o cosa. *Passion for someone or something.* || **2.** Manceba. *Girlfriend, mistress.* ~Juana es su PELOTA. *Juana is his mistress.* || **3.** •Tener PELOTA por alguien. Estar enamorado de alguien. *To be madly in love with.*

PELOTERO. *n.m.* Jugador de béisbol. *Baseball player.*

PELUCA. *n.f.* Traguito que se añade al café. *Drop of liquor added to coffee.*

PELUDA. *n.f.* Borrachera. *Drunkenness.*

PELUQUEARSE. *v.* Hacerse cortar el pelo. *To get a haircut.* || **2.** Cortarse el pelo. *To cut one's hair.*

PELUQUERÍA. *n.f.* Barbería. *Barber-shop.*

PELUQUERO. *n.m.* Barbero. *Barber.*

PELUSA. *n.f.* Plebe. *The common people, the masses.* ▢ Qué gusto tenerte a ti como amiga, tu que estás encima de todo esta PELUSA. *What pleasure it is to have as a friend someone who does not belong to the masses.* (C. Fuentes. La región más transparente).

PENA. *n.f.* (Acad.) Vergüenza. *Embarrassment.* ▢ La "pena" como sinonimos de "verguenza" es una particularidad del habla mexicana. *The word "pity" as a synonym of "shame" is a characteristic of the particular Spanish spoken in Mexico.* (Carlos Fuentes. La frontera de cristal). || **2.** •Dar PENA. Dar vergüenza. ~Me da PENA salir con tan mala facha. *I'm really embarassed to go out dressed this way.* || **3.** •Quitado de la PENA. Tranquilo, despreocupado. *Unconcerned.*

PENCA. *n.f.* Hoja de cualquier arma blanca, generalmente el machete. *Blade.* || **2.** Hoja de palmera. *Palm leaf.* || **3.** Tronco de la cola de un animal. *Stock (of a tail).* || **4.** . Racimo (de bananas). *Bunch.*

PENCO. *n.m.* Caballo. *Horse.* || **2.** (Acad.) Persona desagradable. *Despicable person.*

PENDEJADA. *n.f.* Tontería, estupidez. *Foolishness, stupidity.* ▢ Abre, que no estoy para PENDEJADAS. *Open the door, I don't have time to play around.* (A. Mastretta. Arráncame la vida). ▢ No sé como se vanaglorean (las películas) de tanta PENDEJADA que se les ocurre. *I don't why they feel so proud of all those stupid occurrences.* (E. Poniatowska. Hasta no verte Jesús mío). || **2.** Cobardía. *Cowardly act.*

PENDEJAR, PENDEJEAR. *v.* Proceder irreflexivamente. *To act the fool, to act irresponsibly.* ▢ Andrés mentaba madres y se PENDEJABA seguro de que por ahí no iban a lograr nada. *Andrés would curse knowing that he was wasting his time foolishly and that by those means he would achieve nothing.* (A. Mastretta. Arráncame la vida).

PENDEJEZ. *n.f.* Estupidez. *Stupidity.*

PENDEJO. *adj.* Tonto, estúpido. *Foolish, stupid, ridiculous.* ▢ ¿Qué podía yo contarle? Mi PENDEJO romance con Arizmendi estaba bien para divertir a una pobre mujer encerrada, pero... *What could I possibly tell him? My ridiculous romance with Arizmendi served quite well to entertain a lonely woman, but...* (A. Mastretta. Arráncame la vida). ▢ No sea usted PENDEJA, sólo usted se cree de la gente. *Don't be stupid, you're the only one who believes in people.* (E. Poniatowska. Luz y luna). [...] los turistas eran todos PENDEJOS, pero traian lana. *All the turists were stupid, but they had money.* (Carlos Fuentes. La frontera de cristal). || **2.** Cobarde. *Cowardly.* || **3.** •Hacerse el PENDEJO. Hacerse el tonto. *To play dumb.* || **4.** •A lo PENDEJO. A lo tonto. *Foolishly, carelessly.* No puedes salir a la calle a lo PENDEJO a las dos de la mañana. *You just can't go wandering thoughtlessly in the street at two o'clock in the morning.*

PENDIENTE. *n.m.* Preocupación, cosa que se tiene que atender. *Obligation.* ▢ Lo que pasó es que se me atravesaron otros PENDIENTES que me tuvieron muy ocupado. *What happened is that I had considerable obligations which kept me quite busy.* (Juan Rulfo. El llano en llamas).

PENDOLEAR. *v.* Saber manejarse en una situación complicada o difícil. *To manage* *well in difficult situations.* ‖ **2.** Saber conciliar intereses y caracteres. *To know how to manage people sensibly.* ‖ **3.** Escribir mucho. *To write a lot.*

PENEQUE. *n.m.* Quesadilla frita rellena de queso y envuelta con huevo. *Tortilla, or turnover filled with cheese and dipped in egg batter.*

PENOSO. *adj.* Encogido, vergonzoso. *Bashful, timid, shy.* ‖ **2.** Que da verguenza. *Embarrassing.*

PENSIÓN. *n.f.* Preocupación, ansiedad. *Worry, anxiety.* ‖ **2.** Pena, pesar. *Grief, regret, sadness.*

PENSIONADO. *n.m.* Inquilino con comida. *Boarder.* [...] Ella decía que era su PENSIONADO. Pero más bien su concubino. [...] *she alleged that he was one of her boarders, when in fact he was her live-in boyfriend.* (J.A. de La Riva y F. Sánchez. Pueblo de madera. Cit. Hispan.).

PENTÁGONO. *n.m.* (dep.) Home, base del bateador. *Home plate.*

PEÑA. *n.f.* •Sordo como una PEÑA. Sordo como una tapia. *As deaf as a post.*

PEÓN. *n.m.* Campesino, labrador. *Farm hand.* ‖ **2.** Aprendiz de un oficio. *Apprentice.* ‖ **3.** Peón de albañil. *Mason's helper.*

PEONADA. *n.f.* (Acad.). Conjunto de peones que trabajan en una obra. *Group of laborers.*

PEORESNADA. Peor que nada. *Better than nothing.* ▣ "Pintoresco vocablo compuesto que se emplea para nombrar, con intención de burla, a la persona del sexo opuesto elegida por alguno para noviazgo o matrimonio, supuestamente a falta de una mejor alternativa." (J. Mejía Prieto).

PEPA. *n.f.* Semilla, grano, almendra. *Seed (of an apple, melon, etc.).* ‖ **2.** Tocarle a uno la sin PEPA. Tener suerte. *To be lucky.* ‖ **3** •Soltar la PEPA. Soltar el dinero. *To let go of money.*

PEPAZO. *n.m.* Balazo. *Shot.* Le mataron de un PEPAZO en la cabeza. *He was shot in the head.*

PEPENA. *n.f.* Lo que se recoge, rebusca, levanta con la mano, principalmente del suelo. *That which is collected, gathered, scavenged.* ‖ **2.** Recolección de la basura. *Rubbish collection.* ‖ **3.** (Acad.) Acción y efecto de pepenar. *Picking up, gathering, collecting.*

PEPENADO. *n.m/f.* Huérfano, recogido por una familia. *Adopted orphan.* ‖ **2.** Niño expósito. *Foundling.*

PEPENADOR. *n.m/f.* Persona que recoge la basura, basurero. *Rubbish collector.* ‖ **2.** Persona que vive de lo que encuentra en basura. *Scavenger.*

PEPENAR. *v.* (Acad.) Recoger, rebuscar, levantar con la mano, principalmente del suelo. *To pick up, gather, collect, scavenge.* ‖ **2.** FIG (person). Levantar. *Pick up.* ▣ Adelina andaba con su militar y Luisa con los que se PEPENABA en el café. *Adelina was going out with her soldier friend and Luisa with whoever she could pick up at the café.* (E. Poniatowska. Hasta no verte Jesús mío). ‖ **3.** Recoger y criar a un huérfano. *To raise an orphan or foundling.* ‖ **4.** Separar en las minas el metal del cascajo. *To sift (ore).* ‖ **5.** Robar, hurtar. *To steal.* ▣ -Oye, Teban, ¿dónde PEPENASTE esa gallina? *Listen, Teban, who did you steal this chicken from?* (Juan Rulfo. El llano en llamas). ‖ **6.** Revisar los bolsillos de una persona caída. *To search through the pockets of a person lying on the ground.* ‖ **7.** Asir o agarrar a alguien. *To catch or grab a hold of someone.* ▣ Bajé de mi caballo y en dos por tres lo PEPENÉ. *I got off my horse and caught him in no time.* (M. Azuela. La mala yerba). Pos que me PEPENA de la mano y me la agarra juerte, juerte. *So he grabs my hand and squeezes it hard, very hard.* (M. Azuela. Los de abajo). ‖ **8.** •PEPENARSE. Reñirse. *To fight, come to blows.* ‖ **9.** •PEPENARSE algo. Alzar, hurtar una cosa. *To steal something.* ‖ **10.** •PEPENARSE a uno. Agredir a golpes, reñir. *To beat, give a* *thrashing.* ~La madre se lo PEPENÓ al muchacho a cuerdazos. *The mother gave the boy a thrashing.* || **11.** Sorprender. *To catch.*

PEPENCHE. *n.m.* Sujeto mantenido por una mujer. *Kept man, gigolo.* || **2.** Persona a la que se permite vivir en casa. *Freeloader.*

PEPITA. *n.f.* Pepita de calabaza. *Dried pumpkin seed.*

PERCALA. *n.f.* Percal. *Percale.*

PERCHA. *n.f.* Grupo de personas de la misma condición (peyorativo). *Gang, bunch of (derog.).* ~Una PERCHA de ladrones. *A bunch of thieves.*

PERDEDIZO. *adj.* •Hacer PERDEDIZO algo. Perder. *To loose.* ~Hizo PERDEDIZOS los documentos. *He lost the papers.* 📖 Hacen PERDEDIZOS los carros de carga, y los interesados tienen que darles una fuerte propina para que se los encuentren. *They loose the freight trains and the people in charge have to give them a steep reward so that they can find them.* (M. Azuela. Nueva burguesía).

PERDER. *v.* •PERDER terreno. Perder algo del buen concepto que antes se tenía de alguien. *To loose esteem, be disappointed in someone.* || **2.** •PERDER las llaves. Tener diarrea. *To have diarrhea.* || **3.** -se. Dicho de una mujer, prostituirse. *To turn prostitute.* || **4.** •PERDERSE uno de vista. Ser un pillo. *To be naughty (child).*

PERDIDA. *n.f.* Prostituta. *Prostitute.*

PERDIDO. *adj.* •De PERDIDO. Por lo menos. *At least.*

PERDIDOSO. *n.m.* Perdedor. *Looser.*

PEREGRINO. *n.m.* Cobrador. *Bus conductor.*

PEREZOSO. *n.m.* Alfiler. *Safety-pin.*

PERFECCIÓN, PERFECCIONES. *n.f.* Facciones, rasgos de la cara. *Features (of the face).* 📖 Se trataba de un Agüero. Las facciones, las PERFECCIONES como acostumbran decir las gentes de aquellos rumbos, lo proclamaban así. *The features or "perfecciones"* as they used to say over there, proclaimed him as such (R. Castellanos. Balún-Canán. Cit. Hispan.).

PERFILARSE. *v.* Afilarse. *To become thinner.* Se le ha PERFILADO la cara. *His face has become thinner.* || **2.** Prepararse). *To get ready.*

PERICA. *Interj.* ¡Vaya usted a la PERICA! ¡Vaya usted a la porra! *Go to the devil!*

PERICO. *n.m/f.* Charlatán, hablador, locuaz. *Talkative, gossipy.* || **2.** Cocaina. *Cocaine.* || **3.** Silla alta para bebé. *Highchair.* || **4.** •Ponerlo a uno como Dios pintó al PERICO. Poner a uno como un trapo. *To give a severe reprimand, to give a dressing down, to tear to shreds.* 📖 Luego le tocó su turno al maquinista Campillo, al que sus compañeros pusieron como Dios puso al PERICO. *Then it was Campo's turn, the engineer, who his companions tore to shreds.* (M. Azuela. Nueva burguesía). || **5.** •Echar PERICO. Hablar locuazmente. *To be in a speaking mood.* **b)** Conversar por el gusto de hacerlo. *To chew the fat.* || **6.** Cocaína. *Cocaine.* || **7.** •Cargar hasta con el PERICO. *To take everything but the kitchen sink.* || **8.** •En tiempos del rey PERICO. En tiempos de la Mariacastaña. *A million years ago.* || **9.** •No pasar de PERICO perro. No salir de la mediocridad. *To lack aspirations.* || **10.** •Poner a alguien como PERICO. Maltratar. *To treat badly.* || **11.** •Echarse un PERICAZO. Aspirar cocaína. *To inhale cocaine.*

PERIFÉRICO. *n.m.* Carretera (ronda) de circunvalación. *Beltway.*

PERILLA. *n.f.* (Acad.) Picaporte. *Door handle, latch.*

PERIODIQUERO. *n.m.* Persona que vende periódicos. *Newspaper vendor.*

PERIQUITO. *n.m.* Perico o loro. *Parakeet, parrot.*

PERJUICIOSO. *adj.* Perjudicial. *Detrimental, damaging.* ~El tabaco es PERJUICIOSO para la salud. *Smoking is bad for your health.*

PERMISIONARIO. *n.m.* Concesionario.

Concessionaire, official agent.

PEROL. *n.m.* Caserola, especie de cazuela con mango, para guisar en ella. *Metal casserole dish.* 📖 Llenen esos PEROLES de agua para calentar. *Fill those dishes with water to heat the room.* (E. Poniatowka. Hasta no verte Jesús mío).

PERON. *n.m.* Manzana. *Apple.* Un PERON para morderlo! *An apple to bite into!* (M. Azuela. Los de abajo).

PERRERA. *n.f.* Riña, pelea. *Brawl, dispute.*

PERRITO. •Nadar de PERRITO. Nadar estilo perrito. *To do the dog paddle.*

PERRO. *n.m.* (Tabasco). Egoista, duro, ridículo, mezquino, ruin. *Hard, selfish, mean, stingy.* || **2.** •Estar como un PERRO en barrio ajeno. Sentirse extraño en un lugar. *To feel out of place.*

PERSOGA. *n.f.* Soga larga de cerda o fibra vegetal trenzada. *Halter (of plaited vegetable fibre).*

PERUÉTANO. *adj.* Molesto, pesado. *Boring, tedious.* || **2.** *n.m.* Persona molesta, pesada. *Bore.*

PESA. *n.f.* (Acad.) Carnicería. *Butcher shop.*

PESADO. *adj.* Caerle PESADO a uno una persona. Molestarle a uno una persona. *To get on someone's nerves.*

PESADOR. *n.m.* (Acad.) Carnicero. *Butcher.*

PESAR. *v.* Vender carne. *To sell meat.*

PESCOCEAR. *v.* Abofetear, dar pescozadas. *To slap on the back of the neck.*

PESCUEZÓN. *adj.* Pezcozudo. *Thick-necked.* || **2.** Cuellilargo. *Long-necked.*

PESEBRERA. *n.f.* Nacimiento, belén. *Nativity scene, crib.*

PESERA. *n.f.* Microbus. *Minibus.* 📖 Estaba parada frente al mercado de las Flores [...] para tomar una PESERA, cuando Lopitos pretendió detenerme. *I was standing in front of the Flores market waiting for a bus, when Lopitos tried to detain me* (V. A. Maldonado. La noche de San Barnabé. Cit. Hispan.).

PESERO. *n.m.* Taxi o **libre** con recorrido y precio fijo que recoge a varias personas, a manera de autobús. *Taxi bus, shared taxi.* 📖 Felix Maldonado detuvo un PESERO y se sentó solo en la parte de atrás. *Felix Maldonado took a taxi bus and took a seat by himself in the back.* (Carlos Fuentes. La cabeza de la hidra. Cit. Brian Steel).

PESETA. *n.f.* Moneda de veinticinco centavos. *Twenty five cent piece, quarter.* 📖 Doy PESETA por ella -ofreció la Codorniz. *I'll give you a quarter for it -said the Codorniz woman.* (M. Azuela. Los de abajo).

PESETERA. *n.f.* Prostituta. *Prostitute.*

PESETERO. *n.m.* Comerciante que trafica en ventas de poca monta y gana poco. *Small-time merchant.* || **2.** Vehículo de transporte público con ruta y tarifa fija. *Fixed rate taxi having a regular route.* || **3.** Conductor de este tipo de vehículo de transporte. *Driver of a pesetero.*

PÉSIMO. *adj.* •Lo hiciste PÉSIMO. Lo hiciste muy mal. *You did it terribly.*

PESO. *n.m.* •PESO fuerte. Peso pesado (boxeo). *Heavyweight (boxing).*

PESPUNTEAR. *v.* Dar algunos acordes con la guitarra. *To strum the guitar.*

PESTAÑAR. *v.* Pestañear. *To blink, wink.*

PETACA. *n.f.* (Acad.) Baúl de cuero en general. *Suitcase.* 📖 Se fue derecho adonde estaba la cama y sacó de debajo de ella una PETACA. *She went straight to where the bed was and took out a suitcase from underneath.* (Juan Rulfo. Pedro Páramo).|| **2.** (Acad.) Nalgas. *Buttocks.* || **3.** Joroba. *Hump.* || **4.** Echarse con las PETACAS. Aflojar, cansarse, rendirse. *To be slack.*

PETACÓN. *adj.* Rechoncho. *Plump, chubby.* || **2.** (Acad.) Nalgudo. *Big-buttocked.* 📖 No como estos merengueros que insisten que te acuestes con viejas PETACONAS. *Not like those merengue dancers who want you to go to bed with big-buttocked girls.* (C. Fuentes. La región más transparente).

PETACUDA. *adj.* Nalguda. *Big-buttocked.*

PETAQUERÍA. *n.f.* Lugar donde se fabrican o venden petacas. *Place where suitcases are manufactured or sold.*

PETARDISTA. *n.m.* Político chanchullero. *Crooked politician.*

PETATE. *n.m.* Colchón hecho con hojas de palma. *Straw sleeping mat.* 📖 -Tu rifle está debajo del PETATE -pronunció ella en voz muy baja. *Your rifle is under the sleeping mat, she said in a very low voice.* (M. Azuela. Los de abajo). 📖 [...] les hice ver que por eso no se preocuparan [...] que allí había lugar y PETATES de sobra para todas. *I told them not to worry, that there was room and sleeping mats for everyone.* (J. Rulfo. El llano en llamas). 📖 El viejecillo extendía su PETATE en el sol y se acostaba a dormir hasta el mediodía. *The old man would spread his sleeping mat in the sun, lie down on it and go to sleep until noon.* (M. Azuela. Nueva burguesía). ‖ **2.** Esterilla de palma con la que se confecciona cestos, canastas, sombreros, etc. *Straw matting used to make baskets, hats, etc.* 📖 Y sobran días en que (el viento) se lleva el techo de las casas como si se llevara un sombrero de PETATE. *And on numerous occasions the wind carries away the roofs of houses as if they were straw hats.* ‖ **3.** Persona insignificante. *Poor devil.* ‖ **4.** Tonto, torpe. *Stupid, dumb, clumsy.* ‖ **5.** •Dejarle a uno en un PETATE. Dejar a uno en la ruina, en la miseria. *To ruin, leave penniless.* 📖 Vinieron unos hombres a embargar lo que teníamos y se lo llevaron todo. Nos dejaron como quien dice en un PETATE. *Some men came and seized everything we had and carried it away. They left us with nothing.* (R. Castellanos. Balún Canán). ‖ **6.** •Liar (o doblar) uno el PETATE. Morir. *To die, kick the bucket.* ‖ **7.** •Ser una cosa llamarada de PETATE. Perro que muerde no ladra. *His bark is worse than his bite.* ‖ **8.** •Arañar el PETATE. Hacer un supremo esfuerzo para lograr algo. *To do one's utmost.* ‖ **9.** •No tener uno ni PETATE en que caerse muerto. Estar muy pobre. *To be very poor.* 📖 [...] eran vivos, valientes, [...] aunque sin un PETATE en que caerse muertos. *Although very poor, they were clever and courageous.* (E. Poniatowska. Hasta no verte Jesús mío). ‖ **10.** •Pegársele a uno el PETATE. Quedar dormido hasta tarde. *To oversleep.*

PETATEADA. *n.f.* Hecho de morirse. *Act of dying.*

PETATEARSE, PETATEARLA. *v.* Fallecer, morir. *To die.* 📖 Te PETATEASE demasiado pronto, Porfirio [Díaz]. *You kicked the bucket too soon, Porfirio.* (C. Fuentes. La región más transparente). 📄 "El término se originó en el hecho de que al morir una persona extremadamente pobre, sus deudos envuelven el cadáver en un **petate**, dada la falta de medios para adquirir un ataúd." (J. Mejía Prieto).

PETATERO. *adj.* Que hace o vende **petates.** *Applied to the person who sells or makes petates.* ‖ **2.** Relativo al **petate.** *Concerning the petate.* ‖ **3.** •El mero PETATERO. El que hace de jefe, el que manda. *The big boss.* 📖 —Es orden de mi general —¿De qué general? —Pos de mi general Villa. ¿De quién había de ser? Del mero PETATERO, del que manda aquí. *It's the general's order. —Which general? Of general Villa, of course. Who else? The one in charge. The one who gives the orders here* (M. L. Guzmán. El águila y la serpiente. Cit. Hispan.).

PETEARSE. *v.* Morir. *To die.* 📖 Te PETEASTE demasiado pronto, Porfirio. *You kicked the bucket too soon, Porfirio.* (Carlos Fuentes. La region mas transparente).

PEZUÑA. *n.f.* Suciedad endurecida de los pies. *Dirt hardened on the feet.* ‖ **2.** Casco (caballo). *Hoof.* 📖 Se levantó al oír gritos y el apretado golpear de PEZUÑAS sobre el seco petate del camino. *The shouting and beating of hooves against the limestone road woke him up.* (Juan Rulfo. El llano en llamas).

PIAL. *n.m.* Cuerda o lazo para **pialar.** *Lasso (thrown in order to trip an animal).*

PIALAR. *v.* Enlazar un animal por los pies. *To lasso.*

PIALE. *n.m.* Tiro de lazo dirigido a los pies de un animal. *Lasso throw.*

PIALERA (variante de **pial**).

PIANO. •Piano, piano (pian pianito). Cálmese, no se altere. *Calm down, take it easy.*

PICA. *n.f.* (Acad.). Camino o senda abierta por el hombre a traves de la espesura del monte. *Path, trail.*

PICA. *n.f.* Sendero. *Track, path.*

PICADA. *n.f.* Picotazo, picotada. *Peck.* || 2. (variante de **pica**).

PICADO. *adj.* Medio alegre por la bebida. *High.* || 2. (variane de **pica**).

PICADORA. *n.f.* •Picadura de papel. Trituradora. *Shredder.*

PICAFLOR. *n.m.* Colibrí. *Hummingbird.* || 2. Galanteador, donjuan. *Womanizer, flirt. lady-killer.*

PICANA. *n.f.* Vara para picar a los bueyes. *Cattle prod.*

PICANEAR. *v.* Torturar con picana. To torture with a **picana**.

PICANTE. *n.m.* (Acad.) Salsa o guiso con exceso de chile. *Very hot sauce, highly seasoned sauce.*

PICAPORTE. *n.m.* Llamador o aldaba. *Door-knocker.*

PICAR. *v.* Abrir en un bosque una senda o picada. *To open a trail.* || 2. Moler o desmenuzar una cosa. *To grind, crush.* || 3. -se. Embriagarse a medias. *To get high.* || 4. Bajar en picada. *To move downward.* || 5. Pincharse. *To prick oneself.* ~Me PIQUÉ el dedo con la aguja. *I pricked my finger with the needle.* || 6. *Interj.* •¡PÍCALE!. Dicho para exitar a alguien a que camine, apresure el paso o acelere la velocidad. *Hurry up!* || 7. •PICAR la cresta. Incitar. *To provoke.* 📖 Pero Pedro Zamora le PICÓ la cresta al gobierno con el descarrilamiento del tren de Sayula. *But it was Pedro Zamora who provoked the government by derailing the Sayula train.* (Juan Rulfo. El llano en llamas).

PICARÓN. *n.m.* Especie de buñuelo. *Fritter.*

PICEA. *n.f.* Nombre popular de una planta de jardín. *Spruce.*

PICHA. *n.f.* Frazada. *Blanket.* || 2. Manceba, concubina. *Mistress.*

PICHEL. *n.m.* Jarra para el agua. *Water jug.*

PICHICATO. *adj.* Mezquino, ruin. (Acad.) Cicatero. *Stingy, tight.*

PICHILINGO. *n.m.* Muchachito, chiquillo. *Lad, kid.*

PICHO. *n.m/f.* (Sinaloa). Pavo, **guajalote**. *Turkey.* || 2. (Yucatán). Pendencia, riña. *Fight, brawl.*

PICHOCAL. *n.m.* Pocilga, chiquero. *Pigsty.*

PICHOLEAR. *v.* Apostar en los juegos cantidades pequeñas. *To play for low stakes.*

PICHOLEO. *n.m.* Negocio de poca monta. *Small business deal.*

PICHÓN. *n.m.* Jugador inexperto, a quien se gana fácilmente. *Novice, greenhorn, dupe, easy mark.* || 2. Pollo de ave, excepto el de la gallina. *Chick, young bird.*

PICHONEAR. *v.* Ganar en el juego a un jugador inexperto. *To win easily (game).* || 2. (Jalisco). Engañar, estafar. *To swindle.* || 3. Jugar un rato en los billares sin pagar, por concesión graciosa del dueño. *To play free at billiards, through courtesy of the owner.*

PICHULEAR. *v.* Ganar cantidades muy pequeñas. *To win small amounts of money.* || 2. Gastar muy poco. *To be careful with one's money.*

PICHULEO. *n.m.* Juego con pequeñas sumas. *Playing with small amounts of money.* || 2. Tráfico al por menor. *Small business, retail business.*

PICHULERO. *n.m.* Persona que juega con sumas muy pequeñas. *Person who plays with small amounts of money.* || 2. Comerciante que trafica en ventas al por menor y gana poco. *Small-time merchant.* || 3. Persona que gasta poco. *Person who is careful with his money.*

PICK UP. *n.m.* Camioneta. *Pick-up truck.*

PICO. *n.m.* Beso. *Kiss.* || **2.** Una fuerte suma. *A goodly sum.* || **3.** Hoz. *Sickle.* || **4.** •PICO de gallo. Ensalada de fruta. *Fruit salad.* || **5.** -s. Zapatillas de clavos. *Spikes.* || **6.** •¿PICO o mona? *Heads or tails?*

PICÓN. *n.m.* •Dar PICONES. Provocar celos. *To make jealous.*

PICOSO. *adj.* (Acad.) Picante. *Hot, spicy.*

PICOTEAR. *v.* Picar algo en trocitos con un instrumento cortante. *To cut up.*

PICOTÓN. *n.m.* Picotazo. *Peck.*

PICUCHO. *adj.* Medio borracho. *Intoxicated, high.*

PICUDO. *adj.* Astuto, hábil. *Good at, clever at.* ~Estas chavas son muy PICUDAS para el baile. *These girls are really good dancers.* || **2.** Bonito (zapato, coche). *Smart, nifty.* || **3.** Complicado. *Tricky (coll.).*

PICULINA. *n.f.* Prostituta. *Prostitute.*

PIEDRA. *n.f.* Piedra de moler, **metate.** *Stone for grounding a variety of grains.* || **2.** •Tres PIEDRAS. De buen parecer. *Good-looking.* ~Un muchacha muy tres PIEDRAS. *A very attractive girl.*

PIEDRITA. *n.f.* Piedrecita. *Small stone, pebble.*

PIEL. *n.f.* [De vaca]. *Leather.* ~Guantes de PIEL. *Leather gloves.* ~Artículos de PIEL. *Leather goods.* || **2.** •Ser (como) la PIEL de Juda. Ser de la piel del diablo. *To be a little monster or devil.*

PIEZA. *n.m.* •PIEZA redonda. Cuarto de alquiler independiente con puerta a la calle. *Rented room with private entrance.* || **2.** •Ser mucha PIEZA. Ser hábil en algo. *To excel in.* ~Luis es (mucha) PIEZA para el ajedrez. *Luis is really good at chess.* || **3.** Aventajar, superar a alguien en algo. *To be in a different class.* ~No trates de competir con él, es mucha PIEZA para tí. *Don't try to compete with him, he'll outclass you.*

PIJOTADA. *n.f.* Cosa, acción o dicho molesto. *Nuisance, annoyance.* || **2.** Pequeña cantidad. *Insignificant sum.* || **3.** Cosa sin importancia alguna. *Unimportant, insignificant thing.*

PIJOTEAR. *v.* Regatear por una insignificancia. *To haggle over some insignificant thing.* || **2.** Mezquinar. *To be stingy.*

PIJOTERÍA. *n.f.* Insignificancia, pitanza. *Insignificant sum.* ~Me quiso dar una PIJOTERÍA por el trabajo. *He wanted to give me a pittance for my work.* || **2.** Pequeñez, bagatela. *Trifle, small thing.* || **3.** Mezquindad. *Stinginess.*

PIJOTERO. *adj.* Tacaño, mezquino, regateador. *Stingy, mean.*

PILA. *n.f.* Una gran cantidad, un gran número. *A lot, heaps.* ~Hace una PILA de años. *A great many years ago.* || **2.** •Tener las PILAS. Tener un gran número, una gran cantidad. *To have a lot, heaps.*

PILATUNO. *adj.* Notoriamente injusto. *Manifestly unjust.*

PILCATE. *n.m.* Muchachito, **chamaco.** *Small boy.*

PILGUANEJO. *n.m.* Persona despreciable e insignificante. *Poor devil.* || **2.** Muchacho recogido y criado en una casa de familia. *Adopted child.*

PILIGÜE. *n.m.* Pobre diablo, persona insignificante. *Poor devil.*

PILIGÜIJE. *adj.* Pequeño, muy chico de cuerpo. *Small, small-sized.*

PILINGÜE. *adj.* Pasados de madurez y arrugados (frutos). *Shriveled and overripe (fruit).* || **2.** •Estar PILINGÜE. Estar harto, muy lleno de comida. *To be full (after a meal).*

PILLAR. *v.* Sorprender, coger una persona en fraganti. *To surprise, catch in the act.* || **2.** Encontrar a alguien que estaba ocultándose. *To discover, find (a person in hiding).*

PILMANA. *n.f.* Nodriza. *Wet-nurse.* || **2.** Niñera. *nursemaid.* 📖 O acaso creen que tu eres su PILMANA y que estás para cuidar sus intereses. *Or maybe they think that you are his nursemaid and that it is your duty to take* *care of him.* (Juan Rulfo. El llano en llamas). 📖 ¿Y quién crees que soy yo, tu PILMANA? *And who do you think I am, your nursemaid?* (Juan Rulfo. El llano en llamas).

PILÓN. *n.m.* Bebedero para los animales. *Drinking trough.* ‖ **2.** Fuente. *Drinking fountain.* ‖ **3.** Propina. *Tip, gratuity.* ‖ **4.** (Acad.) Adehala, alipego, lo que da por añadidura el vendedor al comprador. *Additional amount, premium, bonus, freebie (given to a buyer).* 📖 (...) y los otros se los doy de PILÓN si me merca todos. *And I'll throw in the other ones for free if you buy them all.* (M. Azuela. Los de abajo). ‖ **5.** Mortero. *Pounding mortar.* ‖ **6.** Piedra atada con una cuerda que con su peso cierra las puertas. *Counterweight.* ‖ **7.** Piloncillo o panela hecha en forma de cono. *Conical sugar loaf.* ‖ **8.** •De PILÓN. Por añadidura, de balde. *To boot, in addition, besides.* 📖 Lo que nos dan nuestros hombres lo merecemos. Lo que me da mi madre es de PILÓN. *Whatever men give us, we deserve. Whatever my mother gives me is a present.* (Carlos Fuentes. La frontera de cristal).

PILONCILLO. Pan de azúcar sin refinar. *Powdered brown sugar (sold in cone-shaped blocks).* ‖ **2.** Corazón de PILONCILLO. *Tender heart.* 📖 [...] esos son cuentos para que los corazones de PILLONCILLO se compadezcan [...]. *These are stories for tender-hearted people.* (V. Leñero. Los albañiles).

PILOTEAR. *v.* Patrocinar. *To sponsor.*

PILOTO. *n.m.* Anfitriona dadivoso, obsequioso. *Generous entertainer or host.*

PILTRAFIENTO. *adj.* Harapiento. *Ragged.*

PINACATE. *n.m.* (Acad.) Escarabajo. *Black beetle.* ‖ **2.** *adj.* (Persona) de pocas luces. *Dumb, slow-witted.*

PINCEL. *n.m.* •A pincel. A pie. *On foot, walking.*

PINCHE. *adj.* De calidad inferior. *Lousy, inferior.* 📖 Se llamaba muy elegante pero era un PINCHE hospicio mugroso. *It had a very elegant name but in fact it was nothing but a lousy filthy orphanage.* (A. Mastretta. Arráncame la vida). 📖 Cómo se ve que en tu PINCHE vida has visto tanto [dinero] junto. *It's obvious that you haven't seen that kind of money in your damned life.* (C. Fuentes. La región más transparente). ‖ **2.** Maldito. *Wretched, miserable, bloody.* ~Todo por unos PINCHES centavos. *All for a few measly cents.* ‖ **3.** *n.m.* (Acad.) Bribón. *Rascal.*

PINCHONAZO. *n.m.* Pinchazo. *Flat (tire).*

PINDANGA. *n.f.* Mujer de la calle. *Prostitute.*

PINGA. *n.f.* Pene. *Weenie.*

PINGANILLA. *n.f.* •En PINGANILLA. De puntilla. *On tiptoe,* **b)** En cuclillas. *Squatting, crouching,* **c)** En posición poco firme. *Wobbly.*

PINGO. *n.m.* (Acad.) Diablillo, travieso (niño). *Naughty child.* ‖ **2.** Pillo, mocoso. *Brat, rascal.* ‖ **3.** •El PINGO. El diablo. *The devil.*

PININO. •Hacer PININOS. Hacer pinitos. *To take one's first steps.*

PINO. *n.m.* Bolo. *Pin (bowling).* ‖ **2.** Pino central. Bolo central. *Kingpin.*

PINOL (variante de **pinole**).

PINOLE. *n.m.* (Acad.) Harina de maíz tostada. *Roasted corn flour.* ‖ **2.** Bebida hecho de harina de maíz tostada. *Drink made with roasted corn flour.* ‖ **3.** No se puede silbar y tragar PINOLE. No se puede repicar y estar en la procesión. *You can't have your cake and eat it too.*

PINOLERO. *adj.* Relativo al pinole. *Having to do with* **pinole.** ‖ **2.** (Persona) que toma mucho **pinole.** *Said of the person who drinks* **pinole.**

PINOLILLO. *n.m.* (Acad.) Garrapa muy pequeña de picadura irritante. *Small red tick.*

PINSIÓN. *n.m.* Pesadumbre, melancolía. *Sorrow, sadness.*

PINTA. *n.f.* Aire o señal de casta o linaje.

Lineage trait or characteristic. ~Este muchacho tiene la PINTA de los Hernández. *This boy is a true Hernandez, you can't deny he's an Hernandez.* ‖ **2.** Tradicional manera de pronosticar cómo será el año de acuerdo a los doce primeros días del año. *First twelve days of the year (used to predict the weather).* ‖ **3.** Ausencia del escolar. *Absence from school, truancy.* ‖ **4.** Pintada. *Piece of graffiti.* ‖ **5.** •Hacer or irse de PINTA. Faltar a las clases. *To play hooky or truant, to cut school.*

PINTADAS. *n.m.* Graffiti. *Graffiti.*

PINTADO. *adj.* Parecido, semejante. *Like, identical.* ~Este niño sale PINTADO al padre. *The boy looks exactly, is the spitting image of his father.* ‖ **2.** •Ni PINTADO. De ninguna manera. *By no means.* ~Ni PINTADO se le verá por aquí. *You can be sure you won't see him around here.*

PINTAR. *v.* PINTAR venados. Faltar a la clase un estudiante. *To play hooky.* ‖ **2.** –s. Largarse, irse, huir, fugarse. *To flee, run away, escape.* ~PÍNTATE antes de que llegue la policía. *You better leave before the cops get here.*

PINTO. *adj.* Matizado de diversos colores, en especial de blanco y negro. *Marked (especially with black and white).* 📖 [...] que había contemplado un llano muy grande con harto ganado PINTO. *That I had contemplated a plain with a lot of black and white cattle.* (E. Poniatowska. Hasta no verte Jesús mío). ‖ **2.** Que tiene manchas producidas por la tiña. *Blotchy, mottled with ringworm (skin).* ‖ **3.** Frijol con pintas amarillas, rojizas y negras. *Pinto beans.* ‖ **4.** •Poner PINTO a alguien. Regañar. *To scold, reprimand.* ~Le puso PINTO por todos los errores que cometió. *He scolded him for all the mistakes he had made.* ‖ **5.** Tan malo es el PINTO como el Colorado. Tan malo es uno como el otro. *One is as bad as the other.*

PINTURAS. *n.f.* Lápices de colores. *Crayons.*

PINZAS. Tenazas. *Pliers, tongs.* ‖ **2.** •PINZAS de corte. Cortaalambre. *Wire cutters.* ‖ **3.** •Tratar a alguien con PINZAS. *To treat someone with kid gloves.*

PIÑA. *n.f.* Mentira. *Lie.* ‖ **2.** Cilindro o pieza central de las ruedas de lo carruajes en que encajan los rayos, cubo. *Hub.* ‖ **3.** Cilindro giratorio de la pistola donde se encajan las balas. *Chamber (of a firearm).* ‖ **4.** Trompada, bofetada. *Blow, punch.* ‖ **5.** Roseta (de la ducha). *Showerhead.* ‖ **6.** •No haber de PIÑA. Malograrse una cosa, no dar el resultado esperado. *To fail, to be unsuccessful.* ‖ **7.** •Darse PIÑAS. Reñir a trompadas.

PIÑACHA. *n.f.* Mujer pequeña y regordeta. *Plump woman.*

PIÑAL. *n.m.* Plantación de piñales o ananas. *Pineapple plantation.*

PIOCHA. *n.f.* Perilla, chiva, barba cortada en punta. *Pointed beard, goatee, Vandyke beard.* ‖ **2.** Azadón, zapapico. *Pickaxe.* ‖ **3.** *adj.* (Acad.) Bueno, excelente, bonito, magnífico. *Nice, beautiful, terrific.* ‖ **4.** Hábil en hacer algo. *Good at.* ~Es muy PIOCHA con las manos. *He's very good with his hands.* ‖ **5.** •Por PIOCHA. *Per head.*

PIOJO. *n.m.* •PIOJO resucitado. Persona de humilde origen que logra elevarse por malos medios. *Upstart, parvenu.* ‖ **2.** •Dar el PIOJO. Quedarse dormido. *To fall asleep,* **b)** Hacer mal papel, quedar mal. *To show one's nasty side, to show one's true colors.*

PIOLÍN. *n.m.* Bramante, cualquier cordel corto y delgado. *Cord, twine.*

PIONCO. *adj.* Se aplica al caballo que tiene la cola muy corta. *Short-tailed (horse).* ‖ **2.** Que está en cuclillas. *Squatting.*

PIPA. *n.f.* Camión cisterna. *Tanker.* ‖ **2.** (Tabasco, Veracruz, Campeche). Andar (estar) una PIPA. Estar Borracho. *To be drunk.*

PIPÍ. *n.m.* Pene. *Weenie.*

PIPIÁN. *n.m.* Guiso de maíz con carne o pollo y salsa de chile. *Meat cooked in thick chile sauce.*

PIPILA. *n.f.* (Acad.) Prostituta. *Prostitute.*

PIPIOLA. *n.f.* (Acad.) Especie de abeja muy pequeña. *Small bee.*

PIPIOLERA. *n.f.* (Acad.) Chiquillería. *Childish thing to do.*

PIPIOLERO. *n.m.* Banda de chiquillos. *Crowd of kids.*

PIPIOLO. *n.m.* Cierta abeja silvestre. *Small bee.* || **2.** (Acad.) Ñiño, muchacho. *Boy, lad.*

PIPIRIPAO. *adj.* Mediocre, corriente. *Worthless, mediocre.*

PIPO. *adj.* Eleganton, peripuesto. *Stylish.* ~Va siempre muy PIPO. *He's always elegantly dressed.*

PIQUE. *n.m.* Pozo de exploración para encontrar algo de beber. *Drill, well.* || **2.** Tamal de maíz pequeño y cargado de picantes. *Small hot tamale.* || **3.** Enfrentamiento entre personas que se manifiesta mediante ironias y agresiones indirectas. *Innuendo, insinuation.*

PIQUERA. *n.f.* Taberna de ínfima categoría. *Dive.* ▢ Bebía meszcal hasta caer fulminado en una PIQUERA por el rumbo Tacubaya juntos con unos amigos [...]. *He would drink mescal until he would collapse in a cheap bar on the way to Tacubaya along with some of his friends.* (P. I. Taibó II. Sombra de la sombra. Cit. Hispan.).

PIQUETAZO. *n.m.* Picotazo. *Peck, bite.* || **2.** Piquete (de huelquistas). *Picket.*

PIQUETE. *n.m.* Pinchazo. *Prick (of a needle).* || **2.** Picadura. *Sting (of an insect).* ▢ Porque si algún brazo se mueve [...], se siente en seguida el ardor del PIQUETE. *Because if you should move your arm, you can immediately feel the burning of the sting.* (J. Rulfo. El llano en llamas). || **3.** Inyección. *Injection.* || **4.** Traguito que se añade al café. *Drop of liquor added to coffee.* ▢ (...) mientras la madre la hacía el café con PIQUETE. ...*While her mother was preparing him some coffee with liquor.* (C. Fuentes. La región más transparente). || **5.** •PIQUETE de pulga. Picadura. *Fleabite.*

PIQUETEAR. *v.* Pinchar. *To prick, jab.*

PIQUÍN. *n.m.* Variedad de chile pequeño muy picante. *Small, very hot chile.*

PIRADO. *adj.* Loco. *Crazy.*

PIRAGUA. *n.f.* Canoa. *Canoe.*

PIRINOLA. *n.f.* Chiquillo. *Kid, child.* ▢ La Prisca nunca más volvió. [...] cuando era una PIRINOLA la cargaba yo [...]. *La Prisca never returned again. To say that when she was a child I used to take her in my arms.* (E. Poniatowska. Hasta no verte Jesús mío).|| **2.** Trompo. *Spinning top.* ▢ Escogía las más grandes para hacerme las PIRINOLAS, y nomás le daba yo una vuelta y bailaban. *I would select the larger ones to make spinning tops and I would make them spin with just one toss.* (E. Poniatowka. Hasta no verte Jesús mío).

PIRUJA. *n.f.* Mujerzuela. *Prostitute.* ▢ (...) con el fin de que ella tuviera un capitalito y no se fuera de PIRUJA como lo hicieron mi otras dos hermanas. *So that she could save a little money and would not have to become a prostitute like my other two sisters did.* (Juan Rulfo. El llano en llamas).▢Los políticos son como las PIRUJAS: se enojan porque no los ocupan. *Politicians are like prostitutes: they get mad when you don't make use of them. (M. Azuela. Nueva burguesía).* || **2.** (Acad.) Mujer joven, libre y desenvuelta. *Uninhibited young woman, sassy.*

PIRUJO. *adj.* Mujeriego. *Women-chaser, Don Juan, Casanova.* || **2.** Moneda falsa. *Worthless coin.*

PISADERO. *n.m.* Burdel. *Brothel.*

PISADOR. *n.m.* Individuo dado con frecuencia al placer sexual. *Pleasure-seeker.*

PISAR. *v.* Fornicar. *To fornicate.*

PISCA. *n.f.* (Acad.) Cosecha de maíz. *Corn harvest.*

PISCACHA. *n.f.* Pizca, pequeña porción. *A dash, a pinch.*

PISCADOR. *n.m.* Harvester. *Segador.*

PISCAR. *v.* Cosechar el maíz. *To harvest corn.*

PISCLE. *n.m.* Caballo flaco, jamelgo. *Scraggy horse.*

PISCOLABIS. *n.m.* Dinero. *Money.*

PISO. *n.m.* Paño pintado o bordado sobre el cual se asientan objetos de adorno en una mesa. *Table runner, place mat.* || **2.** Tributo o derecho que se paga al dueño de un potrero o campo por cada res que se ponga allí a pastar. *Fee for pasturage rights.*

PISÓN. *n.m.* Pisotón. *Stamp of the foot.*

PISTACHE. *n.m.* Pistacho. *Pistachio nut.*

PISTEAR. *v.* Ingerir bebidas embriagantes. *To drink (liquor).*

PISTITO. *n.m.* Siestita. *Little nap.*

PISTO. *n.m.* Trago de aguardiente. *Shot of liquor.* || **2.** Dinero. *Money.*

PISTOLÓN. *n.m.* Pistola grande. *Huge gun.* 📖 [...] me lo figuré del ejército, y traía tamaño PISTOLÓN que ni lo dudé. *I assumed he was from the army, and he carried such a huge gun that I didn't doubt it for a moment.* (J. Rulfo. El llano en llamas).

PISTÓN. *n.m.* Tortilla de maíz. *Corn tortilla.* || **2.** Corneta. *Bugle.*

PITA. *n.f.* Cuerda. *String.* || **2.** •Enredar la PITA. Embrollar, meter discordia. *To stir things up, to cause trouble.*

PITAR. *v.* Silbar como manifestación de desagrado. *To whistle at, hiss (in disapprobation).* || **2.** Salir huyendo. *To slip away, escape.* || **3.** Robar. *To steal.*

PITAZO. *n.m.* Silbido emitido por un pito o por los silbatos de máquinas, locomotoras, barcos, etc. *Hoot, whistle.* || **2.** Soplo, chivatazo (coll.). *Tip-off.* || **3.** Advertencia, aviso. *Warning.* 📖 De todas maneras, por contradicciones de unos y PITAZOS de otros, las pistas llevaron al Cerro del Judío. *In all events, in spite of the conflicting opinions of some people and the warnings of others, all clues led to the Cerro del Judío* (V. A. Maldonado. La noche de San Barnabé. Cit. Hispan.).

PITIDO. *n.m.* Toque de pito, pitada. *Whistle.*

PITUFO. *n.m.* Policía. *Cop, policeman.*

PIZARRÓN. *n.m.* Pizarra. *Blackboard.*

PIZATE. *n.m.* Planta de diversos nombres con que se prepara un té. *Wormseed tea.*

PIZCA. *n.f.* (Acad.) En las labores del campo, recolección o cosecha, sobre todo de granos: café, maíz, algodón. *Corn harvest.*

PIZCADOR. *n.m.* Concerniente a la cosecha. *Having to do with the harvest.* 📖 El interesado volvió por los libros con una canasta PIZCADORA. *The person in question returned for the books with a basket used in harvesting* (M. Azuela. Los de abajo. Cit. Hispan.).

PIZCAR. Espigar. *To glean (corn).* || **2.** Cosechar. *Harvest (corn), pick (cotton).* 📖 Era la época en que el maíz ya estaba por PICARSE [...]. *It was the season when corn was ready to harvest.* (J. Rulfo. Llano en llamas). Cit. Hispan.).

PLACA. *n.f.* Matrícula, chapa (aut.). *License plate.* || **2.** Lámina pequeña con rótulo o inscripción, para anuncios o direcciones profesionales. *Nameplate.* || **3.** Mancha en el cuerpo humano, producida por alguna enfermedad. *Spot on the body caused by a certain disease, blotch, skin blemish.* || **4.** Policía. *Police.* || **5.** •De a PLACA. De órdago. *First class, super.*

PLACERO. *n.f.* Persona que vende en las plazas y los mercados. *Market vendor.* 📖 Me agarré con una PLACERA. *I had an argument with one of the market vendors.* (E. Poniatowska. Hasta no verte Jesús mío).

PLAGADO. *adj.* Lleno o cubierto (de). *Full (of).* ~Este libro está PLAGADO de errores. *This book is full of mistakes.*

PLAGIAR. *v.* Secuestrar. *To kidnap.*

PLAGIARIO. *n.m.* Secuestrador. *Kidnapper.*

PLAGIO. *n.m.* Secuestro. *Kidnapping.*

PLAN. *n.m.* Fondo plano de algo. El PLAN de un barco, de una canoa. *Flat bottom (of a boat, etc.).* || **2.** Llano, planicie. *Level ground, plain.* || **3.** (Tabasco). Parte plana de la hoja de las armas blancas. *(Flat) of a sword.*

PLANAZO. *n.m.* Golpe dado con la parte plana de las armas blancas. *Blow with the flat of a sword.*

PLANCHA. *n.f.* •Darle (tirarle) la PLANCHA a alguien. Dejar plantado. *To stand somebody up.* ‖ **2.** •Pegarse PLANCHA. Llevarse una impresión. *To get a shock.* ‖ **3.** •Ser una plancha. Ser aburrido. *To be boring.* ~La película es una PLANCHA. *That film is boring.*

PLANCHADO. *adj.* Valiente. *Brave.* ‖ **2.** Listo, apto, competente. *Clever.* ‖ **3.** •Dejar PLANCHADO. *To stand up.*

PLANCHADURÍA. *n.f.* Tintorería. *Dry cleaner's.* 📖 Levantó el traje de la silla [...] y salió a buscar una PLANCHADURÍA. *He took the suit from the chair and went out to look for a dry cleaner's.* (M. Azuela. Ésa sangre).

PLANCHAR. *v.* •PLANCHAR el asiento. No conseguir con quien bailar en una fiesta o reunión. *To be a wallflower at a dance.*

PLANEACIÓN. *n.f.* Planificación. *Planning.* •PLANEACIÓN familiar. *Family planning.*

PLANILLA. *n.f.* Lista de personas cuyos nombres se someten a elección. *Voting ballot; slate, ticket (of candidates).* ‖ **2.** Boleto de pasaje de camiones y tranvías. *Commutation ticket.*

PLANO. *adj.* •PLATO plano. Plato llano. *Dinner plate.*

PLANTARSE. *v.* Engalanarse. *To doll oneself up.*

PLANTEL. *n.m.* Escuela, institución. *Establishment, institution, school.* . ‖ **2.** Plantío o conjunto de lo plantado o sembrado en un terreno. *Nursery (of plants).*

PLANTEO. *n.m.* Plantel. *Staff, personnel.*

PLANTIFICARSE. *v.* Plantarse, no ceder. *To plant oneself, to stand firm, stand one's ground.* ~Se PLANTIFICÓ en la puerta y no me dejó salir. *He stood in the doorway and would not let me leave.* ‖ **2.** Ataviarse, engalanarse. *To get dolled up.*

PLANTÓN. *n.m.* Sentada (para protestar). *Sit-in.*

PLASTA. *n.f.* Excremento de animal de forma aplastada. *Animal excrement in flattened form.* ‖ **2.** FIG Obra muy mal hecha. *Botched up job.*

PLATADA. *n.f.* Lo que cabe en un plato. *Plateful.* Una gran PLATADA de arroz. *A large plate full of rice, a plateful of rice.*

PLATANAZO. *n.m.* Costalada. *Heavy fall.*

PLATANERA. *n.f.* Platanar. *Banana plantation.*

PLATANERO. *n.m.* Cultivador o vendedor de plátanos. *Banana grower or seller.*

PLÁTANO. *n.m.* •Plátano macho. *Plantain.*

PLATEADO. *adj.* Adinerado. *Wealthy.*

PLATEAR. *v.* Vender. *To sell.* ‖ **2.** Transformar en dinero constante cualquier objeto. *To turn into money.*

PLÁTICA. *n.f.* Charla, conversación. *Talk, chat.* 📖 La cosa, pues, estaba en hacerles larga la PLÁTICA hasta que se les hiciera de noche. *The thing was to stretch the conversation until it got dark.* (J. Rulfo. El llano en llamas).

PLATICADOR. *adj.* Que le gusta hablar. *Chatty, talkative.* 📖 Nos contaba como andaban las cosas allá del otro lado del mundo. Era un gran PLATICADOR. *He would tell us how things were on the other side of the world. He was a great talker.* (J. Rulfo. El llano en llamas).

PLATICAR. *v.* Decir, contar. *To say, tell.* 📖 Pues sí, yo estuve a punto de ser tu madre. ¿Nunca te PLATICÓ ella nada de eso? *As a matter of fact I came very close to being your mother. Didn't she ever mention this to you?* (Juan Rulfo. Pedro Páramo). ‖ **2.** Conversar. *To converse.* 📖 En las tardes allí se reunían a *platicar* los vecinos. *This is where the neighbors. would get together each evening and converse.* (E. Poniatowka. Hasta no verte Jesús mío). ‖ **3.** Hablar. *To speak.* 📖 La señora Evarista no PLATICABA conmigo nada. *Mrs. Evarista never spoke to me at all.* (E. Poniatowka. Hasta no verte Jesús mío).

PLATICÓN. *adj.* Hablador. *Talkative.* || **2.** *n.m.* Hablador. *Talkative person.*

PLATILLO. *n.m.* Cada uno de los guisados de cocina o platos diferentes. *Dish.* ~La cocina mexicana tiene PLATILLOS sabrosos. *Mexican cuisine has tasty dishes.* || **2.** Plato. Course. ~El tercer PLATILLO del día. *The third course of the meal.* || **3.** •PLATILLO del día. Suceso del día, del que todo el mundo habla. *Subject of gossip.* || **4.** •PLATILLO principal. Plato principal. *Main course.*

PLATÓ. *n.m.* Palangana. *Washbowl.*

PLATO. *n.m.* Pentágono. *Home plate.*

PLATÓN. *n.m.* Fuente o plato grande para el servicio de la mesa. *Serving dish, platter.* 📖 –Con permiso, –dijo Juan metiendo el brazo entre dos parroquianos para tomar una botana de un PLATÓN de porcelana colmado de rajas de queso y cebollitas en vinagre. *Excuse me, said Julián, squeezing himself between two customers to take an appetizer from a porcelain platter full of cheese slices and pickled onions.* (M. Azuela. Ésa sangre). 📖 Con un movimiento del bastón barrio los platones de la mesa. *With his cane he swept away all the platters from the table.* (Carlos Fuentes. La frontera de cristal).

PLATUDO. *adj.* Que tiene mucho dinero, rico, adinerado. *Rich, well-off.*

PLAYERA. *n.f.* Camiseta. *T-shirt.*

PLAYERO. Que vive cerca del mar. *Living near the beach.* || **2.** Relativo a la playa. *Pertaining to the beach.*

PLAYO. *adj.* Que tiene poco fondo. *Shallow.* Un río PLAYO, un plato PLAYO. *A shallow river, a shallow plate.*

PLAZA. *n.f.* Mercado. *Market.* || **2.** •PLAZA de Armas. Plaza mayor. *Main square.* || **3.** •Partir PLAZA. Llamar la atencion, ser el centro de todas las mirada. *To be the center of attention.*

PLE. *n.m.* Cobertor, frazada, manta para abrigarse. *Blanket, bedspread.*

PLEGADIZO. *adj.* Plegable. *Foldaway.*

PLEITO. *n.m.* Discusión. *Argument.* || **2.** (de boxeo). *Fight, boxing match.* || **3.** •Estar de PLEITO. Discutir, pelear. *To argue, fight.* ~Siempre están de PLEITO. *They're always arguing (fighting).*

PLIEGUE. Golpe. *Blow.* || **2.** Raya (en el pantalon). *Crease.* ~Plancharle el PLIEGUE a un pantalon. Plancharle la raya a un pantalon. *To put creases in a pair of trousers.* ~Tiene el PLIEGUE de los pantalones muy bien planchado. *His trousers are perfectly creased.*

PLOMAZO. *n.m.* Balazo. *Gunshot.* ~Le mataron de un PLOMAZO en la cabeza. *They shot him in the head.* ~No se mueva o le meto un PLOMAZO. *Don't move or I'll shoot.*

PLOMERÍA. *n.f.* Fontanería. *Plumbing.*

PLOMERO. *n.m.* Fontanero. *Plumber.*

PLOMO. *n.m.* Combate a tiros, tiroteo. *Gunfight.* || **2.** •Echar PLOMO. Tirar con bala. *To shoot (a firearm).* || **3.** *adj.* Plomizo, de color de plomo. *Lead-colored.*

PLUMA. *n.f.* Prostituta. *Slut, prostitute.* || **2.** Grifo o llave de agua. *Tap, faucet.* || **3.** Plectro. *Plectrum.* || **4.** •Puras PLUMAS. Puro ruido y pocas nueces. *His bark is worse than his bite.* || **5.** •PLUMA atómica. Bolígrafo. *Ballpoint pen.* 📖 Rayó el sábado, dijo Federico guardándose la PLUMA atómica. *He got paid Saturday, said Federico putting his ballpoint pen back in his pocket.* (V. Leñero. Los albañiles). || **6.** •PLUMA de dientes. Palillo, mondadientes (que antes se hacían de plumas de aves). *Toothpick.*

PLUMADA. *n.f.* •De una PLUMADA. De un plumazo. *With a stroke of the pen.*

PLUMARIO. *n.m.* Periodista. *Reporter, journalist.*

PLUMEAR. *v.* Escribir. *To write.* || **2.** Hacer una mujer vida de **pluma**. *To live as a prostitute.*

PLUMERERO. *n.m.* Persona que hace o vende plumeros. *Person who makes or sell feather dusters.* || **2.** Portaplumas. *Penholder.*

PLUMÓN. *n.m.* Roturador. *Felt-tip pen.*

PLUSCAFÉ. *n.m.* Trago de licor que suele tomarse después del café. *Liqueur.*

POBLACIÓN. *n.f.* •Población flotante. Población de tránsito que siempre tienen las ciudades grandes. *Floating population, people not permanently living in a city.*

POBLANO. *adj.* Relativo a Puebla. "Mole POBLANO". *Having to do with Puebla.* ‖ **2.** Habitante o natural de Puebla. *Native or inhabitant of Puebla.*

POBRETADA. *n.f.* Pobretería. *Poor people.*

POBRETEAR. *v.* Tratar de pobrete a alguien. *To treat someone as a wretched person, a poor thing.*

POCA. *n.f.* •Una POCA de. Una pizca de. 📖 Se le agrega después una *poca* de agua con un trozo de cáscara de naranja. *Then add a little water and a piece of orange peel* (L. Esquivel. Como agua para chocolate. Cit. Hispan.).

POCAR. *n.m.* Póquer. *Poker.*

POCCHILE. *n.m.* Chile ahumado y seco. *Dried, smoked chile.*

POCERÓN. *n.m.* Charco grande. *Large pool of water.*

POCETA. *n.f.* Bache lleno de agua. *Pothole full of water.*

POCHISMO. *n.m.* Frases o palabras inglesas españolizadas por los **pochos**: "marketa" (mercado), "troca" (camión), "brakes" (frenos) etc. *Anglicism introduced into Spanish: "Troca" (truck), "marketa" (market), "brakes" (brakes), etc.* ‖ **2.** Modo de ser particular de los pochos. *Characteristic of pochos.*

POCHO. *n.m.* Norteamericano de origen mexicano que aún no se ha asimilado al país en que nació o en el que vive (peyorativo). *Americanized Mexican (derog.).* 📖 [...] No hables español, no dejes que te traten de mexicana, POCHA o chicana. *Don't speak Spanish and don't let them call you Mexican, "pocha" or "chicana"* (Carlos Fuentes. La frontera de cristal. Cit. Hispan.). ‖ **2.** El español rural mexicano que consiste de una abundante mezcla de inglés españolizado. *Anglicized Spanish spoken by Mexicans in California.*

POCHOTE. *n.m.* Barrillo en la cara. *Pimple, blackhead.*

POCILLO. *n.m.* Taza. *Cup, mug.* ~Un POCILLO de leche, un POCILLO de café. *A cup of milk, a cup of coffee.* ‖ **2.** Jarro. *Jug.*

POCO. *adv.* •A POCO. No me vas a decir. *Now tell me.* 📖 ¡A POCO eso es de hombre valiente! *Now tell me, is that's something a brave man would do!* (E. Poniatowka. Hasta no verte Jesús mío). **b)** No me diga. *Don't tell me.* ~¡A POCO ganaron~. *Don't tell me they won!*, **c)** Acaso. 📖 ¿A POCO los franceses no aplastaban las uvas con los pies? *You mean to tell me that the French squeezed the grapes with their feet?* (E. Poniatowska. Luz y luna). ‖ **2.** Al rato. *Shortly afterwards.* 📖 A POCO salió de su cuarto [...] a vaciar una cubeta de agua jabonosa en el resumidero del patio. *A short while later he left his room to empty a bucket of soapy water into the drain in the patio.* (M. Azuela. Nueva burguesía).

POCOTE. *n.m.* Porción de algo, pero en proporción más bien considerable. *Good-size quantity of something.*

PODADORA. *n.f.* Cortacésped. *Lawnmower.*

PODER. *v.* Contrariarle a uno, disgustarle a uno. *To upset, annoy.* ~Me PUDO esta broma. *This joke upset me.* ~Su actitud me PUDO. *His attitude got on my nerves.*

PODERÍO. *n.m.* •Hacer PODERÍO. Hacer más de lo que uno pueda. *To do what is possible.*

PODIO. *n.m.* Tribuna. *Rostrum.*

PODRIDO. *adj.* •Estar podrido en dinero. *To be stinking (filthy) rich.*

POLACA. *n.f.* Política (pey). *Politics.* ~Dedicarse a la POLACA. *To get into politics.*

POLÍN. *n.m.* Rodillo que se usa para transportar objetos pesados. *Wooden roller, skid.*

POLÍTICA. *n.f.* Porción de comida que por etiqueta se deja en el plato. *Part of a meal which one leaves on the plate as a show of good manners.*

POLITIQUEAR. (Acad.). Hacer política de intrigas y bajezas. *To indulge in politicking.*

POLLERO. *n.m.* Guía para inmigrantes ilegales; coyote. *Smuggler of illegal immigrants.* 📖 [...] mientras reunían algo de dinero para pagar al POLLERO que los llevaría a los Estados Unidos. *While they saved some money to pay the one that would smuggle them into the United States* (V.A. Maldonado. La noche de San Barnabé. Cit. Hispan.). 📖 Los enganchadores que en Tijuana se conocen como "polleros" trabajan impunemente y están a disposición de cualquiera en las terminales de los autobuses foráneos, loncherías y centro de vicio de la zona norte de la ciudad (M. Mejido. Cit. Brian Steel).

POLLO. *n.m.* Persona que proyecta inmigrar ilícitamente a los Estados Unidos. *Would-be illegal immigrant to the United States.* 📖 El paso ilegal de trabajadores mexicanos a los Estados Unidos cuesta entre 250 y 450 dólares, dependiendo de la "tarifa" del lugar en que son "tirados" los pollos (M. Mejido. Cit. Brian Steel).

POLTRONEAR. *v.* Holgazanear. *To loaf around.*

POLVERA. *n.f.* Polvareda. *Cloud of dust.*

POLVO. *n.m.* •Tomar el POLVO. Huir, escaparse. *To escape, "beat it".*

POLVORERO. *n.m.* Pirotécnico. *Fireworks.*

POLVORILLA. *n.f.* Persona de mal genio, que se molesta fácilmente. *Quick-tempered, spitfire, grouch.*

POLVORÍN *n.m.* (variante de **polvorilla**). ‖ 2. Garrapata pequeña. *Small tick (insect).*

POLVORÓN. *n.m.* Cierta clase de bizcocho dulce. *Shortcake.*

POLVOSO. *adj.* Polvoriento. *Dusty.*

POMA. *n.f.* Piedra pómez. *Pumice stone.* ‖ 2. Pomarrosa. *Rose apple.*

POMADA. *n.f.* •Hacer POMADA a alguien. *To give a thrashing.*

POMADOSO. *ajd.* (Persona) excesivamente acicalada. *Dapper, overdressed.*

POMELO. *n.m.* Toronja. *Grapefruit.*

POMO. *n.m.* Botella de bebida alcoholica. Un pomo de ginebra. *A bottle of gin.*

POMOL. *n.m.* (Acad.) Tortilla de harina de maíz muy fina, que suele tomarse en el desayuno. *Corn tortilla.*

POMPA(S). *n.f.* Trasero, nalga. *Backside, butt.*

POMPÓN. *n.m.* Plumerillo de felpa, pluma o tela de colores vivos que se usa como adorno para vestidos femeninos. *Pompon.*

PONCHADA (variante de **ponchadura**).

PONCHADO. *adj.* Desinflado. *Deflated (ball).* 📖 [...] unos (muchachos) lavando autos [...], otros tapando llantas PONCHADAS [...]. *Some washing cars, others fixing flat tires.* (M. Azuela. Nueva burguesía).

PONCHADURA. *n.f.* Pinchazo. *blowout, flat (tire).*

PONCHAR (angl.). *v.* Perforar o picar un billete de teatro, ferrocarril, etc. como contraseña. *To punch (ticket).* ‖ 2. Perforar(se) o picar(se) el neumático de una rueda de automóvil. *To puncture (tire of a car).* ~Se nos PONCHÓ una llanta en el camino. *We had a flat tire on the way.* ‖ 3. (En béisbol). *To strike out.*

PONCHERA. *n.f.* Palangana, jofaina, particularmente para lavarse la cara. *Washbasin.*

PONERSE. *v.* ¡PONTE! *interj.* Exclamación para sosegar a la vacas al ordeñarlas. *Exclamation used to quiet down cows while milking.* ‖ 2. •Ponérselas. Emborracharse. *To get drunk.*

POPAL. *n.m.* Marismas o ciénagas cubiertas de flores acuáticas. *Marshes or swamps covered with acuatic plants.*

POPIS. *adj.* Elegante. *Posh, elegant.* || **2.** Muchacho de bien. *Rich kid.*

POPOCHO. *n.m.* Pececillo abundante en el lago de Chapala. *Small edible fish abounding in lake Chapala.*

POPOFF. *adj.* Elegante. *Posh, elegant.* 📖 Nunca se enterará el intelectual mexicano del desprecio con que es visto por la gente POPOFF. *The Mexican intellectual will never realize the scornfull way well-to-do people look at them.* (C. Fuentes. La región más transparente).

POPOTAL. *n.m.* (Acad.) Sitio en que se cría el POPOTE. *Straw field, brush field.*

POPOTE. *n.m.* Tallo hueco y liviano usado para hacer escobas. *Tough grass used for making brooms.* || **2.** Tallo hueco y delgado de cualquier planta. *Long thin stem.* || **3.** (Acad.) Pajilla para sorber líquidos. *Drinking straw.* || **4.** •Tener las piernas como POPOTES. Tener las piernas como palillos. *To have legs like stalks.*

POPOTILLO (variante de **popote**). 📖 [...] todo el día con la escoba de POPOTILLO barriendo el patio. *All day with the grass broom sweeping the patio.* (E. Poniatowka. Hasta no verte Jesús mío).

POQUITERO. *n.m.* Comerciante pobre que trafica en mercancías de poco valor o en muy pequeña escala. *Small-time merchant.* || **2.** Jugador que apuesta sumas ínfimas. *Small-time gambler.*

POQUITO. *adv.* •Ser uno muy POQUITO. Ser apocado o tímido. *To be timid, shy.* || **2.** Ser modesto, recatado. *To be modest, demure.*

POR. •POR si las dudas. Por si las moscas. *Just in case.* 📖 –O me mata o se muere; pero no se saldrá con la suya. –Requiescat in paz (pace), amen, cuñado. Por si las dudas. *–He either kills me or dies; but he won't get away with it. –Rest in peace, friend. Just in case.* (J. Rulfo. Pedro Páramo).

PORO. *n.m.* Porro o puerro. *Leek.*

PORRA. *n.f.* (Acad.) Grupo de partidarios que en actos públicos apoyan ruidosamente a los suyos o rechazan a los contrarios. *Political gang.* || **2.** Claque de los deportes. *Fans.* || **3.** Claque de los teatros. *Claque.* || **4.** Canto, grito. *Chant, cheer.* ~¡Una PORRA para Villanueva! *Three cheers for Villanueva!* ~La PORRA de la universidad. *The college chant (cheer).* || **5.** •Echarle PORRAS a alguien. *To Cheer, encourage.* ~Le echaban PORRAS al boxeador mexicano. *They were cheering for the Mexican boxer.*

PORRACEAR. *v.* Aporrear, golpear. *To beat up.*

PORRAZO. *n.m.* •De un PORRAZO. De una sola vez, en un solo acto. *In one go, at one blow.*

PORRISMO. *n.m.* Gamberrismo. *Hooliganism.*

PORRISTA. *n.m.* (Acad.) Hincha, partidario. *Fan.* || **2.** *n.f.* Animadora. *Cheerleader.*

PORRO. *n.m.* Policía infiltrado. *Undercover cop.* || **2.** Gamberro. *Hooligan.*

PORTABULTOS. *n.m.* Portaequipaje. *Roof rack, luggage rack.*

PORTABUSTOS. *n.m.* Sujetador, sostén. *Bra, brassiere.*

PORTAFOLIO. *n.m.* Cartera. *Briefcase.*

PORTALÁPIZ. Lapicero. *Pencil holder.*

PORTALLAVES. *n.m.* (Acad.) Llavero, anillo de metal para llevar las llaves. *Key ring.*

PORTAVIANDAS. *n.m.* Portacomidas, fiambrera. *Lunch box.*

PORTILLO. *n.m.* •Por mi lado no hay PORTILLO. Puede usted confiar en mí. *You can trust me.* 📖 Se trata, a lo que parece, de seguir peleando. Bueno, pos a darle; ya sabe mi general, que por mi lado no hay PORTILLO. *It seems that we have no other choice than keep fighting. So let's do it; I want you to know, general, that as far as I'm concerned, I'm a hundred-percent on your side* (M. Azuela. Los de abajo. Cit. Hispan.).

POS. *conj.* Pues. *Well.* 📖 –Quiubo, Tibu (Tiburcio), ¿qué te pasa? Son sus cuates. Sus "manitos". Los de la paloma. –POS me pegaron. –No la amueles, ¿POS quí'ciste (qué hiciste)? –*What's up Tibu, what's the matter? These are his friends, his buddies, the 'gang'. –Well, they gave me a thrashing. –You're kidding! What did you do?* (E. Valadés. La muerte tiene permiso).

POSADAS. *n.f.* Fiesta popular típica que se celebra durante las fiestas de Navidad. *Christmas festivities lasting nine days.*

POSTEMA. *n.f.* Pus. *Pus.* || **2.** Divieso. *Boil, abcess, sore.*

POSTEMILLA. *n.f.* Postema que sale en la encía. *Gumboil, abcess.*

POSTULAR. *v.* Proponer como candidato para un puesto electivo. *To nominate.* || **2.** Ejercer la profesión de abogado. *To practice law.*

POSTURERO. *n.m.* Chófer suplente. *Substitute driver or chauffeur.*

POTE. *n.m.* Tarro de hojalata. *Tin, can.* || **2.** Jarro para beber. *Mug.*

POTESTA. *n.f.* Promesa. *Promise.* ~Cumplieron con su POTESTA. *They kept their promise.*

POTOSCUDO. *adj.* (Tabasco). Caderudo, nalgón. *Big-buttocked.*

POTRANCO. *n.m.* Potrillo. *Filly, young mare.*

POTREAR. *v.* Domar un potro. *To break, tame a horse.*

POTRERAJE. *n.m.* Precio que se paga por tener un animal pastando en un **potrero**. *Fee paid for use of grazing ground.*

POTRERO. *n.m.* Prado de buenos pastos para el engorde del ganado. *Pasture ground, cattle ranch.*

POTRO. *n.m.* Hernia, tumor. *Hernia, tumor.* || **2.** Caballo arisco e indómito. *Wild horse.*

POZA. *n.f.* Pozo, charca en el cauce de un río. *Pool, backwater.*

POZOL. *n.m.* Bebida de harina de maíz batida con agua. *Corn drink.*

POZOLE. *n.m.* (Acad.) Bebida hecha de maíz morado y azúcar. *Corn drink.* || **2.** (Acad.) Guiso de maíz tierno, carne y chile con mucho caldo. *Stew of young corn, meat and chile.*

PRÁNDIGA. *n.f.* Parranda, juerga. *Spree, party.*

PRÁNGANA. *n.f.* (Acad.) Pobreza extrema. *Extreme poverty.* || **2.** (Acad.) •Estar uno de (en la) PRÁNGANA. Estar sin dinero. *To be broke.* 📖 ¡Yo cualquier día me caso! ¡No, hombre! ¡Mejor me quedo así de PRÁNGANA como estoy! *Me getting married! Not on your life! I'd rather stay poor the way I am.* (E. Poniatowska. Hasta no verte Jesús mío).

PRECISADO. *adj.* Obligado. *Forced, obliged.* ~Se vieron PRECISADOS a abandonar el barco. *They had (were obliged) to abandon ship.*

PRECISAR. *v.* Urgir, ser urgente. *To be necessary or urgent.* || **2.** Necesitar algo o alguien. *To need.* ~Preciso herramientas. *I need tools.*

PRECISIÓN. *n.f.* Urgencia. *Urgency.*

PREDICAMENTO ANGL *n.m.* Situación embarazosa, momento difícil, dificultad. *Predicament.*

PREGONERO. *n.m.* Subastador. *Auctioneer.*

PREGUNTA. *n.f.* •PREGUNTA temada. Pregunta fácil. *Easy question.*

PREMIACIÓN. *n.f.* Entrega de premios. *Awarding of prizes.* || **2.** Ceremonia de entrega de premios. *Award ceremonies.* ~Se hizo el sorteo y la PREMIACIÓN de premios. *The draw was held and the prizes awarded.*

PREMUNIRSE. *v.* Precaverse. *To take precautions.*

PRENDEDOR. *n.m.* Broche. *Broach.*

PRENDER. *v.* Encender (una lámpara). *To light a lamp.*

PRENDIDO. *adj.* Elegantemente vestido. *Dressed up.*

PREPA (variante de **preparatoria**). 📖 La

mera verdad, soy estudiante fósil. Me eternizo en la PREPA. *The truth is that I'm a fossilized student. I shall perpetually be a high school student* (Carlos Fuentes. La cabeza de la hidra. Cit. Brian Steel).

PREPARATORIA. *n.f.* Instituto de ensenanza secundaria. *High school.* 📖 Cuando cumplí dieciseis años, iba a entrar a la PREPARATORIA. (Carlos Fuentes. La cabeza de la hidra. Cit. B. Steel).

PRESA. *n.f.* Trozo de carne. *Piece of meat.* ‖ **2.** Pieza (pollo). *Piece (of chicken): wing, breast, etc.*

PRESCINDENTE. *adj.* Que se mantiene alejado por su propia voluntad de una disputa, lucha o competencia. *Non-participating.*

PRESIDENCIA. *n.f.* •PRESIDENCIA municipal. *Town hall.*

PRESIDENCIABLE. *adj.* Apto para ser presidente. *Capable of becoming president.* ‖ **2.** Posible candidato a la presidencia. *Potential presidential candidate.*

PRESIDENTE. *n.m.* •Presidente municipal. Alcalde. *Mayor.*

PRESILLA. *n.f.* Charretera. *Epaulette.*

PRESIÓN. *n.f.* Tensión arterial. *Blood pressure.*

PRESTAMIENTO. *n.m.* Préstamo. *Loan.*

PRESTANCIA. *n.f.* Distinción. *Distinction.*

PRESTAR. *v.* Pedir prestado. *To borrow from.* ~PRESTÉ cien pesos y ya los pagué. *I borrowed a hundred pesos and I've already returned them.* ‖ **2.** •Dar. *To give.* ~A ver, préstemela. *Let's see, give it to me.*

PRESTIGIADO. *adj.* Prestigioso. *Prestigious.*

PRESUMIR. *v.* Tener alto concepto de sí mismo. *To think highly of one's self.* ‖ **2.** Lucir lo que lleva puesto. *To show off one's dress.*

PRESUPUESTAL. *adj.* Presupuestario. *Budgetary.*

PRESUPUESTÍVORO. *n.* Empleado público. *Public employee.*

PRETAL. *n.m.* Correa con que se sujeta la carga sobre el lomo de una caballería. *Strap, girth.* ‖ **2.** Cuerda que ciñe el cuerpo de un caballo cerril para que de ella se tenga el jinete en caso necesario. *Breast band, or strap (of horse's harness).*

PRETENCIÓN. *n.f.* Presunción, vanidad. *Presumption, arrogance.*

PRETENCIOSO. *adj.* Presumido. *Vain, conceited.*

PRETIL. *n.m.* Banco de piedra o ladrillos. *Stone or brick bench (built against wall).* ‖ **2.** Bordillo (de la acera). *Curb.* ‖ **3.** Borde reforzado de cualquier pavimiento. *Embankment.*

PRETINA. *n.f.* •Tener a alguien pegado a la PRETINA. *To have someone in constant company.*

PRETOR. *n.m.* Juez. *Judge, magistrate.*

PREVENTIVA. *adj.* •Luz PREVENTIVA. Luz amarilla. *Yellow light.*

PREVISIVO. *adj.* Previsor. *Far-sighted.*

PRIETILLA (variante de prieta). 📖 Acababa de beberme un jarro de agua azul muy fresquita. "No quere [quiere] mas?, me pregunto la PRIETILLA. *I had just finished off a pitcher of fresh water. Do you want any more?, asked the olive-skinned girl.* (M. Azuela. Los de abjo).

PRIETO. *adj.* Oscuro. *Dark.* ‖ **2.** De piel oscura. *Dark-skinned.* 📖 Petra era triguiña, más PRIETA que yo. *Petra was olive-skinned and darker than I was.* (E. Poniatowka. Hasta no verte Jesús mío). 📖 Fidencio Gómez tenía dos hijas muy juguetonas: una prieta y chaparrita [...]. *Fidencio Gómez had two very playful daughters: one was dark-complexioned and short.* (Juan Rulfo. El llano en llamas).

PRIETUZCO. *adj.* Negruzco. *Blackish.*

PRIÍSTA. *adj.* Que concierne el "PRI" (Partido Revolucionario Institucional). *Relating to the "PRI" (The Mexican party which governed Mexico from 1929 to 2000).*

‖ **2.** *n.m.* Miembro o partidario del "PRI". *Member or supporter of the "PRI".*

PRIMERA. •De PRIMERA. *In a high degree.* ~Es un mentiroso de PRIMERA. *He's a born liar.*

PRINCIPAL ANGL *n.m.* Importe de una deuda sin los intereses. *Principal (fin.).* ‖ **2.** Capital. *Capital.*

PRINGAR. *v.* Lloviznar. *To drizzle.* ‖ **2.** Salpicar, arrojar gotas. *To splash.*

PRINGÜE. *n.f.* Salpicadura. *Splashing.*

PRISCO. *n.m.* Durazno. *Apricot.*

PRIVADA. *n.f.* Camino particular. *Private road.*

PRIVADO. *adj.* Desmayado. *Unconscious.* ‖ **2.** No incluido en la guía (número). *Unlisted.*

PRIVAR. *v.* Dejar inconsciente. *To knock unconscious.* ‖ **2.** -se. Desmayarse. *To loose consciousness, pass out.*

PROCURA. *n.f.* Acción de procurar, tratar de obtener algo que se desea. *Procuring, obtaining.* ‖ **2.** Buscar la compañía de alguien. *To seek the company of someone.* 📖 Por su parte, la muchacha no los PROCURABA para nada. *Insofar as the girl was concerned, she never sought their company* (J. Rulfo. El gallo de oro. Cit. Hispan.).

PROCURÓN. Fisgón, entrometido. *Interfering, nosey.*

PRODUCIRSE. *v.* Acontecer, ocurrir. *To take place, occur.* ~El accidente se PRODUJO en la carretera de Mar de Plata. *The accident took place on the Mar de Plata highway.*

PROEZA. *n.f.* Fanfarronada. *Boast.*

PROFESIONALISTA. *n.m. Professional.* 📖 Me voy a oponer terminantemente a que mis hijos sean obreros. Si no llegan a ser PROFESIONALISTAS, los voy a meter en un negocio. *I'm definitely not going to let my children become laborers. If they don't become professionals, I'll set them up in business.* (O. Lewis. Cit. B. Steel).

PROFESIONISTA (variante de *profesionalista*). 📖 [...] tuvo que trabajar desde adolescente para que los hijos del segundo matrimonio de su papá llegaran a PROFESIONISTAS. *He had to work since he was a teenager so that his father's children from a second marriage would become professionals.* (Silva Molina. El amor que me juraste).

PROGRAMAR. *v.* Hacer el programa de una fiesta, asamblea, etc. *To program, organize.*

PRONUNCIA. *n.f.* Revuelta, motín. *Insurrection, revolt.*

PRONUNCIADO. *adj.* Muy perceptible o acusado. *Pronounced, marked.*

PROPELA. *n.f.* Motor de borda de embarcaciones pequeñas. *Propeller.*

PROPINAR. *v.* Dar una propina. *To give a tip.*

PROPIO. *n.m.* Mensajero. *Courier, messenger.* 📖 Le escribiré a mi hermana. O no, mejor le voy a mandar un PROPIO. *I'll write to my sister. Or rather, I'll send her a messenger.* (J. Rulfo. Pedro Páramo).

PROPORCIONES. *n.f.* Recursos, riqueza, capital. *Wealth.* ‖ **2.** •De PROPORCIONES. *Wealthy.* Fulano es un hombre de PROPORCIONES. *Tom is a wealthy man.*

PROSECRETARIO. *n.m.* Subsecretario. *Under secretary, assistant secretary.*

PROTESTA. *n.f.* Juramento, promesa. *Oath, promise.* ~Cumplieron con su PROTESTA. *They kept their promise.* ‖ **2.** •Tomar la PROTESTA. *To swear in.* Le tomaron la PROTESTA al nuevo presidente. *The new president was sworn in.* ‖ **3.** •Rendir PROTESTA. *To take an oath.* ‖ **4.** •Bajo PROTESTA. *Under oath.*

PROTOCOLO. *n.m.* Apuntes. *Notes (taken in a class).*

PROVISORIO. *adj.* Provisional. *Provisional, temporary.*

PRUDENCIARSE. *v.* Ser prudente. *To be wise, prudent.* ‖ **2.** Moderarse. *To be cautious.*

‖ **3.** Soportar con paciencia. *To hold back, control oneself.*
PRUEBA. *n.f.* Examen. *Examination.* ‖ **2.** Acrobacia que ejerce el acróbata de un circo. *Circus act.*
PRUEBISTA. *n.m.* Acróbata de circo. *Acrobat (in circus).* ‖ **2.** Ilusionista, prestidigitador. *Magician.*
PUCHA. *n.f.* Pan en forma de rosquilla. *Ring-shaped loaf of bread.* ‖ **2.** Expresión para demostrar disgusto, asombro o admiración. *Wow!, I'll be damned!*
PUCHERAZO. *n.m.* Puchero abundante y sabroso. *Stew, cooking-pot in abundant quantity.*
PUEBLADA. *n.f.* Motín, tumulto. *Riot, revolt, uprising.* ‖ **2.** Rebelión popular. *Popular uprising.*
PUEBLERO. *n.m.* Mote despectivo que el habitante de la gran ciudad da al humilde vecino de una población sencilla o pequeña. *Name given to the small town dweller (derog.).*
PUENTE. *n.m.* •PUENTE de la nariz. Caballete. *Bridge of nose.*
PUERCADA. *n.f.* Porquería, cochinada. *Obscene remark or action.*
PUERCO. *n.m.* •Carne de PUERCO. Carne de cerdo. *Pork.* ‖ **2.** *adj.* Sucio. *Dirty.* 📖 [...] con sus negros vestidos PUERCOS de tierra. *With their black dresses full of dirt.* (J. Rulfo. El llano en llamas). ‖ **3.** •Agarrar de PUERQUITO. Ensañarse con alguien. *To get on someone's back.* 📖 ¿A ti no te agarró alguien de PUERQUITO en la escuela, chata? *Didn't you know someone at school that would always get on your back?, darling.* (C. Fuentes. La región más transparente).
PUERQUITO. •Agarrar de PUERQUITO. Tomar el pelo. *To pull one's leg.*
PUESTEAR. *v.* Tener puesto de venta en un mercado. *To have a stall at a market place.* ‖ **2.** Negociar en un puesto de ventas. *To conduct business from a stall, stand or booth.*

PUESTERO. *n.m.* Persona que tiene o atiende un puesto de venta. *Stall-holder, market vendor.*
PUESTO. *adj.* •Estar PUESTO. Estar dispuesto. *To be ready.*
PUJAR. *v.* •PUJAR para adentro. Aguantarse sin chistar. *To forebear, keep silent.* ‖ **2.** Gemir. *To moan.*
PULGA. *n.f.* •Ser de pocas PULGAS. *To have little patience, be irritable.*
PULQUE. *n.m.* (Acad.) Bebida alcohólica, blanca y espesa, del altiplano de Méjico, que se obtiene haciendo fermentar el aguamiel o jugo extraído del maguey con el acocote. *Fermented drink made from maguey sap.* 📖 Si le parece entraremos a tomarnos un PULQUITO. *What do you say if we go in and a have a little shot of pulque?* (M. Azuela. Nueva burguesía).
PULQUEAR. *v.* Beber **pulque**. *To drink pulque.* ‖ **2.** Embriagarse con **pulque**. *To get drunk on pulque.* ‖ **3.** Producir o vender **pulque**. *To exploit pulque.*
PULQUERÍA. *n.f.* Taberna o bodegón donde se vende **pulque**. *Bar, tavern where pulque is sold, "pulque" bar.* 📖 [...] aunque me gustaba el pulque, no había PULQUERÍAS con servicio nocturno. *Although I liked pulque, I wasn't able to find a bar at night that would serve it.* (E. Poniatowska. Hasta no verte Jesús mío). ‖ **2.** Taberna de inferior categoría. *Low-class, rowdy bar.*
PULQUERO. *n.m.* Productor o traficante en **pulque**. *Person engaged in producing or selling pulque.* 📖 El coronel era famoso en el gremio de ferrocarriles y PULQUEROS porque gastaban bien su dinero. *The colonel was well-known in the railroad and pulque seller's union since he was a big spender.* (M. Azuela. Nueva burguesía). ‖ **2.** Dueño de una **pulquería**. *Owner of a bar, tavern, where pulque is sold.* ‖ **3.** Relativo al pulque. *Having to do with pulque.*
PULSO. *n.m.* •Beber a PULSO. Tomar una bebida de un solo tirón. *To drink straight*

down, gulp down.

PUMA. *adj.* Homosexual. *Gay.*

PUNTA. *n.f.* Arma blanca que termina en punta. *Sharp weapon.* || **2.** Pila, montón. *Bunch, pack.* ~Una **punta** de ladrones. *A bunch of thieves.*

PUNTADA. *n.f.* Agudeza, golpe de ingenio. *Witty remark.*

PUNTAL. *n.m.* Refrigerio ligero para entretener el apetito hasta la hora de la comida, aperitivo. *Snack.* || **2.** Merienda que se toma por la tarde. *Afternoon snack.* || **3.** Toro que tiene los cuernos sin despuntar. *Bull whose horns have not been dulled or blunted.*

PUNTAZO. *n.m.* Golpe que se tira de punta, con arma blanca. *Stab, jab.* || **2.** Herida poca profunda, causada con este golpe. *Stab, knife wound.*

PUNTERO. *n.m.* Manecilla del reloj. *Hand (of a clock).* || **2.** (Persona). *Leader.* || **3.** (Animal). *Leading animal.*

PUNTILLAZO (variante de **puntazo**).

PUNTO. *n.m.* •No darse PUNTO de. No concederse un momento de. *Not to rest for a single moment.* 📖 Gabriel Martínez no se dio PUNTO de descanso. *Gabriel Martínez did not rest for a single moment* (A. Yáñez. La creación. Cit. Hispan.). || **2.** •PUNTO para partido (en ténis). Bola de partido. *Match point.* || **3.** •PUNTO decimal. *Decimal point.*

PUÑAL. *adj.* Homosexual. *Gay.*

PUPILENTE. *n.m.* Lentilla. *Contact lens.*

PUPÓN. *adj.* Repleto, lleno, satisfecho. *Stuffed, full.* || **2.** Barrigón. *Pot-bellied, paunchy.*

PUQUE. *adj.* Podrido. *Rotten, bad.* || **2.** Enfermizo, débil. *Weak, sickly.* || **3.** Estéril, infecundo (dicho de los hombres). *Steril (male).*

PURÉPECHA. *n.m.* Descamisado, desheredado, pobre. *Wretched, down-and-out, poor devil.*

PURO. *adj.* Sólo. *Only, just.* 📖 La semana pasada no conseguimos para comer y en la antepasada comimos PUROS quelites. *Last week we had nothing to eat and the week before we only had vegetables to eat.* (Juan Rulfo. El llano en llamas). || **2.** Idéntico. *Identical.* ~El hijo es PURO el padre. *The son is exactly like his father.* || **3.** Misma. *Very, itself, right.* Queda en el puro centro de la ciudad. *It's in the very center of the city.*

PUS. *n.m.* Baño de vapor. *Steam bath.* 📖 El PUS que usó mi madre cuando yo nací, y que está junto a la casa, ha sido remendado ya. *The steam bath that my mother used, and which is next to the house, has now been repaired.* (R. Pozas. Juan Pérez Jolote).

PUTATIVO. *adj.* Nacido fuera del matrimonio. *Born out of wedlock.*

PUTEADA. *n.f.* Palabrotas, groserías e injurias proferidas en contra de una persona. *Insult, swearword.*

PUTEAR. *v.* Golpear con fuerza a una persona. *To beat up.* || **2.** Vencer de una forma apabullante. *To defeat overwhelmingly.*

PUTERO. Burdel. *Brothel.*

PUYAR. *v.* (Acad.) Herir con la puya. *To wound with a sharp point.*

PUYÓN. *n.m.* Púa del trompo. *Sharp point of a spinning top.* || **2.** Cualquier punta afilada y recia. *Sharp point.* || **3.** Espina. *Prickle, spine, thorn.* || **4.** Renuevo. *Shoot, bud.*

PUYONAZO. *m.m.* (Tabasco). Herida dolorosa causada por una espina grande. *Painful prick of a large thorn.*

PUZCUA. *n.f.* Maíz cocido con cal y reventado. *Puffed corn.*

QUE. *conj.* •¡QUÉ esperanza! De ninguna manera. *Not on your life!.* ‖ **2.** •A QUE. Le apuesto que. ⌨ A QUE no me encuentres, papá. *I bet you won't be able to find me, dad.* (A. Mastretta. Arráncame la vida). **b)** Expresión que denota desafío o amenaza. *You keep this up and ...* ~A QUE te doy un palo. *You keep this up and I'll hit you with this stick.* ‖ **3.** •¡A mí QUÉ! ¡Y a mí qué me importa! *So what!, what does that got to do with me?* ‖ **4.** •¿QUÉ hubo? Frase con la que se saludan a los amigos en la sociedad sin etiqueta. *What's up?* ‖ **5.** •¿Qué no? *Isn't that true?, isn't that right?* ⌨ Todo el mundo sabe que a los seminaristas les enseñan a ser compasivos con el prójimo, ¿QUÉ NO? *Everybody knows that all seminarians are taught to be compassionate towards their fellowmen. Isn't that correct?* (V. Leñero. Los albañiles).

QUEBRACHO. *n.m.* Arbol de madera muy dura, una de cuyas variedades posee una corteza rica en tanino. *Quebracho (South American hardwood tree).*

QUEBRADA. *n.f.* Riachuelo, arroyo, corriente que se desliza por las quebradas de una montaña. *Mountain stream, rivulet.*

QUEBRANTAR. *v.* Domar un caballo. *To break in a horse.*

QUEBRAR. *v.* Romperse la amistad. *To terminate a friendship, break up.* ‖ **2.** •QUEBRAR las tazas. Romper la amistad. *To break up (friendship).* ‖ **3.** •QUEBRARSE la cabeza. Romperse la cabeza, desvanerse los sesos. *To rack one's brain.* ‖ **4.** Matar. *To kill.* ⌨ [...] se alebrestó no poco cuando supo que lo iba a QUEBRAR, y se puso a ofrecerme cosas. *He got nervous when he found out that I would kill him, and he started to make all kinds of promises.* (M.L. Guzmán. El águila y la serpiente. Cit. Hispan.). ‖ **5.** Desdecirse. *To go back on one's word.* ⌨ Si no son ustedes gachupines me QUIEBRO y no he dicho nada; pero si lo son lo dicho se dijo y venga lo que venga. *If you're not 'gachupines' (Spaniards) I take back what I said; but if you are, I stick to what I said no matter what.* (M.L. Guzmán. El águila y la serpiente. Cit. Hispan.).

QUEBRAZÓN. *n.f.* Destrozo grande de objetos de loza o vidrio. *Crashing, breaking, shattering (of glass, china, etc.).* ~Escuchó una QUEBRAZÓN de vidrio. *He heard the sound of smashing glass.*

QUECHOL. *n.m.* (Acad.) Flamenco mexicano cuya carne es comestible. *Flamingo (bird).* ▸ Era el símbolo del matrimonio entre los aztecas.

QUEDADA. *n.f.* Solterona. *Spinster, old maid.* ⌨ [...] algunas viejas QUEDADAS se aprovecharon para echar de cabeza a más de una muchacha decente [...]. *Some of the old spinsters took that opportunity to denounce many a decent girl.* (J.J. Arreola. La feria. Cit. Hispan.). ‖ **2.** Mujer a quien se le ha dejado sola. *Woman who has been left behind.* ~Los hombre emigraban, por eso había muchas QUEDADAS. *The men emigrated, for this reason many women were left behind.*

QUEDADIZO (variante de *quedado*).

QUEDADO. *adj.* Flojo, indolente. *Lazy.*

QUEDAR. *v.* •QUEDAR de. Quedar en. *To agree to.* QUEDAMOS de que seríamos amigos.

We agreed that we would be friends. || 2. •QUEDARSE para vestir santos. (Mujeres) que se quedan solteras, pasada ya la edad normal de casarse. *To remain single.*

QUEJADERA. *n.f.* Quejumbre. *Moaning.*

QUEJAMBRE. *n.f.* Quejumbre. *Moaning.*

QUEJOSO, *adj.* Quejumbroso. *Complaining, whining.* ~Según los QUEJOSOS. *According to the people that complained.*

QUELITE. *n.m.* Nombre genérico de verduras comestibles. *Greens, vegetables.* 📖 La semana pasada no conseguimos para comer y en la antepasada comimos puros QUELITES. *Last week we had nothing to eat and the week before we only had vegetables to eat.* (Juan Rulfo. El llano en llamas). || 2. Brote, cogollo o punta tierna de verduras comestibles. *Shoot, tip, green part.* || 3. •Ponerle a uno QUELITE. Ponerle como un trapo. *To make mincemeat of somebody.* || 4. •Tener cara de QUELITE. Estar pálido y como enfermo. *To be pale and sickly looking.*

QUEMA. *n.f.* Operación de quemar la maleza en un campo para sembrar los granos. *Burning-off of scrub.* || 2. Peligro. *Danger.*

QUEMADA. *n.f.* Quemadura. *Burn.* || 2. Acción o dicho ridículo. *Absurd act or expression.*

QUEMADO. *adj.* De color muy oscuro. *Very dark.* || 2. Resentido, enconado. *Mad, angry.*

QUEMADOR. *n.m.* Mechero. *Lighter.*

QUEMAR. *v.* Denunciar, delatar. *To denounce, inform on.* || 2. Engañar, estafar. *To swindle.* || 3. Menoscabar, desacreditar. *To discredit.* ~La QUEMÓ con sus jefes, pues les dijo que cuando ellos no están en la oficina utiliza mucho el teléfono para hacer llamadas personales. *He made her look bad by telling her superiors that when they're not in she uses the phone to make personal calls.* || 4. Matar o herir con arma de fuego. *To shoot, kill.* 📖 –¡Hum, cuántos requisitos!... Yo lo QUEMABA y ya –exclamó Pancracio despectivo. *Why so much fuss? I say, let's shoot him and get it over with –* exclaimed Pancracio. (M. Azuela. Los de abajo). || 5. •QUEMARSE las pestañas. Estudiar mucho y con tesón. *To burn the midnight oil.*

QUEMAZÓN. *n.f.* Venta de mercaderías a cualquier precio. *Bargain sale, cut-price sale.* || 2. Incendio. *Fire.* ~Salvé estos libros de la QUEMAZÓN. *I saved these books from the fire.*

QUEMÓN. *n.m.* Quemada, acción o dicho ridículos. *Stupid act or expression.* || 2. Quemadura grande. *Deep burn.* || 3. Vergüenza. *Embarrassment.* 📖 Y vengo a ver si me topo con algún maje de éstos y nos damos un QUEMÓN. (M. Azuela. Nueva burquesía).

QUEQUE ANGL. *n.f.* Torta o bizcocho dulce. *Bun, cake.* || 2. Bollo. *Bread roll.*

QUERENDÓN. *adj.* Muy cariñoso. *Affectionate, loving.*

QUERER. *v.* •¡Está como QUIERE! Es muy guapa. *She's very attractive.* b) Tiene mucha suerte. *She's very lucky, some people have it made (coll.).*

QUESADILLA. *n.f.* **Tortilla** doblada que lleva un relleno de queso. *Folded tortilla filled with cheese.*

QUESO. *n.m.* Dulce en pasta que se vende en panes. *Fruit jelly solidified into loaves.* QUESO de higos, QUESO de duraznos, etc. *Peach loaf, fig loaf, etc.*

QUÍBOLE (variante de **qué hubo**)

QUIEN. *Pron. relat.* •Ni QUIEN. *No hay quien. No one.* 📖 A usted ni QUIEN le menoscabe lo hombre que es. *You're a real man. No one can take that away from you.* (J. Rulfo. El llano en llamas). || 2. ¿Quién(es) si no? *Who else?* 📖 [...] volví a preguntar quién. –Lo poblanos, chula, ¿QUIÉNES si no? *I asked her again who she was talking about. –The people of Puebla, cutie. Who else?* (A. Mastretta. Arráncame la vida).

QUILIGUA. *n.f.* Cesta para llevar verduras, ropas, etc. *Large basket.*

QUIMIL. *n.m.* Lío de ropa. *Bundle of clothes.* || **2.** Montón. *Heap, loads of things.*

QUINO. *n.m.* Bingo. *Bingo.* 📖 Cuando yo tome Ciudad Juárez, amiguito, le voy a regalar los QUINOS en premio de lo que hizo por mi. *When I capture Ciudad Juárez, my good friend, I'll let you have all the bingo halls in the city as a present for all you did for me.* (M.L. Guzmán. El águila y la serpiente. Cit. Hispan.).

QUINTO. *n.m.* Moneda de cinco centavos. *Nickel.* 📖 Consígueme unos QUINTOS para comprarme otra cobijita, Isidro [...]. *Give me a few nickels, Isidro, so that I can buy another blanket.* (V. Leñero. Los albañiles). 📖 Miguelito estaba dándose grasa en una banca de la Alameda cuando un chamaco le ofreció una revista por un QUINTO. *Miguelito was getting a shoeshine when a paperboy offered him a magazine for a nickel.* (M. Azuela. Nueva burguesía). || **2.** Estar sin QUINTO. Estar sin dinero. *To be broke.* || **3.** •Ni QUINTO. *Without a penny.* 📖 -¿Traes lana que me prestes? -Ni QUINTO, después de pagar el coche. *Do you have any money that you can let me have?. After paying the taxi, I don't have a penny left.* (Agustín Yánez. Ojerosa y pintada). || **4.** •Su promesa no vale ni un QUINTO. *His promise isn't worth a dime.*

QUISQUEMEL. *n.m.* Capa, capote. *Cape.*

QUITAR. *v.* •Quién QUITA y ... Ojalá ... *Hopefully.* ~Quién QUITA y me lo regrese pronto. *I hope she brings it back soon.*

QUIUBO(LE). *interj.* ¡Hola!, ¿como está? *Hi!, how is it going?* 📖 ¿QUIÚBOLE, Andrés. Ya hacía tiempo que no se te veía. *Hi, Andrés. I have seen you for a long time.* (E. Valadés. La muerte tiene permiso). 📖 –QUIUBO, Tibu (Tiburcio), ¿qué te pasa? Son sus cuates. Sus «manitos». Los de la paloma. –Pos me pegaron. –No la amueles, ¿pos quí'ciste (qué hiciste)? *What's up Tibu, what's the matter? These are his friends, his buddies, the 'gang'. –Well, they gave me a thrashing. –You're kidding! What did you do?* (E. Valadés. La muerte tiene permiso).

RABADA. *n.f.* Movimiento brusco que hace un animal con el rabo. *Abrupt movement of the tail (animal).*

RABIA. *n.f.* •Volarse de RABIA. Enojarse. enfurecerse. *To get furious, angry.*

RABIADA. *n.f.* El movimiento de volver bruscamente las espaldas a una persona. *The act of turning one's back on someone.* || **2.** (Noreste). Cambio repentino del tiempo atmosférico, o de conducta, tratándose de personas. ~Qué RABIADA dio el tiempo; anoche un friazo y ahora el calorón. *What an abrupt change of weather; yesterday a numbing cold and now this blistering heat.*

RABIMOCHO. *adj.* De rabo cortado, corto de rabo. *Short-tailed.*

RABO. *n.m.* •RABO verde. Viejo enamoradizo, viejo verde. *Dirty old man.* || **2.** Mujer mayor que gusta coquetear. *Older woman who likes to flirt.*

RABÓN. *n.m.* Que es más corto o pequeño de lo ordinario. *Too short, ill-fitting.* || **2.** Mezquino, ruin. *Down on one's luck.* || **3.** *f.* Mujer libre que solía acompañar a los soldados, soldadera. *Camp follower.* || **4.** Mezquino, ruin, de poca importancia: un pueblo RABÓN.

RADIAR. *v.* Eliminar a uno de una lista. *To delete, cross off (from a list).*

RADIODIFUSOR. *adj.* Radiofónico. *Pertaining to the radio.*

RADIOOPERADOR. *n.m.* Técnico que maneja los aparatos de transmisión y recepción radial. *Radio operator.*

RADIOSO. *adj.* Radiante. *Radiant.*

RAICEAR. *v.* Echar raíces. *To take root.*

RAICERÍA, RAICERÍO (variante de raicero).

RAICERO. *n.m.* Conjunto de las raíces de una planta. *Roots.*

RAID (del inglés *ride*). *n.m.* Transporte gratuito, **aventón**. *Lift, ride.* || **2.** •Pedir RAID. Pedir trasporte gratuito en automóvil, pedir **aventón**. *To hitch a lift.*

RAÍZ. *n.f.* Batata, **camote**. *Sweet potato.*

RAIZAL. *n.m.* Conjunto de raíces. *Roots.*

RAIZAR. *v.* Arraigar. *To take root, to become rooted.*

RAJA. *n.f.* Chile verde en vinagre. *Pickled green pepper.* || **2.** Boñiga seca que se emplea como combustible. *Dry cow dung used as fuel.* || **3.** •A toda RAJA. A todo correr. *At top speed.* || **4.** •Ser muy RAJAS. Ser miedoso. *To be fainthearted.* || **5.** •Sacar RAJAS. Sacar provecho.

RAJADA. *n.f.* Cobardía, acción de desdecirse. *Backing down, going back on one's word.*

RAJADERA (variante de **rajada**).

RAJADO (variante de **rajón**).

RAJADURA. *n.f.* Hendidura. *Crack.*

RAJANEADA (variante de **rajonada**).

RAJAR. Acobardarse, desdecirse, no cumplir con lo prometido. *To back down, go back on one's word.* ▢ No me RAJABA, nunca me lo RAJÉ a nadie. *I wouldn't back down, I never back down from anyone.* (E. Poniatowka. Hasta no verte Jesús mío). || **2.** Hablar mal de uno. *To defame, speak ill of someone,* *slander.* ‖ **3.** Reprobar en un examen. *To fail (a course).* ‖ **4.** Abrir o partirse la piel, por efecto del frío. *To chap, become chapped.* ‖ **5.** Cortar. *Slit.* ~Si te mueves te RAJO el pescuezo. *Don't move or I'll slit your throat.*

RAJÓN. *adj.* Valentón, fanfarrón. *Braggart, bullying, arrogant.* ‖ **2.** Cobarde. *Corwardly, readily disheartened, quittter.* ‖ **3.** Poco fiable. *Unreliable.* ‖ **4.** *n.m.* Remolón. *Slacker, quitter.* ‖ **5.** Soplón. *Gossip, telltale.* ~No sea RAJÓN. *Don't be a telltale.* ‖ **6.** Que no cumple lo prometido. *(Person) who does not keep his word.*

RAJONADA. *n.f.* Fanfarronada. *Bragging, boasting.*

RAJOSO. *adj.* Propenso a agrietar o resquebrajarse. *Prone to crack.*

RALEAR. *v.* Enrarecer. *To become rarified, to become scarce.*

RAMADA. *n.f.* Cobertizo hecho de ramas. *Shelter, covering (made of branches).*

RAMALAZO. *n.m.* Pena, castigo o adversidad que alcanza a alguien por culpa de otro.

RAMAZÓN. *n.f.* Cornamento con muchas ramas que tienen algunos cuadrúpedos como los ciervos, las gacelas, etc. *Antler, horns.*

RAMBLA. *n.f.* Paseo marítimo. *Esplanade, promenade, seafront.*

RAMEAR. *v.* Azotar a los animales con una rama para amansarlos. *To whip animals with a branch in order to tame them.* ‖ **2.** *To graze on branches (cattle).* ‖ **3.** Andar de rama en rama como los monos. *To go from branch to branch.* ‖ **4.** (Tabasco). •Andarse uno por las RAMAS. *To beat around the bush.*

RAMPAGUALA. *n.f.* Mujer coqueta o ligera. *Flirt.*

RANCHAR. *v.* Andar de rancho en rancho con el objeto de comerciar. *To wander from farm to farm.* ‖ **2.** Pernoctar, pasar la noche. *To spend the night.*

RANCHEAR. *v.* Saquear. *To loot.* ‖ **2.** Robar. *To rob.* ‖ **3.** Trabajar en un rancho. *To work on a ranch.* Y cuando mi papá se iba RANCHEANDO, allí se iba el Emiliano. *And whenever my father would go working from ranch to ranch, Emiliano would always go with him.* (E. Poniatowska. Hasta no verte Jesús mío).

RANCHERA. *n.f.* Canción típica mexicana. *Traditional Mexican song.* ‖ **2.** •No cantar mal las RANCHERAS. No hacer alguna actividad mal. *Not to be bad at some things.*

RANCHERADA. *n.f.* Conjunto de rancheros.

RANCHERÍA. *n.f.* Pueblo pequeño. *Small town, hamlet.* [...] Ciudad Juarez era simplemente donde llamaba el trabajo, el trabajo que no existia en las RANCHERIAS del desierto de la montana [...]. *Juarez was the only place that provided work, work that was not available in the small desert and mountain towns.* (Carlos Fuentes. La frontera de cristal). | **2.** Conjunto de habitaciones para los peones de un rancho. *Farm workers' quarters on a farmhouse.*

RANCHERO. *n.m.* Campesino. *Rustic country person.* Hacía tan poco que habíamos llegado de Tonanzintla que no se les quitaba lo RANCHERO. *They had left Tonanzintla such a short time ago that they had not yet lost their country ways.* (A. Mastretta. Arráncame la vida). ‖ **2.** Conocedor del campo. *Rancher.* ‖ **3.** *adj.* Inculto, sencillo. *Uncouth, coarse.* ‖ **4.** Tímido, vergonzoso. *Shy.* ‖ **5.** •HUEVOS RANCHEROS. Huevos fritos con chile y salsa de tomate. *Fried eggs in hot chile and tomato sauce.*

RANCHITA. *n.f.* Pequeña habitación en la parte trasera de un rancho. *Small room at the back of a rancho.*

RANCHO. *n.m.* Finca de campo, generalmente pequeña y pobre. *Small farm.* Cualquier cosa es un banquete viniendo de esos ranchos miserables donde no hay nada de comer. *Any food from those impoverished houses where there's nothing to eat is a banquet.* (R. Castellanos. Balún Canán). ‖ **2.** Pueblo. *Village.* Te hemos buscado en Santiago y santa Inés, pero nos informaron que ya no vivía allí, que te habías mudado a este RANCHO. *We looked for you in Santiago and Santa Inés but they told us that you no longer lived there, that you had moved to this village.* (Juan Rulfo. El llano en llamas). ‖ **3.** Estancia o establecimiento ganadero. *Cattle-ranch.* ‖ **4.** (Tabasco). Cobertizo (por lo común provisional, para preservar de la intemperie o habitar transitoriamente en el campo). *Shed, temporary shelter.* ‖ **5.** Restos de mercancías vendidas en puestos de plazas y calles. ‖ **6.** •Salir (llegar) del RANCHO. Llegar del pueblo. *To be fresh off the farm.* ‖ **7.** •Hacer RANCHO aparte. Independizarse de la casa familiar, principalmente el hijo que se casa. *To leave, abandon or fly the nest, to go one's own way.*

RANEAR. *v.* Leer mal en voz alta. *To recite badly.*

RANFLA. *n.f.* Rampa, declive. *Ramp, incline.* ‖ **2.** Runfla. *Crowd, multitude.* ~Una RANFLA de pillos. *A bunch of rascals.*

RAPADURA (variante de **raspadura**).

RAPARSE. *v.* Aguantar los inconvenientes de trabajo duro o una actividad poco agradable, aguantárselas. *To endure the hardship of hard work or an unpleasant activity.*

RÁPIDA. *n.f.* Tolva, rampa de caída. *Chute.*

RASCABUCHAR. *v.* Curiosear. *To pry, snoop, nose about.* ‖ **2.** Ejecutar actos inmorales y deshonestos. *To behave immorally and indecently.* ‖ **3.** Toquetear a una mujer. *To fondle a woman.*

RASCABUCHEAR (variante de **rascabuchar**).

RASCADA. *n.f.* Rascadura. *Itch, itchiness.*

RASCADERA (variante de **rascadura**).

RASCADURA. *n.f.* (Tabasco). Cosecha de la papa. *Potato harvest.*

RASCAR. *v.* (Puebla). Cosechar la patata (papa). *To harvest, pick potatoes.* ‖ **2.** •RASCARSE la panza (o la barriga). Holgazanear. *To loaf, take it easy.* ‖ **3.** •RASCARSE por sus propias uñas. Valerse por sí mismo. *To be able to manage on one's own, to paddle one's own canoe.* ‖ **4.** RASCAR la(s) pared(es). Estar desesperado. *To be desperate.*

RASCARRABIAS. *n.m.* Cascarrabias. *Quick-tempered person, irritable sort.*

RASCÓN. *n.m.* Pendenciero. *Quarrelsome person.*

RASCUACHE. *adj.* Pobre, sin dinero. *Poor, penniless.* ‖ **2.** Desgraciado. *Wretched.* ‖ **3.** Cursi, ridículo. *Ridiculous, in bad taste.* ‖ **4.** Grosero, despreciable, vulgar. *Coarse, vulgar.* ‖ **5.** De mala muerte. 📖 Mire, aquí cerca, hay un café RASCUACHE. *Look, near here there's this shabby restaurant.* (C. Fuentes. La región más transparente).

RASCUACHO (variante de **rascuache**).

RASGUÑADA (variante de **rasguñón**).

RASGUÑÓN. *n.m.* Rasguño. *Scratch.*

RASO. *adj.* Escaso. *Few, limited, short of.*

RASPA. *n.f.* Raspadura. *Scraping, rasping.* ‖ **2.** Azucar morena. *Brown sugar.* ‖ **3.** Burla. *Joke.* ‖ **4.** Reprimenda, regaño. *Reprimand, scolding.* ‖ **5.** Chusma. *Riffraff.* ‖ **6.** Broma, chanza. *Joke.* ‖ **7.** •Echar RASPA. Estar de bromas, alborotar. *To paint the town red.* ‖ **7.** •Salir de RASPA. Salir atropelladamente. *To leave hastily, helter-skelter.*

RASPADA. *n.f.* Reprimenda. *Scolding.*

RASPADILLA. *n.f.* Hielo raspado y endulzado con jarabe. *Fruit drink served on crushed ice.*

RASPADO. *adj.* •Salir RASPADO. Salir atropelladamente. *To leave hastily, helter-skelter.*

RASPADOR. *n.m.* Rallador. *Grater.*

RASPADURA. *n.f.* Azucar moldeada en forma de cono truncado, **panela**. *Brown sugar loaf.* ‖ **2.** Especie de caramelo. *Sweet made of milk and syrup.*

RASPAR. *v.* Reprochar, reprender. *To scold, reprimand.* ‖ **2.** Zaherir, echar indirectas. *To say unkind things, make wounding remarks.* ‖ **3.** Andar o pasar muy cerca. *To come very near.* ~El tiro me pasó RASPANDO. *The bullet just grazed me.* ~No saqué el premio, pero lo anduve RASPANDO. *I did not win the prize, but I came close.* ‖ **3** (Tabasco). Andar golosinando, o buscando cosa que comer. ‖ **4.** •RASPARLA. Abusar de la amistad. *To abuse friendship.* ‖ **5.** •RASPAR codos. Bailar. *To dance.* ⌑ A darles, muchachos, que voy a RASPAR codos. *Let's go, boys, I'm going to dance.* (C. Fuentes. La región más transparente).

RASPÓN. *n.m.* Alusión irónica o injuriosa. *Cutting remark.* ‖ **2.** Reprimenda. *Scolding.* ‖ **3.** Desolladura (se dice especialmente de la rozadura de bala). *Graze, abrasion.*

RASPONAZO. *n.m.* Raspón muy fuerte. *Graze, abrasion of consequence.*

RASPONEAR. *v.* Reprender, regañar fuertemente. *To give a tongue-lashing.*

RASPOSO. *adj.* Bromista. *Joking, teasing.* ‖ **2.** Aspero al paladar. *Sharp-tasting, rough to the palate.* ‖ **3.** De trato áspero. *Abrupt, sourly.*

RASQUERA. *n.f.* Picazón. *Itching.*

RASQUETA. *n.f.* (Acad.). Chapa dentada para limpiar el pelo de las caballerías; almohaza. *Currycomb.*

RASQUETEAR. *v.* (Acad.). Limpiar el pelo de las caballerías con **rasqueta**. *To groom, brush down.*

RASQUIÑA. *n.f.* Picazón, escorzor, comezón. *Itch.*

RASTACUERISMO. *n.m.* Condición de rastacuero. *Social climbing; ostentation, display.*

RASTACUERO. *n.m.* Persona inculta, adinerada y jactanciosa. *Upstart, parvenu, nouveau-riche.* ⌑ A lo que lleva la inclinación malinchista de muchas familias mexicanas RASTACUERAS con una inconcible debilidad racista [...]. (Agustín Yánez. Ojerosa y pintada).

RASTRA. *n.f.* Prostituta pobre. *Prostitute.* ‖ **2.** Atajadero (aparato que sirve para desviar el agua en las acequias). *Barrage, dike (to direct water into a new channel for irrigation).* ‖ **3.** •En RASTRAS. A rastras. *By dragging.* ~Tuvimos que llevarla al colegio en RASTRAS. *We had to drag her to school.*

RASTRILLAR. *v.* Disparar un arma de fuego. *To fire a weapon.* ‖ **2.** •RASTRILLAR los pies. Arrastrar los pies. *To drag one's feet.* ‖ **3.** •RASTRILLAR un fósforo. Encender un fósforo. *To strike a match.*

RASTRILLAZO. *n.m.* Acción de rastrillar una arma de fuego. *Firing (of a weapon).*

RASTRILLO. *n.m.* Maniquilla de afeitar. *Safety razor.*

RASTROJEAR. *v.* Pastar los animales en los rastrojos. *To feed in the stubble.* ‖ **2.** Recoger en los rastrojos los residuos de las cosechas. *To glean.*

RASTROJERO. *n.m.* Planta de maíz usada como forraje. *Corn used as fodder.*

RASTROJOS. *n.m.* Sobras, desperdicios, residuos. *Waste, remains, left-overs.*

RASURADA. *n.f.* Acción de **rasurar** o **rasurarse**. *Act of shaving.* ⌑ [...] treinta pesos la RASURADA y treinta el pelo. *Thirty pesos for a shave and thirty pesos for a haircut.* (E. Poniatowska. Hasta no verte Jesús mío).

RASURADO. *n.* Afeitado. *Shaving.*

RASURADOR. *n.m.* Maquinilla de afeitar. *Electric razor or shaver.*

RASURADORA (variante de **rasurador**).

RASURAR. *v.t.* Afeitar. *To shave.* ⌑ Lo besó con esos labios perfectos y sintió en su propia barba RASURADA la hondura de la barbilla [...] de Michelina. *She kissed him with those perfect lips of hers and he felt the hollow of Michelina's chin on his own unshaven one.* (Carlos Fuentes. La frontera de cristal). ‖ **2.** Pelar, desplumar. *To clean out.* ~Me RASURARON los veinte pesos que traía. *They cleaned me out of the twenty dollars that I carried with me.* ‖ **3.** **-se.** Afeitarse. *To shave (oneself).* ⌑ "La odio" fueron las palabras que Eduardo pronunció una mañana frente al espejo, a la hora de RASURARSE. *"I hate her" were the words that*

Eduardo uttered one morning in front of the mirror while shaving. (Silva Molina. El amor que me juraste). ‖ 4. •Sin RAZURAR. Sin afeitar. *Unshaven.*

RATERA. *n.f.* Trampa para cazar ratas. *Rattrap.*

RATERIL. *adj.* Relativo al ratero. *Thieving.*

RATERO. *n.m.* Ratero de casas. *Burglar.*

RATO. *n.m.* •Al RATO. Dentro de poco. *In a while.*

RATÓN. *n.m.* •De un RATÓN hacer un elefante. *To make a mountain out of a molehill.* 📖 Es por tanto que sudaste anteanoche. Te estás haciendo neurasténico: DE UN RATÓN HACES UN ELEFANTE. *Is that why you sweated so much the night before last. You're getting paranoid: you're making a mountain out of a molehill.* (M. Azuela. Nueva burguesía).

RAYA. *n.f.* Paga, jornal. *Pay, wages.* 📖 [...] si la vuelves a dejar tirada (la manguera) me la cobro de tu RAYA. *If you loose it once more I'm going to take out of your salary.* (V. Leñero. Los albañiles). ‖ 2. (Tamaulipas). Pequeño canal de riego. *Small irrigation channel.* ‖ 3. (Durango, Morelos). Surco. *Furrow.* ‖ 4. •Día de RAYA. *Payday.* 📖 Los de Comitlán se emborrachaban y se peleaban cada día de RAYA. *Every payday those at Comitlán would get drunk and get into a fight.* (R. Pozas. Jual Pérez Jolote). ‖ 6. •La RAYA. La muerte. *Death.* ‖ 7. •Pintar la (su) RAYA. Decir basta (a algo). *To draw the line.* ‖ 8. •Morir en la RAYA. *To die in the line of duty.*

RAYADA. *n.f.* Acción y efecto de **rayar**. *Paying of wages.*

RAYADO. *adj.* Well-to-do. *Adinerado.*

RAYADOR. *n.m.* Persona que paga la **raya** o jornal. *Paymaster.* 📖 Frecuentaban ese burdel religiosamente, cada vez que el RAYADOR les entregaba sus respectivos jornales. *They visited that brothel religiously, each time that the paymaster would hand them their pay.* (F. del Paso. José Trigo. Cit. Hispan.). ‖ 2. Oficina en que se **raya** a los trabajadores. *Room or office where wages are paid out to workers.* ‖ 3. (Yucatán). Falsilla (papel rayado que se pone debajo de la hoja en que se escribe). *Guide sheet.*

RAYAR. *v.* Pagar la **raya** o salario. *To pay workers.* ‖ 2. Cobrar la **raya** o salario. *To collect wages.* 📖 RAYÓ el sábado, dijo Federico guardándose la pluma atómica. *He got paid Saturday, said Federico putting his ballpoint pen back in his pocket.* (V. Leñero. Los albañiles). ‖ 3. Detener de improviso la cabalgadura. *To halt a horse suddenly.* ‖ 4. Espolear, excitar la cabalgadura, haciendola partir con violencia. *To spur on a horse.* ‖ 5. •RAYAR el disco. Repetir una cosa hasta el cansancio. *To repeat something endlessly (like a broken record).* 📖 ¿Cuál fue la canción esa que estuvieron repite que repite como un disco RAYADO? *What was that song they played over and over again like a broken record?* (J.Rulfo. El llano en llamas). ‖ 6 -se. Enriquecerse. *To get rich.* ‖ 7. Satisfacer plenamente sus deseos. *To see one's wishes fulfilled.* ‖ 8. •RAYÁRSELA. Insultar la madre de alguien. *To speak ill of one's mother, to insult one's mother.*

RAZA. *n.f.* Grupo de gente. *Group of people.* ‖ 2. Plebe, clase social más baja. *The masses.*

REAL, REALES. *n.m.* Dinero. *Cash, bread.* ‖ 2. Octava parte de un peso. *One eight of a peso.* 📖 La primera semana le di dos REALES para que fuera a comprar el mandado. *The first week I gave her a "real' so that she could go to the market and buy groceries.*

REALA. *n.f.* Soga. *Rope.*

REALADA. *n.f.* Rodeo. *Roundup, rodeo.*

REALAR. *v.* Recoger el ganado. *To round up (cattle).*

REALEGADOR. *adj.* Discutidor. *Who likes to argue.* 📖 La debes haber conocido, pues era REALEGADORA y cada rato andaba en pleito con las marchantas en la plaza del mercado [...]. *You must have known her since she was always quarrelling with the women who were* *peddling their wares in the market place.* (Juan Rulfo. El llano en llamas).

REALENGO. *adj.* (Acad.) Que no tiene dueño. Dícese especialmente de los animales. *Stray, lost, ownerless.* ‖ **2.** Ocioso, libre de toda exigencia u obligación. *Idle, free, unattached.*

REALERO. *adj.* Que vale un real. *Worth a real.*

REASEGURAR. *v.* Volver a asegurar. *To reassure.*

REASUMIR. *v.* Resumir. *To resume.*

REATA. *n.f.* Soga de fibra torcida, empleada en vaquería para implementos característicos del **charro**. *Rope, lasso.* ‖ **2.** Cualquier soga en general. *Rope, strap.* ▢ Las envolvió (prendas) en un petate corriente y las ató con una REATA. *He wrapped them in a regular straw sleeping mat and tied them with a rope.* (R. Castellanos. Balún Canán). ‖ **3.** Enrejado de cañas que se hace en los jardines. *Bamboo screen.* ‖ **4.** Macizo. *Flowerbed, border.* ‖ **5.** Comba. *Jump rope.* ‖ **6.** *adj.* Bueno, generoso. *Good, kind, generous.* ‖ **7.** Habilidoso, ingenioso. *Handy, clever.* ‖ **8.** •Comer a dos REATAS. Comer excesivamente. *To overeat, stuff oneself.* ‖ **9.** •Dar o echar REATA. Azotar. *To whip.* ‖ **10.** Irse (pelarse) con todo y REATA. Llevarse lo que no les pertenece a uno. *To walk off with someone else's belonging, to clean someone out.* ‖ **11.** •Ser muy REATA. Ser valiente y resuelto. *To be bold and determined,* **b)** Ser muy bueno para algo. *To be good at something.* Juan es muy REATA para el billar. *John is very good at billard.* ‖ **12.** •Brincar a la REATA. Saltar a la cuerda. *To jump rope.*

REATAZO. *n.m.* Golpazo. *Thump.* ~Se dieron de reatazos. *They thumped each other.*

REATIZA. *n.f.* Paliza. *Severe beating.*

REBAJE. *n.m.* Descuento. *Discount.*

REBANADA. *n.f.* Picaporte, pestillo. *Latch.*

REBASAR. *v.* Adelantar, pasar. *To pass, overtake.* ~REBASÓ al camión. *He overtook the truck.* ~No REBASAR. *No passing, no overtaking.*

REBASE. *n.m.* Adelantamiento. *Overtaking.*

REBATINGA (variante de **rebatiña**).

REBATIÑA. *n.f.* •Andar a la REBATIÑA. Discutir, pelear. *To argue, quarrel.*

REBENCAZO. *n.m.* Chasquido del **rebenque**. *Snap, crack of a whip.* ‖ **2.** Castigo recio. *Severe punishment.* ‖ **3.** Látigo. *Lash, whiplash.*

REBENQUE. *n.m.* Látigo recio de jinete. *Ridingcrop, whip.*

REBENQUEAR. *v.* Azotar con REBENQUE. *To whip.*

REBOCERÍA. *n.f.* Tienda donde se venden rebozos. *Store where shawls are sold.*

REBOCERO. *n.m.* Vendedor o fabricante de **rebozos**. *Shawl vendor or maker.*

REBOLICHADA. *n.f.* (Tabasco y Campeche). Golpe de suerte, ocasión favorable y feliz. *Opportunity.*

REBORUJA. *n.f.* Revoltijo. *Mess, jumble.*

REBORUJAR. *v.* Revolver, desordenar, sacar las cosas de su sitio. *To mix up.*

REBORUJO. *n.m.* Brawl, confusión. *Alboroto, tumulto.*

REBOTADO. *adj.* Turbio (líquido). *Cloudy.*

REBOTAR. *v.* Enturbiar el agua. *To muddy, stir up.* ‖ **2.** •REBOTÁRSELE a uno la bilis. Encolerizarse. *To get furious.* ‖ **3.** -se. Enturbiarse el agua. *To become cloudy or muddy.*

REBOZADO. *n.m.* Procedimiento por el que se fríen las viandas, bañándolas en un batido de harina, huevos, etc. *The process of dipping in batter and frying (cutlet of veal, beef, etc.).* ‖ **2.** *adj.* Que viene rebozado, listo para freír. *Meat dipped in batter for frying.*

REBOZO. *n.m.* Chal de abrigo de lana gruesa. *Shawl, wrap.* ▢ Al cruzar una bocacalle vi una señora envuelta en su REBOZO. *Crossing an intersection I saw a women wrapped up in a shawl.* (Juan Rulfo.

Pedro Páramo).

REBULLIR. *v.* Revolver. *Stir up.* || **2.** -se. Moverse, inquietarse. *To stir, begin to move, show signs of life.*

REBUMBIO. *n.m.* Vocerío, estrépito, alboroto. *Racket, din, hubbub, commotion.*

RECADO. *n.m.* Especias e ingredientes que se requieren para guisar. *Spices and ingredients necessary for cooking.* || **2.** Saludos. Greetings, regards, compliments. ~Déle RECADOS a su familia. *Give my regards to your family.* || **2.** •Salir a un RECADO. Llevar un recado, hacer un mandado. *To run an errand.*

RECALAR. *v.* Llegar. *To arrive.* ~RECALÉ en Guadalajara a los ocho. *I arrived (got to) Guadalaja at eight.* || **2.** Ir a dar, ir a parar. *To end up.* 📖 Ella habría de enterarse de que yo mismo era ese hombre que una y otra vez RECALABA por aquellos parajes. *She would find out that I was the man who she would find at all times in those surroundings.* (E. Valadés. La muerte tiene permiso). || **3.** Recurrir a alguien que se supone puede resolver alguna dificultad. *To turn to someone for help.*

RECALENTADO. *n.m.* Guiso que queda de una fiesta y se come al día siguiente. *Meal made with party leftovers.*

RECÁMARA. *n.f.* (Acad.) Dormitorio. *Bedroom.* 📖 Tenía (la casa) catorce RECÁMARAS, un patio en el centro, tres pisos y varias salas para recibir. *It had fourteen bedrooms, a patio in the middle, three floors and various reception rooms.* (A. Mastretta. Arráncame la vida). 📖 Por fortuna, la pareja dormía en RECÁMARAS separadas [...]. *Fortunately, the couple slept in separate rooms.* (Carlos Fuentes. La frontera de cristal). || **2.** Vestidor. *Dressing room.* || **3.** Muebles del dormitorio. *Bedroom furniture.* ~Necesitamos comprar una RECÁMARA. *We need to buy some bedroom furniture.*

RECAMARERA. *n.m/f.* Moza o doncella encargada del aseo interior de la casa familiar, o de los cuartos de un hotel. *Chambermaid.*

RECAMARISTA (variante de **recamarero**).

RECAMBIO. *n.m.* •Neumático de RECAMBIO. Neumático de repuesto. *Spare tire.*

RECAPTURAR. *v.* Volver a capturar. *To recapture.*

RECARGADO. *adj.* Arrogante, presumido. *Arrogant, presumptuous.* || **2.** Apoyado. *Leaning.* 📖 Yo vi que se movía en dirección de un tecolote y que agarraba el guango que yo siempre tenía RECARGADO allí. *I saw that he was heading for a plum tree and that he was picking up the machete which was leaning against it.* (J. Rulfo. El llano en llamas. Cit. Hispan.).

RECARGARSE. *v.* (Acad.) Apoyarse. *To lean against something.* ~Fumaba RECARGADO contra la pared. *He was leaning against the door smoking.*

RECAUDERÍA. *n.f.* Tienda pequeña en que se venden especias y demás condimientos. *Spice shop.*

RECAUDO. *n.m.* Especias, condimentos. *Spices, condiments.* || **2.** Verduras y legumbres que se compran diariamente. *Daily supply of fresh vegetables.*

RECESAR. *v.* ANGL Suspender una sesión. *To adjourn.*

RECESO. *n.m.* (Acad.). Vacación, suspensión temporal de actividades en los cuerpos colegiados, asambleas, etc. *Recess, adjournment.*

RECETAR. *v.* Propinar. *To deal out, hit.* ~Le RECETARON un par de bofetadas. *They gave him a couple of slaps.* || **2.** Destinarse a sí mismo algo de provecho. *To give as a present (to oneself).* ~Me RECETÉ una buena comida. *I treated myself to a good meal.* ~Se han RECETADO altísimos sueldos. *They assigned themselves generous salaries.*

RECHINAR. *v.* Rabiar. *To rage, fume.* || **2.** -se. Requemarse las comidas. *To burn, overcook.*

RECHINGADA. *n.f.* •Hija de la rechingada.

Hija de puta. *Bitch.* ▢ ¡Un cuchillo y un tenedor, hija de la RECHINGADA. *A knife and a fork, you bitch!* (E. Poniatowka. Hasta no verte Jesús mío).

RECHINÓN. *n.m.* Chirrido (de frenos). *Screech.* El coche paró en seco con un RECHINÓN. *The car schreeched to a halt.*

RECHOLA (variante de **recholita**).

RECHOLITA. *n.f.* (Noreste). Reunión festiva de amigos. *Get-together.*

RECIBIDA. *n.f.* Recepción. *Reception.*

RECIÉN. *adv.* Acabado de, recientemente. *Just.* ~RECIÉN llegué (acabo de llegar). *I have just arrived.* ‖ **2.** Hasta. *Until.* ~RECIEN mañana lo veré (no le veré hasta mañana). *I won't see him until tomorrow.* ~RECIEN me doy cuenta (no me había dado cuenta hasta ahora). *I'm just now realizing it (I hadn't realized it until today).* ‖ **3.** Sólo. *Only.* ¿RECIÉN ahora me lo dices? *You're telling me this now?*

RECIO. *adj.* •Hablar RECIO. Hablar en voz alta. *To talk in a loud voice.*

RECIPROCAR. *v.* ANGL (Acad.). Responder a una acción con otra semejante; corresponder. *To reciprocate.*

RECLAME. *n.m.* Elogio exagerado con él que se ensalza a alguien o se anuncia algo. *Hype.*

RECLAMO. *n.m.* Anuncio. *Advertisement.* ‖ **2.** Protesta, queja. *Complaint, protest.*

RECOGIDA. *n.f.* Acción de reunir y conducir al **rodeo** el ganado disperso en el campo. *Round-up.*

RECONFORTANTE. *n.m.* Alimento o bebida que anima. *Tonic, pick-me-up.*

RECONTRA. *adv.* (prefijo intensivo). Extramadamente. *Extremely, terribly.* Este libro es RECONTRACARO. *This book is exhorbitantly expensive.*

RECORD. *n.m.* ANGL Expediente, historial de una persona o de una actividad. *Record.*

RECORDAR. *v.* ANGL *v.* Grabar. *To record.* ‖ **2.** Despertar a alguien. *To awaken someone.* ▢ Me encomendaste que te RECORDARAS antes del amanecer. *You asked me to wake you up before dawn.* (J. Rulfo. Pedro Páramo). ▢ Mi papá estaba durmiendo. Lo RECORDÉ. *My dad was sleeping. I woke him up.* (E. Poniatowska. Hasta no verte Jesús mío). ‖ **3.** -se. (Acad.). Despertar el que está dormido. *To wake up.* ‖ **4.** Acordarse. *To recall, to remember.*

RECORRERSE. *v.* Correrse. *To move over.* ▢ Aquí cabemos los tres, apretaditos, RECÓRRETE un poco. *It's a little cramped, but the three of us fit in here, move over a little.* (Agustín Yánez. Ojerosa y pintada).

RECORTADO. *adj.* Rechoncho. *Short and stocky.*

RECORTAR. *v.* Criticar. *To criticize, pull apart, tear into.*

RECORTE. *n.m.* Murmuración o crítica que se hace de una persona ausente. *Gossip, slander.* ‖ **2.** Noticia de periódico que se recorta. *Clipping.*

RECORTÓN. *adj.* Chismoso, hablador. *Gossipy.*

RECOTÍN, NA. *adj.* Inquieto, desasosegado. *Restless.*

RECOVECO. *n.m.* Adorno muy complicado en ropas, muebles, etc. *Intricate design or decoration on clothes, furniture, etc.*

RECULADA. *n.f.* Retirada. *Retreat.*

RECULAR. *v.* Retroceder. *To step back, move back.* ▢ Recogió un leño del suelo y RECULANDO dos pasos, le gritó [...]. *He picked up a log from the ground and a moving back a couple of steps, he shouted.* (M. Azuela. Ésa sangre). ‖ **2.** ▢ Donde nada se mueve y uno camina como RECULANDO. *Where there's no sign of life and where one walks as though going backward.* (J. Rulfo. El llano en llamas).

RECULATIVA. *n.f.* Retracción. *Backing down, changing of one's mind.*

RECULE (variante de **reculada**).

RECULÓN (variante de **reculada**).

REDAMAR. *v.* Derramar. *To spill (over).*

REDAME. *n.m.* Derrame. *Spillage.*

REDEPENTE. *adv.* De repente. *Suddenly.*

REDESPACHAR. *v.* Enviar directamente a destino sin que pase por la Aduana una mercadería. *To send on, forward directly.*

REDETIR. *v.* Derretir. *To melt (down), thaw.*

REDINA. *n.f.* Rueda de telar. *Spinning wheel.*

REDOMÓN. *adj.* (Acad.). Aplícase a la caballería no domada por completo. *Half-trained, not fully broken (horse).* || **2.** (Persona) no adiestrada en su oficio o empleo. *Half-trained.* || **3.** Rústica, torpe. *Slow, dense.*

REDOMPAGADO. *adj.* (Noreste). Muy bien pagado. *Very well paid.*

REDONDO. *adj.* Que es de entendimiento rudo y difícil. *Dense, thick.* || **2.** Que no opone resistencia. *Weak.* || **3.** Honrado. *Honest.* || **4.** •En REDONDO. Por todas partes. *All around.* || **5.** •Boleto REDONDO. *Round-trip ticket.*

REDROJO. *n.m.* Harapo, andrajo, guiñapo. *Rags.* || **2.** *n.f.* Mujer de mala vida. *Prostitute.* || **3.** Persona despreciable. *Despicable, contemptible person.*

REDUCIR. *v.* •REDUCIR a escritura. Escriturar. *To execute by deed (document).*

REDUCTIBLE. *adj.* Reducible. *That can be reduced.*

REEDICIÓN. *n.f.* Acción de reeditar o reimprimir. *New edition or printing.*

REEMPLAZANTE. *n.m.* Sustituto. *Substitute.*

REENCAUCHE. *n.m.* Neumatico recauchutado (recauchado). *Recap.*

REFACCIÓN. *n.f.* Gastos de sostenimiento. *Running costs, upkeep expenses.* || **2.** Préstamo para aliviar una situación económicamente difícil. *Financial aid or assistance.* || **3.** Pieza o repuesto para la reparación de un aparato mecánico cualquiera. *Spare part.* || **4.** (Noreste). Compostura, reparación de un edificio. *Refurbishment.* || **5.** •Llanta de REFACCIÓN. Rueda de repuesto. *Spare tire.*

REFACCIONAR. *v.* Facilitar lo necesario para que prospere un negocio. *To finance, subsidize.* || **2.** Proporcionar dinero a quien le hace falta. *To help someone out with a loan.* || **3.** (Acad.). Restaurar o reparar, especialmente hablando de edificios. *To refurbish.*

REFACCIONERÍA. *n.f.* Tienda de repuestos. *Spare parts store.*

REFAJO. *n.m.* Manta burda. *Rough cloth.*

REFALAR. *v.* Resbalar. *To slip.*

REFALÓN. *n.m.* Resbalón. *Slip.*

REFERIR. *v.* Echar en cara. *To blame someone.*

REFINE. *n.m.* (Noreste). Primera copa para entrar en tono; por extensión la primera acción de una actividad.

REFISTOLERÍA. *n.f.* Presunción, afectación, pedantería. *Vanity.*

REFISTOLERO. *n.m.* Presumido, vanidoso. *Vain, conceited.*

REFRENDAR. *v.* Desempeñar. *To redeem from pawn.*

REFRESCAR. *v.* Recuperarse, mejorarse. *To get better.*

REFRESQUERÍA. *n.f.* Lugar donde además de vender refrescos, se pueden obtener bocados ligeros. *Refreshment stall or stand.*

REFRIGERADOR. *n.m.* Cárcel. *Jail.* Entonces sí que nos meten en el REFRIGERADOR. *You can bet your life that this time we'll all go to jail.* (C. Fuentes. El naranjo. Cit. Hispan.). || **2.** Heladera. *Refrigerator.*

REFUNDIR. *v.* (Acad.). Perder, extraviar, traspapelar. *To loose, misplace.* || **2.** Meter en lo más profundo. *To stick.* La REFUNDIERON en la oficina más fría del edificio. *They stuck her in the coldest office in the building.* || **3.** Guardar algo muy celosamente, esconder, ocultar. *To keep carefully, hide away.* || **4.**

Estar en la cárcel. *To be in jail.* 📖 Los administradores son una partida de sinvergüenzas. El último que tuve está todavía REFUNDIDO en la cárcel. *The managers are a bunch of scoundrels. The last one I had is still holed up in jail.* (R. Castellanos. Balún Canán. Cit. Hispan.). || **4.** Perder, hundir a alguien. *To destroy (someone).* 📖 [...] donde el licenciado había desplegado sus dotes para que REFUNDIERAN a un futbolista segundón. *Where the lawyer had tried to the best of his ability to ruin a second rate football player.* (P.I. Taibo II. Sombra de la sombra. Cit. Hispan.). || **5.**-se. Perderse, extraviarse, traspapelarse. *To get lost or misplaced.* || **6.** Esconderse. *To hole up, hide away.*

REFUNFUÑÓN. *adj.* Que refunfuña. *Grumbling, grouchy.*

REGADA. *n.f.* Metida de pata. *Blunder.*

REGADERA. *n.f.* Ducha. *Shower.* 📖 (...) y dejan (...) un montoncito de ropa al lado de la REGADERA. *And they leave a small bundle of clothes next to the shower.* (E. Poniatowska. Luz y luna). || **2.** Roseta. *Shower head.*

REGADERAZO. *n.m.* Baño de ducha. *Shower.*

REGALADO. *adj.* Muy fácil. *Very easy.* ~El examen estuvo REGALADO. *The exam was very easy (a cinch).*

REGALÍA. *n.f.* Anticipo que recibe el arrendador por un contrato de arriendo. *Royalty, advance payment.*

REGAÑADA. *n.f.* Regaño. *Scolding.*

REGAÑIZA. *n.f.* Regañina. *Scolding.*

REGAR. *v.* Fracasar. *To fail at something, to blow it (coll.).* ~La REGUÉ en el oral. La pifié en el oral. *I blew the oral test.* || **2.** Dispersarse (noticia). *To spread (news).* || **4.** •REGARLA. Echar a perder. *To blow it, to made a goof.*

REGATEADOR. *adj.* Que regatea. *Given to bargaining.*

REGATÓN. *n.m.* Vendedor de mercaderías de poco valor en plazas y mercados. *Small-time dealer.*

REGENTE. *n.m.* Alcalde de la ciudad de México. *Mayor of Mexico City.* 📖 El Presidente le pidió al REGENTE de la ciudad y al Jefe de la Policía que se fuesen. *The President requested the mayor of the city and the chief of police to leave.* (Cit. B. Steel).

REGIEGO (variante de **rejego**).

REGILETE. *n.m.* Rociador. *Sprinkler.*

REGIOMONTANO. *adj.* Que proviene de Monterrey. *Of, from Monterrey.* || **2.** Relativo a la ciudad de Monterrey. *Pertaining to the city of Monterrey.*

REGIR. *v.* •El mes que RIGE, el año que RIGE. Este mes, este año. *The current month, year, etc.*

REGISTRAR. *v.* ANGL Certificar una carta. *To register (a letter).*

REGISTRÓN. *n.m.* Entremetido. *Meddling, interfering.*

REGLAZO. *n.m.* Golpe dado con una regla. *Blow given with a ruler.*

REGRESAR. *v.* Devolver. *To return.* 📖 [...] sacó el libro que traía escondido en la chamarra. Lo REGRESÓ de inmediato a un estante del rincón. *He took out the book which he was hiding in his jacket and returned it to a corner shelf.* (Cit. B. Steel). || **2.** -se. Volver. *To return.* 📖 –Nos REGRESAMOS. –¿Cómo que se REGRESARON? *–We're back. –What do you mean you're back?* (Cit. B. Steel).

REGRESO. •De REGRESO. De vuelta. *Back.* 📖 [...] yo quiero mi caballo de REGRESO o le digo la verdad a don Juan [...]. *I want my horse back or I'm going to tell don Juan the truth.* (A. Mastretta. Arráncame la vida). 📖 O [los hombres] andarían de REGRESO del mercado [...] con su guayabera albeando. *Or the men would be returning from the market with their shirt flapping in the wind.* (Silva Molina. El amor que me juraste).

REGULAR. v. Calcular. *To calculate.*

REGUSTAR. *v.* Saborear, paladear. *To taste, relish, savor.*

REHILETE. Molinete. *Pinwheel.*

REINERO. *adj.* De Monterrey (Nuevo Leon). *From Monterrey.* ▶Lo mismo que regiomontano, pero de tono más familiar (Santamaría).

REJA. *n.f.* Cárcel, prisión. *Jail.* ‖ **2.** (Tabasco). Zurcido. *Darn, mend, patch.* ‖ **3.** Enrejado. *Railing.*

REJACHERO. *adj.* Taimado. *Crafty, wily, cunning.* ‖ **2.** Intratable, enojadizo, irascible. *Irritable.*

REJEAR. *v.* Meter a uno en la cárcel. *To put behind bars.*

REJEGA. *n.f.* (Tabasco). Vaca mansa de ordeñe. *Milking cow.*

REJEGO. *adj.* Indomable, reacio, alzado. *Untamable (horse).* ‖ **2.** Intratable, enojadizo, levantisco, irascible. *Troublesome, unruly, obstinate.* ⌑ Este señor tuvo mucha amistad conmigo porque los dos éramos iguales de REJEGOS. *This man and I got along very well together because both of us were pigheaded.* (E. Poniatowska. Hasta no verte Jesús mío). ‖ **3.** (Tabasco). Lento, flojo, manso, doméstico. *Slow, sluggish.*

REJIEGO (variante de **rejego**).

REJILLA. *n.f.* Portaequipajes. *Luggage-rack.*

REJO. *n.m.* Azote, látigo. *Whip.* ‖ **2.** •Dar REJO. *To whip.* ‖ **3.** Conjunto de vacas de ordeño. *Milking cows collectively.*

REJOLINA. *n.f.* (Norte). Alboroto, gritería. *Racket, commotion.*

REJUEGO. *n.m.* Embrollo, enredo malicioso. *Trick, intrigue, mischief.* ~¿Qué REJUEGUITO se trae éste. *I wonder what he's up to?*

REJUGAR. *v.* Adiestrarse, ejercitarse. *To become proficient or skilled.*

REJUNTA. *n.f.* Acción de **rejuntar** el ganado, **rodeo.** *Round up, rodeo.*

REJUNTAR. *v.* Reunir. *To round up (cattle).*

‖ **2.** Recoger (hongos, flores). *To pick, gather.* ‖ **3.** Recoger cosas que andan dispersas. *To collect, gather.* ‖ **4.** -se. Amancebarse. *To live together, cohabit.*

RELACIÓN. *n.f.* Tesoro enterrado. *Buried treasure.*

RELACIONARSE. *v.* Trabar relaciones de amistad, negocio, etc. *To make contacts.*

RELAJADO. *adj.* Herniado. *Having a hernia.* ‖ **2.** Reo que era juzgado por la inquisición. *Prisoner tried by the Inquisition.*

RELAJADURA. Hernia. *Hernia.*

RELAJAR. *v.* Causar repugnancia algún alimento. *To sicken, to feel disgust by the sight of food.*

RELAJEAR. *v.* Armar barullo, provocar desorden. *To cause a disturbance, stir up.*

RELAJO. *n.m.* Depravación de las costumbres, libertinaje. *Dissoluteness, dissipation, depravity, laxness.* ‖ **2.** Acción inmoral o deshonesta. *Immoral or indecent act.* ‖ **3.** Barullo, baile desordenado. *Boisterous party.* ⌑ Hoy es fiesta, ya echamos RELAJO. *Today is a holiday, let's have a wingding.* (C. Fuentes. La región más transparente). ‖ **4.** Desorden. *Commotion, disorder.* ⌑ Acuérdate del RELAJO que armaba cuando estábamos en misa […]. *Remember the commotion he would cause at mass time.* (Juan Rulfo. El llano en llamas). ‖ **5.** (Acad.). Burla o broma pesada. *Rude joke, practical joke.* ‖ **6.** Opción fácil. *Easy ride, soft option.* ‖ **7.** Cosa o persona divertida. *Laugh.* ~Eres un RELAJO. *You're such a laugh.* ~Va a ser un RELAJO. *It's going to be a laugh.* ‖ **8.** Alborotador. *Troublemaker.* ‖ **9.** Problema. *Hassle.* ‖ **10.** •De RELAJO. Por diversión. *For a laugh.* ~Lo hicimos de puro RELAJO. *We only did for fun.* ‖ **11.** •Ni de RELAJO. De ninguna manera. *In no way.* ~No vas a llegar ni de RELAJO. *There's no way you're going to get there.*

RELAJÓN. *adj.* Depravado. *Depraved, perverse.*

RELAMIDO. *adj.* (Acad.) Descarado,

jactancioso, desfachatado. *Shameless.*

RELAMPAGUEAR. *v.* Parpadear una luz, una estrella. *To twinkle, to flicker, to gleam.* ‖ **2.** Relampaguear. *To flash (lightning).*

RELAMPAGUEO. *n.m.* Parpadeo de una luz, una estrella. *Twinkle, gleam, flicker.*

RELAVADO. *adj.* (Noreste). Pálido, blancuzco, de color enfermo. *Pale, pallid.*

RELEVISTA. *adj.* •Lanzadores RELEVISTAS. Lanzadores de reserva. *Bullpen.*

RELICARIO. *n.m.* Guardapelo. *Locket.*

RELINCHADA. *n.f.* Relincho. *Neigh, whinny.*

RELINCHADA. *n.f.* Relincho. *Neigh, whinny.*

RELIQUIA. *n.f.* Ex-voto. *Votive offering.*

RELIZ. *n.m.* Declive (en un camino, cantera). *Slope, incline.* ▢ Cuando llegó al RELIZ del arroyo, enderezó la cabeza y se echó a correr. *When he reached the slope of the gully, he lifted his head and started to run.* (J. Rulfo. El llano en llamas).

RELLENA. *n.f.* Morcilla. *Blood pudding.*

RELLENITO. *adj.* (Noreste). Gordito. *Somewhat fat.*

RELOJ. *n.m.* Agujero en los calcetines. *Hole in a stocking.* ‖ **2.** •RELOJ checador. Reloj registrador. *Time clock.*

RELUJADO. *adj.* (Persona) muy aseada. *Clean, neat, tidy.*

RELUJAR. *v.* Lustrar el calzado. *To shine (shoes).*

REMADA. *n.f.* Acción de remar. *Rowing (boat), paddling (canoe).*

REMADURO. *adj.* Demasiado maduro. *Overripe.*

REMALO. *adj.* Malísimo. *Very Bad.*

REMANGÓN. *n.m.* Decisión de obrar con energía. *Resolution to act energetically, vigorously.*

REMARCABLE. *adj.* ANGL Notable, importante. *Remarkable.*

REMATADOR. *n.m.* Subastador. *Auctioneer.*

REMATAR. *v.* Vender, liquidar. *To sell at a bargain price.* ▢ REMATO comedor 9 piezas, $1.500.00. *Selling off 9 piece dinning set for $1.500.00.* (Cit. B. Steel). ‖ **2.** (Acad.). Comprar o vender en subasta pública. *To auction or buy at an auction.* ~Se REMATÓ en $80.000. *It went for $80,000.*

REMATE. *n.m.* (Acad.). Subasta pública. *Sale (by auction).* ‖ **2.** Borde, horma del paño. *Selvage, edge of a fabric.*

REMECER. *v.* Agitar, menear. *To shake, to wave.*

REMEDIO. *n.m.* Medicina. *Medicine.* ‖ **2.** •SANTO REMEDIO. Como por encanto, como por arte de magia. *As if by magic.* ~Con nada me curaba el resfrío; tomé este vino, y SANTO REMEDIO. *I tried just about everything to cure my cold, but to no avail; then I took some wine and as if by magic I got over it.*

REMENDAR. *v.* Reparar, arreglar. *To repair, fix.* ▢ El pus que usó mi madre cuando yo nací, y que está junto a la casa, ha sido REMENDADO ya [...]. *The steam bath which my mother used when I was born, and which is next to the house, has now been repaired.* (R. Pozas. Juan Pérez Jolote. Cit. Hispan.).

REMENEO. *n.m.* Contoneo. *Swinging of the hips in walking.*

REMESA. *n.f.* Arreglo monetario, satisfacción. *Financial settlement.*

REMEZÓN. *n.m.* (Acad.). Terremoto ligero o sacudimiento breve de la tierra. *Earth tremor, slight earthquake.*

REMILGÓN (variante de *remilgoso*).

REMILGOSO. *adj.* Remilgado. *Finicky, fussy, particular, fastidious.*

REMISIÓN. *n.f.* Remesa, envío. *Consignment, shipment.*

REMITIDO. *n.m.* Consignación, envío, remesa. *Shipment, consignment.*

REMOJAR. *v.* Sobornar. *To bribe.* ‖ **2.**

REMOJO

Celebrar una fiesta, o hacer regalo a una persona en ocasión del estreno de una casa, negocio, etc.). *To arrange a party for or present a gift to someone who is opening a new store, buying a new home, etc.* || **3.** Dar propina. *To leave a tip.*

REMOJO. *n.m.* Regalo. *Gift, present.* || **2.** Propina. *Tip, gratuity.* || **3.** Estreno. *Inauguration.* || **4.** Albricias. *Congratulations.* || **5.** •Dar el REMOJO. ~Nos dio el REMOJO (en el coche). *~He took us for a ride in his new car.* ~No dio el REMOJO (en la casa). *He invited us to his new house.*

REMOJÓN (variante de **remojo**).

REMOLERSE. *v.* Inquietarse, preocuparse, angustiarse. *To worry, get distressed, get upset.* –¿Para qué se va a REMOLER de balde, niña Matilde? *Why worry your little head for nothing, Matilde, my child.* (R. Castellanos. Balún Canán. Cit. Hispan.)

REMOLÓN. *adj.* •Hacerse el REMOLÓN. Dar el brazo a torcer. *To twist one's arm (fig.).* 📖 Un besito... No te hagas la REMOLONA. *Just a little kiss, come on, don't play hard to get.* (C. Fuentes. La región más transparente).

REMOVER. *v.* Cesar, destituir. *To dismiss.*

REMUDA. *n.f.* Caballo que se lleva en un viaje para relevar al animal cansado. *Spare horse taken on a trip to replace a tired one.* 📖 Fue a la posada de un tal Camilo Muñóz que también alquilaba bestias. –Necesito una REMUDA. –Tengo una yegua mora muy mansita. Dos cincuenta diario. *He went to the inn of someone called Camilo Muñóz. –I need a spare horse. –For two fifty a day I have this well tamed black mare.* (M. Azuela. Ésa sangre).

REMUDAR. *v.* Cambiar el hombre de mujer o tener sustituta o sustitutas; esposa y querida. *To go from one woman to another; to alternate between wife and mistress.*

RENCHIDO. *adj.* Muy apretado. *Very tight.*

RENCO. *adj.* Cojo. *Lame person.*

RENEGAR. *v.* Rabiar, enfurecerse. *To get furious, fly into a rage.* || **2.** Disgustarse, enojarse, ponerse de mal humor. *To get angry, get upset.* 📖 No me iré. Bien sabes que estoy aquí para cuidarte. No importa que me hagas RENEGAR, te cuidaré siempre. *I'm not going. You know very well that I'm here to look after you. Regardless of all the trouble you give me, I'll always take care of you.* (J. Rulfo. Pedro Páramo. Cit. Hispan.). || **3.** Protestar. *To protest.*

RENEGRIDO. *adj.* Muy negro, negruzco, ennegrecido. *Very dark, very black, blackened.*

RENGLÓN. *n.m.* com. Conjunto de artículos de un mismo ramo comercial. *Line of business, specialty.*

RENGO. *adj.* Patojo, lisiado. *Lame, crippled.*

RENGUEAR. *v.* Cojear. *To limp.*

RENGUERA. *n.f.* (Acad.). Renquera, cojera. *Limp, limping, lameness.*

RENOVAL. *n.m.* Terreno poblado de renuevos o árboles jóvenes. *Area of young trees.*

RENOVAR. *v.* Recauchutar. *To retread (tires), to recap.*

RENTA. *n.f.* Alquiler. *Rent.* 📖 (...) la pésima calidad de los víveres, la RENTA que no se podía pagar (...). *The poor quality of the food, the rent that could not be paid.* (E. Poniatowska. Luz y luna). 📖 Ya no nos faltará que comer y podremos pagar la RENTA. *We will no longer go without food and we'll be able to pay the rent.* (E. Valadés. La muerte tiene permiso).

RENTAR.(angl.) *v.* Aquilar. *To rent.* 📖 RENTÉ un cuarto en el callejón de San Antonio. *I rented a room on San Antonio Street.* (E. Poniatowska. Hasta no verte Jesús mío). 📖 Había RENTADO un departamento en un edificio de la calle Cumbres de Maltrata. *He had rented an appartment in a building on Cumbres de Maltrata street.* (Silva Molina. El amor que me juraste). || **2.** •Se RENTA. Se alquila. *For rent.*

RENTERO. *n.m.* Arrendatario. *Tenant farmer.*

REÑIDO. *adj.* Opuesto. *Opposite.*

REÑIR. *v.* Regañar. *To scold.*

REO. *n.m.* Demandado. *Defendant.*

REPARAR. *v.* Corcovear el caballo. *To buck, rear.*

REPARO. *n.m.* Respingo. *Bucking, rearing, sudden shying away.* ‖ **2.** •Dar un REPARO. Respingar. *To rear, buck.*

REPARTO. Terreno que se vende en lotes para construir casas. *Building site, building lot.* ‖ **2.** Barrio. *Quarter, district, neighborhood.*

REPASAR. *v.* Planchar. *To iron.*

REPATEAR. *v.* (Noreste). Molestar, chocar, enfadar. *To bother, disturb, upset.* ~Me REPATEA que siempre llegue tarde. *His always coming late really bothers me.*

REPECHAR. *v.* Hacer un alto para descansar en un viaje. *To stop over for a rest during a trip.* ‖ **2.** Guarecerse en un **repecho**. *To take refuge.* ‖ **3.** (Veracruz) Subir una cuesta empinada. *To go up a steep incline.* ‖ **4.** Irse a vivir, por una temporada, con otra persona o familia. *To live temporarily with another person or family.* Desde que se casó ha vivido REPECHADO en casa de su suegra. *Since getting married he has been living with his mother-in-law.* ‖ **5.** •REPECHAR contra. Apoyar el pecho contra. *To lean one's chest against.*

REPECHO. *n.m.* Parapeto, antepecho. *Parapet.* ‖ **2.** Abrigo, refugio. *Shelter, refuge.*

REPELADA. *n.f.* Regaño, amonestación. *Scolding.*

REPELAR. *v.* Poner reparos. *To raise objections, call into question.* 📖 Pero por lo visto a mí sí me gusta mi trabajo y tu no haces mas que REPELAR, coño. *The difference is that I do like my job while you keep finding faults with it, damned it.* (Carlos Fuentes. La frontera de cristal). ‖ **2.** Reprender. *To scold, tell off.* ‖ **3.** Sacar de juicio, irritar. *To irritate, exasperate.* ‖ **4.** (Acad.). Rezongar, refunfuñar. *To grumble, moan.* ‖ **5.** (Tabasco). Pastar el ganado en un prado que han pelado antes otros animales. *To graze on barren land.* ‖ **6.** •Hacer REPELAR. Hacer rabiar, molestar. *To anger.* 📖 [...] a mí me cuadra mucho hacer REPELAR a los federales, y por eso tienen mala voluntad. *I sort of enjoy making the government soldiers mad, that's why they don't like me.* (M. Azuela. Los de abajo. Cit. Hispan.). 📖 ¿Por qué eres así, Cuauhtémoc? Ya no me hagas REPELAR. *Why are you this way, Cuauhtémoc? Don't get me angry.* (M. Azuela. Nueva burguesía).

REPELENTE. *adj.* Fastidioso, cargoso. *Annoying, irritating.*

REPELLAR. *v.* Revocar paredes. *To plaster.*

REPELO. *n.m.* (Acad.) Ropa usada. *Old worn out dress.* ‖ **2.** Andrajo, harapo. *Rag, tatter.*

REPELÓN. *n.m.* (Acad.). Filípica, reprensión agria. *Scolding, telling off.* ‖ **2.** *adj.* (Acad.). Respondón, rezongón, refunfuñador. *Grumbling, grumpy.*

REPENTE. *n.m.* Ataque, desvanecimiento. *Attack, fainting fit.*

REPERCUTIR. *v.* Exhalar mal olor. *To emit a bad odor.* ‖ **2.** •REPERCUTIRLA. Ir de parranda tomando copas. *To go out for a few drinks.*

REPERIQUETE. *n.m.* Adorno cursi. *Cheap jewellery.* ‖ **2.** Bravata. *Brag, boast.*

REPIQUETEAR. *v.* Sonar (teléfono). *To ring.*

REPIQUETEO. *n.m.* Timbre (teléfono). *Ringing (telephone).* ‖ **2.** Taconeo menudo y repetido.

REPLANTIGARSE. *v.* Repanchigarse. *To lounge, sprawl.*

REPLETAR. *v.* Llenar por completo. *To fill completely, to stuff full, pack tight.*

RÉPLICA. *n.f. Aftershock.*

REPONEDOR. *adj.* Reconfortante. *Conforting, relaxing.* 📖 Pero es buena esta sopa, es REPONEDORA, se la recomiendo [...]. *But this soup is very tasty, it's reconforting, I recommend it.* (A. Mastretta. Arráncame la vida).

REPORTAR. *v.* ANGL Informar (periódico).

To report. ‖ **2.** Denunciar. *To report, denounce.* ‖ **3.** -se. Presentarse. *To present oneself, to be present.* ~Tiene que REPORTARSE al hospital todas las semanas. *She has to report to the hospital every week.* ‖ **3.** Devolver (una llamada). *To answer, return.* 📖 Pero nunca los encontraba (a mis hermanos) ni se REPORTABAN a mis llamadas. *I could never find them nor would they return my calls.* (Silva Molina. El amor que me juraste).

REPORTE. *n.m.* ANGL Informe, noticia. *Report, piece of news.* ‖ **2.** Boletin de calicaciones. *Report (school).* ‖ **3.** Queja. *Complaint.*

REPORTEAR. *v.* ANGL Informar. *To cover, report on.* ~La noticia fue ampliamente REPORTEADA. *The news was widely reported.*

REPOSTADA. *n.f.* (Acad.). Repuesta desatenta o grosera. *Rude reply, sharp answer, retort.*

REPOSTAR. *v.* Responder de una manera desatenta o grosera. *To reply rudely.*

REPOSTÓN. *n.m.* Respondón, grosero. *Rude, insolent.*

REPRISAR. *v.* Repetir el estreno de una obra. *To revive, put on again.*

REPRISE. *n.f.* Presentación de una obra teatral anteriormente estrenada. *Revival.*

REPROBADO. *n.m.* Calificación de suspenso en un examen. *Failing grade.*

REPROBAR. *v.* No aprobar un curso. *To fail a course.*

REPUNTAR. *v.* (Tabasco). Reunir a los animales dispersos. *To round up.* ‖ **2.** (Acad.). Empezar a manifestarse alguna cosa, como enfermedad, cambio de tiempo, etc. *To begin to appear, show the first signs, make itself felt.* ‖ **3.** (Acad.). Volver a subir las agua del río. *To rise suddenly (river).*

REPUÑOSO. *adj.* (Noreste). Que repugna. *Disgusting, revolting.*

REQUEMARSE. *v.* Curtirse la piel al sol. *To become tanned.*

REQUINTAR. *v.* (Acad.) Poner tirante una cuerda. *To tighten, make taut.* ‖ **2.** Imponerse, hacerse obedecer, poner orden. *To impose one's will on someone, push someone around.*

REQUISICIÓN. *n.f.* Incautación, registro. *Seizure.* ‖ **2.** Registro. *Search.*

RES. *n.f.* Biftec, filete, carne de vaca. *Steak, beef.* ‖ **2.** Gallo muerto en la pelea.

RESABIADO. *adj.* Que tiene resabios o malas costumbres difíciles de desarraigar. *Said of the person who has acquired bad habits.* ‖ **2.** Traidor, solapado. *Traitor, sly, underhand.*

RESABIOSO. *adj.* (Acad.). Resabiado. *Cunning, crafty; that has learned his lesson.*

RESACA. *n.f.* Aguardiente de primera calidad, o, todo lo contrario, de la peor calidad. *The best quality liquor, or the contrary; the worst.* ‖ **2.** Le escoria de la sociedad. *Riffraff, the dregs of society.* ‖ **3.** Residuo fangoso que deja una inundación. *Mud and slime left by a flood.* ‖ **4.** Represa, lago artificial. *Reservoir, artificial lake.* ‖ **5.** •La RESACA. Lo mejor de su género. *The best of its kind, the very essence.*

RESACADO. *adj.* Tacaño, intratable. *Mean, stingy.* ‖ **2.** Débil. *Weak.* ‖ **3.** Estúpido. *Stupid.* ‖ **4.** •Es lo RESACADO. Es de lo peor. *It's the worst of it kind.*

RESACAR. *v.* Destilar por segunda vez. *To distill a second time.*

RESANAR. *v.* Reparar los defectos de una superficie lisa. *To restore, repair.*

RESBALADA. *n.f.* Resbalamiento. *Slip.* ‖ **2.** Pegar o darse una RESBALADA. Resbalarse. *To slip.*

RESBALADILLA. *n.f.* Tobogán. *Chute, slide.*

RESBALAR. *v.* •RESBALAR del patín. Estirar la pata, morir. *To kick the bucket.*

RESBALOSA. *n.f.* FOLK. Cierto baile popular. *Popular Mexican dance.*

RESBALOSO. *adj.* Coqueta *(mujer)*, mariposón *(hombre)*. *Flirtatious.* ~Era bien

RESBALOSA. *She was a real flirt.* ~Es muy RESBALOSO con las jóvenes. *He's alway flirting with young women.*

RESCATAR. *v.* Revender. *To resell.*

RESCATE. *n.m.* Evaluación del mineral que extrae el minero en una semana.

RESERVA. *n.f.* •A RESERVA de que. *Provided that.* ~Lo haré mañana a RESERVA de que no llueva. *I'll do it tomorrow, provided it doesn't rain.*

RESERVADA. *n.f.* Cuerpo judicial de la policía secreta. *Secret police.* 📖 Las segunda vez que vinieron los de la RESERVADA, me mostraron la foto de un hermano de ese coronel. *The second time that the secret police came around, they showed me a picture of that coronel's brother.* (P.I. Taibo II. Sombra de la sombra. Cit. Hispan.).

RESGOLDAR. *v.* Rebosar. *To overflow, be full to the brim.* ~Ten cuidado, te puedes quemar porque el tazón está RESGOLDANDO. *Be careful not to burn yourself, the bowl is brimming over.*

RESGUARDO. *n.m.* Control, vigilancia. *Control.* || 2. •Resguardo aduanal. *Customs control.*

RESISTOL. *n.m.* Pegamento. *Glue.*

RESMILLAR. *v.* Desportillar. *To chip.*

RESMOLER (variante de **remoler**).

RESOCA. *n.f.* Desperdicio. *Waste.*

RESOLLADERO. *n.m.* Respiradero. *Flue (de una chimenea); ventilation, shaft (de una mina).*

RESOLLIDO. *n.m.* Respiración violenta y ruidosa. *Heavy breathing.*

RESORTE. *n.m.* Incumbencia, competencia, atribución. *Jurisdiction, concern, responsability.* ~No es de mi RESORTE. *It's not my concern.* || 2. Influencia, enchufe. *Contacts.* || 3. -s. Tirantes. *Suspenders.*

RESORTERA. *n.f.* Honda. *Slingshot.*

RESPINGAR. *v.* Replicar. *To answer back.* || 2. Corcovear el caballo. *To buck, shy.*

RESPINGO. *n.m.* (Acad.). Frunce, arruga (ropa). *Crease (clothing).*

RESPINGÓN. *adj.* Sensible. *Touchy.*

RESPLANDOR. *n.m.* Resolana. *Sunlight.*

RESPONSIVA. *n.f.* Fianza. *Bail.*

RESPONSO. *n.m.* (Noreste). •Echar un RESPONSO. Regañar. *To scold, chide.*

RESQUICIO. *n.m.* Vestigio. señal. *Trace, vestige, sign.*

RESTAURANTERO. *n.m.* Dueño de un restaurante. *Restaurant owner.* 📖 Verdaderamente, todo México está aquí –pensó el RESTAURANTERO– *It seems that all Mexico is here– thought the restaurant owner.* (V.A. Maldonado. La noche de San Barnabé).

RESTIRADOR. *n.m.* Mesa de tablero movible que usan los dibujantes. *Table with movable drawing board.*

RESTO. *adv.* •Un RESTO. Mucho. *Much, a lot, quite a bit.* 📖 El niño come. Y come un RESTO. Nada menos hoy al medio día se zampó media docena de tortillas. *The child is eating. Eating a lot. At noontime he wolfed down at least half a dozen tortillas.* (J. Rulfo. Toda la obra. Cit. Hispan.).

RESULTAS. •A RESULTAS de. A consecuencia de. *As a result of.*

RESUMIDERO. *n.m.* (Acad.). Sumidero, alcantarilla. *Drain.* 📖 A poco salió de su cuarto [...] a vaciar una cubeta de agua jabonosa en el RESUMIDERO del patio. *A short while later he left his room to empty a bucket of soapy water into the drain in the patio.* (M. Azuela. Nueva burguesía).

RESURAR (variante de **rasurar**).

RETACADO. *adj.* Harto, lleno. *Full.* || 2. (Noreste). Variante de **retacón**.

RETACAR. *v.* Llenar. *To fill.* 📖 Parece que en vez de cariño, le hubiéramos RETACADO el cuerpo de maldad. *It seems that we filled his body with evil rather than affection* (Juan Rulfo. El llano en llamas). 📖 Era un canasto grande y hasta que no lo RETACABA todo, (no) nos íbamos a dormir. *It was a large basket* *and we couldn't go to bed until we had filled it completely.* (E. Poniatowska. Hasta no verte Jesús mío). ‖ **2. -se.** Comer en exceso. *To overeat, to stuff oneself.* 📖 Igual que a veces da vergüenza dormir hasta el mediodía o comer hasta RETACARSE. *The same way that it's embarrassing to sleep until noon o eat until you're stuffed.* (V. Leñero. Los albañiles).

RETACHAR. *v.* Rechazar (cartas, trabajo). *Reject, refuse to accept.* ‖ **2.** No dejar entrar. *To refuse entrance, turn away.* ~Nos RETACHARON. *They refused to let us in.* ‖ **3.** Rebotar. *Bounce, rebound.* 📖 Y es que el viento que viene del pueblo RETACHA en la barranca y la llena de todos sus ruidos. *The thing is that the wind which blows from the town reverberates all through the ravine and fills it with noises.* (Juan Rulfo. El llano en llamas). ‖ **4.** Rebotar (bala). *To ricochet.* ~La bala RETACHÓ en la pared. *The bullet ricocheted off the wall.* ‖ **5.** Regresar. *To go back.* 📖 Me RETACHÉ a México. *I returned to Mexico.* (C. Fuentes. La región más transparente).

RETACÓN. *adj.* De baja estatura y rechoncho. *Short and fat, squat.*

RETADOR. *n.m.* Contendiente, rival. *Challenger.*

RETAJAR. *v.* Castrar (animal). *To castrate, geld.*

RETAJILA. *n.f.* Retahíla. *Series.*

RETAJILARSE. *v.* Ponerse en fila, alinearse. *To get in line.*

RETALIACIÓN. *n.f.* ANGL Represalia. *Retaliation.*

RETAZO. *n.m.* Despojos, achuras. *Offal.*

RETE. *adv.* Muy. *Very.* 📖 [...] Tenía dos hijas muy juguetonas; una prieta y chaparrita, [...] y la otra RETE alta. *He had two very playful daughters; one dark-skinned and short, and the other extremely tall.* (Cit. B. Steel). 📖 Me alegro y me RETEALEGRO. *I'm extremely happy.* (M. Azuela. La mala yerba). ‖ **2.** Muchos. *Many.* 📖 Ya hasta perdí la cuenta. Fueron RETEMUCHAS. *I've lost count.* *There were quite a few.* (J. Rulfo. Pedro Páramo).

RETÉN. *n.m.* Puesto militar o policial para controlar las carreteras. *Police o military checkpoint.*

RETINTO. *adj.* De color oscuro. *Dark-skinned.*

RETOBADO. *adj.* (Acad.) Respondón, rezongón. *Given to grumbling or answering back.* ‖ **2.** Terco. *Stubborn, obstinate.* 📖 (...) ellas se habían echado a perder porque erámos muy pobres en mi casa, y ellas muy RETOBADAS. *They had turned bad because at home we were very poor and they were very obstinate.* (Juan Rulfo. Pedro Páramo). ‖ **3.** Rebelde. *Unruly, rebellious.* ‖ **4.** Quisquilloso. *Fussy.* ‖ **5.** Caprichoso. *Whimsical.*

RETOBAR. *v.* (Acad.) Rezongar, responder. *To answer back, grumble, protest.* ‖ **2.** Cubrir of forrar con cuero. *To line or cover with leather.* ‖ **3.** Encapricharse, porfiar. *To te stubborn, dig one's heels in.*

RETOBO. *n.m.* Grosería. *Rude remark.* ‖ **2.** Forro. *Lining.* ‖ **3.** Terquedad. *Stubornness.* ‖ **4.** Protesta, rezongo. *Grumbling, moan.* ‖ **5.** Capricho. *Whim.*

RETORCIJÓN. *n.m.* Retortijón. *Stomach cramp.*

RETORNO. •RETORNO prohibido. Viraje en U, prohibido. *No U turn.*

RETRANCA. *n.f.* Freno. *Brake.* ‖ **2.** •Echarse a la RETRANCA. Echarse atrás. *To back down, change one's mind.*

RETRANCAR. *v.* Frenar. *To brake, apply the brakes.* ‖ **2.** Detenerse, interrumpirse la marcha de una asunto. *To come to a halt.*

RETRANQUERO. *n.m.* Guardafrenos. *Brakeman.*

RETRETA. *n.f.* Serie, tanda, retahila. *Series, string.* ‖ **2.** Concierto al aire libre. *Open-air concert.*

RETRUCAR. *v.* (Acad.). Replicar con acierto y energía. *To retort.*

RETRUQUE. *n.m.* Réplica áspera y firme.

Sharp retort. ‖ **2.** •De RETRUQUE. De rebote, como consecuencia. *On the rebound, as a consecuence, as a result.*

REVENTADERO. *n.m.* Hervidero, manantial en que brotan las aguas haciendo burbujas. *Bubbling spring.* ‖ **2.** Zona de la orilla del mar donde revientan las olas altas; rompeolas. *Shoal, rocks.*

REVENTAR. *v.* Germinar las plantas. *To sprout, shoot (plants).* ‖ **2.** Florecer. *To bloom.* ‖ **3. -se.** Excederse bebiendo alcohol. *To hit the bottle.*

REVENTAZÓN. *n.f.* Hinchazón en el estómago o en los intestinos. *Flatulance.* ‖ **2.** Explosión de las olas al romper en la playa. *Breaking of waves on the shore.* ‖ **3.** (Variante de **reventadero**).

REVENTERO. *n.m.* (Tabasco). Revendedor. *Reseller.*

REVENTÓN. *n.m.* Juerga. *Party, binge, bash.*

REVERBERO. *n.m.* Cocinilla de hojalata con lamparilla de alcohol. *Small spirit stove* .‖ **2.** Brasero. *Brazier, fire-pan.*

REVERENDO. *adj.* Grande (en sentido irónico). *Large, big (ironically).* ~Juan es un REVERENDO idiota. *Juan is a complete idiot.*

REVERSA ANGL *n.f.* En lenguaje automovilístico, marcha atrás. *Reverse (gear).* ‖2. •Echar (meter) REVERSA. *To put the car into reverse.* ‖ **3.** •Meter REVERSA. FIG. Volverse atrás. *To back out.* ~Ya hemos invertido mucho, METER REVERSA ahora sería una tontería. *We've already invested a lot of money, it would be foolish to back out now.*

REVESADO. *adj.* Que tienen relevo o remuda (bueyes o caballos).

REVIRAR. *v.* Subir la apuesta inicial (juego). *To raise (up) the ante.* ~Te REVIRO cinco dólares. *I'll raise you five dollars.*

REVIRÓN. *n.m.* Rebelión, sublevación. *Rebellion, revolt.*

REVISADA. *n.f.* Revisión. *Revision, review, check, examination.* ‖**2.** Vistazo. *Look, quick look.* ~Echele una REVISADA. *Take a (quick) look at it.*

REVOLEAR. *v.* Hacer girar con la mano una correa o laso por encima de la cabeza. *To twirl, whirl (a lasso).* ‖ **2.** Desordenar, revolver. *To mess up.*

REVOLTIJO. *n.m.* Lío mal hecho. *Bundle.* ‖ **2.** Desorden. *Mess, litter.* ‖ **3.** *Traditional seafood dish.*

REVOLTURA. *n.f.* Confusión. *Confusion, jumble.* ‖**2.** Mezcla. *Mixture.* 📖 [...] de chile, de queso, de picadillo, como quien dice, la REVOLTURA. *With chili pepper, cheese, minced meat, as they say, the whole concoction.* (A. Yáñez. La creación. Cit. Hispan.). ‖ **3.** Cemento, mortero. *Mortar, cement.*

REVOLVEDERA. *n.f.* Hormigonera. *Concrete mixer.*

REVÓLVER ANGL *n.m.* Pistola. *Revolver.*

REVOLVER. *n.* Girar, dar la vuelta. *To turn around, revolve.*

REVUELO. *n.m.* (Acad.). Salto que da el gallo en la pelea asestando el espolón al adversario y sin usar el pico. *Spur trust of fighting cock.*

REVULSAR. *v.* Vomitar. *To vomit, throw up.*

REY. *n.m.* •Tener el REY como compadre. Permitirse ciertas libertades, por ausencia de quien puede prohibirlas. *To abuse, take advantage of.*

REZAGADO. *adj.* (Cartas) que no han sido reclamadas en el correo. *Unclaimed (letters).* ‖ **2.** *n.m.* Cartas que no han sido reclamadas en el correo. *Unclaimed letters.*

REZAGAR. *v.* Reservar, conservar aparte algo, de medida de previsión. *To set aside, save.*

REZAGO. *n.m.* Atraso. *Backwardness, lag.* ~El REZAGO del campo. *The backwardness of rural areas.* ~El REZAGO en los salarios. *The falling behind of salaries.* ‖ **2.** Atraso (de correos). *Backlog.* ‖ **3.** Rastro. Huella. *Sign.* ‖ **4.** •Sección de REZAGOS. *Unclaimed* *letter department.*

REZANDERO. *adj.* Que reza. *Prayful, devout.* ‖ **2.** *n.f.* Mujer cuyo oficio consiste en andar rezando de casa en casa en ocasión de un duelo, etc. *Hired mourner.*

REZO. *n.m.* (Veracruz). Cuerda pequeña para atar animales. *Short rope used to tie animals.*

REZÓN. *n.m.* (Veracruz). Potro. *Colt.*

REZUMBA. *n.f.* Juguete, especie de trompo que zumba al girar. *Spinning top.*

RIALADA. *n.f.* •Echar RIALADA. Enganchar, enrolar. *To grab, enroll, enlist.* 📖 Y ya cuando le faltaba poco para morir vinieron las guerras esas de los 'cristeros' y la tropa ECHÓ RIALADA con los pocos hombre que quedaban. *And when he was about to die, the 'cristero' war broke out and the army rounded up the few remaining men.* (J. Rulfo. Pedro Paramo. Cit. Hispan.).

RIBERA. *n.f.* (Tabasco). Vecindario o caserío en tierra cercana a los ríos. *Riverside community.* ‖ **2.** Arrabal de ciudad mayor formado de **ranchos** o viviendas pobres. *Shanty town, slum quarter.*

RIBERANO. *adj.* Ribereño. *Coastal.*

RIBETE. *n.m.* Compensación en dinero o especie que se da para igualar el precio entre dos objetos que se cambian. *Barter.*

RICURA. *n.f.* Voz de expresión cariñosa, especialmente aplicaca a los niños. *Charm, cuteness.*

RIELERO. *n.m.* Ferrocarrilero. *Railway worker.* 📖 Allí estaba el fogonero Pedroza [...] y algunos otros RIELEROS. *Pedroza who worked as stoker and some other railway workers were there.* (M. Azuela. Nueva burguesía).

RIENDA. •Darle RIENDA a la hilacha. Gustarle a uno la farra. *To be fond of partying, to be fun-loving.*

RIFAR. *v.* Competir. *To compete.* ‖ **2.** (Oaxaca). •RIFAR el cuero. Pelear. *To quarrel, fight.* ‖ **3.** •RIFÁRSELA. Arriesgar la vida. *To risk one's life.* **b)** Ser valiente y peleador. *To be brave.*

RIFLERO. *n.m.* Personal hábil en el manejo del rifle. *Marksman, crack shot.* ‖ **2.** Soldado que tiene el rifle como arma principal. *Rifleman.*

RIJIO. *n. m.* Brío de los caballos. *Spirit, spirited temperament of a horse.*

RIJIOSO. *adj.* Brioso, tratándose de caballerías. *Spirited (horse).*

RILA. *n.f.* Ternilla, cartílago. *Gristle.*

RIN. *n.m.* ANGL Llanta. *Wheel, rim (of a tire).*

RINCONADA. *n.f.* Espacio de campo situado en el ángulo formado por dos alambradas que se cortan.

RIPIAR. *v.* Recoger los últimos granos de una cosecha, espigar. *To glean.*

RISPIDEZ. *n.f.* Aspereza, rudeza. *Roughness.*

RIZADOR. *n.m.* Tenacillas para rizar el pelo. *Curler.*

RIZOTÓN. *n.m.* Risotada. *Loud laugh.*

ROATÁN. *n.m.* (Tabasco). Plátano. *Banana.*

ROBACOCHES. *n.m.* Persona que roba coches. *Car thief.*

ROBADERA. *n.f.* Robo. *Theft.* 📖 Lo de la ROBADERA pasa porque [...] la ley de la vida es ésa: él que madruga [...] tiene derecho a aprovecharse de los demás [...]. *People steal because as the saying goes: it's the early bird that catches the worm.* (V. Leñero. Los albañiles).

ROBADERO (variante de **robadera**). 📖 [...] Porfirio Díaz no admitía ROBADERO. *Porfirio Díaz didn't put up with thieving.* (E. Poniatowka. Hasta no verte Jesús mío).

ROBÓN. *n.m.* Ladrón. *Thief.*

ROCAMBOR. *n.m.* (Acad.). Juego muy parecido al tresillo. *Ombre (card game).*

ROCHELA. *n.f.* (Jalisco). Reunión donde se bebe con exceso. *Rowdy party.*

ROCIADOR. *n.m.* Pulverizador. *Sprayer.*

ROCOLA. *n.f.* Máquina de discos. *Jukebox.*

RODADA. *n.f.* Caída del caballo. *Fall (from a horse).* || **2.** Caída aparatosa. *Spectacular fall.*

RODAJE. *n.m.* Rueda. *Wheel.*

RODANA. *n.f.* Arandela. *Washer.*

RODAPIÉ. *n.m.* Alfombra pequeña para poner los pies al acostarse o levantarse uno. *Small bedside mat.*

RODAR. *v.* Caer el caballo hacia adelante al correr. *To stumble, fall (horse).* || **2.** •RODAR a patadas. Derribar a puntapiés. *To kick down.*

RODEAR. *v.* Recoger el ganado en un sitio determinado. *To round up (cattle).*

RODEO. *n.m.* Paso nocturno de las prostitutas en busca de clientes. *«Round up» of customers by prostitutes.* 📖 Los agentes hacen redadas [...] donde trabajan las de RODEO, [...] las que andan por las calle jalando hombres. *The police rounds up those that work as prostitutes, those that walk the street picking up customers.* (E. Poniatowska. Hasta no verte Jesús mío).

RODILLA. *n.f.* (Zacatecas). Rival en amores. *Love rival.*

ROGAR. *v.* •Hacerse del ROGAR. Hacerse de rogar. *To play hard to get.*

ROL. *n.m.* •Dar un ROL. Pasearse. *To take a walk.*

ROLAR. *v.* Hacer pasar un cosa de mano en mano. *To pass from hand to hand.* || **2.** Dar vueltas. *To wander around.* ~Salimos a ROLAR por allí. *We went out and wandered around.* || **3.** Cambiar. *Change, move.* ~Hay que ROLARLO de sitio. *We have to move in, put him somewhere else.* ~Le ROLARON en sus funciones. *He was given different duties.* || **4. -se.** Turnarse. *Alternate, take turns.* ~Nos estamos ROLANDO para cuidarlo. *We're taking turns to look after him.* ~Tenemos que ROLARNOS el libro. *We have to take turns with the book (pass the book around).* || **5.** •ROLARLA de algo. Trabajar de. *To work as.*

ROLLERO. *adj.* Hablador. *Talkative.* ¡Qué ROLLERO es! *He certainly talks a lot!* || **2.** Mentiroso. ~Es muy ROLLERO. *He's a real fibber.*

ROMANEAR. *v.* Impedir que se levante un animal caído tirando de la **reata**.

ROMPEHUELGAS. *n.m.* Esquirol. *Strikebreaker, scab (derog).*

ROMPENUECES. *n.m.* (Acad.). Cascanueces. *Nutcracker.*

ROMPLÓN. *adv.* •De ROMPLÓN. De improviso, de golpe. *Off the cuff, on the spur of the moment.*

ROMPÓN (variante de **rompope**).

ROMPOPE. *n.m.* (Acad.) Bebida que se confecciona con aguardiente, leche, huevos, azúcar y canela. *Drink similar to eggnog.* 📖 Tres alka-selzers y un ROMPOPE para la niña. *Three Alka-Selzers and an eggnog for the little girl.* (C. Fuentes. La región más transparente).

ROMPOPO (variante de **rompope**).

RONCA. *n.f.* (Tabasco). •Echar la RONCA. Echar bravatas. *To boast, brag.*

RONCEAR. *v.* Rondar, espiar, acechar. *To keep watch on, spy on.* || **2.** Voltear, ronzar, mover una cosa pesada ladeándola a un lado y otro con las manos o por medio de palancas. *To move with levers, lever along.*

RONCHA. *n.f.* Fiebre del ganado. *Fever (cattle).*

RONCIAR (variante de **roncear**).

RONDA. *n.f.* Serenata. *Serenade.* || **2.** •Ir (salir) de RONDA. *To go serenading.*

RONDANA. *n.f.* Roldana. *Pulley, winch (used in drawing water from a well).*

ROÑA. *n.f.* Rencilla, ojeriza, mala voluntad. *Grudge, ill-will.* ~Juan tiene ROÑA conmigo. *John has a grudge against me.* || **2.** El corre que te pillo (juego). *Tag.*

ROÑOSO. *adj.* Rencoroso. *Spiteful, holding a grudge.*

ROPAVIEJA. *n.f.* Guiso de carne, deshebrada con chile, cebolla, y tomate. *Meat stew with chile, onions and tomato.*

ROSA. *n.f.* Rosal. *Rosebush.* || **2.** •Zona ROSA. Barrio turístico de la Ciudad de México. *Elegant tourist quarter of Mexico City.* 📖 No es un divertimiento propio para una tardeada en la Zona ROSA. *It's not the most pleasant way to spend an evening in the 'Zona Roja'.* (Cit. B. Steel).

ROSCA. *n.f.* Rodete para llevar pesos en la cabeza. *Ring-shaped cushion for carrying loads on the head.* || **2.** •Hacerse ROSCA. *To stubbornly refuse to do something.*

ROSEDAL. *n.m.* Rosaleda. *Rose garden.*

ROSETA. *n.f.* Rodaja de la espuela. *Rowel.*

ROSITA. *n.f.* •Andar (o estar) de ROSITA. Andar desocupado, sin trabajo. *To be out of work, unemployed.* || **2.** •De ROSITA. De balde, gratis. *Free, for nothing.* ~Entré de ROSITA al teatro. *I got in free at the theatre.*

ROSTICERÍA. *n.f.* (Acad.) Establecimiento donde se asan y venden pollos. *Rotisserie.*

ROTAR. *v.* Cambiar frecuentemente de trabajo. *To go from job to job.* 📖 Marina le preguntó a Dinorah si había ROTADO mucho, éste era su primer trabajo pero oía que las muchachas se cansaban pronto de una ocupación y se iba a otra. *Marina asked Dinorah if she had changed jobs often, this was her first position but she had heard that girls quickly got tired of a job and went to another.* (C. Fuentes. La frontera de cristal). || **2. -se.** Alternar. *To take turn.* ~Se ROTAN el coche. *They take turns using the car.*

ROTISERÍA. *n.f.* Restaurante que se especializa en carnes asadas a la parrilla. *Grillroom, steak restaurant.*

ROTIZAR. *v.* Asar. *To roast.* ~Pollo rotizado. *Roast chicken.*

ROTO. *n.m.* (Acad.) Petimetre del pueblo. *Village dandy.* || **2.** *n.f.* Señorita que pertenece a la clase media y que vive a lo rico. *Middle-class women who affect to belong to a higher class.* 📖 Esta ROTA lo que busca es marido. Pero con nosotras se lleva un chasco. (M. Azuela. Nueva burguesía).

ROTOSO. *adj.* Androjoso, harapiento. *Ragged, shabby.*

RÓTULO. *n.m.* Cartel, letrero. *Sign.*

ROZA. *n.f.* (Tabasco). Matas que se cortan al rozar. *Brush, stubble.*

ROZADURA. *n.f.* (Tabasco). Operación de limpiar de matas un terreno. *To clean the brush from a field.*

ROZÓN. *n.m.* Rozadura de bala. *Grazing of a bullet.*

RUBOR. *n.m.* Colorete. *Rouge.*

RUBRO. *n.m.* (Acad.). Título, rótulo. *Heading.*

RUCO. *adj.* Usado. *Worn-out.* || **2.** Viejo. *Old.* || **3.** *n.f.* Solterona. *Spinster, old maid.* || **4.** Anticuado, carca (una persona). *Fuddy-duddy.*

RUEDA. *n.f.* •RUEDA de la fortuna. Rueda gigante. *Ferris wheel.* || **2.** Voltereta. *Cartwheel.*

RUEDO. *n.f.* Parte inferior de las faldas. *Hem, bottom.*

RUIDAZAL. *n.m.* Gran ruido. *Great noise.* 📖 [...] porque queríamos oír bien lo que decía la gente, pues abajo, junto al río, hay un gran RUIDAZAL y [...] no se oye nada. *Because we wanted to hear what people were saying, but down by the river there's a deafening noise and you can't hear anything.* (J. Rulfo. El llano en llamas).

RULETEAR. *v.* Trabajar de taxista. *To work as a cab driver. to drive a taxi.* 📖 Ya ves los líos que uno tiene RULETEANDO. *Now you know all the trouble one's gets into driving a cab.* (C. Fuentes. La región más transparente).

RULETERO. *n. m.* Taxista. *Taxi driver.* 📖 Aquí tenemos muchos clientes de ustedes, digo del gremio de los RULETEROS. *Here we get many of your customers, that is from taxi drivers.* (Agustín Yánez. Ojerosa y pintada). || **2.** *n.f.* Prostituta que por las noches recorre las calles en busca de clientes. *Prostitute* *making the rounds in search of customers.* 📖 Las RULETERAS se cuidan mucho, [...] pero de todas maneras las pescan y las suben al coche. *Prostitutes are very careful, but they still get picked up.* ‖ **3.** •Coche de ruletero. *Taxi.* 📖 [...] luego manejó un coche de RULETERO hasta que la casualidad lo puso frente de un viejo rico español. *Then he drove a taxi until he chanced to meet a wealthy old Spaniard.* (M. Azuela. Nueva burguesía). 📖 Un coche de RULETERO me dejó en veinte minutos en la puerta de la vecindad. *A taxi drove me to the tenement house in twenty minutes.* ‖ **4.** •Andar de RULETERA. Correr las calle en busca de clientes (prostitute). *To be on the pick up.*

RUMBEAR. *v.* (Tabasco). Abrirse camino por el monte. *To clear a path through the undergrowth.* ‖ **2.** Tomar rumbo, encaminarse, dirigirse hacia un lugar. *To follow a direction, make one's way, head for.* ‖ **3.** Orientarse. *To find one's way, to get one's bearings.* ‖ **4.** Bailar la rumba. *To dance the rumba.*

RUMBERO. *n.m.* Bailador de rumba. *Rumba dancer.* ‖ **2.** Aficionado a la rumba. *Fond of the rumba.*

RUMBO. *n.m.* •Por el RUMBO. Por ahí, por los alrededores, por el barrio. *In the viciny, in the neighborhood.* 📖 No dejarse ver por el RUMBO, no fuera a ser que los 'proprietarios' de la muchacha la encontraran. *To make sure that the girl's 'owners' wouldn't find her, she wasn't to be seen in the neighborhood.* (P.I. Taibó II. Sombra de la sombra.) Cit. Hispan.).

RUMORAR. *v.* (Acad.). Correr un rumor entre la gente; rumorearse. *To be rumored.* ~Se RUMORA que va a dimitir. *It's rumored that he's going to resign.*

RUNDIR. *v.* Guardar, esconder. *To hide, put away.* ‖ **2.** Adormecerse, o perder el conocimiento. *To become drowsy, or faint.* ‖ **3.** Dormir profundamente. *To fall fast asleep.*

RUNFLA. *n.f.* Multitud de personas, pandilla. *Bunch, crowd.* 📖 Y ojalá ella y toda su RUNFLA de muertos de hambre se murieran de hambre. *I just wish all those parasites friends of her would starve.* (C. Fuentes. La región más transparente). ‖ **2.** Montón. *Lot, heap.*

RUÑIR. *v.* Roer. *To nibble, gnaw.*

RURAL. *n.m.* Soldado federal (durante la Revolución mexicana). *Government troops.* 📖 Hacia una semana que los RURALES no nos daban reposo en una de esas encarnizadas persecuciones suya [...]. *The government troops had been pursuing us withour respite for the last week.* (M.L. Guzmán. El águila y la serpiente (Cit. Hispan.).

RUTERO. *n.m.* Persona que reparte el periódico. *Person who delivers the newspaper.*

RUTIDO. *n.m.* Ruido lejano de agua, retumbo del mar, de una cascada, etc. *Far off sound of water.* ▶Palabra muy usada, especialmente en Tabasco (Santamaría).

S

SABANA. *n.f.* Llanura extensa. *Savannah.*

SÁBANA. *n.f.* Papel de cigarrillo. *Cigarette paper.* || **2.** Filete, escalope, milanesa. *Scallop.* || **3.** Nombre festivo con el cual se hacía burla de los billetes, del papel villista, en la revolución constitucionalista. *Bill, note.* 📖 ¿Quién hacía las SÁBANAS de Villa que no valían nada y que ellos encajaban a fuerzas? *Who made the Villa bills that they dumped on us and were worthless?* (E. Poniatowka. Hasta no verte Jesús mío).|| **4.** •SÁBANA de cajón. Sábana de cuatro picos. *Fitted sheet.*

SABANAZO. *n.m.* Aventura sexual de una sola noche. *Overnight love affair.*

SABANEAR. *v.* (Acad.) Recorrer la sabana donde se ha establecido un hato, para buscar y reunir el ganado, o para vigilarlo. *To scour the plain for cattle, round up cattle on the savannah.* || **2.** Pastar el ganado en la sabana. *To graze (cattle).*

SABANERA. *n.f.* Culebra que vive en las sabanas. *Savannah snake.*

SABANERO. *adj.* Perteneciente o relativo a la sabana. *Of or from the plain or savannah.* || **2.** Ganadero. *Cowboy, cattle drover.*

SABE. *n.m.* (Norte). Habilidad, conocimiento. *Know-how.* ~María tiene todo el SABE de una fronteriza. *Mary has all the know-how of a person living in a border town.*

SABER. *v.* (Norte). Cuidar. *To look after, take care of.* ~Martinita no está sola. Tiene un hermano que SABE de ella. *Martinita is not alone. She has a brother who looks after her.* || **2.** Agradar, caer bien, sentar bien. *To please, to like, to enjoy.* ~Me SABE que me rasquen. *I love to be scratched.*

SABROSERA. *n.f.* Cosa muy grande y sabrosa. *Tasty thing of large proportion.*

SABROSO. *adj.* Hablador, simpático, murmurón. *Talkative, chatty.* || **2.** Fanfarrón. *Big-headed, stuck-up.* ~Se siente muy SABROSO. *He thinks he's a big shot.* 📖 [...] se ha de sentir SABROSO ayudarle a Dios a acabar con esos hijos del mal. *One must feel very important doing away with those evil people.* (E. Poniatowka. Hasta no verte Jesús mío).||| **3.** Agradable. *Pleasant.* 📖 Es muy sabroso el golpe del agua del mar. *It's very pleasant to feel the waves of the sea upon your body.* (E. Poniatowska. Hasta no verte Jesús mío). || **4.** •Vivir de SABROSO. Vivir a expensas de otros. *To live at someone else's expense, to sponge.*

SABROSÓN. *adj.* Agradable (música). *Pleasant.* || **2.** *n.m.* (variante de **sabroso**).

SABROSURA. *n.f.* (Acad.) Dulzura, fruición, deleite. *Tastiness (food)*, FIG *pleasantness, sweetness; delight, enjoyment.* 📖 Ésta era la chorcha de las cuatitas, y aquí se bebían licores dulzones por lo que se subían más rapido y con más SABROSURA. *It was a girl's party, and there the drinks were somewhat sweet so that it went to your head faster and were more enjoyable.* (Carlos Fuentes. La frontera de cristal).

SACABULLAS. *n.m.* Gorila. *Bouncer.*

SACACLAVOS. *n.m.* Desclavador. *Nail puller, nail wrench.*

SACAR. *v.* Echar en cara, reprochar. *To reproach.* || **2.** -se. Salirse. *To leave, go away.* ¡SÁQUESE de aquí! ¡Salga Ud. de aquí! *Get* *out of here!* 📖 Pues aquí todos tenemos que trabajar para que puédamos (podamos) comer. Si no quieres entrarle a la talacha, ¡SÁCATE de aquí! *We all have to work in order to eat. So if you don't want to put your shoulder to the wheel, get out of the way!* (E. Poniatowska. Hasta no verte Jesús mío). || **3.** Deshacerse en cortesía. *Adular servilmente.* || **4.** Quitarse, cambiar de lugar, esquivar un golpe. *To avoid, dodge, sidestep.* || **5.** Salir, echarse fuera, aceptando un reto, para pelear. 📖 [...] cállese el hocio y SÁQUESE si es hombre. *Shut your mouth and come out and fight like a man.* (Cit. Santamaría). || **6.** Infundir (Miedo, rabia). *To arouse, instill.* 📖 Si son pocos, les damos hasta no dejar uno; si son muchos aunque sea un buen susto les hemos de SACAR. *If they're few, we'll kill them all; if they're many at least will give them a good scare.* (M.Azuela. Los de abajo. Cit. Hispan.). || **7.** •Expresión que expresa sorpresa ante algo inesperado. *Lo and behold!* ~Estaba jugando con los cerillos (fósforos) y ¡SÁCATELAS! que va llegando su mamá. *He was playing with matches and low and behold here comes his mother.* 📖 [...] le untó de su saliva en la herida y, SÁCATELAS, se le acabaron sus males. *He put saliva in the wound and, low and behold, all of his ills disappeared.* (J. Rulfo. El lano en llamas). || **8.** SACARLE al bulto (parche). Evadir una realidad, generalmente por miedo. *To avoid, shirk (responsability).*

SACATE (variante de **zacate**).

SACATEAR. *v.* Acobardarse. *To back out, chicken out (coll.).*

SACATÓN. *n.m.* Cobarde. *Coward, wimp, chicken.*

SACO. *n.m.* Chaqueta. *Jacket.* **2.** *interj.* ¡No me digas! *Gee!, wow!* || **3.** •Ponerse el SACO. (Acad.) Darse por aludido ante una indirecta. *To make excuses.* ~Se puso el SACO y empezó a justificarse. *He assumed it was him we were talking about and started making excuses.*

SACÓN. *n.m.* Cobarde. *Coward.* || **2.** Esquive. *Dodge.* ~Dio un SACÓN. *He dodged* *(to one side).*

SACUDIDOR. *n.m.* Plumero. *Feather duster.*

SACUDIR. *v.* Quitar el polvo. *To dust.* ~To dust the furniture. *Sacudir los muebles.*

SACUDÓN. *n.m.* (Acad.) Sacudida rápida y brusca. *Violent shake, severe jolt.* ~Me agarró el brazo y me dio un SACUDÓN. *He grabbed me by the arm and shook me.*

SAIBÓ. *n.m* Aparador. *Sideboard.*

SAJÓN. *n.m.* Incisión o corte hecho en la carne con fin curativo; sajadura. *Cut, incision.*

SAL. *n.f.* (Acad.) Mala suerte, desgracia, infortunio. *Misfortune, piece of bad luck.* || **2.** •Caerle la SAL a alguien. *To be unlucky.* ~Le cayó la SAL con la venta de la casa. *She had bad luck when she sold the house.* ||**3.** Echarle la SAL a alguien. Traer mala suerte. *To put a jinx on someone.* || **4.** •Tener en SAL a alguien. Tenerle ojeriza a alguien. *To have a grudge against someone.*

SALACIÓN. *n.f.* (Norte). Racha de mala suerte. *Streak of bad luck.*|| **2.** Hechizo, embrujo. *Spell, curse.*

SALADO. *adj.* (Acad.) Desgraciado, infortunado, que tiene mala suerte. *Unlucky, unfortunate, jinxed.* ~Estoy SALADO, nunca saco un premio de lotería. *I'm jinxed, I never win at the lottery.* || **2.** FIG Que tiene sal; Agudo, chistoso, gracioso, malicioso. *Witty, charming.*

SALAR. *v.* Desgraciar, echar a perder, traer mala suerte. *To bring bad luck to, jinx.* ~Se me SALARON las vacaciones. *My vacation plans fell through.* || **2.** Pintar venado, no ir a la escuela. *To play hooky, to miss class.*

SALARIO. *n.m.* Sueldo. *Salary.*

SALAZÓN. *n.m.* Mala suerte. *Bad luck.*

SALCHICONERÍA. *n.f.* Charcutería, rotisería. *Delicatessen.*

SALCOCHAR (variante de **sancochar**).

SALCOCHO (variante de **sancocho**).

SALERO. *n.m.* •Ser el SALERO en una discusión. Ser el tercero en una discordia. *To be the pig in the middle.*

SALIDA. *adj.* Coqueta en extremo. *Flirtatious.*

SALIDOR. *adj.* Brioso, animoso. *Lively, enthusiastic.* ‖ **2.** Bravucón, buscapleitos. *Troublemaker.* ‖ **3.** Que le gustar salir. *Fond of goint out.* ~Estás muy SALIDOR ultimamente. *You're always out on the town lately.*

SALIR. v. •SALIR sobrando. Estar de más un cosa. *To be superfluous, to be unecessary.* ~Lo escrito más arriba SALE SOBRANDO. *The above text (explanation, etc.) is superfluous (unnecessary).* ~Aquí hay dos empleados que SALEN SOBRANDO. *There are two employees here whom we do not need.* El matrimonio [...] es cosa de quererse. Y en habiendo eso, todo lo demás SALE SOBRANDO. *Marriage is a matter of loving each other. And when that happens, the rest is superfluous.* (M. Azuela. Los de abajo. Cit. Hispan.).

SALÓBREGO. *adj.* Se aplica a los terrenos salobres; salobreño. *(Before a non) Salt.* ~Terrenos SALOBREÑOS. *Salt marshes.*

SALÓN. *n.m.* Aula o clase de un centro educativo. *Classroom.* Los niños entraron en el SALÓN con la maestra. *The children went into the classroom with the teacher.* ‖ **2.** Taberna. *Saloon.*

SALPICADA. *n.f.* Acción de esparcir un líquido en gotas. *Spraying.* ‖ **2.** Salpicadura. *Splash.*

SALPICADERA. *n.f.* Guardabarros. *Fender, mudguard.*

SALPICADO. *adj.* (Caballo) de pelajo oscuro, sembrado de puntitos blancos. *Spotted, dappled, mottled (horse).*

SALSA. *n.f.* •Creerse (muy) SALSA. Ser muy popular. *To be a real hit.* ~Se cree muy SALSA con las mujeres. *He thinks he's a real hit with the girls.* ‖ **2.** Hábil. *Sharp.* ~Son muy SALSAS para los negocios. *They're very good when it comes to business.*

SALTANEOJO. *adj.* (Terreno) ondulado. *Undulating, rolling.*

SALTAPERICO. *n.m.* Cohete, petardo. *Firecracker.* Las cucarachas truenan como SALTAPERICOS. *The cockroaches shriek like firecrackers.* (Juan Rulfo. El llano en llamas). Pos que hay hambre. Usté no lo siente. Usté vende sus cuetes y sus SALPERICOS y la pólvora y con eso la va pasando. *Well, we're starving. But you wouldn't know. You, you sell your rockets, firecrackers and fireworks and you get by.* (Juan Rulfo. El llano en llamas).

SALTAR. v. (Tabasco). Desembarcar, saltar a tierra. *To land, to set foot on.*

SALTIBAMQUÍ. *n.m.* Volatinero, moramero, acróbata. *Acrobat.*

SALTÓN. *n.m.* Langosta o chapulín joven. *Young locust.*

SALUDES. *n.m.* (Acad.) Saludos, fórmula de salutación. *Greetings, regards.* ~Y no olvides de dar mis SALUDES a tu madre. *And don't forget to give my regards to your mother.*

SALVADA. *n.f.* Salvación. *Rescue, delivery, salvation.*

SAMBUMBIA. *n.f.* Refresco de piña (o ananá), agua y azúcar. *Pineaple drink.* ‖ **2.** (Tabasco). Cualquier bebida mal preparada. *Watery drink.* ‖ **3.** Refresco de cebada tostada con miel. *Barleywater drink.*

SAMBUMBIAR. v. (Tabasco). Revolver un líquido. *To stir.*

SAMBUMBIERÍA. *n.f.* Puesto donde se vende **sambumbia**. *Shop where sambumbia is sold.*

SAMBUTIR. Meter a la fuerza. *To stick in, stuff in, shove in.* [...] ya se SAMBUTIERON cuanto había [...]. *They stuffed themselves with everything there was.* (E. Poniatowka. Hasta no verte Jesús mío).

SAMOTANA. *n.f.* (Tabasco). Bullanga, lío, jaleo. *Disturbance, mess.*

SAN MARTÍN. *n.f.* (Tabasco). Azotaina, zurra de latigazos. *Whipping, beating.*

SANA. *n.f.* (Sonora, Sinaloa). Caña de azúcar. *Sugar cane.*

SANAR. *v.* Dar a luz, parir una mujer. *To give birth.*

SANATE (variante de **zanate**).

SANCHAC (variante de **sanchaque**).

SANCHAQUE (Del maya *dzam*, remojar; *chac*, cocer en agua). *n.m.* Carne fresca con verdura, sin sal ni otro condimento. *Fresh meat with vegetables and salt, with no other seasoning.*

SANCHITO. *n.m.* Animal no criado por la madre. *Orphaned animal.*

SANCHO. *n.m.* Carnero. *Ram, lamb.* ‖ **2.** (Nuevo León). Macho cabrío manso. *Billygoat.* ‖ **3.** Animal domesticado y manso. *Domesticated animal.*

SANCOCHAR. *v.* Guisar de prisa, improvisar una comida. *To throw together, rustle up.* ‖ **2.** (Tabasco). Hervir la ropa sucia para que suelte la mugre y después lavarla. *To wash at boling point.* ‖ **3.** Cocinar. *To cook.* ▭ Después, ya de pobre, se le veía rondando entre la basura, juntando rabos de cebollas, elotes ya SANCOCHADOS [...]. *Afterwards, when he was poor, you could see him rummaging through the trash in search of onion stems, cooked corn cobs...* (J. Rulfo. El llano en llamas).

SANCOCHO. Lío, confusión, embrollo. *Fuss, confusion, row.* ‖ **2.** Guiso de carne con verduras, pero poco condimentado. *Stew, boiled dinner.*

SANDIERO. *adj.* Persona que cocecha o vende sandías. *Water melon grower or vendor.* ‖ **2.** Relativo a la sandía. *Pertaining to water melons.* Terreno SANDIERO. *Water melon field.*

SANDILLA. *n.f.* Sandía. *Water melon.*

SANDUNGA. *n.f.* (Acad.) Jarana, jolgorio, parranda. *Party, binge.* ‖ **2.** Baile regional de Tehuantepec. *Popular regional dance of Tehuantepec.*

SANDUNGUEAR. *v.* Andar en jaranas o sandungas. *To be a party-goer.*

SANDUNGUERO. *n.m.* Bailador de sandunga. *Person who dances the sandunga.*

SANFASÓN. *n.f.* •A la SANFASÓN. Sin ceremonio o protocolo. *Uncermoniously, informally.*

SANGARUTO. *n.m.* Persona que baila descompasadamente. *Awkward dancer.*

SANGRADERA. *n.f.* Sangría del brazo. *Bleeding, bloodletting.*

SANGRAR. *v.* Explotar despiadadamente. *To exploit.* ‖ **2.** Hablando de vestido, escotar. ~¿Me lo SANGRA un poquito más? *Can you cut the neckline a little lower?*

SANGRE. *n.f.* •Chuparle la SANGRE a alguien. Hacerle pasar malos ratos a alguien. *To cause someone a lot of headaches.* ‖ **2.** •Irle la SANGRE a los pies a alguien. Helarse la sangre a uno. *To have one's blood run cold.* ‖ **3.** •Ser de SANGRE ligera. Tener la sangre ligera. *To be easygoing.* ‖ **4.** •Ser de SANGRE pesada. Tener la sangre pesada. *To be a nasty character.* ‖ **5.** (Acad.). •Tener SANGRE de atole. Tener sangre de horchata. *To be coolheaded.* ‖ **6.** •Traer algo en la SANGRE. Llevar algo en la sangre. ~No lo puede remediar, lo trae en la SANGRE. *He can't help it, it's in his blood.* ‖ **7.** •Sacar SANGRE de una piedra. Pedir peras al olmo. *To squeeze blood out of a turnip.*

SANGRELIVIANO (variante de **sangriligero**).

SANGRIGORDO (variante de **sangripesado**).

SANGRILIGERO. *adj.* Simpático. *Pleasant, nice, congenial.*

SANGRIPESADO. *adj.* Antipático. *Unpleasant, nasty.*

SANGRÓN. *adj.* Antipático. *Disagreeable, unpleasant.* ‖ **2.** *n.m.* Tipo antipático. *Nuisance, pain in the neck.* ▭ Es un SANGRÓN (...), en todas partes nadie lo puede ver. *He's a pain in the neck. No one can't stand him.* (C. Fuentes. La región más transparente).

SANGRONADA. *n.f.* Observación inoportuna. *Silly remark.* || **2.** Hecho desagradable. *Annoyance.* ~Deja de hacer SANGRONADAS. *Stop being so annoying, stop being a pain in the neck.*

SANGUARAÑA (*Sanguarana* en Santamaría. Dicc. de Mexicanismos). *n.f.* Circunloquio, rodeo de palabras. *Circumlocutions, evasions.*

SANGÜICHE. *n.m.* Emparedado, bocadillo. *Sandwich.*

SANITARIO. *n.m.* Excusado, retrete, wáter. *Toilet.* ~LOS SANITARIOS. *The toilets, the restroom.*

SANJUANEADA. *n.f.* Golpe. *Blow.*

SANJUANEAR. *v.* Golpear. *To beat, hit.*

SANJUANEO. *n.m.* Azotaina. *Beating, thrashing.*

SANTERO. *n.m.* Persona que hace o vende artículos religiosos. *Maker of seller of religious articles.* ▢ –Lo conocimos como santo. –Pero no como SANTERO. –¿Qué cosas dices, Lucas? (what are you saying). –Eso ustedes no lo saben; pero él antes vendía santos. –*We know him as a saint. –But not a as a religious article merchant. What are you saying, Lucas? You don't know this, but before he used to sell religious articles.* (J. Rulfo. El llano en llamas).

SANTO. *n.m.* •Darse de SANTOS. Considerarse afortunado. *To think oneself lucky.* || **2.** Tener el SANTO volteado. Estar de malas. *To be in a bad way.*

SANTOLEAR. *v.* Administrar los últimos sacramentos. *To give someone the last rites.*

SAPETA. *n.f.* (Sonora). Pañal. *Diaper.*

SAPILLO. *n.m.* Especie de alfa que padecen en la boca algunos niños de pecho. *Ulcer, sore.*

SAPO. *n.m.* •Matar el SAPO. Matar el tiempo. *To kill time.* || **2.** Persona rechoncha y barriguda. *Short, pot-bellied person.* || **3.** En el juego de billar, chiripa, carambola que sale por casualidad. *Lucky shot (in billiards).*

SAPORRETO. *adj.* Rechoncho. *Tubby, chubby.*

SARAPE. *n.m.* (Acad.) Especie de frazada de lana o colcha de algodón generalmente de colores vivos, con abertura o sin ella en el centro para la cabeza, que se lleva para abrigarse. *Bright-colored blanket often used for decorative purposes.* ▢ El SARAPE resbaló por su espalda, hasta caer al suelo. *The sarape slipped from her shoulders and fell to the ground.* (V. Leñero. Los albañiles).

SARAZO. *n.m.* (Acad.). Aplícase al maíz que empieza a madurar. *Ripening (corn).* || **2.** Sin madurar. *Underripe.*

SARDINA. *n.f.* Caballo flaco. *Scraggy horse.* || **2.** (Hidalgo). Sierra grande con mangos transversales manejada por dos persona. *Large saw with handles at both ends to accomodate two persons.*

SARDO. *n.m.* Soldado raso. *Private.*

SARDÓNICO. *adj.* Irónico, sarcástico. *Ironical, sarcastic.*

SARNIENTO. *adj.* Sarnoso. *Itchy, infected with the itch.*

SARTÉN. *n.f.* •El SARTÉN. La sartén. *Frying pan, skillet.*

SARTENEJA. *n.f.* (Acad.) Grieta que se forma con la sequía en algunos terrenos. *Cracked soil, parched soil.* || **2.** Hendeduras o grietas del suelo a causa de la sequía. *Crack, split, fissure in the ground caused by drought.* || **3.** Pantano de poca extensión pero profundo. *Swamp.* || **4.** Huella de ganado. *Cattle tracks.*

SATÍN. *n.m.* Satén. *Satin.*

SAZÓN, NA. *adj.* Maduro. *Ripe.* || **2.** *n.m.* Buen gusto para cocinar. *Good cooking.* || **3.** •Tener buena SAZÓN. Ser buena cocinera. *To be a good cook.* ~La cocinera tiene buen SAZÓN. *She's a great cook.*

SECADOR. *n.m.* Servilleta. *Napkin.*

SECADORA. *n.f.* Secador (para el pelo). *Hairdryer.*

SECO. *n.m.* Coscorrón. *Knock on the head.*

‖ **2.** Puñetazo. *Punch.*

SECRETARÍA. *n.f.* Ministerio. *Ministry, cabinet office.* ~Secretaría de Defensa. *Ministry of Defense.* ~SECRETARÍA de Educacion. *Department of Education.* ~SECRETARÍA de Desarrollo Urbano y Ecologia. *The Department of the Environment.*

SECRETARIO. *n.m.* •SECRETARIO de Defensa. Ministro de Defensa. *Secretary of Defense.* ‖ **2.** •SECRETARIO de relaciones (asuntos) exteriores. *Foreign minister.*

SECUNDARIA. *n.f.* Colegio en el que se imparten los dos o tres primeros años de la enseñanza secundaria. *Junior high school, middle school.*

SEDALINA. *n.f.* Tela fina de algodón de aparencia de seda, usada para vestidos femeninos. *Silkaline, silkalene.*

SEGUIDO. *adv.* A menudo. *Often.* ~Viene por aquí muy SEGUIDO. *He comes by very often.* ▭ SEGUIDO había desavenencias. *There were frequent disagreements.* (J. Rulfo. El llano en llamas). ‖ **2.** Más SEGUIDO. Más a menudo. *Most often.* ▭ [...] Tanillo se nos caía más SEGUIDO y teníamos que levantarlo y a veces llevarlo sobre los hombros. *Tanillo would fall down more often and each time we had to pick him up and sometimes carry him on our back.* (J. Rulfo. El llano en llamas. Cit. Hispan.). ▭ Es de eso de lo que quizá nos acordemos aquí más SEGUIDO. *It's one of the thing we remember most here.* (J. Rulfo. El llano en llamas).

SEGUNDAR. *v.* Aporcar o acollar los sembrados. *To earth up.*

SEGUNDOS. *n.m.* Asientos de arriba (teatro). *Upstairs seats in the theatre.*

SEGURO. *n.m.* Imperdible. *Safety pin.* ‖ **2.** Honesto, honrado. *Honest, respectable.* ‖ **3.** •Irse uno del SEGURO. Montar en cólera; perder los estribos. *To get angry, become furious.*

SEMANERO. *n.m.* Trabajador que recibe el sueldo semanalmente. *Weekly-paid worker.*

347 SECRETARÍA

SEMBLANTEAR. *v.* (Acad.) Mirar a uno cara a cara para penetrar sus sentimientos o intenciones. *To scrutinize, look straight in the face.* ▭ [...] haya que seguir con el nuestro plan "a"; solo en caso necesario, después de SEMBLANTEARLO, a la seña convenida, emplearemos el "b". *We have to continue with plan "a"; only if it's necessary, after sizing him up, when I give you the signal, will go to plan "b".* (Agustín Yánez. Ojerosa y pintada). ‖ **2.** Examinar, observar, investigar. *To study, examine, look at.* ~SEMBLANTEÓ el tiempo a ver si llovía. *He scrutinized the sky to see if it would rain.* ▭ Cuando entré le SEMBLANTIÉ la cara y vi que estaba [...] muerta. *When I came in I looked at her and saw that was dead.* (E. Poniatowska. Hasta no verte Jesús mío).

SEMBRADO. *n.m.* (En tenis). *Seed.* ‖ **2.** DEP Un jugador cabeza de serie. *A seeded player.* ~Es SEMBRADO en primer/segundo lugar. El primero/segundo cabeza de serie, el clasificado numero uno/dos para el torneo. *The first/second seed.*

SEMBRAR. *v.* Echar a tierra el jinete. *To throw.* ~La yegua lo SEMBRÓ. *The mare threw him.* ‖ **2.** Derribar. *To knock down.* ‖ **3.** Matar. *To kill, bump off (coll.).*

SEMBRÍO. *n.m.* Sembrado. *Land prepared for sowing.*

SEMEJANTE. *adj.* Enorme, grande, fuera de lo común. *Huge, enormous.* Me picó un SEMEJANTE mosquito. *This big, huge mosquito bit me.*

SEMILLA. *n.f.* •Quedar para SEMILLA. Ser muy viejo y tener salud. *To be old but healthy.*

SENCILLO. *n.m.* Billete de ida. *One-way ticket.* ‖ **2.** (Acad.) Calderilla, dinero suelto. *Small change, loose change.*

SENTADERA. *n.f.* Cosa que ordinariamente sirve para sentarse. *Seat.* ~La sentadera de la silla de montar. *Saddle seat.* ‖ **2.** -s. Asentaderas. *Backside.*

SENTENCIAR. *v.* Amenazar con tomar una venganza. *To swear revenge on someone.*

SENTIDO. *adj.* Susceptible, sensiblero, resentido. *Bitter, squeamish.* || **2.** De buen oído. *Having good hearing.* || **3.** Agrietado o abollado. *Cracked or dented..* ~Hay que tirar esta olla porque está SENTIDA. *Throw away this pot, it's cracked.* || **4.** *n.m.* Oreja. *Ear.* || **5.** (Oaxaca). Sien. *Temple.* || **6.** •Perder el SENTIDO. Desmayarse. *To faint.*

SENTIMENTERO. Sensiblero. *Sentimental, mushy.*

SENTIRSE. *v.* Resentir con suma facilidad, tenerse por ofendido o herido. *To take offense; to get cross, angry.*

SENTÓN. *n.m.* Caída. *Heavy fall.* || **2.** •Dar un SENTÓN. En una caída darse un golpe en las asentaderas. *To fall on one's backside.* || **3.** Chasco, fracaso. *Disappointment, failure.* ~Darse un SENTÓN. *To suffer a disappointment.* || **4.** •De un SENTÓN. De un tirón (hablando de la manera de beber algo). *In one gulp.* 📖 [...] se bebe de un SENTÓN el tequilla que le quede en el vaso. *You have the finish whatever tequila is left in the glass.* (P.I. Taibo II. Sombra de la sombra. Cit. Hispan.).

SENTONAZO. *n.m.* **Sentón** muy fuerte. *Very heavy fall.*

SEÑA. *n.f.* •Hacerle SEÑAS a alguien. Hacerles gestos groseros a alguien. *To make rude gestures at someone.*

SEÑAL. •SEÑAL de alto. Señal de pare. *Stop sign.*

SEÑALIZADOR. *n.m.* Intermitente, direccional. *Blinker.*

SEÑOR. *n.m.* Marido. *Husband.*

SEÑORITA. *n.f.* Maestra. *Woman teacher.*

SEPARO. *n.m.* Celda. *Cell.* 📖 Y esta sinvergüenza, Angelita, [...] iba a verlo al SEPARO. *And that good-for-nothing Angelita used to go visit him in his cell.* (E. Poniatowska. Hasta no verte Jesús mío).|| **2.** 📖 Cárcel. *Jail.* Cuando salió del SEPARO, mi padre me llevó a bañar [...] en Acapulco. *When my father came out of jail he took me to the beach in Acapulco.* || **3.**Separación. *Separation.*

SEPTEMBRINO. *adj.* Relacionado con setiembre. *Pertaining to the month of September.*

SERAPE (variante de **sarape**).

SERENATA. •Hacer (dar) una SERENATA. Dar una serenata. *To serenade.*

SERENO. *n.m.* •Será el SERENO. Lo que sea. *Whatever the reason.* ~Será el SERENO, pero el hecho es que nunca puede llegar a tiempo. *I don't know why but somehow he never arrives on time.*

SERRANÍA. *n.f.* Bosque. *Wood, forest.*

SERROTE. *n.m.* Serrucho. *Saw, handsaw.*

SERRUCHAR. *v.* Aserruchar, aserrar con serrucho. *To saw.*

SERVENTÍA. (Acad.) Camino que pasa por terrenos de propiedad particular, y que utilizan los habitantes de otras fincas para comunicarse con los públicos. *Road for public use cutting across private property.*

SESTEADA (variante de **sesteo**).

SESTEAR. *v.* Tomar la siesta. *To take a nap.*

SESTEO. *n.m.* Siesta. *Siesta, nap.*

SEXENIO. *n.m.* Mandato presidencial de seis años. *Presidential term consisting of six years.*

SHENGO. *adj.* (Veracruz, Hidalgo). Flojo, perezoso. *Lazy, indolent.*

SHILANGO. *n.m.* (Tabasco). Harapos, jirones. *Rags, tatters.*

SHUTILLO. *n.m.* (Tabasco). El hijo menor de la familia. *Youngest son or daughter.*

SICOTE. *n.m.* Suciedad que se cría en los pies y produce mal olor. *Sweat and dirt in the toes; the smell it produces.*

SIEMPRE. Definitivamente, positivamente. *Certainly, definitely.* ~SIEMPRE me quedo con estos. *I definitely want these.* || **2.** Después de todo. *After all.* 📖 ¿De manera que SIEMPRE se fue? ¿A pesar de usted? *So she left after all? In spite of you?* (J. Rulfo. Pedro Páramo). || **3.** *Positivamente. Definitely.*

~SIEMPRE me iré hoy. *I'll definitely leave today.* ‖ **4.** •SIEMPRE no. En absoluto. *Certainly not.*

SIERRA. *n.f.* Pez espada. *Swordfish.* ‖ **2.** SIERRA para metal. Sierra de arco. *Hacksaw.*

SIETE. *n.m.* Eufemismo por año. *Year.* ‖ **2.** *adj.* •De la gran SIETE. Tremendo, formidable. *Tremendous.* ~Tuve un susto de la gran SIETE. *I had such a tremendous scare.* ‖ **3.** Desgarrón en el vestido. *Tear, rip.* ‖ **4.** Ano. *Anus.*

SIETECUEROS. *n.m.* Flemón que se forma en el talón del pie. *Hard skin, callosity on the heel.* ‖ **2.** Panadizo de los dedos. *Whitlow on the finger.*

SILENCIO. *adj.* Silencioso. *Silent.* ~Niña, estáte SILENCIA que vas a despertar al bebé. *Be quiet child or you'll wake up the baby.*

SILICÓN. *n.m.* Silicio. *Silicone.*

SILLA. *n.f.* (Chihuahua). Cualquier chile. *Hot pepper.* ‖ **2.** •SILLA con coderas. *Armchair.*

SILLÓN. *n.m.* Mecedora. *Rocking-chair.*

SIMÓN. *adv.* Sí, claro, por supuesto. *Of course, you bet.* ¿Vas a ir a la fiesta manana? SIMON, voy a ir. *Are you going to the party tomorrow? Of course, I'm going.*

SINFONOLA. *n.f.* Tocadiscos tragaperras. *Juke box.*

SINGÓN. *n.m.* Womanizer. *Mujeriego.*

SINHUESO. •La SINHUESO. La lengua. *The tongue.*

SINSILICO. *adj.* Tonto, necio. *Stupid, dense.*

SINSONTE (variante de **cenzontle**).

SINVERGÜENZADA. *n.f.* Acción propia del sinvergüenza. *Villainous trick, rotten thing to do.*

SÍPER. *n.m.* Cierrarelámpago. *Zipper.*

SIPOTE. *n.m.* Chichón, bodoque. *Bump, swelling.*

SIQUIERA. *adv.* Afortunadamente, felizmente. *Fortunately, luckily*

SIQUITRAQUE. *n.m.* (Acad.) Triquitraque. *Clatter.*

SISIRISCO. *n.m.* Miedo, temor, susto. *Fear.*

SISOTE. *n.m.* Inflamación de la piel. *Skin inflammation.*

SITÍN. *n.m.* Sentada (en una manifestacion). *Sit-in.*

SITIO. *n.m.* Casería o finca rústica pequeña. *Small farm, smallholding.* ‖ **2.** Parada de taxi. *Taxi stand.* ▢ *¿Y qué tal si no estoy en el* SITIO *cuando me piden del hotel para todo el día? And what happens if I'm not at my stand when someone at the hotel requests a taxi for the whole day?* (C. Fuentes. La región más transparente).

SOBA. *n.f.* Quebranto, trastorno. *Annoyance.* ‖ **2.** (Norte). Trabajo pesado. *Hard work.* ▢ [...] *no había descanso más que trabajar, trabajar, trabajar. Una* SOBA. *There's was no resting, just work, work, work. A real killer.* (E. Poniatowska. Hasta no verte Jesús mío). ▢ *Fue una* SOBA *cargar tanta leña. It was a lot of work carryng so much firewood.* (E. Poniatowska. Hasta no verte Jesús mío).

SOBADOR. *n.m.* Persona que concierta huesos dislocados. *Bonesetter, quack.* ‖ **2.** Lisonjero. *Flatterer.*

SOBAJAR. *v.* Humillar. *To demean, humiliate.*

SOBAJEAR (variante de **sobajar**).

SOBAQUEADO. *adj.* (Norte). No muy caliente. *Not very warm.* ~Calienta bien las tortillas, las estás trayendo SOBAQUEADAS. *Make sure the tortillas are hot, these are barely warm.*

SOBAQUERA. *n.f.* Sobaquina. *Body odor.*

SOBAR. *v.* Concertar los huesos dislocados. *To set (bone).* ‖ **2.** Adular. *To flatter.* ‖ **3.** Reprender. *To tell off, scold.* ‖ **4.** Molestar, jorobar. *To annoy, pester.* ‖ **5.** Frotar. *To scrub.* ‖ **6.** •SOBARLE la mano a uno. Sobornar. *To grease someone's palm, to bribe.*

SOBRA. *n.f.* Migajas de pan. *Bread crumbs.* ‖ **2.** (Veracruz). Asientos de café. *Coffee* *grounds.*

SOBRECAMA. *n.f.* Cubrecama. *Bedspread.*

SOBREGIRAR. *v.* Girar en descubierto. *To overdraw.*

SOBRENOMBRE. *n.m.* Apodo. *Nickname.*

SOBREPASO. *n.m.* Paso de andadura peculiar del caballo andador. *Amble, gait of a walking horse.*

SOBREPUESTO. *n.m.* Parche, remiendo. *Patch.*

SOBRES. *adj.* •Ponerse (estar) SOBRES. Ponerse guapo. *To get dressed up.* ‖ **2.** •Ponerse SOBRES con alguien. Ponerse en alerta. ~Anda SOBRES con el galán. *She's keeping an eye on her boyfriend.* ‖ **3.** *interj.* ¡Cómo no¡ *Sure!*

SOBRESALIDO. *adj.* Engreído, insolente. *Conceited, rude.* 📖 [...] en vez de fijarse en lo que le enseñaban nomás, estaba pendiente viendo que travesura se le ofrecía. Era malcriado, SOBRESALIDO [...]. *Instead of paying attention to what they would teach him, the only thing occupying is mind was what other mischief he could do. He was a conceited and rude person.* (R. Castellanos. Balún-Canán. Cit. Hispan.).

SOBRETIRO. *n.m.* Separata, tirada aparte. *Offprint.*

SOCA. *n.f.* Retoño de la caña de azúcar. *Ratoon.*

SOCAPAR. *v.* (Acad.) Encubrir faltas ajenas. *To cover up for someone.*

SOCAR. *v.* Apretar. *To press down, squeeze.*

SOCHE. *n.m.* (Tabasco, Campeche, Yucatán). Lechuza. *Owl.*

SOCIAL. *adj.* •Trabajador social. Asistente social. *Social worker.*

SOCO. *adj.* Manco. *One-armed.* ‖ **2.** Sin una pierna. *One-legged.*

SOCOLLÓN. *n.m.* Sacudida violenta. *Sudden and violent shake, jolt, jerk.*

SOCOLLONEAR. *v.* Dar tirones. *To tug, pull.*

SOCONUSCO. *n.m.* Cacao de superior calidad. *High quality chocolate.*

SOCOYOTE. *n.m.* Hijo menor. *Smallest child.*

SOCUCHA. *n.f.* Chiribitil, tabuco. *Little room, den, cubbyhole.* ‖ **2.** Casa muy pequeña y arruinada. *Hovel, slum.*

SOCUCHO (variante de **socucha**).

SODA. *n.f.* Refresco gaseoso. *Softdrink.*

SOFLAMA. *n.f.* Noticia sin importancia que se transmite como si la tuviera. *Piece of trivia, bit of gossip.*

SOFLAMERO. *adj.* Melodramático. *Melodramatic.* 📖 Si este caso hubiera caído en manos de un médico joven, un doctor SOFLAMERO y atrabancado, no titubearía en darle un nombre [a este caso]. *If this case had fallen into the hands of a young doctor, a melodramatic and drastic doctor, I wouldn't hesitate in giving it a name.* (R. Castellanos. Balún Canán).

SOGUILLA. *n.f.* Gargantilla. *Necklace.*

SOLDADA. *n.f.* Grupo de soldados. *Group of soldiers.* 📖 [...] la SOLDADA se puso a juntar leña para hacer lumbre [...]. *The soldiers started to collect firewood in order to make a fire.* (E. Poniatowka. Hasta no verte Jesús mío).

SOLDADERA. *n.f.* Mujer de baja condición que acompañaban a los soldados en campaña. *Camp-follower.* 📖 Sin las SOLDADERAS no se sostiene la Revolución. *Without the camp-followers the Revolution could not have gone on.* (E. Poniatowska. Luz y luna).

SOLEDOSO. *adj.* Solitario. *Solitary, lonely.* 📖 Y te aburres de andar traqueteando por la ciudad, así medio SOLEDOSO. *And you get bored going back and forth through the city all by yourself.* (C. Fuentes. La región más transparente).

SOLERA. *n.f.* Baldosa, ladrillo. *Flagstone, floor tile.*

SOLETA. *n.f.* Pastel, bizcocho. *Wafer, ladyfinger.*

SOLLEJO. *n.m.* Cáscara (de una semilla). *Husk.* || **2.** Caparazón. *Shell.*

SOLTADERO. *n.m.* (Veracruz). Potrero, campo de pastoreo. *Pasture, open grassland.*

SOLTURA. *n.f.* Diarrea. *Diarrhea.*

SOMATAR. *v.* (Tabasco). Malbaratar, rematar a bajo precio. *To sell off cheap.* || **2.** Darse un golpe. *To knock oneself about badly.* || **3.** Malcasarse. *To make a bad marriage.*

SOMBRA. *n.f.* Toldo de los puestos a la intemperie. *Awning.* || **2.** •A (en) la SOMBRA. En la cárcel. *In jail.*

SOMBRERO. *n.m.* •SOMBRERO jarano. Sombrero de fieltro y de alas anchas. *Broad-brimmed felt hat.*

SOMBRERUDO. *n.m.* Campesino. *Country people.* || **2.** *adj.* Que lleva sombrero grande. *Wearing a wide hat.*

SOMBRILLA. *n.f.* •No me importa SOMBRILLA. No me importa un bledo. ~El dinero no me importa SOMBRILLA. *Money isn't important* or *doesn't matter, I don't give a damn about* or *I couldn't care less about money.*

SOMBRÍO. *n.m.* Lugar sombreado. *Shady place.*

SON. *n.m.* Composición de música popular bailable muy común entre campesinos. *Popular folk song and dance.* || **2.** •SON huasteca. Música folklórica veracruzana. *Folk song from Veracruz.*

SONAJA. *n.f.* Sonajero. *Rattle (baby's).* || **2.** (Norte). Jardín de infante. *Kindergarten.*

SONAJEAR. *v.* Dar de palmadas a un niño. *To spank.*

SONAR. *v.* Pegar, golpear. *To thump, clobber.* 📖 [...] empezando con Marcial, al que me lo SONÉ por calumniar a mi amigo. *Starting with Marcial who I gave a thrashing to for speaking against my friend.* (V. Leñero. Los albañiles). || **2.** Vencer (en una competición). *To beat, thrash.*

SONGA. *n.f.* Chocarrería. *Dirty joke, vulgar remark.* || **2.** *adj.* Tonto. *Stupid, dense.* || **3.** Taimado. *Sly, crafty.*

SONGO. *n.m.* •Hacerse el SONGO. Aparentar inocencia. *To play dumb.*

SONSACAR. *v.* (Norte). Llevar por mal camino. *To lead astray.* Juan no es malo, lo que pasa es que sus amigos lo SONSACAN. *John is not a bad person; what happens is that his friends lead him astray.*

SONSERA. *n.f.* Tontería. *Nonsense.*

SONZA. *n.f.* Sarcasmo. *Sarcasm, mockery.*

SOPA. *n.f.* Pedazo de **tortilla** usado a manera de cuchara al comer. *Piece of tortillas used as a spoon.* || **2.** •SOPA seca. Segundo plato. *Second course (meal).* 📖 Iban a comer al puesto de la familia Torres. [...] vendía caldo, fijoles, SOPA SECA. *They would go to the stand of the Torres Family which sold pineapple drinks, beans and meals.* (E. Poniatowska. Hasta no verte Jesús mío).

SOPEAR. *v.* Comer usando trozos de **tortilla** como cuchara. *To eat using pieces of tortillas as a spoon.* || **2.** Mojar, remojar. *To dunk (cake, bread, pastry).* 📖 ¿Nos echamos una siesta? –preguntó Andrés cuando terminó de SOPEAR un cuerno en su café. *Should we take a nap? –asked Andrés after he had finished dunking a croissant in his coffee.* (A. Mastretta. Aráncame la vida). 📖 Pero Eulalia quería SOPEAR uno de sus panes en la cubeta de leche cruda [...]. *But Eulalia wanted to dunk one of her rolls in a bucket of fresh milk.* (A. Mastretta Arráncame la vida).

SOPLAMOCOS. *n.m.* Dicho con que se manda a paseo a una persona. *Put-down.*

SOPLAR. *v.* Aguantar. *To put up with.* ~Me tuve que SOPLAR el discurso. *I had to put up with the speech.* || **2.** (Norte). Comer. *To eat.* Se SOPLÓ media docena de blanquillos. *He wolfed down half a dozen eggs.* || **3.** •No todo es SOPLAR y hacer botella. No es tan fácil como parece. *It's not quite as easy as you make it.* || **4.** •SOPLAR y sorber, no puede ser. No se puede repicar y estar en la procesión. *You can't have your cake and eat it too.*

SOPLETEADO. *adj.* De mucha experiencia. *Experienced.*

SOPLETEAR. *v.* (Norte). Dar instrucciones constantemente, mandar a todo hora; mandonear. *To order, boss around.*

SOPLETÓN. *n.m.* Regaño. *Reprimand, scolding.* || **2.** Paliza grande. *Severe beating.*

SOPLÓN. *n.m.* Policía. *Cop.* || **2.** Chismoso. *Gossip.*

SOQUETES. *n.mpl.* Calcetine cortos. *Bobby socks.*

SORBETE. *n.m.* Sombrero de copa alta, chistera. *Top hat.* || **2.** •Valer un SORBETE. Ser de poca importancia. *To be unimportant.* ~El dinero vale SORBETE. *The money doesn't matter, I don't care about the money.*

SORDEAR. *v.* (Norte). Hacerse el sordo. *To pretend not to hear.*

SORECO. *adj.* Sordo, duro de oído. *Hard of hearing, deaf.*

SORPRESIVO. *adj.* Que implica sorpresa. *Unexpected, surprising.*

SORRAJAR. *v.* Golpear. *To hit.* ~Me SORRAJÓ un botellazo. *He hit me over the head with a bottle.* ▭ Antes me daban un pisotón y les sorrajaba con lo que tuviera a mano. *Before whenever they stepped on my toes I would hit with anything within my reach.* (E. Poniatowska. Hasta no verte Jesús mío). || **2.** Herir. *To wound.*

SORRASCAR (variante de **sorrasear**).

SORRASEAR. *v.* Asar a medias en las brasas algún alimento. *To part-roast or grill.*

SOTOLE. *n.m.* (Acad.) Palma gruesa y basta que se emplea para fabricar chozas. *Thick strong palm used in the construction of huts.*

SPRAY. *n.m.* ANGL Laca, fijador (para el pelo). *Hairspray.*

STRAPLASS. *adj.* Sin tirantes. *Strapless.*

SUACA. *n.f.* Paliza. *Beating.*

SUASAR. *v.* (Norte). Asar una cosa sin tenerla demasiado tiempo en el fuego; soasar. *To roast lightly.*

SUATO. *adj.* (Acad.). Tonto, mentecato. *Silly.*

SUAVE. *adj.* Guapa, atractiva, mona. *Good-looking, attractive (woman).* || **2.** Enorme, muy grande. *Tremendous.* ~Le aplicaron al muchacho una paliza SUAVE. *They gave the boy a heck of a spanking.* || **3.** Estupendo. *Great, fabulous.* ▭ –Yo veo Perry Mason todos los domingos. Es re SUAVE –Pues que te platique el crimen del velador, para que veas si no es más SUAVE. *–I see Perry Mason every Sunday. He's fabulous. –Well, let him tell you about the guard's murder, it's even more fabulous.* (V. Leñero. Los albañiles). || **4.** Flojo, de poca graduación (bebida). *Weak (liquor).* || **5.** De acuerdo, sí. *Agreed, fine.* –¿Vamos al cine? –SUAVE. *Shall we go to the movies? All right.* || **6.** •Ya estuvo SUAVE. Ya basta. *That's enough.* ▭ Ya estaba SUAVE de herirle la dignidad. *He was fed up with insulting him.* (V. Leñero. Los albañiles). ▭ [...] ya estuvo SUAVE de tratarnos como pendejas [...]. *I think that they have treated us like dirt long enough.* (Carlos Fuentes. La frontera de cristal). || **7.** •¡SUAVE! ¡Fantástico! *Great!, right on!* || **8.** •Darle la SUAVE a alguien. Seguirle la corriente a alguien. *To humor someone.* ▭ Se comprende que contigo sea otro cosa y que tú tengas que darle la SUAVE, pero cuidate [...]. *I understand that in your case it's different and that you have to humor him, but be careful.* (V. Leñero. Los albañiles). || **9.** Llevársela SUAVE (con algo). No pasarse (con algo). *To go easy (on something).* ~Llévatela SUAVE con el azúcar, que queda poco. *Go easy on the sugar, we don't have much left.*

SUBMARINO. *n.m.* Bebida alcohólica preparada con jugo de narranja, vodka y cubos de hielo. *Drink made of orange juice, vodka and ice cubes; screwdriver.* Juliette se sentó en el suelo con los ojos en blanco, mientras Delquinto mezclaba unos SUBMARINOS. *Juliette sat on the floor with a blank stare, while Delquinto mixed some screwdrivers.* (C. Fuentes. La región más transparente).

SUCHE. *adj.* Que no está maduro. *Unripe.*

SÚCHIL. *n.m.* (Acad.) Ramillete de flores vistosas y fragantes. *Aromatic flower tree.* || **2.** Final de una fiesta nocturna. *Conclusion of a night party.*

SUCUCHO (variante de **socucha**).

SUDADERA. *n.f.* Camiseta. *Sweat shirt.*

SUDADO. *n.m.* (Tabasco). Guiso de pescado. *Fish stew.*

SUDÓN. *adj.* Que suda mucho. *Sweaty.*

SUELTISTA. *n.m.* Periodista que escribe sueltos en periódicos. *Freelance journalist.*

SUELTO. *n.m.* Cambio (moneda). *Small change.*

SUEÑO. *n.m.* •SUEÑO guajiro. Quimera. *Pipe dream.*

SUERTERO. *adj.* (Acad.) Afortunado, dichoso. *Lucky, fortunate.*

SUERTUDO (variante de **suertero**).

SUÉTER. *n.m.* Jersey. *Sweater.*

SUFRAGAR. *v.* Votar a un candidato o una propuesta. *To vote for.*

SUJECIÓN. *n.f.* •Auto de SUJECIÓN a proceso. Auto de procesamiento. *Committal for trial.*

SUMIDO. *adj.* Abollado. *Dented.*

SUMIR. *v.* Abollar. *To dent.* || **2.** Encogerse. *To shrink.* || **3.** Quedarse callado. *To keep silent.* || **4.** Acobardarse. *To loose one's nerve.* || **5.** •SUMIRSE el sombrero. Encasquetarse el sombrero hasta las cejas. *To pull one's hat over one's eyes.*

SÚPITO. *adj.* Atónito, perplejo. *Stunned.* ~Quedarse súpito. *To be taken aback.* || **2.** Profundamente dormido. *Fast asleep.* || **3.** •Caer SÚPITO. Desmayarse. *To faint, pass out(coll.).* || **4.** •De SÚPITO. Súbitamente. *All of a sudden, suddenly.*

SUPLENCIA. *n.f.* Acción de suplir una persona a otra. *Substitution, replacement.*

SUPÓN. *n.m.* (Norte). Suposición. *Supposition.*

SURRUMATO (variante de **surumbático**).

SURTIR. *v.* Pegar. *To hit.* ~Me SURTIÓ un puñetazo. *He hit me.*

SURUMBÁTICO. *adj.* Aturdido, atolondrado. *Stunned, dazed.*

SWITCH. *n.m.* Interruptor. *Light switch.* || **2.** Llave de contacto. *Ignition switch.* ~Darle al SWITCH. *To turn on the ignition.*

T

TABA. *n.f.* Charla, conversación. *Conversation, talk, chat.* ‖ **2.** •Dar TABA. Dar guerra. *To give a lot of hassle, trouble.*

TABACO. *adj.* Valiente, resuelto, esforzado. *Bold, determined.* ~Juan es muy TABACO. *John is very determined.* ‖ **2.** Puñetazo. *Punch, blow with the fist.* ‖ **3.** Cigarro de hoja de tabaco, ya listo para fumar. *Cigar.* ‖ **4.** •Acabarsele a uno el TABACO. Acabársele a uno los recursos. *To run out of.* ~Al orador se le acabó el TABACO y no pudo seguir hablando. *The speaker ran out of words and had to stop his speech short.*

TABACÓN. *n.m.* Marihuana *Marihuana.*

TABANCO. *n.m.* Puesto. *Stall.*

TABANEAR. *v.* Trabajar con ahinco. *To work hard.*

TABAQUEADA. *n.f.* Paliza a puñetazos. *Beating.* ‖ **2.** Lucha a puñetazos. *Fist-fight.*

TABAQUERA. *n.f.* Bolsa para llevar tabaco picado, cigarros o cigarrillos; petaca. *Tobacco pouch.*

TABAQUERÍA. *n.f.* Fábrica de tabaco. *Tobacco factory.* ‖ **2.** Estanquillos donde se vende tabaco. *Tobacco shop.*

TABAQUERO. *adj.* Relacionado o perteneciente al tobaco. *Pertaining to tobacco.* ~El comercio TABAQUERO. *The tobacco industry.*

TABARETE. *n.m.* Caseta de madera destinada a la venta de refrescos o verduras, situada casi siempre en la calle o en los alrededores de los mercados. *Refreshment or vegetable stand.*

TABASCO. *n.m.* **Banana** de Tabasco, problablemente la de mejor calidad de México. *Banana originating from Tabasco and known in Mexico for its excellent quality.*

TABERNA. *n.f.* (Jalisco). Lugar donde se destila **tequila**. *Place where tequila is distilled.* ‖ **2.** Bebida semejanta al guarapo. *Drink made from herbs with sugar-cane or pineapple.*

TABERNERO. *n.m.* (Jalisco). Fabricante de **tequila**. *Tequila producer.*

TABICÓN. *n.m.* Bloque de cemento. *Concrete building block.*

TABIQUE. *n.m.* Ladrillo. *Brick.*

TABIRO. Cigarrillo. *Cigarette.*

TABLA. *n.f.* •Salvarse por (en) una TABLITA. Escaparse por las justas, por un pelo (fam.). *To have a narrow escape.* ‖ **2.** •Tener muchas TABLAS. Ser experto en algo. *To be an expert at.* ‖ **3.** •Estar TABLAS. Estar en paz, no deberse nada dos personas o grupos. *To be even.* ‖ **4.** (Variante de **tablón**).

TABLEAR. *v.* Ahondar el surco con el arado para cubrir de tierra el pie de las plantas de maíz = MORÍNIGO. Dar el último cultivo al maíz con el arado, a afecto de levantar el surco = SANTAMARÍA.

TABLERO. *n.m.* Pizarrón, pizarra. *Blackboard.*

TABLILLA. *n.f.* Chocolate en pastillas o tabletas. *Chocolate bar.*

TABLÓN. *n.m.* Superficie de tierra propia para ciertos sembrados. *Plot, patch, bed.* ~Tenemos tres TABLONES de tomates y dos de cebollas. *We have three patches of tomatoes and two of onions.* ‖ **2.** Sembradura de caña de azúcar de un cuarto de hectárea de superficie = SANTAMARÍA.

TABLONEAR. *v.* Nivelar (terreno). *To level.*

TABLONEO. *n.* Nivelamiento (superficie, terrerno). *Leveling.*

TACANA. *n.f.* Mano de mortero. *Pestle.* || **2.** Entre estudiantes, el traje. *Student dress or attire.* || **3.** Persona despreciable. *Despicable person.*

TACAZO. *n.m.* Tiro sin destreza en el juego de billar. *Bad play (in billards).*

TACHERO. *n.m.* (Acad.). Operario que maneja los tachos en la fabricación de azúcar. *Worker in charge of sugar pans in a refinery.*

TACHIGUAL. *n.m.* (Acad.). Cierto tejido de algodón. *A type of cotton cloth.*

TACHO. *n.m.* (Acad.). Paila grande en que se acaba de cocer el melado y se le da el punto de azúcar. *Sugar pan or vat, evaporator.*

TACHOLEAR (variante de *tachuelar*).

TACHUELA. *n.m.* Persona regordeta, rechoncha. *Plump person.* || **2.** Taza de metal que se tiene en el tinajero para beber agua. *Metal cup, dipper.* || **3.** Visita prolongada y molesta. *Tiresome, prolonged visit.*

TACHUELAR. *v.* Clavar con **tachuelas**. *To nail with tacks.*

TACO. *n.m.* Atasco, obstrucción. *Obstruction, blockage.* || **2.** Tortilla de maíz enrollada con un relleno de carne o queso. *Rolled tortilla filled with meat or cheese, taco.* || **3.** Persona que vive con afectada elegancia. *Dandy.* **4.** Comida ligera o poco abundante. *nack, bite.* || **5.** Buen jugador de billar. *Expert player at billiards.* || **6.** Polaina de cuero. *Leather gaiters.* || **7.** Persona de baja estatura y gorda. *Plump person.* || **8.** Tarugo para calzar muebles o cosa similar. *Wedge.* || **9.** Comida. *Meal.* ~Vamos a echarnos un TACO. *Let's go and have something to eat.* || **10.** •Darse TACOS. Darse importancia. *To give oneself airs.* ¿De cuando acá nos damos ese TACO? *Since when do you consider yourself so important?* (C. Fuentes. La región más transparente). || **11.** Pararle los TACOS a alguien. Regañar. *To scold someone.* || **12.** •Echarle mucha crema a los TACOS. Presumir. *To show off.* || **13.** •Hacer TACO a algo o alguien. Envolver, o enrollar de manera que forme un bulto apretado o compacto. *To wrap up in a tight and compact bundle.* ~Hizo TACO su ropa para llevársela. *He bundled his clothes in a tight, compact bundle so he could take them with him.* ~Hicieron TACO al bebé con una cobija. *They wrapped the baby snuggly with a blanket.* ~Se hizo TACO para protegerse del frío. *He wrapped himself snuggly in order to protect himself against the cold.* || **14.** •Echarse un TACO de ojo. Comerse con los ojos. *To ogle.* || **15.** •Meter los TACOS. Asustar. *To frighten.* || **16.** •A todo le llaman cena, aunque sea un TACO sin sal. Mucho ruido y pocas nueces. *His bark is worse than his bite.* || **17.** •¡Acá los TACOS! ¡Pongan atención! *Your attention, please!* || **18.** •A mí, mis TACOS. Eso es cosa mía. *That's my business.*

TACOTE. *n.m.* Uno de los nombres de la marihuana. *Alternate name for marihuana.*

TACOTILLO. *n.m.* Irritación de la piel, tumor. *Skin irritation, tumor.*

TACUACHA. *n.f.* Mentira, embuste. *Lie, tall story.*

TACUACHE. *n.m.* Compañero, amigo, camarada. *Friend, companion.* || **2.** *adj.* Ebrio. *Drunk.*

TACUALERO. *n.m.* Peón o mujer que en las **haciendas** llevan la comida a los trabajadores. *Person employed to cook meals for farmhands.*

TACUARÍN. *adj.* Tácuaro, pero dicho con cariño. *Country bumpkin (said affectionately).*

TÁCUARO. *adj.* Ignorante de las costumbres de la ciudad, entre tonto e ingenuo. *Country bumpkin.*

TACUCHE. *n.m.* Bulto de trapos. *Bundle of rags.* || **2.** Traje. *Suit.* ~Me puse el TACUCHE y me fui al baile. *I put on my suit and went dancing.* || **3.** *adj.* Despreciable. *Despicable, good-for-nothing.*

TAFETA. *n.f.* Tafetán. *Taffeta.* Dile que

te dé un metro de TAFETA negra. *Tell him to give you a meter of black taffeta. (Juan Rulfo. Pedro Páramo).*

TAFITE. *n.m.* Papirotazo. *Fool.*

TAGARNINA. *n.f.* Borrachera. *Drunkenness.* || **2.** (Norte). Bolsillo de cuero para llevar tabaco. *Leather tobacco pouch.*

TAITA. *n.f.* (Acad.) Nombre familiar y infantil con que se alude al padre y a las personas que merecen respeto. *Child's term of endearment for loved one (father, mother, nurse).*

TAJALÁPIZ. *n.m.* Sacapuntas. *Pencil Sharpener.*

TAJAMAR. *n.m.* (Acad.) Malecón, dique. *Breakwater, dike.* || **2.** Balsa. *Pond, pool.*

TAJARRAZO. *n.m.* Tajo, herida. *Slash, wound.* || **2.** Daño o perjuicio ocasionado por otro. *Damage, harm.*

TAJARREAR. *v.* Herir, desgarrar. *To slash, wound.*

TAJÓN. *n.m.* Matadero al aire libre, carnicería rural. *Slaughterhouse.*

TALACHA. *n.f.* (Acad.). Especie de azada. *Mattock, pick, pickaxe.* || **2.** Reparación de llantas y carrocería. *Flat and auto body repair.* || **3.** Trabajo manual. *Work.* ☐ Pues aquí todos tenemos que trabajar para que puédamos (podamos) comer. Si no quieres entrarle a la TALACHA, ¡sácate de aquí! *We all have to work in order to eat. So if you don't want to put your shoulder to the wheel, get out of the way!* (E. Poniatowska. Hasta no verte Jesús mío). || **4.** •Hacer la TALACHA. Trabajar como negro. *To work like a slave.* || **5.** *adj.* Hábil. *Skilful.* ~Es muy bueno para la TALACHA. *He's a real handyman.* || **6.** Desmonte. *Clearing.*

TALACHE. *n.m.* Especie de azada. *Mattock, pick, pickaxe.*

TALACHERO. *n.m.* Persona hábil en los trabajos manuales. *Handyman.*

TALACHO (variantes de **talache**).

TALAJE. *n.m.* Acción de pastar el ganado en un campo, pastoreo. *Grazing, pasture.* || **2.** Precio del pastoreo. *Grazing fee.* || **3.** Lugar destinado al pasto. *Grazing land.* || **4.** Ácaro. *Tick.*

TALAYOTE. *n.m.* Algodoncillo. *Milkweed.*

TALEGA. *n.f.* (Huasteca). Funda para almohada. *Pillowcase.* || **2.** •A la trompa TALEGA. Sin pensar, sin order, descuidadamente. *In a slipshod way.*

TALEGÓN. *n.m.* Haragán. *Lazybones.*

TALENTAZO. *n.m.* Persona de gran talento. *Very talented.*

TALGUATOSO. *adj.* De carnes flojas y pellejudas. *Loose-skinned, flabby-skinned.*

TALISTE. *adj.* Se aplica a cualquier cosa endurecida y correosa. *Tough, leathery, hardened.* || **2.** Referido a la fruta., endurecida en el árbol por la helada.

TALLA. *n.f.* Pelea, discusión. *Squabble, argument.* || **2.** Repartición (en naipes). *Deal.* || **3.** (Norte). Cuento oral breve y cómico. *Tale.*

TALLADOR. *n.m.* Persona que en los juegos de naipes talla la baraja. *Dealer, banker.* || **2.** Tahur, jugador, persona diestra en los lances del juego de cartas. *Cardsharp.*

TALLAR. *v.* Fregar. *To scrub.* ☐ (...) escobetear, TALLAR el cochambre de las cacerolas, TALLAR, TALLAR, TALLAR... *To pass the broom, scrub the dirt off pots and pans, scrub, scrub, scrub..* (E. Poniatowska. Luz y luna). ☐ Yo me iba al río y con arena me TALLABA todo el cuerpo. *I would go to the river and scrub my whole body with sand.* (E. Poniatowska. Hasta no verte Jesús mío). || **2.** Friccionar, restregar. *To rub.* ~No te TALLES los ojos, vas a tener una infección. *Don't rub your eyes, you're going to get an infection.* || **3.** Dar masaje. *To massage.*|| **4.** -se. Trabajar como negro. *To work one's butt off.* ~Se TALLÓ toda la vida para sacar adelante a sus hijos. *She worked her butt off all her life to give her children a good start in life.* || **5.** (Sinaloa). Contar historias divertidas. *To tell amusing tales.*

TALLUDO. *adj.* Difícil de pelar, peliagudo.

Difficul, tricky. || **2.** (Tabasco). De los viejos todavía resistentes o con aparentes energías. *Old but resilient old person.* ~Es un viejo TALLUDO. *He's an old man but there's still life in him yet.* || **3.** De cosas viejas que siguen dando rendimiento. *Old but dependable (machine, etc.).* ~Es una máquina TALLUDA. *It's an old machine but it still serves its purpose.* || **4.** (Tabasco). Correoso. *Leathery.* || **5.** Que creció rápidamente. *Grown-up.* ~no lo vas reconocer: está bien TALLUDO. *You won't recognize him: he's a man now.* || **6.** Que ya pasó de la juventud. ~Se casó ya TALLUDITA. *When she married she was no spring chicken.*

TALMOTOCLE. *n. m.* (Michoacán). Ardilla. *Squirrel.*

TALÓN. *n.m.* Prostitución. *Prostitution.* || **2.** Crédito. *Credit.* || **3.** Matriz. *Stub.* || **4.** •Andar en el TALÓN, darle al TALÓN. Andar por las calles en busca de clientes (prostituta). *To walk the streets, ply her trade (prostitute).* ~Anda en el TALÓN, le da al talón. *She's a hooker.* || **6.** •Ser muy TALÓN. Ser muy luchador. *To be a fighter.*

TALONEAR. *v.* Incitar el jinete al caballo picándolo con los talones; espolear. *To spur on one's horse.* || **2.** Dedicarse a la prostitución. *To work as a hooker.* || **3.** Pedir dinero. *To scrounge money.* || **4.** Trabajar en algún oficio que requiere desplazamientos. *To hold a job which requires considerable walking.* ~No me gustan la ventas porque hay que TALONEAR mucho. *I don't like to be a salesman. It involves too much walking.* || **6.** •TALONEARLE. *To step on it, get moving, get going.*

TALONERA. *n.f.* Prostituta. *Prostitute, hooker (coll.).*

TAMAL. *n.m.* Masa de maíz rellena de carne envuelta en hoja de plátano y cocido al vapor. *Corn meal paste filled with meat wrapped in banana leaves or corn husks, tamale.* || **2.** Lío, enredo, chanchullo. *Fraud, trick, hoax.* || **3.** Bulto grande y deforme. *Clumsy bundle or package.* || **4.** •Hacer un TAMAL. Preparar una intriga o maniobra. *To prepare a trick, set a trap.* || **5.** •Al que nació para TAMAL, del cielo le caen las hojas. Que será será. *What will be will be.* 📖 Yo pobre nací y pobre me he de ir al agujero [...]. Al que nace para TAMAL, del cielo le caen las hojas. *I was born poor and I will die poor. What will be will be.* (E. Poniatowska. Hasta no verte Jesús mío). || **6.** •Estar hecha una cosa un TAMAL. Estar una cosa mal envuelta. *To be badly wrapped.* || **7.** •Hacer de chivo los TAMALES. Engañar, ser infiel. *To trick, deceive, be unfaithful.* ~Se divorció porque le hacían de chivo los TAMALES. *She divorced him because he was unfaithful.*

TAMALADA. *n.f.* Reunión en que se sirven tamales. *Party at which tamales are served.* 📖 Hicieron una gran TAMALADA. *They had a huge tamale party.* (E. Poniatowska. Luz y luna).

TAMALEADO. *adj.* Amañado, arreglado. *Fixed, rigged.*

TAMALEAR. *v.* Hacer o comer tamales. *To make or eat tamales.* || **2.** Toquetear a una mujer. *To fondle a woman.*

TAMALERA. *n.f.* Grupo de gente chismosa, murmuradora. *Bunch of gossips.*

TAMALERO. *n.m.* Persona que hace o vende **tamales**. *Tamale maker or seller.* 📖 Sin sus costumbres populares (...) y sus TAMALERAS la ciudad no tendría razón de ser. *Without its popular customs and its tamale vendors, the city would have no reason to exist.* (E. Poniatowska. Luz y luna). 📖 Pasó un TAMALERO gritando rojos, verdes, de chile [...].. *A tamale vendor passed by shouting red, green, chile tamales.* (Carlos Fuentes. La frontera de cristal). || **2.** Chancullero, intrigante. *Schemer, swindler.*

TAMAÑITO. Pequeñito. *Small.* 📖 Lo conocimos TAMAÑITO así... Le pusimos el nombre de el Coyotito. *We know him since he was that small. We named him the little coyote.* (M. Azuela. La luciérnaga).

TAMARINDO. *n.m.* Agente de tráfico. *Traffic cop.*

TAMBACHE. *n.m.* Bulto. *Big package.* 📖

Yo le cargaba el TAMBACHE. *I would help him load his bundle (of things).* (Juan Rulfo. El llano en llamas). || **2.** Lío grande de ropa. *Bundle of clothes.* 📖 [...] me dio un TAMBALACHE así de ropa y un boleto para ir al cine. *He gave me a large bundle of clothes and a ticket to go to the movies.* (V. Leñero. Los albañiles). || **3.** Mujer excesivamente gruesa, de carnes fofas. *Obese, flabby woman.* || **4.** •Hacer TAMBACHE a alguien. Hacerle una jugarreta a alguien. *To play a dirty trick on someone.*

TAMBACHI. (Jalisco). Variante de **tambache**.

TAMBACHO. (Michoacán). Variante de **tambache**.

TAMBO. *n.m.* Recipiente. *Bin.* || **2.** Cárcel. *Slammer.*

TAMBOR. *n.m.* Bote o barrilete de latón que se emplea como envase de transporte. *Metal barrel.* || **2.** Tejido parecido a la arpillera. *Burlap, sackcloth.* || **3.** Colchón de muelles. *Spring mattress.* || **4.** Banda militar. *Brass band.*

TAMBORA. *n.f.* •Hacer la TAMBORA de lado. Jugarle a uno una mala pasada. *To play a dirty trick on someone.*

TAMBOREAR. *v.* Tocar el tambor. *The play the drum.*

TAMBOREATEAR. *v.* Golpear, dar una paliza. *To beat up.*

TAMEGUA. *n.f.* La primera limpieza de las milpas. *Weeding, cleaning of corn fields.*

TAMEGUAR. *v.* Limpiar las milpas. *To weed, clean corn fields.*

TAMEME. *n.m.* Cargador. *Porter.*

TAN. *adv.* •¿Qué TAN grande es? ¿De qué tamaño es? *How big is it?* || **2.** (Antepuesto a un verbo). Tan. *So much.* 📖 Estoy por decir que nunca quiso a una mujer como a ésa. [...] TAN la quiso que se pasó el resto de sus años [...] mirando el camino por donde se la habían llevado al camposanto. *I may add that he never loved a woman as much as he loved her. He loved her so much that he spent the rest of his life looking at the road down which they had taken her to the cemetary.* (J. Rulfo. Pedro Páramo. Cit. Hispan.).

TANA. *n.f.* Bolsa o morral tejido de palma. *Raffia bag.*

TANATE. *n.m.* (Acad.). Mochila, zurrón de cuero o de palma. *Bag, knapsack, haversack, leather pouch.* || **2.** •Cargar uno con los TANATES. Mudarse, marcharse. *To move away, to pack one's bags.* || **3.** Testículo. *Testicle.* 📖 [...] sabían que yo solo podían defenderlas, ellas no tenían TANATES. *They knew that I was the only one that could defend them. They had no balls at all.* || **4.** -s. Cachivaches, trastos. *Odds and ends.*

TANATEAR. Cargar en **tanate**. *To carry in a bag, knapsack or haversack.*

TANATERO. *n.m.* Mozo de cuerda. *Porter, carrier.*

TANCOLOTE. Cesto. *Basket.*

TANDA. *n.f.* Espectáculo. *Show, performance.* || **2.** Sección de una representación teatral. *Section of a theatrical performance.* || **3.** Terreno de cactos. *Cactus plot.* || **4.** Turno para llevar a cabo alguna actividad. *Shift.* || **5.** Vuelta (de bebidas). *Round.* Esta TANDA la pago yo. *This is my round.* || **6.** Pozo (de dinero), fondo común. *Pool, kitty.*

TANDARIOLA. *n.f.* Bulla, juerga. *Noise, racket, partying.*

TÁNGANA. *n.f.* Alboroto. *Disturbance, commotion.*

TÁNGANO. *adj.* De baja estatura. *Short (person).* || **2.** *n.m.* Juego semejante al de la rayuela. *Hob (boy's game).*

TANGO. *adj.* Rechoncho. *Squat, plump, stocky.* || **2.** •Hacer un TANGO. Exagerar un sentimiento. *To exagerate, go overboard in expressing a feeling.* ~No quise acompañarle y me hizo un TANGO con lágrimas, gritos y pataleos. *When I refused to go with her she went into a dramatic act, crying, kicking and screaming.*

TANQUE. *n.m.* Estanque, piscina. *Swimming pool, pond.* || **2.** Cárcel. *Jail, can,* *slammer.* || **3.** Bombona. *Gas cannister.* || **4.** •Gas de TANQUE. Gas de bombona. *Bottled gas.*

TANTEADA. *n.f.* Mala pasada. *Dirty trick.* || **2.** Estafa. *Hoax, swindle.*

TANTEAR. *v.* Ponerse una persona en acecho. *To lie in wait for.* || **2.** Estafar. *To swindle.* || **3.** Tomarle el pelo a una persona. *To make a fool of, to take for a ride.* || **4.** Engañar. *Deceive, trick, fool.* ◫ ¡Qué me canten los mariachis que hoy me TANTEO a la Pelona! *Let the mariachis sing, because today I'm going to defy death.* (C. Fuentes. La región más transparente). || **5.** Calcular aproximadamente o al tanteo el precio o la calidad de una cosa. *To estimate.* || **6.** •¡TANTEE Ud.! ¡Imagínese Ud.! *Just imagine!*

TANTEO. *n.m.* Prueba. *Trial run.*

TANTITO. *adv.* Un poco. *A little.* ◫ [..] siempre fueron buenos amigos, hasta TANTITO antes de morirse. *They always had been good friends, until just before he died.* (J. Rulfo. El llano en llamas). ◫ [...] estaban encantadas de salir a pasear, para tostarse un TANTITO, vacilar TANTITO, siestear en un ambiente distinto [...]. *They were delighted to be able to go out for a walk, get tanned a little, have a little fun, take a siesta in a different atmosphere.* (C. Fuentes. Cit. Hispan.). ◫ Y nosotros aquí tan solos. Desviviéndonos por conocer aunque sea TANTITO de la vida. *We are so alone here. Trying so very hard to learn at least a little about life.* (J. Rulfo. Pedro Páramo). || **2.** •Ni TANTITO. En absoluto. *At all, not in the least.* ◫ Si Pedro le hubiera pedido a Tita huir con él, ella no lo hubiera pensado ni TANTITO [...]. *If she had asked him to run away with him, she wouldn't have hesitated in the least.* (L. Esquivel. Agua para chocolate. Cit. Hispan.). ◫ La conocí un día en que fui a ver si me iba. Pero no me gustó ni TANTITO. *I met her one day when I went to see if I would leave, but I didn't like her at all.* (F. del Paso. José Trigo. Cit. Hispan.).

TANTO. *adj.* •Qué TANTO. Hasta que punto. *To what extent, how much.* ◫ Bueno, quién sabe qué TANTO estaba convencida de esta resolución [...]. *Well, who knows how convinced I was of that decision.* (L. Esquivel. Agua para chocolate. Cit. Hispan.).

TAP. *n.m.* Claqué. *Tap dancing.*

TAPA. *n.f.* Tapacubos. *Hubcap.* || **2.** (Yucatán). Portezuela (auto). *Door (car).* || **3.** Tapón. *Plug.*

TAPABALAZO. *n.m.* Bragueta, portañuela. *Fly (of trousers).* || **2.** •Pantalón de TAPABALAZO. Pantalón que se abotona en los costados y no tiene bragueta. *Trousers buttoned on the side.*

TAPACOSTURA. *n.f.* Cinta o tira de adorno que sirve para disimular una costura. *Trimming used to cover or hide a seam.*

TAPADERA. *n.f.* Tapa, tapón (de una botella). *Cap, top.*

TAPADO. *n.m.* Headscarf, shawl. *Pañuelo, mantón.* || **2.** Candidato político cuyo nombre se mantiene en secreto hasta el momento propicio. *The governing party's presidential candidate before his identity has been revealed.* || **3.** *adj.* Estreñido. *Constipated.*

TAPADURA. *n.f.* Empaste. *Filling.*

TAPALCATE. *n.m.* Trasto inútil. *Piece of junk.* || **2.** Persona inútil. *Useless person.*

TÁPALO. *n.m.* (Acad.). Chal o mantón. *Shawl, mantle.* || **2.** Pañolón que usan sobre todo las mujeres pobres. *Shawl.*

TAPANCO. *n.m.* Piso de madera que se pone sobre vigas o columnas en habitaciones con gran altura, para dividirlas en dos espacios. *Raised sleeping platform.* ◫ Pensó también en subir al TAPANCO para deshacer la cama donde él y Margarita habían pasado la noche. *She also thought of going up to the sleeping platform to strip the bed where he and Margarita had spent the night.* (J. Rulfo. El llano en llamas). ◫ [...] armando con viejas tablas un TAPANCO al que a se asciende por una escalera [...]. *Building with old boards a raised sleeping platform which can be reached through a stair.* (M. Azuela. Nueva burguesía).

TAPAOJO. *n.m.* Tira de cuero que se pone en la cabezada de la bestia para taparle los ojos, quitapón. *Blinders (on a horse).*

TAPAPIÉ. *n.m.* Sembradura del maíz que se hace depositando la semilla en el hoyo que se tapa luego con tierra que se apisona con el pie = MORÍNIGO. ‖ **2.** Acción de aporcar o acollar con el pie = MORÍNIGO. Sistema de siembra muy primitivo del maíz, que consiste en ir tirando la semilla y tapándola de tierra con el pie = SANTAMARÍA.

TAPAR. *v.* Empastar (muelas o dientes). *To fill.* ‖ **2.** TAPAR el sol con el dedo. Tratar inútilmente de ocultar algo que es demasiado notorio. *To make a feeble attempt at hiding something that is obvious.*

TAPATÍO. *adj.* Relativo a Guadalajara. *Of Guadalajara.* ‖ **2.** *n.m.* Natural de Guadalajara. *Native or inhabitant of Guadalajara.* 📖 [...] con la señora Corcuera, una TAPATÍA de ojos muy bonitos. *With Mrs. Corcuera, a native of Guadalajara, with beautiful eyes.* (E. Poniatowska. Hasta no verte Jesús mío).

TAPAYAGUA. *n.f.* Llovizna. *Mist, drizzle, light rain.*

TAPESCLE (variante de **tapesco**).

TAPESCO. *n.m.* (Acad.) Especie de zarzo que sirve de cama, y otras veces, colocado en alto, de vasar. *Makeshift bed, bedframe, camp bed.* ‖ **2.** Tarima. *Small stage.* ‖ **3.** Repisa. *Shelf.* ‖ **4.** Camilla. *Stretcher.*

TAPETE. *n.m.* Alfombra. *Rug.* 📖 [...] y cuando abrí los ojos y recobré el conocimiento, estaba tirado sobre el TAPETE. *And when I opened my eyes and regained consciousness, I found myself stretched out on the rug.* (M. Azuela. Nueva burguesía).

TAPISCA. *n.f.* (Tabasco). (Acad.). Recolección del maíz. *Corn harvest.*

TAPISCAR. *v.* Cosechar el maíz. *To harvest corn.*

TAPIZ. *n.m.* •TAPIZ de empapelar. Papel pintado. *Wallpaper.*

TAPIZAR. *v.* Empapelar. *To wallpaper.*

TAPÓN. *n.m.* Fusible. *Fuse (elect.).* ‖ **2.** Tapacubos. *Hubcap.* ‖ **3.** *Adj.* De baja estatura, **chaparro.** *Short.*

TAPONEAR. *v.* Cerrar con tapón. *To plug.*

TAQUEAR. *v.* Jugar al billar. *To play billiards.* ‖ **2.** Atacar con arma de fuego, disparar. *To attack with a gun, to fire (a firearm).* ‖ **3.** Comer **tacos.** *To eat tacos.* ‖ **4.** Hacer **tacos.** *To make tacos.* 📖 Y a ver si Chon tiene carnitas para TAQUEAR, pero jálale. *And check to see if Chon has any "carnitas" to make tacos.* (V. Leñero. Los albañiles). ‖ **5.** Atestar, atiborrar. *To stuff, pack.*

TAQUERÍA. *n.f.* Fonda o puesto donde se venden tacos. *Snack stand, taco stand.* 📖 Se detenían en las TAQUERÍAS y los puestos de revistas. *They would stop at taco and magazine stands.* (C. Fuentes. La región más transparente).

TAQUERO. *n.m.* Persona que vende o hace tacos. *Taco maker or vendor.*

TAQUETE. *n.m.* Tapón. *Plug.*

TARABILA. *n.f.* Aspadera rústica de madera que tiene una pieza central giratoria que sirve para torcer sogas de fibra o de crin = MORÍNIGO. ‖ **2.** Trompo. *Spinning top.*

TARANTA. *n.f.* Borrachera. *Drunkenness.* ‖ **2.** Variante de **tarantera.**

TARANTERA. *n.f.* Chifladura, atarantamiento. *Craziness, madness.*

TARANTÍN. *n.m.* (Acad.) Cachivache, trasto. *Odds and ends.*

TARASQUEAR. *v.* Dar un mordisco. *To bite, snap at.*

TARDADO. *adj.* Que lleva mucho tiempo. *Time-consuming.*

TARDEADA. *n.f.* Fiesta o reunión que se efectua en la tarde. *Evening party.*

TAREA. *n.f.* Deberes. *Homework.*

TARIMA. *n.f.* (Sonora, Sinaloa). Cama tejida con tiras de cuero. *Bed woven with strips of leather.*

TARJA. *n.f.* Tarjeta. *Visiting card.*

TARJAR. *v.* Borrar, tachar. *To cross out.*

TARJETA. *n.f.* •CHECAR tarjeta (al entrar al

trabajo). Marcar tarjeta. *To clock (punch) in.*

TARJETAHABIENTE. *n.m.* Titular (de una tarjeta de crédito. *Cardholder.*

TARJETERA. *n.f.* Tarjetero. *Credit card holder or wallet.*

TARRAMENTA. *n.f.* Cornamenta. *Horns.*

TARRAYA. *n.f.* Atarraya. *Casting net.*

TARRAYASO. *n.m.* Redada. *Cast (of a net).* || **2.** (Veracruz). Trago. *Drink.* || **3.** Pesca obtenida en una tirada de la **tarraya**. *Haul, catch.* || **4.** Redada (de la policía). *Raid.*

TARRO. *n.m.* Taza. *Mug.* ~TARRO de cerveza. *Beer mug.* || **2.** Jarra. *Stein.* || **3.** Cuerno. *Horn.* || **4.** Infidelidad conyugal. *Infidelity, unfaithfullness.* || **5.** *adj.* (Tabasco). Ebrio. *Drunk.* || **6.** •Pegarle, darle a uno en un TARRO. *To hit a raw nerve.*

TARRUDO. *adj.* Animal con tarros, cornudo. *Horned.*

TARUGADA. *n.f.* Jugada, diablura, mala acción. *Dirty trick, piece of mischief.* || **2.** Estupidez. *Stupid thing to do.* ~No hagan una TARUGADA con esta pistola. *Don't do anything stupid with this gun.*

TARUGO. *n.m.* Susto, sobresalto. *Fright, scare.* || **2.** Ignorante, tonto. *Fool, dolt, blockhead.* 📖 Mire, TARUGO: usted no es trabajador, sino socio. *Look, stupid, you're a partner not a worker.* (C. Fuentes. La región más transparente). 📖 Eso te ganaste por creído y TARUGO. *That's what you get for being so gullible and stupid.* (J. Rulfo. El llano en llamas). 📖 [...] dime si aqui hay alguna mas TARUGA que yo [...]. *Now tell me if I'm not the stupidest person in this place.* (Carlos Fuentes. La frontera de cristal). || **3.** Endiablado, travieso, malpensado. *Rogue, scoundrel, cheat.* 📖 Ya no soy el TARUGO de antes de ayer. *I'm no longer the scoundrel that I used to be.* (M. Azuela. La luciérnaga). || **4.** •Hacerse TARUGOS. Hacer payasadas. *To clown around.*

TASAJEAR. *v.* Acuchillar, tajear. *To slash.*

TASAJUDO. *adj.* Flaco y alto. *Tall and thin.*

TATA. *n.m.* Padre (se refiere en especial a personas de edad o de mucho respeto). *Father.* || •El gran TATA. Dios. *God.* 📖 (...) pero ya no son lo que el gran TATA quiso que fueran. *But they no longer are what God intended them to be.* (C. Fuentes. La región más transparente).

TATARATE. *n.m.* (Tabasco). Trompo broncador (por tener la púa muy torcida). *Spinning top.* || **2.** (Tabasco). Trastabillar. Trompo bronco y brincador.

TATARATEAR. *v.* Tartamudear. *To stammer, stutter.*

TATEMA. *n.f.* Calor. *Heat.* 📖 [...] y luego que (los lagartijos) sienten la TATEMA del sol corren a esconderse en la sombrita de una piedra. *And as soon as they feel the heat of the sun they run out and hide under the shade of a rock.* (J. Rulfo. Pedro Páramo).

TATEMAR. *v.* Asar, cocinar. *To roast, cook.* 📖 Junto con los frescos huevos de tortuga y el pescado seco, TATEMADO al sol. *Together with fresh turtle eggs and dry fish, cooked in the sun.* (E. Poniatowska. Luz y luna).

TATOLE. *n.m.* Conspiración. *Plot.* || **2.** Cuchicheo. *Whispering.* || **3.** Convenio, acuerdo, arreglo. *Agreement.*

TAYACÁN. *n.m.* (Tabasco). Mozo que acompaña a caballo a su amo. *Helper who accompanies his employer on horseback.*

TAZCAL. *n.m.* Especie de canasto de carrizos donde se llevan las **tortillas**. *Reed basket for carrying tortillas.*

TAZÓN. *n.m.* Plato hondo. *Bowl.* || **2.** •TAZÓN para batir. Tazón para medir. *Mixing bowl.*

TÉ. *n.m.* Reunión. *Tea party.* || **2.** •Saber a TÉ de calcetín. Tener gusto a jugo de paraguas. *To taste like dishwater.*

TEATRO. *n.m.* •Hacerle TEATRO a alguien. Engañar a alguien. *To put one over on somebody.*

TECALI. *n.m.* (Acad.). Alabastro oriental de colores muy vivos que se halla en Tecali, población del Estado de Puebla. *Tecali, Mexican onyx, alabaster.*

TECHOMITE. *n.m.* Tela fuerte y basta para prendas de vestir y bolsas. *Coarse cloth to make inexpensive bags and clothes.*

TECLEAR. *v.* Tocar el piano o escribir a máquina con poca pericia. *To play the piano or type in a clumsy manner.*

TÉCNICO. *n.m.* Agente de policía de mejor apariencia, educación y conocimiento que el común "tecolote" o "cuico". *Police officer of higher hierarchy than the ordinary "cop".* 📖 –Es inútil, señora –Dijo el ebrio con cínica cortesía– los señores TÉCNICOS tiene buen dormir. *–It's useless, lady said the drunk man with cynical courtesy– those gentlemen from the police force are not used to getting up early.* (M. Azuela. Cit. Santamaría). 📖 ¡Un gendarme!, ¡Un gendarme! [...] Favor, señor TÉCNICO... Deténganlo usted [...]. *Police!, Police! Please, officer... Arrest him.* (M. Azuela. La luciérnaga).

TECO. *adj.* Borracho. *Drunk.*

TECOL. *n.m.* (Acad.). Gusano que se cría en el **maguey**. *Maguey worm.*

TECOLERO. *n.m.* Ayudante de establo. *Stable assistant or helper.*

TECOLINES. *n.m.* Dinero. *Money, cash, dough, bread.*

TECOLOTA. *n.f.* Colilla del cigarro. *Cigarette butt.*

TECOLOTE. *n.m.* (Acad.). Búho, ave. *Owl.* 📖 Y contaba que al niño se le había ocurrido dar un berrido como de TECOLOTE cuando el caballo en que venían era muy asustón. *And she was telling us how it had occurred to the boy to howl like an owl knowing that the horse on which they were riding frightened easily.* (J. Rulfo. El llano en llamas).‖ 2. Agente de policía. *Policeman, cop (on night patrol).* 📖 Luego me detuve y pensé: éstos van a llamar a los policías. Llegaron los TECOLOTES. *Then I stopped and thought: these people are going to call the police. Then the cops arrived.* (E. Poniatowska. Hasta no verte Jesús mío). ‖ 3. Borrachera. *Drunkenness.* ‖ 4. *adj.* Borracho. *Drunk.* ‖ 5. •Cantarle a uno el TECOLOTE. Estar cerca de la muerte. *To be near death.*‖ 6. Creer en el TECOLOTE. Creer consejas o cuentos. *To believe everything.*

TECOMATE. *n.m.* (Acad.) Vasija de barro, a manera de taza honda. *Earthware cup.* 📖 Aquí traigo a este muchachito (...) para que traiga agua en el TECOMATE y para que dé de comer a los coches (cerdos). *I brought this young boy here so that he can serve us water in the 'tecomate' and feed the pigs.* (R. Pozas. Juan Pérez Jolote). ‖ 2. Calabaza. *Gourd, calabash.*

TECORRAL. *n.m.* Cerca o vallado de piedras amontonadas que rodea un terreno. *Stone wall.*

TECUÁN. *n.m.* Animal fantástico de la mitología azteca. *Mythological Aztec monster.* ‖ 2. Fiera, animal salvaje y voraz. *Wild ferocious animal.* ‖ 3. Tragón, comilón. *Greedy, voracious.* ‖ 4. Agente de policía. *Policeman, cop.*

TECUCO. *adj.* Tacaño, miserable. *Mean, stingy.*

TECUIL. *n.m.* Cabaña. *Hut, shack.*

TECUILE (variante de **tecuil**).

TEGUA. *n.f.* Especie de botas amarillas, de gamuza, comunes entre la gente del norte. *Yellow suede boots.* ‖ 2. Especie de sandalias o **guaraches**. *Sandals.* 📖 "Del nombre de los indios teguas, que andaban de guaraches, vino sin duda llamar así al objeto usado por ellos" (Santamaría).

TEHUACÁN. *n.m.* Agua mineral. *Mineral water.* 📖 De tarde en tarde un pasajero pedía a gritos un TEHUACÁN o una limonada. *From time to time a passenger at the top of his voice would ask for a tehuacán or a limonade.* (M. Azuela. Nueva burguesía).

TEJA. *n.f.* Parte trasera de la silla de montar. *Back part of the saddle.*

TEJABÁN (variante de **tejaván**). 📖 Se juntaron de nuevo en el TEJABÁN donde las señoras mayores se habían detenido a matar el tiempo tomando *oranges* y limonadas. *They got together again in the shed where* the older women had stayed to kill time drinking orangeade and lemonade. (M. Azuela. Nueva burguesía).

TEJAMANÍ (variante de **tejamanil**).

TEJAMANIL. *n.m.* (Acad.). Tabla delgada y cortada en listones que se colocan como tejas en los techos de las casas. *Roofing board, shingle.*

TEJANO. *n.m.* Sombrero típico de los vaqueros y hombre de campo de Tejas. *Cowboy hat, Texas-style hat.* 📖 "Los revolucionarios mexicanos lo han adoptado (este tipo de sombrero) como distintivo". (Santamaría).

TEJAVÁN. *n.m.* Techo o cobertizo construido sobre palos altos, sin paredes que sirve para proteger cosas de la intemperie. *Shed.* 📖 El aguacero llegó de repente. Lo único que pudimos hacer (...) fue estarnos arrimados debajo del TEJAVÁN. *The downpour came suddenly. The only thing we were able to do was to bunch up under the shed.* (Juan Rulfo. El llano en llamas). || **2.** Casa rústica con techo de tejas. *Rustic dwelling.*

TEJO. *n.m.* Juego de la rayuela. *Hopscotch.*

TEJOCOTE. *n.m.* Planta rosácea que da un fruto parecido a la ciruela, de color amarillo. *Variety of hawthorn.* || **2.** No valer un TEJOCOTE. No valer un comino. *To be worth nothing.*

TEJOLOTE, *n.m.* Mano de piedra del mortero. *Stone pestle.*

TEJÓN. *n.m.* Mapache. *Racoon.* || **2.** Persona astuta, taimada. *Sly, crafty person.*

TEJONA. *n.f.* Hembra del **tejón**. *Female racoon.* || **2.** Mujer astuta, ladina. *Crafty, cunning woman.*

TELA. *n.f.* •TELA de costal. Arpillera. *Sackcloth.*

TELE. *n.f.* Televisión. *Television.*

TELEFÉRICO. *n.m.* Funicular. *Funicular.*

TELEFONAZO. *n.m.* Llamada telefónica. *Telephone call.* ~Cuando llegue, te daré un TELEFONAZO. *When I arrive, I'll give you a call.*

TELEFOTO. *n.m.* Teleobjetivo. *Telephoto lens.*

TELELE. *n.m.* Susto, soponcio. *Swoon, fainting spell, scare.* 📖 Es medio como para que te dé el TELELE. *It's enough to give you a good scare.* (C. Fuentes. La región más transparente).

TELELQUE. *adj.* amargo, desabrido. *Sharp, bitter.*

TELERA. *n.f.* Pan bazo grande. *Large loaf of brown bread.* 📖 ¿Y cuándo se la iba yo a hacer de jamón si apenas me alcanzaba pa' la TELERA? *How the heck was I suppose to make it with the ham, if I just had enough (money) for a loaf of bread.* (E. Poniatowska. Luz y Luna).

TELON. *n.m.* Curtain call. ~Tuvo cinco TELONES. Salio cinco veces (al escenario) a saludar. *He took five curtain calls.*

TELTEQUI (variante de **tetelque**).

TEMASCAL (variante de **temazcal**).

TEMAZATE. *n.m.* Venado. *Small deer.*

TEMAZCAL. (del náhuatl *tema* "baño", y *calli*, "casa"). *n.m.* Cuarto de baño. *Bathroom.* || **2.** Baño turco, baño de vapor. *Steam bath.* 📖 ¿Y si deveras la mató? —me la pasé preguntándome mientras sudaba en el TEMAZCAL. *And if he really killed her? I kept asking myself while I was sweating in the steam bath.* (A. Mastretta. Arráncame la vida). 📖 "Los baños de los aztecas eran habitaciones cerradas, pequeñas como hornos, y los baños se tomaban con el vapor del agua". (Morínigo).

TEMBLADERA. *n.f.* Acción y efecto de temblar. *Act of shaking.* || **2.** (Variante de **tembladeral**).

TEMBLADERAL. *n.m.* Tremedal, cenegal. *Quagmire.*

TEMBLOR. *n.m.* Terremoto. *Earthquake.* 📖 [...] fue entonces cuando ocurrió el TEMBLOR y se cayeron muchos edificios. *That's when the earthquake occurred and many buildings were destroyed.* (E. Poniatoswka. Cit. Brian Steel).

TEMBLORINA. *n.f.* •Le dio TEMBLORINA. Le dio la tembladera. *He got the shakes.*

TEMPERAMENTO. *n.m.* Temperatura, clima. *Climate, weather.*

TEMPERANTE. *n.m&f.* (Acad.) Que no bebe vino ni otros licores; abstemio. *Teetotaler, non-drinker.*

TEMPLADO. *adj.* Listo, competente. *Able, competent, clever.* || **2.** Medio borracho. *Tipsy.*

TEMPLÁRSELAS. *v.* Escaparse, huir. *To flee, escape.*

TEMPLE. *n.m.* Energía, valor. *Courage, boldness.*

TEMPORAL. *n.m.* Temporada de lluvia. *Rainy season.* || **2.** •De TEMPORAL. Que depende de la temporada de lluvia. *Pertaining to the rainy season.*

TEMPORALERO. *n.m.* Temporero. *Seasonal worker.*

TEMPOZONTE. *adj.* Jorabado, concorvado. *Hunchbacked.*

TEMPRANERO. *adj.* Temprano. *Early.* ~Un gol TEMPRANERO. Un gol temprano. *An early goal.*

TENAMASTE. *n.m.* (Acad.). Cada una de las tres piedras que forman el fogón y sobre las que se coloca la olla para cocinar. *One of the three stones used to rest cooking pots on, also fire over which the stones are placed.* || **2.** Testarudo. *Stubborn.*

TENANCHA (variante de **tenanche**).

TENANCHE. *n.f.* Mujer que se ocupa del aseo de los templos e imágenes religiosas. *Women who help in the cleaning of churches.*

TENANCIA. *f.* (Impuesto). *Car tax.*

TENATE. *n.m.* Bolsa de cuero. *Large leather bag.*

TENCAL. *n.m.* Jaula de carrizos usada para transportar aves de corral. *Wicker box, wicker poultry cage.* || **2.** Caseta de varas, levantado sobre pies, para guardar maíz en mazorcas. *Wooden hut on poles used to keep corncobs.*

TENCOLOTE. *n.m.* Jaula o cesta para llevar aves de corral al mercado. *Cage in which live poultry is taken to the market.*

TENCUA. *adj.* Leporino, labihendido. *With a harelip, harelipped.*

TENCUO (variante de **tencua**).

TENDAJÓN. *n.m.* Tendejón. *Shack (serving as a store or stall).* 📖 La plaza estaba muy animada ya, con sus toldos y tendajones variados. *The village square was very lively by now, with its awnings and stalls.* (C. Fuentes. La frontera de cristal).

TENDAJONERO. *n.m.* Dueño de un tendejón. *Stall owner.* 📖 Yo maté a un TENDAJONERO [...] porque me metió en un cambió dos billetes de Huerta. *I killed a stall owner for including a couple of Huerta's bills as change.* (M. Azuela. Los de abajo).

TENDAL. *n.m.* Profusión de cosas desparramadas por el suelo. *Jumble of things in disorder.*

TENDALADA (variante de **tendal**).

TENDEAR. *v.* Recorrer los comercios más por curiosidad que para comprar, mirar escaparates. *To go window-shopping.*

TENDEDERA. *n.f.* Cordel para tender la ropa. *Clothes-line.*

TENDEDERO. *n.m.* Armazón que se hace de ordinario en las azoteas para secar la ropa. *Clothes-line frame for drying clothes.*

TENDER. *v.* •TENDER la CAMA. Hacer la cama. *To make the bed.*

TENDERO. *n.m.* Persona que atiende o es dueña de un puesto o tienda de comestibles. *Grocery store owner or clerk.* 📖 Yo fui una vez a la tienda [...] cuando el TENDERO me preguntó de donde era. *On day I went to the grocery store and the clerk asked me where I was from.* (E. Poniatowska. Hasta no verte Jesús mío).

TENDIDO. *n.m.* Ropa de cama. *Bedclothes.* || **2.** Puesto provisional de cosas de venta en barracas o echadas por el suelo en las calles. *Stall, booth or provisional space on the sidewalk for selling miscellaneous articles.* || **3.**

Cadáver. *Corpse.*

TENEDORA. *n.f.* Baticola, grupera. *Strap.*

TENENCIA. *n.f.* Impuesto de rodaje. *Road tax.*

TENER. *v.* •¿Cuánto tiempo TIENE...? ¿Cuánto tiempo hace que...? *How long?* ¿Cuánto tiempo TIENE manejando este coche? *How long have you been driving this car?*

TENIDA. *n.f.* Reunión de masones. *Meeting of a masonic lodge.* || **2.** Reunión. *Meeting, get-together.*

TENIS. *n.m.* Calzado deportivo. *Sneakers.*

TENTALEAR. *v.* (Acad.). Tentar repetidas veces; reconocer a tientas una cosa. *To feel, probe, test.* || **2.** Toquetear. *To finger,* to handle.

TENTONEADAS. Manoseo. *Fingering, handling.* 📖 (...) había que resguardarlos del polvo, de las miradas y de las TENTONEADAS. *They had to be protected against the dust, the prying eyes and the frequent handling.* (E. Poniatowska. Luz y luna).

TEOCALI. *n.m.* (Acad.). Templo de los antiguos mejicanos. *Teocalli, Aztec temple.*

TEOCHOL. *n.m.* Cerca de piedra que con que se rodea el pie de los árboles para protegerlos. *Stone wall placed around trees for protection.*

TEPACHE. *n.m.* (Acad.). Bebida que se hace con pulque, agua, piña y clavo. *Beverage made of pineapple, water, and cloves.* 📖 Y nosotros íbamos con Urbano [...] a beber el TEPACHE que siempre él y yo quedamos a deber. *And we would go with Urbano to drink **tepache** which we would never pay for* [...]. (J. Rulfo. El llano en llamas). 📖 Que en vez de beber TEPACHE tomes una cerveza Monterrey, tipo lager. *Instead of drinking tepache, you should have a Monterrey lager beer.* (M. Azuela. Nueva burguesía). || **2.** •Regar el TEPACHE. Meter la pata. *To put one's foot in it.*

TEPALCATE. *n.m.* Tiesto, fragmento de tiesto de barro. *Fragments of pottery.* 📖 [...] les bajaba los nidos y luego vendía huevitos por [...] TEPALCATES de barro rotos. *I would take down their nests and then sell the small eggs for fragments of pottery.* (E. Poniatowska. Hasta no verte Jesús mío). || **2.** Trasto, cacharro. *Piece of junk.* || **3.** Vasija. *Earthenware jar.* || **4.** Cacharro. *Piece of junk.*

TEPERETE. *n.m.* Atolondrado. *Scatterbrain.*

TEPESTATE. *n.m.* Batea de madera en que la molendera recoge la masa a medida que va moliendo en el **metate**. *Wooden tray used to place corn paste after it has been ground on the metate.*

TEPETATE. *n.m.* Caliza (piedra porosa amarilla que se emplea en contrucciones). *White rock used for buiding, limestone.* 📖 Se levantó al oír gritos y el apretado golpear de pezuñas sobre el seco PETATE del camino. *The shouting and beating of hooves against the limestone road woke him up.* (Juan Rulfo. El llano en llamas). || **2.** Tierra de mina que no tiene metal. *Refuse, barren rock containing no ore.* || **3.** Arcilla. *Caliche.*

TEPOCATE. *n.m.* Guijarro. *Stone, pebble.* || **2.** Chiquillo, niño. *Kid.*

TEPONASTLE. *n.m.* Especie de tamboril que usaban los aztecas y que usan todavía algunos indígenas. *Small drum of Aztec origin.*

TEPOROCHO. *adj.* Borracho. *Drunk.*

TEQUESQUITE. *n.m.* Sal gema, sal de grano. *Natural salt, rock salt.* 📖 [...] el maíz se pegaba bien y los elotes que allí se daban eran muy dulces. Nunca [...] hablaron de echarles TEQUESQUITE a mis elotes. *The wheat took hold easily and the corn that grew there was very sweet. No one ever suggested that I should put rock salt on my corn.* (J. Rulfo. El llano en llamas).

TEQUESXQUITE (variante de **tequesquite**).

TEQUILA. *n.m.* (Acad.). Bebida mejicana semejante a la ginebra que se destila de una especie de maguey. *Tequila.* 📖 "Hay indicios que permiten suponer que ya se producía tequila en la era prehispánica. Según tales indicios, la tribu de los *tiquila* o *tiquilos* lo elaboró en suelos que corresponden al actual municipio de Amatitán, una vez que aprendieron a cocer el cogollo del maguey tequilero y a fermentar y destilar su jugo, el cual era bebido únicamente por los sacerdotes y ancianos". (J. Mejía Prieto).

TEQUILAZO. *n.m.* Trago abundante de tequila. *Shot of tequila.*

TEQUILERO. *adj.* Borracho. *Drunk.*

TEQUIO. *n.m.* Molestia, daño, perjuicio. *Trouble, harm, damage.* || **2.** Porción de mineral que forma el destajo de un barretero. *Amount of ore dug by one man.*

TEQUIOSO. *adj.* Cargante, molesto, engorroso. *Burdensome, annoying, bothersome.*

TERAPIA. *n.f.* •TERAPIA intensiva. Cuidados intensivos. *Intensive care.* ~Estuvo en TERAPIA INTENSIVA una semana. *He was in intensive care for a week.*

TERCENA. *n.f.* (Tabasco). Oficina estatal de distribución. *Government warehouse.*

TERCIAR. *v.* Mezclar. *To mix, blend.* || **2.** Adulterar con agua el vino o los licores. *To water down.* || **3.** (Acad.). Cargar a la espalda una cosa. *To carry on one's shoulders.* || **4.** Alternar. *To alternate.*

TERCIERO. *n.m.* Aparcero. *Sharecropper.*

TERCIO. *n.m.* Fardo, lío, bolsa, bulto. *Pack, package, bale.* || **2.** Hacer mal TERCIO. Hacer de carabina, tocar el violín. *To play gooseberry.*

TERMINAL. *n.m.* Estación terminal. *Terminal.*

TÉRMINO. *n.m.* •Que TÉRMINO quiere la carne. *How would you like your meat (done)?*

TERNERAJE. *n.m.* Conjunto de terneros. *Group of calves.*

TERNERÓN. *adj.* (Muchacho) joven, pero de cuerpo muy desarrollado. *Overgrown, big.*

TERNILLA. *n.f.* Tabique nasal. *Cartilage of the nose.*

TERNO. *n.m.* Juego de taza y platillo. *Cup and saucer set.* || **2.** Juego de joyas (pendiente, collar y broche). *Set of jewels (earrings, necklace and brooch).*

TERRACERÍA. *n.f.* Camino de tierra. *Rough dirt track.* || **2.** Tierra. *Earth (used for filling in holes, etc.).*

TERRAL. *n.m.* Tierral, polvareda. *Cloud of dust.*

TERREGAL. *n.m.* Tierra suelta que fácilmente se levanta en tolvaneras. *Loose earth, dusty soil.* || **2.** Polvareda. *Cloud of dust.*

TERREGOSO. *adj.* De (la) tierra suelta que fácilmente se levanta en tolvaneras. *Said of loose earth, dusty soil.* 📖 Se hizo a un lado y cortó por el monte, hacia donde estaba saliendo el sol. Subió y bajó, cruzando lomas TERREGOSAS. (Juan Rulfo. El llano en llamas).

TERRENAL. *n.m.* Terreno extenso. *Large land.* 📖 [...] pues esto es la Media Luna de punta a cabo [...]. Y es de él todo ese TERRENAL. *Well, this is the Media Luna ranch from one end to the other. And all that expanse of land is his.* (J. Rulfo. Pedro Páramo).

TERRERO. *n.m.* Lugar donde se echan los desperdicios de las labores mineras. *Dump (mining).*

TERTULIAR. *v.* Estar de tertulia, conversar. *To attend a social gathering; to get together, meet informally and talk.*

TESA. *n.f.* Acción y efecto de poner tenso o tirante (soga, fibra, maroma). *Tightening.*

TESCAL. *n.m.* Pedregal. *Stony ground, dry rocky area.*

TESO. *adj.* Tenso, tirante. *Tight, taut.*

TESONERO. *adj.* Testarudo, terco, tenaz, perseverante. *Tenacious, stubborn, persevering.*

TESOQUITE. *n.m.* Arcilla. *Clay.*

TETELQUE. *adj.* Amargo, desabrido. *Sharp bitter.*

TETEPÓN. *n.m.* Persona gruesa y de baja estatura. *Stocky person.*

TETERA. *n.f.* Mamadera, biberón. *Feeding*

bottle, baby's bottle. || **2.** Cualquier vasija para calentar agua que tenga pitorro. *Vessel with a spout; kettle.*

TETERETE. *adj.* (Tabasco). Tartamudo. *Stuttering, stammering.*

TEXCAL (variante de **tescal**).

TEYOLOTE. *n.m.* Piedra pequeña que usan los albañiles para rellenar los intersticios de piedras grandes. *Rubble (used in building).*

TEZONTLE. *n.m.* Piedra volcánica. *Dark red volcanic rock used for building.* 📖 removían [...] sus cuerpos contorsionados por la cólera o la risa, o mantenían su racial inmovilidad de TEZONTLE. *They would move their bodies contorted by anger or laughter or would acquire the stony impassiveness of their race.* (M. Azuela. Nueva burguesía).

THINNER. *n.m.* Absolvente. *Thinner.*

TIANGUERO. *n.m.* Persona que concurre de ordinario al mercado que gusta andar por los mercados. *Person who usually shops or likes to go shopping at the market.*

TIANGUIS. *n.m.* (Acad.). Contratación pública de géneros, mercado. *Street market.* || **2.** Feria. *Fair.*

TIANQUISTA. *n.m.* Puestero. *Stallholder.*

TIBERIO, RIA. *adj.* Achispado, medio borracho. *Tipsy.* || **2.** Parranda. *Spree, party, binge.*

TIBOR. *n.m.* Jícara o vasija para tomar chocolate. *Cup, small bowl (made from a calabash gourd) for drinking chocolate.*

TIBURÓN. *n.m.* Egoísta. *Selfish.* 📖 México está plagado de TIBURONES. *Mexico is full of self-seekers.* (M. Azuela. Nueva burguesía).

TIEMPO. *n.m.* •TIEMPO extra. Horas extras, sobretiempo. *Overtime.* || **2.** •De TIEMPO completo. De jornada completa. *Full-Time.*

TIENDA. *n.f.* •TIENDA de departamentos. Almacén. *Department store.* || **2.** •TIENDA de abarrotes. Tienda de comestibles. *Grocery.* || **3.** •TIENDA de animales. Pajarería. *Pet shop.*

TIENTO. *n.m.* Correa angosta de cuero duro. *Thong of raw leather, rawhide strap.* || **2.** •Estaba con la vida en un TIENTO. Su vida pendía de un hilo. *His life hung by a thread.*

TIERRA. *n.f.* •Echar TIERRA a uno. Hablar mal de una persona para perjudicarla. *To speak damagingly of someone,* **b)** Ser muy superior a otra persona en alguna cosa. *To be better at something than someone else.*

TIERRAL. *n.m.* Polvareda. *Cloud of dust.*

TIERRERO. *n.m.* Polvareda. *Cloud of dust.*

TIFÓN. *n.m.* Reventazón de la veta mineral en la superficie, a través de las diversas capas del terreno. *Outcrop of ore.*

TIGRA. *n.f.* (Acad.) Jaguar hembra. *Female jaguar.*

TIGRE. *n.m.* Jaguar. *Jaguar.* || **2.** •Matar al TIGRE y tenerle miedo al cuero. Ser charlatán. *To be all talk.* || **3.** •Ser un TIGRE. Ser despiadado, cruel. *To be ruthless.* 📖 [...] y llegó la policía muy TIGRE a pelearse con mi familia. *And the police came (to our house) and started to fight with my family in a very belligerent way.* (E. Poniatowska. Hasta no verte Jesús mío).

TIGRERO. *n.m.* Cazador de tigres. *Jaguar hunter.*

TIGÜILA. *n.f.* Treta, ardid, truco. *Trick swindle.*

TIJERAS. Las tenazas de los cangrejos y camarones (gambas). *Claw, pincer (shrimp, crab, etc.).*

TIJERETEAR. *v.* Criticar, murmurar, chismorrear. *To gossip, criticize.*

TIJERETEO. *n.m.* Chismorreo, murmuración. *Gossiping.*

TILICHENTO. *adj.* Andrajoso. *Ragged.* ~Siempre anda TILICHENTO. *He goes around in rags all the time.*

TILICHERA. *n.f.* Cajón donde se guardan baratijas. *Box for storing trinkets, odds and ends, etc.*

TILICHERO. *n.m.* Vendedor ambulante, buhonero. *Hawker, peddler.* (Acad.). Dícese de la persona muy afecta a guardar tiliches o cachivaches. *Person given to collecting trinkets.*

TILICHES. *n.m.* (Acad.). Baratija, cachivache, bujería. *Odds and ends, bits and pieces, trinkets.* 📖 -¿Qué es lo que hay allí? -pregunté. -Tiliches -me dijo ella-. Tengo la casa entilichada. *What is it that you have there? I asked her. -Junk, she said. The house is full of junk.* (Juan Rulfo. Pedro Páramo). 📖 ¿En dónde está su carta? Me parece que en el cajón de tiliches. *Where is his letter? I believe it's in that box where all the junk is.* (M. Azuela. La luciérnaga). 📖 Como medida de prudencia y conveniencia le aconsejo que junte sus tiliches... y a la calle sin esperar a que ella venga y le ajuste las cuentas. *As a matter of precaution and convenience, I suggest you pack your stuff... and leave before she arrives and tries to settle old scores.* (M. Azuela. La malhora). || **2.** Apocado, cobarde. *Stupid, timid, cowardly.*

TILICO. *adj.* (Acad.). Enclenque, flacucho. *Week, feeble, thin.* || **2.** Apocado, cobarde. *Stupid, timid, cowardly.*

TILÍN. *n.m.* •En un tilín. En un momento. *In next to nothing, in a twinkling.*

TILINCHES. *n.m.* Andrajos, trapos viejos. *Rags.*

TILINGADA. *n.f.* Tontería. *Silly thing to do.*

TILINGO. *adj.* (Acad.). Dícese de la persona insustancial, que dice tonterías y suele comportarse con afectación. *Empty-headed, foolish, silly.* || **2.** *n.m.* Persona tonta. *Fool.*

TILINGUEAR. *v.* Decir tonterías, necedades. *To act the fool, do silly things.*

TILINGUERÍA. *n.f.* Dichos y acciones propios de un **tilingo**. *Silliness, stupidity.*

TILIQUE. *adj.* (Acad.). Enclenque, flacucho. *Week, feeble, thin.* 📖 Yo todo tilique en esta época, y él grandote, torciéndome las orejas. *I was small and skinny then, but he was a big kid and he used to twist my ears.* (C. Fuentes. La región más transparente).

TILMA. *n.f.* (Acad.). Manta de algodón que llevan los hombres del campo a modo de capa, anudada sobre un hombro. *Cotton blanket used as a cloak.* 📖 Sobre la tilma ruedan chismosas monedas de oro. *You can hear the tinkly noise of golden coins rolling on the blanket.* (M. Azuela. La luciérnaga).

TIMBA. *n.f.* Barriga hinchada. *Pot-belly.* || **2.** •Tener timba una cosa. Tener una cosa sus bemoles, tener sus dificultades. *To be a sticky business.*

TIMBIRICHE. *n.m.* Tenducho. *Small unkept shop.*

TIMBIRIMBA. *n.f.* Garito. *Gambling house or den.*

TIMBÓN. *adj.* Barrigón. *Pot-bellied.* || **2.** (Tabasco). Niño pequeño (aun cuando no sea barrigudo). *Small child.*

TIMBRAR. *v.* Franquear, ponerle sellos a. *To stamp.* ~Envíe un sobre timbrado con su dirección. *Send a self-addressed stamped envelope.*

TIMBRE. *n.m.* (Acad.). Sello postal. *Postage stamp.* || **2.** Piel curtida, vaqueta. *Calfskin, leather.*

TIMONEAR. *v.* Manejar o gobernar un negocio. *To direct, manage.* || **2.** Dirigir a otra persona. *To guide.*

TINACAL. *n.m.* Bodega o sitio que se destina a los tinacos del pulque. *Cellar or place used to store* **pulque** *in tanks.*

TINACO. *n.m.* Tinaja de barro. *Tall earthenware jar.* || **2.** (Acad.). Depósito de metal, de gran capacidad, que se usa para almacenar agua en las casas. *Water tank.* 📖 Estación ferrocarrilera tipo estandar: muros blancos, techo de zinc, un gran tinaco de agua. *An ordinary railway station with white walls, a zinc roof and a large water tank.* (M. Azuela. Ésa sangre).

TINGA. *n.f.* Desorden, gritería, alboroto. *Row, uproar.*

TINGLADO. *n.m.* •Estar en el tinglado. Estar (o andar) en el ajo. *To be in on it, to see someone's game, to be aware.* || **2.** •Caerse el TINGLADO. Descubrirse una intriga. *To come to light (plot, scheme).*

TINGUIS. *adj.* (Tabasco). Persona delgada, especialmente de piernas flacas por alusión al avecilla del mismo nombre. *Skinny, having skinny legs.*

TINTERILLADA. *n.f.* (Acad.) Embuste, trapisonada, acción propio de un **tinterillo**. *Chicanery, trickery; pettyfogging.*

TINTERILLO. *n.m.* Picapleitos, leguleyo. *Shyster lawyer.* 📖 Con más ardides que el más listo TINTERILLO, sabían salir limpios de toda culpa. *With more tricks in their books than the cleverest lawyer, they always found a way to appear innocent.* (M. Azuela. La mala yerba).

TINTORERA. *n.f.* Hembra del tiburón. *Female shark.*

TIQUETE. *n.m.* (Acad.) Billete, boleto. *Ticket.*

TIRA. *n.m.* Policía. *Cop.* || **2.** •La TIRA. *The cops.*

TIRADA. *n.f.* Propósito, objetivo, meta. *Aim, plan.* ~La TIRADA es terminar el trabajo el año próximo. *Our aim is to complete work by next year.* || **2.** Discurso largo y tedioso, rollo. *Boring speech, tedious discourse.*

TIRADERO. *n.m.* Basural. *Rubish dump.* 📖 En los cinco TIRADEROS [...] se descargan todos los días 500 toneladas de basura y desperdicios. *Everyday 500 tons of garbage and waste are unloaded into the rubbish dumps.* (Cit. B. Steel).

TIRADOR. *n.m.* Cazador. *Hunter.* || **2.** Honda. *Slingshot.*

TIRAJE. *n.m.* Tiro de las chimeneas. *Chimney flue.* || **2.** Tirada. *Printing run.*

TIRANO. *n.m.* Policía. *Cop.*

TIRO. *n.m.* Canica. *Marble.* || **2.** Tiraje. *Printing.* ~Un TIRO de 3.000 ejemplares. *A printing of 3.000 copies.* || **3.** Pleito. *Argument, squabble.* || **4.** •De a TIRO, de al TIRO. Completamente. *Completely.* 📖 Alegando que el hijo de usted le había matado a su marido, estaba de a TIRO desconsolada. *Claiming that your son had killed her husband, she was altogether heartbroken.* (Juan Rulfo. Pedro Páramo). 📖 Siento que me quedé dormido de a TIRO. *I fell completely asleep.* (J. Rulfo. El llano en llamas). 📖 O que se creian las CAPITALINAS que nomas por ser del norte eran de a tiro nacas. *Or did those girls from Mexico City believed that all people from the North were absolutely common.* (Carlos Fuentes. La frontera de cristal). || **5.** •Andar echando TIROS. Pavonearse. *To show off (one's clothes).* ~Anda echando TIROS con su traje nuevo. *He's strutting along in his new suit.*

TIRONEAR. *v.* Arrastrar, tirar. *To pull, jerk, tug.* ~TIRONEABA el vestido de la mamá. *He was pulling (tugging) at his mother's dress.*

TISTE. *n.m.* Bebida hecha de harina de maíz con cacao y azúcar. *Beverage made with toasted corn flour, cocoa and sugar.*

TITIPUCHAL. *n.m.* Gran cantidad. *Loads of.* ~Tengo un TITIPUCHAL de cosas que hacer. *I have loads of things to do.* 📖 -Amo, no quiero mentirle a su mercé, pero la verdá, la mera verdá, que son un TITIPUCHAL. *Sir, I'm not lying to you sir, but the truth, the absolute truth is that there are quite a few of them.* (M. Azuela. Los de abajo). || **2.** Multitud, muchedumbre. *Noisy crowd.*

TITIRITAÑA. Función de títeres. *Puppet show.* || **2.** Trivialidad, banalidad, cosa insignificante. *Piece of trivia.* || **3.** •De TITIRITAÑA. De una cosa endeble o de un mueble desvencijado. *Rickety, broken-down (furniture, etc.)*

TIZATE. *n.m.* Tiza. *Chalk.*

TIZNAR. Matar. *To kill.* 📖 Pos ya lo sabe: si intenta írseme, lo TIZNO. *So that you know: you try to escape and I'll shoot you dead.* (M.L. Guzmán. El águila y la serpiente. Cit. Hispan.).

TIZNARSE. *v.* Emborracharse. *To get drunk.*

TLACANEAR. *v.* Manosear, toquetear. *To fondle.*

TLACHAR. *v.* Observar, atisbar, acechar. *To watch.*

TLACHIQUE. *n.m.* Pulque sin fermentar. *Unfermented pulque.*

TLACO. *n.m.* Moneda de poco valor muy de uso en la época colonial. *Tlaco, ancient Spanish coin.* ‖. **2.** Moneda, dinero. *Coin, money.* 📖 [...] pero Julián [...] no quiere soltar ni TLACO. *But Julian doesn't want to let go of a single penny.* 📖 [...] y todos le daban su TLACO de limosna. *And everyone in an act of charity would give her a coin or two.* (E. Poniatowka. Hasta no verte Jesús mío).

TLACOTE. *n.m.* (Acad.). Tumorcillo o divieso. *Growth, tumor, boil.*

TLACOYO. *n.m.* Tortilla de tamaño mayor que la común con relleno de varias cosas. *Large tortilla filled with different ingredients.*

TLACUAL. *n.m.* Comida. *Food, meal.* ‖ **2.** Olla en que se guisa la comida. *Cooking pot.*

TLANCUALILLO. *n.m.* Garrote (policía). *Police club.*

TLANCUINO. *adj.* Desmolado, que carece de algunos dientes. *Missing a few teeth.*

TLAOLI. *n.m.* Nombre azteca del maíz. Todavía se usa en ciertos lugares. *Aztec name for corn. Still used in certain regions of Mexico.*

TLAPACOYOTE. *n.m.* Tabaco de México. *Mexican tobacco.*

TLAPALERÍA. *n.f.* Pinturería, tienda donde se venden pinturas y artículos afines. *Paint shop, hardware shop.* ‖ **2.** Papelería. *Stationary store.* ‖ **3.** Ferretería. *Hardware store.*

TLAPILOYA. *n.f.* Cárcel. *Jail.*

TLAPISQUERA. *n.f.* Bodega donde se guardan los aperos de labranza, las semillas, etc. *Shed, barn, granary.*

TLAYACANGUE. (Tabasco). Variante de **tayacán.**

TLAZOL (variante de **tlazole**)

TLAZOLE. *n.m.* (Acad.). Planta y hojas secas de la caña de maíz o de azúcar que sirve de forraje. *Corn or sugar cane tops used as fodder.* ‖ **2.** Basura. *Trash.*

TLECUIL. *n.m.* Hogar, hornillo, brasero. *Brazier.*

TOBILLERA. *n.f.* Calcetín corto. *Short stocking.*

TOCAR. •TOCAR el harpa. Robar, hurtar. *To steal.*

TOCATA. *n.f.* Música familiar que se toca en una fiesta improvisada = MORÍNIGO = SANTAMARÍA.

TOCHE. *n.m.* (Sinaloa). Liebre. *Hare.*

TOCHO. *adj.* (Guanajuato). Desaliñado, sucio. *Slovenly, dirty, untidy.* ‖ **2.** De los gallos que han perdidos los espolones. *Spurless (fighting cock).*

TOLDO. *n.m.* Capota de coche. *Hood (of a car).* ‖ **2.** Tienda. *Tent.*

TOLETAZO. *n.m.* Golpe dado con el **tolete.** *Blow given with a tolete.*

TOLETE. *n.m.* Garrote corto. *Short club.*

TOLLA. *n.f.* Abrevadero. *Drinking trough.*

TOLOLOCHE. *n.m.* Contrabajo. *Contrabass, doublebass.* 📖 En el quiosco templan un bajo sexto, un violín y un TOLOLOCHE. (M. Azuela. El desquite).

TOLVA. *n.f.* Galpón grande donde se guarda el mineral recién extraído de las minas. *Shed for storing ore.* ‖ **2.** Vagoneta en forma de tolva de molino usada en los ferrocarriles. *Hopper wagon, hopper car.*

TOMACORRIENTE. *n.m.* Conmutador. *Switch.*

TOMADO. *adj.* Embriagado, borracho. *Drunk.*

TOMADOR. *n.m.* Bebedor, aficionado a la bebida. *Drunkard, drinker.*

TOMAR. *v.* Beber alcohol. *To drink.* ‖ **2.** •TOMAR sol. Tomar el sol. *To sunbathe.* ‖ **3.** TOMAR a uno el pelo. Burlarse de una persona. *To make fun of someone.*

TOMINERO. *adj.* Cominero, tacaño. *Mean, stingy.*

TOMPIATE. *n.m.* Cesta, canasta de palma. *Basket made of woven palm leaves.* || **2.** Bolsa. *Pouch made of woven palm leaves.*

TONADA. Entonación y cadencia característica del hablar de una persona, region o país. *Accent, local particularity, typical intonation.* || **2.** Cantinela. *The same old story.*

TONGA. *n.f.* Montón. *Heap, pile.*

TONGONEARSE. *v.* Contonearse. *To swagger, strut.* || **2.** -se. Mecerse. *To rock, sway.* 📖 [...] al barco lo sostenían las olas con precaución y no se TONGONEÓ para nada. *The waves gently supported the ship and it didn't rock in the least.* (E. Poniatowka. Hasta no verte Jesús mío).

TONGONEO. *n.m.* Contoneo. *Swagger, strut.*

TONIFICADOR. *n.m.* Tóner, tinta. *Toner.* || **2.** •Cartucho TONIFICADOR. *Toner cartridge.*

TONY. *n.m.* Payaso de circo. *Clown.*

TOPAR. *v.* Apostar. *To bet, stake, wager.* || **2.** Reñir, pelearse. *To quarrel, have a fight.* 📖 Lo vi entrado en años; no le tuve miedo. ¡Suerte que no me tocó TOPARLO! *I saw that he was somewhat aged; he didn't scare me. Luckily I didn't get to fight him.* (T. de Mattos. Barnabé, Barnabé. Cit. Hispan. || **3.** Echar a pelear dos gallos a modo de prueba. *To try (two cocks in a fight).* || **4.** Aceptar una apuesta en el juego. *To accept a bet.* || **5.** Encontrar o recibir a alguien. *To meet, greet.* ~Voy a TOPAR a mi amigo que viene. *I'm going to greet my friend who is coming.*

TOPE. *n.m.* Badén. *Speed bump.* || **2.** Cabezazo. *Butt, bump on the head.* ~Cuando me levanté me di un TOPE. *I banged (bumped) my head when I got up.*

TÓPICO ANGL Tema. *Topic.*

TOPIL. *n.m.* (Acad.). Alguacil, oficial menor de justicia. *Bailiff.*

TOPILLO. *n.m.* Trampa, fraude, estafa. *Swindle, trick.* ~Vive del TOPILLO. *He makes his living by swindling (cheating) people.*

TOQUE. *n.m.* Descarga eléctrica. *Electric shock.* || **2.** Porro (de marijuana). *Joint.*

TOQUETEAR. *v.* Manosear, sobar. *To fondle.*

TORCER. *v.* Matar. *To kill.* 📖 Los detectives somos pendejos, Garosín. [...] A mí me contrató Jesús Díaz y lo TORCIERON. *Detectives are stupid people, Garosín. Jesús Díaz hires me and next thing I know they kill him.* (G. García Ordoño. Tres crímenes y algo más. Cit. Hispan.).

TORCIDO. *adj.* Desafortunado. *Unlucky, unfortunate.* ~No juegues más, amigo, estás TORCIDO. *Stop playing, my friend, you're having a streak of bad luck.*

TOREAR. *v.* Provocar. *To provoke, enrage (animal), infuriate (person).* 📖 No la TOREEN porque si se les avienta con algo que les pegue, yo no me meto. *Don't provoke her because if she hits you with something, I can't help you out.* (E. Poniatowka. Hasta no verte Jesús mío).

TOREO. *n.m.* Alambique ilícito. *Illicit still.*

TORITO. *n.m.* Baile popular antiguo en que la mujer finge embestir al hombre, quien se defiende con un pañuelo. *Ancient popular dance in which the woman pretends to charge the man as in a bullfight.* || **2.** Baile vivaz popular. *Lively popular dance.*

TORNACHILE. *n.m.* (Acad.). Especie de chile de color verde claro, de forma de trompo, que se cultiva en tierras de regadío. *Thick pepper.*

TORNAMESA. *n.f.* Plato giratorio. *Turntable.*

TORO. *n.m.* Pregunta o asunto difícil. *Difficult question or matter.*

TOROLOCHE. (Yucatán). Variante de **tololoche.**

TORONJA. *n.f.* Pomelo. *Grapefruit.*

TORRE. *n.m.* Chimenea de una fábrica. *Factory chimney.* || **2.** Darle a uno en la TORRE. Herir en lo más vivo. *To hit where it hurts most.* 📖 Más de un millón de pesos va a costar; pero necesitamos darles un golpe en la mera TORRE. *It's going to cost over a*

TORREJA

million dollars; but we need to hit them where it hurts most. (M. Azuela. Nueva burguesía).

TORREJA. *n.f.* Torrija. *French toast.*

TORRENTOSO. *adj.* (Acad.) Dícese de los ríos o arroyos de curso rápido e impetuoso. *Fast-flowing.*

TORRIFICAR. *v.* Tostar (café). *To toast, roast coffee.*

TORTA. *n.f.* Sandwich, emparedado, bocadillo. *Sandwich.* || **2.** Mujer joven, muchacha, novia. *Girl, girlfriend.* || **3.** Tipa (mujer). *Chick.* || **4.** TORTA de huevos. Tortilla española. *Omelette.*

TORTEAR. *v.* Aplastar entre las palmas de las manos la masa de harina para hacer la tortilla. *To shape cornflour dough with the palm of the hand in order to make a tortilla.* [...] y nos dejaba hacer las tortillas gordas, porque era hombre y no sabía TORTEAR. *And he would let us do the large tortillas since he was a man and didn't how to make tortillas.* (E. Poniatowka. Hasta no verte Jesús mío). || **2.** Aplaudir. *To applaud, clap.* || **3.** Manosear, toquetear. *To touch, paw.*

TORTILA. *n.f.* (Acad.). Alimento en forma circular y aplanada, para acompañar la comida, que se hace con masa de maíz hervido en agua con cal, y se cuece en comal. *Flat corn pancake, tortilla.* Cenamos en veinte minutos. Me mandas TORTILLAS calientes en cuanto las vayas teniendo. *We are going to have dinner in twenty minutes. Serve the tortillas as soon as they're ready.* (A. Mastretta. Arráncame la vida).

TORTILLERÍA. *n.f.* (Acad.). Sitio, casa o lugar donde se hacen o se venden TORTILLAS. *Place where tortillas are made or sold.* Puso la TORTILLERÍA y la renta era de ocho pesos mensuales. *He set up a tortilla shop and the rent was eight pesos a month.* (E. Poniatowka. Hasta no verte Jesús mío).

TORTILLERO. *n.f.* (Acad.). Persona que por oficio hace o vende tortillas, principalmente de maíz. *Tortilla maker or vendor.* || **2.** Lesbiana. *Lesbian.*

TORTOLEO. *n.m.* Trato mimoso o de cariño extremado entre dos amantes. *Billing and cooing (like two lovebirds).*

TOS. *n.m.* •Darle TOS a. Molestar. *To bother, annoy.* –¿Y a ti te de TOS por eso? *And why does that bother you?* (M. Azuela. Los de abajo. Cit. Hispan.).

TOSEDERA. *n.f.* Tos persistente y molesta. *Nagging cough, persistent coughing.*

TOSIDO. *n.m.* Tos. *Cough.*

TOSTADA. *n.f.* Tortilla tostada. *Fried tortilla.*

TOSTADO. *adj.* Disgustado. *Disgusted.* Estoy TOSTADO con tantas visitas. *I'm sick of so many people dropping in.* || **2.** Molesto. *Upset.*

TOSTAR. *v.* Insultar. *To offend.* || **2.** Perjudicar, agraviar, dañar. *To harm, hurt.* || **3.** Matar. *To kill.* || **4.** Fumar marihuana. *To smoke marihuana.*

TOSTÓN. *n.m.* (Acad.). Moneda de 50 centavos. *50-cent piece.* Toma este TOSTÓN, hijo... pero ya estás aquí de vuelta. *Take this 50-cents piece, son... but be right back.* (M. Azuela. El desquite). Como ya ganada un TOSTÓN diario, los domingos me iba al cine [...]. *Since I was now making fifty cents a day, on Sundays I would go to the movies.* (E. Poniatowska. Hasta no verte Jesús mío).

TOSTONEAR. *v.* Malbaratar. *To sell at bargain prices.*

TOTOLOQUE. *n.m.* (Acad.). Juego que consiste en hacer pasar bolitas a través de pequeños aros. *Game similar to quoits.*

TOTOPO (variante de **totoposte**).

TOTOPOSTE. *n.m.* (Acad.) Torta o rosquilla de harina de maíz, muy tostada, quebrada en trozos. *Fried tortilla chips.* ~Frijoles con TOTOPOSTE. *Beans with tortilla ships.* ~TOTOPOSTE con salsa. *Tortilla ships with (chile) sauce.*

TRABA. *n.f.* Riña de gallos. *Cockfight.* || **2.** Reñidero o cancho donde riñen los gallos. *Cockpit.* || **3.** Madero que se atraviesa en los cuernos de los vacunos para impedirles el paso a ciertos lugares. *Pole tied to the horns of cattle to impede movement.*

TRABADO. *adj.* Tartamudo. *Stammering, tongue-tied.*

TRABAJADERO. *n.m.* Lugar donde se está habitual o temporalmente haciendo algunas faenas de campo. *Working place where one is occupied in agricultural chores.*

TRABAJOSO. *adj.* De la persona de trato difícil. *Stubborn, difficult to get along with; exacting, demanding.*

TRABARSE. *v.* (Acad.) Entorpecérsele a uno la lengua al hablar, tartamudear. *To get tongue-tied, stammer.*

TRABUCO. *adj.* Pequeño. *Small.* ‖ 2. Estrecho. *Narrow.*

TRÁCALA. *n.f.* (Acad.). Trampa, ardid, engaño. *Trick, ruse.* ‖ 2. Persona que usa de trampas y fullerías. *Trickster.*

TRACALADA. *n.f.* Trampa, ardid, fullería. *Trick, ruse.* ‖ 2. Bandada, multitud. *Crowd.*

TRACALEAR. *v.* Defraudar, estafar, timar. *To swindle, cheat.*

TRACALERO. *adj.* (Acad.). Tramposo, trapacero. *Cheating, tricky.*

TRACATERA. *n.f.* Tiroteo. *Shooting.* 📖 Se oyó un chiflido largo y comenzó la TRACATERA. *A long whistle was heard and then the shooting began.* (J. Rulfo. El llano en llamas).

TRAFAGUEAR. *v.* Traficar, moverse en un tráfago sumamente fatigoso. *To bustle about, keep on the go.*

TRAGABALAS. *n.m.* Valentón, fanfarrón. *Bully, braggart.*

TRAGADERO. *n.m.* Comilona. *Blowout, feast.* ~La comida fue un TRAGADERO. *We stuffed ourselves.*

TRAGO. *n.m.* Aguardiente. *Liquor.* 📖 Le dieron a la viuda una botella de TRAGO, y me dejo ir. *They gave the widow a bottle of liquor, and she let me go.* (R. Pozas. Juan Pérez Jolote).

TRAGUEAR. *v.* Beber. *To drink.* ‖ 2. -s. Emborracharse. *To get drunk.*

TRAILER. *n.m.* •TRAILER park. Camping. *Campsite.*

TRAILERO. *n.m.* Camionero. *Truck driver.*

TRAJINERA. *n.f.* (Acad.). Embarcación usada en zonas lacustres del Valle de México para transportar flores o cargas en las chinampas. *Canoe.*

TRAMA. *n.f.* Pan de harina de trigo. *Wheat flour bread.*

TRAMOJO. *n.m.* (Acad.) Especie de trangallo que se pone a un animal para que no haga daño en los cercados. *Yoke.*

TRAMPERO. *adj.* Tramposo. *Swindler.*

TRANCA. *n.f.* Borrachera. *Drunken spree.* ‖ 2. •Las TRANCAS. Las piernas. *Legs.* ‖ 3. •Saltar las TRANCAS. Rebelarse, perder la paciencia. *To rebel, loose one's patience.* ‖ 4. •Tener una TRANCA. Estar borracho. *To be drunk.*

TRANCARSE. *v.* Estreñirse. *To get constipated.*

TRANCAZO. *n.m.* Golpe violento. *Hard blow.* 📖 Y sólo le di un TRANCAZO [...]. Un TRANCAZO aquí, suavito. *I didn't hit him very hard really, just a small blow right here.* (V. Leñero. Los albañiles). ‖ 2. Golpe moral muy intenso. *Hard blow.* Fue un TRANCAZO la muerte de su esposa. *The death of his wife was a hard blow.* ‖ 3.•De un solo TRANCAZO. *All at once.* 📖 [...] no acarrearemos el material de un solo TRANCAZO [...]. *Let's not carry all the material in one trip.* (V. Leñero. Los albañiles).

TRANQUERA. *n.f.* Puerta de troncos o varas en un cerco o vallado. *Cattle-gate.* ‖ 2. Puerta rústica. *Rustic gate of fence.*

TRANQUILO. *adv.* Fácilmente. *Easily.* ~Te cuesta TRANQUILO 300 pesos. *It cost a good 300 pesos.*

TRANQUIZA. *n.f.* Paliza. *Beating.*

TRANSA. Tranza. *Crook, shark, con artist.*

TRANSAR. *v.* Estafar, engañar. *To trick,*

cheat. ‖ **2.** (Acad.) Transigir, ceder, llegar a una transacción o acuerdo. *To give way, to compromise.*

TRANZA. *adj.* Torcido. *Bent, crooked.* ‖ **2.** Tramposo, ladrón. *Con artist, shark, crook.*

TRANZAR. *v.* Defraudar, estafar, engañar. *To trick, cheat.* ~Le TRANZARON todos sus ahorros. *They cheated him out of all his savings.*

TRAPEADOR. *n.m.* Trapo basto que se usa para limpiar suelos. *Floor mop or rag.* 📖 Cuando se agachó [la camarera) para meter el TRAPEADOR bajo la cama, le vi las piernas llenas de varices y pensé que era demasiado joven para tenerlas de esta manera. *When she bent down to mop under the bed I saw her legs full of varicose veins and I thought that she was too young to have them that way.* (Silva Molina. El amor que me juraste). ‖ **2.** Sirviente o trabajador que tiene por oficio **trapear** suelos. *Floor cleaner.*

TRAPEAR. *v.* Limpiar o fregar el suelo con un trapo. *To clean the floor with a rag, to mop.* 📖 [...] regaba las plantas, TRAPEABA los corredores. *I would water the plants, mop the hallways.* (E. Poniatowka. Hasta no verte Jesús mío).

TRAPICHAR. *v.* Hacer, pasar de contrabando. *To smuggle.*

TRAPICHE. *n.m.* Molino (para extraer jugos de plantas). *Sugar mill.* 📖 Dicen que su tío, el del TRAPICHE, le arrimó una paliza [...]. *They say that his uncle, the one who owns the sugar mill, gave him a beating.* (Juan Rulfo. El llano en llamas).

TRAPICHEAR (variante de **trapichar**). ‖ **2.** Ingeniarse los medios para ganarse la vida. *To scrape for a living.*

TRAPICHEO. *n.m.* Amorío, lío amoroso más o menos oculto. *Clandestine affair.* ‖ **2.** •Andar en TRAPICHEOS. Involucrarse en un lío amoroso oculto. *To be involved in a clandestine affair.*

TRAPÓN. *n.m.* Trapo. *Dishcloth.*

TRAQUEAR. *v.* Andar frecuentemente por algún lugar personas o animales de modo que queden numerosas huellas de su tránsito. *To make deep tracks on.*

TRAQUETEAR. *v.* Ir y venir en el mismo lugar sin alguna orientación fija. *To bustle about, go to and fro.* 📖 Y te aburres de andar TRAQUETEANDO por la ciudad, así medio soledoso. *And you get bored going back and forth through the city all by yourself.* (C. Fuentes. La región más transparente).

TRAQUETEO. *n.m.* Ruido confuso, desordenado y fuerte. *Din, uproar, row.* ‖ **2.** Tráfico desordenado, tumultuoso o ruidoso. *Noisy, disorderly traffic.*

TRAQUIDAZO. *n.m.* Traquido. *Crack, report (of a firearm).*

TRASNOCHARSE. *v.* Trasnochar. *To stay up late.*

TRASPANAR. *v.* Limpiar y preparar un terreno para la siembra. *To clear and prepare a field for sowing.*

TRASPAR. *v.* Mudarse de casa. *To move house.*

TRASPATIO. *n.m.* Segundo patio de las casas de vecindad que suele estar detrás del principal. *Back garden or yard.*

TRASQUE. *conj.* Además de que. *In addition to the fact that.*

TRASTE. *n.m.* Trasto. *Piece of junk, thing of little value.* ‖ **2.** Utensilio. *Utensil.* ~TRASTES de cocina. *Kitchen utensils.* ‖ **3.** •Lavar los TRASTES. Lavar los platos. *To wash the dishes.* 📖 Lo de lavar los TRASTES me toca a mí. *I'm the one who gets to wash to dishes.* (J. Rulfo. El llano en llamas).

TRASTEAR. Registrar, hurgar revolver objetos de un lugar, vasija, etc. *To rummage through.* ‖ **2.** Toquetear a una mujer. *To fondle (a woman).*

TRASTERA. *n.f.* Mueble para guardar los trastos de uso diario en mesa, cocina, etc., alacena, aparador. *Cupboard*

TRASTERO. *n.m.* Trasero. *Backside.* ‖ **2.** Armario, aparador, alacena. *Cupboard, closet.* ‖ **3.** Escurreplatos. *Dishrack.*

TRASTIENDA. *n.f.* Trasero. *Backside.*

TRASTUMBAR. *v.* Trasponer, trasmontar. *To disappear behind, to disappear from view.* ~El sol TRASTUMBA (trasmonta) la montaña. *The sun disappears behind the mountain.* || **2.** Ir más allá. *To go beyond, get past.* 📖 Después de TRASTUMBAR los cerros, bajamos cada vez más. *After going over the hills, we kept going down and down.* (J. Rulfo. Pedro Páramo. Cit. Hispan.).

TRATABILLÓN. *n.m.* Tropezón, traspie. *Trip, stumble.*

TRATO. *n.m.* Puesto de venta. *Market stall.* || **2.** Negocio pequeño. *Small business.*

TRAVÉS. *adj.* •De través. *En diagonal. Diagonally.*

TRAVESAÑO. *n.m.* Durmiente de ferrocarril. *Sleeper, tie, crosstie (of a railroad).*

TRAVESEAR. *v.* Hacer ejercicios de jinete o **charro**. *To display one's horsemanship.*

TRAVESEO. *n.m.* Acción de hacer alarde propio del charro. *Display of one's horsemanship.*

TRAZA. *n.f.* Plano de una construction. *Plans (of a house, building).*

TRECHO. *n.m.* Sendero. *Path.*

TREN. *n.m.* Trajín. *Hectic activity, bustle, hustle, rush.* || **2.** Tranvía. *Streetcar.* || **3.** •Llevarle el TREN a alguien. *To kick the bucket.* ~Como siguió bebiendo, se lo llevo el TREN. *He didn't stop drinking and he kicked the bucket (he dranked himself to death).* || **4.** •A todo TREN. Muy bueno, muy bonito. *Very good, very nice.* Un restaurante a todo tren. *A very elegant (nice) restaurant.* || **5.** •Irsele el TREN a una mujer. Perder la oportunidad de casarse. *To miss the train, to miss one's chance.*

TRENAZO. *n.m.* Accidente de tren. *Train crash.*

TRENISTA. *n.m.* Empleado de los ferrocarilles. *Railwayman.*

TREPADERA. Aparato de hierro con garfios que se aseguran en los pies y que permite subir árboles, etc. *Climbing-irons.*

TREPIDAR. *v.* (Acad.) Vacilar, dudar. *To hesitate.*

TRESO, *adj.* Sucio, manchado. *Dirty.*

TRESPELEQUES. *adj.* Pobretón, seco, desnutrido (plantas). *Dry, barren.* 📖 A no ser unos cuantos huizaches trespeleques y una que otra mancha de zacate [...]. *Except a few dried up **huizaches** and an occasional spot of grass.* (Juan Rulfo. Ell llano en llamas).

TRIATES. *n.m.* Triplets. *Trillizos.* 📖 Nacieron TRIATES en Tasco, pero murieron por falta de atención. *Triplets born in Tasco die for lack of care.* (Excelsior, México. Cit. B. Steel).

TRICÓFERO. *n.m.* Medicamento que sirve para conservar y dar lustre al pelo. *Hair restorer.*

TRILLA. *n.f.* Senda abierta entre la maleza. *Track.*

TRILLADA. *n.f.* Paliza, zurra que recibe alguien caído en el suelo. *Beating (when one is down on the ground).*

TRINCA. *n.f.* Borrachera. *Drunkenness.*

TRINCAR. *v.* (Acad.). Apretar, oprimir. *To squeeze, press.* || **2.** Amarrar. *Tie up.* 📖 Y sin decir nada, me amarraron los brazos con un lazo y me TRINCARON a un palo. *And whihout saying a word they bound my arms with a rope and tied me to a post.* (R. Pozas. Jual Pérez Jolote). 📖 [...] dos soldados se me echaron encima, me TRINCARON y me trajeron; eso es todo. *Two soldiers threw themselves upon me, tied me up and took me away; that's the short of it.* (M. Azuela. La mala yerba). **3.** Emborracharse. *To get drunk.* || **4.** -se. (Tabasco) •TRINCARSE a. Ponerse a, echarse a. *To set about.* ~Se TRINCÓ a llorar. *He began to cry.* || **5.** Apretar (los pies). *To be too tight, to pinch.* || **6.** Estafar. *To swindle.*

TRINCHADOR. *n.m.* parador. *Sideboard.*

TRINCHAR. *v.* Tener éxito. *To be sucessful.* 📖 –[...] en caso de que el golpe fracase, tendrán ustedes depositado en una cuenta, medio millón de dólares. –¿Y en caso de que TRINCHEMOS? *–If we fail, there will be half a* *million dollars deposited into you account. –And if we're successful?* (P.I. Taibo II. Sombra de la sombra. Cit. Hispan.).

TRINCHE. *n.m.* (Acad.). Tenedor de mesa. *Fork.* || **2.** Horquilla. *Pitchfork.* || **3.** Mesa para trinchar. *Carving sidetable.*

TRINCHERA. *n.f.* Cuchillo en forma de media luna. *Curved knife.* || **2.** Cercado. *Fence.*

TRINCO. *n.m.* Borracho. *Drunkard.* || **2.** *adj.* Borracho. *Drunk.*

TRINQUETADA. *n.f.* Temporada de penurias, racha de mala suerte. *Hard times.*

TRINQUETE. *n.m.* Soborno. *Bribe.* || **2.** Negocio sucio, en especial en el mundo oficial. *Shady deal, corrupt affair, particularly in government.* || **3.** Trampa, engaño. *Swindle.* ~Hubo TRINQUETE en la pelea. *The fight was rigged.* ~Hace TRINQUETE en las cartas. *He cheats at cards.* || **4.** Persona que tiene corpulencia y fuerza. *Stalwart, well-built, hefty.*

TRINQUETEAR. *v.* Arreglar. *To rig.*

TRINQUIS. *adj.* Borracho. *Drunk.*

TRIPA. *n.f.* •Amarrarse las TRIPAS. Aguantar el hambre. *To endure hunger.* ⌨ Para el abono mensual del coche, tanto; para reponerlo nuevo dentro de ocho meses, tanto; lo que me sobre, Conchita, para amarrarnos la TRIPA. *For the monthly car payment, so much; to get a new one within eight months, so much; whatever is left, Conchita, to keep the wolf from the door.* (M. Azuela. La luciérnaga).

TRIPERÍO. *n.m.* Conjunto de tripas de un animal. *Guts, entrails.*

TRIPÓN. *n.m.* Muchacho pequeño. *Little boy.* ⌨ [...] me sentiría más hombre cuando me viera renovar en los TRIPONES [...]. *I would feel more of a man and revitalized with children around.* (M.V. Romero García. Peonía. Cit. Hispan.). || **2.** Chivo. *Young goat.* || **3.** *adj.* (Tabasco). Panzón, barrigón. *Potbellied.* || **4.** •Los TRIPONES. Los niños, los chicos. *The kids.*

TRIQUE. *n.m.* Trampa, artimaña en el juego. *Trick, dodge.* ⌨ Adelante con sus TRIQUES, y vamos a la comisaría, y allí dará sus explicaciones. *You keep up with your old tricks and to the police station you go, there you can try to explain everything.* (M. Azuela. La luciérnaga). || **2.** Juego de la rayuela. *Game of noughts and crosses.* || **3.** -s. Trasto, cacharro. *Things, gears, odds and ends.* ⌨ Allí hay muchos TRIQUES y entre los TRIQUES una petaquilla con dibujo de conchas. *There were many odd things there, among others a small suitcase with shell designs.* (M. Azuela. Los de abajo. Cit. Hispan.). ⌨ [...] se refugió en la curiosa ocupación de coleccionar TRIQUES, chunches y sobre todo revistas. *She took refuge in collecting odds and ends and above all magazines* (Carlos Fuentes. La frontera de cristal).

TRIQUIS. *n.m.* Trebejos, trastos. *Things, gears, odds and ends.*

TRISTE. *adj.* Apocado, vergonzoso. *Shy, timid.*

TROJA. *n.f.* Troje. *Granary, barn.*

TROMPA. *n.f.* Reja de hierro que llevan las locomotoras en la parte delantera para separar obstáculos de las vías. *Cowcatcher.* || **2.** Borracho. *Drunkard.* || **3.** •Cierra la TROMPA. *Shut your trap.*

TROMPADA. *n.f.* Paliza. *Beating, thrashing.* || **2.** -s. Dulce. *Peanut brittle.*

TROMPEAR. *v.* Dar trompadas o puñetazos. *To punch, to thump.*

TROMPETA. *n.f.* Borrachera. *Binge.* || **2.** Borracho. *Drunk.*

TROMPETO. *adj.* Borracho. *Drunk.*

TROMPIZA. *n.f.* Riña a trompadas. *Fight, fisticuff.*

TROMPO. *n.m.* •Bailar un TROMPO en la uña. Ser muy listo. *To be very clever.*

TROMPUDO. *adj.* Jetudo. *Thick-lipped.*

TRONADERA. *n.f.* Sucesión de truenos. *Thunderstorm.*

TRONADO. *adj.* •BESO tronado. Besote,

beso sonoro. *Smack.*

TRONAMENTA. *n.f.* Trueno prolongado. *Thunderstorm.*

TRONAR. *v.* Fusilar, ejecutar. *To shoot, execute.* || **2.** Matar a tiros. *To shoot dead.* 📖 ¿Pa qué son tantos brincos? ¿Lo TRONAMOS ya, Demetrio? *What's all the fuss about? Let's shoot him and get it over with.* (M. Azuela. Los de abajo). || **3.** Fracasar. *To flop.* ~La TRONÓ. Perdió la oportunidad. *He blew it.* || **4.** Separarse (una pareja). *To break up.* || **5.** Suspender. *To fail, flunk.* || **6.** Romper. *To break.* 📖 [...] lo ponían entero (pato dorado) en un platón y nomás le TRONABAN los huesitos. *They would put it in a dish and then they only needed to break the bones.* (E. Poniatowska. Hasta no verte Jesús mío). || **7.** Chasquear. *To click (one's fingers).* || **8.** •TRONARSE a una mujer. Desflorar a una mujer. *To deflower.*

TRONAZÓN. *n.m.* Tempestad de truenos. *Thunderstorm.*

TRONCHA. *n.f.* Comida del soldado. *Soldier's rations.* || **2.** Comida pobre. *Meager meal.*

TRONCHADO. *n.f.* Negocio en que se obtienen ventajas fuera de toda proporción. *Gold mine.*

TRONERA. *n.f.* Chimenea. *Chimney.*

TRONIDO. *n.m.* Trueno. *Thunder.* || **2.** Estallido, exlosión. *Explosion.* 📖 [...] Mientras que por el rumbo donde tiré a Remigio se levantaba una gran parvada de zopilotes a cada TRONIDO que daban los cohetes. *While in the direction where I dumped Remigio's body a large flock of vultures took flight every time a rocket would explode.*

TRONQUEAR. *v.* Hacer pareja, andar junto con otra persona. *To pair up with.* || **2.** Andar siempre acompañado. *To never go places alone.*

TROPA. *n.f.* Persona mal educada. *Rude person.* || **2.** (Acad.) Recua de ganado. *Herd.*

TROPERO. *n.m.* Persona grosera. *Boor.*

TROZAR. *v.* Destrozar, romper. *To break, destroy.* 📖 [...] hasta que se rompía (hilo del **papalote**) como si hubiera sido TROZADO por las alas de algún pájaro. *Until it would break (string of a kite) as though broken by a bird's wings.* (J. Rulfo. Pedro Páramo).

TRUCHA. *adj.* Listo. *Smart.* || **2.** *n.m.* Chavetas. *Derrick.*

TRUCHO. *adj.* Cunning. *Astuto.*

TRUEQUE. *n.m.* Cambio, vuelto. *Change.*

TRUSA. *n.f.* Calzoncillo. *Underwear.* || **2.** Traje de baño. *Bathing suit.*

TUALÉ. *n.f.* Tocado o arreglo femenino *Toilette (feminine).*

TUBO. *n.m.* Rulos, ruleros. *Hair rollers.* || **2.** •Dar con TUBO. Deslumbrar. *To impress.* 📖 Ya me llevó a la hacienda y hasta Acapulco. Gran romance entre las palmeras. Me quiso dar con TUBO. *He's already taken me to his estate and to Acapulco. Big romance under the palm trees. He really tried to impress me.* (C. Fuentes. La región más transparente).

TUCHE. *n.m.* (Oaxaca). Chivo. *Goat.* || **2.** Cualquier jícara irregular o de mal aspecto.

TUCHEAR. *v.* (Yucatán). Coquetear. *To flirt.*

TUCHO. *n.m.* Mono en general. *Monkey.* || **2.** Mico o mono pequeño. *Small monkey.*

TULE. *n.m.* (Acad.). Planta herbácea, que como la anea, se emplea para hacer esteras, asientos de sillas, etc. *Tule, bulrush.*

TULIS. *n.m&f.* Ladrón, asaltante de caminos. *Highway robber.*

TUMBA. *n.f.* Acción de tumbar los árboles. *Felling of timber.* || **2.** Sitio rozado que se ha preparado para sembrar. *Ground cleared for sowing.*

TUMBABURROS. *n.m.* Diccionario. *Dictionary.*

TUMBADERO. *n.m.* Casa de cita. *Brothel.*

TUMBADERO. *n.m.* Terreno rozado. *Ground cleared for sowing.* || **2.** Casa de citas. *Brothel.*

TUMBAR. *v.* Talar. *To fell (timber).* || **2.**

Quitar. *To remove, take away.* ~Me TUMBÉ el bigote. *I shaved off my mustache.* ~Me TUMBÓ la novia. *He stole my girlfriend away from me.* || **3.** Echar (tirar) abajo (edificio). *To pull down, demolish.*

TUNA. *n.f.* Higo chumbo. *Prickly pear.*

TUNCO. *adj.* Manco. *One-armed.* 📖 ¿Yo? Sí, señor, porque tengo mis manos buenas, no soy TUNCO. *You bet, because I have both hands, I'm not a cripple.* (R. Pozas. Juan Pérez Jolote. || **2.** Lisiado. *Maimed, crippled.* || **3.** *n.m.* Puerco, cerdo. *Pig, hog.*

TUPICIÓN. *n.f.* Espesura, lugar túpido en un bosque. *Dense vegetation.*

TÚPIDO. *adj.* Torpe, estúpido, incapaz. *Dense, unintelligent, dim.* || **2.** *adv.* Con mucha frecuencia. *Common, frequent.* || **3.** Con constancia y mucho tesón. *Persistently, steadily.*

TUPIR. *v.* Concluir rápidamente. *To cut short.* 📖 Bueno, TÚPANLE que ya va a ser hora. *Alright, let's get it over with, it's getting to be that time.* (C. Fuentes. La región más transparente).

TURBANTE. *n.m.* Calabaza comestible. *Gourd, calabash.*

TURICATO. *adj.* Miserable, mezquino. *Stingy, mean, wretched.*

TUSAR. *v.* Recortar el pelo de los animales. *To shear.*

TUTURUTO. *adj.* Achispado. *Tipsy.*

U

UBICADO. •Bien UBICADA, UBICADÍSIMA. Muy bien situado, en un buenísimo lugar. *Well located, in a desirable location.* ~Una casa muy bien UBICADA. *A house in a good (desirable) location, a well-situated house.* La embajada está UBICADA en el norte de la ciudad. *The embassy is located (situated) in the northern part of the city.*

UBICAR. *v.* Situar una cosa en cierto sitio. *To locate, situate, place.* ~Me UBICARON al lado del festejado. *The placed (seated) me next to the guest of honor.* || **2.** -se. Emplearse. *To get oneself a good job, to get settled.* 📖 [...] y aunque nunca logré UBICARME, me imagino que nos tuvieron en el Campo Militar número Uno. *And although I never got settled, I imagine that we were in the best military camp.* (E. Poniatowska. Hasta no verte Jesús mío. Cit. Brian Steel).

UIX. *n.m.* Orín (usado principalmente en plurar). *Urine.* Los UIXES de los niños pudren los colchones. *Children's urine rot the mattresses.*

UIXADA. *n.f.* Orinada, meada. *Act of urinating.*

UIXAR. *v.* Orinar. *To urinate.*

UJUJUY. *interj.* ¡Viva! *Yippee! (colloq.), yahoo! (colloq.).*

ÚJULE. *Interj.* Exclamación con la que se denota extrañeza o burla. *Good God!* 📖 –¿En cuántas casas ha trabajado, señorita Nicasia? –¡ÚJULE, pos ya perdí la cuenta! –*In how many homes have your worked, miss Nicasia? –Good good, I've lost count!* (Cit. B. Steel).

ULE. *n.m.* Hule. *Rubber.*

ULTIMACIÓN. *n.f.* Acto y efecto de ultimar. *Killing.*

ÚLTIMADAMENTE. *adv.* Últimamente. *Lately.* || **2.** En última instancia, en resumidas cuentas. *After all, in the last analysis.* 📖 Así es de que, ÚLTIMADAMENTE, yo no sé si me pidió mi madrina o si la buscaría la rectora de la prisión [...]. *So, in the last analysis, I don't know if my sponsor was the one that asked me o whether it was the prison master who was looking for her.* (E. Poniatowska. Hasta no verte Jesús mío).

ULTIMADOR. *n.m.* Asesino. *Murderer, killer.* 📖 Morirse así no más, sin razón [...] sin verle la cara a su ULTIMADOR. *To die, just like that, with no reason, without even seeing the face of your killer.* (Cit. B. Steel).

ULTIMAR. *v.* (Acad.) Matar. *To kill, murder, bump off (coll.).* ~Lo ULTIMARON a balazos cuando trataba de huir. *They shot him dead while he was trying to escape.*

UMBRALADA. *n.f.* Umbralado. *Threshold.*

UNION. *n.f.* •La UNIÓN. Los Estados Unidos. *The United States.*

UNO. *n.m.* •Hacer del UNO. Orinar. *To urinate, to take a pee (coll.).*

UNTADA. *n.f.* Untura, untadura, untamiento. *Oiling, smearing, greasing; rubbing.* || **2.** Soborno. *Bribe.*

UNTO. *n.m.* Ungüento. *Ointment.*

UÑA. *n.f.* •Rasgarse las propias UÑAS. Valerse por si mismo. *To stand on one's own two feet.* || **2.** Púa, plectro. *Plectrum, pick.* || **3.** •Ser largo de UÑAS, tener las UÑAS largas. Tener (la) mano larga. *To be light-fingered.*

|| 4. •Meter la UÑA. Hurtar, robar. *To steal.*

UÑAZO. *n.m.* Robo, hurto. *Theft, robbery.*

UÑETAZO. *n.m.* Uñada, uñarada. *Nail mark, scratch.*

UÑILARGO. *n.m.* Ratero. *Thief.* || 2. Uñoso. *Having long nails or claws.*

UÑÓN (variante de *uñilargo*).

UÑOTA. *n.f.* Uñaza. *Long nail.*

UOLTUCHO. *n.m.* (Tabasco). Bodoque, chichón. *Swelling or bump on the head.*

URRACA. *n.f.* Persona de tez morena. *Dark-complexioned.*

UTILERÍA. *n.f.* Útiles y trastos que se usan en los teatros para decorar el escenario. *Stage props.*

UTILERO. *n.m.* Persona encargada de guardar y conservar la **utilería** de los teatros. *Person in charge of stage props, prop manager.*

ÚTILES. *n.m.* •ÚTILES escolares. Artículos escolares. *Pens, pencils, rulers, etc. for school.*

UVA. *n.f.* •Chaparrita, cuerpo de UVA. De excelente condición. *Popular compliment made to a woman.* || 2. La (de) pura UVA. *Worthy of admiration.*

VACA. *n.f.* Contrato entre varias personas para entrar en un negocio cuyas ganancias han de repartirse de acuerdo con lo invertido. *Enterprise with profits on a pro rata basis; common pool.* ‖ **2.** Fondo común. *Common pool.* ‖ **3.** •Hacer VACA. Asociarse para cualquier negocio pasajero. *To go into a temporary business partnership.* ‖ **4.** Hacer una VACA. *To make a collection.* ‖ **5.** •Volvérsele a uno VACA toro. Dar más trabajo un negocio de lo que se esperaba. *To be more difficult than one anticipated.*

VACACIONAR. *v.* Pasar las vacaciones. *To vacation.*

VACACIONISTA. *n.m.* Turista, veraneante. *Vacationer.*

VACAJE. *n.m.* (Tabasco). Manada de ganado vacuno. *Herd of beef cows.*

VACIADO. *adj.* Gracioso, chistoso. *Funny, amusing.* ‖ **2.** Raro. *Strange.* ‖ **3.** *adv.* De modo gracioso. *In a funny way.* ~Escribe muy VACIADO. *He has a funny way of writing.*

VACIADO. *n.f.* Acción y efecto de vaciar. *Emptying, draining.*

VACIANTE. *n.f.* Reflujo o baja mar. *Ebb tide.*

VACIARSE. *v.* Perder consistencia una tela con el lavado; desgastarse. *To wear out (clothes).*

VACIERO. *n.m.* Persona que cuida de las ovejas no preñadas. *Shepherd of barren sheep.*

VACILADA. *n.f.* Tomadura de pelo. *Joke.* La exposición es una VACILADA. *The exhibit is a joke.* 📖 [...] eran entretenidas sus VACILADAS. –No son VACILADAS, es la pura verdad. Lo que el anciano [...] le predijo ocurrió exactamente. *After all, his stories were very entertaining. They weren't stories, it was the truth. Everything occured as the old man predicted.* (A. Mastretta. Arráncame la vida). ‖ **2.** Borrachera. *Spree, binge.* ‖ **3.** Chiste, broma. *Joke.* ‖ **4.** Chiste verde. *Off-color joke.* ‖ **5.** •De VACILADA. En broma. *As a joke, jokingly.* ‖ **6.** Truco. *Trick.* ‖ **7.** •Dar una VACILADA. Robar, estafar. *To swindle, rip off (coll.).* ~Me dieron una VACILADA. *They ripped me off.*

VACILADOR. *adj.* Que le gusta bromear o divertirse. *Fond of teasing, making fun of; fun-loving.* 📖 La sonrisa, en cambio, decía, no me tomes muy en serio, soy cachondo y VACILADOR. *His smile, on the other hand, seemed to say, don't take me seriously, I'm a happy-going kind of person.* (Carlos Fuentes. La frontera de cristal).

VACILAR. *v.* Bromear. *To make fun of, tease.* ~Le estuvieron VACILANDO toda la noche. *They were teasing him (pulling his leg) all evening.* ‖ **2.** Emborracharse. *To get drunk.* ‖ **3.** Divertirse. *To have fun, to have a good time, to fool around.* ~VACILAMOS una barbaridad en la fiesta. *We had a great time at the party.* 📖 No te olvides de VACILAR de vez en cuando. *Don't forget to live it up once in while.* (Carlos Fuentes. La región más transparente).

VACILE (variante de **vacilada**).

VACILÓN. *adj.* Amigo de diversiones. *Fun-loving.* ‖ **2.** •Estar VACILÓN. Estar para bromas. *To be in a joking mood.* ‖ **3.** *n.m.* Juerguista, parrandero. *Reveller, merrymaker.* ‖ **4.** Fiesta, jolgorio, parranda. *Party, good time, fun, shindig (sl.).* ~Le encanta el VACILÓN. *He loves going out and having a good time.* ~Para ella la vida es un perenne VACILÓN. *Life for her is just a big party.* || **5.** •Andar de VACILÓN. Andar de juerga. *To be out on the town, paint the the town red.*

VACUNA. *n.f.* Vacunación. *Vaccination.*

VACUNADA (variante de *vacuna*).

VACUNADURA (variante de *vacunada*).

VADEADA. *n.f.* Acción de vadear. *Fording, crossing.*

VADEO (variante de **vadeada**).

VAGABUNDEAJE. *n.m.* Vagancia, holgazanería; vagabundeo. *Laziness, idleness.*

VAGABUNDERÍA (variante de **vagabundeaje**).

VAGONETA. *n.f.* Camioneta, furgoneta. *Van.*

VAINA. *n.f.* Cosa que produce molestia, contrariedad o desagrado. *Nuisance, bother.* ¡Qué VAINA! *What a nuisance!* || **2.** Fraude, engaño. *Swindle, fraud.* || **3.** Mentira. *Lie.* || **4.** Ser (una persona) una VAINA. *To be a good-for-nothing.* || **5.** •Salirse de la VAINA. Impacientarse por hacer o decir algo. *To fly off the handle, to loose one's cool.*

VAJEAR. *v.* Ganarle a alguien la voluntad con lisonjas. *To win over by flattery.* || **2.** Adormecer, hinoptizar (culebra). *To hipnotize, fascinate (snake).* || **3.** Perturbar a alguien con malas artes. *To bewitch.*

VALE. *n.m.* Camarada, compañero, compinche. *Pal, buddy, friend.*

VALEDOR. *n.m.* Amigo a quien se confía, camarada. *Pal, friend, companion.*

VALEDURA. *n.f.* Ayuda. *Help.* || **2.** Protección. *Protection.* || **3.** Favor. *Favor.* ⌨ Mire, si me hace esta VALEDURA, pa usté es el reló. *Listen, if you do me this favor, the watch is all yours.* (M. Azuela. Los de abajo). ⌨ Si uno les hace una VALEDURA no se dan por bien servidos. *If someone does them a favor* they don't appreciate it. (M. Azuela. La mala yerba). || **4.** Hacer una VALEDURA. *To do a favor.*

VALEMADRISTA. *adj.* Tranquilo, indiferente. *Indifferent, laid-back.*

VALENCIANA. *n.f.* Vuelta (pantalón). *Cuff.*

VALENTEADA. *n.f.* Ayuda, protección. *Help, protection.*

VALER. *v.* •No VALERLE a uno. No importarle a uno. *To care less about something.* ~A mí eso no me VALE. *I could'nt care less about that.* || **2.** No tener valor. *To be useless.* ~Saben mucha teoría pero a la hora de la hora no VALEN. *They know plenty of theoretical stuff but when it comes down to it it's all worthless.* || **3.** Estropearse. *To be useless (car, machine).* ~Mi coche ya VALIÓ. *My car has had it.* || **4.** Ser justo, imparcial. *To be fair.* ~No se VALE. *It's not fair.* ~No se VALE golpear abajo del cinturón. *Hitting below the belt is not allowed.* || **5.** •VALER decirlo. Ser digno de mención (una cosa). *To be worth mentioning.* ⌨ –¿No lo ha investigado? –No, no VALE decirlo. *–Did you look into it? –No, it's not really worth mentioning.* (J. Rulfo Pedro Páramo. Cit. Hispan.). || **6.** •VALERLE a uno sombrilla. No importarle nada (un bledo) a uno. *Not to give a damn about something.* ⌨ [...] las fechas me valen SOMBRILLA. –dijo Félix. *I couldn't care less about dates –Félix said.* (C. Fuentes. Cit. B. Steel).

VALET. *n.m.* Ayuda de cámara. *Valet, manservant.*

VALLA. *n.f.* Sitio donde se celebran riñas de gallo. *Cockpit.*

VALLADO. *n.m.* Zanja profunda. *Deep ditch.*

VALLERO. *adj.* Que reside en un valle. *Valley dweller.* || **2.** Relativo a una valle. *Having to do with a valley.*

VALLISTO (variante de **vallero**). ~Vino VALLISTO. *Wine from the valley.*

VALONA. Favor. *Favor, service.* || **2** FOLK.

Canción tradicional mexicana (Acad.). *Mexican regional song.* Canción popular cuyo origen quizá se encuentra en el cante flamenco (Morínigo). *Popular song similar to flamenco music.* || **3.** •Andar de VALONA. *To be out on the town, paint the town red.* || **4.** •Hacer la (una) VALONA a alguien. Hacerle a uno un favor. *To do someone a favor.* **b)** Defender a uno, hablar por uno. *To put in a good word for someone, come to the defense of someone.* ~Hazme la VALONA con tu jefe. *Put in a good word for me with your boss.* || **5.** (variante de **valedura**).

VALSAR. *v.* Valsear. *To waltz.*

VALSE. *n.m.* Vals. *Waltz.*

VALUADOR. *n.m.* Tasador. *Appraiser.*

VALUMEN. *n.m.* Balumba, bulto de muchas cosas juntas. *Bundle, mass, bulk.*

VALUMOSO. *adj.* Voluminoso. *Bulky.*

VAPOR. *n.m.* Remate de cuero del taco de billar. *Leather tip at the end of a billard cue.*

VAPORIZO. *n.m.* (Tabasco). Calor, en especial el producido por el vapor. *Strong heat, steamy heat.* || **2.** Vapores de medicamentos. *Inhalation.*

VAQUEAR. *v.* Realizar en el campo operaciones ganaderas, hacer de vaquero.

VAQUERÍA. *n.f.* Oficio que consiste en trabajar en las distintas operaciones del campo, oficio del vaquero. *Cattle farming.* || **2.** FOLK. Baile campesino en él que los participantes visten con trajes de vaquero. *Country dance.*

VAQUETA. *n.f.* Cuero de vacuno curtido y adobado. *Calfskin, leather, cowhide.*

VAQUETILLA. *n.f.* Cuero más delgado y fino que la **vaqueta** común. *Calfskin or cowhide of finer quality than the regular vaqueta.*

VAQUETÓN. *adj.* Tardo, pesado, calmoso. *Dim-witted, heavy, dull.* || **2.** Descarado, atrevido, cínico, desvergonzado. *Barefaced, brazen, shameless, cynical.* 📖 Y para qué lo iba a querer yo, si su padre no era más que un VAQUETÓN. *I saw no reason for loving your father. He was nothing but a cynical man.* (Juan Rulfo. El llano en llamas).

VAQUETUDO (variante de **vaquetón**).

VARADO. *adj.* Estar paralizado por falta de recursos. *Broke, penniless.* || **2.** Sin ocupación fija. *Without regular work.*

VARARSE. *v.* Descomponerse (un vehículo). *To break down.* || **2.** Encallar una embarcación. *To run aground.*

VARAZÓN. *n.f.* Conjunto de varas. *Sticks, bunch of sticks.*

VAREAR. *v.* Medir por varas. *To measure by yards.*

VAREJÓN, -ONA. *n.m.* (Acad.). Verdasca, vergueta. *Green twig.* || **2.** Adolescente. *Youth, young man (woman).* 📖 Una vez me acuerdo, ya era yo VAREJONCITA, ya me gustaba presumir [...]. *I remember once, when I was a youth and liked to show off ...* (R. Castellanos. Balún Canán. Cit. Hispan.).

VAREJONAZO. *n.m.* Golpe dado con varejón. *Blow with a long thick stick or pole.*

VAREJONEAR. *v.* Golpear con varejón. *To hit with a long thick stick or pole.*

VARENGA. *n.f.* (Yucatán). Viga. *Beam.*

VARETA. *n.f.* •Andar de VARETA. Andar de holgazán. *To idle, loaf around.*

VARIEDAD. *n.f.* •De VARIEDAD. Divertido, jocoso. *Entertaining, amusing.* ~Cuando Juan apareció en la cena cayó de VARIEDAD y nos quitó lo aburrido. *When Juan showed up at dinnertime, we were no longer bored.*

VARILLA. *n.f.* Conjunto de baratijas con que comercian los buhoneros. *Peddler's wares, trinkets.* || **2.** Artículos de mercería. *Notions.*

VARILLAZO. *n.m.* Golpe dado con una varilla. *Blow given with a rod, bar or stick.*

VARILLERO. *n.m.* Buhonero. *Peddler.*

VARO. *n.m.* Moneda. *Coin.* ~No traigo ni un VARO. *I don't have a penny on me.* || **2.** Dinero. *Money.* ~¿Cuándo me pagas los

VAROS que te presté? *When are you going to pay me back the money I lent you?*

VARÓN. *n.m.* Madero grueso y largo semejante a una viga. *Beam, timber.*

VASEAR. *v.* Medir por vasos. *To measure by the glass.*

VECINDAD. *n.f.* Residencia con departamentos de alquiler. *Tenement house.* 📖 Bueno: usted conoce a una vieja de la VECINDAD, una tal Lolita [...]; una mujer muy chismosa y maleta. *Well: you must know that old women in the tenement house called Lolita; a terrible gossip and very wicked.* (M. Azuela. Nueva burguesía). 📖 Un coche de ruletero me dejó en veinte minutos en la puerta de la VECINDAD. *A taxi drove me to the tenement house in twenty minutes.*

VEDETA. *n.f.* Corista. *Chorus-girl.*

VEGA. *n.f.* (Tabasco). Terreno llano en las márgenes de los ríos, que suele inundarse y que es a propósito para la siembra del tabaco. *Tobacco plantation.*

VEGETALES. *n.m.* Verduras, legumbres. *Vegetables.*

VEINTE. *adj.* •Caerle el VEINTE. Occurrirle a uno, caer en la cuenta. *To realize, to dawn on somebody.* ~No me cayó el VEINTE de que habías venido a verme a mí. *I didn't realized that it was me you came to see.* ‖ **2.** Moneda de veinte pesos. *Twenty-peso coin.* 📖 Dejó los cuatro centavos y tomó el VEINTE. *He left the four cents and took the twenty-dollars.* (J. Rulfo. Pedro Páramo. Cit. Hispan.).

VEINTENIO. *n.m.* Veintena. *Twenty, about twenty.*

VEJARANO. *adj.* Vejestorio, vejete (peyorativo). *Ancient, decrepit, doddery.*

VEJERANO. (variante de **vejarano**).

VEJIGA. *n.f.* Globo. *Balloon.*

VELA. *n.f.* Reprimenda. *Reprimand, scolding.* ‖ **2.** Fastidio, molestia. *Nuisance.* ~¡Qué VELA! ¡Qué molestia *What a nuisance!* ‖ **3.** Velorio. *Wake, vigil.* ‖ **4.** •Aguantar la VELA. Sufrir una reprimenda. *To endure a reprimand.* ‖ **5.** •Muchos cabitos de VELA hacen un cirio pascual. La unión hace la fuerza. *Union is strength.*

VELADA. *n.f.* (Sonora). Reunión periódica de vaqueros, que se efectúa durante varios días y noches para recoger el ganado que anda suelto en el campo.

VELADOR. *n.m.* Pantalla de lámparas. *Lampshade.* ‖ **2.** (Acad.). Mesa de noche. *Bedside table.* ‖ **3.** Vigilante nocturno de oficinas o edificios en construccion. *Night watchman.* ‖ **4.** Persona que vigila las calles de noche. *Neighborhood night watchman.* 📖 Cuando su cuñado se empezaba a poner morado, lo soltó. Salió a la calle. El VELADOR del rumbo pedaleaba en su bicicleta y hacia sonar, largamente, el silbato. *When his brother-in-law's face began to turn blue, he released his hold on him and left the house. The neighborhood night watchman was on his bicycle, blowing away at his wistle.* (V. Leñero. Los albañiles). ‖ **4.** (Acad.). Lámpara o luz portátil que suele colocarse en la mesita de noche. *Bedside table lamp.*

VELADORA. *n.f.* Lámpara de mesa de noche de luz tenue. *Table-lamp with diffused light.* ‖ **2.** Candelilla de parafina que está siempre encendida en los altares, cirio. *Paraffin candle.* 📖 Encendió la VELADORA [...] Y SE ACOSTÓ. *She lit a candle and went to bed.* (C. Fuentes. La región más transparente). 📖 [...] debe depositar un peso [...] para comprar una VELADORA a la Virgen. *You must deposit one peso in order to buy a candle for the Virgen Mary.* (O. Lewis. Cit. B. Steel). ‖ **3.** Lámpara de parafina. *Glass lampshade.*

VELAR. *v.* Pedir con la mirada y con cierto alejamiento, principalmente comida. *To look covetously at (food).*

VELIS (variante de **veliz**).

VELIZ. *n.m.* Maleta de mano. *Overnight bag, valise.* 📖 En la estación le pasé por la ventanilla mis cuatro VELICES a un cargador que estaba en el andén. *At the station I handed my four overnight bags through a* *window to a porter that was on the platform.* (E. Poniatowka. Hasta no verte Jesús mío). 📖 [...] una muchedumbre cargada de petacas y VELICES. *A crowd loaded with suitcases and overnight bags.* (M. Azuela. Nueva burguesía).

VELÓN. *n.m.* Vela de sebo muy gruesa y corta. *Thick tallow candle.* ‖ **2.** *adj.* Que pide con la mirada, y con un cierto alelamiento. *Who looks pleadingly at someone, somewhat bewildered.*

VELUTINA. *n.f.* Cierto polvo muy fino para la cara.

VENADEAR. v. Asesinar a alguien en el campo y a mansalva. *To lay in ambush (with the intent to kill).*

VENADO. *n.m.* •Correr (o pintar) el VENADO. Faltar los chicos a clase. *To play truant.*

VENDADAZO. *n.m.* Tiro a malsalva, por lo común para asesinar a alguno en el camino. *Ambush (with the intent to kill).*

VENDIMIA. n.f. FOLK. Verbena popular. *Festival.*

VENDUTA. *n.f.* Venta pública, remate, subasta. *Auction, public sale.*

VENDUTERO. *n.m.* Subastador. *Auctioneer.*

VENTA. *n.f.* Tienda, puesto en general. *Small shop, stall.* ‖ **2.** Hierro para marcar las reses. *Branding iron.* ‖ **3.** (Sonora). Marca que se pone al ganado como indicación del criador de haber vendido el animal. *Brand of the breeder's name on cattle.*

VENTAJERO. *adj.* Persona que procura llevarse todas las ventajas de su arte. *Profiteering, self-seeking, bargain hunter, opportunistic.*

VENTAJOSO (variante de **ventajero**).

VENTANEAR. v. (Noreste). Espiar, fisgonear. *To nose, poke around.* ‖ **2.** Conversar una pareja de enamorados en el balcón. *To flirt from the balcony.*

VENTEAR. v. Poner el hierro del comprador al ganado que se vende. *To brand the buyer's name on cattle.* ‖ **2.** Olfatear, descubrir con el olfato donde se encuentra un animal o una persona. *Track down, trail by following the scent (of an person or animal).* 📖 Al verlos pasar, casi sentíamos que nos miraban de reojo y como diciendo: –Ya los VENTEAMOS, nomás nos estamos haciendo disimulados. *As we saw them go by we could feel them watching us from the corner of their eyes as though saying: We know you're there but we're not going to let you know* [...]. (J. Rulfo. El llamo en llamas).

VENTERO. *n.m.* (Tabasco). Vendedor ambulante. *Peddler, hawker.*

VENTOLA. *n.f.* Ocurrencia disparatada. *Absurd idea, (iron.) bright idea.*

VENTOLINA. *n.f.* Ventolera. *Sudden gust of wind.* ‖ **2.** Variante de **ventola**.

VENTORILLO. *n.m.* Tenducho. *Small shop.*

VENTURERO, -A. *adj.* Fuera de época (cosecha). *Second crop.* ‖ **2.** Temporario, ocasional. *Temporary, occasional.* 📖 ~A los VENTUREROS que tengan puestos, se les cobrará por varas de terreno que ocupen. *Temporary owners of the stalls (stands) will be charged by the number of yards of space they occupy.* (Cit. Santamaría).

VER. *v.* Mirar. *To look at.* [...] se para detrás de mi. Voltea y se me queda VIENDO, entonces yo me lo quedo VIENDO. *He stops behind me. He turns around and stands there staring at me, so I stand there staring at him..* (O. Lewis. Cit. B. Steel). ‖ **2.** •¡Nos estamos VIENDO! ¡Nos veremos! *I'll be seeing you!* ‖ **3.** •Estar una cosa en VEREMOS. Estar una cosa lejos de su realización. *To be a long way off.* ‖ **4.** •(Noreste) ¡Venido a VER¡ ¡Qué sorpresa! *What do you know!* ~¡Se casó con una **gringa**¡ ¡Venido a VER¡ *What do you know! He got married to a gringa.*

VERANO. *n.m.* (Tabasco). Temporada de sequía. *Dry season.* ‖ **2.** (Sonora). Plantación de sandías. *Watermelon plantation.*

VERAS. *adv.* •A de VERAS. De veras. *Really.*

VERDE 386

⌨ No se trata de sustos. Parece que te van a matar de a VERAS. *It's not a matter of scaring you. It's seem that they are really going to kill you.* (Juan Rulfo. El llano en llamas).

VERDE. *n.m.* El campo. *The countryside.* ‖ 2. •VERDE nilo. Color verde claro. *Light green color.*

VERDECITO. *n.m.* Dólar estadounidense. *American dollar, greenback (colloq.).* ⌨ ¡Quinientos mil VERDECITOS! Ora sí se puso buena la cosa. *Fifty thousand dollars! Now were really cooking with gas.* (R. Bernal. El complot mongol. Cit. Hispan.).

VERDOLAGA. *n.f.* Planta de tallo jugoso; se usa como verdura. *Juicy edible plant.* ⌨ [...] y pasándome los días comiendo sólo VERDOLAGAS. *And spending my days eating nothing but verdolagas.* (Juan Rulfo. El llano en llamas).

VERDULERO. *n.m.* •Boca de VERDULERO. Malhablado, bocasucia. *Foul-mouthed person.*

VEREDA. *n.f.* ((Tabasco, Yucatán). Partidura del cabello en la mujer, raya. *Parting of the hair (of a woman).*

VERENGOTA. *n.f.* (Michoacán). Viga. *Beam.*

VERGA. *adj.* Bruto, tonto. *Stupid, ignorant.* ⌨ –Fermín, qué VERGA eres. *Fermín, you're so stupid.* (P.I. Taibo II. Sombra de la sombra. Cit. Hispan.).

VERGUEADA. *n.f.* Acción de azotar con verga. *Whipping with a rod.*

VERGUEAR. *v.* Azotar con verga. *To whip with a rod.*

VERGÜENZUDO. *adj.* Vergonzoso. *Timid, shy, bashful.*

VERICUETE. *n.m.* Alboroto, bullicio, bronca. *Disturbance, commotion, racket, row.*

VERIFICATIVO. *n.m.* •Tener VERIFICATIVO. Tener lugar. *To take place.*

VERIJA. *n.f.* Ijares de los equinos. *Flank (horse).* ‖ 2. Ingle (persona). *Groin.*

VERIJÓN. *adj.* Perezoso. *Idle, lazy.*

VERITAS. •De VERITAS. De veras. *Really.*

VERRACO. *adj.* Majadero, soez, vulgar. *Stupid, idiot.* ‖ 2. Putañero. *Libertine, debauched, lecherous, depraved.*

VERRIONDO. *adj.* Lujorioso, libidinoso. *Lecherous.* VAR. **Virriondo.**

VERSACIÓN. *n.f.* Conocimiento de una materia. *Expertise, skill; understanding of a subject.*

VERSAR. *v.* Tomar el pelo, bromear. *To tease, crack jokes.* ‖ 2. Servir el café u otras bebidas en la mesa. *To serve coffee or other refreshments at the table.*

VERSO. *n.m.* Echar VERSOS. Hablar por hablar, decir necedades. *Not to know what one is talking about.*

VERTIENTE. *n.f.* Manantial, fuente. *Spring, fountain.*

VESPERAL. *adj.* Vesperino. *Evening (as attrib.).*

VESTIDOR. *n.m.* Vestuario. *Locker room.*

VETARRO. *adj.* Viejo. *Old.* ~Ya estoy muy VETARRO para esas cosas. *I'm too old for this sort of things.* ‖ 2. *n.m.* Viejo. *Old codger, old guy.* ~Este VETARRO es mi tío. *This old guy is my uncle.*

VETEAR. *v.* Correrse (prenda). *To run.* Si pones toda esta ropa junta se va a VETEAR. *If you wash all those clothes together the colors will run.*

VETERANADA. *n.f.* Ocurrencia. *Idea, thought.* ~Ya se me ocurrió una VETERANADA y buena. *I just had a great idea.*

VETERANO. *n.m.* Viejo, anciano (fest.). *Old, ancient (hum.).*

VEZ. *n.f.* •Cada VEZ. De día en día. *Increasingly, more and more.* ~Está cada VEZ más enfermo. *He's getting worse by the day.*

VIA. •VIA de libramiento. Via de descongestion. *Relief road.* ‖ 2. •Vía crucis. *n.m.* Aflicción. *Terrible ordeal.* •VÍA rápida. Autopista. *Expressway, freeway.*

VIAJAZO. *n.m.* Empujón. *Shove, push.*

VIAJE. *n.m.* •De un VIAJE. De una vez, a un tiempo. *All at once, all in one go, at one blow.*

VIANDANTE. *n.m.* Caminante, transeúnte. *Pedestrian.*

VÍBORA. *n.f.* Cinturón con bolsillo ocultos para guardar el dinero. *Money belt.* ⌂ Por fin se decidió. Desenfundó de la VÍBORA el dinero que en ella guardaba. *He finally made up his mind. He took out the money that he kept in in money belt.* (J. Rulfo. El gallo de oro. Cit. Hispan.). ‖ **2.** Matar la VÍBORA en viernes. Tener mucha suerte. *To be very fortunate.*

VIBOREAR. *v.* Vituperar. *To speak ill of someone, vituperate.* ‖ **2.** Marcar los naipes fraundulentamente para reconocerlos. *To mark the cards (in order to cheat).* ⌂ Nunca de atengas a lo que veas. Estos fulanos traen siempre barajas VIBOREADAS. *Never go by what you see. These guys always play with marked cards.* (V. Leñero. Los albañiles).

VICENTEAR. *v.* Ver (hum.). *To see.*

VICHAR. *v.* Espiar. *To spy (on).*

VICHE. *adj.* Desnudo. *Naked.* ‖ **2.** Sin pelo. *Hairless, with no hair.*

VICTIMAR. *v.* Matar. *To kill.*

VICTIMARIO. *n.m.* Asesino. *Killer, murderer.*

VICTIMIZAR. *v.* Tratar injustamente. *To victimize.*

VIDA. *n.f.* •VIDA capulina. (Acad.). Vida regalada y sin cuidados. *Easy street.* ‖ **2.** •Hacer(se) la VIDA de cuadros (cuadritos). Hacer la vida imposible a uno. *To make life impossible for someone.* ⌂ [...] sus compatriotas lo habían envidiado demasiado y le había hecho la VIDA de cuadritos. *His companions were quite envious of him and made his life impossible.* (L. Esquivel. La ley del amor. Cit. Hispan.).

VIDITA. *n.f.* Expresión de cariño, propia de los enamorados. *Honey, darling, sweetheart.*

VIDRIERA. *n.f.* Escaparate. *Shop window,* display window. Me fascina mirar VIDRIERAS. *I Love window-shopping.* ‖ **2.** Parabrisas. *Windshield.*

VIDRIO. *n.m.* Ojo. *Eye.* ‖ **2.** •Echar (volar) VIDRIO. Ver, mirar, observar, acechar. *To see, look, observe, spy on.* ⌂ No fui invitado a estos festejos. Pero los miré de lejos. Qué va: de cerca, de cerquísima les estuve echando VIDRIO. *I wasn't invited to these festivities. But I watched them from a distance. What I am saying: actually I could see them close, very close to me.* (C. Fuentes. El naranjo. Cit. Hispan.). ‖ **3.** Vigilar, estar atento. *To watch, be on the alert.* ‖ **4.** •Ahí los VIDRIOS. *See you there!*

VIEJA. *n.f.* Colilla de cigarro. *Cigar stub.* ‖ **2.** Mujer del soldado. *Soldier's wife.* ‖ **3.** Esposa. *Wife.* ‖ **4.** Forma cariñosa de llamar a la esposa de uno. *Term of endearment for one's wife.* ⌂ Mi pobrecita VIEJITA nunca se quejó. Nunca me pidió nada. *My poor little wife, she never complained, never asked me for anything.* (O. Lewis. Cit. B. Steel). ‖ **5.** •Las VIEJAS. Las mujeres. *Women (collectively).* ⌂ Y usted cree que don Pedro [...] iba a permitir que su hijo siga traficando VIEJAS. *And do you think that don Pedro was going to let his son keep on trading women.* (J. Rulfo. Pedro Páramo. Cit. Hispan.).

VIEJADA. *n.f.* Conjunto de viejas. *Old women as a group.* ‖ **2.** Mujeres en general (desp.). *All women as a group (der.).*

VIEJAZO. *n.m.* •Dar el VIEJAZO. Envejecer súbitamente. *To age, grow old suddenly.*

VIEJERÍO (variante de **viejada**).

VIEJO. *n.m.* Esposo. *Husband.* ‖ **2.** •Los VIEJOS. Los hombres. *Men (collectively).* ‖ **3.** •El que va para VIEJO, va para pendejo. La vejez disminuye las facultades mentales. *When you get old, you loose some of your mental powers.*

VIEJON. *adj.* Algo viejo, avejentado. *Elderly.*

VIEJORRÓN. *n.m.* Mujer muy guapa. *Attractive woman.*

VIENTO. *n.m.* •Hacerle a alguien lo que el

viento a Juárez. No afectar lo más mínimo algo a uno. *Not to bother in the least.* ~Sus insultos me hicieron lo que el viento a Juárez. *His insults were just like water off a duck's back.*

VIERNES. *adj.* Viejo (en estilo festivo). *Old (hum.).* 📖 No cabe duda de que ya estamos viernes. *Let's face it, we are not as young as we used to be.* (C. Fuentes. La región más transparente).

VIGA. *n.f.* •Echar la viga. Mentar la madre, insultar. *To insult someone, to call someone a son-of-a-bitch.* 📖 [...] pues tiene usted razón en echarme la viga. *Well you right in calling me a son-of-a-bitch.* (E. Poniatowska. Hasta no verte Jesús mío. ‖ Cit. Hispan.). **b)** Reprender con aspereza. *To scold, reprimand, criticize.*

VIGILENCIA. *n.f.* •Vigilencia intensiva. Unidad de cuidados intensivos. *Intensive care unit.*

VILLISMO. *n.m.* HIST. Credo político de los que fueron partidarios de Pancho Villa. *Political philosophy of the followers of Pancho Villa.*

VILLISTA. *adj.* HIST. Partidario de Francisco Villa. *Followers of Pancho Villa.*

VINATERÍA. *n.f.* Tienda donde se vende vino. *Wine shop.* ‖ **2.** Venta de vino. *Selling of wine.*

VINIL. *n.m.* Vinilo. *Vinyl.*

VINO. *n.m.* •Vino de campanilla. *Cheap wine.*

VIÑA. *n.f.* Basural. *Rubbish-dump.*

VIOLÍN. *n.m.* Taco especial usado como apoyo en el billar. *Cue rack.* VAR **viola.** ‖ **2.** •De violín. Gratis. *Free, for nothing.* ‖ **3.** •Pintar (hacer) violines (un violín). *To make silly gestures.* ‖ **4.** Pintar un violín. Faltar uno a su palabra. *To go back on one's words.*

VIRAR. *v.* Voltear, en la acepción de volver una cosa en sentido inverso de su posición. *To turn upside down.*

VIRIOLO. *adj.* (Norte). Bizco. *Cross-eyed.*

VIROLA. *n.f.* Rodaja de plata con que se adornan los arreos del caballo. *Silver circlet or nail head for decorating harnesses.* ‖ **2.** Argolla. *Silver ring.* ‖ **3.** Remate de cuero que tiene el taco de billar. *Leather tip at the end of a billard cue.*

VIROTE. *n.m.* Panecillo. *Bread roll.* ‖ **2.** Tonto. *Simpleton.*

VIRRIONDO. *adj.* Cachondo. *In heat.* ‖ **2.** Lujorioso, libidinoso. *Lecherous.*

VIRUTA. *n.f.* •Meter viruta. Mentir, hacer trampas. *To lie, trick.*

VISERAS. *n.f.* Aletas de la cabezada de las caballerías que impiden a éstas de ver de soslayo. *Blinders on a horse's bridle.*

VISIONERO. *adj.* Que se viste de forma ridícula y extravagante. *Who dresses extravagantly.*

VISIONUDO (variante de **visionero**).

VISITADORA. *n.f.* Jeringa. *Syringe.* ‖ **2.** Lavativa. *Enema.*

VISTA. *n.f.* •Hacer de la vista gorda. Hacer la vista gorda. *To turn a blind eye, to pretend not to see.*

VITROLA. *n.f.* Fonógrafo con una caja especial de resonancia, en forma adecuada como mueble de adorno. *Gramaphone, phonograph.*

VIUDA. *n.f.* FOLK. Fiesta campestre que celebran en las fincas cafeteleras de Veracruz por la culminación del trabajo de un año.

VIUDEDAD. *n.f.* Viudez. *Widowhood.*

VIVAR. *v.* Vitorear, dar vivas. *To cheer.*

VIVARACHO. *adj.* Astuto, listo. *Sharp, sly.*

VIVIDERA. *n.f.* Vida. *Life.* 📖 Aquí se me ha dificultado mucho la vividera. Pero no estoy triste, no. *I've had a hard life here, but I'm not sad.* (E. Poniatowska. Hasta no verte Jesús mío.

VIVIDIZO. *adj.* Gorrón, vividor. *Scrounger, sponger, parasite.*

VIVIENDA. *n.f.* •Vivienda de interés social. *State-subsidized apartments.*

VOCACIONAL. *n.m. Post-school vocational training.*

VOCEADOR. *n.m.* Persona que vende periódicos. *Newspaper boy.*

VOCERRÓN. *n.m.* Vozarrón. *Booming voice.*

VÓITELAS. *interj.* ¡Caramba! *Wow!*

VOLADA. *n.f.* Cuento, rumor, historia falsa. *Rumor, tall story.* || **2.** *adj.* Coqueta. *Vain, presumptious.* || **3.** Explosión. *Blowing up.* 📖 Y así viajamos [...] entre puras VOLADAS de tren. *And so all our traveling was done between train explosions.* (E. Poniatowska. Hasta no verte Jesús mío). || **4.** Aventura amorosa. *Love affair.* || **5.** •De VOLADA. Rápidamente. *Quickly.* ~Si lo haces de VOLADA te va a salir mal. *If you do it too quickly, you'll get it wrong.*

VOLADO. *adj.* Irritable, de genio violento. *Quick-tempered.* || **2.** Que sobresale del macizo de paredes o muros, o del cuerpo principal. *Projecting.* BALCÓN volado. *A protruding balcony.* || **3.** Abultado. *Large, protruding.* Senos VOLADOS. *Large-chested.* || **4.** Enamorado. *In love.* ~Estar VOLADO por una muchacha. *To be madly in love with someone.* || **5.** Arrebatado de ilusiones. *To be in a dreamy state.* || **6.** *n.m.* Juego de cara o sol. *Game of heads or tails.* **7.** Aventura, lance. *Adventure.* || **8.** Intriga amorosa. *Love affair.* || **9.** *adv.* De prisa. *In a rush, hastily.* ~Salí VOLADO para el hospital. *I rushed off to the hospital.* || **10** •Echar un VOLADO. Echar a cara o cruz. *To toss a coin.* || **11.** •Jugar a (echar) un VOLADO. *To flip for it, flip a coin.* ~Te lo juego a un VOLADO. Te lo echo a cara o cruz. *I'll toss you for it.* ~Echémonos un VOLADO para ver si vamos. *Let's toss (flip) a coin to see whether we go or not.* || **12.** •Echarse un VOLADO. Tener una aventura amorosa. *To have an affair.*

VOLADOR. *n.m.* FOLK. Deporte mexicano prehispánico que consistía en girar en el aire en un trapecio suspendido de una rueda giratoria asegurada a cierta altura en el tope de una árbol cortado a cercén. Se practica todavía en ciertas regiones de Veracruz.

VOLÁN. *n.m.* (Yucatán). **Volanta.**

VOLANTA. *n.f.* Coche de grandes ruedas y varas largas, tirado por un solo animal. *Horse-drawn carriage.*

VOLANTAZO. *n.m.* •Dar un VOLANTAZO. Virar bruscamente, dar un viraje brusco. *To swerve.*

VOLANTE (variante de **volanta**).

VOLANTÍN. *n.m.* Cometa. *Kite.* || **2.** Sedal. *Fishing line.* || **3.** Voltereta. *Somersault.* || Acrobata. *Acrobat.* || **4.** Aventura amorosa. *Love affair.*

VOLANTÓN. *n.m.* Muchacho grande pero muy joven que quiere ya ser tenido por mayor.

VOLAR. *v.* Coquetear con. *To flirt with.* || **2.** Entre periodistas, inventar noticias. *Make up stories (press).* || **3.** Arrebatar, sustraer inesperadamente. *To pinch.* ~La VOLARON la novia. *They pinched his girlfriend.* || **4.** Entusiasmar engañando. *To give false hope.* **5.** Sin resolver, sin definir. *Up in the air.* El asunto de la casa está VOLANDO. *The matter of the house is still up in the air.* || **6.** Inestable. *Unsteady.* Está VOLANDO y se va a caer. *It's unsteady and it's going to fall.* || **7.** •VOLANDO pica. Trabaja muy rápido. *She's a quick worker.* **8.** •A VOLAR niños. Váyase de aquí, niños. *OK kids, get out of here.* ~A VOLAR con tus ideas raras. *You and your weird ideas, get out of here.* || **9.** •Mandar a VOLAR a alguien. Expulsar, echar. *To kick someone out.* || **10.** Evaporarse. *To evaporate.* || **11.** -se. Volver loco. *To drive crazy.* Si se lo dices, lo VUELAS. *If you tell him, it'll drive him crazy.* || **12.** Fugarse con. *Run off (away) with.* ~El marido se VOLÓ con otra. *Her husband ran away with another woman.* || **13.** Enamorarse. *To fall in love.* 📖 Parecía artista de cine; las jovenes se VOLABAN por el. *He looked like an actor; all the young girls idolized him.* (Silvia Molina. El amor que me juraste).

VOLIBOL. *n.m.* Vóleibol, balonvolea. *Volleyball.*

VOLTARIO. *adj.* Tornadizo, veleidoso (en relaciones amorosas. *Flighty, fickle.*

VOLTEADA. *n.f.* Lesbiana. *Lesbian.* || **2.** Acción de pasar de un partido político a otro. *Defection.*

VOLTEADO. *n.m.* Homosexual. *Gay, queer.*

VOLTEAR. *v.* Derribar con violencia, volcar, derramar. *To knock down, knock over, spill.* || **2.** FIG. Dar la vuelta. *To turn around.* 📖 La pongo a dieta y cuando VOLTEO ya se echó sus tacos de frijoles. *I put her on a diet and as soon as I turn around she's already eaten a couple of tacos with beans.* (E. Poniatoska. Luz y Luna). || **3.** Dar la vuelta (físicamente). *To turn around.* 📖 Entró en el portal. Los indios VOLTEARON a verla. *She entered the doorway. The Indians turned around and looked at her.* (J. Rulfo. Pedro Páramo. Cit. Hispan.). 📖 Y las fáciles son las gatas que VOLTEAN al primer chiflido [...]. *And the easy one are the maids who turn around at the first wistle.* (V. Leñero. Los albañiles). || **4.** Invertir, dar la vuelta (tortilla, disco). *To turn over, flip over.* || **5.** Poner boca arriba (abajo). *Turn the right way up (upside down).* || **6.** Poner del revés (manga, media). *To turn inside out.* ~El viento me VOLTEÓ el paraguas. *The wind blew my umbrella inside out.* || **7.** Volcar, derramar. *To know down, knock over, spill.* ~VOLTEÓ todo el contenido de la valija en el suelo. *He threw all the content of the suitcase on the floor.* || **8.** Hacer que una persona cambie de parecer. *To force someone to change his mind.* || **9.** Torcer, doblar. *To turn (in a certain direction).* 📖 –Oye, tú, niño, ¿Dónde queda el correo? –Camina usted diez cuadras y luego VOLTEA a la izquierda. –*Listen, kid, where is the post office from here? –You walk ten blocks and then you turn left.* (J.A. Peñalosa. Cit. B. Steel). || **10.** Volver, regresar. *To return.* 📖 Es posible que al VOLTEAR hacia la casa no viera a los dos hombres que estaban en el terrado o azotea que les servía de atalaya. *It's possible that upon returning home he did not see the two men on the terrace which they used as a hideout.* (F. del Paso. José Trigo. Cit. Hispan.). || **11.** -se. POL. (Acad.). Cambiar de partido político. *To defect, change one's allegiance.* || **12.** Volcarse. *To overturn (vehicle).* 📖 [...] un autobus se había VOLTEADO poco antes de llegar a Nuevo Laredo. *A bus had overturned just before reaching Nuevo Laredo.* (M. Guerra Leal. Cit. B. Steel).

VOLTEO. •Camion de VOLTEO. Volquete, dumper. *Dump truck.*

VOLTEO. *n.m.* Homosexual. *Gay, queer.* || **2.** (Variante de **volteada**).

VOLVER. *v.* Vomitar. *To throw up.*

VORAZ. *adj.* Osado, atrevido. *Bold.*

VÓYTELAS! *Interj.* Exclamación de sorpresa. *Good God!* 📖 [...] no como ahora que, VÓYTELAS, comelitones y borracheras y bailes [...]. *Not like now, good God!, when the only thing that matters are feasts, binges and dancing.* (E. Poniatowka. Hasta no verte Jesús mío). 📖 [...] entró violentamente en la agencia de viajes, sacudió el manequi pero el manequi no era de palo, sino de carne y hueso, y exclamó, "VOYTELAS, ya ni dormir lo dejan a uno". *He rushed in the travel agency, shook the mannequin, but the mannequin was not made of wood, but rather of flesh and bones, exclaiming, "Good God, you can't get a good sleep anymore".* (Carlos Fuentes. La frontera de cristal).

VUELTA. *n.f.* •VUELTA de carro. Voltereta. *Cartwheel.* || **2.** •Sacar la VUELTA. Dar la espalda. *To turn one's back on someone.* 📖 Bueno, yo no soy un intelectual y me rozo muy poco con los intelectuales: yo cada vez que veo uno le saco la VUELTA. *Well, I'm not an intelectual and I seldom deal with intelectuals: everytime I see one I turn my back on him.* (J. Rulfo. Juan Rulfo examina su obra. Cit. Hispan.).

VUELTO. *n.m.* Cambio (dinero). *Change.* 📖 El chofer recibió el billete de diez pesos, con la advertencia: -Esta bien, quédese con el VUELTO. *The taxi driver took the ten peso bill after he was told. It's alright, keep the change.*

VULCANIZADORA. *n.f.* Taller de reparación de neumáticos. *Tire repair shop.*

VUQUI. *n.m.* (Sonora). Niño, muchachita. *Child.*

YA. •YA vas (estuvo, estás, estufas). Sí, de acuerdo. –¿Salimos el domingo? –YA estás. *–Should we go out on Sunday? –Agreed.* ‖ **2.** Ya estuvo (estufas, tosió). Se acabó, se terminó. *It's over with.* ~Todo eso YA estufas, la onda es saber que vamos a hacer. *That all over with, what matters is what to do next.* ‖ **3.** •Este arroz YA estuvo (se coció). Este asunto está listo o terminado. *That's water under the bridge, that over with.* ‖ **4.** ¡YA está suave¡ ¡Basta, es suficiente¡, termina de una vez. ~YA estuvo suave, déjame en paz. *All right, that's enough, let me alone.*

YAGUA. *n. f.* BOT. Palma real. *Royal palm.* ‖ **2.** BOT. Espata fibrosa de la hoja de la palma real. *Fibrous tissues from the wood of the royal palm.*

YAGUAL. *n.m.* Rodete para levar pesos sobre la cabeza. *Padded ring for carrying loads on top of the head.*

YAMBUCEAR. *v.* Trabajar en la mina con el ánimo de dañarla. *To commit sabotage (in a mine).*

YANQUE (variante de *yanqui*).

YANQUI. *adj.* Norteamericano. *American.* ~Una película YANQUI. *An American movie.*

YANQUILANDIA. Los Estados Unidos. *The United States.* 📖 Igual a como se ponían en el cine cuando el héroe de YANQUILANDIA se precepita a un abismo de mil metros para levantarse al instante sin una arruga en su traje ni desperfecto alguno en su peinado. *Just like they reacted when the American heroe would throws himself into a pit a hundred feet deep only to get up immediately without a wrinkle in his suit and a hair out of place.* (M. Azuela. Nueva burguesía).

YANTAR. *v.* Comer. *To eat.*

YAYERO. *adj.* Entrometido. *Said of the person who meddles, interferes.*

YEGUA. *adj.* Grande, feroz, descomunal. *Big, huge.* ~Le tengo un odio YEGUA. *I hate him with a vengance.* ‖ **2.** (Sonora). Prostituta. *Prostitute.* ‖ **3.** Carro plano para carga o mercadería. *Flat cart to load merchandise.*

YEGUADA. *n.f.* Manada de yeguas. *Herd of mares.*

YERBA. *n.f.* Hierba. *Herb.* ‖ **2.** Por autonomasía, la marihuana. *Marijuana, grass (coll.).* 📖 A las diez saliste a esperar el paso de tu camión por Donceles. Trepaste y le pediste la YERBA a tu ayudante. *A ten o'clock you went out to wait for the bus which stops at Donceles. You boarded it and asked your partner for the marijuana.* (M. Azuela. La luciérnaga). ‖ **3.** Yerbabuena. *Mint.* ‖ **4.** •Y otras YERBAS. Etc. *Etc.* 📖 [...] Wagner, Liszt, Beethoven, Chopin y otras YERBAS [...]. *Wagner, Liszt, Beethoven, Chopin, etc.* (A. Yánez. La creación. Cit. Hispan.).

YERBATERO. *n.m.* (Acad.). Dícese del médico o curandero que cura con hierbas. *Herb doctor or healer.*

YERBERO. *n.m.* Vendedor de hierba medicinales. *Herbalist.*

YERRA. *n.f.* Acto de marcar el ganado con un hierro; herradero. *Branding (cattle).*

YESCA. *n.f.* Hongo. *Mushroom.*

YESQUERO. *n.m.* Encendedor que utiliza la yesca como materia combustible. *Cigarrette lighter.*

YETA. *n.f.* Mala suerte. *Bad luck.*

YIN. (del inglés *gin*). n.m. Ginebra. *Gin.*

YOCOL. *n.m.* Lacrimoso. *Tearful.*

YOGA. *n.f.* Puñal. *Dagger.*

YOJO. *n.m.* (Oaxaca). Lío, envoltorio. *Package, bundle.*

YOLI. *adj.* (Sonora). Muy bueno, excelente. *Very good, excellent.*

YOLO. *n.m.* (del náhuatl yolotl *corazón*). Corazón (usado familiarmente de forma cariñoso). •YOLO mío. Corazón mío, vida mía, alma mía. *My love.*

YOMPA. *n.f.* Chaqueta rústica de piel. *Leather jacket.*

YONQUE (del inglés *junk*). *n.m.* Chatarra. *Scrap heap.*

YORI. *n.m.* (Sinaloa, Sonora). Persona de raza blanca en contraposición con la india. *White person as opposed to Indian.*

YUCA. *n.f.* Nombre vulgar de algunas especies de mandioca. *Cassava.*

YUCAL. *n.m.* Plantío de yucas. *Cassava plantation.*

Z

ZACAHUIL. *n.m.* Tamal de gran tamaño. *Large tamale.*

ZACAMETATE. Estropajo (hecho de fibras vegetales). *Scourer.*

ZACATAL. *n.m.* (Acad.). Terreno de abundante pasto, pastizal. *Pasture land, pasture.* 📖 [...] el arriero se estuvo quieto, agazapado en el ZACATAL. *The mule driver kept still for a moment, crouched in the pasture.* (Juan Rulfo. El llano en llamas).

ZACATE. *n.m.* Hierba. *Grass.* 📖 No, el llano no es cosa que sirva. (...) una que otra mancha de ZACATE ... *No, that plain is of not much use, ... an occasional spot of grass...* (Juan Rulfo. El llano en llamas). ‖ **2.** Heno, forraje. *Hay, fodder.* ‖ **3.** Estropajo, trapo. *Dishcloth, scourer.* ‖ **4.** Esponja. *Sponge.* 📖 Se tenían que lavar (los mosaicos) con ZACATE y jabón para que no quedaran opacas. *They had to be washed with a sponge and soap so they would shine.* (E. Poniatowska. Hasta no verte Jesús mío). ‖ **5.** Marihuana de mala calidad. *Inferior quality marijuana.* ‖ **6.** •El que tiene cola de ZACATE, no puede jugar con lumbre. Quién se atreve a lanzar la primera piedra? *People who live in glass houses should not throw stones.*

ZACATEADA. *n.f.* Paliza. *Beating.*

ZACATEAR. *v.* Zurrar, azotar. *Whip, beat.* ‖ **2.** Pacer, comer el ZACATE los animales. *To graze.* ‖ **3.** Cortar el zacate para pasto. *To cut zacate for fodder.* ‖ **4.** Sembrar zacate para pasto. *To sow zacate for fodder.* ‖ **5.** Alimentar el ganado con zacate. *To feed cattle with zacate.*

ZACATERA. Zacatal, pastizal, terreno sembrado de **zacate.** *Pasture.* ‖ **2.** Depósito de **zacate.** *Haystack.*

ZACATILLO. *n.m.* Grama en general. *Bermuda grass.*

ZACATÓN. (Acad.). Hierba alta de pasto. *Tall fodder grass.*

ZAFACOCA. *n.f.* Riña, pendencia, alboroto. *Row, quarrel, brawl.* ‖ **2.** Paliza. *Beating.*

ZAFADA (variante de **zafadura**).

ZAFADO. *adj.* Loco, trastornado, medio chiflado. *Crazy, "nuts".* 📖 (...) porque si dijeran que había sido con un cuchillo estarían ZAFADOS, porque yo no cargo cuchillo desde que era muchacho. *Because if they had claimed it had been with a knife, they would have been out of their mind, since I haven't carried a knife since I was a boy.* (Juan Rulfo. El llano en llamas). 📖 –Permítame presentarme: Gabriel Martínez. Músico, poeta y ZAFADO. *Let me introduce myself: Gabriel Martínez. Musician, poet and madman.* (A. Yánez. La creación. Cit. Hispan.). ▪ La Academia disparata al decir que significa descarado, atrevido, en América. Será eso en España (Santamaría). | **2.** Descoyuntado (hueso, brazo, etc). *Dislocated.* 📖 Me zurró una sarta de porrazos hasta que me quede [...] con los huesos [...] ZAFADOS [...]. *He unleashed such a barrage of blows that I was left without a single bone in place.* (Juan Rulfo. El llano en llamas).

ZAFADURA. *n.f.* Dislocación de los huesos. *Dislocation, sprain.*

ZAFAR. *v.* Excluir. *To exclude.* ‖ **2. -se.** Escaparse, evadirse. *To escape, run away.* ‖ **3.** Quedar exento o libre de una obligación. *To get out of, wriggle out of, to get around.* ‖ **4.** Descoyuntarse (brazo, dedo, etc.). *To dislocate (arm, finger, etc.).* ~Me zafé (se me zafó) la muñeca. *I dislocated my wrist.* ‖ **5.** Enloquecer. *To go crazy.* ‖ **6.** Esquivar un golpe. *To dodge (a blow).* ‖ **7.** Soltarse. *To break away (loose), to free oneself from.* 📖 Bernstein se ZAFÓ de Félix con una fuerza desesperada. *Desperate, Bernstein forcefully freed himself from Felix.* (C. Fuentes. Cit. B. Steel).

ZAFO. *adj.* Salvo, excepto. *Except (for).*

ZALAMEREAR. *v.* Usar de zalamerías. *To flatter, cajole.*

ZALEA. *n.f.* Piel, cuero en general. *Leather.* ‖ **2.** Piel de borrego o cordero. *Sheepskin.* ‖ **3.** Pelliza. *Fur-lined coat.*

ZAMBAIGO. *adj.* (Acad.). Se dice del descendiente de chino e india, o indio y china. *Half Chinese, half Indian.*

ZAMBAJE. *n.m.* Conjunto de **zambos**. *Group of* **zambos**.

ZAMBEAR. *v.* Bailar la zamba. *To dance the zamba.*

ZAMBEQUE. *adj.* Patojo. *Squat.*

ZAMBERÍO (variante de **zambaje**).

ZAMBO. *adj.* Se dice del hijo de negro e india. *Half-breed (of Negro and Indian parentage).* ‖ **2.** Que tiene las piernas torcidas hacia dentro o hacia fuera. *Knock-kneed.*

ZAMBULLÓN. *n.m.* Zambullida ligera. *Dip.*

ZAMBUTIR. *v.* Hundir, meter, introducir (en un recipiente, saco, etc.). *To cram, stuff (into a container, bag, etc.).* 📖 [...] Los grandes sombreros ZAMBUTIDOS hasta las cejas [...]. *With their big sombreros pulled down to their eyebrows.* (C. Fuentes. La región más transparente). ‖ **2.** Memorizar, empollar, preparar intensivamente. *To cram (for an exam).*

ZAMOTANA. *n.f.* Desorden, barullo. *Racket, raucus; muddle, mess.*

ZAMPAR. *v.* Pegar. *To hit.* ~Lo ZAMPÉ en el suelo de un golpe. *I floored him with one blow.* ‖ **2.** (Acad.). Arrojar, impeler con violencia una cosa. *To hurl.* ~Le ZAMPARON en la cárcel. *He was thrown in jail.*

ZAMPOTEAR (variante de **zampar**).

ZANCAJÓN. *adj.* Larguirucho. *Tall, lanky.* ‖ **2.** Desgarbado, de mala figura. *Clumsy, misshapened.*

ZANCÓN, NA. *adj.* (Acad.) Aplícase al traje demasiado corto. *Too short (dress, trousers).* ~El pantalón le queda ZANCÓN. *His trousers are too short.*

ZANCONZOTE. *adj.* Patilargos. *Long-legged.* 📖 Después se nos juntó gente de otras partes: los indios güeros de Zacoalco, ZANCONZOTES, y con caras como de requesón. *Then people from other parts joined us: light-skinned Indians from Zacolaco, with their long legs, and faces like curd cheese.* (Juan Rulfo. El llano en llamas).

ZANCUDERO. *n.m.* Nube de mosquitos. *Swarm of mosquitoes.*

ZANCUDO. *n.m.* Mosquito. *Mosquito.* 📖 Se espanta los ZANCUDOS con el sombrero y de vez en cuando intenta chiflar. *He chases away the mosquitos with his hat and from time to time tries to wistle.* (J. Rulfo. El llano en llamas).

ZANDUNGUEAR. *v.* Vagabundear. *To drift (around), wander, roam.* ‖ **2.** Comadrear. *To gossip.*

ZANDUNGUERO. *adj.* Alegre. *Happy, cheerful.* ‖ **2.** Zalamero. *Flattering.* ‖ **3.** Alborotador. *Rowdy, noisy.*

ZÁNGANO. *n.m.* Pícaro, bribón, estafador. *Rascal, rogue.* ‖ **2.** Haragán, vago, holgazán. *Idle, lazy, indolent.* ‖ **3.** *adj.* Haragán, vago. *Lazy, idle.*

ZANGARRO. *n.m.* Tendejón. *Stall, booth, small shop.*

ZANJA. *n.f.* (Acad.). Arroyada producida por el agua corriente. *Gully, watercourse, ditch, deep drain.*

ZANJEO. *n.m.* Acción de abril zanjas para desaguar un terreno. *Act of making ditches.*

ZANJERO. *n.m.* Persona que tiene como oficio abrir **zanjas**. *Person who works at making ditches.*

ZANQUEAR. *v.* (Acad.). Ir buscando algo o a alguien. *To hunt for.*

ZAPALOTE. *n.m.* Nombre vulgar del maguey, del cual se extrae el zumo con que se prepara la tequilla. *Maguey (kind of agave), whose juice is used to make tequila.* || 2. Plátano largo. *Large banana.*

ZAPAPICO. *n.m.* Escoda. *Stonemason's hammer.*

ZAPATEADO. *n.m.* Cierto baile popular. *Popular Mexican dance.*

ZAPATEAR. *v.* Bailar el zapateado. *To dance the zapateado.*

ZAPATERA. *n.f.* Mueble para guardar zapatos. *Shoe rack or cabinet.*

ZAPATILLA. *n.f.* Zapato de mujer. *Women's shoes.* || 2. •Zapatillas con picos. Zapatillas de clavos. *Spikes, running shoes.*

ZAPATISMO. *n.m.* HIST Credo político de los revolucionarios que siguieron al caudillo Emiliano Zapata. *Political philosophy of the revolutionary followers of Emiliano Zapata.*

ZAPATISTA. *adj.* HIST Partidario del caudillo Emiliano Zapata. *Supporter of Emiliano Zapata.*

ZAPATO. *n.m.* •Zapato de piso. *Low-heeled, flat shoes.*

ZAPE. *n.m.* •Nadie diga zape hasta que escape, o hasta que la tierra lo tape. Nadie esta libre de cometer un error. *Anyone can make a mistake, no one is perfect.*

ZAPETA. *n.f.* Pañal. *Diaper.*

ZAPOTAZO. *n.m.* Golpe. *Blow.* || 2. •Darse un zapotazo. Darse un batacazo. *To fall heavily.*

ZAPOYOL. *n.m.* Chico zapote, zapotilo, níspero americano. *Sapodilla seed.*

ZAQUE. *n.m.* Sardina pequeña de carne sabrosa. *Small, delicious sardine.*

ZARABANDA. *n.f.* (Acad.) Zurra, tunda, paliza. *Beating.*

ZARAGATE. *n.m.* (Acad.) Muchacho travieso, inquieto; pillo. *Rogue, rascal.*|| 2. (Acad.). Persona despreciable. *Despicable person, scoundrel.*

ZARAGUETEAR. *v.* Vagabundear, holgazanear. *To idle, loaf around, drift.*

ZARANDA. *n.m.* Angarilla. *Wheelbarrow.* || 2. Trompo. *Spinning top.*

ZARANDEADA. *n.f.* Ataque público contra una persona. *Public criticism of a person.*

ZARANDEAR. *v.* Maltratar públicamente de palabra a una persona. *To abuse publicly.* || 2. Columpiar, hacer oscilar algo colgante. *To swing, push to and fro.* 📖 Luego las manos del hijo. [...] le ZARANDEABAN la cabeza como si fuera una sonaja. *Then his son's hands would push his head to and fro like a baby's rattle.* (J. Rulfo. El llano en llamas). || 3. -se. Contonearse, pavonearse. *To strut about.* || 4. Bambolear. *To shake violently to and fro, toss about, jostle.* ~El barco se ZARANDEÓ mucho durante la travesía. *To boat rocked (tossed, pitched) about a lot during the crossing.*

ZARAPE. n.m. Poncho de lana o algodón, por lo general con franjas de colors vivos. *Serape, heavy shawl or small blanket.* 📖 «Frazada o manta gruesa usada por la gente pobre para abrigarse o trabada a la cabeza a modo de jorongo. Son famosos los de Saltillo por la belleza de sus vistosos colores y sus altos precios, por su finura.» (Santamaría). 📖 «[...] sirve de abrigo ordinario de la gente del pueblo, tanto en la cama como en la calle.» (Morínigo).

ZARATEARSE. *v.* Deslizarse sobre una

superficie plana, como el que patina. *To glide (as in skating).* ‖ **2.** Arrastrarse sobre el trasero. *To drag one's bottom.*

ZARAZO. *adj.* Medio borracho. *Tipsy.* ‖ **2.** Fruto a medio madurar. *Underripe, half-ripe.*

ZARAZÓN (variante de **zarazo**).

ZARCILLO. *n.m.* Marca del ganado que consiste en un corte en la oreja. *Cut in the ear of the cattle (identification mark), earmark.*

ZARCO. *adj.* De ojos azules claros (persona blanca). *White with blue eyes (person).*

ZARPEAR. *v.* Manchar, salpicar, llenar de lodo. *To splash with mud.* Cuando llueve los automóviles ZARPEAN a los peatones. *When it rains, cars splash pedestrians with mud.* ‖ **2.** Manchar con pequeñas gotas; rociar, salpicar. *To sprinkle, spray.*

ZAURINA. *n.m.* Mujer que tiene facultades ocultas. *Fortune-teller.*

ZAYUL. *n.m.* Abejilla silvestre que produce rica miel. *Small wild bee which produces honey of excellent quality.*

ZENDECHÓ. *n.m.* (Michoacán). Cierto licor que preparan en lugares del campo. *Drink commonly prepared in rural areas.*

ZEZONTLE. *n.m.* Ave mexicana famosa porque imita todos los cantos y hasta la voz humana. *Mockingbird.*

ZIGZAGUEANTE. *adj.* Onduloso, tortuoso. *Tortuous, winding.*

ZÍPER. *n.m.* Cremallera (de prendas de vestir), cierre (L.Am). *Zipper.* El vestido caía, pese al atorón del ZIPER. *The dress was falling, in spite of the fact that the zipper was jammed.* (C. Fuentes. Cit. B. Steel).

ZIPIAPO. *n.m.* Mal olor, hediondez. *Foul smell, stench, stink.*

ZIRATE. *n.m.* BOT. Planta silvestre que se emplea en la medicina natural. *Wild plant use in natural medicine.*

ZITZIM. *n.m.* BOT. Artemisa. *Sagebrush.*

ZOC. *n.m.* ZOOL. (Yucatán). Murciélago. *Bat.*

ZÓCALO. *n.m.* Plaza de armas. *Parade ground.* ‖ **2.** (Acad.). Plaza principal de una ciudad. *Town square.* Era una casa grande [...] en el centro, cerca del ZÓCALO. *It was a large house in the downtown area, near the Zócalo.* (A. Mastretta. Arráncame la vida).‖ **3.** Paseo público, *Walk, boulevard.* ‖ **4.** Parque. *Park.*

ZOCATO. *adj.* (Zacatecas). Niño canijo. *Feeble, frail, sickly child.*

ZOLLENCO. *adj.* Muy fuerte y desarrollado. *Big and tough.*

ZOMPOPERA. *n.f.* Hormiguero de **zompopos**. *Anthill of zompopos.*

ZOMPOPO. *n.m.* Especie de hormiga de cabeza muy abultada. *Large-headed ant.*

ZONA. *n.f.* •ZONA comercial. Barrio comercial. *Business district.*

ZONCEAR. *v.* Tontear, sonsear. *To behave stupidly.*

ZONCERA. *n.f.* (Acad.) Tontera, simpleza. *Stupid thing, foolish remark.* ~Discutieron por una zoncera. *They argued over a trifle.* ~No dijo más que ZONCERAS. *She talked nothing but nonsense.*

ZONCHICHE. *n.m.* **Zopilote**. *Buzzard.* ‖ **2.** Agente de policía. *Policeman.*

ZONGO. *adj.* Huraño, esquivo. *Unsociable, timid.*

ZONOTE. *n.m.* Depósito de agua, manantial profundo. *Natural underground reservoir.*

ZONZO. *adj.* Atarantado, atontado por exceso de fatiga o calor. *Dazed, weary.* ‖ **2.** Tonto. *Silly, stupid.*

ZÓPILO. *adj.* Tonto. *Silly, stupid.*

ZOPILOTA. *n.f.* ZOOL. Abeja silvestre. *Wild bee.* ‖ **2.** La hembra del zopilote. *Female turkey buzzard.*

ZOPILOTE. *n.m.* (Acad.). Ave rapaz americana

semejante al buitre común, pero de tamaño mucho menor. Es completamente negra, incluida la cabeza, que está desprovista de plumas. Frecuenta los basureros. *Buzzard.* 📖 Un ZOPILOTE *solitario se mecía en el cielo. A lone buzzard circled in the sky.* (J. Rulfo. El llano en llamas). ‖ **2.** •Se cree la garza divina y ni siquiera llega a ZOPILOTE mojado. *She thinks very highly of herself.*

ZOPILOTEAR. *v.* Comer con voracidad. *To eat greedily, to wolf down.*

ZOPILOTERA. *n.f.* Bandada de **zopilotes.** *Flock of buzzards, vultures.*

ZOQUETADA. *n.f.* (Acad.). Necedad, simpleza. *Stupidity.*

ZOQUETAZO. *n.m.* (Acad.) Golpe, guantazo. *Punch, swipe.*

ZOQUETE. *n.m.* Suciedad fétida del cuerpo humano. *Body dirt, human dirt.* ‖ **2.** Trompada, sopapo. *Punch, slap.* ‖ **3.** Tonto, mentecato. *Stupid.*

ZOQUETEAR. *v.* (Acad.). Comportarse como un **zoquete** o mentecato. *To act like a blockhead, to act like a dimwit.*

ZOQUIAQUI. *n.m.* Lodo, fango. *Mud.*

ZOQUITAL. *n.m.* Lugar donde hay mucho lodo; cenegal, lodazal. *Bog, quagmire.*

ZOQUITE (variante de **zoquital**).

ZORIMBO. *adj.* (Acad.). Tonto. *Stupid.* ‖ **2.** Borracho. *Drunk.*

ZORRADA. *n.f.* Zorrería, acción del taimado. *Slyness.*

ZORRILLO. *n.m.* Tonto. *Idiot, fool.* ‖ **2.** Mofeta. *Skunk.*

ZOTINGA. *n.f.* (Tabasco). Zurra, azotaina. *Trashing.*

ZOTUPO. n.m. Bulto, lío voluminoso. *Large bundle.*

ZUACA. *n.f.* Paliza. *Beating.*

ZUATO. *adj.* Simple, bobo. *Simpleton.*

ZUCO. *adj.* Sin dinero. *Penniless, broke (coll.).*

ZULA. *n.f.* (Yucatán). Foca. *Seal.*

ZUMBA. *n.f.* (Acad.). Tunda, zurra. *Beating.* ‖ **2.** Borrachera. *Drunkenness.* ‖ **3.** Bramadera, juguete de muchachos. *Bull-roarer (toy).* ‖ **4.**

•¡ZUMBA! Exclamación que se usa para espantar a los perros. *Exclamation used to scare off dogs.*

ZUMBADOR. *n.m.* Colibrí. *Hummingbird.* ‖ **2.** Bramadera, juguete de muchachos. *Bull-roarer (toy).* ‖ **3.** Trompo. *Spinning top.* 📖 *Rifaba cuanta porquería y media traía en la bolsa: canicas ágatas, trompos y* ZUMBADORES *y hasta mayate verdes* [...]. *He would raffle all that useless stuff he carried in his pocket: marbles, spinning tops and even green beetles.* (Juan Rulfo. El llano en llamas).

ZUMBAR. *v.* Salir de prisa. *To leave hastily.*

ZUMBEQUEAR. *v.* Derribar, dar contra el suelo, tumbar, tirar a uno. *To knock down.*

ZUMBERA. *n.f.* Zumbido de oídos. *Buzzing.*

ZUMBIDO. *n.f.* Chismes. *Gossip.*

ZUMBO. *adj.* Borracho. *Drunk.*

ZUMO. Jugo. *Juice.* Zumo de naranja. *Orange juice.*

ZUNCHAR. Reforzar una cosa por medio de zunchos o abrazaderas; enzunchar. *To band with hoops or iron bands.*

ZUQUE. •Estar ZUQUE. Estar sin dinero. *To be penniless, broke (coll.).*

ZURCIDA. *n.f.* Zurcido. *Darn, mend.*

ZURDA. •Ganar con la ZURDA. Ganar sin problemas. *To win easily.*

ZURDAZO. *n.m.* Golpe dado con la mano izquierda. *Left-handed blow.*

ZURDEAR. *v.* (Acad.). Hacer con la mano izquierda lo que generalmente se hace con la derecha. *To use the left hand.*

ZURRADO. *adj.* Avergonzado, confundido, fracasado. *Downbeat.*

ZURRIAGO. *adj.* Rematadamente tonto. *Stark mad.*

ZURRIBAMBA. *n.f.* Zurra, azotaina. *Thrashing.*

ZURRIBANDA (variante de *zurribamba*).

ZURUMATO. *adj.* Atolondrado. *Light-headed.* ‖ **2.** Medio ebrio. *Tipsy.*

ZURUMBANCO (variante de **zurumato**).

ZURUMBÁTICO. *adj.* Atolondrado. *Scatterbrained.* ‖ **2.** Ebrio. *Drunk.*

Basic Bibliography

ARREOLA, Juan José. *La feria*. Joaquín Mortiz, México, 1971.
AHUMADA LARA, Ignacio. *Aspectos de lexicografía teórica*. Universidad de Granada, Granada, 1989.
AZUELA, Mariano. *Los de Abajo*. CSIC, Madrid, 1988.
— *3 Novelas*. FCE, México, 1958.
BERNAL, Rafaél. *El complot mongol*. Joaquín Mortiz, México, 1969.
CALDERÓN CAMPOS, Miguel. *Sobre la elaboración de diccionarios monolingües de producción*. Universidad de Granada, Granada, 1994.
CASARES, Julio. *Introducción a la lexicografía moderna*. CSIC, Madrid, 1992.
CASTELLANOS, Rosario. *Balún Canán*. FCE, México, 1973.
COLÍN SÁNCHEZ, Guillermo. *Así habla la delincuencia y otras más...* Porrúa, México, 2001.
Diccionario del español usual de México. Colegio de México, Mexico, 1996.
Diccionario General Ilustrado de la Lengua Española. Bibliograf, Barcelona, 2000.
Diccionario Standard. Larousse, México, 1999.
ELIZONDO ELIZONDO, Ricardo. *Lexicón del noreste de México*. FCE, México, 1996.
ESQUIVEL, Laura. *Como agua para chocolate*. Random House, New York, 1992.
FUENTES, Carlos. *La región más transparente*. Cátedra, Madrid, 1991.
— *La frontera de cristal*. Alfaguara, México, 2000.
GARCÍA ORDOÑO, Juan. *Tres crímenes y algo más*. Patría, México, 1992.
GROSSCHMID & ECHEGOYEN. *Diccionario de regionalismos de la lengua española*. Barcelona, 1998.
HAENSCH, Günther. *Los diccionarios del español en el umbral del siglo XXI*. Universidad de Salamanca, Salamanca, 1999.
HARPER COLLINS *Spanish English, English Spanish Dictionary*. 6th edition. HarperCollins Publishers, Glasglow, 2000.
Índice de Mexicanismos. FCE, México, 2000.
MAESTRETTA, Ángeles. *Arráncame la vida*. Alfaguara, Madrid, 1999.
MARTÍNEZ, AUGUSTÍN (editor). *Multicultural Spanish Dictionary*. Schreiber Publishing. Rockville, 1999.
MARTÍNEZ DE SOUSA, José. *Diccionario de lexicografía práctica*. Biblograf, Barcelona, 1995.
MEJÍA PRIETO, Jorge. *Así habla el mexicano*. Panorama, México, 1984.
MOLINER, María de. *Diccionario del uso del español*. Gredos, Madrid, 1998.
MORÍNIGO, Marcos A. *Diccionario del español de América*. Claridad, Buenos Aires, 1998.

Neves, Alfredo N. *Nuevo diccionario de americanismos*. Sopena, Buenos Aires, 1975.
Paso, Fernando. *José Trigo*. Siglo XXI, México, 1982.
Pozas, Ricardo. *Juan Pérez Jolote*. FCE, México, 1996.
Poniatowska, Elena. *Luz y luna, las lunitas*. Era, México, 1994.
— *Hasta no vertes Jesús mío*. Sudamericana, Buenos Aires, 1999.
Raluy Pudevila, A. *Diccionario Porrúa de la lengua española*. Porrúa, México, 1992.
Real Academia Española. *Diccionario de la lengua española*. Espasa Calpe, Madrid, 2001.
Renau, Richard (coordinator). *Diccionario de hispanoamericanismos no recogidos por la Real Academia Española*. Cátedra, Madrid, 2000.
Rulfo, Juan. *El llano en llamas*. Cátedra, Madrid, 1993.
— *Pedro Páramo*. Cátedra, Madrid, 1989.
Santamaría, Francisco J. *Diccionario de mejicanismos*. Porrúa, México, 2000.
Schoenhals, Louise C. *A Spanish—English Glossary of Mexican Flora and Fauna*. Instituto Lingüístico de Verano, Mexico, 1988.
Seco, Manuel, Olimpia Andrés, Gabino Ramos. *Diccionario del español actual*. Aguilar, Madrid, 1999.
Siméon, Rémi. *Diccionario de la lengua nahuatl o mexicana*. Siglo XXI, México, 1999.
Simon & Schuster International Dictionary. Macmillan, New York, 1997.
Steel, Brian. *Breve diccionario ejemplificado de americanismos*. Arco Libros, Madrid, 1999.
The Oxford Spanish Dictionary. 2nd Edition. New York, 1998.
Valadés, Edmundo. *La muerte tiene permiso*. FCE, México, 1986.